邴正 主编

刘信君 副主编

契丹史

武玉环 著

中国社会科学出版社

审图号：GS（2020）274 号

图书在版编目（CIP）数据

契丹史／武玉环著．—北京：中国社会科学出版社，2019. 12

（东北古代方国属国史研究丛书）

ISBN 978 - 7 - 5203 - 3167 - 8

Ⅰ. ①契…　Ⅱ. ①武…　Ⅲ. ①契丹—民族历史—研究

Ⅳ. ①K289

中国版本图书馆 CIP 数据核字(2018)第 212204 号

本书地图由中国地图出版社授权使用

出 版 人　赵剑英
责任编辑　王　茵
特约编辑　范晨星
责任校对　李　剑
责任印制　王　超

出　　版　中国社会科学出版社
社　　址　北京鼓楼西大街甲 158 号
邮　　编　100720
网　　址　http://www.csspw.cn
发 行 部　010 - 84083685
门 市 部　010 - 84029450
经　　销　新华书店及其他书店

印　　刷　北京明恒达印务有限公司
装　　订　廊坊市广阳区广增装订厂
版　　次　2019 年 12 月第 1 版
印　　次　2019 年 12 月第 1 次印刷

开　　本　710 × 1000　1/16
印　　张　36.75
字　　数　566 千字
定　　价　149.00 元

邴正，1957年生，长春市人。现任吉林大学常务副校长，吉林大学哲学社会学院教授、博士生导师。历任吉林省社会科学院院长、吉林省社科联党组书记、专职副主席，吉林日报社社长、党组书记，中共吉林省委委员，省政协常委。兼任中国社会学会学术委员会副主任，吉林省新闻工作者协会名誉会长，吉林省社会学会会长。国家社科基金评审委员会评审专家，教育部跨世纪人才，吉林省委、省政府决策咨询专家，吉林省高级专家。长期从事哲学、社会学教学与研究，专业方向为文化哲学、发展社会学与文化社会学。发表论文300余篇，出版著作50余部。

刘信君，1962年生，内蒙古赤峰市人。吉林大学领军人才、马克思主义学院博士生导师。曾担任吉林省社会科学院历史所所长、《社会科学战线》主编、吉林省社会科学院副院长，二级研究员，兼任东北地区中日关系史研究会理事长。先后被评为国务院特殊津贴专家、全国新闻出版行业领军人才、全国文化名家暨“四个一批”人才、全国“万人计划”哲学社会科学领军人才。出版专著《刘信君文集》《毛泽东与东北解放战争》，主编、副主编《中国东北史》《吉林通史》《吉林历史与文化研究丛书》《东北文化丛书》等著作50余部。在《新华文摘》《历史研究》等报刊发表论文110余篇。

《东北古代方国属国史研究丛书》编委会

总　　序

邴正、刘信君两位教授主持国家社会科学基金重大委托项目《东北古代方国属国史》（以下简称《方国属国史》），历时 7 年，于近期完成，共成书 15 部，500 万字。可喜可贺！

邴教授邀我为这套丛书写一篇序。我年事已高，尚待犹豫，但又虑及我是这套丛书的总顾问，更得盛情至再，却之不忍，遂允为文，亦借此机会表达我的些许感想。

那么，从何说起呢？话题就从“东北”说开吧！

当代东北疆域，涵盖辽宁、吉林、黑龙江三省之地，包括内蒙古自治区东部地区。古之东北，尚无准确的区域界限，不过，以方位名东北，与今之三省相当；若论疆域，约为三省总面积的 1 倍以上，与西北及北部合称“三北”，是有史以来我国最重要的边疆地区。东北又居“三北”之首，约自魏晋之后，迄至清代，乃至 20 世纪 50 年代，其战略地位，虽历千百年，无可替代。东北如此重要，并非夸张，实在说，其所具备的优越条件，是其他边疆地区无法与之相比的。

首先，要看她的地理位置与环境。最优越之处，其地近中原，文脉相连。辽东半岛处东北地区南部，隔海与山东相望；沈阳以西，过辽河，是为辽西，与华北相衔接。比之西南、西北及西部距中原腹地之遥，东北可谓近在咫尺！故常得天下风气之先，亦得捷足先登之便。

其次，再论东北地区自然环境，更优于其他边疆地区。号称“东北大平原”纵贯南北：自渤海之滨北上，先有辽河平原、松嫩平原，直至黑龙江沿岸，为农耕提供广阔的肥土沃野。环东北大平原，丘陵、山地、草原、森林等，布列四周；更有江、河、湖、海，纵横交错，生态繁复，成为狩猎、游牧取之不尽的生态资源。本地区地理的一个最大特点就是，从南到北，从东到西，皆无山川阻隔，亦无门庭之限，形同一体。即使历代在这里进行行政区划，也无法割裂全区自然地理的整体性。这就是为什么东北民族一经崛起，就迅速汇成一支强大的力量，其地理的便利条件帮了大忙。

不妨与其他边疆地区稍作比较：在古代，北部边疆一望无垠的大草原，除了水草，几无其他资源，除了游牧民，没有其他民族；西北地区，除部分草原，就是无边无际的大沙漠，气候干燥少雨，生态环境恶劣。若与西南相比，这里又是一番景象：重重山岭，丛林密布；流水急湍，险象环生。在那里生活的人们，世世代代被山水彼此阻隔，多少个世纪也未曾走出深山密林！

稍作比较，就不难发现：东北地区所具有的地理位置与自然条件，是其他边疆地区无法与之相比的。

更大的差别，还是人的因素。东北与西北、西南等地区，都是多民族聚居的地区。不同之处，东北古代诸民族表现出巨大的民族活力和历史的主动精神，不断进取。如鲜卑，如契丹，如女真，如蒙古，如满洲等，皆从东北起步，雄驰中原，或建半壁江山，或一统天下。如夫余、高句丽、靺鞨等族，虽未进取中原，皆在东北立国，与中原王朝相始终。

西北游牧民族之强悍，毫不逊色于东北诸民族。如匈奴横行西北草原上千年，与中原王朝争战不已，却未能在长城内立足，其结局无果而终。还有羌、柔然、氐、突厥、回纥、党项等诸族，皆称雄于一时，虽临长城内外，也不过昙花一现，转瞬化为历史陈迹！至于西南民族虽多，从无一个民族曾北上中原争雄，连长江也未曾涉足！他们的活动范围，至多也不会超过与之邻近的一、二省而已。故西南之得失，无关中原王朝的盛衰。

中国历史表明，凡在中原建一代王朝的少数民族，可以说，无一例外，皆来自东北。例如，北魏、辽、金、元、清等王朝，都是先得东北，或者说，先统一东北，在此做足物质与文化准备，然后挥师南下，立都中原或燕地，成一统王朝。东北边疆之绝对重要，已为中国历史所证明，直至现代解放战争之时，国共两党争夺东北，我党夺取东北而得全国，国民党失东北而失统治权。总结中国历史，得东北者得天下；而失天下，无不始于失东北。验之中国历史，皆应验不妄。

关于辽东之重要，明朝人是这样认识的："辽，北拒诸胡，南扼朝鲜，东控夫余、真番之境，负山阻海，地势险要。中国得之，则足以制胡；胡得之，亦足以抗中国，故其离合实关乎中国之盛衰焉。"①

明代一位朝鲜学者金景善也有同样的认识：

"天下安危常系辽野。辽野安，则海内风尘不动；辽野一扰，则天下金鼓互鸣，何也？诚以平远旷野一望千里，守之则难为力；弃之则胡虏长驱，虽无门庭之限，此所以为中国必争之地，而虽殚天下之力守之，然后天下可安也。"②

一说辽东之得失，"关乎中国之盛衰"，一说关系"天下安危"，实则两说完全相同，这就把辽东的战略地位说得清清楚楚。应当指出，他们并非专指明朝而言，应是对明及历代历史的经验总结。因为辽东地区在历代王朝都具有重要战略地位，其他边疆地区无法与之相提并论。故明人与朝鲜人都从中国历史的演变中获得这一认识，得出正确结论。

我们根据前人的认识，经过长期研究，做出自己的判断。在中国漫长的历史进程中，可以肯定地说，东北地区举足轻重，每当中国历史发生大变动之时，东北诸民族总会充满活力，积极参与，不止一次地改变了一代代王朝的历史命运，同时也改写了中国历史记录！上引中朝有识之士关于辽东之论，是写在明中叶前后，他们未见到明清兴亡，却不幸被他们言中：明之亡，始于失辽东，而失辽东直接关系到明亡。与此相反，清之兴，却兴于辽东，由此入关，一举得天下。可见，辽东即东北地区与历代王朝的命运息息相关。

这使我们很自然地得出一个结论：正确认识东北地区的历史，是科学地解读中国通史的一把钥匙。进一步说，一些王朝何以兴，一些王朝何以亡，无不与东北得失联系在一起。所以，若忽略东北这个"因素"，

---

① （明）王之诰：《全辽志叙》，载《辽海丛书·全辽志》。

② ［朝］金景善：《燕辕直指》卷一《辽东大野记》。

难以揭示中国历史演变的真相。

东北地区的历史如此重要，早已引起学术界的高度关注。远的不说，早在20世纪40年代，著名历史学家傅斯年的《东北史纲》、金毓黻的《东北通史》相继问世，开启了当代学术界东北史研究的先河，为未来的研究奠定了坚实的基础。两位学者开创之功功不可没！

继傅、金两氏之后，有关东北史之专题研究包括论文之作，时有发表，但限于当时社会环境，远未形成研究热潮。直至改革开放后，伴随东北三省社会科学院、专业研究所的相继成立，皆以东北地方史研究为目标，迅速掀起东北史研究的空前热潮，在不到20年的时间，先后有8部东北通史问世，即《东北地方史稿》《东北史纲要》《中国东北通史》《中国东北史》《东北地方史》《东北史》《东北通史》《东北史地论稿》，最短的不足30万字，最长的是多卷本400余万言。还有断代东北史，如《秦汉东北史》《明代东北史略》《清代东北史》《近代东北史》《现代东北史》等；不标明朝代，以地方政权命名的兴亡史，如《夫余史》《高句丽史》《渤海国史》《东夏史》，叙一个政权的始末。东北专门史的著作同样丰富多彩，如《东北民族源流》《明代东北卫所》《清代东北地区经济史》《关东文化》等，又编纂其他地区未曾有过的地区文化辞典即《关东文化大辞典》《东北人物大辞典》，可谓独树一帜。

在东北史研究热潮的推动下，辽宁、吉林、黑龙江三省的史学工作者分别编写本省的通史，《辽宁通史》《吉林通史》已于数年前出版，《黑龙江通史》正在编纂中。辽宁又编写出多卷本的《辽宁文化通史》，吉林也已出版《吉林历史与文化研究丛书》13卷、《吉林省百科全书》。由三省政府组织编写的从县到市到省的方志，也为东北史研究增添了新内容。

与此同时，整理东北历史文献也在大规模进行中。以《长白丛书》命名，搜集历代东北文献，校点后出版，已出100多种，为东北史研究提供了大量珍贵的史料。《明实录》《清实录》中有大量的东北史料，组织人力，从中辑出两大实录中的《东北史料全辑》。其他专题编辑的史料比比皆是，以显示东北史料的搜集与整理，都达到前所未有的规模！

至于东北历史文化的论文之作，用成千累万来概括，并非虚语。

东北历史研究之盛况，历改革开放40年，呈久盛不衰之势，直至近年，东北三省各自组织本省学术机构及其学者展开新一轮的研究热潮。例如，黑龙江省政府制订并实施《黑龙江省学术文化研究工程计划》，自2011年起，每年投入200万元，积于今，已超过千余万，用于资助各项研究。这一庞大学术工程，责成省社科院牵头，具体组织省内外专家，分别研究并撰写黑龙江自古至今的民族、历史与文化著作，现已出版40余种，还有30余种正在出版中。另编写多卷本《黑龙江屯垦史》系列，共500余万字，也已于近期出版。自2017年夏至冬，先后在哈尔滨、北京举行成果发布会，在学术界乃至社会上都产生了重大的学术影响。

如果与其他边疆作比较，毫无疑问，东北边疆的史学研究已走在前列。如我在前面已说过，改革开放才20多年，就出版了8部《东北通史》，三省各写本省的通史也相继出版。还有专史种种，几乎无所不及！仅从研究成果数量的角度作比较，东北地区领先于其他边疆地区，当在意料之中。

历来人们都说，东北文风不盛。前代怎么说，姑置不论，以当代改革开放40年所见，东北史学可谓盛矣！其中，高句丽、渤海、辽、金、明代东北卫所、清前史研究等，都是东北史学中的精品，在全国史学中，独树一帜，无出其右者！

东北史研究取得长足的进步，无论从研究的规模之大、研究的成果之丰硕、研究人员之众、具体个案研究之深入，皆超越任何历史时期，为古今所仅见。东北史学研究这一空前发展，完全得益于改革开放，不仅造就东北地方史学的极度繁盛，也把东北史学带进全国史学之中，融为一体，成为它的一个重要组成部分。这真是值得庆幸的一桩喜事！

以上所说，似乎离题太远吧？其实不然。回顾东北史研究，梳理其来龙去脉，才懂得什么是后来居上，什么是集大成，什么是新发展。把这三句话用在《方国属国史》，也是名副其实。

正值我国改革开放第40个年头之时，《方国属国史》纂写成功。它是继8部东北通史之后，又一部东北通史巨制。它由15册组成，最短为21万字，最长达58万余言。仅从这套丛书的规模而言，已超越前书而居上！就内容而言，已出多种东北通史的内容，以及各种专史记述的史实，都包罗在丛书的各相关册卷中。特别要强调的是，各通史、专史未曾涉及、未曾具体阐述的史迹，为丛书首次列入，这就是集大成的表现。

《方国属国史》从体例到内容，谋篇布局，集中到一条，这就是学术创新。以往东北通史的体例，是以历代王朝为序，按章节逐朝逐代记述东北的历史。这已形成“惯例”，按一固定不变的模式书写，概莫能外。我并无否定这种通行体例之意，它只是我们常用的体例之一。《方国属国史》丛书之不同，却是打破“王朝体系”，以东北的各“方国”“属国”为一个政权的实体，记述其兴亡始末。所谓“方国”“属国”，简言之，就是一代王朝治下的地方政权。自商周之际的《孤竹·东胡·令支·屠何》为开端，以下便是《箕氏朝鲜史》《卫氏朝鲜史》《夫余史》《高句丽史》《前燕史》《后燕史》《北燕史》《渤海史》《契丹史》《东丹史》《金史》《东夏史》《北元史》，直至清入关前的《后金史》，计 15 个方国、属国，上下三千年，一个也不少！一句话，东北通史全覆盖。事实证明，东北通史也可以这样书写。真是别开生面，令人耳目一新！我看，这就是学术创新，与以往的东北通史区别开来。

不仅如此，每册的书写体例，又与通常体例不同：丛书采用二十四史的体例，又有所变通。其主要“部件”是：通史，记述该政权的兴亡始末；志，分政治、经济、官职、行政、民族、文化、风俗，等等，根据各个不同时期的方国属国的实际情况，可增可减可变，以反映该政权真实历史为准；然后是传记，选取各政权有影响的人物入传；再后是“考异”，列举学术界争议、史实不清、证据不足等问题，要通过考据的工夫来解决；以下，列图表、大事编年，最后一部分是参考文献。显然，这些项目的设置采纳了二十四史中纪传体的一些做法；同时，又融入当代学术研究的内容，如通史、考异、大事编年等，将传统与当代不同的体例合而为一，可称“古今综合体”，这就是一个重大的学术创新。值得称许的是，两者结合既不生硬拼装，又不相互排斥，却是有机地结合成一个整体。《方国属国史》的作者们称这套丛书为“小二十四史”，也不为过。我看过这种体例的设计，感觉很好。一部著作的成败，固然原因有多种，其中体例的设计，包括篇目的文字表达，是一重要因素。正如现在人们常说的“发凡起例”，是关乎全书框架结构的总体设计，是否合理，进一步说，是否科学，在一定意义上说，必将决定其成败。我以为，《方国属国史》从总体到各册卷的体例设计合理，又有可操作性，且操作不难，易于成功。故此套丛书之成，当得益于体例设置之新颖。

《方国属国史》是一个大型的学术工程，实施起来殊非易事。项目主持人邴正、刘信君分任吉林省社会科学院正、副院长，克服诸多困难，寻觅合适作者，先后筛选18位本专业的专家为撰稿人；优选省内外包括北京有影响的专家学者23人，组成阵容强大的编委会。2010年7月，在长春举行第一次编委会会议，邀请东北地区及内蒙古等外省学者40余人，共商本课题名称、选题范围与编写体例等重大问题，初定工作方案。2011年年初，召开第一次作者会，再论证，统一认识，合理分工。会后，正式开始撰写。为防止偏离撰写规则，不定期地举行作者研讨会，2011—2018年，已经开过八次撰稿会，边检查质量，边督促进度，收到了明显效果。几年来，两位主持人精心组织，带领全体作者精诚合作，终于完成国家社科基金规划办的委托，《方国属国史》丛书告成，现正在出版中，不久面世，指日可待。

当我写这篇序时，回顾操持这一项目的全过程，深知两位主持人与全体作者付出的艰辛，不禁由衷钦佩。无论是主持人还是各位作者，都是东北史方面甚有学术造诣的专家学者，对学术严肃认真，治学一丝不苟，表现出良好的学风和素养，对当前学术也起到了示范的作用。愿此学风继续发扬光大，为我国史学的发展做出新贡献！

《方国属国史》丛书的完成，恰好为改革开放40年东北史研究画上阶段性圆满的句号。学术研究无止境。东北史的研究还将继续发展，继续深入，以这套丛书为新的起点，再造东北史学的新业绩！

欣闻《方国属国史》丛书完成，内心充满了喜悦之情，即兴写了上面的文字，是为序。

戴 逸

2018年8月26日

于北京

总前言

作为中华一方地域，东北和黄河流域、长江流域一样，也是中华民族诞生的摇篮，是中华传统文化的发源地。中华五千年文明历程，在东北留下了同样深浅的足迹。与中华其他地域不同的是，东北地域形成的古代方国属国，自殷商时代直到明朝末年，绵延悠长，很少间断，前仆后继，竟有 18 个之多。其中蒙古发展成为元朝，后金发展成为清朝，由地方政权发展为一统天下，在中国历史上产生了重大的影响。系统全面地研究这些方国属国的历史，不仅对研究东北地方史，而且对研究中国史和中国与东北亚国家关系史，都有重要的学术价值和现实价值。

一　东北概说

中国因其地域辽阔，历史悠久，在行政区划之上，从不同的角度被划分为东北、西北、华北、华中、华东、华南、西南、东南、中南、中原、东部、中部、西部、南方、北方等不同区域。东北作为地理与历史概念，溯其根源，当始于《周礼·职方氏》，“东北曰幽州，其镇山曰医巫闾”[①]。在《山海经·大荒北经》中亦提到“东北海之外，大荒之中……有山，名曰不咸，有肃慎氏之国”[②]。上古中国，核心地区在黄河中下游地区，称为中原。中原地区当为中国方位的核心点。作为地理概念，东北在历史上指称的方位基本相同，是指蒙古高原以东，位于中原

① 《周礼·职方氏》。

② 《山海经·大荒北经》。

地区东北方向的广袤地区。

在不同的历史时期，东北的地理范围随历史变迁而有变化。在古代，东北的四至大体西邻大兴安岭，东濒日本海和鄂霍次克海，北达外兴安岭，南到渤海和黄海。及到清朝末年，由于沙俄割占了黑龙江以北、乌苏里江以东的100多万中国领土，东北缩小到黑龙江、吉林、辽宁、热河四省所辖地区，面积150多万平方公里。新中国成立以来，随东北行政区划的变化，行政区划意义上的东北仅指今黑龙江、吉林、辽宁三省所辖地区，面积为80多万平方公里；传统意义上的东北包括内蒙古自治区东部的呼伦贝尔、兴安、通辽、赤峰、锡林郭勒等市、盟，河北省承德市。总面积为150多万平方公里。

东北的地理特点表现为类型丰富、水绕山环、沃野千里。东北大地包括平原、丘陵、山地、草原、森林、沙漠、海洋、河流、湖泊、沼泽多种类型。额尔古纳河、黑龙江、乌苏里江、图们江、鸭绿江自西经北向东形成了东北与俄罗斯、朝鲜的大部分边界。大兴安岭、小兴安岭、长白山等山脉环抱在东北的西、北、东三个方向，东北的中部是以黑土地著称的东北大平原，南部则是渤海和黄海。以上环境形成了东北的东北部山区、中部平原区和西部草原区。东北的气候属于温带季风气候，四季分明，夏季温热多雨，冬季寒冷干燥。除大兴安岭北部属于寒温带，东北的大部分地区属于中温带。东北自东南而西北，年降水量自1000毫米降至300毫米以下，从湿润区、半湿润区过渡到半干旱区。

东北地区资源丰富，森林茂密、草原辽阔、矿产丰富。森林覆盖率黑龙江为42.4%，吉林为38.9%，辽宁为35.1%。总蓄积量约占全国的1/3。东北全境耕地面积4.0068亿亩，草原面积6.915953亿亩，宜垦荒地约1亿亩。东北地区主要矿种比较齐全，主要金属矿产有铁、锰、铜、钼、铅、锌、金以及稀有元素等，非金属矿产有煤、石油、油页岩、石墨、菱镁矿、白云石、滑石、石棉等，在全国有重要的地位。东北水资源比较丰富，地表径流总量约为1500亿立方米，可供开发利用的水能资源约有1200万千瓦。东北南濒黄海、渤海，沿海渔场面积为5.6万平方海里。另外，还有水库、湖泊淡水面积1358万亩，为发展海运和水产业提供了有利条件。

东北历史悠久，早在距今50万年前，就有了古人类活动的遗迹。本溪满族自治县山城子村南麓的庙后山古人类遗址出土的“庙后山人”古人类化石、石制品、哺乳动物化石，还有少量的骨制品和用火遗迹表明，早在距今约50万年前，与北京山顶洞人、周口店人在华北生活的同时，东北也有人类活动，与华北的旧石器文化有着密切的联系。营口大石桥南金牛山发现的金牛山人化石及其遗址，距今已有28万年，在朝阳市喀左县发现的鸽子洞遗址及出土的石器，距今5万年左右。在吉林榆树市大于乡周家油坊村子发现的“榆树人”，距今约2万—4万年。辽宁沈阳新乐遗址出土的大量器物，距今7000年前，标志着东北进入新石器时代。辽宁朝阳牛河梁红山文化遗址出土的祭坛、积石冢、神庙和女神彩塑头像、玉雕猪龙、彩陶等重要文物，距今约5000—5500年，证明辽河流域与黄河流域、长江流域同样是中华民族文明的起源地之一。

二　东北民族之发展

东北大地丰富的资源，肥沃的土地，广阔的原野，茂密的森林，滋养了一个又一个族群，在这片土地上繁衍、聚集、崛起、强盛。依考古发现、史料记载，东北古代民族大体可划分为汉族、秽貊族、肃慎族、东胡族四大族系。

汉族主要生活在东北南部辽河流域，随历史迁移、发展，逐渐分布在东北全境，属于平原丘陵地区的农耕文化。辽河流域是中华民族诞生的摇篮之一，距今5500年前的红山文化遗址，反映了中国北方地区新石器时代文化特征和内涵。红山文化是分布在西辽河流域，在时间上与中原仰韶文化同时期，在发展过程中同中原仰韶文化相交汇产生的多元文化。红山文化出土的彩陶，造型和彩绘既与仰韶文化有联系，又有自己的独特性。红山文化玉器中发现的熊、龙、龟、鸟等造型，与在中国古文献记载的黄帝图腾相吻合；其中玉雕猪龙被称为“中华第一龙”。红山文化发现的坛、庙、冢，较完整地体现了中国古代华夏文化礼仪宗教建筑的基本雏形。红山文化发现的女神像，可以联系到上古女娲的神话传说。辽河流域的上古人类族群，是形成汉族的重要群体之一。

汉族的前身是华夏族。华夏族是炎帝族、黄帝族及其后裔夏人、殷人、周人，以及周边的东夷、苗黎、百越、巴蜀、氐羌等族群融合形成的。东北辽河流域大多时间为汉族活动区域。

殷人先世起源于东北。《诗经·商颂》曰："天命玄鸟，降而生商，宅殷土芒芒。"又曰"相土烈烈，海外有截"①。《淮南子·地形训》曰："东北薄州曰隐土。"② 殷人当属东夷集团，早期活动于红山文化故地，即辽西及内蒙古赤峰、河北燕山一带，后逐渐南下。《山海经·大荒东经》曰："王亥托与有易，河伯仆牛。有易杀王亥，取仆牛。"③《竹书纪年》曰："殷王子亥宾于有易而淫焉，有易之君绵臣杀而放之，是故殷王甲微假师于河伯以伐有易，灭之，遂杀其君绵臣也。"④ 由此可知殷人在亥及甲微父子两代，已经进入河北中部的易水流域。到成汤时代，殷人已深入黄河流域中部，并最终灭掉夏，建立了商朝。

殷人南下，在东北仍有留存，孤竹、令支、箕氏朝鲜，均与殷人有关。《帝王世纪》曰："汤特封墨台氏于孤竹。"⑤ 令支，今河北迁安、迁西和滦县一带先商古国，春秋时尚存在，曾一度为山戎族统治。周武王灭商，商王族箕子东适朝鲜。箕侯铭文青铜器出土于辽西喀左县，说明箕子国早期当在辽西。据《三国志·魏书·东夷传》注引《魏略》记载："昔箕子之后朝鲜侯，自称为王，后子孙稍骄虐，燕乃遣将秦开，攻其西方，取地两千余里，至满番汗为界，朝鲜遂弱。"⑥ 此后，箕氏朝鲜退出辽河流域，在朝鲜半岛发展。战国时燕在辽河流域建立辽西、辽东两郡。箕氏朝鲜传世40余代，汉初被亡命朝鲜的燕人卫满所替代。汉武帝灭卫氏朝鲜建立乐浪、玄菟、真番、临屯四郡。初属幽州管辖，东汉末年公孙氏割据辽东时曾于此置平州，辖辽东及四郡。魏灭公孙氏后，沿置平州，西晋初省，很快又恢复。四郡居民多为汉族，亦包括其他民族。十

① 《诗经·商颂》。
② 《淮南子·地形训》。
③ 《山海经·大荒东经》。
④ 《竹书纪年》。
⑤ 《帝王世纪》。
⑥ 《三国志·魏书·东夷传》。

六国时期，辽河流域先后有鲜卑人建立的前燕、后燕和汉族的北燕地方政权。南北朝时期，辽东被高句丽占据。唐灭高句丽，建立安东都护府。五代两宋时期，辽河流域先后被辽、金、蒙古占据，但居民中有大量原住及被迁徙来的汉族。明朝建立辽东都指挥使司、奴儿干都司，清朝设立盛京将军、吉林将军、黑龙江将军管辖东北地区。

辽河流域自西汉时即为汉族形成与活动地域，始终以农耕文化为主。在中原王朝强盛时代，辽河流域是中原王朝影响控制东北的根据地与桥头堡。西汉以辽西、辽东为基地，势力扩充到朝鲜半岛北部和中部。唐朝设安东都护府，管理原高句丽地区事务。明朝设奴儿干都司，势力范围达到库页岛。只是在中原王朝陷入分裂割据的动荡年代，汉族或退保辽西，或退入长城。清朝中后期，关内汉族踏上“闯关东”的迁移之路，最终形成了今天汉族遍布东北，占东北人口主体的发展格局。汉族在东北先后建立了孤竹、箕氏朝鲜、卫氏朝鲜、北燕等方国属国，对东北和全国的发展产生了重大影响。

秽貊族主要活动于东北中南部松花江、鸭绿江、图们江流域和俄罗斯滨海边疆区南部、朝鲜北部一带，属于半平原半山地的半农耕半渔猎文化。秽貊族分为秽人和貊人，两者有分有合。秽人活动于松花江中部，西汉时期发展为夫余、沃沮。公元前2世纪，夫余建国，前期都城在今吉林市龙潭山附近，后期都城在今吉林省农安（另有一说为辽源）。公元494年夫余灭亡后，余部据故地称豆莫娄，唐朝时期称达末娄，已迁移到黑龙江与嫩江以东，唐以后不见记载。貊人活动于辽河流域东部、鸭绿江流域、图们江流域、俄罗斯滨海边疆区南部、朝鲜北部一带，包括梁貊、小水貊、高句丽等部族。公元前37年，北夫余王子朱蒙于今辽宁桓仁五女山城建立高句丽，公元668年被唐灭掉。高句丽人后融入汉、新罗、靺鞨等民族。唐以后，秽貊族在东北已消亡。秽貊族应为阿尔泰语系的分支，在中国境内建立了夫余、高句丽两个政权，对东北的历史发展产生了重要影响。

肃慎族主要活动于东北东部及北部、俄罗斯外兴安岭以南广大地区，属于山地河沼为主的渔猎文化。肃慎族早在春秋时代便进入文献记载。

《左传》昭公九年记载：“及武王克商……肃慎、燕、亳，吾北土也。”[1]《国语·鲁语下》记载：“武王克商……肃慎氏贡楛矢石砮，其长尺有咫。”[2] 另《山海经·大荒北经》在提到不咸山，即长白山时，也提到“有肃慎氏之国”[3]。东汉文献称肃慎为挹娄，北魏文献称为勿吉，隋称靺鞨。公元698年，靺鞨人大祚荣在忽汗州（今吉林敦化）建立渤海国，公元926年被契丹灭掉，宋称其为女真。公元1115年，女真首领完颜阿骨打于上京会宁府（今黑龙江阿城）建立金，公元1234年，被蒙古灭掉。公元1616年，女真首领努尔哈赤于赫图阿拉（今辽宁新宾）建立后金。公元1636年，努尔哈赤之子皇太极即位，改族号为满洲，改国号为清。公元1644年，皇太极之子顺治在北京称帝，史称清朝。公元1912年，清朝最后一位皇帝宣统退位。肃慎族现为阿尔泰语系通古斯语族，包括女真人后裔满族、锡伯族、赫哲族、鄂伦春族、鄂温克族等东北民族；先后建立了渤海、金、后金等政权，清统一了中国，持续268年之久，对东北乃至全国的发展产生了重大影响。

东胡族主要活动于东北西部，属于游牧民族。东胡族在商周时期分为戎、狄两部分。戎在东北为山戎，活动于辽西及内蒙古东部。狄在东北为屠何，即商人甲骨文记载的土方，活动于冀辽交界一带。汉初东胡被匈奴打败，分化为鲜卑、乌桓两部分。乌桓为曹操所破，渐被周边民族融合。鲜卑逐渐强大，在东晋及南北朝时期先后建立了前燕、后燕、南燕、西燕、南凉、吐谷浑、代、北魏、东魏、西魏、北周11个政权，其中北魏一度统一了中国北方。鲜卑南下西进后，遗留在东北西部草原上的鲜卑部落逐渐发展为契丹和奚等民族。契丹首领耶律阿保机于公元907年建立契丹政权（后称辽），公元1125年，被金灭掉。公元1124年，辽贵族将领耶律大石出走西域建立西辽，公元1218年被蒙古灭掉。奚族活动于辽西、冀北一带，后又分出白霫与库莫奚，后消失于民族融合长流之中。鲜卑南下西进后，遗留在东北大兴安岭北部的鲜卑部落逐渐发

① 《春秋左氏传》。

② 《国语·鲁语下》。

③ 《山海经·大荒北经》。

展为室韦，其中蒙兀室韦发展为蒙古族。公元 1206 年，成吉思汗称蒙古大汗，统一蒙古部落。蒙古先后消灭西夏、金、大理、南宋，统一了中国。公元 1271 年，蒙古皇帝忽必烈改蒙古国号为元。公元 1368 年元朝为明朝所灭。元顺帝在首都大都（今北京）失陷后逃亡蒙古草原，史称北元。公元 1402 年，元顺帝孙子额里伯克被属下杀死，北元灭亡。东胡族现为阿尔泰语系蒙古语族，包括蒙古族、达斡尔族等东北民族；先后形成山戎、屠何、鲜卑、乌桓、契丹、奚、白霫、库莫奚、室韦、蒙古等民族，建立了前燕、后燕、南燕、西燕、南凉、吐谷浑、代、北魏、东魏、西魏、北周、辽、西辽、蒙古、元、北元等政权，其中元统一了中国，持续 89 年之久，对东北乃至全国的发展产生了重大影响。

三　东北古代方国属国

中国地域辽阔，民族众多，历史悠久，各个民族都有其不同的历史渊源和发展特点。与华北、西北、西南、华南等边疆民族地区相比，东北各民族在历史发展进程中先后建立了许多地方政权和民族政权，这一历史现象是独特的，发人深思的。

首先，东北古代地方政权和民族政权的数量为各边疆民族地区之首。东北古代地方政权和民族政权依先后顺序为：孤竹（殷人子姓，约公元前 1600—前 660 年）、令支（殷人子姓，时间不详）、屠何（狄人，？—公元前 664 年）、箕氏朝鲜（殷人子姓，约公元前 1122—前 194 年）、卫满朝鲜（燕人卫氏，公元前 195—前 108 年）、夫余（秽人，公元前 2 世纪—494 年）、高句丽（秽人高氏，公元前 37—668 年）、前燕（鲜卑人慕容氏，公元 337—370 年）、后燕（鲜卑人慕容氏，公元 384—407 年）、北燕（汉人冯氏，公元 407—436 年）、渤海（靺鞨人大氏，公元 698—926 年）、辽（契丹人耶律氏，公元 907—1125 年），东丹（契丹人耶律氏，公元 926—952 年）、金（女真人完颜氏，公元 1115—1234 年）、东夏（女真人蒲鲜氏，公元 1215—1233 年）、蒙古（蒙古人孛儿只斤氏，公元 1206—1271 年）、北元（蒙古人孛儿只斤氏，公元 1368—1402 年）、后金（女真人爱新觉罗氏，公元 1616—1636 年）等大小 18 个政权。

其次，这些政权前后相继，从商初到明末绵延3000多年，伴随中国古代历史，几乎很少长时间间断。从约公元前1600年孤竹起，到公元668年高句丽结束，延续长达约2268年。从公元668年高句丽结束，到公元698年渤海国建立，中间仅间隔30年。从公元698年渤海国建立，到公元1271年蒙古改称元，延续长达573年。从公元1271年蒙古改称元，到公元1368年明统一中国，中间间隔97年。从公元1368年北元对抗明军北伐，到公元1402年北元灭亡，延续了34年。从公元1402年北元灭亡，到公元1616年后金建立，中间间隔214年。后金延续了20年，入关统一中国，从此结束了古代中国东北地方政权和民族政权割据一方的历史。高句丽灭亡后，靺鞨将领乞乞仲象与乞四比羽兄弟很快率靺鞨军队出走营州（今辽宁朝阳），返回忽汗州（今吉林敦化），实际上开始了建立地方政权的尝试。东北历史上两次长时间的间隔，都是由于蒙古族和满族入主中原造成的。其实，蒙古与元朝、北元有其内在的连续性，后金与清朝也同样有其内在连续性。只是我们从东北地方史的角度看，入主中原后的王朝不属于地方政权，才产生了地方政权和民族政权的间断性。东北地方政权和民族政权真正长期间断，实际上只有明朝一次。

再次，东北古代地方政权和民族政权与中原王朝的关系密切，大多是方国属国关系。国是一个历史性概念。先秦时期的地方政权和民族政权，如孤竹、东胡、令支、屠何等，大多属于古代方国。方国是苏秉琦先生对早期城邦式的原始国家的概念性描述。苏秉琦先生认为，古国是指高于部落以上的、稳定的、独立的政治实体。古国时代以后是方国时代，古代中国发展到方国阶段大约在距今4000年前。秦以后出现的东北古代地方政权和民族政权，大多属于中原王朝的属国，在中原王朝的册封朝贡体制下存在，如箕氏朝鲜、卫氏朝鲜、夫余、高句丽、渤海、东丹等；或割据一方的地方政权，如前燕、后燕、北燕、东夏、北元、后金等，基本性质仍在属国范围内，不具有全国政权的性质。而辽、金、蒙古，则是在中华一体的框架内的对峙性政权。元、清则是由割据性政权和对峙性政权发展为统一性国家政权，对峙和统一的结果是最终融入中华民族体系。

最后，由于历史疆域变化，朝鲜、蒙古人民共和国成为独立国家，俄罗斯割占了黑龙江以北、乌苏里江以东的中国东北领土。古代东北与现代东北疆域不同，我们研究的是古代东北，主要从历史文献与考古发现出发，在尊重邻国历史文化的前提下，力求在古代东北疆域范围内，实事求是地呈现、还原历史本来面目。

由于孤竹、东胡、令支、屠何史料有限，故将其合成一册。蒙古发源与东北有关，但蒙古族形成于蒙古高原，主要活动区域已不属于东北范围；同样，元、清作为统一性政权，已是国史范围，不属于地域史。所以，本课题成书为孤竹·东胡·令支·屠何、箕氏朝鲜、卫氏朝鲜、夫余、高句丽、前燕、后燕、北燕、渤海、契丹、东丹、金、东夏、北元、后金，凡 15 史。

四　东北古代方国属国的历史地位与作用

东北和黄河流域、长江流域一样，也是中华民族诞生的摇篮，是中华传统文化的发源地。我在《东北振兴与东北文化》一文中总结过，在中国历史上，东北民族曾先后六次南下中原，深刻地影响甚至改变了历史的进程。殷人从辽河流域游牧到海河流域和黄河流域，是东北民族的第一次南下中原。殷商首领成汤灭夏，建立商朝，控制了中原 500 余年。中国进入了奴隶社会的强盛时期。公元 350 年，慕容鲜卑建立的前燕分三路从龙城出发，南下中原，这是东北民族第二次南下中原。鲜卑慕容氏、拓跋氏以及部分融入拓跋鲜卑的宇文氏先后南下中原，建立了诸燕、诸魏和北周政权，统一了中国北方。至公元 581 年，北周宇文氏政权为隋取代，鲜卑人控制中国北方 195 年。公元 907 年，契丹耶律阿保机建立契丹政权，是东北民族第三次南下中原。契丹崛起，先后逼后晋、后汉、北汉政权称臣，割幽云十六州，逼北宋签订澶渊之盟。至公元 1125 年为金所灭，辽朝控制长城以北凡 218 年。公元 1115 年，女真完颜阿骨打建立金朝，是东北民族第四次南下中原。女真人公元 1125 年灭辽，公元 1127 年灭北宋。至公元 1234 年为蒙古所灭，金朝控制中国北方凡 109 年。公元 1206 年，成吉思汗统一蒙古，是东北民族第五次南下中原。公元 1234 年蒙古人灭金，公元 1279 年灭南宋。至公元 1368 年为明所灭，元朝控制北方并统治中国凡 134 年，奠定了今日中国版图的基础。公元 1644 年，清军入关，东北民族第六次南下中原。清朝实现了中国历史上的最大版图。至公元 1911 年辛亥革命清朝灭亡，统治中国凡 267 年。

综上所述，在中国历史上，东北民族 6 次南下，影响并统治中国长达 1400 余年。自夏以来，中国有国家政权的历史仅 4000 多年。竟有 1/3 的时间由东北唱主角。自殷商时代中国进入有文字记载的历史以来，只有 3500 年的时间，竟有 40% 的时间由东北唱主角。东北各民族为中华民族的形成和发展，为古代中国的繁荣和强盛，做出了不可磨灭的巨大贡献。

令我们感兴趣的不仅仅是东北影响和改变全国，问题在于东北一再影响和改变全国后，东北自身的发展如何？殷人南迁后，遗下孤竹、令支等小国，或为齐灭，或为燕逐。肃慎为周贡过箭杆箭头，乌桓为曹操所破。1900 年间，东北各族散居偏隅，无大作为。鲜卑人南迁后，遗下契丹、室韦，或游牧，或渔猎。高句丽占据辽东，终为唐破。渤海虽称海东盛国，亦为辽所破。500 年间，东北至多徘徊于半奴隶半封建社会。从辽至元，400 年间，统治重心递次南移。明灭元后，努尔哈赤崛起之前，200 年间，东北虽遍地卫所，但无强族。清军入关，东北遂成龙兴之地，筑边封禁。200 年内，白山黑水，人迹杳至。

综观古代社会，东北的社会发展走上了一条崛起，外迁，衰落；再崛起，再外迁，再衰落的历史循环之路，社会发展呈现出间歇性的特点。诸多地方政权和民族政权风起云涌，你方唱罢我登场。总是一个游牧民族，或者一个渔猎民族，在草原林莽间倏忽崛起，然后浩浩荡荡越过长城，逐鹿中原。他们一旦成功，则倾巢南迁，其故乡又恢复到天苍野茫林海雪原的原始状态。所以，东北人“驿动的心”，一次又一次“终点又回到起点”。东北人每一次都几乎是从零出发，恰如徐志摩的诗，“轻轻的我走了，正如我轻轻的来。我挥一挥衣袖，不带走一片云彩”。

这种间歇性的发展是游牧渔猎民族经济与社会发展的典型特征。东北的地理环境，东北古代民族的地理分布，东北古代经济和社会结构是三位一体，互相制约的。东北南部是辽河平原，东部是长白山区，西部是草原地带。与之相应，居住在辽河流域的汉族主要从事农业经济，属于农业社会；居住在长白山区的通古斯（肃慎）语族各民族主要从事渔猎经济，属于渔猎社会；居住在草原地带的蒙古（东胡）语族各民族主要从事游牧经济，属于游牧社会。辽河流域是中原的农业社会与东北游牧渔猎社会的结合部。中原王朝强大时，辽河流域就成为中原农业社会向东北扩大的桥头堡。西部草原是蒙古草原向东的延伸。从蒙古草原翻越大兴安岭，大兴安岭只是一道低缓的山峦。大兴安岭以东，则是水草肥美的草原。所以，大兴安岭东西两侧的游牧民族，极易相互融合，形成足以和中原抗衡的强大民族。匈奴余部融于鲜卑，突厥余部融于蒙古，契丹余部亦融于蒙古。这样，东北的社会发展就与长城内外各民族的发展紧密地黏合在一起。

农业社会和游牧渔猎社会之间相互依存与相互冲突，成为东北社会发展过程中的传统矛盾。游牧渔猎社会为农业社会提供畜力工具和御寒的毛皮，农业社会则为游牧渔猎社会提供盐茶和纺织品。这是相互依存的一面。但是，游牧渔猎民族的迁徙性又与农业民族相互冲突。游牧渔猎民族逐水草而居，随季节南北迁移。农业民族定居垦殖，必然为保护财产而抗阻游牧渔猎民族的迁移袭扰。由于游牧渔猎民族以骑射为本，全民皆兵，骁勇善战，具有很强的尚武性，在与农业社会的冲突中，往往在军事上占上风。每当中原王朝积弱、内讧或分裂，东北和北方的游牧渔猎民族便会踏破长城，入主中原。

由此导致了东北的间歇性和循环性发展。每当游牧渔猎民族取得了可喜的发展成就，还没来得及向更高的社会阶段飞跃，他们就被吸入中原，或作为臣民被同化进农业社会，或作为征服者被同化进农业社会。他们在草原和森林中的故乡逐渐荒芜，成为孕育下一个游牧渔猎民族重新崛起的摇篮。①

五　东北古代方国属国史课题缘起与进程

吉林省社会科学院素有研究东北史的传统与专长，其前身是东北文

① 参见邴正《东北振兴与东北文化》，《社会科学战线》2004年第5期。

史研究所。早在1983年起，在院长佟冬同志的率领下，吉林省社会科学院组织精兵强将，历时15年，于1998年撰写出版了国内首部6卷本《中国东北史》，总计420万字。该书对中国东北的地区区域、少数民族、社会性质、历史分期、地方特色、经济政治、文化生活、东北与中原关系、东北的历史地位等问题，做了深入系统的研究，形成了完整的理论体系。该书获得了学术界同仁的高度评价和充分肯定，是中国地方史中的代表作，更是研究中国东北史的扛鼎之作。2002年，我当时在吉林省社会科学院任院长，时逢国家重视东北历史问题，设立专项资金支持学术研究，那时我就萌生了编纂一套中国东北小二十四史的想法。此前虽然已经有了6卷本《中国东北史》，可谓鸿篇巨制，但东北古代那么多方国属国，其史分散出版，不成体系，兼有一些空白。为百尺竿头更进一步，我与中国社会科学院著名边疆史专家马大正等学者提出了自己的想法，得到热情支持与充分肯定。2010年，我组织同仁，向国家社科基金办公室申报了《东北古代方国属国史》课题，得到余志远主任的大力支持，该课题入选当年国家社会科学基金特别重大委托项目，我终于如愿以偿！于是《东北古代方国属国史》（15卷本）正式启动，我与课题组成员们踏上了攀登新高峰的遥远艰辛的历程。

《东北古代方国属国史》是2010年度国家社会科学基金重大委托项目，立项于2010年4月，项目编号为10@ZH006。项目承担单位为吉林省社会科学院，首席专家为邴正教授。多年来，课题组成员以严谨的科研态度，扎实的学术功底，全身心地投入到丛书的写作中。

2010年6月，《东北古代方国属国史》研究丛书（以下简称“丛书”）成立了编委会，总顾问为中国人民大学著名清史专家、国家清史编纂委员会主任戴逸教授，顾问为中国社会科学院边疆史地研究中心原主任马大正研究员、吉林大学原副校长林沄教授、时任中国社会科学院边疆史地研究中心主任厉声研究员。编委会主任为时任吉林省社会科学院（会）院长、党组书记邴正教授，副主任为吉林省社会科学院历史所原所长、国家清史编纂委员会委员李治亭研究员，时任吉林省社会科学院（会）副院长付百臣研究员，时任吉林省社会科学院（会）副院长邵汉明研究员，时任吉林省社会科学院《社会科学战线》主编刘信君研究员。

2010 年 7 月 8 日至 10 日，编委会召开了第一次会议。时任中共吉林省委宣传部副部长马克教授、全国哲学社会科学规划办公室主任余志远同志、中国社会科学院边疆史地研究中心主任厉声研究员出席会议并作了重要讲话。丛书编委会主任邴正教授对该项目从策划至立项，以及编委会组成等情况进行了介绍。丛书编委会副主任刘信君研究员对项目的编写体例与研究构想作了汇报。与会的省内外专家学者 40 余人针对该课题的命名、选题的范围、写作内容、编写体例及相应的问题进行了深入的探讨，提出了具体的意见和建议。

2010 年 8 月 5 日，经丛书编委会研究并经专家学者同意，对丛书的 15 个子课题进行了分工。作者来自吉林、辽宁、黑龙江三省研究东北历史与文化方面的学者，他们专业功底深厚，知识积累广博，治学态度严谨，研究成果丰硕，是名副其实的“专业队”。丛书总主编为邴正教授，副主编为刘信君研究员。

2011 年 1 月 21 日，在吉林省社会科学院召开丛书第一次作者会议。主要内容有三项：一是邴正主编介绍课题的相关情况，二是刘信君副主编解读丛书编写体例和技术规范，三是与会作者讨论编写体例和技术规范。2011 年 12 月 20 日，召开第二次作者会议，最终确定各卷大纲。

从 2012 年开始，丛书进入到收集资料和写作阶段。2012 年为收集资料阶段。为了能够更好地完成课题，课题组成员进行了资料的全面收集、整理工作。分别到各省市图书馆、档案馆、大学的图书馆以及文史资料馆等相关部门查阅资料，同时到吉林集安、辽宁桓仁、河南洛阳等地对高句丽遗址、遗迹进行了实地考察、调研，获取了很多宝贵的考古资料、图片资料、影像资料等。

2013 年后为撰写阶段。从 2014 年开始，进入了边写作边检查边修改阶段。为此，分别于 2014 年 6 月 15 日、2014 年 12 月 21 日、2016 年 1 月 10 日、2016 年 10 月 15 日、2017 年 6 月 25 日、2018 年 6 月 30 日，召开了第三次、第四次、第五次、第六次、第七次、第八次作者会。主要工作是检查写作进度，找出存在问题，提出解决问题的对策建议。每次作者会都是作者汇报写作进度，提出遇到的问题；主编邴正教授均到会，并作重要指导；副主编刘信君均主持会议，提出具体问题、修改要求，并安排下一步工作。

为了保证良好的学风，《丛书》进行了严格的学术不端检测。凡是出现重复率高的著作 ，一律进行修改，直至达到学术标准为止。

同时，经请示国家社科规划办领导同意，聘请各个方国属国研究方面的专家进行了鉴定。按丛书编写顺序，他们分别是东北师大历史文化学院教授王彦辉、中国社会科学院中国边疆研究所研究员李大龙、吉林省吉林市博物馆研究馆员董学增、吉林大学历史系博导魏存成、陕西师范大学中国西部研究院教授周伟洲、辽宁省博物馆馆长研究馆员王绵厚、吉林大学古籍研究所教授张鹤泉、黑龙江省博物馆研究员刘晓东、东北师范大学历史文化学院教授王德忠、辽宁大学历史文化学院教授张国庆、中国社会科学杂志社《历史研究》原主编宋德金、吉林大学历史系教授赵永春、东北师范大学历史文化学院教授罗冬阳、国家大清史编纂委员会研究员李治亭。这些专家以严谨治学的态度，一丝不苟的精神，在百忙之中审阅了书稿，提出了许多宝贵意见。此后，作者用时 3 个月进行了仔细修改，最终完成了定稿。全书总字数 500 万字。计划在中国社会科学出版社出版。课题在研期间，课题组完成中期成果 93 项，计著作 3 部；论文 90 篇，其中 CSSCI 44 篇。

《东北古代方国属国史》丛书为国家哲学社会科学基金重大委托项目。在课题立项和完成过程中，国家社科规划办佘志远主任、孙璐处长及吉林省社科规划办的毕秀梅主任给予了大力支持；在出版经费方面，吉林省政府及财政厅鼎力相助；在项目管理方面，丛书编写办公室的同志们，包括吉林省社会科学院科研处、财务处的同志，尤其是蒋戎同志，付出了艰苦的劳动；在打字排版过程中，《社会科学战线》副社长于德钧编审、编务陈家威做了大量工作；在出版方面，中国社会科学出版社的赵剑英社长、王茵总编助理及责任编辑范晨星高度重视，兢兢业业，体现了良好的专业素质。对此，我们致以崇高的敬意！

20 名来自东北三省 9 个学术单位的专家学者，组成《东北古代方国属国史》课题组，历时 8 年，8 次研讨，几经删改，终获杀青。一部卷帙浩大、洋洋 500 万字的 15 卷《东北古代方国属国史》丛书即将问世。作为一个祖上出齐鲁闯关东，承传 10 代的地地道道土生土长的东北人，能够与同仁们共同为生养我们的东北热土，再奉献一部历史长卷，由衷感到欣慰与荣光！本课题立项单位属于吉林省社会科学院，课题组成员来自吉林省社会科学院、吉林大学、东北师范大学、辽宁省文物考古研究所、辽宁师范大学、黑龙江省社会科学院等高校与研究机构。2010 年课题设立时，我在吉林省社会科学院工作，2015 年我又重返吉林大学。作为课题组负责人，前后隶属单位几经变更，我更认为本课题属于吉林省社会科学院、吉林大学，以及所有课题参与单位共同承担的课题。夤夜秉笔，感慨万千！唯恐水平有限，错漏之处难免，敬请广大读者批评指正。

邴 正

2018 年 8 月 18 日于长春

目　　录

卷一　通史

卷二　典志

卷三 传记

卷四 考异

卷五 图表

卷六 大事编年

卷七 主要文献书目

卷一　通史

第一章

契丹族的崛起与部落联盟的建立

一　契丹族源

契丹族属东胡族系，为鲜卑宇文部别支。东胡自春秋战国以来，与燕国为邻，后被燕灭。秦末，东胡强盛，后被匈奴冒顿击败："大破东胡王，而虏其民人及畜产。"[①] 剩下的东胡人分为两支，一支退居乌桓山，称乌桓；一支退居鲜卑山，称鲜卑。[②]

鲜卑分为三部：宇文部、慕容部和段部。公元4世纪初，慕容部势力强大，建燕国（前燕）称王。前燕王慕容皝联结赵王石虎，攻灭段部。东晋建元二年（344），又北攻宇文部，宇文部单于逸豆归走死漠北，其残部分为契丹和库莫奚，而独立于世。

北魏登国三年（389），契丹和库莫奚相继为北魏所破。契丹败退到潢河（内蒙古西拉木伦河）以南，土河（内蒙古老哈河）以北，从这时起，契丹之名正式见于史籍。契丹的族称，始见于北齐时成书的《魏书》。《魏书》记载契丹的族源："契丹国，在库莫奚东，异种同类。""库莫奚国之先，东部宇文之别也。初为慕容元真所破，遗落者窜匿松漠之间。"[③]《辽史·世表》中同样记载着："契丹国在库莫奚东，异族同

① （汉）司马迁：《史记》卷110《匈奴列传》，上海古籍出版社1986年版，第319页。

② 金毓黻：《东北通史》第一期·汉族开发时代，社会科学战线杂志社1980年翻印本，第89页。

③ 魏收：《魏书》卷100《契丹传》，上海古籍出版社1986年版，第256页。

类，东部鲜卑之别支，至是（元魏）始自号契丹。”可知，契丹源出东胡，为鲜卑宇文部之别支。今辽宁义县万佛堂景明三年（502）北魏石刻《慰喻契丹使韩贞等造窟题记》，是契丹名称见实物的最早记载，说明《魏书》的记载是可信的。而同属东胡族系的乌丸，人“俗善骑射，随水草放牧，居无常处，以穹庐为宅，皆东向”。“日戈猎禽兽，食肉饮酪，以毛毳为衣”。[①] 而《三国志·魏书》记载：鲜卑，“其言语习俗与乌丸同。其地东接辽水，西当西域。常以季春大会，作乐水上，嫁女娶妇，髡头饮宴。”契丹族同样是：“顺寒暑，逐水草畜牧。”“畜牧畋渔以食，皮毛以衣，转徙随时，车马为家。”[②] 其习俗相近，说明契丹族源出东胡的鲜卑别支是有其依据的。而东胡自先秦以来就是中国北方民族的一支。《史记·匈奴列传》：“晋北有林胡、楼烦之戎，燕北有东胡、山戎。”《赵世家》记武灵王说赵“东有燕，东胡之境，而西有楼烦、秦、韩之边”[③]。东胡为中国境内北方民族，其支系拓跋鲜卑建立了北魏政权、契丹建立了辽朝，而蒙古族则建立了元朝，之后，契丹民族遂逐渐融于周邻各民族中。其大多数与汉族融为一体。[④]

二　奇首可汗与古八部

契丹族有一个流传久远的历史传说：“有神人乘白马自马盂山浮土河而东，有天女驾青牛自平地松林泛潢河而上，至木叶山，二水合流，相遇为配偶，生八子，其后族属渐盛，分为八部。”[⑤] 这八部是：悉万丹部，何大何部，伏弗郁部、羽陵部，日连部，匹絜部，黎部，吐六于部。这八部是以白马、青牛两个互为婚姻的氏族繁衍而来。八子为八部说，说明了以下几个问题：一是古八部之间仍以血缘关系为纽带，彼此之间互为兄弟；二是此时契丹族已进入父系氏族社会，世系依父系计算，因此

① （晋）陈寿撰：《三国志·魏书》卷30《乌丸鲜卑东夷传》，上海古籍出版社1886年版。
② （元）脱脱等：《辽史》卷32《营卫志中》，中华书局1974年版，第378页。
③ （汉）司马迁：《史记》卷43《赵世家》，上海古籍出版社1986年版，第215页。
④ 武玉环：《契丹部落联盟与辽初政体》，《松辽学刊》2000年第1期。
⑤ （元）脱脱等：《辽史》卷37《地理志》，中华书局1974年版，第445页。

才有八子所属之部落的记载，而母系则被湮没无闻。

北魏太武帝时期，契丹古八部“各以其名马、文皮入献天府，岁以为常，皆得交市于和龙、密云之间，贡献不绝”。说明此时的契丹，是各部单独与北魏发生朝贡关系，各部不相统属，分散活动，契丹还没有形成统一的部落联盟。

隋朝时期，隋联结突厥偷袭契丹部落，“尽获其男女四万口，杀其男子，以女装及畜产之半赐突厥，余收之以归。”① 为了抵御外部侵扰，维护各部落的安全，各个部落联合起来，组成一个强大的部落联盟，就成为当时契丹族头等重要的事情了。

三　契丹族的崛起与大贺氏部落联盟的建立

大贺氏部落联盟大约建立在唐武德年间（618—628）。最初是由于暂时的紧急需要而结成，因此很不巩固。“凡调发攻战，则诸部毕会，猎则部得自行”。② 其时大贺氏有胜兵四万，分为八部。其中有大帅孙敖曹所属之部，与大帅辱纥主据曲所属之部等。

据《契丹国志》卷23《并合部落》记载：“初，契丹有八部，族之大者曰大贺氏。后分为八部，部之长号‘大人’，而常推一人为王，建旗鼓，以统八部。每三年则以次相代，或其部有灾疾而畜牧衰，则八部聚议，以旗鼓立其次而代之。被代者以为元约如此，不敢争。”

从以上史料可知：契丹部落联盟是以强大部落为核心而建立的。契丹部落联盟内存在着三级权力机构：一为“王”，即部落联盟长，统领八部。部落联盟长每三年重新选举一次。二为议事会，由八部的部长组成。部落联盟内的军政大事，要由议事会来决定。三为人民大会，人民大会有任免部落联盟长的权力。“八部聚议”，就是召开八部成员在内的人民大会，重新讨论、决定部落联盟长的人选。《辽史·世表》记载：“邵固，

① 司马光：《资治通鉴》卷181《隋记》，上海古籍出版社1986年版，第1204页。

② 欧阳修、宋祁：《新唐书》卷144《契丹传》，上海古籍出版社1986年版，第661页。

咄于之弟，国人共立之。”“国人”，是指契丹部民，他们用民主公选的方式，推选出契丹部落联盟长。

在契丹部落联盟内，除“王”（部落联盟长）之外，还有一名专管征讨的军事首长——夷离堇。从大贺氏部落联盟后期开始，军事首长夷离堇的权力逐步增强，管辖范围已大大超过了军事职权方面。如唐开元年间担任大贺氏部落联盟军事首长的可突于，除担任军事征讨任务外，还对部落联盟长实行控制。据《辽史》和《资治通鉴》记载，他的权力甚至超过了部落联盟长。可以随心所欲地对部落联盟长或攻、或杀、或撤换，左右着大贺氏部落联盟的局势。值得一提的是，军事首长有时甚至可以破例升任部落联盟长。唐贞观二十二年（648），曾担任大贺氏部落联盟军事首长的据曲担任了大贺氏部落联盟的联盟长，被唐朝封为松漠都督府都督，封无极男，赐姓李氏。①唐显庆五年（660）前，曾任大贺氏部落联盟军事首长的阿不固，在大贺氏部落联盟长窟哥之后，任大贺氏部落联盟长。唐万岁通天元年（696），曾任联盟内军事首长的孙万荣，继李尽忠之后，任部落联盟长。②

据上可知，大贺氏部落联盟有如下的特点：

一是联盟内实行两头首长制，设部落联盟长与军事首长各一人。二是联盟长实行兄终弟及的世选制，即部落联盟长都在同一家族内选出。新的部落联盟长为前任部落联盟长之弟。三是后期军事首长可直接升任部落联盟长。军事首长的权力大大超过其职权范围，甚至可以独揽联盟内的军事、行政大权。四是部落联盟长握有军事统率权、祭祀权、军政大事的决定权。但在可突于专权时期，部落联盟长则受制于军事首长。五是设有议事会，由契丹各部部长所组成，统领部民，平时畋猎，战时作战，有商讨、参与、决定部落联盟军政大事的权力。六是设有人民大会。在大贺氏联盟初期，契丹部民有参政、议政，实行民主公选的权力。后期，人民大会遭到破坏，可突于的专权擅政，使部民丧失了民主议政、

① （元）脱脱等：《辽史》卷63《世表》，中华书局1974年版，第953页。

② 武玉环：《契丹部落联盟与辽初政体》，《松辽学刊》2000年第1期。

参政的权利。①

大贺氏部落联盟与唐王朝保持了密切的联系。唐贞观二年（628），契丹首领摩会背弃突厥，率契丹各部依附唐朝。唐太宗把象征部落联盟最高权力的旗鼓给了摩会，表示对于契丹部落联盟首领的认可。贞观二十二年（648），唐朝在契丹内地设置松漠都督府，以契丹部落联盟首领窟哥为松漠都督。封“无极男”，赐姓“李氏”。“唐太宗置玄州，以契丹大帅据曲为刺史，又置松漠都督府，以窟哥为都督，分八部，并玄州为十州，则十部在其中矣。”②

松漠都督府隶属东夷都护府，下辖十个州，契丹把八部分为九州，加上松漠都督府，大贺氏共十州：达稽部，峭落州；纥便部，弹汗州；独活部，无逢州；芬问部，羽陵州；突便部，日连州；芮奚部，徒河州；坠斤部，万丹州；伏部，州二，匹黎州、赤山州；唐太宗置玄州，以契丹大帅据曲为刺史，共计十州。各部酋长（夷离堇）称为刺史，各部俱隶属于松漠都督府，受窟哥统辖。

说明此时契丹部落联盟有了新的发展，设置了唐王朝的地方行政建制，同时接受唐王朝的管辖。

大贺氏部落联盟时期，唐王朝和契丹曾经发生过几次大的战争。武则天统治时期（690—705），唐王朝营州都督赵文翙，实施民族压迫政策，激起了契丹人的激烈反抗，大贺氏部落联盟长李尽忠联合契丹归诚州刺史孙万荣，杀死赵文翙，进犯幽州、瀛州等地，唐朝依靠奚兵的援助，袭击了契丹的后路，才把契丹击败。契丹中衰，依附于突厥。

唐开元三年（715），李尽忠的父亲失活又率部归附唐朝，唐玄宗依照旧例，封失活为松漠都督，授予左金吾卫大将军、八部落长和刺史。失活死后，其弟李娑固于开元七年（719）来朝，袭失活官爵，被授予静析军经略大使。此时，在契丹部落联盟内，掌握契丹军事领导权的可突于，杀死契丹部落联盟长娑固，大贺氏最后一个联盟长李邵固，在开元

① 武玉环：《论北方民族共同体的形成与发展》，《黑龙江文物丛刊》1984 年第 2 期。

② （元）脱脱等：《辽史》卷 32《营卫志中》，中华书局 1974 年版，第 376 页。

十八年（730），又被可突于所杀，大贺氏部落联盟最终解体。

四 遥辇氏部落联盟

大贺氏部落联盟瓦解之后，唐天宝四年（745），当时任契丹八部大帅的迪辇阻里建立了遥辇氏部落联盟，并任遥辇氏部落联盟的首君——阻午可汗。遥辇氏部落联盟的结构如下：

部落联盟长一人，部落联盟长统领部民，掌有军事大权。阻午可汗曾"发兵十万，与（安）禄山战潢水南，禄山大败……"① 部落联盟长有制定礼仪、祭祀的权力。部落联盟长（可汗）即位仪式"柴册仪"，就是首任联盟长阻午可汗制定的。部落联盟长握有任命下属的权力。痕德堇可汗"拜太祖为于越，总知军国事"②。

军事首长一人。军事首长的主要职责是协助部落联盟长处理联盟内部军国大事，有领兵作战的权力；率领部民进行生产，掌握刑法大权。涅里担任部落联盟军事首长时，既统兵，又领民，"刻木为契，穴地为牢"③，"教耕织，而后盐铁诸利日以滋殖"④。

设立部落联盟议事会。部落联盟议事会由各部大人（部长）组成，议事会参与、决定联盟内军政大事。阿保机在担任部落联盟长第九年，"诸部以其久不代，共责诮之"⑤。辽建国初期，在帝位继承仪式上，仍留有联盟议事会民主公选联盟长的遗迹。"述律后爱中子德光，欲立之，至西楼，命与突欲俱乘马立帐前，谓诸将曰：'二子吾皆爱之，莫知所立，汝曹择可立者执其辔。'诸将知其意，争欢跃曰：'愿事元帅太子。'后曰：'众之所欲，吾安敢违？'遂立之。"⑥ 诸臣执辔，推选其可立者，正是部落联盟议事会推选联盟长仪式的残余。但也只是徒

---

① （元）脱脱等：《辽史》卷63《世表》，中华书局1974年版，第955页。
② （元）脱脱等：《辽史》卷1《太祖纪上》，中华书局1974年版，第2页。
③ （元）脱脱等：《辽史》卷2《太祖纪下》，中华书局1974年版，第24页。
④ （元）脱脱等：《辽史》卷48《百官志四》，中华书局1974年版，第822页。
⑤ （宋）欧阳修：《新五代史》卷72《四夷附录》，中华书局1974年版，第886页。
⑥ （宋）叶隆礼：《契丹国志》卷14《东丹王传》，中华书局1974年版，第150页。

具民主的形式而已。述律太后在立耶律德光的过程中，“杀酋长及诸将数百人”[①]，已无丝毫民主可言。

遥辇氏部落联盟内设有人民大会。人民大会有参政、议政的权力。辽建国前夕，安端、迭剌等人发动叛乱，耶律阿保机“召父老群臣正其罪，并其子戮之，分其财以给卫士”[②]。这里的“父老群臣”包括普通部民与联盟内的头领。正是人民大会行使参政议政权利的缩影。但是，到了遥辇氏部落联盟的后期，在刀光剑影、血腥镇压反对派的斗争中，人民大会也只是徒具形式而已。[③]

在遥辇氏部落联盟时期，契丹社会内已发生一系列深刻的变革，第一，在联盟内部，特权阶级已出现，同时已有贫富的差别与阶级分化。各部首领在对外族征讨过程中，俘获了大量的人口、牲畜，积累了大量的财富，成为部落中的显贵。而被俘获的人口以及部落中的普通部民，因犯罪而籍没为奴的，因风雪牛马死伤、畜产减少沦为贫民与奴隶的，也为数不少。常年的对外族的战争，让契丹部落俘获了大批的奴隶和牲畜。鲜质可汗时期，征伐奚族，“俘其拒敌者七百户”。阿保机父亲为部落酋长时，“俘其七千户”，德祖弟述澜为夷离堇，“北征于厥、室韦、南略易、定、奚、霫。”[④] 痕德堇可汗时期，契丹侵袭周边各族：“鞑靼、奚、室韦之属，咸被驱役，族帐寖盛，有时入寇。”[⑤] 俘获的大批俘虏，都成为部落贵族的奴隶。此外，还有数量不等的罪犯，沦为“罪奴”，被契丹贵族以“籍没之法”，“籍没家属入瓦里”。例如，蒲古只等三族谋害阿保机叔父释鲁，事觉，痕德堇可汗命阿保机惩治凶手，“籍没家属入瓦里”。这样，犯罪之人从原来的部族之中分离出来，变为奴隶身份。[⑥]

与此同时，部落联盟内部中的特权阶层也逐渐形成。契丹可汗和各

---

① （宋）叶隆礼：《契丹国志》卷四，中华书局1974年版，第43页。

② （元）脱脱等：《辽史》卷1《太祖纪上》，中华书局1974年版，第9页。

③ 武玉环：《契丹部落联盟与辽初政体》，《松辽学刊》2000年第1期。

④ （元）脱脱等：《辽史》卷2《太祖纪》，中华书局1974年版，第24页。

⑤ （宋）薛居正：《旧五代史》卷137《契丹传》，上海古籍出版社1986年版，第207页。

⑥ 武玉环：《辽代的部族制度》，《史学集刊》2000年第1期。

部夷离堇通过世选而出。但是，世选是在固定的家族中选拔，这些家族逐步成为特权家族，有的部落酋长可以连任，世选家族世代把持部落联盟内的重要官职。在对外战争中，部落联盟内的大大小小的首领，从战争中获得财富、人口和牲畜，成为部落之中的富有者。部落联盟内阶级分化日益明显。

第二，出现了初期国家的萌芽。契丹部落联盟内设置官吏进行管理。“契丹国自唐太宗置都督、刺史，武后加以王封，玄宗置经略使，始有唐官爵矣。其后习闻河北藩镇受唐官名，于是太师、太保、司徒、司空施于部族。”① 同时，设立了本族主管刑狱的官员、夷离堇、决狱官等，以解决联盟内由于财富、争斗所引起的各种纷争。而太祖耶律阿保机的家族世代为迭剌部的夷离堇，执掌政柄。

第三，农业、纺织业、矿冶业与畜牧业的发展。遥辇氏部落联盟时期，已有农业、纺织与矿冶业。《辽史·百官志》记载，部落联盟初期的军事长官涅里，“究心农工之事”，“教民耕织”。这时期，契丹社会生产力已有很大的提高，到阿保机伯父述澜为夷离堇时，“始兴板筑，置城邑，教民种桑麻，习组织”。②

第四，各部落已划分固定的“分地”，开始定居、半定居的生活。“契丹之初，草居野次，靡有定所。至涅里始制部族，各有分地”。③ 遥辇氏部落联盟时期，契丹已由血缘组织向地缘组织转化。④

① （元）脱脱等：《辽史》卷47《百官志三》，中华书局1974年版，第771页。

② （元）脱脱等：《辽史》卷2《太祖纪》，中华书局1974年版，第24页。

③ （元）脱脱等：《辽史》卷32《营卫志中》，中华书局1974年版，第377页。

④ 武玉环：《从马克思主义民族理论看北方民族共同体的形成与发展》，吉林省历史学会编《马克思主义与历史科学论文集》，1983年10月。

第二章

契丹建国与灭亡渤海国

公元10世纪初，遥辇氏部落联盟长痕德堇可汗立，任命涅里的后裔耶律阿保机为夷离堇，统领兵马，专管对外征讨。耶律阿保机率军接连大破室韦、于厥、奚，俘获大量的战俘与牲畜，使得阿保机的实力大增。

唐天复二年（902），阿保机率兵四十万，征伐河东、代北，攻下九郡。获生口九万五千，驼、马、牛、羊不可胜纪。[①]

阿保机又把德祖时期俘获的奚七千户，设立为奚迭剌部，分为十三县。公元903年，痕德堇可汗拜阿保机为于越（契丹尊官，非大功德者不授），总知军国事。阿保机由此掌握了部落联盟的军政大权。

公元904年，阿保机大败唐卢龙军节度使刘仁恭军将赵霸，乘胜大破室韦。明年，进兵击刘仁恭，攻下数州，尽徙其民以归。之后，又遣偏师讨奚、诸部及东北女真之未附者，全部降服。

公元907年，“八部之人以为遥辇不任事，选于其众，以阿保机代之”。[②] 耶律阿保机成为契丹部落联盟的首领——可汗。阿保机担任部落联盟长后，集军、政大权于一身，开始了建立国家政权的一系列准备工作。

一　诸弟之乱与耶律阿保机统一契丹八部

耶律阿保机担任契丹遥辇氏部落联盟的首领可汗之后，变三年一选

---

① （元）脱脱等：《辽史》卷1《太祖纪》，中华书局1974年版，第2页。

② （宋）欧阳修：《新五代史》卷72《四夷附录》，中华书局1974年版，第886页。

部落联盟可汗制为连任制。阿保机任联盟首领后，汉人谋士对阿保机说："中国之王无代立者"。阿保机益以威制诸部而不肯代。按契丹的惯例，阿保机的弟兄们也都有三年一选为联盟首领的资格，他们觊觎其位已久。

在阿保机连任部落联盟长后，由于违背了三年一选可汗的契丹族旧传统，引起了阿保机诸弟的不满和反对。阿保机之弟剌葛纠集了反对派势力寅底石、安端、迭剌等人，发动了叛乱，称为"诸弟叛乱"。第一次是在阿保机取代遥辇氏的第五年（911），"五月，皇弟剌葛、迭剌、寅底石、安端谋反。安端妻粘睦姑知之，以告，得实。上不忍加诛，乃与诸弟登山刑牲，告天地为誓而赦其罪。出剌葛为迭剌部夷离堇，封粘睦姑为晋国夫人。"① 阿保机平定了这场叛乱，并且对诸弟"赦其罪"。

第二年（912）诸弟又进行了第二次叛乱。"冬十月戊寅，剌葛破平州，还，复与迭剌、寅底石、安端等反。甲申，遣人使梁致祭。壬辰，还次北阿鲁山，闻诸弟以兵阻道，引军南趋十七泺。是日燔柴。翼日，次七渡河，诸弟各遣人谢罪。上犹矜怜，许以自新。"② 这次叛乱，是打着维护契丹三年一选可汗的旧传统的旗号，因此，阿保机登山燔柴告天，举行了选汗仪式燔柴礼，抢先把维护旧传统的旗帜夺回到自己的手中，使得诸弟叛乱失去了理由。但是，诸弟并没有就此善罢甘休。

第三年（913）三月，诸弟发动了更大规模的叛乱。"弟迭剌哥图为奚王，与安端拥千余骑而至，绐称入觐。上怒曰：'尔曹始谋逆乱，朕特恕之，使改过自新，尚尔反覆，将不利于朕！'遂拘之。"③ 剌葛与安端率军千余骑，另引其众在乙室堇淀行天子旗鼓，阴谋自立为可汗。阿保机拘捕了迭剌、安端之后，率领大军追捕剌葛。剌葛所派的另一支大军，由寅底石率领，奔赴行宫，焚烧其辎重、庐帐，纵兵大杀，夺去了象征可汗权力的旗鼓和神帐，驻守在行宫的阿保机之妻述律后急派蜀古鲁救援，仅得天子旗鼓。其党神速姑又率军抢劫西楼，焚明王楼。阿保机追

① （元）脱脱等：《辽史》卷1《太祖纪》，中华书局1974年版，第5页。
② 同上书，第6页。
③ 同上。

至土河，秣马休兵，不以为意。诸将请急追之，阿保机说：“俟其远遁，人各怀土。怀土既切，其心必离，我军乘之，破之必矣！”① 把先前所获资畜分赐将士，又选轻骑追到培只河，尽获逆党辎重、生口。阿保机事先派遣室韦及吐浑酋长拔剌、迪里姑等五人分兵伏其前面的路旁，命北宰相迪里古为先锋追击。剌葛率兵迎战，迪里古以轻兵还击。其弟遏古只临阵射箭，数十人毙命。剌葛失败而逃，追至柴河，剌葛自焚烧其车乘庐帐而逃。遇到拔剌、迪里姑等伏兵，奋击，大败剌葛之军。剌葛奔溃，所夺神帐丢弃在路上。所获生口尽纵归本土。其党库古只、磨朵皆面缚请罪。五月癸丑，在榆河，北宰相迪辇率骁骑活捉剌葛、涅里衮阿钵。这次叛乱，给契丹部族造成巨大损失，“时大军久出，辎重不相属，士卒煮马驹、采野菜以为食，孳畜道毙者十七八，物价十倍，器服资货委弃于楚里河，狼藉数百里。”②

阿保机诸弟剌葛、迭剌、寅底石、安端等连续举行三次武装叛乱，并且一次比一次规模大，其目的是要夺取部落联盟的领导权。耶律阿保机经过近两年的时间，才平定了这三次武装叛乱，稳定和巩固了他在部落联盟内的统治地位。

叛乱平定后，部落联盟内仍存在着反对阿保机的势力，“诸部以其久不代，共责诮之。阿保机不得已，传其旗鼓，而谓诸部曰：‘吾立九年，所得汉人多矣，吾欲自为一部以治汉城，可乎？’诸部许之。汉城在炭山东南滦河上，有盐铁之利，乃后魏滑盐县也。其地可植五谷，阿保机率汉人耕种，为治城郭邑屋廛市如幽州制度，汉人安之，不复思归。阿保机知众可用，用其妻述律策，使人告诸部大人曰：‘我有盐池，诸部所食。然诸部知食盐之利，而不知盐有主人，可乎？当来犒我’。诸部以为然，共以牛酒会盐池。阿保机伏兵其旁。酒酣伏发，尽杀诸部大人，遂立，不复代。”③ 耶律阿保机一举统一了契丹八部，为其建国登基铲除了最后的障碍。

---

① （元）脱脱等：《辽史》卷1《太祖纪》，中华书局1974年版，第7页。

② （元）脱脱等：《辽史》卷2《太祖纪》，中华书局1974年版，第7页。

③ （宋）欧阳修：《新五代史》卷72《四夷附录》，中华书局1974年版，第886页。

二 契丹建国

公元916年，耶律阿保机在龙化州即皇帝位，国号契丹，建元神册，群臣上尊号为“大圣大明天皇帝”，其妻述律氏为“应天大明地皇后”。立长子耶律倍为皇太子，确立了世袭皇权的统治，建立了中央集权制的国家。①

在政治制度方面，设置了中央与地方各级管理机构，从事对国家和民众的管理。辽初官制是按因俗而治的方针设立，分为契丹本族官制和汉官制。

契丹北面官制：设立南北宰相府，掌佐理军国大政，南、北宰相由皇帝亲自任命。南宰相，多由皇族四帐世预其选；北宰相，多由后族世预其选。设立南、北大王院；分掌部族、军民之政。契丹十八部族，分别由南、北王府所统领。设立大惕隐司，掌皇族之政教；夷离毕院，掌刑狱；敌烈麻都司，掌礼仪；侍卫司，掌御帐亲卫之事。

汉官制：设立汉儿司：掌管辽地汉人事宜。

中书省：太祖置官，设中书令，为辽初汉人宰相之职。

尚书省：太祖置左、右尚书，掌管汉地汉人事宜，为总理辽代行政事务的机关。

改编契丹部族为十八部，由北、南宰相府按地区进行统治。太祖以遥辇部族分置者凡十部，增者八。分迭剌部为五院部、六院部、此外还有品部、乌隗部、涅剌部、突吕不部、奚王府六部五帐、突吕不室韦部、涅剌拿古部、乌古涅剌部、图鲁部，以上十一部隶北府。乙室部、楮特部、突举部、迭剌迭达部、乙室奥隗部、楮特奥隗部、品达鲁虢部，以上七部隶南府。以上十八部族，有原来遥辇氏时期的旧契丹部族八部，太祖析为十部；有被征服、掳掠的北方、西北方的渔猎、游牧部落居民，太祖耶律阿保机把他们分编为八部，分别隶属北、南府管辖，各部都有“分地”，按地区进行统治。北、南府宰相由皇帝任命，而各部的“大

① 关于契丹建国的时间，有两种看法。第一种为：公元907年为契丹建国时间，参见舒焚《辽史稿》，湖北人民出版社1984年，第133页。第二种看法为：公元916年为契丹建国的时间，参见蔡美彪等《中国通史》第6册，人民出版社1979年版，第28页；张正明《契丹史略》，中华书局1979年版，第29页。杨树森：《辽史简编》，辽宁人民出版社1984年版，第27页。

王”，也由皇帝派遣，成为北南府统辖下的国家官吏。十八部的部民成为隶属国家的属民，承担国家的赋役。

对汉人俘户，以头下军州的办法进行管理。把俘获的汉人编入头下军州，头下军州由朝廷任命节度使进行管辖，其户数的多少则由朝廷赐额，头下军州多由契丹贵戚、诸王、公主创立，头下户输租为官，且纳课给其主。这是采用中原州县制的办法，结合契丹的头目制来管辖汉人。

军队的改编。契丹国家建立后，太祖耶律阿保机设置“宫卫骑军”，入则居守，出则扈从，葬则以守陵，成为皇帝的御用警卫队。地方有州县部族军、五京乡丁、属国军等，成为捍卫皇权、维护统治的重要工具。

制定法律。耶律阿保机即位后，命突吕不撰“决狱法”，又命大臣“定治契丹及诸夷之法”，辽境内的汉人则依汉法律。同时，在中央设置了决狱讼的法官“夷离毕”。法律的制定，对维护社会秩序稳定、巩固契丹的统治起到重要作用。

建都城。公元918年，耶律阿保机在契丹故地建造皇都，天显十三年，更名为上京临潢府。其地在今内蒙古昭乌达盟巴林左旗南波罗城。由汉人康默记负责上京的修建。“神册三年，始建都，默记董役，人咸劝趋，百日而讫事。五年，为皇都夷离毕。”① 在此基础上，天显元年(926)，“乃展郛郭，建宫室。”② 天显十三年，又再次扩建。经过几次扩建，上京城已经是幅员达二十七里的大城了。

造文字。契丹无文字，刻木为契。公元920年正月，阿保机从侄鲁不古和突吕不受命仿汉字偏旁，制契丹大字。之后，阿保机弟迭剌又制契丹小字，同在辽地颁行、使用。

三 南下中原，设立州县制

阿保机建国后，正值中原地区处于五代十国的混乱时期，阿保机趁机南下中原，侵掠中原的周边地区。神册元年（916）八月，攻下朔州，

① （元）脱脱等:《辽史》卷74《康默记传》，中华书局1974年版，第1230页。

② （元）脱脱等:《辽史》卷37《地理志》，中华书局1974年版，第440页。

擒节度使李嗣本，并于青冢南刻石纪功。同年十一月，攻蔚、新、武、妫、儒五州，斩首一万四千七百余级。自代北至河曲跨阴山，尽有其地。遂改武州为归化州，妫州为可汗州，置西南面招讨司，选有功者担任此职位。①

神册二年三月，攻幽州，节度使周德威率领幽、并、镇、定、魏五州之兵拒于居庸关之西，两军战于新州东，契丹军大破周德威军，斩首三万余级，杀李嗣恩之子武八。神册六年，晋新州防御使王郁率所部山北兵马降辽。阿保机率大军入居庸关，下古北口，分兵攻略檀、顺、安远、三河、良乡、望都、潞、满城、遂城等十余城，俘其民迁徙到辽内地。同时进围涿州，破其城，刺史李嗣弼以城降。阿保机迁徙檀、顺之民，安置于东平、沈州。②

天赞元年（922）夏四月，阿保机率军攻蓟州，攻下城池，擒刺史胡琼，以卢国用、涅鲁古掌管军民之事。第二年春正月，大元帅尧骨克平州，获刺史赵思温、裨将张崇。辽军接连攻下曲阳、北平。天赞三年春正月，遣兵略地燕南，迁徙蓟州民实辽内地。

辽太祖耶律阿保机在攻城略地之后，把俘获的汉人安置在辽内地，采取中原州县制的办法，建置州县，有的按照原来俘户所属州县的名字来命名，有的建新的州县来安置俘户。按照原来俘户所属州县的名字命名的，如南京道的行唐县，俘户本属定州行唐县。太祖掠定州，破行唐，尽驱其民，北至檀州，择旷土居之，凡置十寨，仍名行唐县，隶彰愍宫，户三千。安喜县，本汉令支县地，久废。太祖以定州安喜县俘户置。在州东北六十里，户五千。望都县，本汉海阳县，久废。太祖以定州望都县俘户置。县在州南三十里，户三千。③ 潞县，本幽州潞县民，天赞元年，太祖破蓟州，掠潞县民，布于京东，与渤海人杂处，隶崇德宫，户三千。④

辽朝新建的州县如永州，承天皇太后所建，太祖于此置南楼。仪坤

① （元）脱脱等：《辽史》卷1《太祖纪》，中华书局1974年版，第11页。
② 同上书，第17页。
③ （元）脱脱等：《辽史》卷40《地理志》，中华书局1974年版，第494页。
④ （元）脱脱等：《辽史》卷37《地理志》，中华书局1974年版，第439页。

州，本契丹右大部地，应天皇后建州。龙化州，本汉北安平县地，契丹始祖奇首可汗居此，称龙庭，太祖于此建东楼。唐天复二年，太祖为迭烈部夷离堇，破代北，迁其民，建城居之。明年，伐女真，俘数百户实焉。①

阿保机对于俘获的中原汉人采取中原州县制进行统治，仍旧保留中原汉人的生产、生活习俗，让他们从事农业生产。当时的汉人宰相韩延徽，建议阿保机用汉法统治汉人："乃请树城郭，分市里，以居汉人之降者。又为定配偶，教垦艺，以生养之。以故逃亡者少。"② 迁徙到辽朝内地的中原汉人，把农业生产技术带到草原地区，中原农业文明在契丹内地开始传播，农业经济逐渐在辽朝社会经济中占据主要的地位。

四　灭亡渤海国与设立东丹国

渤海国（698—926）是一个以靺鞨族为主体建立的北方民族政权。其范围相当于今中国东北地区、朝鲜半岛东北及俄罗斯远东地区的一部分。公元 698 年，粟末靺鞨首领大祚荣在东牟山（今吉林敦化）自称"震国王"，建立政权。公元 713 年，唐玄宗册封大祚荣为"渤海郡王"，并加授忽汗州都督，始以"渤海"为号。渤海都城初在旧国（今吉林敦化），公元742 年迁至中京显德府（今吉林和龙），755 年迁至上京龙泉府（今黑龙江宁安）。渤海按唐制建立政治、经济制度，全盛时辖境有五京、十五府、六十二州，其文化深受唐朝文化影响，被称为"海东盛国"。《新唐书·渤海传》记载了渤海建国的过程。"渤海，本粟末靺鞨附高丽者，姓大氏。高丽灭，率众保挹娄之东牟山。地直营州东二千里"。"万岁通天中，契丹尽忠杀营州都督赵文翙反，有舍利乞乞仲象者与靺鞨乞四比羽及其余种东走，渡辽水，保太白山之东北，阻奥娄河，树壁自固。武后封乞四比羽为许国公，乞乞仲象为震国公……是时，仲象已死，其

---

① （元）脱脱等：《辽史》卷 37《地理志》，中华书局 1974 年版，第 447 页。

② （元）脱脱等：《辽史》卷 74《韩延徽传》，中华书局 1974 年版，第 1231 页。

子祚荣引残夷遁去……即并乞四比羽之众，恃荒远，乃建国，自号震国王。”[①] 根据以上记载可知：舍利乞乞仲象死后，其子大祚荣联合乞四比羽，建立渤海国。也有部分亡国后的高句丽遗民进入渤海国中，但其主体民族与统治民族为粟末靺鞨。渤海始祖大祚荣是粟末靺鞨人。

渤海国的生产方式以农业为主，此外还有家畜饲养业、渔业、狩猎业。

农业：渤海族早在建国前，其先世勿吉人已从事农业种植。《魏书·勿吉传》：“（勿吉）有粟及麦穄、菜则有葵，水气咸凝，生树上，亦有盐池。多猪无羊，嚼米酿酒，饮能至醉。”唐时粟末靺鞨人，“有车马，牛以耕，车则步推，有粟、麦”。渤海国时期的卢城之稻，享有盛名。[②] 在渤海上京等地，发现很多铁犁、铁镰等农业生产工具，说明渤海农业生产已有相当程度的发展。

家畜饲养业：渤海人有饲养猪的习俗。《唐会要·靺鞨》：“黑水靺鞨，其畜宜猪，食其肉而衣其皮。”“田耦以耕，车则步推，有粟麦。”[③] 考古工作者于1991年秋在黑龙江省同仁遗址中的房屋堆积坑中发现许多猪下颌骨、肩胛骨等，应为当时的人们食猪肉而剩下的骨骼，说明了猪在渤海人生活中所占的重要地位以及家畜饲养业的发达。

渔猎业：渔业是渤海国主要的经济类型之一。《契丹国志》记载：“渤海螃蟹红色，大如碗，螯巨而厚，其跪如中国蟹螯。”[④] 渤海人善于射猎。渤海国太白山之兔，扶余之鹿，率宾之马最为著名，它们是渤海人的主要猎物。

渤海国仿照唐朝制度，中央设置三省六部。地方建制为五京、十五府、六十二州。其辖境包含今绥芬河流域及乌苏里江、兴凯湖以东至海滨之地。到大仁秀、大諲譔时期，国势逐渐衰弱。

耶律阿保机欲南下中原，为了解除来自侧翼及后方的威胁，决定东

---

① （宋）欧阳修：《新唐书》卷219《渤海传》，上海古籍出版社1986年版，第665页。

② 同上。

③ （宋）欧阳修：《新唐书》卷219《黑水靺鞨传》，上海古籍出版社1986年版，第665页。

④ （宋）叶隆礼：《契丹国志》卷27《岁时杂记》，上海古籍出版社1985年版，第257页。

攻渤海国。《契丹国志》记载："时东北诸夷皆服属，惟渤海未服。太祖谋南征，恐渤海掎其后，乃先举兵击渤海之辽东。"此时的渤海国，也深深畏惧契丹的崛起，暗中与新罗等国勾结。先是，渤海国王大諲譔本与奚、契丹为唇齿国。太祖初兴，并吞八部，继而用师，并吞奚国。大諲譔深惮之，阴与新罗诸国结援，太祖知之，集议未决。后因游猎，弥旬不止，有黄龙在其毡屋上，连发二矢，殪之，龙坠其前。后太子德光于其地建州，黄龙府即其地也。太祖曰："吾欲伐渤海国，众计未定而龙见吾前，吾能杀之，是灭渤海之胜兆也。"①

天赞四年（925）十二月，太祖耶律阿保机诏曰："所谓两事，一事已毕，惟渤海世仇未雪，岂宜安驻！"乃举兵亲征渤海大諲譔。皇后、皇太子、大元帅尧骨皆从。闰月丁巳，次商岭，夜围扶余府（今吉林省农安县）。

天显元年（926）春正月庚申，辽军攻下扶余城，诛其守将。丙寅，太祖命惕隐安端、前北府宰相萧阿古只等将万骑为先锋，遇大諲譔老相兵，大败渤海老相兵。皇太子、大元帅尧骨、南府宰相苏、北院夷离堇斜涅赤，南院夷离堇迭里于当天夜晚，围忽汗城（今黑龙江省宁安市渤海镇）。大諲譔请降。阿保机优礼而释之。不久，大諲譔复叛，辽军攻其城，破之。阿保机驾幸城中，大諲譔请罪马前，渤海国灭亡。

辽灭亡渤海国后，设立东丹国，改忽汗城为天福城。册立皇太子耶律倍为人皇王，主持东丹国。任命皇弟迭剌为左大相，渤海老相为右大相，渤海司徒大素贤为左次相，耶律羽之为右次相。赦免国内殊死罪以下。② 在东丹国所设四相之中，渤海人、契丹人各占二位，渤海人与契丹人共同参政，管理东丹国。东丹国仍旧沿袭原来渤海国时期的政治制度。设立政堂省、中台省、六部、大理寺、翰林院等机构。例如乌济显，任东丹国政堂省工部卿；高模翰，任东丹国中台者右相；③ 高保义，任东丹国大理评事；王继远，任东丹国翰林学士，其孙担任宫中使；列周道，

---

① （宋）叶隆礼：《契丹国志》卷1《太祖大圣皇帝》，上海古籍出版社1986年版，第7页。

② （元）脱脱等：《辽史》卷2《太祖纪下》，中华书局1974年版，第22页。

③ （元）脱脱等：《辽史》卷76《高模翰传》，中华书局1974年版，第1249页。

任东丹国南海府都督。

关于东丹国的废止时间，过去一直认为是在圣宗乾亨四年（982）“省置中台省官”。“大东丹国中台省。太祖天显元年置，乾亨四年圣宗省。”① 但是，在《辽史·圣宗纪》中记载，圣宗统和十六年（998）二月，“以监门卫上将军耶律喜罗为中台省左相。”可知，中台省在统和十六年仍存在，其废止的时间可能还要靠后。

辽朝把渤海王族迁徙到上京，在朝廷中设渤海帐司。辽太祖天显元年（926）三月班师，“以大諲譔举族行”。“天显元年（926）七月，卫送大諲譔于皇都西，筑城以居之。赐諲譔名曰乌鲁古，妻曰阿里只。”② 同时，在朝廷设渤海帐司。下设渤海宰相、渤海太保、渤海挞马。设渤海近侍详稳司管理。辽取消东丹国中台省后，继续任用渤海人担任辽中央或地方的官员。例如，大仁靖，在圣宗统和初年任东京宰相府右平章事。高清明，任渤海详稳，大康义，任南府宰相。罗汉，任渤海帐司宰相，权东京统军使。

太宗天显三年（928）十二月，把东丹国民迁徙到辽东。升东平郡为南京，即辽的东京辽阳府。设东京安抚使司，下设安抚使。设渤海大都督府。东京道下设府、州、县制，管理原渤海民众。

① （元）脱脱等：《辽史》卷45《百官志》，中华书局1974年版，第710页。
② （元）脱脱等：《辽史》卷2《太祖纪下》，中华书局1974年版，第22页。

第三章

太宗南征与后晋的灭亡

一　太宗之立与东丹王让位奔唐

太宗耶律德光（902—947），是辽太祖的次子，辽朝开国后的第二个皇帝。他骁勇善战，太祖任命他为天下兵马大元帅，是手握重兵的实权派。耶律德光曾南攻中原，西取吐浑、党项、阻卜，攻取山西诸镇，跨越流沙，夺取西部边疆各部，东平渤海。《辽史》说他“东西万里，所向皆有功”。

太祖耶律阿保机死于征伐渤海国回师的途中，其皇位的继承者，本应由皇太子耶律倍来继承，但其母述律太后偏爱二子耶律德光，德光手握兵权，又得到太后的支持。述律太后首先对支持皇太子耶律倍继承皇位的大臣进行清理，为耶律德光即皇帝位扫清障碍。当时的南院夷离堇耶律迭里说：“帝位，应当先嫡长子；今东丹王在朝，当立。”耶律迭里因此被指为东丹王党羽，下狱。郎君耶律匹鲁等人，因为支持耶律倍，都被指为耶律倍党羽而被杀。其他大臣只能缄默不语，耶律倍只好让位。之后，耶律倍弃家出走，投奔后唐。耶律德光继承皇位，做了皇帝，是为太宗。

太宗耶律德光时期，是契丹的经济、政治和文化获得空前发展的时期。太宗即位后、励精图治，奖励生产，教民播种纺织，设置典章制度，治理民政。辽朝的疆域在这一时期经过迅速的扩张后，基本稳定下来。国家规模更加扩大、管理更加制度化。契丹正式改称为大辽，与北宋王朝（960—1127）南北对峙，形成了我国历史上又一次南北朝并立的局面。

二 太宗援晋与占领燕云十六州

太宗耶律德光即位时，正值五代十国时期（907—960）。从公元907年朱温灭唐到960年北宋建立，短短的五十四年间，中原相继出现了梁、唐、晋、汉、周五个朝代。同时，在这五朝之外，还相继出现了前蜀、后蜀、吴、南唐、吴越、闽、楚、南汉、南平（即荆南）和北汉这十个割据政权。五代的开国之君，都是前朝的藩镇，靠军事割据发展起来的，故这一时期的历史特点是战争频仍，政权屡有更迭。

太宗耶律德光当政时期，先后发动了几次大规模入侵中原的战争。太宗天显九年（934），后唐潞王李从珂废黜后唐的第三位皇帝李从厚，自立为帝。此前后唐的皇帝明宗李嗣源，是个出身贫苦、缺少文化的“蕃人”。他没有培养出有能力的继位者和一批有才德的臣下。明宗在幽州有亲家赵德钧（德钧儿子赵延寿是明宗的女婿），在河东（今山西省）有女婿石敬瑭，自己手上还有避难的东丹王耶律倍。可是，他万万没有想到内部发生了政变。在他死后，他的几个女婿，掌握兵权的石敬瑭、赵延寿、杜重威，先后一个个向契丹投降，与后唐为敌。继位的儿子、年轻的李从厚（闵帝），很快就被养父李从珂（末帝）杀掉。赵德钧、石敬瑭当然不会同意李从珂为帝。但是石敬瑭和赵德钧之间也有矛盾。李从珂是个粗鲁的、不会驾驭臣下的人，即位不久，就把石敬瑭从太原调到郓州（今山东东平）去，石敬瑭不肯，于是他发兵讨伐石敬瑭，并且杀掉石敬瑭在洛阳的子弟四十口。

石敬瑭起兵反唐，并向契丹求救。与此同时，赵德钧也派人到契丹勾结。赵德钧的代价是灭掉李从珂，赵德钧做皇帝，和契丹结为兄弟之国。而石敬瑭特派桑维翰入契丹，请求援兵，他出的代价是：灭掉李从珂，由石敬瑭做皇帝，和契丹结为父子之国，割让燕云十六州，每年贡帛三十万匹。[①] 辽太宗同意了石敬瑭的要求。

---

① （元）脱脱等：《辽史》卷3《太宗纪》，中华书局1974年版，第41页。《辽史》卷4《太宗纪》，中华书局1974年版，第45页。

辽天显十一年（936），太宗亲自率领十万大军，直入太原，打败了后唐大将张敬达的军队。李从珂举族自焚而死，后唐灭亡。太宗立石敬瑭为大晋皇帝。石敬瑭虽然当上了契丹扶植下的后晋儿皇帝，但势如累卵，随时都有倒台的危险。石敬瑭深知这一点，因此对辽朝百依百顺，毕恭毕敬，采取各种手段讨好辽朝，极尽卑躬屈膝之能事，为当时的人及后人所不齿。他的政权终究未能长久。

后晋派赵营来辽，并将幽、蓟十六州和地图献给契丹；又派使者向辽进贡岁币，后晋遂成为辽朝卵翼下的傀儡政权。

三　太宗南征与后晋灭亡

晋帝石敬瑭死，他的儿子石重贵即皇帝位。后晋派使者向辽告哀。太宗派人去晋吊祭。后晋派金吾卫大将军梁言、判四方馆事朱崇节来辽致谢。晋帝信中对太宗称孙不称臣，太宗命客省使乔荣去后晋追问此事。太宗开始有了南伐后晋的想法。

会同六年（943）冬十月，辽太宗命令赵延寿、赵延昭、安端、解里等人率兵分道由沧（今河北沧县东南）、恒（今河北正定）、易（今河北易县）、定（今河北定县）等州进军伐晋。

会同七年春正月，赵延寿、赵延昭率五万骑兵到达任丘（今河北任丘市）。安端进入雁门关，包围忻州（今山西忻县）、代州（今山西代县）。己卯日，赵延寿包围贝州（今河北南宫东南）。辽太宗到达元城（今河北大名），派兵进攻黎阳（今河南浚县西）。后晋将领张彦泽率兵前来抵抗。后晋派使者来求和。辽军把晋将包围在戚城（今河南淮阳北），晋帝亲率军队前来援救，辽军撤退。太宗于是命令赵延寿、赵延昭率数万骑兵攻击后晋援军高行周军的右翼。太宗亲率精兵进攻高行周军的左翼。晋军奔溃而逃，辽军纵兵追杀，于是大败晋军。

会同八年（945）春正月，辽分兵攻取邢州（今河北邢台）、洺州（今河北永年县广府镇）、磁州（今河北磁县），烧杀抢掠殆尽，进入邺都

（今河北大名县东北）境内。八月，太宗亲自率军伐晋。①

辽军进而包围镇州。后晋将领杜重威、李守贞、张彦泽等率领所属二十万人向辽军投降。辽太宗在数万骑兵的簇拥下，立马在山丘之上，接受投降。太宗封杜重威为守太傅、邺都留守，封李守贞为天平军节度使，其余晋将各维持原来的职务。太宗把投降晋兵的一半分给杜重威，另一半分给赵延寿。太宗又命令御史大夫解里、监军傅桂和张彦泽拿着诏书进入汴京，宣谕晋帝的母亲李氏，表示安抚之意。太宗留骑兵千人守卫魏州，自己亲自率领大军向南前进。

之后，辽太宗到达赤冈，命令百官仍然官复原职。车驾进入汴京，到达崇元殿，接受百官的祝贺。太宗降封晋帝为崇禄大夫，又封他为负义侯。太宗封张砺为平章事，李崧为枢密使、冯道为太傅，和凝为翰林学士，其余的人都授官不等。太宗派赵莹、冯玉、李彦韬率领几百骑兵，送负义侯（即晋帝石重贵）和他的母亲李氏、太妃安氏、妻子冯氏、弟弟石重睿、儿子石延煦、石延宝等到黄龙府（今吉林省农安县）居住。并派宦官、宫女百余人随行。

太宗把后晋各府的官吏，侍妾和宫女、宦官、方技、百工、图画书籍、历象、石经、铜人、明堂刻漏、太常乐谱、诸宫悬、卤簿、法物及铠仗，全部送到上京（今内蒙古巴林左旗林东镇东南二里波罗城）。辽得晋地七十六处，得民户一百零九万一百一十八户。②

---

① （元）脱脱等:《辽史》卷4《太宗纪》，中华书局1974年版，第55页。

② 同上书，第60页。

第四章

世宗、穆宗时期的统治

一 世宗即位与横渡之约

大同元年（947）四月，辽太宗在伐晋归来的途中，病死于河北栾城县的杀胡林。跟随太宗从征的将领们，一时群龙无首。他们考虑着摆在面前的两条道路：第一条，带着太宗的尸首回草原，如实报告给太后和皇太弟李胡，这样一来必然是李胡当上皇帝。太后、李胡一向反对入主中原。新皇帝和老太后对于大家的冲锋陷阵，出生入死，未必看作是一件了不起的功绩。况且李胡“少勇悍多力，而性残酷。而母笃爱李胡。天显五年，遣徇地代北，攻寰州，多俘而还，遂立为皇太弟，兼天下兵马大元帅”。[①] 但是李胡在军中没有威望。第二条，就是让南征的将领东丹王耶律倍的儿子永康王耶律阮当皇帝。这样，大家的汗马功劳一定不会落空。通过酝酿、谋划，大家意见一致了，他们采取了后一条办法，共同推举出南征将领之一、东丹王耶律倍的儿子永康王耶律阮，拥戴他在回军途中的镇阳（今河北正定）做了皇帝，历史上称为辽世宗。

太后和皇太弟李胡听到这个消息后大怒。率领军队前去兴师问罪。在泰德泉，李胡的军队被安端、留哥所打败。太后与世宗耶律阮隔潢河（今内蒙古西拉木伦河）对阵，各自陈述举兵之意。经过惕隐耶律屋质从中调停，太后深知李胡残暴，不得人心，终于认可世宗之立的事实。两

① （元）脱脱等：《辽史》卷72《李胡传》，中华书局1974年版，第1213页。

方握手言和，罢兵回朝。世宗耶律阮和南征将领们如愿以偿。后来，李胡和他的儿子因为谋反，被囚禁起来，李胡死于狱中。

世宗耶律阮和李胡的争立，不仅是契丹统治阶级内部互相争夺最高权力的斗争，也反映了当时政局的不稳定和社会的动荡。这场斗争，反映的是仍然原封不动地在各个领域保持契丹旧制，还是要推行代表中原农业文明的斗争；是对归附来的汉族上层人物不可依靠，还是可以依靠的斗争；以及关于要不要出兵中原，争夺中原地区的斗争。李胡代表了契丹贵族中的前一种倾向，而辽世宗代表了要求进取的后一种倾向。斗争的结果是以逆历史潮流而动的李胡的失败而告终。

二　统治集团内部的斗争与察割之变

世宗耶律阮即位后，对有功人员进行赏赐。把崇德宫户分别赐给南北院大王各五十户，安抟、楚补各一百户，的鲁和迭剌的子孙中，因罪籍没为奴隶的人，归回原处。

在制度建设上，世宗设置北院枢密使，任命安抟担当此职，拜他为于越。任用安端治理东丹国，封安端为明王，察割为泰宁王，留哥为惕隐，高勋为南院枢密使。天禄四年，世宗设置政事省。

围绕最高权力的斗争仍在继续。天禄二年（948）正月，天德、萧翰、留哥、盆都等阴谋叛乱。世宗杀天德，棒打萧翰，将留哥迁徙到边远地带，惩罚盆都出使辖戛斯国。天禄二年，萧翰与公主阿不里阴谋叛乱。萧翰被处死，阿不里死在狱中。①

世宗有统一中原的意愿，他召集群臣讨论南侵事宜。同时派各位将领率领军队攻下贝州（今河北南宫东南）的高老镇，占领邺都（今河北大名县东北）、南宫、堂阳。杀死深州刺史史万山，俘获很多战利品。天禄四年十月，世宗亲自带兵南攻后汉。辽军攻下安平、内丘、束鹿等城，满载而归。

天禄五年（951），后汉郭威杀后汉皇帝刘斌而自立为帝，国号为周，

① （元）脱脱等：《辽史》卷5《世宗纪》，中华书局1974年版，第64页。

郭威派朱宪前来向辽禀报，送来良马。北汉刘崇在太原自立为皇帝。夏六月，刘崇被周所攻打，派使者到辽称侄，乞求援助，并请求册封。辽派燕王牒蠟、枢密使高勋前去册封刘崇为大汉神武皇帝。秋九月，世宗亲自带兵南侵后周，途中驻扎在归化州（今河北宣化）的祥古山，在行宫祭祀让国皇帝（即辽世宗的父亲耶律倍）。群臣都喝醉了酒，女石烈军首领察割趁机叛乱，世宗遇害被杀。①

辽世宗耶律阮（918—951），是辽朝皇帝中最为短命的一个。在位仅仅五年，就被契丹贵族察割所杀害。他是在兵变中获得政权的，也是在兵变中被杀的，反映了当时契丹社会政局的动荡和不稳定。

世宗即位后，推行了一条极力争夺中原地区、依靠汉族统治阶级和采取封建制的路线，为此触犯了契丹旧贵族的利益、遭到他们的强烈反对。世宗使得一部分奴隶脱离了属籍。他仰慕中原风俗，任用的大多是汉人，而轻慢诸酋长。“由是国人不服，诸部数叛。”② 他对于占领中原地区，始终没有忘怀。辽的各部契丹首领，多数人都不愿意南进，只要求过相对安定的生活，反映了契丹统治集团内部两种势力的斗争。

辽朝各位大臣在世宗遇害后，征讨乱党察割及六院大王朗等，处死乱党，立太宗之子耶律璟为帝，是为穆宗。

三　穆宗的残暴统治与对内对外政策

世宗死后，辽太宗的长子，寿安王耶律璟即位，为辽穆宗。改年号为应历。

在穆宗执政期间，实行的对内政策，一是镇压反对派的叛乱；二是对奴隶的残暴统治；三是赏罚无章，随意而为。

穆宗即位之后，在朝廷中先后发生了多起叛乱。首先，应历二年（952）正月，太尉忽古质叛乱，被处死。六月，国舅政事令萧眉古得、宣政殿学士李浣等密谋投奔中原，事情败露，萧眉古得被杀，李浣受到

① （元）脱脱等：《辽史》卷5《世宗纪》，中华书局1974年版，第66页。
② （宋）叶隆礼：《契丹国志》卷4《世宗天授皇帝》，上海古籍出版社1985年版，第43页。

严厉惩罚。同年七月，政事令娄国、林牙敌烈、侍中神都、郎君海里等人叛乱，均被处死。应历三年十月，李胡的儿子宛、郎君嵇干、敌烈谋反，事情败露，供词牵扯到太平王罨撒葛、林牙华割、郎君新罗等人，穆宗将他们全部捉拿归案，华割、嵇干被杀，宛和罨撒葛被释放。

应历九年（959）十二月，王子迪烈、前宣徽使海思等叛乱；应历十年，政事令耶律寿远、太保楚阿不等叛乱，李胡的儿子喜隐叛乱，都先后被穆宗平定。①

统治阶级内部矛盾斗争尚未停息，被压迫的宫人与统治者又产生了新的矛盾。史书记载，穆宗即位后常做三件事：一是饮酒；二是打猎；三是杀人。他终日沉湎于游玩与寻欢作乐之中，不理国政。穆宗白天沉睡、夜晚痛饮，不受百官朝见。穆宗喜爱打猎，在他看来，野兽的生命比人珍贵。行猎时，近侍不小心伤害了獐，穆宗让人用木棒打死了近侍。穆宗射野鹿，射死了养猪人易主。穆宗喜怒无常，经常因小故杀人，或者无来由的随意杀人。先后杀死猎人、养鹿人、宫人等几十人。侍候穆宗的宫人稍有小过，就被穆宗杀掉。“数年之间，重足屏息，人人虞祸。”宫廷内的阶级矛盾一触即发。

穆宗赏罚无章，随其所好。穆宗因为射中野鸭，免去鹰坊刺面、腰斩的刑罚，免除鹰坊人的徭役。又任命夷腊葛为政事令，并且把黑山东抹真几十里土地赏赐给夷腊葛。左右的人授予官位者众多。应历十九年春正月，穆宗与群臣玩叶格戏，醉意朦胧之中，多次迁升左右入官职。②

穆宗时期的对外政策是援助北汉，抵御宋军北上。北汉（951—979）是五代十国时期，契丹卵翼下的一个小王朝。长期割据山西中部、北部和陕西、河北部分地方。当时宋朝皇帝赵匡胤即位后，欲统一中原，他采取先南后北的战略，在灭蜀国后，调转矛头直接攻打北汉，直逼太原城下。北汉向契丹求援，宋军无功而返。次年（969）三月，赵匡胤亲征太原，决汾水灌城，城内城外相持几十天，后因契丹援军到来，援助北汉攻打宋军，并进入宋朝境内，迫使宋军退兵。为了抵御宋朝军队北上，

① （元）脱脱等：《辽史》卷6《穆宗纪》，中华书局1974年版，第76页。

② （元）脱脱等：《辽史》卷7《穆宗纪》，中华书局1974年版，第87页。

辽军先后多次对宋军进行侵扰。

穆宗到怀州，打猎获熊，痛饮之后，策马疾行回行宫。当天夜晚，近侍小哥、仆人花哥、厨师辛古等六人杀死穆宗。世宗第二子耶律贤听说事变后，连夜率领飞龙使女里、侍中萧思温、南院枢密使高勋带领甲兵千人，策马疾行奔赴行在地，平定叛乱。于是耶律贤即皇帝位，是为景宗。改年号为保宁。①

① （元）脱脱等：《辽史》卷7《穆宗纪》，中华书局1974年版，第87页。

第五章

景宗、圣宗的中兴之治与圣宗的改革

穆宗遇弑，景宗耶律贤即皇帝位。百官上尊号为天赞皇帝，大赦天下，改元保宁。

辽朝在景宗、圣宗时期，在政治、经济、文化各方面进行了改革。这一时期，辽朝政治较为清明，经济发展，文化繁荣，史称景、圣时期为“中兴之治”。

一　景宗即位及其对内对外举措

景宗耶律贤即位之后，拨乱反正，采取了以下对内对外政策。

1. 处理穆宗遇害善后事宜，平定叛党

景宗即位后，以殿前都点检耶律夷腊、右皮室详稳萧乌里只宿卫不严，处斩。太平王罨撒葛逃入沙沱。夷离毕粘木衮以阴附罨撒葛被处死。

2. 平定叛乱

保宁七年，黄龙府卫将燕颇杀都监张琚后叛乱，景宗派遣敞史耶律曷里必前去征讨。耶律曷里必在治河击败燕颇，燕颇余党逃窜，朝廷派遣耶律安抟前去追击。并把余党千余户迁徙到通州安置。①

3. 援汉击宋

景宗乾亨元年二月，北汉以宋兵压境，派遣使者前来求援。辽景宗

① （元）脱脱等：《辽史》卷8《景宗纪》，中华书局1974年版，第94页。

派南府宰相耶律沙为都统、冀王耶律敌烈为监军，统军南下，救援北汉。三月初，又派北院大王耶律奚底、乙室王耶律撒合等率军南下，戍守燕地。接着又命韩侼与大同节度使率本部军马南下，作为后援。但是，辽援军的主力部队以耶律沙为首的东路军，在半路就被宋军打败，西路军闻听东路军战败，也收兵北归。北汉在外无援兵的情况下降宋。

宋太宗在灭北汉之后，决定乘机攻破燕京，收回所失的燕云十六州。辽景宗保宁十一年（979）六月初，宋军侵入辽境，辽易州刺史刘宇举城降宋。至涿州，判官刘厚德也举城投降。宋军连下数郡，直攻辽的南京城（今北京）。宋太平兴国四年六月二十三日，宋太宗进驻辽南京城下的宝光寺。与辽从石岭关退回的耶律沙及来援的耶律奚底军战于沙河，辽军战败，退到清河北。宋军击败幽州外围的辽军，立即将幽州团团包围。同时开始攻城。当时权知南京留守事韩德让、权南京马步军都指挥使耶律学古和知三司事刘弘等“日夜守御”，“安人心，捍城池”。“随宜备御，固守待援”。[①] 七月六日，辽援军耶律沙部在沙河、清河一线进至幽州城外约十里，宋太宗不得不迎战，双方战于高梁河，史称“高梁河之战”。这一仗打得十分激烈，“帝命休哥带奚底，将五院军往救。遇大敌于高梁河，与耶律斜轸分左右翼，击败之。追杀三十余里，斩首万余级，休哥被三创”。[②] 主将接连三次受伤，足以说明当时的战斗是十分激烈的。而最后“宋主仅以身免，至涿州，窃乘驴车遁去”。[③] 高梁河之战以宋军失败而告终。

北宋建立之初，农民起义接连不断，社会很不稳定。而在军事上，宋太祖、太宗实行“守内虚外”的政策，罢功臣，典禁军，把禁军的一切权利都收归皇帝所有，实行“更戍法”。“分遣劲旅，出守边城，率一、二年而更”。这种方法使“将不得专其兵”，“兵无常帅，帅无常兵”。[④]

① （元）脱脱等：《辽史》卷 82《耶律隆运传》，中华书局 1974 年版，第 1289 页；《辽史》卷 9《景宗纪下》，中华书局 1974 年版，第 102 页；《辽史》卷 83《耶律学古传》，中华书局 1974 年版，第 1304 页。

② （元）脱脱等：《辽史》卷 83《耶律休哥传》，中华书局 1974 年版，第 1299 页。

③ （元）脱脱等：《辽史》卷 9《景宗纪下》，中华书局 1974 年版，第 102 页。

④ 叶适：《水心集·叶适始论篇》，中华书局 1961 年版。

使得宋军战斗力下降，这是导致宋军失败的主要原因之一。

北宋士兵懈怠，纪律松弛。本来“刘继元降，人人有希赏意”，可是宋太宗只将刘继元的一百多宫女赐有功将校，以示酬劳，而广大士兵一无所得。这一做法使那些获得酬劳的将校急切思归，闻歌舞女，无心再战。而未获酬劳的兵士非常不满，直接影响了宋军的士气。宋军的纪律非常松弛。当“车驾北征”的时候，其“扈从六军有不及时至者，帝怒，欲置于军法”。可也无济于事，以至入辽境之后，甚至“日督诸将攻城，而将士多怠”。辽朝因此取得了对宋作战的胜利。之后，宋辽边境连年战事不断，彼此互有胜负。

辽景宗虽然在对内对外政策方面成效显著，但是，也存在失策之举。例如：韩匡嗣与宋兵战于满城，兵败。景宗却没有给予其应得的惩罚，而只是“诏数韩匡嗣五罪，赦之”。[①] 奖惩不当，难服众心。

景宗崇佛重教，给予僧侣高官厚禄。保宁六年十二月，以沙门昭敏为三京诸道僧尼都总管，加兼侍中。[②] 正如《辽史》对其评价所论：“保宁而来，人人望治。以景宗之资，任人不疑，信赏必罚，若可与有为也。而竭国之力以助河东，破军杀将，无救灭亡。虽一取偿于宋，得不偿失。知匡嗣之罪，数而不罚；善郭袭之谏，纳而不用；沙门昭敏以左道乱德，宠以侍中。不亦惑乎！”

二 圣宗时期的宋辽之战与“澶渊之盟”

乾亨四年（982）九月，景宗在祥古山（河北宣化境内）游猎后，病死于焦山（山西大同市西北）。遗诏皇子耶律隆绪为帝，是为辽圣宗。次年（983）改元统和。圣宗即位时，年仅十二岁，其母萧绰奉遗诏，总摄军国大政。

公元986年，宋太宗因辽国主幼，其母萧太后（即承天太后兼绰）专权，认为北伐时机成熟，开始对辽朝进攻。宋军兵分三路：东路以曹

---

① （元）脱脱等：《辽史》卷9《景宗纪》，中华书局1974年版，第102页。

② （元）脱脱等：《辽史》卷8《景宗纪》，中华书局1974年版，第94页。

彬为主将，直逼燕京；中路以田重进为主将，取蔚州；西路以潘美为主将，杨继业为副将，攻取山西诸州，然后一起会师燕京。战争一开始，宋三路大军旗开得胜，中路军胜利完成预定任务，西路军连克环、朔、应、云四州。而东路军本应吸引辽军主力于燕京，等东西两路会和后，合围燕京。但是他们急于进攻取胜，在粮食转运困难的情况下，迅速进军，占领涿州后，又因缺粮退回雄州。及看到西、中两军的胜利，又急于争功。经过艰苦的争斗，再至涿州后，已经是五月、六月，天气炎热，人困马乏，缺粮缺水，士气低落。最初，耶律休哥率领的辽军兵少，不敢轻易出动，只能在夜间出骑兵，杀分散各处的宋军。或者设兵埋伏，抄掠宋军粮道。使得宋军疲于应对。不久，辽萧太后率领援军赶到，在岐沟关大败宋军。宋朝东路军溃败而逃，影响到整个战局。无奈，宋太宗下令各路撤军回朝。中路军全军而返，西路军主力已撤，宋又下令由潘美、杨继业负责保护，将云、应、朔、环四州之民迁往内地。此时，辽朝大将耶律斜轸的十万大军向西猛攻，攻下蔚州、环州，在狼牙村生擒宋将杨继业。宋朝守卫云、应等州的将领，听到杨继业被擒的消息，都弃城逃跑。①

宋王朝收复燕云的战争再次以失败告终。趁北方空虚，辽军乘胜进入宋境内，抢掠一空。使得宋朝百姓蒙受重大损失。随着宋朝国内的阶级矛盾的发展，宋朝调整了对内对外政策，淳化二年（991），宋太宗向大臣们说："国家若无外忧，必有内患。外忧不过边事，皆可预防，惟奸邪无状，若为内患，深可惧也。帝王用心，常须谨此。"② 自此，宋朝坚持这种守内虚外的政策。对内严加防范，镇压民众；对外由进攻改为防御自守为主，以求苟安。在知雄州何承矩的首创下，宋朝在河北中部西起保州（河北保定）东至泥姑海口（塘沽附近）的东西九百里，南北六七十里的地区，利用原有的河水塘泊，筑堤坝蓄水，设二十八寨、一百二十五铺戍守，用以阻止辽朝骑兵的进攻。

---

① （元）脱脱等：《辽史》卷11《圣宗纪》，中华书局1974年版，第120—123页。

② （宋）李焘：《续资治通鉴长编》卷32，淳化二年八月丁亥，中华书局2004年版，第719页。

宋朝的消极防御政策，没有抵御住辽军的进攻，反而使得辽朝更加看清了宋朝军队的虚弱无力，辽朝开始加快了南侵宋朝的准备。辽军曾多次探察宋朝的虚实。统和十三年（995）四月，辽军进兵雄州（河北雄县），知州何承矩率军顽强抵抗，辽军退走。

统和十七年（999）九月，辽圣宗亲自率领军队，浩浩荡荡南下，十月，攻打遂城不克，破狼山寨，在瀛洲一战，大败宋军。又进攻乐寿和遂城，遭到宋朝军民的顽强抵抗，第二年，辽朝南征军撤回南京。

之后，在统和十九年、二十年、二十一年辽军多次南下，攻打遂城、梁门、望都等，企图直逼宋朝开封，威胁宋朝订立城下之盟。①

辽统和二十二年，宋真宗景德元年（1004），辽圣宗与承天太后亲率二十万大军南下，深入宋境，辽军自入宋境，虽有小胜，但是屡次受挫，攻打保州、瀛州等城，均不克。之后，相继攻下祁州（河北固安）、洺州（河北永年）等城。十一月，辽军攻破宋朝德清军（河南清丰西北），到达澶州（河南濮阳）。

辽军挥鞭南下，边报频传，宋朝廷上下震惊，参知政事王钦若请求宋真宗避往金陵；陈尧叟请求宋真宗避往成都。宋真宗畏敌，想要听从他们的建议迁都南逃。宰相寇准力排众议，坚持积极抵抗的主张，并且制定宋真宗亲征之策，因寇准的坚持，宋真宗勉强到澶州督战。当时的河北、河南军民奋起反抗辽军，此时宋真宗到达澶州北城宋军前线，北宋军民望见宋真宗的黄伞，受到极大鼓舞，争先奋战，辽先锋大将萧挞凛到澶州城下观察地形，被宋军伏弩射死，辽军少却。②

辽在向宋朝进攻的同时，又利用宋朝降将王继忠写信给莫州守将石普，通过石普向宋真宗说明“和议”，提出可以由宋朝派使臣前来协议。这样使得辽朝处于可以讨价还价的有利地位。宋真宗素来主张议和，经过数次接触，在军事形势对宋朝有力的情况下，终于在统和二十二年（1004）十二月与辽订立合约。合约规定：宋朝每年向辽朝输银十万两，

① （元）脱脱等：《辽史》卷14《圣宗纪》，中华书局1974年版，第156页。

② 武玉环、陈德洋：《澶渊之盟与辽宋关系》，张希清主编《澶渊之盟新论》，上海人民出版社2007年版。

绢二十万匹；双方各守现有疆界，不得侵犯；互相不得接纳和藏匿逃犯。又相约宋称辽承天太后为叔母，辽圣宗称宋真宗为兄。互换誓书后，辽军退还。因澶州又名澶渊郡，故称这次和议为“澶渊之盟”。①

澶渊之盟是在辽宋双方力量势均力敌下互相妥协的产物。它结束了双方长期的战争状态，正式形成了辽宋双方南北对峙的局面，在此后一百二十多年中，双方基本上没有大的战争。这对于南北社会经济的发展是有利的。辽王朝利用这相对安定的和平环境，完成了封建化的改革，促进了辽朝政治、经济和文化的发展。澶渊之盟后，宋朝的北方州县得以安定，社会生产得到恢复和发展，并且设置榷场，开展与辽朝的贸易，“生育蕃息，牛羊被野，戴白之人，不识干戈。”这一和平局面维持了百年之久。因此，从中国各民族历史发展过程来看，澶渊之盟有着积极的意义。

三　承天太后摄政与韩德让当权

承天太后，名萧绰，小字燕燕，是北府宰相萧思温的第三女。她是辽景宗的妻子，辽圣宗的母亲。承天太后是契丹妇女中涌现出来的杰出政治家。她主张汉化，力求改革，其政治才能，早在景宗时期已经初露头角。景宗在察割之乱中，被人藏在柴草之中，虽然躲过了这场劫难，却因此而得了疾病。景宗即位后，常卧病榻，国家大事都由萧绰处理。凡“境内刑赏、政事、用兵追讨，皆皇后决之”。② 承天太后“明达治道，闻善必从，故群臣咸竭其忠”。因此，“百司守职，罔敢偷惰。”③

景宗在位十四年，因病而亡。圣宗即位，年仅十二岁，“母寡子弱，族属雄强，边防未靖”，在这种情况下，承天太后奉遗诏摄政。当时，诸王宗室等二百多人拥兵握权遍布朝廷，朝廷内外人心浮动。辽朝南有宋朝虎视眈眈，西有阻卜等族时叛时服，东有高丽拒绝称藩纳贡。萧绰说：

---

① （元）脱脱等：《辽史》卷14《圣宗纪》，中华书局1974年版，第160页。

② （宋）叶隆礼：《契丹国志》卷6《景宗孝成皇帝》，上海古籍出版社1985年版，第57页。

③ （元）脱脱等：《辽史》卷71《景宗睿智皇后萧氏传》，中华书局1974年版，第1202页。

“母寡子弱，族属雄强，边防未靖，奈何?”大臣耶律斜轸、韩德让说：“信任臣等，何虑之有?”① 于是，承天太后与耶律斜轸、德让参决大政，派于越耶律休哥在南边抵御宋朝，并起用汉人官僚参政理政。汉人势力很快增长。例如室昉、韩德让、张俭、邢抱朴、马德臣等，都是汉人之中的佼佼者，他们在景宗、圣宗时期，先后担任宰相、参知政事、南院枢密使等重要职位，参与辽朝军国大事的制定。承天太后明达治道，闻善必从，故群臣咸竭其忠。她习知军政，澶渊之役，亲御戎车，指挥三军，赏罚信明，将士用命。

承天太后重用汉人，其目的是依靠汉人进行封建化改革，削弱契丹族中的反对势力，巩固加强其统治。而在汉人官僚集团中最突出的代表就是大丞相韩德让。

韩德让，蓟州玉田人，是辽初中书令韩知古之孙，西南面招讨使、枢密使韩匡嗣之子，家世显赫。韩德让重厚有智略，明治体，喜建功立业。景宗时期，韩德让为东头承奉官，补枢密院通事，转上京皇城使，遥授彰德军节度使。他勤勉、谨慎，深得景宗信任，后来代其父韩匡嗣为上京留守，权知京事，很有声望。不久又代父守南京，时人荣之。② 宋兵侵燕围城，招胁甚急，人怀二心。韩德让登城，日夜守御。援军至，围解。高梁河之战，宋兵败走，韩德让率军袭击，大败宋军。以功拜辽兴军节度使，南院枢密使。

景宗死后，韩德让与耶律斜轸俱受顾命，立梁王（圣宗耶律隆绪）为帝，皇后为皇太后，称制，命韩德让总宿卫事，太后越发宠信他。统和元年，加开府仪同三司，兼政事令。四年，宋遣曹彬、米信将十万众来侵，韩德让随太后出师，大败宋军，加守司空，封楚国公。师还，与北府宰相室昉共执国政。统和十二年，任命韩德让为北府宰相，仍领枢密使，监修国史，赐兴化功臣。后来，又拜大丞相，进王齐，总二枢府事。统和二十二年，随太后南征，缔结澶渊之盟后还师。封晋王，赐国

① （元）脱脱等：《辽史》卷71《景宗睿智皇后萧氏传》，中华书局1974年版，第1202页。

② （元）脱脱等：《辽史》卷82《耶律隆运传》，中华书局1974年版，第1289页。

姓，出宫籍，隶横帐季父房后，赐名为耶律隆运，位在亲王之上，赐田宅及陪葬地。

韩德让随圣宗征伐高丽还师，得病，圣宗与承天太后亲自前去看望并且赐予医药。薨，终年七十一。赠尚书令，谥号文忠，朝廷给葬具，建庙乾陵侧。因无子嗣，清宁三年，以魏王贴不之子耶鲁为嗣。天祚立，以皇子敖卢斡继为子嗣。①

承天太后采取任用汉官，进行封建化改革的政策，使得大批汉族士人进入辽朝各级政府之中，对于辽朝政治、经济、文化的发展起到推动和促进的作用。② 使得契丹社会进一步汉化。史称："后明达治道，闻善必从，故群臣咸竭其忠。习知军政，澶渊之役，亲御戎车，指麾三军，赏罚信明，将士用命。圣宗称辽盛主，后教训为多。"③

四　辽圣宗的改革

辽圣宗耶律隆绪即位后，在其母承天太后的辅佐下，全面进行了改革。

政治上，整顿吏治，任贤去邪。圣宗统和年间，下诏谕三京大小官员，"（遇事）当执公方，毋得阿顺。诸县令佐如遇州官及朝使非理征求，毋或畏徇，恒加采听，以为殿最"。④ 当时，南院大王耶律勃古哲，违法害民，朝廷派人查问属实，处以刑罚。太平六年（1026），辽圣宗下诏："北南诸部廉察州县及石烈、弥里之官，不治者罢之。诏大小职官有贪暴残民者，立罢之。终身不录；其不廉直，虽处重任，即代之；能清勤自持者，在卑位亦当荐拔；其内族受贿，事发，与常人所犯同科。"⑤ 由于

① （元）脱脱等：《辽史》卷82《耶律隆运传》，中华书局1974年版，第1290页。

② 张博泉主编：《东北历史名人传·古代卷》（上），武玉环参编《辽代人物·辽承天皇太后萧绰》，吉林文史出版社1986年版，第200页。

③ （元）脱脱等：《辽史》卷71《景宗睿智皇后萧氏传》，中华书局1974年版，第1202页。

④ （元）脱脱等：《辽史》卷10《圣宗纪》，中华书局1974年版，第112页。

⑤ （元）脱脱等：《辽史》卷17《圣宗纪》，中华书局1974年版，第200页。

圣宗整顿吏治，任贤去邪，使这一时期吏治较为清明，官吏多奉职守法，社会秩序安定。

重用汉人，增设机构。圣宗朝，汉人担任朝廷要职的，不乏其人。如南院枢密使、右丞相张俭、枢密使王继忠等。当时，南京的汉族大地主以韩、刘、马、赵四姓为首，其中的韩姓尤受宠遇。据史书记载："谱系于国姓，其余戚属族人，拜使相者七，任宣猷者九，持节旄、绾符印，宿卫交戟，入侍纳陛者，实倍百人。"① 而韩氏家族中的突出代表就是韩德让。他"重厚有智略，明治体，喜建功立事"。② 统和年间，韩德让为北府宰相兼枢密使。之后拜为大丞相，进封齐王，总知契丹、汉人两院事。二十二年，赐姓耶律，出宫籍，列于皇族横帐，位在亲王之上。可称得上是功名卓著的朝廷重臣。汉族地主的参政，有力地推动了辽朝的改革。

圣宗为适应全面封建化的需要，增设了南面官僚机构。置左、右丞相辅政；设转运司、钱帛司，主管财赋③。置大理卿，以加强法治。此外还增置谏议大夫、起居郎、侍读学士等官职。④

圣宗在改革的同时，把一部分头下军州没为官收，变头下州民户两重隶属关系为隶属于国家。⑤ 头下军州没为官收的有：乌州、宗州、贵德州、榆州、隰州、川州、遂州、双州。其中乌州、宗州、榆州、贵德州、川州、双州分别改隶于崇德宫、兴圣宫与文宗王府。这样既限制了诸王贵戚的权势，也加强了中央集权。

部曲籍州县，奴隶编为部民。统和十三年，圣宗下诏："诸道民户应历以来胁从为部曲者，仍籍州县。"⑥ 开泰元年下诏："诏诸道水灾，饥民质男女者，起来年正月，日计佣钱十文，价折佣尽，遣还其家。"⑦

---

① 向南：《辽代石刻文编》，兴宗编《韩椅墓志》，河北教育出版社 1995 年版，第 204 页。

② （元）脱脱等：《辽史》卷 82《耶律隆运传》，中华书局 1974 年版，第 1290 页。

③ （元）脱脱等：《辽史》卷 15《圣宗纪》，中华书局 1974 年版，第 175 页。

④ （元）脱脱等：《辽史》卷 12《圣宗纪》，中华书局 1974 年版，第 134 页。

⑤ 武玉环：《论辽圣宗的改革》，《史学集刊》1987 年第 2 期。

⑥ （元）脱脱等：《辽史》卷 13《圣宗纪》，中华书局 1974 年版，第 145 页。

⑦ （元）脱脱等：《辽史》卷 15《圣宗纪》，中华书局 1974 年版，第 172 页。

圣宗还放宫帐奴隶置部，与其他诸部并列。辽初，皇帝宫帐及皇族宫帐大族的奴隶在辽水东捕捉飞鸟，因此“置稍瓦”（即鹰坊）。圣宗把海滨柳湿河、三黜古斯、手山冶铁的奴隶编为曷术（即铁）石烈（即乡）。[①] 这样，捕鹰、冶铁的奴隶均取得部民的地位。他们被解除隶属于宫廷的人身依附关系之后，由原来依附皇室或宫帐，变成有较大自主权利的国家属民，在一定程度上解放了生产力。

经济上，辽圣宗募民垦荒，扩大耕地面积。由于战争和人口迁徙，辽境内有大片田地荒芜。统和十五年圣宗下诏，“募民耕滦州荒地，免其租赋十年”，[②] 被称为“在官闲田制”；统和七年，诏山前后未纳税户，在密云、燕乐两县占田置业入税，[③] 被称为“私田制”。耕种田地的农户向国家缴纳赋税，计亩出粟。朝廷增加了赋税，同时也鼓励了农民种田的积极性。

制定税法。辽地亩税率史无明文记载。据《乘轺录》：“（虏）政苛刻，幽蓟苦之，围桑税亩数倍于（中国），水旱虫蝗之灾，无蠲减焉。”北宋的北方陆田单位面积产量，平均亩收近一石（即 100 升），其税收中田每亩秋米八升。辽“围桑税亩数倍于（中国）”，其税之重显而易见。圣宗时曾几次下诏改定税法，肯定要比统和初年的税率有所减轻。统和十四年，“以南京道新定税太重，减之”。[④] 在局部地区对新税法又进行了调整。

设置义仓。统和十三年，“召诸道置义仓。岁秋，社民随所获，户出粟庤仓，社司籍其目”。[⑤] 义仓是为备荒而用，“年谷不登，发仓以贷”。

实行屯田。圣宗时，沿边地区都设置屯田戍兵，储备谷米用于军需。屯田十几年，“积粟数十万斛，斗米数钱”。[⑥] 屯田的实行，对巩固边防，备战备荒，起了重要作用。[⑦]

---

① （元）脱脱等：《辽史》卷 33《营卫志》，中华书局 1974 年版，第 389 页。
② （元）脱脱等：《辽史》卷 13《圣宗本纪》，中华书局 1974 年版，第 149 页。
③ （元）脱脱等：《辽史》卷 59《食货志》，中华书局 1974 年版，第 924 页。
④ （元）脱脱等：《辽史》卷 13《圣宗本纪》，中华书局 1974 年版，第 148 页。
⑤ （元）脱脱等：《辽史》卷 59《食货志》，中华书局 1974 年版，第 924 页。
⑥ （元）脱脱等：《辽史》卷 91《耶律唐古传》，中华书局 1974 年版，第 1362 页。
⑦ 武玉环：《论辽圣宗的改革》，《史学集刊》1987 年第 2 期。

法律上，辽圣宗下诏，不得擅杀奴婢。“主非犯谋反大逆及流死罪者，其奴婢无得告首；若奴婢犯罪至死，听送有司，其主无得擅杀”。[①]开泰六年，公主杀无罪婢，降公主为县主，削驸马萧图玉同平章事。[②]

契丹、汉人同一律令。圣宗以前，“辽人殴汉人死者，偿以牛马，汉人则斩之，仍以其亲属为奴婢”。统和十二年下诏：“契丹人犯十恶亦断以律。”[③] 纠正了同罪异法的民族不平等现象。

契丹贵族、小民犯法同罪惩处。统和二十九年，“以旧法宰相节度使世选之家子孙犯罪、徒杖如齐民，唯免黥面，而诏自今但犯罪当黥。即准法同科。”[④] 太平六年，再次下诏：“朕以国家有契丹、汉人，故以南、北二院分治之，盖欲去贪枉，除烦扰也；若贵贱异法，则怨必生。夫小民犯罪，必不能动有司以达于朝，惟内族、外戚多恃恩行贿，以图苟免，如是则法废矣。自今贵戚以事被告，不以事之大小，并令所在官司按问，具申北、南院覆问得实以闻，其不按辄申，及受请托为奏言者，以本犯人罪罪之。”[⑤] “准法同科”在封建社会虽是空话，但毕竟在法制上注意到普通百姓的利益，较前期同罪异法有一定进步。[⑥] 史称圣宗时期“纲纪修举，吏多奉职，人重犯法。故统和中，南京及易、平二州以狱空闻，至开泰五年，诸道皆狱空”。[⑦]

文化方面，辽圣宗提倡学习汉文化，修撰实录，实行开科取士。统和九年，室昉进所撰实录二十卷，圣宗手诏褒之。这是辽朝首次撰写本朝实录。太平七年，辽皇侄中山郡王查葛等三名契丹节度使上书给圣宗，要求选派伴读书史的人，圣宗采纳。蕃汉官子孙有秀茂者，必令学中国书篆，习读经史。同时，在普通州县设立学校，教授学生。

辽代科举，始于太宗时期，确立于景宗时期。圣宗朝，中进士的都

---

① （元）脱脱等：《辽史》卷61《刑法志》，中华书局1974年版，第939页。
② （元）脱脱等：《辽史》卷15《圣宗纪》，中华书局1974年版，第179页。
③ （元）脱脱等：《辽史》卷61《刑法志》，中华书局1974年版，第939页。
④ 同上。
⑤ 同上书，第940页。
⑥ 武玉环：《辽代刑法制度考述》，《中国史研究》1999年第2期。
⑦ （元）脱脱等：《辽史》卷61《刑法志》，中华书局1974年版，第940页。

为汉人，后来也允许渤海人应试。每年录取进士名额不等，由开始的一人增至每次几十人。开科取士，打开了汉族地主阶级的入仕之路。宰相张俭、杜防等都是进士出身。开科取士对于提高官僚队伍的文化水平与执政能力，推动辽朝封建化的发展，起到一定的作用。

正如《辽史》对圣宗的评价中所论："然其践阼四十九年，理冤滞，举才行，察贪残，抑奢僭，录死事之子孙，振诸部之贫乏，责迎合不忠之罪，却高丽女乐之归。辽之诸帝，在位长久，令名无穷，其唯圣宗乎！"①

① （元）脱脱等：《辽史》卷17《圣宗纪》，中华书局1974年版，第207页。

第六章

兴宗时期草原传统习俗和农业文明的碰撞与斗争

一　钦哀太后篡权与倒行逆施

太平十一年（1031）六月，辽圣宗崩于行宫。长子耶律宗真即皇帝位，是为兴宗。改年号为景福，次年，又改为重熙。

辽朝在建国后，统治阶级内部一直存在着是维护契丹旧传统还是接受中原农业文明的斗争。契丹贵族统治集团内部，兄弟相残、父子相忌、母子相斗、夫妻相疑、逆臣弑君、西宫政变等一幕幕宫闱惨案，一直贯穿于辽朝的始终。特别是到了辽朝中、后期，统治阶级内部为争夺统治权而继续上演着你死我活的斗争。

圣宗死后，钦哀皇太后萧耨斤逼死齐天太后发动政变；她的儿子兴宗耶律宗真于三年后发动的反政变，就是这一时期统治集团内部围绕走哪条道路的斗争的典型事例。

萧耨斤原是一名宫女，因生兴宗而母以子贵。辽圣宗的正妻齐天皇后萧菩萨哥所生两子都早死。开泰五年，宫人耨斤生兴宗，齐天后无子，取而养之如己出。萧耨斤由此被封为顺圣元妃。元妃嫉妒齐天后，向圣宗诋毁百端，圣宗始终不相信。圣宗临终，“遗命以齐天为皇太后，顺圣为太妃。元妃匿之”。兴宗即位，元妃自立为皇太后，是为钦哀皇太后。

齐天皇太后虽然把萧耨斤所生的耶律宗真当作是自己的儿子，耶律宗真即位以后也常常感怀齐天皇太后的养育之恩。但毕竟血浓于水，耶律宗真奈何不了他的母亲。

钦哀太后上台伊始，就倒行逆施，把圣宗时期制定的一系列政策推翻，由皇太后家族把持朝政。首先，铲除齐天（即仁德）皇太后及其相关大臣。钦哀太后指令护卫冯家奴、喜孙等，“诬萧浞卜等谋反，连及嫡后齐天（即仁德）皇后。浞卜等十余人与仁德姻援坐罪者四十余辈，皆被大辟，仍籍其家。幽仁德于上京，既而遣人弑之。迫殒非命，中外切愤”。[①] 钦哀太后以萧浞卜谋反为借口，杀死齐天皇太后，以泄她多年的怨恨。

其次，改变或废除圣宗以来实行的政策。萧耨斤“残忍阴毒，居丧未及一年，先朝所行法度变更殆尽，不俟圣宗服阕，加尊号曰法天皇太后”[②]。萧耨斤把圣宗时期的有利于封建化的“法度”“变更殆尽”；把圣宗时期的功臣“骄首诛夷”，从而“专制其国”。

最后，钦哀皇太后把朝廷大权把握在自己及其家族手中，追封其曾祖为兰陵郡王，父为齐国王，诸弟皆王之，[③] 虽汉五侯无以过。

钦哀太后提拔大批无功绩的家奴，成为其爪牙。钦哀太后占有大批奴隶，其中少数人受到她的信任，上升到统治阶层，“毛克和等四十人，后家奴隶，咸无劳绩，皆授防、团、节度使；至于出入宫掖，诋谩朝臣，卖官鬻爵，残毒番汉”。从而“自是幽、燕无行之徒，愿没身为奴者众”。她包庇贪污，“卖官鬻爵”。朝廷内外，“淫虐肆行，刑政弛紊，南北面蕃汉公事率其弟兄掌握之。凡所呈奏，弟兄聚议，各个弄权。朝臣朋党，每事必知”。[④]

钦哀太后专权后，废止圣宗所制定的各项政策，倒行逆施，反映了统治阶层围绕着是走中原农业文明的道路，还是倒退回去，走代表契丹旧传统的老路，辽朝廷始终都围绕着这条主线产生着矛盾与进行斗争。为了重新夺回权力，兴宗与诸位大臣暗中做着准备。重熙三年，萧耨斤阴谋立她的小儿子耶律重元为帝，耶律重元将此事告诉了兴宗。兴宗借

① （元）脱脱等：《辽史》卷 62《刑法志》，中华书局 1974 年版，第 943 页。
② （宋）叶隆礼：《契丹国志》卷 13《圣宗萧皇后》，上海古籍出版社 1985 年版，第 144 页。
③ （元）脱脱等：《辽史》卷 71《圣宗钦哀皇后萧氏》，中华书局 1974 年版，第 1203 页。
④ （宋）叶隆礼：《契丹国志》卷 13《圣宗萧皇后》，上海古籍出版社 1985 年版，第 144 页。

机发动政变，收回太后的符印，将太后迁到庆州，结束了其母萧耨斤的摄政统治。史书记载：兴宗“召硬寨拽剌护卫等五百余人，帝立马于行宫东之二里小山上，喜孙等直入太后宫，驱后登黄布车幽于庆州。诸舅以次分兵捕获，或死或徙，余党并诛”。① 辽朝统治集团内部的斗争，引起社会的动荡与不安，激化了阶级矛盾，削弱了辽朝的统治，从而加速了辽朝的灭亡。

二 兴宗的保守退让与重元的守旧跋扈

兴宗时期统治集团内部围绕统治权力的斗争，始终没有断绝。兴宗虽然发动政变，夺回了本该属于他的政治权利，平定了其母钦哀太后制造的祸乱。但是，围绕守旧与前进的斗争并没有止息。

钦哀太后认为皇位应该让其次子耶律重元来继承。重熙二十三年（1054），钦哀太后和兴宗在接见宋朝使臣王拱辰时，围绕谁应是皇位继承人的对话中态度鲜明地表明应该让耶律重元继承皇位：“契丹国母爱其少子重元，欲以为嗣，问拱辰曰：‘南朝太祖、太宗何亲属也？’拱辰曰：‘兄弟也。’曰：‘善哉，何其义也！’契丹（主）言曰：‘太宗、真宗何亲属也？’拱辰曰：‘父子也。’曰：‘善哉，何其礼也。’既而契丹主屏人谓拱辰曰：‘吾有顽弟，他日得国，恐南朝未易高枕也。’”② 钦哀太后与兴宗的对话，反映了兴宗时期统治阶级内部围绕皇权继承者的不同的立场和暗中的较量。究竟是按照嫡长子继承制还是以皇太后的个人主观好恶来继承皇位，反映的是草原守旧派与代表中原农业文明的汉制的较量。嫡长子继承制是我国古代国家政治组织发展到一定阶段上的产物。在原始氏族公社时期，首领由民主选举产生。随着社会经济的发展、私有制的出现，民主选举制逐渐转变为世袭制。原始的禅让制被世袭制所取代。“立嫡以长不以贤，立子以贵不以长”（《春秋公羊传·隐公元

① （宋）叶隆礼：《契丹国志》卷13《圣宗萧皇后传》，上海古籍出版社1985年版，第144页。

② （宋）李焘：《续资治通鉴长编》，仁宗至和元年九月辛巳，中华书局2004年版，第4277页。

年》)。这种继承制度，有效地避免了统治阶级内部兄弟之间为争夺权位和财产的继承而引发的祸乱，从而维护了王权的威严和社会的稳定。它对于减少皇位继承中的冲突、维护君主专制制度的稳定有序具有不可替代的作用，同时也符合儒家思想的家族本位观念，因而被视为专制时代皇位继承制度基本的和理想的形式。辽朝在皇位继承上，统治阶级内部始终存在着斗争，如太宗即位前后与嫡长子耶律倍的皇位之争；世宗即位前后与李胡的横渡之约，以及兴宗时期与其弟耶律重元的皇位之争，都是围绕着嫡长子继承制所进行的斗争。

兴宗在夺回母后钦哀太后摄政权之后，并没有趁机打击朝廷内的守旧派，而是采取了姑息养奸的态度，经过数年，兴宗把在庆州守陵的钦哀太后又接回宫内。兴宗对待其弟耶律重元，恩宠有加，纵容其骄横不法。

兴宗之弟耶律重元是一个顽固的守旧派首领。他“悍强好战，屡次请求进攻中原”。他主张修改圣宗时期制定的汉人、契丹人相殴致死，同样按照汉法论罪的法令，建议恢复原来契丹人、汉人同罪异法的法令。在钦哀太后欲立少子耶律重元之时，重元密告兴宗，兴宗对他心存感激，于是处处恩宠于他。“上益重之，封为皇太弟。历北院枢密使、南京留守、知元帅府事。重元处戎职，未尝离辇下。赐以金券誓书。”[①] 兴宗又把飞龙厩马，赐予皇太弟重元。皇太弟重元生子，赐诗及宝玩器物，曲赦死罪以下。又多次幸皇太弟重元行帐。重熙十七年十二月，封皇太弟重元之子涅鲁古为安定郡王。后来，涅鲁古又晋封为楚王。

兴宗在宴会酒酣之时，许以千秋万岁后传位给耶律重元。“重元喜甚，骄纵不法。又因双陆，赌以居民城邑。帝屡不竞，前后已偿数城。重元既恃梁孝王之宠，又多郑叔段之过，朝臣无敢言者，道路以目。一日复博，罗衣轻指其局曰：‘双陆休痴，和你都输去也！’帝始悟，不复戏。”[②]

兴宗许诺把皇位传给耶律重元，造成耶律重元的骄纵不法，也为其后的叛乱埋下了祸根。[③]

---

① （元）脱脱等：《辽史》卷 112《耶律重元传》，中华书局 1974 年版，第 1501 页。

② （元）脱脱等：《辽史》卷 109《罗衣轻传》，中华书局 1974 年版，第 1479 页。

③ 黄凤岐主编，武玉环参编：《阴谋篡位的耶律重元》，《中国北方各族人物志·辽代卷》辽海出版社 1989 年版，第 295 页。

三 兴宗时期对内对外政策及其得失

辽兴宗时期，在制度建设、文化建树、对外政策等方面，都做了不同程度的调整。史称："具不便军民三十余事，并立改之。"①

（一）制度建设

1. 继续实行世选制度

世选制是契丹族建国前就有的制度，一直延续下来，是契丹选官的重要途径之一。兴宗时期继续实行世选制。重熙十六年二月，兴宗曾下诏："世选之官，从各部耆旧择材能者用之。"并且允许世选之家拥有葬用银器等特权。"世选宰相、节度使及身为节度使之家，许葬用银器；仍禁杀牲以祭。"②

2. 加强吏治

兴宗时期实行职官廉察制，对于清正廉洁者给予升迁；贪污受贿者罢免。"诏东京留守萧孝忠察官吏有廉干清强者，具以名闻。""诏诸职事官以礼受代及以罪去者置籍，岁申枢密院。"

对于违反朝规、触犯法律，已被处置者，不得起用为官吏。"诏诸犯法者，不得为官吏。诸职官非婚祭，不得沉酗废事。有治民安边之略者，悉具以闻。"③

但是，兴宗时期也存在滥赏官吏的做法。例如，兴宗委派宦官赵安仁谋迁钦哀太后去庆州守陵，授予宦官赵安仁监门卫大将军等职，就是其例。"帝与安仁谋迁太后庆州守陵，授安仁左承宣、监门卫大将军，充契丹汉人渤海内侍都知，兼都提点。"兴宗又因医者治好病人，而赠其父母官职。"以医者邓延贞治详稳萧留宁疾验，赠其父母官以奖之。"正如史书所论："名器所以砺天下，非贤而有功则不可授，况宦者乎。何至溺

---

①（宋）叶隆礼：《契丹国志》卷13《圣宗萧皇后传》，上海古籍出版社1985年版，第145页。

②（元）脱脱等：《辽史》卷20《兴宗纪》，中华书局1974年版，第237页。

③（元）脱脱等：《辽史》卷18《兴宗纪》，中华书局1974年版，第223页。

于私爱，而授以观察使、大将军耶?”[①]

3. 刑法的变更

兴宗时期，对刑法制度进行了变更。史书记载：“兴宗好名，喜变更，又溺浮屠法，务行小惠，数降赦宥，释死囚甚众。”[②]

重新修订法律条文。兴宗命人重新纂修太祖以来法令，参以古制。其刑有死、流、杖及三等之徒而五，凡五百四十七条。[③]

减轻刑罚。重熙元年，诏职事官公罪听赎，私罪各从本法；子弟及家人受赇，不知情者，止坐犯人。之前，南京三司销钱作器皿三斤，持钱出南京十贯，及盗遗火家物五贯者处死；现在改为铜逾三斤，持钱及所盗物二十贯以上处死。过去，犯重罪徒终身者，加以捶楚，而又黥面。是犯一罪而具三刑，兴宗止谕：“犯罪而悔过自新者，亦有可用之人，一黥面，终身为辱，朕甚悯焉。”后犯终身徒者，止刺颈。奴婢犯逃，若盗其主物，主无得擅其面，刺臂及颈者听。犯窃盗者，初刺右臂，再刺左，三刺颈之右，四刺左，至于五则处死。

宽赦死犯，例皆免死。有群牧人窃换官印把马给人者，法当死，兴宗认为：“一马杀二人，不亦甚乎?”减死论。又有兄弟犯强盗当死，以弟从兄，且俱无子，特原其弟。至于枉法受赇，诈敕走递，伪学御书，盗外国贡物者，例皆免死。梅里狗丹酒后杀人而逃，会永寿节出首，特赦其罪。皇妹秦国公主生日，帝幸其第，伶人张隋，本宋所遣者，大臣觉之以闻。审问后伏法认罪，于是赦免其罪而释放。[④]

同罪异法。诸帐郎君等于禁地射鹿，决杖三百，不征偿；小将军决二百已下；至百姓犯者决三百。辽代刑法存在同罪异法现象，体现出阶层间的不平等。

兴宗时期，对圣宗时期制定的法律进行了修正，并滥施宽政，使得法不责众，同罪异法等现象相继出现。

---

① （元）脱脱等：《辽史》卷109《赵安仁传》，中华书局1974年版，第1481页。

② （元）脱脱等：《辽史》卷62《刑法志》，中华书局1974年版，第943页。

③ 同上。

④ 同上。

4. 继续实行科举取士及重用汉族官员的政策

兴宗时期，继续实行科举取士，每年录取几十个中举者。并规定了举进士者的申报条件："诏医卜、屠贩、奴隶及倍父母或犯事逃亡者，不得举进士。"①

兴宗重用汉族官员，担任朝廷重要职位的不乏汉族士人。例如参知政事杨佶、南府宰相杜防、韩知白，枢密副使杨绩、翰林学士王纲等。

（二）文化建树

辽兴宗是一个崇尚中原传统文化的皇帝，喜欢吟诗作画。史书中多次记载兴宗与大臣、新科进士饮酒赋诗的场面。重熙五年，兴宗到后弟萧无曲家，曲水泛舟，饮酒赋诗。

兴宗到燕京巡幸，在元和殿，命题以日射三十六熊赋、幸燕诗，考试进士。按照成绩优劣，赐予冯立、赵徽四十九人进士第。以冯立为右补阙，赵徽以下皆为太子中舍，赐绯衣、银鱼，并大宴群臣。在宴会上，兴宗酒酣赋诗，吴国王萧孝穆、北宰相萧撒八等皆属和，夜中乃罢。②

兴宗还赐诗给有功大臣。例如任命南院大王耶律胡睹衮，兴宗亲为制诰词，并赐诗以宠之。重熙二十四年二月，兴宗召宋使钓鱼、赋诗。③

耶律谷欲，兴宗命为诗友，数问治要，多所匡建。奉诏与林牙耶律庶成、萧韩家奴编辽国上世事迹及诸帝实录。④

兴宗工画，善丹青，尝以所画鹅、雁送诸宋朝，点缀精妙，宛乎逼真，宋仁宗作下白书以答之。⑤

兴宗"尤重浮屠法，僧有正拜三公、三师兼政事令者，凡二十人。贵戚望族化之，多舍男女为僧尼。如王纲、姚景熙、冯立辈皆道流中人，曾遇帝于微行，后皆任显官"⑥。兴宗对知名僧侣，加以封官，以示恩宠。

① （元）脱脱等：《辽史》卷20《兴宗纪》，中华书局1974年版，第241页。
② （元）脱脱等：《辽史》卷18《兴宗纪》，中华书局1974年版，第218页。
③ （元）脱脱等：《辽史》卷20《兴宗纪》，中华书局1974年版，第247页。
④ （元）脱脱等：《辽史》卷104《耶律谷欲传》，中华书局1974年版，第1457页。
⑤ （宋）叶隆礼：《契丹国志》卷8《兴宗文成皇帝》，上海古籍出版社1985年版，第83页。
⑥ 同上书，第82页。

重熙十九年春正月，兴宗赐僧侣惠鉴加检校太尉。重熙二十三年，在开泰寺铸银佛像，并曲赦在京囚犯。兴宗在宣献皇后忌日，上与皇太后素服，饭僧于延寿、悯忠、三学三寺。[①]

（三）对外政策

兴宗时期对于东北、西北以及西夏王朝，实行封贡制度。

1. 辽与东北部女真族的关系

兴宗时期，对于东北地区的女真等族实行朝贡与授封的制度。女真族每年向辽朝朝贡。例如，长白山太师柴葛、回跋部太师撒剌来贡方物。重熙十八年五月，五国酋长各率其部来附。

对于前来朝贡、内附的女真人给予封官。兴宗重熙十五年，以北女真详稳萧高六为奚六部大王。秋七月，女真部长遮母率众来附，加太师。戊午，五国节度使耶律仙童因降服乌古叛人，授予左监门卫上将军。[②] 辽朝廷也派遣契丹人担任女真部的节度使。例如北枢密院言越棘部民苦其酋帅坤长不法，多流亡；诏罢越棘等五国酋帅，以契丹节度使一员领之。

兴宗时期，对东北女真等部族侵边、不按时朝贡或有背叛行为，进行讨伐和惩治。重熙十七年十一月，女真侵边，派黄龙府铁骊军前去抵御。任命殿前都点检耶律义先为行军都部署，忠顺军节度使夏行美副部署，东北面详稳耶律术者为监军，征伐蒲奴里酋长陶得里。派遣东京留守耶律侯哂、知黄龙府事耶律欧里斯率兵攻打蒲卢毛朵部。

2. 辽与西北部族及西夏的关系

辽朝对于西北各个部族实行恩伐并施的政策。西北各个部族每年向辽朝朝贡。如“阻卜献马、驼二万”。同时，赏赐诸将校及阻卜等部酋长并各晋官爵。

征伐西夏。辽朝最初与西夏保持多年的封贡关系。并担当宋朝与西夏之间的调停人。如重熙十二年（1043）春正月，遣同知析津府事耶律敌烈、枢密院都承旨王惟吉谕夏国与宋和。甲寅，耶律敌烈等使夏国还，

---

① （元）脱脱等：《辽史》卷19《兴宗纪》，中华书局1974年版，第228页。

② 同上书，第232页。

奏元昊罢兵，即遣使报宋。

直至重熙十三年，由于西夏招纳西北部叛乱的诸族，兴宗决意伐夏。

九月，兴宗会大军于九十九泉，以皇太弟重元、北院枢密使韩国王萧惠将先锋兵西征。冬十月，督数路兵掩袭，杀西夏兵数千人，驸马都尉萧胡睹为夏人所执。元昊遣使者俘获者送还于辽，辽朝遗夏使回国。十一月，辽军班师回朝。

辽朝征伐西夏几经反复。重熙十三年，虽然西夏与辽朝和好，但是，西夏仍旧在西北地区招降纳叛。重熙十八年（1049）秋七月，兴宗亲征西夏。八月，渡河。夏人溃逃，还师回朝。九月，辽将萧惠等为夏人所败。冬十月，北道行军都统耶律敌鲁古率阻卜诸军到达贺兰山，捉获李元昊妻及其官僚家属。

重熙十九年（1050）十二月，在交战双方互有胜负的情况下，夏国李谅祚遣使上表，乞依旧臣属。①

3. 辽与宋朝的关系

辽朝与宋朝在公元1004年订立澶渊之盟后，双方一直遵守盟约，保持睦邻友好的关系，没有战事发生。兴宗重熙十年，听说宋设关河，治壕堑，恐为边患，与南、北枢密吴国王萧孝穆、赵国王萧贯宁谋议取回宋旧割关南十县地，于是派遣萧英、刘六符出使宋朝。取晋阳及瓦桥关以南十县地；问询兴师伐夏及沿边疏浚水泽，增加兵戍的缘故。丁酉，兴宗以伐宋，诏谕诸道。

重熙十一年（1042）夏四月，兴宗颁南征赏罚令。宋朝派知制诰富弼前往契丹，富弼至契丹，“与兴帝辩论，力拒其割地之意。富弼又对曰：‘两朝人主继好垂四十年，一旦忽求割地，何也?’帝曰：‘南朝违约，塞雁门，增塘水，治城隍，籍民兵，意将何为？君臣竞请兴兵而南，寡人以为不若遣使取关南故地，求而不获，举兵未晚。’弼曰：‘北朝忘章圣皇帝之大德乎！澶渊之役，若从诸将言，北兵无得脱者。且北朝与中国通好，不绝岁币，则人主专其利，而臣下无所获；若用兵则利归臣下，而人主任其祸。故北朝群臣争劝用兵者，皆为身谋，非国计也。’”

① （元）脱脱等：《辽史》卷20《兴宗纪》，中华书局1974年版，第242页。

经反复协商两朝和议成。宋朝每年更增绢十万匹、银十万两。契丹既岁得金帛五十万，因勒碑纪功，擢刘六符为显官，子孙贵于国中。”①

兴宗在位二十余年，在施政方针上有得有失，兴宗即位之初，钦哀皇太后专权，滥杀无辜，改变圣宗以来所施行的法度。兴宗没有加以规劝。亲政后，基本上承袭了圣宗以来改革的各项政策。重新修订了法令，使之更为宽缓。经济上通括户口，均平赋税，辽与北宋、西夏先后签订和约，边境巩固。兴宗尊崇儒学、佛教，僧侣有官至三师三公者。兴宗朝承圣宗时期的盛世余荫，在社会繁荣景象的背后，也有暗流涌动，统治阶级内部矛盾与社会阶级矛盾日益加深，辽朝开始由盛转衰。②

① （宋）叶隆礼：《契丹国志》卷8《兴宗文成皇帝》，上海古籍出版社1985年版，第82页。

② （元）脱脱等：《辽史》卷19《兴宗纪》，中华书局1974年版，第248页。

第七章

道宗时期重元之乱与耶律乙辛专权

在辽代二百多年的历史中，一直贯穿着草原传统习俗和中原农业文明的交融与斗争等问题，也就是南北融合的问题。在辽代后期，这种矛盾的斗争越发表面化了，在道宗朝，终于发展为皇家内部的一场派系斗争。

一　重元之乱及草原传统习俗和中原农业文明的交融与斗争

兴宗时期，辽朝统治集团里分成了针锋相对的两派：一派是兴宗以及他的儿子道宗耶律洪基和汉人大臣，他们习汉法，慕汉风，对宋朝愿意保持通和友好；在经济上，代表新兴的封建势力、封建主的利益。一派是皇太弟耶律重元和契丹各部落的首领们。他们不喜汉化，偏向保守本俗，对北宋主张采取较为强硬的政策。他们代表旧的部落残余势力或契丹守旧贵族的利益。这两派的执政理念不同，不仅含有民族、经济、文化等重要因素，并且有着长期的历史渊源。

耶律重元是一个顽固的守旧派首领。他悍强好战，屡次请求进攻中原。他偏向契丹，压迫汉人，主张修改圣宗制订的汉人、契丹人殴人致死，同样按“汉法”论罪的法令，建议恢复原来的、即优遇契丹人的法律；他“性极残忍，每出一囚犯死罪者，命众集射，斩而醬之，流血满前，饮啖自若”。[①]

兴宗即位之初，耶律重元因将他母亲谋立自己为帝的消息告诉了兴宗，兴宗许诺，死后把皇位传给重元，重元因此获得了“皇太弟”的头衔。这个“皇太弟”的典故，在中原历史上，是从晋惠帝开始的。实际内容就是“兄终弟及”的意思。重元早已准备自己将来当皇帝，这使得一些顽固反对封建化的契丹贵族逐渐聚集在他的周围，形成了一个派系。这个派系的形成，使得两派不断发生矛盾与摩擦，并愈演愈烈。

道宗即位后，皇太弟做了皇太叔，身份是高了一辈，但现在侄子做了皇帝，“皇太叔”只是一个空名罢了。皇太叔耶律重元尽管享受了许多优厚的待遇，但是仍旧欲壑难填。清宁九年（1063）七月，耶律重元纠合大小官员四百余人，诱胁弓箭手等，向道宗行宫发动袭击。在耶律仁先率军反击之下，他们的叛乱被平定。[②]

重元之乱是保守和前进两个派系斗争的反映。随着政治、经济重心的南移，辽朝也朝着封建化道路迅速发展。耶律重元却代表了这一发展的反动力量，他们未能也不可能挡住历史前进的步伐。

二　耶律乙辛专权与宣懿皇后、太子濬冤案

耶律乙辛，字胡都衮，五院部人。他的父亲耶律迭剌一贫如洗，吃穿不能自给，部人称他为“穷迭剌”。长大后，耶律乙辛俊美而有风度，外表温和而内心狡猾。兴宗重熙年间，他当上文班吏，掌管太保印。一次，他陪从入宫，仁懿皇后见耶律乙辛温文尔雅，如同真正的宦官一样，任命他为笔砚吏。兴宗也十分宠爱他，提拔他为北枢密院同知，后升为枢密副使。道宗朝又任命耶律乙辛为南院枢密使。清宁七年，道宗任命耶律乙辛为知北枢密院使事，并封为赵王。清宁九年，耶律乙辛因讨平耶律重元叛乱有功，加官为太子太傅、北院枢密使，晋升为魏王，并被道宗赐予“匡时翊圣竭忠平乱功臣”的称号。

---

① （宋）叶隆礼：《契丹国志》卷14《鲁王宗元传》，上海古籍出版社1985年版，第153页。

② （元）脱脱等：《辽史》卷22《道宗纪》，中华书局1974年版，第262页。

咸雍五年（1069），道宗加封耶律乙辛为守太师，并允许他如果四方有战事，可以全权处理。道宗对他恩宠无比。耶律乙辛当权后，结党营私，网罗亲信、党羽，凡是逢迎、巴结他的人，都得到高升。凡是忠直的大臣，不依附于他的人，都被他以各种理由排斥出朝，或以各种莫须有的罪名残害致死。耶律乙辛还亲手制造了两起轰动朝廷内外的宫廷冤案，使道宗逼死他的妻子萧观音和皇太子耶律濬。

萧观音，为辽道宗耶律洪基皇后。萧观音的父亲萧孝惠是辽朝有名的大臣，曾担任辽兴宗朝的北院枢密使，执掌辽朝的军政大权。萧观音从小受到良好的家庭教育，喜爱文学，博通经史，善于谈论。她能自制歌词，尤擅弹筝和琵琶。道宗即位立为皇后。清宁初年，尊为懿德皇后。①

道宗即位后，曾想有所作为。但是，后来逐渐沉湎于酒色、畋猎，为人昏庸，不辨忠奸，甚至让人掷骰子，将胜者擢任为官。萧观音目睹辽道宗的所作所为，她向道宗皇帝上疏谏猎："我听说周穆王远出游猎，不理国事，周朝衰败了。太康骄奢淫逸，夏朝社稷颠覆了。因此前人都以此为鉴。"她还说："皇帝行猎，常常一个人单骑追逐野兽，这是很危险的。我深为国家担忧。"道宗看到《谏猎疏》后，虽表面嘉纳，可内心里觉得有损于自己的尊严，难以接受，从此逐渐疏远了皇后。②

皇后见规劝无效，心中十分忧虑。她深居宫禁想起当初夫妻的恩爱，写下《回心院》词十首。她把《回心院》配上自制的曲子，命宫中伶官演奏。当时，伶官中只有赵惟一能演奏。于是，诬案的文章就从这里做起。皇后有一名宫婢，名叫单登，也善于弹筝及琵琶，技艺不在赵惟一之下。她埋怨皇后看不起她。皇后让单登和自己对弹四旦二十八调，结果单登远不如皇后。道宗尝召单登弹筝，皇后劝谏说："单登是叛家婢，怎能让她接近陛下呢？"随即把单登派往别院，单登怀恨在心。单登的妹妹清子嫁给教坊朱顶鹤，和耶律乙辛关系密切。他们勾结在一起，污蔑

① （元）脱脱等：《辽史》卷 71《道宗宣懿皇后萧氏传》，中华书局 1974 年版，第 1205 页。

② 张博泉主编：《东北历史名人传》，武玉环参编《辽代人物传·萧观音传》，吉林文史出版社 1986 年版，第 226 页。

皇后与赵惟一私通。皇后擅长书法，耶律乙辛伪作《十香词》令单登诈称："这词是南朝忒里赛（皇后）所作，如能得到您的手书，便可称为二绝。"皇后信以为真，就手书《十香词》，末尾又写上自己所做的《怀古诗》："宫中只数赵家妆，败雨残云误汉王。惟有知情一片月，曾窥飞燕入昭阳。"耶律乙辛得皇后手书后大喜，命单登与朱顶鹤出头诬告萧皇后与赵惟一私通，《怀古诗》中有"赵惟一"三字，有亲书《十香词》作证。道宗大怒，命耶律乙辛和其同党张孝杰审理此案。耶律乙辛用酷刑逼供，屈打成招。大康元年（1075）十一月，道宗命令族诛赵惟一，赐皇后死。①

道宗与萧观音的儿子太子濬，在大康元年（1075）开始总理朝政，他法令修明，众望所归，耶律乙辛专权擅政的野心不能得逞，于是他暗中串联，阴谋诬陷皇后与太子。这年冬天，皇后受诬陷，被道宗赐死。太子濬郁郁寡欢。耶律乙辛心中常常不安，他担心皇太子一旦即帝位，将无他的立身之地。因此，又想谋害太子。他乘机上奏说："帝与后如同天地并存，东宫之位不可久旷。"并极力称赞其党羽驸马都尉萧霞抹的妹妹美丽而又贤惠。道宗听信了他的话，册封她为皇后。护卫萧忽古憎恶耶律乙辛的奸邪，藏身于耶律乙辛要经过的桥下想要行刺耶律乙辛。一会儿，忽下暴雨把桥冲坏，萧忽古的计谋未能实现。林牙萧岩寿密奏道宗说："耶律乙辛自从皇太子参政以来，心怀疑惧，他与宰相张孝杰相勾结，恐怕有异图，不可让他官居要职。"第二年六月，道宗贬耶律乙辛为中京留守。耶律乙辛的党羽萧霞抹向道宗为耶律乙辛说情，道宗后悔，召耶律乙辛回来，官复北院枢密使，贬萧岩寿为顺义军节度使，不久，又把他流放到乌隗部。当时，道宗召近臣商议召回耶律乙辛的事情，群臣都不敢非议此事。只有耶律撒剌屡次劝谏，道宗不听。于是，朝廷中谗言诽谤甚嚣尘上，忠良之士被排斥无遗。耶律乙辛听从同党萧十三所言，夜间召来同党萧得里特策划陷害太子。于是在大康三年夏五月，耶律乙辛命令护卫太保耶律查剌等诬告萧速撒等人密谋欲立皇太子为帝。

① （元）脱脱等：《辽史》卷71《道宗宣懿皇后萧氏传》，中华书局1974年版，第1205页。

道宗下令立案审查，查无证据而作罢。不久，耶律乙辛又命令牌印郎君萧讹都斡诬告耶律撒剌也参与了这一阴谋。道宗命令耶律乙辛审理此案，耶律乙辛用酷刑迫使他们供认。道宗大怒，命令杀萧速撒和耶律撒剌等人，不久耶律乙辛杀害了皇太子濬和他的妻子。

大康五年（1079）春正月，道宗将要外出去打猎，耶律乙辛奏请将皇孙（被杀太子濬之子，即后来的天祚皇帝）留下，道宗正要答应，同知点检萧兀纳劝谏道："皇孙幼小，左右无人，我愿留下保护皇孙，以防不测。"于是，道宗将皇孙带走。由此，道宗才开始怀疑耶律乙辛。

在一次北幸途中，道宗看见侍从官属都跟随在耶律乙辛后面，才"恶之，出乙辛知南院枢密事"。① 但是直到最后，还是没有按照主要罪行对乙辛做出惩处，只是由于他投奔宋朝和私藏武器的事被揭露，才把耶律乙辛处死。耶律乙辛的其他同伙，在道宗耶律洪基时期，大都逍遥法外，只有个别人受到惩处。②

三 道宗昏庸殆政与阶级矛盾的激化

（一）剥削的加重

由于水、旱、蝗等自然灾害的侵袭，以及辽朝军费开支的扩大，辽朝廷加重了对广大农牧民的剥削。使得贫富差距越来越大，农牧民的生活越来越贫困。道宗咸雍八年，"赐延昌宫贫户钱"。大康七年十一月，"岁出官钱，赈诸宫分及边戍贫民"。大安二年，"赐兴圣、积庆二宫贫民"。③ 此外，在寿隆年间，道宗多次赈济各地贫民。说明当时贫富分化的加剧，阶级矛盾的发展。萧韩家奴曾经与兴宗分析当时辽朝的各种赋役及对民众生活的影响，一是防边戍役："乃者，选富民防边，自备粮糗。道路修阻，动淹岁月；比至屯所，费已过半；只牛单毂，鲜有还者。其无丁之家，倍直佣僦，人惮其劳，半途亡窜，故戍卒之食多不能给。

① （元）脱脱等:《辽史》卷110《耶律乙辛传》，中华书局1974年版，第1483页。
② 同上。
③ （元）脱脱等:《辽史》卷24《道宗纪》，中华书局1974年版，第286页。

求假于人，则十倍其息，至有鬻子割田，不能偿者。或逋役不归，在军物故，则复补以少壮。其鸭绿江之东，戍役大率如此。况渤海、女真、高丽合纵连衡，不时征讨。富者从军，贫者侦候。加之水旱，菽粟不登，民以日困。”“方今最重之役，无过西戍。如无西戍，虽遇凶年，困弊不至于此。”①

二是兵役。“盖民者国之本，兵者国之卫。兵不调则旷军役，调之则损国本。且诸部皆有补役之法。昔补役始行，居者、行者类皆富实，故累世从戎，易为更代。近岁边虞数起，民多匮乏，既不任役事，随补随缺。苟无上户，则中户当之。旷日弥年，其穷益甚，所以取代为艰也。非惟补役如此，在边戍兵亦然。”② 可见，防边戍役是辽代赋役之中较重的役种之一，以致民众破产不能给。

三是水旱灾害，“加之水旱，菽粟不登，民以日困。盖势使之然也。”

从而导致民困为盗：“臣又闻，自昔有国家者，不能无盗。比年以来，群黎凋敝，利于剽窃，良民往往化为凶暴。甚者杀人无忌，至有亡命山泽，基乱首祸。所谓民以困穷，皆为盗贼者，诚如圣虑。今欲芟夷本根，愿陛下轻徭省役，使民务农。衣食既足，安习教化，而重犯法，则民趋礼义，刑罚罕用矣。”③

从以上对话可以看到，道宗时期，百姓赋役繁重，灾害连年，百姓无以自活，或上山为盗，或逃离家乡，朝廷对于百姓的盘剥压迫日益沉重，阶级矛盾一触即发。

（二）道宗的昏庸殆政

道宗耶律洪基执政期间，初期似乎很想有所作为，但是逐渐沉湎于游畋与享乐，对事不辨黑白，对大臣不辨忠奸。在道宗时期，重用奸佞之臣耶律乙辛，就是其例。道宗用人授官，靠被任命者们自己掷骰子，看彩头，凭运气，这样来确定用哪个人，授什么官。例如宰相仁杰（张

---

① （元）脱脱等：《辽史》卷103《萧韩家奴传》，中华书局1974年版，第1446页。

② 同上。

③ 同上书，第1445页。

孝杰）获头鹅，加侍中。[①] 他下诏重赏告密的人，朝廷内外“诽谤之词甚嚣尘上”。如萧图古辞，清宁初，历北面林牙，改北院枢密副使。辩敏，善伺颜色，应对合上意。皇太后曾说：“有大事，非耶律化哥、萧图古辞不能决。”[②] 眷遇日隆。任北院枢密使事。清宁六年，出知黄龙府。八年，拜南府宰相。顷之，为北院枢密使，诏许便宜从事。为人奸佞有余，好聚敛，专愎，变更法度。为枢密数月，所荐引多为重元党与。在朝廷中，耶律重元身旁聚集了一批阴谋家。最终酿成祸乱。道宗沉溺佛教，“一岁而饭僧三十六万，一日而祝发三千”。[③] 不但如此，道宗还赐予僧侣高官厚禄，咸雍五年十二月，加圆释、法钧二僧并守司空。己未，僧志福加守司徒。[④]

辽朝的灭亡，固然是在天祚帝耶律延禧时期，但在道宗耶律洪基时就已经种下了灭亡的种子。

（三）逃户与农牧民起义

由于水旱灾害，道宗时期，农牧民生活日益陷入贫困，为了逃避过重的赋税徭役，农牧民背井离乡，逃离故乡。仅以大安三年为例，可以看出农牧民受自然灾害的影响，食不饱腹，生活贫困。大安三年春正月，出钱粟振南京贫民，仍复其租赋。二月丙戌，发粟振中京饥。三月己未，免锦州贫民租一年。甲戌，免上京贫民租如锦州。夏四月戊子，赐中京贫民帛，及免诸路贡输之半。丙申，赐隈乌古部贫民帛。乙巳，诏出户部司粟，振诸路流民及义州之饥。秋七月丁巳，出杂帛赐兴圣宫贫民。[⑤] 从上文看，仅仅半年之内，就多次赈济受灾贫民。朝廷赈济的对象有南京、中京、上京、锦州、西北地区的乌古部以及兴圣宫的贫民，几乎涵盖了辽朝境内的大部分地区。为了安抚因受灾逃离灾区的民户，大安三

① （元）脱脱等：《辽史》卷110《张孝杰传》，中华书局1974年版，第1486页。
② （元）脱脱等：《辽史》卷111《萧图古辞传》，中华书局1974年版，第1494页。
③ （元）脱脱等：《辽史》卷26《道宗纪》，中华书局1974年版，第314页。
④ （元）脱脱等：《辽史》卷22《道宗纪》，中华书局1974年版，第269页。
⑤ （元）脱脱等：《辽史》卷25《道宗纪》，中华书局1974年版，第295页。

年二月甲辰，“以民多流散，除安泊逃户征偿法。”[①] 可以看出，当时的农牧民逃户的赋税，要向没有逃走的民户征收，是极不合理的。因此道宗大安三年免除了安泊逃户征偿法。大康六年十二月庚午，免西京流民租赋一年。

道宗时期，多次爆发了农牧民起义。道宗咸雍三年（1067）六月，“新城县民谋反，伪署官吏”。说明当时农民受剥削严重，因此铤而走险，造反起义。

辽朝西北地区是少数民族的聚居区，在道宗时期，曾经多次举行反辽起义。例如，咸雍五年（1069）春正月，阻卜叛，以晋王仁先为西北路招讨使，领禁军讨之。丁丑，五国剖阿里部叛，命萧素飒讨之。咸雍九年秋七月，八石烈敌烈人杀其节度使以叛。己酉，诏隗乌古部军分道击之。

大安四年（1088），北阻卜酋长磨古斯叛，斡特剌率兵进讨。会天大雪，败磨古斯四别部，斩首千余级。[②]

大安八年（1092）冬十月丙辰，振西北路饥。阻卜磨古斯杀金吾吐古斯以叛，辽朝廷遣奚六部秃里耶律郭三发诸蕃部兵讨之。这次西北路阻卜叛乱可能和西北路饥荒有关，忍受不了饥荒的阻卜反叛朝廷，举行起义，这次起义规模较大，持续多年。第二年三月，西北路招讨使耶律阿鲁扫古追磨古斯还，都监萧张九遇起义军，与战不利。二室韦、拽剌、北王府、特满群牧、宫分等军多陷没。[③]

大安十年五月，西北路招讨司奏敌烈等部来侵，统军司出兵与战，不利，招讨司以兵击破之，敦睦宫太师耶律爱奴及其子战死。寿隆六年（1100）春正月辛卯，斡特剌执磨古斯来献。二月己酉，磔磨古斯于市。[④] 这次阻卜叛乱，从大安四年（1088）至寿隆六年（1100），长达十二年。西北部各族民众在这次叛乱中，生产和生活受到很大影响，据史书记载，大安九年，有司奏阻卜长辖底掠西路群牧。丁巳，振西北路贫民。此外，

① （元）脱脱等：《辽史》卷25《道宗纪》，中华书局1974年版，第295页。

② 同上书，第296页。

③ 同上书，第301页。

④ （元）脱脱等：《辽史》卷26《道宗纪》，中华书局1974年版，第312页。

参与叛乱的西北部民数千人被斩首。辽朝军队的将士很多死于这场平乱之中。阻卜掠走辽朝西北部群牧的大量牲畜，使得辽朝元气大伤，激化了辽朝廷与西北诸族的矛盾，削弱了辽朝的统治力量。

第八章

天祚帝的黑暗统治与辽朝的灭亡

天祚帝时期，是辽朝统治的末期，这一时期，辽朝统治阶级内部围绕统治权力的斗争愈演愈烈，对于民众的剥削和压迫也越发沉重，辽朝各地不断爆发农牧民起义，北方女真族趁势而起，举起反辽的大旗。辽朝内外交困，矛盾重重，辽王朝的灭亡指日可待。

一 天祚帝时期统治阶级内部的矛盾加剧

寿隆三年（1101）正月，辽道宗耶律洪基死于混同江行宫，其孙耶律延禧奉遗诏继承皇位，群臣上尊号为天祚皇帝。改年号为乾统。

天祚帝即位后，随即为其祖母及父亲耶律濬平反昭雪，追谥懿德皇后为宣懿皇后，耶律濬为大孝顺圣皇帝，庙号顺宗。又对耶律乙辛及其党羽进行惩治，命耶律阿思和同知北院枢密使萧得里底共同审理此案。并下诏："为耶律乙辛所诬陷者，复其官爵，籍没者出之，流放者还之。"下诏"发乙辛等墓，剖棺戮尸，诛其子孙。余党子孙减死，徙边，其家属、奴婢皆分赐被害之家"[①]。这次对于耶律乙辛余党的惩治，并不彻底。主审官耶律阿思等，接受耶律乙辛余党的贿赂，而对耶律乙辛余党从轻发落或赦免其罪，使得犯罪者逍遥法外："天祚嗣位，以塔不也党乙辛，出为特免部节度使。及枢密使耶律阿思大索乙辛旧党，塔不也以赂获免。

① （元）脱脱等：《辽史》卷27《天祚皇帝纪》，中华书局1974年版，第317页。

徙敌烈部节度使，复为敦睦宫使。”①

（一）任人唯亲，荒于政事

在用人方面，天祚帝不辨忠奸，任用了一批阿谀奉承、怀有个人野心的奸佞之臣。萧奉先，天祚元妃之兄，他外宽内忌。因为元妃为天祚帝眷倚，萧奉先累官枢密使，封兰陵郡王。在头鱼宴上，女真首领完颜阿骨打义气雄豪，不听天祚帝的使令。天祚帝让萧奉先杀掉完颜阿骨打，却被萧奉先阻拦未果。

萧奉先为一己之私，而破坏朝纲，为其弟开脱罪责。阿骨打起兵犯宁江州，天祚帝命萧奉先弟萧嗣先为都统，率番、汉兵前往征讨，其弟萧嗣先与女真军队作战失败，有的将领、兵士溃逃。萧奉先惧怕其弟被诛，上奏天祚帝：“东征溃军逃罪，所至劫掠，若不肆赦，将啸聚为患。”天祚帝听信了萧奉先的奏报，萧嗣先诣阙待罪，止免官而已。于是士无斗志，遇敌辄溃，郡县所失日多。

萧奉先诬陷耶律余睹联合驸马萧昱谋立其甥晋王敖卢斡，天祚帝杀萧昱，并赐其母文妃死。耶律余睹在军中闻之惧怕，投奔女真。保大二年，耶律余睹为女真监军，率兵来袭。天祚帝很是忧虑。萧奉先上言：“余睹乃王子班之苗裔，此来实无亡辽心，欲立晋王耳。若以社稷计，不惜一子，诛之，可不战而退。”遂赐晋王死。中外莫不流涕，人心益解体。②

天祚帝任用的大臣，平日奉迎谄媚，关键时刻计无所出，误国误民。当女真之兵未至，萧奉先逢迎天祚，上言：“女真虽能攻我上京，终不能远离巢穴。”而一旦女真大军越三千里直捣云中，萧奉先计无所出，唯请天祚帝播迁夹山，天祚方悟萧奉先误国。

女真初起，朝廷大臣多欲乘其未备，举兵往讨；唯独萧得里底反对并阻止，以至于最后败于女真军。天祚帝因萧得里底不合人望，降为西南面招讨使。后又重新召回，任命为北院枢密使，对其更为宠任。当时，

---

① （元）脱脱等：《辽史》卷111《耶律塔不也传》，中华书局1974年版，第1494页。
② （元）脱脱等：《辽史》卷102《萧奉先传》，中华书局1974年版，第1439页。

诸路大乱，飞章告急者络绎而至，萧得里底不上报，有功者亦无甄别。于是将校怨怒，人无斗志。保大二年，金兵至岭东。正值耶律撒八、习骑撒跋等谋立晋王敖卢斡事泄，天祚帝召萧得里底商议："反者必以此儿为名，若不除去，何以获安。"萧得里底唯唯诺诺，竟无一言进行申辩。晋王敖卢斡被天祚帝赐死，上下离心。金兵越岭追击，天祚帝率卫兵西逃。

（二）重施严刑酷法

天祚帝时期，滥施刑罚，司法腐败。对于职官犯谋反大罪，可行使贿赂免罪。如耶律挞不也、萧达鲁古等，是耶律乙辛同党之中尤凶狡者，皆以贿赂免罪。对于覆军失城的将领，只免官而已。有的官员只是犯了小罪，却被处死。行军将军耶律涅里三人犯有禁地射鹿之罪，皆弃市。其职官诸局人有过失者，镌降决断之外，悉从军。由于天祚帝赏罚无章，怨声迭起，剧盗相继，叛亡接踵。天祚帝"益务绳以严酷，由是投崖、炮掷、钉割、脔杀之刑复兴焉。或有分尸五京，甚者至取其心以献祖庙。亡国之主，施之于法既定之后，民复何所赖焉"①。

（三）宫廷内乱，夫妇、父子相残

天祚帝有四子：长赵王，母赵昭容；次晋王，母文妃；次秦王、许王，都为元妃所生。国人知晋王之贤，深所属望。元妃之兄枢密使萧奉先恐怕秦王不得立，潜图之。文妃姊妹三人：长姐嫁给耶律挞曷里，二为文妃，妹妹嫁给耶律余睹。一日，其姊妹俱会军前，萧奉先诬陷驸马萧昱及余睹等谋立晋王，事觉，昱、挞曷里等伏诛，文妃被赐死；唯独晋王敖卢斡没有加罪。耶律余睹在军中，闻之恐惧，即率千余骑叛入金。上派遣知奚王府事萧遐买、北府宰相萧德恭、大常衮耶律谛里姑、归州观察使萧和尚奴、四军太师萧干带领所部兵追击。追到闾山县，诸将商议后，返回，说是"追袭不及"。萧奉先既见耶律余睹逃亡，恐后日诸校也随之叛亡，于是劝天祚帝骤加爵赏，以结众心。任命萧遐买为奚王，

① （元）脱脱等：《辽史》卷62《刑法志》，中华书局1974年版，第946页。

萧德恭同中书门下平章事兼判上京留守事，耶律谛里姑为龙虎卫上将军，萧和尚奴金吾卫上将军，萧干镇国大将军。

保大二年（1122），天祚帝听说耶律余睹引金人娄室孛堇将至，萧奉先上言："余睹乃王子班之苗裔，此来欲立甥晋王耳。若为社稷计，不惜一子，明其罪诛之，可不战而余睹自回矣。"于是天祚帝赐其子敖卢斡死，素服三日，耶律撒八等都被处死。晋王敖卢斡素有人望，诸军闻其死，无不流涕，由是人心解体。正如史书所言："天祚知其父之冤，而己亦几殆，至是又自杀其子敖卢斡。传曰：'于所厚者薄，无所不薄矣。'辽二百余年，骨肉屡相残灭。"[①]"降臻天祚，既丁末运，又觖人望，崇信奸回，自椓国本，群下离心。金兵一集，内难先作，废立之谋，叛亡之迹，相继蜂起。驯致土崩瓦解，不可复支，良可哀也！"[②]

二 赋税剥削的加重

天祚帝耶律延禧时期，民所甚患者，驿递、马牛、旗鼓、乡正、厅隶、仓司之役。广大农民和稍有田地、无力耕种的人，甚至某些无势力的小地主，他们必须无偿地为官府服各种差役，做各种供应，以及轮流承担看守仓库等杂役。"至破产不能给"。各种苛捐杂税、地租和高利贷的盘剥，使各族人民无以为生，许多地方的人民纷纷逃离家乡，因而出现大批流民。

史书记载，天祚帝乾统三年（1103）夏五月，以猎人多亡，严立科禁。天庆六年六月，籍诸路兵，有杂畜十头以上者皆从军。天祚帝天庆八年（1118）十二月，时山前诸路大饥，乾、显、宜、锦、兴中等路，斗粟直数缣，民削榆皮食之，既而人相食。[③] 而以天祚帝耶律延禧为首的契丹贵族，整日沉醉于纸醉金迷之中，对于面临的日益严重的局势麻木不仁。由于天祚帝时期赋税剥削的加重，激化了阶级矛盾，广大农牧民

① （元）脱脱等：《辽史》卷61《刑法志》，中华书局1974年版，第945页。

② （元）脱脱等：《辽史》卷30《天祚皇帝纪》，中华书局1974年版，第359页。

③ 同上书，第358页。

或流亡他乡，或上山为盗，或聚众起义。而人心日益解体，辽朝统治江河日下。

三　女真族的反辽斗争

女真族是辽朝统治地区内的少数民族之一。他们隶属辽朝二百余年。他们的首领世袭节度使，兄弟相传，周而复始。辽朝的统治者和其他王朝的统治者一样，他们对其属下的民族是建立在统治和被统治关系之上的。辽末，契丹统治者已极端腐败，他们除每年向女真征求贡马万匹等物以外，还从其他方面对女真人百般奴役和勒索，加重了对女真族的压迫与剥削。

辽在宁江州设有榷场，女真人以北珠、人参、金、麻布、蜜蜡、药材等土产在宁江州市场交换，契丹统治者则经常以强力掠夺女真族的土特产品，或者在交换过程中压低价格，污辱女真人，他们把这叫作“打女真”。

女真人每年以北珠、貂皮、良犬、俊鹰海东青朝贡于辽。海东青是一种小而强健的猎鹰，善于捉捕天鹅，以白爪者为最珍贵，盛产在黑龙江下游近海地方。契丹皇帝与贵族最好打猎，酷爱海东青，岁岁求之女真。女真至五国部，战斗而后得。女真不胜其扰，及天祚嗣位，责贡尤苛。

史书记载，为了满足契丹皇帝春捺钵捕捉天鹅的需要，辽朝向女真人每年催征海东青，从而引发女真与相邻的五国部的械斗与征战。《文献通考》卷327记载：“先是，女真岁以北珠、貂革，名马、良犬及俊鹰海东青与契丹，海东青出于五国之东，契丹酷爱之，然不能自至。女真之东北，与五国邻，每岁大寒，契丹必遣使来趣发甲马数百入五国界，倾巢取之，往往征战而得，国人厌苦。及契丹主延禧嗣位，责供犹苛，至遣鹰坊子千辈，越长白山罗取，岁甚一岁，女真不胜其扰。”《松漠纪闻》记载：“后求海东青，使者络绎，恃大国使命，惟择美好夫人，不问其有夫及阀阅高者，女真浸忿，遂叛。”[①] 由此可知，海东青是契丹皇帝春捺钵时必备的“武器”，由春捺钵而引发的对于海东青的催征，使得辽朝与女真族的民族矛盾一触即发。[②]

完颜阿骨打是女真族杰出的领袖，他“意气雄豪”，拒不向天祚帝低头。他充分利用和发挥了女真族人民对辽怨恨的情绪，于公元 1114 年起兵反辽，声势浩大。辽朝廷急急忙忙派兵前来镇压，结果是一次又一次的失败。第二年，阿骨打称帝，建国号金。阿骨打在即皇帝位时对群臣说：“辽以镔铁为号，取其坚也。镔铁虽坚，终亦为坏，唯金不变不坏。”由此可见，阿骨打建立的金王朝，从建国伊始，就把灭亡辽朝作为其主要目标。

从女真人举起抗辽的大旗后，反辽的势力风起云涌，而辽统治集团异常腐朽，内部分崩离析，女真族灭辽的进军可以说是摧枯拉朽，几乎不费什么力气。

辽朝后期，对契丹人民在内的各族人民的压榨变得愈益沉重不堪，而一个皇朝到了它的衰年，失去了曾经有过的锐气，日益变得腐朽起来。它的内部斗争不断加剧。各族人民在阶级压迫和民族压迫下，纷纷起义。[③]

四　天祚帝遁入夹山与燕王独立

保大二年（1122），由于天祚帝逃入夹山，多日命令不通，而朝廷又不可一日无主。奚王回离保、林牙耶律大石等引唐灵武故事，议欲立天祚帝的叔叔耶律淳为帝，淳不从，官属劝进：“主上蒙尘，中原扰攘，若不立王，百姓何归？宜熟计之。”遂即位。号天锡皇帝，史称北辽，改保大二年为建福元年，大赦。放进士李宝信等一十九人，遥降天祚为湘阴

① 洪皓：《松漠纪闻》，《辽海丛书》，辽沈书社 1984 年版，第 205 页。

② 武玉环：《论辽与高丽的关系及辽的东部边疆政策》，《吉林大学社会科学学报》2001 年第 4 期。

③ 武玉环：《春捺钵与辽朝政治——以长春州、鱼儿泊为视角的考察》，《北方文物》2015 年第 4 期。

王。燕、云、平、上京、中京、辽西六路，淳主之；沙漠以北、南北路两都招讨府、诸蕃部族等，仍隶天祚。自此辽国分矣。淳封其妻普贤女为德妃，以回离保知北院枢密使事，军旅之事悉委大石。又遣使报宋，免岁币，结好。宋人发兵问罪，击败之。遣使奉表于金，乞为附庸。事未决，淳病死，年六十。百官伪曰孝章皇帝，庙号宣宗，葬燕西香山永安陵。遗命遥立秦王定以存社稷，德妃为皇太后，称制，改建福为德兴元年，放进士李球等一百八人。后来，金兵大至，德妃奔天德军，见天祚。天祚怒，诛德妃，降淳庶人，除其属籍。①

辽末，发生的朝臣拥立耶律淳为帝的政变，一方面说明天祚帝早已丧失朝臣的信任，另一方面说明辽朝臣们急于寻找一个名正言顺的皇室后裔取代天祚帝，以此来改变辽末衰败的局势。而耶律淳上台后却是一个短命的皇帝，只做了三个月的皇帝就病死了。辽末局势危机四伏，耶律淳当皇帝同样没能挽救辽朝即将覆亡的危局。

五　各族人民的起义与辽朝的灭亡

天祚帝即位以来，由于各族民众生活日益贫困，加之征兵、自然灾害、与周边各族的战争等影响，使得民众背井离乡，妻离子散，逃避战乱。民众或上山为盗，或起义造反。各族人民起义此起彼伏。虽然先后被朝廷出兵镇压下去，但是，却沉重打击了统治者的力量，削弱了辽朝的统治，加速了辽朝的灭亡。

萧海里叛乱：天祚帝乾统二年（1102）冬十月，萧海里叛乱，劫走乾州武库器甲。天祚帝命北面林牙郝家奴前去追捕，萧海里逃入陪术水阿典部。②

李弘起义：天庆三年（1113）夏闰四月，李弘以左道聚众起义，朝廷抓捕后肢解，分示五京。

女真反辽：天庆四年春正月，女真起兵，阿骨打与弟粘罕、胡舍等

① （元）脱脱等：《辽史》卷30《天祚皇帝纪》，中华书局1974年版，第353页。

② （元）脱脱等：《辽史》卷27《天祚皇帝纪》，中华书局1974年版，第319页。

筹划，以银术割、移烈、娄室、阇母等为帅，集合女真诸部兵，捉获辽障鹰官，并率军攻打宁江州，萧挞不也与女真军战于宁江东，战败。①

渤海古欲起义：天庆五年（1115）二月，饶州渤海古欲等起义，自称大王。辽朝派军前去攻打，辽军萧谢佛留等为渤海古欲所败，五月，陶苏斡与古欲作战失败。六月，陶苏斡捉获古欲，古欲起义失败。②

东京民变：天庆六年春正月，东京有恶少年十余人，乘酒执刃，进入留守府，杀留守萧保先。户部使大公鼎与副留守高清明集奚、汉兵千人，尽捕其众，斩之，抚定其民。东京为原渤海故地，萧保先为政严酷，渤海民众不堪其苦，因此发生民变。③

渤海高永昌兵变：天庆六年，渤海人高永昌率兵起义，僭号，改年号为隆基元年。辽朝廷派遣萧乙薛前去招抚，不从。④

张家奴、侯概起义：天庆五年十二月，耶律张家奴起义，锦州刺史耶律术者响应。朝廷派侍御司徒挞不也等讨张家奴，在祖州战败。后又派遣汉人行宫都部署萧特末率诸将征讨张家奴。张家奴与饶州渤海及中京侯概起义军等万余人，攻陷高州。天庆六年三月，东面行军副统筹斡等擒侯概于川州。夏四月，亲征张家奴，诛叛党，饶州渤海起义被镇压下去。⑤

董庞儿起义：天庆七年（1117）二月，涞水县董庞儿聚众万余，举行起义，西京留守萧乙薛、南京统军都监查剌前去平定。⑥

安生儿、张高儿起义：天庆八年（1118）五月，安生儿、张高儿聚众二十万，在龙化州起义，张高儿与霍六哥相合。霍六哥攻陷海北州，到义州，后来被军帅回离保等击败。⑦

从女真人举起抗辽的大旗后，反辽的势力风起云涌，遍及各族人民。

---

① （元）脱脱等：《辽史》卷27《天祚皇帝纪》，中华书局1974年版，第328页。
② （元）脱脱等：《辽史》卷28《天祚皇帝纪》，中华书局1974年版，第331页。
③ 同上。
④ 同上书，第334页。
⑤ （元）脱脱等：《辽史》卷28《天祚皇帝纪》，中华书局1974年版，第334页。
⑥ 同上书，第335页。
⑦ 同上。

其中有女真族、渤海族、汉族、奚族、阻卜等，也有契丹本族人民，甚至包括契丹贵族。各族人民在东京、上京、南京、中京和西京等地燃起了燎原大火。这些起义，除了女真族的反抗斗争迅即发展成为女真贵族取代辽朝的战争外，其余都被辽朝以及女真军队血腥镇压下去了。最终，辽王朝终于被各族人民起义所推翻。

保大五年（1125）二月，天祚帝在应州新城东六十里，被金人完颜娄室等俘获，辽亡。

第九章

西辽的兴衰

西辽（1124—1218），也称“后辽”，[①] 是辽皇族后裔、辽太祖耶律阿保机的八代孙、辽翰林承旨耶律大石所建立的。西辽立国前后共约九十余年。

一　耶律大石的西迁与西辽的建立

辽朝末年，天祚帝昏庸怠政，政治黑暗，灾荒遍野。女真族乘辽衰亡之机，崛起于北方，辽的疆土大部被金占领。天祚帝被逼无奈，抗击金兵，屡遭失败。于是他率领残余兵士逃入夹山。当时，为了保卫燕、云地区，契丹贵族于同一年拥立天祚帝的叔叔耶律淳为帝，号天锡皇帝，史称北辽。耶律淳称帝三个月病死，其妻萧德妃权主朝政。不久，金兵攻陷燕京，耶律大石在居庸关抗金战役中被金军俘获。九月，逃归天祚帝。耶律大石观辽朝行将灭亡，便率领二百骑兵逃走，在可敦城北庭召集威武等七州和大黄室韦等十八部众，向他们宣谕了匡复辽朝旧土的大志，自称天祐皇帝，号葛儿汗，组成新军，“有战马万匹”，得精兵万余，策划复兴辽朝。[②]

公元 1124 年 2 月 5 日，文武百官册立耶律大石为帝，耶律大石年三

① 关于西辽的灭亡时间，有两种说法。一是杨树森认为是在 1218 年。二是认为西辽亡于 1211 年。（见魏良弢《新疆社会科学》1983 年第 4 期《关于西辽纪年问题》。杨树森《辽史简编》，辽宁人民出版社 1984 年版，第 288 页。清汪远孙也持此观点。）

② （元）脱脱等：《辽史》卷 30《天祚皇帝纪》，中华书局 1974 年版，第 356 页。

十八岁，号葛儿汗。复上汉尊号曰天祐皇帝，改元延庆。耶律大石追祖父为嗣元皇帝，祖母为宣义皇后，册元妃萧氏为昭德皇后。大石对百官说："朕与卿等行三万里，跋涉沙漠，夙夜艰勤。赖祖宗之福，卿等之力，冒登大位。尔祖尔父宜加恤典，共享尊荣。"自萧斡里剌等四十九人的祖父，按等级封爵有差。①

东征：延庆三年（1126），耶律大石率师东归，马行二十日，得善地，遂建都城，号虎思斡耳朵（即裴罗将军城，吉尔吉斯斯坦托克马克东四十里楚河南岸），改延庆为康国元年。三月，以六院司大王萧斡里剌为兵马都元帅，敌剌部前同知枢密院事萧查剌阿不为副帅，茶赤剌部秃鲁耶律燕山为都部署，护卫耶律铁哥为都监，率七万骑东征。以青牛白马祭天，树旗宣誓于众人说："我大辽自太祖、太宗艰难而成帝业，其后嗣君耽乐无厌，不恤国政，盗贼蜂起，天下土崩。朕率尔众，远至朔漠，期复大业，以光中兴。此非朕与尔世居之地。"又命元帅斡里剌："今汝其往，信赏必罚，与士卒同甘苦，择善水草以立营，量敌而进，毋自取祸败也。"西辽军队东行至喀什喀尔，原来居住在这里的契丹人和汉人都先后归降西辽。西辽军队又进军畏兀儿，畏兀儿属于回鹘的一支，十世纪末在今吐鲁番盆地建立了高昌回鹘政权，西辽征服畏兀儿后，在这里设立了监管畏兀儿事务的官员少监，建立了对其地区的统治权。此后，东征军由于牛马多死，勒兵而还。

西进：东征军遇挫后，耶律大石继续向阿姆河西进。进军到寻思干（今撒马尔罕），西域诸国共同举兵十万，以突厥忽儿珊为统帅，前来拒战西辽大军。两军遥遥相望。耶律大石激励将士们："彼军虽多而无谋，攻之，则首尾不救，我师必胜。"耶律大石把军队分为左、中、右三部分，派遣六院司大王萧斡里剌、招讨副使耶律松山等将兵二千五百攻其右；枢密副使萧剌阿不、招讨使耶律术薛等将兵二千五百攻其左；自己率众攻其中。三军同进，忽儿珊大败，僵尸数十里。耶律大石在寻思干

① （元）脱脱等：《辽史》卷30《天祚皇帝纪》，中华书局1974年版，第357页。关于西辽建国的时间，据清朝汪远孙《西辽纪年表》记载，耶律大石延庆元年为宋徽宗宣和六年（1024）。

驻军九十日，回回国王来降，贡方物。

西辽的军队在击败忽儿珊的大军后，继续向西北，征服花剌子模。花剌子模王阿提西兹投降，成为西辽的属国，西辽军队班师回府，西辽在中亚地区建立了一个疆域辽阔、势力强大的帝国。

耶律大石于康国十年去世，在位二十年，庙号德宗。

二 西辽五君的更迭

西辽在耶律大石死后，子夷列年幼，遗命皇后权国。皇后名塔不烟，号感天皇后，称制，改元咸清，在位七年（1143—1150）。

子夷列即位，改元绍兴。籍民十八岁以上，得八万四千五百户。在位十三年殁，庙号仁宗（1151—1163）。

其子幼，遗诏以妹普速完权国，称制，改元崇福，号承天太后。太后与驸马萧朵鲁不弟朴古只沙里通，贬驸马为东平王，罗织罪名杀之。驸马父斡里剌以兵围其宫，射杀普速完及朴古只沙里。普速完在位十四年（1164—1177）。

仁宗次子直鲁古即位（1178），改元天禧，在位三十四年（1178—1211）。时秋出猎，乃蛮王屈出律以伏兵八千擒之，而窍据其位。于是袭辽衣冠，尊直鲁古为太上皇，皇后为皇太后，朝夕问起居，侍奉终老。1218年直鲁古死，辽绝。

三 西辽的政治制度

耶律大石所建立的西辽，是《辽史》中所载的名称，说明西迁后的西辽是辽王朝的延续。西辽的建立者耶律大石毕生以匡扶辽朝为己任，他宣称，西迁的目的是“复我疆域”“中兴”辽朝，因此，西辽的政治制度，沿袭了辽朝的制度，采用汉文尊号、年号和庙号。

西辽的官制，分为南、北面官制。“大石称王于北方，署置南北面官僚。”兵制保留着辽代的军职名称和战术特点，从西辽授予将领的军职可以看出来。西辽设立枢密院、招讨司、六院司、兵马司等机构。例如西辽的官员有枢密副使萧查剌阿不、招讨使耶律术薛、六院司大王萧斡里剌等。西辽的军队以骑兵为主，在东征时，萧斡里剌为兵马都元帅，率领七万骑兵东征。

赋税：西辽赋税的征收，采取以户为单位的户调制，“他对于人民征收赋税极低，每家只要有一个第纳儿就够了”。

其统治方式，据巴托尔德在《中亚史四论》中所记述的，西辽统治者把中原地区的制度加以运用到其统治方式中。“在其国中，中国的户税制度被衍用了。每户只缴纳一个第纳尔。第一代葛尔汗据说不颁赐任何的采邑，百人以上的军队就不信任别人去率领。即便到末代的葛尔汗，也没有任何世袭封邑的痕迹。当然，他们的行政远远缺乏统一。任何一个曾经施行过统治的王朝，在被占领后，只要表示降顺，就可以依然存在。其所负封建义务，不外蒙古统治时期俄罗斯人所熟知的三种形式。在很多地方，有葛尔汗的常驻代表与地方统治者并肩而治。其余地区，如花剌子模，葛尔汗的收税代表定期前来征取。最后一种方式，在十三世纪初，布哈拉的宗教头目‘伞得儿’，亲自把税款带到葛尔汗的大帐中来。”① 西辽的赋税制度，是以一丁作为一户来征收赋税。《辽史》记载，西辽仁宗耶律夷列即位后，“籍民十八岁以上，得八万四千五百户。”② 即籍丁为户，说明西辽实行以丁为户制。此外，在《耶律公神道碑》中也有记载：“始隶州县，朝臣共欲以丁为户。公（楚材）独以为不可。皆曰：我朝及西域诸国，莫不以丁为户，岂可舍大朝之法，而从亡国政耶。”也可证实西辽实行以丁为户制。

西辽的属国与属部：西辽沿袭了辽王朝时期对周边民族实行的统治方式，即实行属国、属部制度。东面有畏兀儿、和阗、叶尔羌喀什喀尔；北面的康里、葛逻禄；南面的寻思干为首的哈喇汗朝后裔诸支侯、蒲华的世袭宗教首领、拔汗那、骨绌诸地的统治者，都是西辽政权的属国与属部。西辽派遣官吏、使者前去监护。西辽对待属国国王“极有恩惠，凡附属了他的，只要用一块银牌系在衣袋上，表示对他的臣属就够了”。③

---

① ［俄］巴托尔德：《中亚历史》，兰州大学出版社 2013 年。

② （元）脱脱等：《辽史》卷 30《天祚皇帝纪》，中华书局 1974 年版，第 357 页。

③ ［俄］布莱资须纳德：《西辽史》，梁园东译，山西人民出版社 2015 年版，第 67 页。

四 西辽末花剌子模的反抗活动

在直鲁古统治的三十四年中，发生了花剌子模的反抗活动。

天禧二十三年（1200），西辽统治下的花剌子模阿提西兹王的后裔穆罕默德即位，按照惯例，要向西辽纳贡。当时的郭耳王朝木亦速丁入侵花剌子模，直鲁古派兵帮助花剌子模，打退了来犯的郭耳人。穆罕默德逐渐强大起来，成为西辽的劲敌。他拒绝向西辽缴纳贡品，不满西辽的统治。直鲁古派遣西辽的官员前去花剌子模索取贡品，穆罕默德派他的母亲特尔肯可敦去接待。特尔肯可敦向西辽交付了贡品，确认花剌子模依然遵守花剌子模投降时确立的那些条件。但是，西辽使者已经看出穆罕默德的不忠，并报告了直鲁古。西辽与花剌子模的关系逐渐紧张起来。

花剌子模征服了阿姆河北岸地区，并且和撒马尔罕的算端奥斯曼联合，煽动反抗西辽。当时“所有人都疲倦于西辽古儿汗的长期统治，厌恶他的收税官和当地行政机构的官员，这些人违反常规，他们的行径是非法的，残暴的”。可以看出，西辽末与周边各部族、属部的矛盾非常尖锐，因此花剌子模策划反抗西辽的计划得到周边各族的响应。①

五 屈出律篡夺西辽政权与西辽的灭亡

十三世纪初，蒙古族迅速崛起于蒙古高原，蒙古族领袖铁木真先后征服了蒙古各部，天禧二十七年（1204），铁木真征服了乃蛮部，乃蛮部太阳汗被铁木真所杀，屈出律是蒙古乃蛮部太阳汗的儿子，天禧三十一年（1208），屈出律逃到西辽，西辽皇帝直鲁古热情接待了他，将女儿嫁给屈出律。并且允许乃蛮残余部族入居西辽境内。当时的“别失八里、叶密立、海岬立等处，皆有乃蛮部族散处”。② 此时的花剌子模与撒马尔罕正在策划反辽，屈出律企图凭借散处在西辽境内的乃蛮部和蔑儿乞部

① ［俄］布莱资须纳德：《西辽史》，梁园东译，山西人民出版社2015年版，第70页。

② 多桑：《多桑蒙古史》第一卷，上海书店2006年版，第45页。

的残余部民，借机篡夺西辽政权。屈出律向直鲁古请求说："听说我的很多部众和军队流散在叶密立、海岬立和别失八里，当他们得知我的消息后，就会在各地聚集起来抵抗敌人。如果古儿汗（直鲁古）放我走，我就前去收集他们。只要我活着，我就要依照忠诚和道义，听从你的命令。"[①] 直鲁古信以为真，让他前去召集乃蛮部、蔑儿乞残余部众，组成队伍，屈出律的势力逐渐增强。

屈出律与花剌子模王穆罕默德以及撒马尔罕算端奥斯曼结成联盟，商议夹攻西辽。商议从东西两面进军，由穆罕默德、奥斯曼从西部进军，如果花剌子模等先胜，则从花剌子模到阿里麻里和可失哈儿的西辽领土归花剌子模；屈出律从东面进军，如屈出律先胜，则由其驻地叶密立直到费纳克特河的西辽领土归屈出律。

西辽末帝直鲁古派兵三万进讨撒马尔罕，大军获胜。屈出律乘西辽军调集在外，便借机在东部发动叛乱，直鲁古只得从撒马尔罕撤军，攻打屈出律，西辽军在真不只河畔打败屈出律，屈出律逃走。西辽军撤出后，花剌子模王穆罕默德乘机发兵进驻撒马尔罕，并且与撒马尔罕奥斯曼联合进攻西辽西部的重镇塔剌斯，西辽军大败。八剌沙衮城内官兵欲投降穆罕默德，当直鲁古的军队返回八剌沙衮时，当地居民已经关闭城门据守十六日，西辽集合兵力攻破城门，大肆杀掠四万七千人，抢夺百姓财物。此时的西辽财政困难，统将马哈默德泰有不少财货，恐被迫献金朝廷，因此下令西辽军将士把所掠的财宝交出入官，诸将士不服，纷纷怨愤离去。屈出律趁西辽军队散乱之机，迅速率军进击西辽，直鲁古被俘，天禧三十四年（1211），屈出律夺取西辽皇位，奉直鲁古为太上皇，皇后为皇太后。之后，直鲁古病死，屈出律夺取西辽政权后，仍旧沿袭辽朝制度，称西辽。

屈出律篡权后，首先派兵进攻阿里麻里，擒其王奥查儿，并且派军队驻扎在喀什喀尔、和阗、叶尔羌等地，对不愿服从者进行镇压。屈出律强迫当地信奉伊斯兰教的居民改信佛教，并处死反对者。

公元1218年，成吉思汗命大将哲别率领两万军进攻西辽，讨伐屈出律。哲别利用西辽境内的民族矛盾和宗教矛盾，宣布各地居民信教自由，

① 拉施特：《史集》，商务印书馆1988年版。

可以保持原来信奉的宗教信仰，赢得了广大伊斯兰教徒的支持。他们杀掉住在老百姓家中的屈出律的士兵。哲别让投降过来的西辽原管理民众的官员曷思麦里为先锋，带领蒙古军队追击屈出律，屈出律在巴达哈伤（阿富汗兴都库什山区）被擒杀。西辽的喀什喀尔、叶尔羌、和阗等地，纷纷归降蒙古，西辽灭亡。①

六 西辽的疆域及其对中亚的影响

西辽的疆域辽阔，北自塔尔巴哈台山西端，沿巴尔喀什湖北岸，西行经楚河河尾，锡尔河下游；西北至咸海，统治着花剌子模；西自咸海南岸，东南循阿姆河平行；西南循阿姆河南走，到安德胡伊以北；南沿阿姆河到喷赤河下游，南抵兴都库什山麓；东南自喀什喀尔、叶尔羌、和阗及库车、喀喇沙尔；东自今新疆西部，领有和州、别失八里、昌八剌等地，都属于西辽的领土范围。②

西辽疆域辽阔，统治西北地区长达九十余年。西辽是辽王朝的继续，因此，史家把西辽记于天祚帝之后，说明西辽和辽朝的历史是一脉相承的，也是中国历史的重要组成部分。

西辽自耶律大石称帝到被蒙古军所灭，在中亚，辽朝国祚又延续了九十余年。耶律大石是辽末杰出的历史人物，他目睹了辽朝灭亡的历史过程，亲自参加了为挽救辽朝而与宋金军队进行的大大小小的战争，他在辽衰亡之际，毅然谋划了向西转移，建立根据地，保存发展实力，重建辽朝的大计。他终身以恢复辽朝为己任，虽然最终未能实现光复故土的愿望，但他所建立的西辽帝国，无论在中国历史上还是中亚历史上，都占有极其重要的地位。西辽的建立，促进、加强了与西域各国经济、文化的交流与发展，促进了西辽与中亚各国人民的友好交往。

---

① 杨树森：《辽史简编》，辽宁人民出版社 1984 年版，第 288 页。

② 引自邓锐龄《西辽疆域浅释》，《民族研究》1980 年第 2 期。

第十章

辽与周边民族的关系

一 辽与高丽的关系

公元916年，契丹族建立辽国。几乎与此同时，公元918年，朝鲜半岛上的王建建立了高丽国。之后，高丽相继灭掉了新罗、后百济，统一了朝鲜半岛，史称王氏高丽。在辽立国后的二百余年间，与王氏高丽或战或和，建立了藩属国的关系。辽的东部边疆与王氏高丽毗邻，辽朝重视对东部边疆的治理与防卫，从辽初就实行了各项边疆政策，使东部边疆地区得以巩固和发展，成为拱卫辽朝东部边境的有力屏障。[①]

（一）辽与高丽的战争及藩属国关系的确立

《辽史·属国表》卷首记载："辽居松漠，最为强盛。天命有归，建国改元，号令法度，皆尊汉制。命将出师，臣服诸国，人民皆入版籍，贡赋悉输内帑。"在《属国表》中，辽朝把高丽作为其属国而载入史书之中。所谓属国即依附于辽朝的国家，处于羁縻状态。但是，属国与属部不是固定不变的。有些属国、属部叛服无常，已归附者，有时叛而离去；未归附者，经征服亦可归顺。高丽与辽经过或战或和的多次摩擦，最终在圣宗统和年间，确立了藩属国关系。辽朝与高丽的关系，经历了辽初的和平交往时期。辽建国后，高丽曾遣使来贺，双方保持了十多年的友

---

① 武玉环：《论辽与高丽的关系及辽的东部边疆政策》，《吉林大学社会科学学报》2001年第4期。

好往来。公元926年，辽灭渤海。渤海世子大光显及一部分渤海遗民逃入朝鲜半岛的王氏高丽国中，此后辽与高丽两国交恶，不复往来。王氏高丽则与北宋建立了外交关系，两国使者往来频繁，交往密切。①

辽圣宗时期，居住在东北的女真各部，有的先后归附辽朝，也有的游离于辽的管辖之外。辽统和年间，开始征讨居住在鸭绿江东岸的女真人。几乎与此同时，王氏高丽也开始对鸭绿江沿岸的女真人进行征伐。公元980年，王氏高丽建立了清塞镇。984年，又在文州（今朝鲜江原道）修筑要塞。至992年，高丽将鸭绿江下游南岸的女真人基本驱逐到长白山以北地区，并在那里建立了威远镇。② 王氏高丽的军事行动，显然已形成与辽朝争夺女真旧地的态势，引起辽朝的不满。同时，北宋为了收复燕云地区，已在统和四年与辽开战。为了解除南伐宋朝的后顾之忧，也为了警告高丽不得出兵援宋，辽朝开始了对高丽的军事征伐。统和十年（992）十二月，辽圣宗“以东京留守萧恒德等伐高丽”。③ 这次用兵，以高丽王治遣朴良柔奉表请罪而告终，辽朝“诏取女真鸭绿江东数百里地赐之”。④ 统和十三年，辽圣宗遣使册王治为高丽国王，并以东京留守萧恒德之女嫁之。王治死后，辽朝又册封其子王诵为高丽国王。王氏高丽与辽最终确立了藩属国关系。之后，辽与高丽保持频繁的接触与往来。辽第二次征伐高丽，是在统和二十八年。高丽王诵即位后不久，被西京留守康肇杀死，另立王询为国王。辽圣宗于同年十一月，亲率大军渡过鸭绿江，攻打高丽叛逆者康肇，攻下铜、霍、贵、宁四州，占领开京城，王询弃城逃走。辽军于次年正月班师回朝，并在鸭绿江上设置来远城。“以燕京骁猛，置两指挥，建城防戍。”⑤ 来远城的兵事，直属东京统军司。同时，任命皇弟齐国王隆佑为东京留守。这样，提高了东京的军事地位，加强了对辽东部边疆的防守。辽第三次征伐高丽，是由于高丽王

---

① 武玉环：《论辽与高丽的关系及辽的东部边疆政策》，《吉林大学社会科学学报》2001年第4期。

② 朝鲜科学院历史研究所：《朝鲜通史》上卷，吉林人民出版社1959年版，第347页。

③ （元）脱脱等：《辽史》卷13《圣宗纪》，中华书局1974年版，第147页。

④ 同上书，第149页。

⑤ （元）脱脱等：《辽史》卷38《地理志》，中华书局1974年版，第460页。

询在战败后，虽“乞称臣如旧”，但对辽朝依然采取对抗的态度。辽帝“诏王询亲朝”，[①] 王询称病不朝。于是，开泰二年六月，辽派中丞耶律资忠出使高丽，索取六州旧地。高丽王询拒绝归还，扣留了耶律资忠。所谓“六州旧地”，就是统和十一年赐给高丽的鸭绿江东女真故地。高丽在这里设置了兴化、通州、龙州、铁州、郭州、龟州六城（此六城均在今朝鲜平安北道和平安南道）。自辽圣宗赐鸭绿江东六州给高丽后，便开始了辽金历朝与高丽的边界争端，成为辽金与王氏高丽战争的导火索。开泰五年（1016）正月，辽第四次发兵征讨高丽。由耶律世良、萧屈烈总兵，在郭州西大败高丽兵，斩首数万级，缴获全部辎重。接着，辽又在开泰六年五月、开泰七年十月、开泰八年八月连续征伐高丽，遭到高丽军队激烈的抵抗，辽军失利。由于连年战争，双方都遭受很大损失。高丽在国力、人力、财力、物力等方面，远非辽朝的对手。因此，开泰八年（1019）十二月，王询“遣使乞贡方物”。[②] 第二年，高丽把耶律资忠放回。高丽国王“王询表请称藩纳贡”，[③] 于是圣宗遣使释王询罪，并允其请。辽朝虽没有收回鸭绿江以东的六州之地，却取其保、定二州。保州、定州都在鸭绿江东南岸，即今朝鲜平安道西北部，是控制高丽的要地。同时，辽朝在鸭绿江上筑桥，夹桥修筑保、定二州城。这座夹江而筑的桥城改变了鸭绿江天险由高丽控制的局面，成为辽朝向高丽进攻的前沿阵地，也成为高丽的心腹之患。1055 年，辽又在鸭绿江东岸设置邮亭。为了加强对保、定二州的防戍，辽曾将辽西诸县的汉、奚族民众迁到这里居住。为此，高丽曾多次向辽朝交涉，要求辽撤掉鸭绿江东加筑的城堡，辽朝都未予理睬。终辽之世，保、定二州成为辽朝东部边疆的前沿阵地，拱卫着辽朝的东大门。从统和年间起，辽与高丽的关系基本确立，高丽向辽称臣纳贡，成为辽的藩属国。辽与高丽的藩属国关系体现在以下几个方面：其一，高丽新王即位，必须向辽朝皇帝禀报，由辽帝册命新王为高丽国王。如统和十三年十一月，辽“遣使册王治为高丽

① （元）脱脱等：《辽史》卷 15《圣宗纪》，中华书局 1974 年版，第 170 页。
② （元）脱脱等：《辽史》卷 16《圣宗纪》，中华书局 1974 年版，第 187 页。
③ 同上。

国王”。[1] 统和十五年十二月，高丽王治薨，侄诵派王同颖来告。同年十二月，辽遣使祭高丽王治，“诏其侄权知国事”。[2] 太平二年冬十月，高丽国王王询死，辽册封王钦为高丽国王。至辽天祚帝天庆二年（1112）辽册立王俣为高丽国王为止，高丽各新王几乎无一例外都经过辽朝册封为王。其二，自统和年间至辽末，高丽几乎每年向辽朝进贡。其三，从公元994年起，高丽开始行用契丹年号——统和，表示奉辽廷为正朔。[3]

（二）辽与高丽的经济、文化往来

公元10世纪至12世纪初，高丽与辽朝一直保持着密切的经济文化往来。高丽曾派使者进献名鹰、宝剑、龙须草席等。中京的文化殿、武功殿建成后，就是用高丽的龙须草席铺地。据《契丹国志》卷21记载：高丽每年向辽进贡的物品有金器、紫花绵细、细布、脑元茶、人参、细纸墨等物品。辽朝回赐高丽的物品有犀玉腰带、金涂鞍辔马、细绵、绮罗、绫等物品。开泰三年后，辽朝在鸭绿江东与高丽接壤的保州、定州设置榷场，同高丽进行贸易。此外，辽朝在“雄州、高昌、渤海亦立互市，以通南宋、西北诸部、高丽之货，故女真以金、帛、布、蜜、腊诸药材及铁骊、于厥等部以蛤珠、青鼠、貂鼠、胶鱼之皮、牛羊驼马、毳罽等物，来易于辽者，道路繈属”。[4] 高丽与辽也有文化上的交流。统和十三年、十四年，高丽曾两次派童子10人到辽朝学习契丹语。辽朝为了弘扬佛教精神，曾于兴宗、道宗时期，雕印佛经，史称《契丹藏》。同时，道宗清宁八年（1062）、大安二年（1086）、天祚乾统七年（1107）、保大二年（1122），多次将《契丹藏》赐送给高丽国王和僧人义天、慧照。《契丹藏》传入高丽后，受到高丽朝廷与僧人的重视，高丽在雕印藏经时，就是参照《契丹藏》而刊印的。

综上所述，辽与高丽之间虽然进行了多次战争，但毕竟和平交往是

---

① （元）脱脱等：《辽史》卷13《圣宗纪》，中华书局1974年版，第147页。

② （元）脱脱等：《辽史》卷14《圣宗纪》，中华书局1974年版，第154页。

③ 武玉环：《论辽与高丽的关系及辽的东部边疆政策》，《吉林大学社会科学学报》2001年第4期。

④ （元）脱脱等：《辽史》卷60《食货志》，中华书局1974年版，第929页。

当时的主流。战争是契丹统治者发动的，两国人民都是战争的受害者。公元10世纪是一个风云变幻的年代，辽丽、宋辽、宋丽之间的关系复杂，矛盾丛生，又彼此相互制约。宋辽、宋金关系是国内政权之间的关系。宋、辽、金都是国内特定历史时期的南、北政权，所不同的是，一边是由汉人在中原建立的朝廷，另一边是由少数民族在东北建立的朝廷。他们都属于中国国内政权而共居于中国疆域内。如前所述，而王氏高丽政权与辽的关系是藩属国之间的关系。①

（三）辽的东部边疆政策

辽朝东部与王氏高丽毗邻，双方曾因边界问题而引发战端。因此，辽朝十分重视东部边疆的防戍并采取了以下措施，经略东部边疆。

（1）建立军事城池，派驻军队，加强守卫。辽朝建国之初，就重视对东部边疆的防戍。太祖二年十月，“建明王楼，筑长城于镇东海口”。②镇东海口，《辽史·地理志》记载，在东京道的镇海府，地在今盖县以南。同时，“葺辽阳故城以渤海、汉户建东平郡，为防御州”。③ 辽东京道的东南部与高丽交界。辽圣宗开泰三年六月，在鸭绿江建浮梁，修建保州、定州等城池，以定远军、怀化军、保宁军驻守和镇戍。同时，在鸭绿江口夹江岛上（今中江岛）修筑来远城。为加强对上述地区的防戍，辽建置了大营、太子、蒲州、新营、加陀、王海城、柳白、沃野八个营，驻正兵三千六百人。此外，还在渌州设鸭绿军节度，隶东京留守司。由于东京道是辽的东部边防重地，辽设置了东京兵马都部署司，设契丹、奚、汉、渤海四军都指挥使、保州统军司、汤河详稳司、金吾营、杓窊司。辽东境戍兵的分布，以东京至鸭绿江西北峰为界：黄龙府正兵五千，咸州正兵一千，东沿女真至鸭绿江，军堡七十，各守军二十人，计正兵一千四百。来远城戍军三千六百，神虎军城正兵一万。东京至鸭绿江西

① 武玉环：《论辽与高丽的关系及辽的东部边疆政策》，《吉林大学社会科学学报》2001年第4期。

② （元）脱脱等：《辽史》卷1《太祖纪》，中华书局1974年版，第3页。

③ （元）脱脱等：《辽史》卷38《地理志》，中华书局1974年版，第456页。

北峰边界设府一、州一、二城、七十堡、八营，计正兵二万二千。[①]

（2）徙民实边，实行垦田。对东部边疆的防守，辽朝除派遣军队驻守外，还迁徙民众，实行垦田。据《高丽史》卷7《世家》记载，辽“于松岭东北渐加垦田，或置庵子，屯蓄人物”。早在辽太祖神册六年十二月，辽朝把檀、顺州的民众迁移到东平、沈州，以充实东部边疆地区。辽圣宗又于开泰年间，派人修缮开州（原为高丽庆州），迁移双、韩二州千余户到开州，号开封府开远军。之后，辽圣宗又下令把辽西居民迁到定州居住。圣宗初，徙辽西诸县民充实保州和宣州，又徙奚、汉兵七百防戍。开泰三年，迁徙汉户充实宣州。为了防范边境少数民族的反叛，辽圣宗还把辰州居民迁移至辽的内地祖州。辽灭亡渤海后，把渤海国长平县民迁入上京西北，设长泰县与汉民杂居。其他如定霸县、保和县、宣化县、咸宁县、富义县、长宁县、长乐县、临河县、安民县，为上京道所属州县，居民都为渤海人，在太祖灭亡渤海后，迁徙渤海人至上京道居住。

（3）因俗而治，以夷治夷的民族政策。辽对东部边疆地区少数民族采取了因俗而治、以夷治夷的民族政策。首先，灭亡渤海国以后，建立东丹国，派皇太子耶律倍主持东丹国，仍沿袭原渤海国的统治方式，设立中台省，置左右大次四相及百官。原渤海老相、原渤海司徒大素贤分别担任右大相和左次相，耶律迭剌、耶律羽之担任左大相和右次相。其统治政策一律用汉法。公元982年12月，东丹国最后一个国君安端死后，辽朝废除了东丹国中台省官署。其次，对女真人的管理也采用因俗而治、以夷治夷的政策。女真各部的夷离堇、节度使等官职多由本部人担任。统和七年，“以女真活骨德为本部相”。[②] 开泰元年，“长白山三十部女真酋长来贡，乞授爵职”。[③] 直到辽朝末年，生女真的节度使仍由本族人担任。阿骨打就是袭任其兄乌雅束之职而担任女真部族节度使的。也有的部族内派契丹人前去担任官职，与本族人一同管理部族。圣宗时期，“划

① （元）脱脱等：《辽史》卷36《兵卫志》，中华书局1974年版，第435页。

② （元）脱脱等：《辽史》卷15《圣宗纪》，中华书局1974年版，第170页。

③ （元）脱脱等：《辽史》卷10《圣宗纪》，中华书局1974年版，第113页。

离部请以后详稳止从本部选授为宜”，圣宗回绝了这个请求：“诸部惟在得人，乞得定以所部为限。”①

（4）实行掠夺、压迫的民族政策。辽朝对东部边疆实行的政策，主要目的是加强对边疆地区的控制，维持对边疆地区的统治。除了上述各项政策外，辽朝还对边疆少数民族采取歧视、掠夺、压迫的民族政策。边疆地区的少数民族，要担负各种沉重的贡赋。正如《辽史·圣宗记》所说：“边臣骄纵，征敛无度。”统和元年，“乌隈于厥部以岁贡貂皮、青鼠皮非土产，皆于他处贸易以献，乞改贡”。② 这是贡非所产而强加于部族头上的无理勒索。辽朝廷还向五国部征索海东青，以供皇帝渔猎之用，“岁岁求之”，“女真不胜其扰”。③ 最为沉重的莫过于军役。契丹统治者强令各部族参加征讨邻部和宋朝的战争，“有事则遣使征兵，或下诏专征，不从者讨之”。④ 由于辽朝廷的民族压迫政策，迫使辽东部边疆的渤海族和女真族先后起义反辽，最终把辽王朝推向了灭亡之路。⑤

二　辽与渤海民族的关系

辽朝于公元926年灭亡渤海国后，迁徙大批渤海移民入辽内地。为了安抚与治理入辽的渤海移民，辽朝采取对渤海人优遇的政策。在政治上，允许渤海移民应试科举、入仕为官、皇室与渤海人联姻；在经济上，给予渤海移民减、免赋税；在军事上，利用渤海人骁勇善战的特点，把渤海人组成渤海军，或戍守边陲，或出征作战。辽中后期，由于对渤海移民政策的失误，从而导致民族矛盾激化，先后爆发了几起渤海移民反抗辽朝统治的斗争，从而削弱了辽朝的统治，加速了辽朝的灭亡。

---

① （元）脱脱等：《辽史》卷10《圣宗纪》，中华书局1974年版，第113页。

② 同上书，第130页。

③ （宋）叶隆礼：《契丹国志》卷10《天祚皇帝纪》，上海古籍出版社1985年版，第102页。

④ （元）脱脱等：《辽史》卷12《圣宗纪》，中华书局1974年版，第132页。

⑤ 武玉环：《论辽与高丽的关系及辽的东部边疆政策》，《吉林大学社会科学学报》2001年第4期。

（一）东丹国与科举入仕的渤海人

辽灭亡渤海后，为了对渤海民众实施有效的管理，设立东丹国，改忽汗城为天福城。册立皇太子耶律倍为人皇王，主持东丹国。任命皇弟迭剌为左大相，渤海老相为右大相，渤海司徒大素贤为左次相，耶律羽之为右次相。赦免国内殊死罪以下。[①] 在东丹国所设四相之中，渤海、契丹人各占二位，渤海人与契丹人共同参政，管理东丹国。

对渤海王族的安置，是将其迁徙到上京，在朝廷中设渤海帐司进行管理。辽太祖天显元年（926）三月班师，“以大諲譔举族行”。“天显元年（926）七月，卫送大諲譔于皇都西，筑城以居之。赐諲譔名曰乌鲁古，妻曰阿里只。”[②] 同时，在朝廷设渤海帐司，下设渤海宰相、渤海太保、渤海挞马。设渤海近侍详稳司管理。辽取消东丹国中台省后，继续任用渤海移民担任辽中央或地方的官员。例如，大仁靖，在圣宗统和初年任东京宰相府右平章事；高清明，任渤海详稳；大康义，任南府宰相；罗汉，任渤海帐司宰相，权东京统军使；夏行美，官渤海帐司太保，后因平定大延琳之乱有功，加同政事门下平章事，迁忠顺军节度使，副部署。[③] 从上述史料中可知：圣宗之前，渤海移民多任东丹国职官，文、武官职混杂。圣宗朝之后，渤海移民多任武官。正如《契丹国志·四至地理》所说：“差契丹或渤海人充节度管押。”

太宗天显三年（928）十二月，把东丹国民迁徙到辽东。升东平郡为南京，即辽的东京辽阳府。设东京安抚使司，下设安抚使。设渤海大都督府。圣宗开泰八年（1019），设东京渤海承奉官。[④]

辽朝允许渤海人应试科举，入仕为官。例如，大公鼎，渤海人，道宗咸雍十年登进士第，调沈州任观察判官，改良乡令，又任东京户部使。

---

① （元）脱脱等：《辽史》卷2《太祖纪下》，中华书局1974年版，第22页。

② 同上。

③ （元）脱脱等：《辽史》卷88、卷87《大康义传》《夏行美传》，中华书局1974年版，第1347、1336页。

④ 武玉环：《论辽代的渤海移民政策》，《东北边疆史地丛书》，中国社会科学出版社2003年版。

其子昌令，任右丞制；昌嗣，任洺州刺史；昌朝，任镇宁军节度。[①] 又如郑恪，其母为渤海人，郑恪以属文举进士，中第三甲。选授秘书省校书郎，后迁尚书虞部郎中。[②] 张行愿，渤海人，以世家充枢密院令史，迁左班殿直。[③] 高桢，辽阳渤海人，尝业进士。高桢的五世祖牟翰为辽的太师。[④]

除入仕为官外，辽皇室还与渤海人联姻。据史书记载，原本契丹、渤海、汉、奚四族不许通婚，后来，契丹主用谋臣韩绍芳的建议，允许四族通婚。辽初，皇室已与渤海人联姻。例如，耶律倍纳渤海王裔大氏为妃，生平王隆先。辽景宗纳渤海人为妃，生一女儿，为淑哥公主。辽圣宗纳渤海王裔大氏为妃，生临海公主。临海公主后来嫁给渤海王裔大力秋。太平十年（1030），大延琳在东京起兵叛辽，大力秋坐死，公主改嫁萧慥古。[⑤] 辽天祚文妃萧瑟瑟，为渤海大氏人，幼选入宫，天祚登位，册为文妃，生晋王敖鲁斡，诸子中唯晋王最贤。文妃之姐嫁耶律达曷里，妹嫁耶律余睹。萧奉先诬告耶律余睹欲立文妃之子晋王敖鲁斡为帝，尊天祚为太上皇。帝于是戳挞曷里并其妻，文妃与晋王相继被杀。[⑥] 可知，辽朝对渤海人始终没有放松警惕，即便是诬告谋反，也引起天祚帝的警觉，将其处死，以绝后患。

（二）经济方面的优遇政策

辽灭亡渤海国后，把大批渤海人迁入辽东京、上京、中京等地，让其与汉民杂错而居，从事农业生产或冶铁、造车业。据《辽史·地理志》载："太祖伐大諲譔，先得是邑，迁其人于京西北，与汉民杂居。""定霸县，本扶余府强师县民，太祖下扶余，迁其人于京西，与汉人杂处，分

---

① （元）脱脱等：《辽史》卷105《大公鼎传》，中华书局1974年版，第1459—1461页。

② 陈述辑校：《全辽文》卷9《郑恪墓志铭》，中华书局1982年版，第236页。

③ 陈述辑校：《全辽文》卷10《张行愿墓志铭》，中华书局1982年版，第287页。

④ （元）脱脱等：《金史》卷84《高桢传》，中华书局1975年版，第1889页。

⑤ （元）脱脱等：《辽史》卷65《公主表》，中华书局1974年版，第1005页。

⑥ （元）脱脱等：《辽史》卷71《天祚文妃萧氏传》，中华书局1974年版，第1206页。（宋）叶隆礼：《契丹国志》卷13《海滨王文妃传》，上海古籍出版社1985年版，第146页。

地耕种。”对渤海移民的赋税征收也较内地百姓为轻。“先是，辽东新附地不榷酤，而盐麴之禁亦弛。冯延休、韩绍勋相继商利，欲与燕地平山例加绳约，其民病之，遂起大延琳之乱。连年诏复其租，民始安靖。”①可知，辽东地区在圣宗太平年间之前，不缴纳酒税，盐酒之禁也不如辽内地那样严格。虽然冯延休等官员想用燕地之法而从中牟利，结果仍以朝廷允许免缴租税而告终。

此外，渤海移民还可免缴商税。“契丹阿保机灭其王大諲譔。徙其名帐千余户于燕，给以田畴，捐其赋入，往来贸易关市皆不征。”②

辽朝廷为鼓励渤海移民生产的积极性，让其从事过去所熟悉的行业，冶铁与造车。“长乐县，本辽城县名，太祖伐渤海，迁其民，建县居之，户四千，人一千户纳铁”。“东平县，本汉襄平县地，产铁，拨户三百采炼，随征赋输”。③《王沂公行程录》也记载：“七十里至柳河馆，河在馆旁。西北有铁冶，多渤海人所居，就河漉沙石，炼得成铁。”④炼的铁可以用来打造各种农业生产工具、生活用具，这对于促进辽代农业生产的发展，无疑起了推动作用。

契丹族主要从事畜牧业，兼营农业，他们四时畋猎，车马为家，车具在契丹族的生活中是须臾不可离开的。宋人使辽的诗歌中，多见描写契丹人携车帐生活的情景：“居人处处营耕牧，尽室穹车往复还。”“行营到处即为家，一卓穹庐数乘车”。⑤而渤海人善造车，“七十里至富谷馆，居民多造车者，云渤海人”。⑥渤海人所造之车，给契丹族的生活提供了便利。

从以上可知，渤海移民入辽后，主要从事农业、商业、冶铁业与造

---

① （元）脱脱等：《辽史》卷59《食货志上》，中华书局1974年版，第926页。

② （宋）洪皓：《松漠纪闻》，见《辽海丛书》（第一册），辽沈书社1985年影印本，第204页。

③ （元）脱脱等：《辽史》卷38《地理志》，中华书局1974年版，第469页。

④ （宋）叶隆礼：《契丹国志》卷24《王沂公行程录》，上海古籍出版社1985年版，第231页。

⑤ （宋）苏颂：《苏魏公文集》卷13《和仲巽奚山部落》之《契丹帐》，《四部丛刊初编》，上海商务印书馆。

⑥ 同上。

车业。渤海人掌握较为先进的农业生产技术和冶铁技术，辽朝廷在经济上给予渤海移民较为优厚的政策，这对于调动渤海移民生产的积极性，安土重迁，恢复发展生产，无疑起了重要的作用。

（三）军队中的渤海人

渤海人骁勇善战，因此流传有“三人渤海当一虎”之语。渤海国亡后，辽朝迁渤海国居民到东京辽阳府居住。为了防止渤海人习武作乱，辽朝廷下令禁止渤海人击球。击球（打马球）是当时渤海民众非常喜好的一项体育运动，禁止击球必然会引起渤海移民的反对。为安抚渤海民众，东京留守萧孝忠上奏：“东京重镇，无纵禽之地，若非球马，何以习武。天子以四海为家，何分彼此，宜驰其禁。”① 辽帝从之。辽朝利用渤海人骁勇善战的特点，“有战，则用为前驱”②。把渤海人单独组成军队，起用渤海人担任军队中的首领，统领渤海军。路振在《乘轺录》中记载：“虏之兵有四，一曰汉兵，二曰奚兵，三曰契丹，四曰渤海兵，驸马都尉兰陵郡王萧宁统之。”渤海人多充任军队中的统军使、详稳等职。如罗汉，任东京统军使；大延琳，为东京舍利军详稳；夏行美，统领保州渤海军。渤海兵士多驻守辽东。史书中说：“渤海兵，别有营，即辽东之卒也。”③

渤海将领在灭晋、征伐高丽的战争中，多立有战功。例如，高模翰，原为渤海之遗族，仕于契丹。辽太宗援石敬瑭及伐晋末帝，模翰皆参与其役。屡立战功。又曾以通事使于晋。太宗尝曰：“朕统一天下，此人之力也。”又说：“卿英锐无敌，如鹰逐雉、兔。”累官上将军，加特进检校太师，开府仪同三司。穆宗应历初，授东丹国中台省右相。至东京，父

---

① （清）黄维翰：《渤海国纪》，见《辽海丛书》（第一册），辽沈书社1985年影印本，第143页。

② （宋）洪皓：《松漠纪闻》，见《辽海丛书》（第一册），辽沈书社1985年影印本，第204页。

③ （宋）路振：《乘轺录》，见赵永春编注《奉使辽金行程录》，吉林文史出版社1985年版。

老欢迎曰："公起戎行，致身贵显，为乡里荣，相如、买臣辈不足过也。"[①] 高模翰后来升迁左相，高清明，为渤海详稳。开泰七年（1018），诏东平郡王萧排押为都统伐高丽，清明也同去征伐。辽军战败，清明战死疆场。辽廷恤其妻，并录其子孙。辽朝对立有战功的其他渤海将校，也给加官晋爵。开泰八年（1019），"诏加征高丽有功渤海将校官"。[②]

渤海将领在安边抚民方面，也做出过贡献。大康义，为渤海王裔。辽圣宗开泰中，累官南府宰相。出知黄龙府，善抚绥，东部怀服。当时的榆里底乃部长伯阴与榆烈比来附，送于朝，上言蒲卢毛朵界多渤海人，乞取之，诏从其请，领兵至大石河驼准城，掠数百户归附。[③]

总之，辽朝对迁移到辽内地的渤海移民，在政治、经济上给予优遇的政策，并把渤海人组成渤海军，让其本族人担任将领，守卫辽边陲。但是渤海的亡国之恨难消，加之辽后期民族政策的失误，导致民族矛盾加深，致使辽的渤海地方官员和统领渤海兵士的军事官员先后反辽，率军起义，反抗辽朝的统治。

（四）渤海移民政策的失误与渤海移民的反辽斗争

辽朝对渤海移民的政策，是优抚与武力相结合。辽中后期，由于契丹地方官员对渤海移民的残暴统治，引发数起渤海移民的反叛斗争，他们或称王自立，或僭位建国，虽先后被朝廷武力镇压下去，却埋下了辽末各族人民起义的火种。

1. 辽前期渤海乌舍国的自立

渤海国灭亡后，一部分渤海遗裔据守在混同江右岸，自立为一部，称为乌舍国，亦作兀惹，其王为乌昭庆。宋太宗欲大举伐辽，约乌舍国相助。圣宗统和十二年（994），以奚和朔奴为都部署，引兵来伐，乌昭庆殊死战，顿辽兵于坚城下。未几力竭，遂修贡于契丹。

《辽史·圣宗纪》记载：统和十三年（995）七月，"兀惹乌昭度、

---

① （元）脱脱等：《辽史》卷76《高模翰传》，中华书局1974年版，第1250页。
② （元）脱脱等：《辽史》卷17《圣宗纪七》，中华书局1974年版，第185页。
③ （元）脱脱等：《辽史》卷88《大康义传》，中华书局1974年版，第1347页。

渤海燕颇等侵铁骊，遣奚王和朔奴等讨之。”至统和十四年四月，“奚王和朔奴、东京留守萧恒德等五人以讨兀惹不克，削官”。半年以后“乌昭度乞内附”。统和十五年，兀惹长武周来降。“兀惹乌昭度以地远，乞岁时免进鹰、马、貂皮，诏以生辰、正旦贡如旧，余免。”[①] 从上述史料记载可知，辽朝征伐兀惹的原因有两种说法：一种为《渤海国志长编》所说，是辽为解除兀惹与宋结盟攻辽的后顾之忧而征伐兀惹，另一种为《辽史》中所说，是由于兀惹侵扰铁骊而派军征伐。实际上，当时正值辽宋战争进行之际，胜负难分，辽朝无暇顾及兀惹侵扰铁骊之事。而兀惹与宋结盟攻辽，则是事关全局的心腹大事，岂能坐视不管。因此第一种说法更为合乎情理。经过一年多的时间，才使兀惹内附，修贡于契丹。

2. 辽中后期民族政策的变化与渤海移民反辽建国

（1）大延琳起义

大延琳起义的起因，是由于辽朝对辽东渤海移民不合理的政策与增加赋税而引发的。辽圣宗太平年间，燕地连年闹灾饥，户部副使王嘉献计造船，让渤海居民熟悉海事者，运辽东粟来振恤燕民。因水路艰险，船只多覆没，人也很少有生还者。朝臣虽多次上言，免除此举，朝廷未准，加之辽东官吏横行霸道，欺压辽东渤海移民。“先是，辽东新附地不榷酤，而盐麴之禁亦弛。冯延休、韩绍勋相继商利，欲以燕地平山例加以绳约，其民病之，遂起大延琳之乱。”[②] “鞭楚榜掠，民怨思乱。”[③] 太平九年八月，东京舍利军详稳大延琳，乘机而起，杀户部使韩绍勋、副使王嘉、四捷军都指挥使萧颇得，以快人心。同时囚禁东京留守、驸马都尉萧孝先及南阳公主。大延琳僭位，号其国为兴辽国，年号为天庆。第二年八月，东京将领杨详世密送款，夜开南门纳辽军，活捉延琳，渤海平。

为了防备渤海人再次谋反作乱，辽圣宗采取分化利用以及迁徙渤海移民入辽内地的政策。平定大延琳之乱后，“诏渤海旧族有勋劳材力者叙

---

① （元）脱脱等：《辽史》卷13《圣宗纪四》，中华书局1974年版，第149页。关于乌昭度，在同书统和十七年六月，统和二十二年九月及属国表中并作乌昭庆，实为同一人。

② （元）脱脱等：《辽史》卷59《食货志》，中华书局1974年版，第926页。

③ （元）脱脱等：《辽史》卷17《圣宗纪八》，中华书局1974年版，第204页。

用，余分居来、隰、迁、润等州。”[①] 来、隰、迁、润四州为辽中京属下之州。把渤海人迁居辽的内地，是为了便于对其进行监控与管理，防止再次发生渤海人的武装叛乱。为此，辽曾下令禁止东京渤海人击鞠习武。由于辽朝对渤海移民政策由优抚到严控的变化，进一步激化了渤海民族与辽朝廷的矛盾，终于在辽末，酿成了渤海族的内乱。首先，在天庆四年（1114），“咸、宾、祥三州及铁骊、兀惹皆叛入女真”。[②] 第二年，连续爆发了饶州渤海古欲起义、高永昌起义。

（2）高永昌建立大渤海国

辽末，国内民族矛盾、阶级矛盾相互迭起，辽朝廷为维护统治秩序，对辽东渤海人的管理更为严格，由此引发了辽末渤海人的奋起反抗。高永昌为渤海人，其先世为渤海显贵，国灭，迁居辽阳。高永昌仕辽为供奉官。天祚帝天庆五年（1115），辽募渤海武勇马军二千人，囤积草谷，备御女真，任命高永昌为首领。当时，担任东京留守的契丹人萧保先为政酷虐，渤海人素彪悍，对渤海人中触犯法律者，萧保先严加惩治，绝不宽恕。因此，渤海人积愤难平。天庆六年（1116）正月朔夜，高永昌率徒众十数人，乘酒酣恃勇，持刀越墙入府衙，杀死萧保先。东京户部使大公鼎闻变，与副留守高清臣集诸营奚、汉兵千余人据守东京，高永昌逃出，大公鼎在第二天下令搜索。参与这次作乱的首恶者，得数十人，全部杀死，并安抚民众。高永昌率领麾下残兵百余人，夺西门出逃。后据守东京，称大渤海皇帝，建元隆基。旬日之间，下辽东五十余州，但是，高永昌不能禁戢所部，部下杀掠百姓，所在州郡，奚人户往往携家渡辽水逃离避难。因此很不得人心。当时，贵德州守将耶律余睹以广州依附高永昌。辽朝派军从显州来攻，旬日间连战三十余回，高永昌不能胜，退保东京。高永昌向金求救称藩，金不予理会。后被手下挞不野等人捉住送与金军，后被处死。

（3）渤海古欲起兵

古欲为渤海遗族。辽天祚帝天庆五年（1115）二月，古欲在饶州起兵，称大王。辽朝廷命令萧谢佛留率兵来攻，被古欲击败。辽朝又派南面都部

① （元）脱脱等：《辽史》卷13《圣宗纪八》，中华书局1974年版，第206页。

② （元）脱脱等：《辽史》卷27《天祚帝纪一》，中华书局1974年版，第329页。

署萧陶苏斡为都统，再次率兵来攻，又被古欲打败，古欲声势颇盛。萧陶苏斡改为以计招降，古欲遂为所获。古欲前后起兵五个月而被辽击败。

综上所述，辽代渤海移民政策，是优抚与镇压相结合。辽前期对渤海移民实施了较为宽松与优遇的政策，使渤海移民能够顺利地迁移内地。辽中后期，由于渤海移民政策的失误，导致渤海移民奋起反抗辽朝的残暴统治，或反叛自立，或称王建国。虽然渤海移民的反抗被辽廷武力镇压下去，但是却加速了辽朝的灭亡。①

三　辽与宋朝的关系

公元916年，阿保机称帝建立辽朝。四十四年后，公元960年，赵匡胤发动陈桥兵变，建立北宋王朝。从此，辽和北宋南北对峙达一百六十年之久。他们之间有战有和，无论是战还是和，对当时的中国社会都产生了很大的影响。“澶渊之盟”是辽宋关系的一个重大转折。在“澶渊之盟”以前双方以战为主，此后，双方维持了百余年的和平时期。对“澶渊之盟”的评价，历来史学界看法不同，有人认为是宋的屈辱和约、城下之盟；有人认为是双方在均势的情况下达成的一个对双方都有利的和约。“澶渊之盟”是力量均势的结果，对辽宋双方都产生了很大影响。②澶渊之盟缔结以后，辽宋双方社会稳定，经济发展。双方由对立关系走向兄弟之邦的友好交往的关系。

（一）**契丹建国后的发展和南下**

阿保机称帝建国，至辽宋“澶渊之盟”的缔结，经历了大约90年的时间，其间辽朝共历六代皇帝。这段时期，辽朝国力上升，积极开疆拓土。

辽初，重用汉人知识分子，在阿保机建国前后。一些汉族知识分子如韩延徽、韩知古、康默记等人为阿保机制定了一系列的典章制度。神

① 武玉环：《论辽代的渤海移民政策》，《东北边疆史地丛书》，中国社会科学出版社2003年版。

② 武玉环、陈德洋：《澶渊之盟与辽宋关系》，张希清等主编《澶渊之盟新论》，上海人民出版社2007年版。

册六年（921）诏“正班爵”[1] 规定了各级官员的不同等级，国家统治机构初具规模。太宗继立，占据了燕云十六州，领土扩大。为了便于对燕云地区的统治。辽太宗时期，采用“因俗而治”的办法，“以国制治契丹，以汉制待汉人”。[2] 在辽的中央官制中分为南、北面官两个系统，“皇帝与南班官用汉服；太后与北班契丹臣僚用国服”。这一制度在景宗、圣宗时期更加完备。辽朝在确立中央政治体制的同时，其地方建制和官制也日趋完备，在地方行政机构中实行部族制和州县制。

契丹族为游牧民族，以牧业为主，“车马为家”。早期的契丹经济主要是畜牧业、渔猎业。辽太祖“平诸弟之乱，弥兵轻赋，专意于农。”辽朝开始重视农业生产。尤其是占领原渤海地区和燕云十六州后，农业为契丹贵族提供了大量的税收。《辽史·食货志》记载，辽太宗在会同八年下诏：“征诸道兵，仍戒敢有伤禾稼者以军法论。”[3] 契丹统治者更为重视农业。到世宗、景宗、圣宗时期，经过一段时间的休养生息，达到“均赋税，劝耕稼，部人化之，户口丰殖……年谷屡稔”。[4]《辽史·景宗纪》记载，景宗保宁九年（975），竟能“以粟二十万斛助汉”。圣宗朝的农业更加发展，汉官马得臣卒，辽圣宗“赐钱百万，粟百石”。又在统和十三年“诸道置义仓。岁秋，社民随所获，户出粟庤仓，社司籍其目。岁俭，发以赈民”。[5] 由此可见辽代前期的农业有了很大的发展。

契丹统治者十分重视畜牧业，“契丹旧俗，其富以马，其强以兵”。[6] 早在辽太祖时期就有了群牧制度。辽太宗时，任命契丹贵族为群牧官，使契丹的畜牧业有了很大发展，宋人苏轼出使辽朝，看到“羊以千百为群，纵其自就水草，无复栏栅，而生息极繁”。“契丹马群，动以千数，每群牧者，才二三人而已。纵其逐水草，不复羁绊，

---

① （元）脱脱等：《辽史》卷2《太祖纪下》，中华书局1974年版，第16页。
② （元）脱脱等：《辽史》卷45《百官志一》，中华书局1974年版，第685页。
③ （元）脱脱等：《辽史》卷59《食货志上》，中华书局1974年版，第923页。
④ （元）脱脱等：《辽史》卷77《耶律挞烈传》，中华书局1974年版，第1263页。
⑤ （元）脱脱等：《辽史》卷59《食货志上》，中华书局1974年版，第924页。
⑥ 同上书，第923页。

有役则旋驱策而用，终日持聚而不困乏。”[①] 辽代的畜牧业，“自太祖至兴宗，垂二百年，群牧之盛如一日”。农业、畜牧业的繁荣，促进了辽代经济的发展。

社会的稳定，制度的完善和经济的发展，为辽的军事提供了坚实的基础。契丹人“马逐水草，人仰湩酪，挽强射生，以给日用，糗粮刍茭，道在是矣”。[②] 从事畜牧渔猎的生活，使契丹人从小纵马驰骋，骁勇善战。契丹统治者逐步建立起强大的兵备。辽代兵制，“凡民年十五以上，五十以下，隶兵籍”，军队分为正军和家丁，正军是国家的正规部队，家丁是由奴隶和部曲组成的非正规军。辽代“二帐，十二宫一府，五京，有兵一百六十四万二千八百。宫丁、大首领、诸部族、中京投下等州，属国之兵，皆不与焉”。辽朝“御帐亲军”“合骑五十万，国威壮矣”。[③]

为扩大疆宇，辽太祖、太宗、世宗时大举南侵，积极向南扩张。阿保机曾对后周使者姚坤说：“若与我大河之北，吾不复南侵矣。”多次意欲南下中原。到辽太宗时，石敬瑭欲废唐自立，恳请契丹发兵助战。表至契丹，太宗“复书许俟仲秋，倾国赴援”。天显十一年，石敬瑭在辽军的援助下取代后唐，建立后晋，辽也顺利得到燕云十六州。石敬瑭死后，其子不甘心为辽儿臣，从而导致943—946年辽太宗三次兴兵南进，灭晋。到辽世宗之时，“北汉主自团柏攻周，帝欲引兵会之，与酋长议于九十九泉。诸部皆不欲南，帝强之。行至新州之火神淀……弑帝”。[④] 而穆宗、景宗时，顺应了内部不愿意南下的主张，对中原王朝采取以和为主的政策。此后，后周皇帝柴容兴兵北进，矛头直指燕云地区，顺利攻下益津、瓦桥、淤口三关，陷瀛、莫二州。而后兵锋指向幽州。穆宗却说“三关本汉地，今以还汉，何失之有”![⑤] 到辽圣宗时，情况发生变化，开启了

---

① （宋）苏颂：《苏魏公文集·使辽诗注》卷13，《四部丛刊初编》，上海商务印书馆。

② （元）脱脱等：《辽史》卷59《食货志上》，中华书局1974年版，第923页。

③ （元）脱脱等：《辽史》卷35《兵卫志中》，中华书局1974年版，第401页。

④ （宋）叶隆礼：《契丹国志》卷4《世宗天授皇帝》，上海古籍出版社1985年版，第47页。

⑤ （宋）叶隆礼：《契丹国志》卷5《穆宗天顺皇帝》，上海古籍出版社1985年版，第55页。

宋与辽之战端。

（二）宋的统一和高粱河之战

宋太祖赵匡胤代后周以后，在建国之初，他认为当务之急是消灭南方的各个割据政权。宋太祖赵匡胤在统一全国的过程中，采取了先南后北的策略，先取南方诸国，后取北汉，最后才是后晋时期割让给辽的燕云十六州。为了使统一战争顺利进行，宋太祖对辽采取了以防御为主的政策。宋太祖曾说："中国自五代以来，兵连祸结，帑廪虚竭，必先取西川，次及荆广、江南，则国用富饶矣。今之禁地，正在契丹。"所以，宋对辽朝占有的燕云地区，先采取以防御为主的政策。

公元978年三月，陈洪进献泉州、漳州；五月，吴越王钱俶纳土归宋。北宋完成了对南方的统一。太平兴国四年，宋军开始讨伐北汉。对此，辽景宗派使臣问其原因，宋方回答："河东逆命，所当问罪，若北朝不援，和约如旧，不然则战。"① 显然北宋是做好了战争准备的。依据辽和北汉的关系，辽不可能坐视不救，若辽援北汉，与北宋必有一战。当然北宋也不是主动出战，而是"不然则战"。于是，辽景宗在二月中旬，派南府宰相耶律沙为都统、冀王耶律敌烈为监军，统军南下，救援北汉。三月初，又派北院大王耶律奚底、乙室王耶律撒合等率军南下，戍守燕。接着又命韩侼与大同节度使率本部军马南下，作为援军。但是，辽援军的主力部队以耶律沙为首的东路军，在半路就被宋军打败，西路军闻听东路军战败，也收兵北归。北汉在外无援兵的情况下降宋，至此，北宋完成了对南北的统一，开始实施收复燕云地区的战略计划。

宋太宗在灭北汉之后，决定乘机攻破燕京，收回所失的燕云十六州。太平兴国四年六月初，宋军入辽境，辽易州刺史刘宇举城降宋，至涿州，判官刘厚德也举城投降，连下数郡，直攻辽的南京（幽州）。太平兴国四年六月二十三日，宋太宗进驻辽的南京城下之宝光寺。与辽从石岭关退回的耶律沙及来援的耶律奚底军战于沙河，辽军战败，退到清河北。宋军击败幽州外围的辽军，立即将幽州团团包围。同时开始攻城，对攻城

① （元）脱脱等：《辽史》卷9《景宗纪下》，中华书局1974年版，第101页。

兵力，史载不详，“又从征幽州，诏偓与尚食使侯昭愿领兵万余，攻城南面”。[①] 以此估计，攻幽州城的部队应在万余人。宋军“围城三周，穴地而进，城中民怀二心”。在如此危急的情况下、权南京留守事韩德让，权南京马步军都指挥使耶律学古和知三司事刘弘等“日夜守御”，“安人心，捍城池”。“随宜备御，固守待援。”[②] 七月六日，辽援军耶律沙部在沙河、清河一线进至幽州城外约十里，宋太宗不得不迎战，双方战于高梁河，史称“高梁河之战”。这一仗打得十分激烈，“秋七月癸未，沙等及宋军战于高梁河，少却，休哥、斜轸，大败之”。“帝命休哥带奚底，将五院军往救。遇大敌于高梁河，与耶律斜轸分左右翼，击败之。追杀三十余里，斩首万余级，休哥被三创。”[③] 主将接连三次受伤，足以说明当时的战斗是十分激烈的。而最后“宋主仅以身免，至涿州，窃乘驴车遁去”。[④] 高梁河之战以宋军失败而告终。

宋太宗挟灭北汉之威而北上，却在高梁河一战中仅以身免，是值得反思的，为什么会辽胜宋败？北宋在开国之初，宋太祖、太宗为了削弱地方节度使的权力，采取“恩威施与百官唯恐其不足，取材于万民不留其有余”的方针。《二十二史札记·宋制禄之厚》：“不立田制，不抑兼并。”造成“势官富姓，占田无限，兼并伪昌，习以成俗”[⑤]。另一方面，卖官鬻爵，纵容百官鱼肉乡里，坐食朝廷。而广大农民的生活极其艰苦，《欧阳文忠公集·厚弊》：“簸糠麸而食秕稗，稍遇灾荒，则相枕为饿殍。”使得北宋建立之初，农民起义接连不断，社会很不稳定。而在军事上，宋太祖、太宗实行“守内虚外”的政策，罢功臣，典禁军，把禁军的一切权利都收归皇帝所有。实行“更戍法”，“分遣劲旅，出守边城，率一、二年而更”。这种方法《水心集·叶适始论篇》认为“将不得专其兵”，“兵无常帅，帅无常

① （元）脱脱等：《宋史》卷255《宋偓传》，中华书局1977年版，第8907页。

② （元）脱脱等：《辽史》卷82《耶律隆运传》，中华书局1974年版，第1289页；《辽史》卷9《景宗纪下》，中华书局1974年版，第102页；《辽史》卷83《耶律学古传》，中华书局1974年版，第1304页。

③ （元）脱脱等：《辽史》卷83《耶律休哥传》，中华书局1974年版，第1299页。

④ （元）脱脱等：《辽史》卷9《景宗纪下》，中华书局1974年版，第102页。

⑤ （元）脱脱等：《宋史》卷173《食货志上·农田》，中华书局1977年版，第4164页。

兵”，致使宋军战斗力不强，这是导致宋军失败的原因之一。

宋太宗骄兵兴师，匆匆北伐，又无计划，而士兵连续作战，极其疲乏，《宋史·崔翰传》记载，宋太宗收复河东，平定北汉之后，被胜利冲昏了头脑，写诗、作赋，“会群臣和”，踌躇满志，以致“遽有平燕之议”。企图在回銮途中一举收复幽、蓟。在攻太原时，激战数日，北汉主才开城投降。特别是北宋军队攻克太原后未加修整，则立即北征，因此“赏赉且未给”。军士罢（疲）乏，诸将皆不愿行，而“不敢言”。[①] 另外，北宋士兵懈怠，纪律松弛。本来“刘继元降，人人有希赏意”，可是宋太宗只将刘继元的一百多宫女赐有功将校，以示酬劳，而广大士兵一无所得。这一做法使那些获得酬劳的将校急切思归，闻歌舞女，无心再战。而未获酬劳的兵士非常不满，不利于宋军的团结。宋军的纪律非常松弛。当“车驾北征”的时候，其“扈从六军有不及时至者，帝怒，欲置于军法”。可也无济于事，以至入辽境之后，甚至“日督诸将攻城，而将士多怠”。值得注意的是，当军士撅土而得蟹时，曹翰对诸将说：“蟹，水物而陆居，失其所也。且多足，彼援将至，不可进拔之象，况蟹者解也，其班师乎？”[②] 大将如此思归、厌战，何况下面的士兵。相反，辽军将士，则士气高昂。辽军积极备战，当听说辽援军到来，“看门列阵，四面鸣鼓，居民大呼，声震天地”。[③] 与援军遥相呼应。如此一来，宋军焉能不败。

（三）辽的大举南侵和“澶渊之盟”

高梁河之战以后，雍熙三年，北宋为了收复幽云，分兵三路北伐，史称“雍熙北伐”，但同样以北宋失败而告终。而后辽军又多次南下，先后在歧沟关、飞狐口发生战斗，北宋失利。面对北宋的两次失败，辽朝又不断地南下侵扰，北宋的上层逐渐走上妥协的道路。

早在宋太宗高梁河之败后，北宋朝廷内，就开始流传燕云没法收回，只有妥协才是办法的论调。曹彬在歧沟关败还，还没有回到开封，两朝

① （元）脱脱等：《宋史》卷260《崔翰传》，中华书局1977年版，第9026页。

② （元）脱脱等：《宋史》卷260《曹翰传》，中华书局1977年版，第9015页。

③ （元）脱脱等：《辽史》卷83《耶律学古传》，中华书局1974年版，第1304页。

元老赵普就上书说北征多此一举（《宋史·赵普传》）。接着李昉也建议，要天下太平，不必攻取燕云，只要用汉朝“和亲”的政策就行了。殿中侍御史赵孚高呼：“精选使命，通达国信。”[①] 知制诰田锡也上书：“万一兵歉相仍，寇盗四起，此时何以御之！……居安思危之计，得不由未然之事而预防之。”[②] 户部郎史张洎又说“审睹天下之形势，忧患未已，唯与之通好，或可解纷”。甚至连宋太宗都认为“国家无外忧，必有内患。外忧不过边事，皆可预防。惟奸邪无状，若为内患，深可惧也”。[③] 在这种议论的支持下，宋太宗多次遣使与辽求和。宋太宗明确表示：“朕当为天下苍生，然须执纲纪，存大体，即久远之利也！”[④] 总之，面对辽的多次南侵，北宋的政策越来越走向对辽的妥协，无意再发动大规模的战争。

然而，面对契丹随时入侵，北宋还是做了充分准备，也采取了多种措施。为了使辽军的铁骑不能随意驰奔，北宋在北部大量屯水田。淳化四年，任命何承矩为知制河北缘边屯田使，《续资治通鉴长编》卷 34：“发诸州、镇兵八千人给其役，凡雄州、霸州、破虏、顺安军，兴堰六百里，置斗门，引淀灌溉。”开塘渠，兴水田，即可使辽的骑兵奔跑受到一定的限制，又可以使边疆军粮有所补给。另外，真宗让群臣上书，要求多论兵事。马亮上疏：“契丹仍岁内侵，河朔萧然，请修边以息边民。”于是真宗在群臣的建议下，为了加强边防，采取了三条措施：第一，改变御边之道，加强边防建设；第二，调整边防政策；第三，调动民间力量。这些措施，显然在后来抵制辽军大举南下时起了很大的作用，也是辽宋达成“澶渊之盟”的内在原因之一。

辽圣宗统和二十二年（1004），萧太后与辽圣宗亲自带兵大举南下。面对辽的大举南下，北宋的守军只是闭城自保，辽兵见北宋闭城不战，便绕城南下，一直打到离辽境千里之外的澶州。辽的这次入侵，是为了掠夺财富，并不是为了消灭北宋，所以在开始入侵的时候，就命北宋的

---

① （宋）李焘：《续资治通鉴长编》卷 27、卷 28，中华书局 2004 年版，第 635 页。

② 田锡：《咸平集·上太宗答诏论边事》。

③ （宋）李焘：《续资治通鉴长编》卷 32《太平治迹统类·真宗经治契丹》，中华书局 2004 年版，第 719 页。

④ 同上。

降将王继忠出面和北宋接洽“和谈”。用“和谈”和“战争”两手，以达到侵略的目的。这次宋北面部署王超屯于唐河，按兵不动，于是辽军沿葫芦河而南，十月六日，抵瀛州城下，《长编》卷58记载：“势其盛，昼夜攻城，击鼓伐木之声闻于四面，大设攻具，驱奚人负板秉烛，乘墉而上。知州西京左藏库使李延渥率州兵、强壮，又集贝、冀巡检史普所部拒守，发垒石巨木击之，皆累累而坠，逾十余日，多所伤。契丹主及其母亲鼓众急击，矢集城上如雨，死者三万人，伤者倍之，竟弗能克，乃遁去。”① 辽军在攻瀛州失利后，长驱而入，于十一月中旬，攻占德清，十一月十四日进逼澶州城下。

对于来势凶猛的辽军，宋真宗在寇准的一再劝说下，终于硬着头皮带兵离开开封，可是一到韦城，见敌日盛，复胆怯欲南逃金陵。寇准反复说明：“今寇迫近，四方危心，陛下惟可进尺，不可退寸。……金陵亦不可得而至矣。”② 殿前都指挥使高琼也说：“随驾父母妻子尽在京师，必不肯弃而南行，中道即亡去尔。愿陛下亟幸澶州，臣等效死，敌不难破。”最后，真宗抵达澶州城下，诸军受到鼓舞，“皆呼万岁，声闻数十里，气势如倍”。③ 这次辽军敢于悬军深入，本来是想利用宋军各自为政的间隙威胁北宋，现在宋真宗亲临前线，宋军士气亢奋。加之，辽先锋萧挞凛在察看地形的时候，中伏弩死，使辽军士气受挫，陷入了进退两难的境地。

辽宋双方以前就多有接洽，早在二十日，萧太后派王继忠前去，要宋真宗另派使者。二十八日，真宗在澶州，宋使曹利用尚在辽寨。萧太后马上派飞龙使韩杞随曹利用到达澶州，双方正式“和谈”。在北宋“化干戈为玉帛”的策略下，辽宋达成和议。双方规定：

第一，辽主尊宋帝为兄，宋帝尊萧后为叔母。

第二，宋岁遗辽“岁币”银十万两，绢二十万匹。

第三，双方不招纳降附和沿边境增筑城寨。

---

① （宋）李焘：《续资治通鉴长编》卷58，中华书局2004年版，第1279页。

② 同上书，第1284页。

③ 同上书，第1287页。

这就是所谓的辽宋“澶渊之盟”。约成以后，辽班师北归。澶渊之盟之所以能够签订，首先是统和二十二年（1004），辽发动南侵战争的结果。辽的统治者看到北宋两次北伐的失败，便想乘机侵宋，进行政治上的讹诈，经济上的掠夺。这是非正义的战争，必然遭到中原人民强烈的反抗，事实证明也是如此。

其次，从双方的力量对比看，北宋统一以后，社会经济有了很大的发展，特别是耕地面积扩大和粮食产量的提高。宋初耕地面积只有295万顷，到宋真宗时已达525万顷。在军事上，宋朝实行养兵政策，在发生灾荒的地方，招募饥民当兵，到宋真宗时，军队已达百万。而辽军又是孤军深入，粮草接济不上，加上辽军所占领的后方地区又不稳定，先锋中伏弩死，士气受挫；但是北宋的军队又不敢和辽军大规模的作战，一心想和谈，这样，辽宋“澶渊之盟”已成必然。因此澶渊之盟的缔结，是辽宋双方势均力敌的结果。

“澶渊之盟”的历史意义在于：第一，澶渊之盟的缔结，虽然从盟约上看，是一个不平等的条约，也有人称它是丧权辱国的条约，但是却有力地遏制了契丹军的南下，开创了百余年的和平局面，并为辽宋两朝所接受。

第二，澶渊之盟的缔结，开创了历史上又一次南北朝的局面，从辽宋时期开始，中国历史便进入一个新的时期，即北方民族由过去的地方民族政权发展为南北朝。

第三，过去是东北民族政权臣属于中原王朝，而此时北宋、南宋已向辽金称臣纳贡，辽金取得受贡者的地位，为将来统一全国创造了条件。

（四）“澶渊之盟”后的辽宋关系

“澶渊之盟”后，辽宋双方的关系，是一国之内同一祖先的兄弟之邦的关系。史书记载，契丹民族把黄帝、炎帝视为自己的祖先。《辽史·太祖纪下》：“辽之先，出自炎帝，世为审吉国。”《辽史·世表》记载：“契丹族为轩辕后。”《辽史》为元朝官修史书，原本由辽朝汉人史官李俨、金朝陈大任所修，代表了辽金时期史家的观点，同时也代表了契丹民族心向中华的历史观。辽圣宗曾说：“上从轩皇，下逮周发，皆资师保，用福邦家。斯所以累德象贤。”[①] 辽圣宗统和十三年，在奉圣州建黄帝祠，在儒州建舜祠，四时祭祀。[②] “世修欢契，时遣使轺，封圻殊两国之名，方册纪一家之美”。“虽境分二国，克保于欢和，而义若一家。”[③] 宋真宗死，辽圣宗对臣下说：“吾与兄皇未结好前，征伐各有胜负，洎约兄弟二十余年，兄皇升遐，况与吾同月生，年大两岁，吾又得几多时也。”下诏为宋真宗建资福道场，百日而罢。

“澶渊之盟”后，辽宋双方是固守盟约、友好交流的关系。辽宋双方严守盟信，使节往来频繁，据聂崇歧教授统计，辽宋之间使节往来共 388 次，其中“澶渊之盟”后为 379 次，而使命和年代不详者不在其内。[④] 为了方便交聘，宋朝特置国信司主其事，辽朝也设通事主之，以知华俗、通华言者充任，并于燕京置会同馆，接待宋使。除此之外，北宋还采取了一系列措施：首先是戒边吏不得滋扰生事，如命令“沿边马牛者，移牒还之”，“禁边民入敌界掠夺赀畜，犯者捕系，罪主死者论如法，流以下部赴阙”。[⑤] 其次，对契丹边民一视同仁，多次赈救契丹的边民。如真宗大中祥符三年（1010）知雄州李允上书言：“契丹界累岁灾歉阙食，多来近边市粜，诏本州出廪粟二万石贱粜赈之。”[⑥] 如前所述，与宋和好也是辽国朝野上下的一致愿望，辽圣宗、兴宗、道宗、天祚帝等人均信守承诺。圣宗之母萧太后在“澶渊之盟”时力排众议，“固愿盟好”。据《契丹国志·耶律隆运传》，萧太后的宠臣韩德让“自为相以来，结欢宋朝，岁时修睦，无少间隙”。《契丹国志·道宗天福皇帝》记载，辽道宗竟想“求真宗、仁宗御容”。辽道宗“以白金数百两铸两佛像，铭其背云：愿后世生中国”。[⑦] 对中原文化的仰慕，溢于言表，他“在位既久，颇知厉害，与朝廷和好年深，蕃汉入户休养生息，人人安居，不乐战

① 陈述：《全辽文》卷 1《赐圆空国师诏》，中华书局 1982 年版，第 15 页。
② （清）厉鹗：《辽史拾遗》卷 7，北京图书馆出版社 2009 年版。
③ （宋）叶隆礼：《契丹国志》卷 20《契丹兴宗致书》，第 191 页。
④ 聂崇歧：《宋史丛考》下册，中华书局 1980 年版。
⑤ （宋）李焘：《续资治通鉴长编》卷 59，中华书局 2004 年版，第 1323 页。
⑥ （宋）李焘：《续资治通鉴长编》卷 74，中华书局 2004 年版，第 1694 页。
⑦ （清）厉鹗：《辽史拾遗》卷 10，北京图书馆出版社 2009 年版。

斗”[①]。在和平的形势下，辽宋双方的经济和文化开始了全面的交流。在和约签订的第二年，契丹就在涿州、新城、朔州、振武军等地设立榷场；北宋也在雄州、霸州、安肃军、广信军等地设立榷场。由双方互派官员监督贸易，征收榷税。《宋史·食货志下》：“天圣中，知雄州张昭信请岁会入中金钱。仁宗曰：‘先朝置互市以通有无，非以计利’，不许。终仁宗、英宗之世，契丹固守盟好，互市不绝。”由于北宋把这种贸易视为“互通有无”而非“计利”，深受沿边两朝人民的欢迎。除榷场贸易外，民间的私人贸易也很盛行。当时在辽宋边境私贩马、牛、羊等物品。契丹“始得河间煮盐之利，置榷盐馆于香河县”[②]。由于契丹的盐产量大，售价也较宋朝低，走私贩盐的也不在少数。在双方贸易中。契丹从宋输入的货物有香料、犀角、象牙、茶叶、瓷器、漆器、稻米、丝织品等；宋朝也从契丹输入自己需要的物品，如牛、马、羊、骆驼、布、银、马具等。其中仅羊一项，“河北榷场博买契丹羊岁数万”，“公私费钱四十余万缗”，足见辽宋贸易的繁荣。

随着辽宋贸易的繁荣，文化的交流也日益加强。辽宋文化的交流，主要表现为契丹吸收中原的先进文化。《宋史·苏颂传》记载，辽朝因“讲和日久，颇窃中国典章礼仪”。辽朝廷为了统治的需要，把儒家学说奉为正统思想而加以尊崇。辽太祖在上京建孔子庙，诏皇太子春秋释奠。辽代的国子学、五京学及州县学，其教学内容基本上以儒家经典为主。辽开设科举后，也以儒家学说为科举考试的主要内容，考试科目设经义、辞赋、法律等科。辽朝廷鼓励士人著书立说，阐释儒家经典，并从宋朝引进了大批的儒家经典。契丹人萧韩家奴译《通历》《贞观政要》《五代史》。契丹皇帝深受儒家学说的熏染，辽圣宗“幼喜书翰，十岁能诗”。据史书记载，辽圣宗好读贞观政要，他尤其喜爱唐诗，曾诗云“乐天诗集是吾师”。亲自译白居易《讽谏集》，诏契丹臣僚诵读。辽圣宗提倡学唐比宋，华夷同风，唐宋的文集诗词大量传入辽朝。以至宋朝使者大为惊叹：“谁将家集过幽

① （宋）苏辙：《栾城集》。

② （宋）李焘：《续资治通鉴长编》卷211，中华书局1979年版。

都，逢见胡人问大苏。”① 兴宗、道宗也好儒术，能作诗文。辽道宗要求学者“当穷经明道”。诏令翰林学士赵孝俨、知制诰王师儒讲五经大义，命枢密直学士耶律俨讲《尚书》。② 中原文化得以在辽朝广泛传播。

四 辽与西夏的关系

辽与西夏的关系，是中国境内两个不同民族政权之间的关系，西夏从臣属于辽政权到欲脱离辽政权的羁绊，又重新臣属于辽政权，经历了三个不同的发展阶段。从中可以看出，11—12 世纪中国北方民族的发展、民族关系的变化，以及中国由三足鼎立的局势向全国统一趋势发展的历史必然性。

（一）西夏的建国及其与辽建立盟好关系

11 世纪的中国，群雄竞立，逐鹿中原。公元 916 年，契丹族首领耶律阿保机称帝，建立辽朝。四十四年后，后周殿前都点检赵匡胤发动陈桥兵变，建立北宋王朝。时隔百年之后，公元 1032 年，党项族建立了西夏王朝，立国达二百年之久。这样，十一世纪的中国，南有汉人赵匡胤建立的北宋王朝，北有契丹族耶律阿保机建立的辽王朝，西有党项人建立的西夏王朝，从此开启了中国历史上的又一次三朝鼎立的局面。③

在这三个王朝中，北宋以正统王朝自居，占据着黄河以南的半个中国。北宋对于后晋献给辽的燕云十六州念念不忘，欲收复失地，因此多次发动对辽的战争。

西夏的建国者是我国西部地区的游牧部落羌族的分支——党项羌。早在远古时期，羌族与汉族的祖先黄帝族，已建立了密切的联系。汉、晋时期，党项羌进入青藏地区。后来进入今甘肃和陕西北部。远祖思恭，唐朝赐其李姓，加思恭节度使，晋爵夏国公。历经唐末五代，世代据有夏州，之后长期占有夏、绥、银、宥、静五州。宋太宗太平兴国七年，

① （宋）苏辙：《栾城集》，《神水馆寄子瞻兄四绝》。
② （元）脱脱等：《辽史》卷 24《道宗纪》，中华书局 1974 年版，第 298 页。
③ 武玉环：《论辽与西夏的关系》，《东北史地》2008 年第 4 期。

李继捧献银、夏、绥、宥四州入宋，留居京师。但李继捧的族弟李继迁，不愿内附，留居旧地，以图自立。从此宋王朝与李继迁之间展开了一场长达22年的时叛时服，以交战状态为主的斗争。在这场斗争中，李继迁与辽朝结成同盟。实际早在辽圣宗统和四年（986），李继迁为宋定难军都知蕃落使，在抗宋自立时期，自称定难军留后，开始向辽称臣，辽以宗室女封义成公主嫁给他，册封他为夏国王，自公元986年起，李继迁陆续派使者来辽，此后两朝信使往来不断，夏与辽朝结成同盟关系。[①] 此时的党项族，还处于氏族部落制时期，但是已经出现私有财产和奴隶，并开始展开争夺财产和奴隶的斗争。宋朝统治时期，党项族由氏族部落制开始向奴隶占有制改变。[②]

（二）辽朝结夏制宋的外交政策

1004年，李继迁死，子德明继立，向辽朝报哀，辽朝封德明为西平王。同时，夏与宋朝建立了联系，1006年，宋朝遣使封德明为定难军节度使，西平王。此时正值辽宋缔结澶渊之盟，辽宋关系趋于缓和，宋朝与夏也释然和解。李德明在位的30多年的时间里，保境安民，开疆拓土，其统治中心逐步移往贺兰山麓的怀远镇，后来改称兴州（今银川市），宋天圣六年，又派他的儿子元昊西攻甘州（今甘肃省张掖）、凉州（今甘肃省武威），从此奠定了建立西夏王朝的版图基础。1031年，德明病死，其子元昊继承德明的职位。李元昊即位后，已怀有建霸王之业的雄心。在把拓跋氏宗族迁往灵州时，李继迁说："（灵州人）习华风尚礼好学，我将借此为进取之资，成霸王之业。"[③] 他采取了一系列重大措施，为建国做好准备。

秃发：元昊继立，首先下令秃发，即推行党项的传统发式，禁止用汉人风俗结发。

改姓立号：李元昊废除唐朝和宋朝赐予的姓李氏、赵氏，而改用党

① （元）脱脱等：《辽史》卷115《西夏》，中华书局1974年版，第1524页。
② 蔡美彪：《中国通史》第六册，人民出版社1979年版，第144页。
③ 戴锡章：《西夏纪》卷3，宁夏人民出版社1988年版。

项姓“嵬名”。

立年号：1032 年，元昊立年号为“显道”。

建都立国：1038 年，元昊正式建国，国号大夏。把兴州升为兴庆府。

设立官制：由于夏国境内存在着汉族和其他各民族，元昊建立了两套官制，一为汉官制，二为党项本族官制。汉制官职仿宋制，设中书省、枢密院。最高长官为中书令和枢密使，掌文武两班，中书、枢密下设三司、翊卫司、官订司、受纳司、农田司、群牧司、磨勘司、飞龙院、文思院等机构。又设御史台。

党项官职专门授予党项人。有宁令、谟宁令、丁卢、丁弩、素赍、祖儒、吕则等官职。

定兵制：元昊建立夏国的军队，各部落每二丁取正军一人，配备服杂役的“负担”一人，合称一“抄”。[①] 元昊又设立十万擒生军，此外还有侍卫军、地方上的十二监军司等。

造文字：元昊与谟宁令野利仁荣制成西夏文字 12 卷。西夏文字是依据汉字改制成的方体字。

建蕃学：元昊命野利仁荣主持建立蕃学，用西夏文字翻译《孝经》《尔雅》《四言杂字》。选拔党项、汉族的官僚子弟入学学习。[②] 经过以上的各项准备，西夏国于公元 1038 年宣告成立。西夏国的建立，对我国西北地区的开发以及党项等各民族的发展，产生了深远的影响。

公元十世纪末、十一世纪初的辽朝周边，南有北宋政权，一直想收复燕云十六州；东北部有女真，时有边警来报；西北部有党项、阻卜，时叛时服；而辽政权西部的西夏政权，对辽朝的态度尚不明朗。辽朝为了对抗宋朝，自辽圣宗统和四年（986），党项人李继迁抗宋自立，辽遂与夏建立了盟好关系，辽尽力援助李继迁，使它成为宋在西边的劲敌，以便缓解宋对辽朝的压力以及牵制的阻卜等族。而李继迁不即不离地依偎于辽宋之间，接受两个朝廷的封号，利用双方的矛盾，进一步发展自己的势力。为了加强巩固与西夏的联盟关系，辽太平十一年（1031），辽

---

① （元）脱脱等：《辽史》卷 115《西夏》，中华书局 1974 年版，第 1526 页。

② 吴广成：《西夏书事》卷 13，北平隆福寺文奎堂影印本 1935 年版。

兴宗将兴平公主嫁给李元昊，封元昊为驸马都尉。重熙元年（1032），封李元昊为夏国王。① 辽与西夏的关系进一步发展。

（三）辽与西夏的交恶与战争

辽朝的兴平公主嫁给李元昊后仅七年，重熙七年（1038）四月，兴平公主去世。关于兴平公主去世的原因，史书记载不详。公主素来与李元昊不和，对于辽朝公主的死因，辽兴宗心存疑虑，因此兴宗派北院承旨耶律庶成，前去责问兴平公主的死因。② 由此辽与西夏产生了隔阂。重熙七年，李元昊称帝后，意欲与辽、宋处于对等地位，西夏与辽、宋的关系趋于紧张。重熙十一年冬，由于党项吐谷浑部卖马给西夏，兴宗下诏严守西部边防。③

西夏与宋朝素来关系不和，西夏建国后，采取先发制人的办法，首先，向宋朝发动一系列的掠夺战争。其中较大的战争有辽重熙九年（1040）延州三川口一役，宋军大败。1041 年渭州好水川一役，宋军又遭惨败。之后宋朝加强了西部边防建设。而辽为了联合西夏以制宋朝，则站在偏向西夏的中立立场，一方面不断派使者去宋询问兴师伐夏之由，另一方面趁宋朝正困扰于西夏之机，对宋施加压力，宋使富弼上言辽兴宗，大意谓："辽与宋和，坐获岁币，则利在国家，臣下无与。与宋交兵，则利在臣下，害在国家。上感其言，和好始定。"④ 从而迫使宋朝给辽增加岁币银十万两，绢十万匹。西夏王朝正值建国之初，百废待兴，也急于结束这场战争，在辽朝的斡旋下，双方选择了议和的道路。在谈判议和的过程中，元昊提出了索求钱帛的要求。富弼等人主张持强硬态度，但是宋仁宗由于厌战，答应了元昊所提出的条件。从 1044 年（辽重熙十三年、西夏天授礼法延祚七年）起，宋朝以每年向西夏缴纳银、绮、绢、茶 25.5 万的代价，换取了和约的签订，同时册封李元昊为夏国王。

宋夏和约签订后，辽夏关系变坏。这主要由于西部党项部落的叛离，

---

① （元）脱脱等：《辽史》卷 115《西夏》，中华书局 1974 年版，第 1526 页。
② 同上。
③ （元）脱脱等：《辽史》卷 20《兴宗纪》，中华书局 1974 年版，第 238 页。
④ （元）脱脱等：《辽史》卷 19《兴宗纪》，中华书局 1974 年版，第 227 页。

西夏王朝招纳党项部落所引起的。在辽朝西部统治区域内，有一批党项部落。有的党项部落企图摆脱辽朝的统治，从辽圣宗时期开始，辽朝西部的党项、敌烈、阻卜各部时叛时服。辽圣宗曾多次派军队前去讨伐。其叛乱的部族有的投奔西夏，西夏没有接纳。辽朝与西部各少数民族的关系，实际上可以追溯到圣宗统和十二年（994）。辽为了巩固西北边防，命皇太妃率领西北路乌古等部兵马，抚定西部边疆，任命萧挞凛监督军事。统和十五年，敌烈八部杀其详稳叛变，萧挞凛追击平叛。[①] 辽朝设西南招讨使，负责对西部各部族的监督讨伐。辽王朝为了西部边疆的巩固，采取了如下的措施：

武力征讨。对于叛服不定的西北部各族，辽王朝一边招降安抚，一边用武力镇压。这种策略在辽朝初中期很见效，但是到了辽朝末期，阶级矛盾与民族矛盾十分尖锐，辽朝用武力手段再也不能镇压各民族的反抗了。

加强对西北地区的军政建制。辽朝在西北地区设置了镇、防、维、招（均在今蒙古国境内）四个具有军政辖制和防守性质的州郡，并设置边防城以加强对西北各民族的控制和管辖。辽朝在今甘肃酒泉西北，修建托辉口故城，迁肃州民户充实到城内，以加强西部边防的力量。

设立边防军，加强军事上的监控。辽朝在西部边境地区派兵屯戍，以加强边备。

实行在政治上招谕和经济上赈济措施。辽朝西北民族和属国，承担辽的贡赋和兵役，以入贡的方式服从辽的管辖。西北各部族例如党项、回鹘等族，有向辽朝廷纳贡的义务，同时辽朝也帮助西北部族发展生产。在各部族遭受天灾时，辽朝赈济或减免西北各部族缴纳的贡物。

辽朝采取以上各方面的措施，加强对西北少数民族的管辖和控制，在我国西北地区的开发、边疆的巩固和各民族的融合等方面起了积极的作用。但是辽朝统治者与西北部族和属国的关系是统治和被统治的关系。辽王朝除了与西北少数民族存在矛盾外，与西夏王朝也存在着矛盾，在辽兴宗后期，这种矛盾终于爆发，两朝进入战争状态。其导火索，是由于辽境内的党项部落叛逃进入于西夏境内引起的。

---

① （元）脱脱等：《辽史》卷13《圣宗纪》，中华书局1974年版，第149页。

辽重熙十二年（1043），西夏出兵侵扰辽朝统治下的党项部落，第二年，党项五部叛辽逃入西夏，兴宗大怒，扣留了西夏的使臣，并下令诸道讨伐西夏。重熙十三年，辽朝军将奏报：本部兵马与党项交战失利，李元昊前来援助叛党。重熙十三年（1044）十月，辽兴宗亲率十万骑兵向西夏进攻。[①] 皇太弟重元，辽北面枢密使萧惠，东京留守萧孝友分三路渡河，两军战于贺兰山北，夏兵败退，据守贺兰山，元昊向辽上表请罪。辽将萧惠等以为大军已集，应乘胜追击，但未被采纳。元昊发起突围反攻，大败辽兵，俘虏辽将萧胡睹等数十人。辽兴宗败回，与夏谈和。辽朝放回扣留的西夏使臣，西夏放回萧胡睹。十一月，辽军班师回朝。辽夏关系虽然缓和了，但是辽朝方面认为是西夏首先纳叛背盟，双方关系仍不是很稳定。

西夏在建国前后依附辽朝以抗宋，这次战争，元昊战胜辽兴宗，显示夏国有足够的力量，抗辽自立。由此形成西夏与辽、宋相互对峙的局面。重熙十八年二月，李元昊死。辽朝认为，攻打西夏政权的时机已到。重熙十八年（1049）七月，辽兴宗亲率大军，攻打李元昊的儿子李谅祚。双方各有胜负，辽捉获李元昊的妻子和官属。[②] 第二年，辽朝继续对西夏发动战争，并在边境修筑城池，驻军。辽与西夏的关系处于低谷。

（四）辽与西夏重修旧好

辽兴宗重熙十九年（1050）十月、十二月，在辽朝几次取得对夏战争胜利之后，李谅祚的母亲和李谅祚本人先后主动派使者要求和好，依旧称臣，辽朝应允，双方结束了交恶的局面。[③] 在多次战争中，辽、西夏双方都遭受很大损失。辽、西夏统治下的各民族的生活、生产都遭到多方面的损害。战争的结束，对辽、西夏政权以及双方的百姓都有好处。两朝百姓是战争的直接受害者，他们是不愿打仗的。

辽、宋、西夏的关系一直很微妙。从战略意义上考虑，西夏一直是辽、宋争取的对象。谁争取到西夏的加盟，谁就能够有力地控制西部区

---

① （元）脱脱等：《辽史》卷19《兴宗纪》，中华书局1974年版，第231页。

② （元）脱脱等：《辽史》卷20《兴宗纪》，中华书局1974年版，第240页。

③ （元）脱脱等：《辽史》卷115《西夏》，中华书局1974年版，第1527页。

域以及当时局势的发展。辽、宋王朝都深知争取西夏联盟的重要，因此辽、宋双方都采取积极的态度对待西夏。而西夏王朝似乎也洞察到这一点，察知自身的价值与辽、宋王朝的真实意图，因此西夏哪方面都轻易不得罪，游移于两个政权之间。总的来讲，西夏与辽王朝的关系较北宋王朝更为密切。此外，辽王朝与北宋王朝在军事上几经较量，高梁河之战和雍熙北伐后，辽以战胜者的姿态与宋订立了澶渊之盟。而辽与西夏的几次战争，双方各有胜负，李谅祚时期的战争，基本以辽军胜利而结束，从而使宋朝、西夏不能忽视辽朝的存在，同时也不能轻易地弄僵同辽朝的关系。在兴宗时期，虽然辽与西夏曾有一度关系恶化，但是很快又恢复了同盟者的关系。从辽兴宗后期直至天祚帝末期，这种关系没有改变。辽道宗寿昌二年（1099），西夏崇宗皇帝李乾顺接受辽朝的指令，为辽出兵攻打叛乱的拔思母部。辽天祚帝乾统三年，西夏崇宗皇帝派使者请求娶辽朝公主。1102 年，又派使者再次请婚，天祚帝封族女南仙为成安公主，下嫁李乾顺。[①] 夏国与辽朝的关系更为巩固了。

辽朝与西夏关系恢复后，辽采取援夏制宋的国策。辽道宗大安八年，西夏被宋攻打，派使者向辽求援。辽道宗寿隆二年，西夏向辽献宋军战俘。寿隆四年，西夏被宋攻打，派使者向辽求援。同年三月，辽派使臣萧德崇、李俨到宋朝，为宋、夏和解斡旋。之后，宋朝停止攻打西夏。十一月，崇宗派遣使者向宋朝上誓表，宋哲宗赐给银器五百两，衣著五百匹，回诏许和。宋夏之间恢复了此前停止了的岁赐。

辽天祚帝时期，西夏与宋朝的关系恶化，双方多次冲突。西夏多次请辽朝援兵攻宋。天祚帝乾统六年，在辽朝的斡旋下，宋与西夏讲和。辽末金人起兵，天祚帝逃亡，西夏曾派兵救援，后来被金兵打败。[②] 辽与西夏的关系由此可见一斑。

11 世纪的中国，辽、西夏、北宋三朝鼎立，此时也是中国由分裂向统一过渡的重要历史时期。辽与西夏的建立者都是中国北方东胡族系的游牧民族，中国北方民族自古以来是我国统一多民族国家的重要组成部

---

① （元）脱脱等：《辽史》卷 115《西夏》，中华书局 1974 年版，第 1528 页。

② 同上。

分，北方民族与中华民族的关系是一体多元的关系。在唐以前，西夏党项族的先人拓跋鲜卑，建立北魏王朝，虽然它没有统一全国，却为北方民族的发展创造了条件。唐朝以前，作为中原王朝的皇帝以及统治民族主要是汉族。唐朝在我国历史上是一个重大转折时期，它为少数民族的发展提供了契机。我国自秦汉以来，民族政策的特点是蕃汉对等，分界划疆，保卫汉地。唐朝则是“兼包蕃汉，一视同仁。”由过去的“贵中华贱夷狄”而为“爱之如一”。[①] 这种民族平等的思想直接影响到以后的各王朝。秦汉以来在地方建制方面，主要是郡县制与分封朝贡制并存，唐王朝仿汉武帝建郡县，结合少数民族的特点，在少数民族地区建府州。唐修《南史》《北史》，承认南北朝同为中原王朝，为今后北方民族的发展创造了更为广阔的空间。从辽、宋时期开始，北方民族的历史进入一个新时期，北方民族政权由过去的地方政权发展为南北朝，并由此开始逐步统一全国。过去是北方民族政权臣属于中原王朝，此时北宋、南宋已向辽、金、西夏王朝或称臣，或纳贡。辽、金、西夏王朝取得受贡者的地位。过去在中原建立的政权主要为汉族，而今则是以北方民族为主，进驻中原，建立地方政权或全国政权。辽、西夏王朝的建立、发展，以及化干戈为玉帛的睦邻友好关系，对于当时中国北方社会的发展，农业文明的推进，农业技术在北方及西北地区的推广与普及，中原文化在北方、西北地区的传播，以及各民族之间的融合都起到了重要的作用。

---

① 司马光：《资治通鉴》卷198《唐纪》14，上海古籍出版社1995年版，第1333页。

卷二　典志

第一章

地理志

一 疆域、自然地理概貌与行政区划

1. 契丹的兴起与疆域的变迁

契丹的祖先居住在鲜卑之地的辽泽中，去榆关一千一百三十里，去幽州又七百一十四里。南控黄龙，北带潢水，冷陉屏右，辽河堑左。高原多榆树柳树，低湿的地方蒲苇茂盛。元魏时，有地数百里。至唐朝，契丹大贺氏蚕食扶余、室韦、奚等地，占地有二千余里。唐贞观三年，在其地设置玄州。又置松漠都督府，建契丹八部为州，各置刺史：达稽部为峭落州，纥便部为弹汗州，独活部为无逢州，芬问部为羽陵州，突便部为日连州，芮奚部为徒河州，坠斤部为万丹州，伏部为匹黎、赤山二州。以大贺氏窟哥为使，持节十州军事。到了五代时期，契丹开辟疆域东西三千里。遥辇氏改八部为旦利皆部、乙室活部、实活部、纳尾部、频没部、纳会鸡部、集解部、奚嗢部，下辖四十一县。每部设刺史，县置令。

辽建国后，太祖耶律阿保机在潢河岸边建皇都，太宗以皇都为上京，升幽州为南京，改南京为东京，圣宗建中京城，兴宗升云州为西京，于是有辽五京。又以征伐俘户建州襟要之地，地名多因旧居而命名；加以私奴设置头下州。辽有五京、六府、一百五十六州、二百零九个县，五十二个部族，六十个属国。

辽朝的疆域，“东至海，西至金山，暨于流沙，北至胪驹河，南至白沟，幅员万里”。[①] 其疆域北至克鲁伦河（今蒙古国境内）、鄂尔昆河（今鄂尔浑河）、色楞格河（今蒙古国境内）流域。东临黄海，南至河北中部及山西北部，西近阿尔泰山（今蒙古国西部）。

2. 自然地理概貌与行政区划

在辽朝的北部，为森林、平原与河流交错。生活着室韦、女真、渤海等少数民族，其生产方式以狩猎、捕鱼为主，兼营农业。

辽的南部地区，为农耕文明发达的幽燕地区，是辽的南京（今北京市）、西京（今山西大同市）之所在。这一地区，多为平原，也有山区、半山区。在这里生活的多为汉族、奚族等民族。其生产方式以农业为主，兼营畜牧，农业经济发达，商业繁荣，矿冶、陶瓷与纺织业也很发达。南京“锦绣组绮，惊绝天下”，是纺织业、手工业生产的中心地区。

辽的东部地区，有东京辽阳府，其境内多为平原，东邻海洋。这个地区以农业为主，矿冶业、纺织业也很发达，是辽朝重要的产粮区。

辽的西部地区，草原、沙漠交错纵横。这里是辽朝主体民族契丹族的发祥地与居住地，是辽上京（今内蒙古自治区林东镇东南）、中京（今内蒙古自治区宁城县西大明城）的所在地。主要生产方式为畜牧业、渔猎业兼营农业。

二 上京道及其所属府州县

辽朝在地方建制上，设道、京、府、州、县各级组织。设五道：上京道、东京道、南京道、中京道、西京道。设五京，即上京、东京、南京、中京、西京。

上京临潢府。神册三年，太祖耶律阿保机建城为皇都。天显十三年，更名上京，称为临潢府。

上京，负山抱海，天险足以为固。地沃宜耕植，水草便畜牧。太祖天显元年，平定渤海归来，命人画蓝图，建宫室。建开皇、安德、五鸾三大殿。殿中有历代帝王御容，每月朔望、节辰、忌日，在京文武百官

① （元）脱脱等：《辽史》卷37《地理志》，中华书局1974年版，第437页。

前往致祭。又在内城东南隅建天雄寺，安放烈考宣简皇帝遗像。当年太祖去世，应天皇后在义节寺自断手腕，放于太祖陵内。在寺中建断腕楼，竖碑记其事迹。太宗援立后晋，派遣宰相冯道、刘昫等持节，具卤簿、法服至此，上太宗及应天皇太后尊号。太宗诏蕃部依照汉制，到开皇殿，开承天门受礼，改皇都为上京。

上京城高二丈，不设敌楼，幅员二十七里。其城门，东门为迎春，雁儿；南门为顺阳，南福；西门为金凤，西雁儿。其北为皇城，高三丈，有楼橹。设四门，东门为安东，南门为大顺，西门为乾德，北门为拱辰。中有大内。内南门为承天，有楼阁；东门为东华，西为西华。此为通内出入之所。正南街东，为留守司衙，依次盐铁司，南门，龙寺街。南曰临潢府，其侧临潢县。县西南崇孝寺，承天皇后所建。寺西为长泰县，又西为天长观。西南国子监，监北孔子庙，庙东节义寺。又西北安国寺，太宗所建。寺东有齐天皇后故宅，宅东有元妃宅，为法天皇后所建。其南有贝圣尼寺，绫锦院、内省司、曲院，设赡国、省司二仓，都在大内西南，八作司与天雄寺相对。南城为汉城，南当横街，各有楼对峙，下列井肆。东门外北为潞县，又东南兴仁县。南门之东为回鹘营，回鹘商贩留居上京，置营居于此处。西南同文驿，是诸国信使居住之所。驿西南临潢驿，为招待夏国使的所在。驿西为福先寺。①

周广顺年间（951—953），胡峤入辽，曾经记载如下："上京，所谓西楼也。西楼有邑屋市肆，交易无钱而用布。有绫锦诸工作、宦者、翰林、伎术、教坊、角觝、秀才、僧尼、道士等。皆中国人。而并、汾、幽、蓟之人尤多。"②

上京道中，与契丹族历史传说相关的州县有以下几个州：

祖州，天成军。本辽右八（大）部世里没里地。是太祖及其祖先生活过的地方。太祖秋猎多于此，始置西楼。后因建城，号祖州。以高祖昭烈皇帝、曾祖庄敬皇帝、祖考简献皇帝、皇考宣简皇帝所生之地而命名。城高二丈，无敌棚，幅员九里。设四门，东门望京，南门

① （元）脱脱等：《辽史》卷37《地理志》，中华书局1974年版，第438页。
② （宋）叶隆礼：《契丹国志》卷25《胡峤陷北记》，上海古籍出版社1985年版，第238页。

大夏，西门液山，北门兴国。西北隅有内城。殿曰两明，奉安祖考御容；曰二仪，以白金铸太祖像；曰黑龙，曰清秘，各有太祖微时兵仗器物及服御皮毳之类，存之以示后嗣，使勿忘本。内南门曰兴圣，凡三门，上有楼阁，东西有角楼。东为州廨及诸官廨舍，绫锦院，班院祗候蕃、汉、渤海三百人，供给内府取索。东南横街，四隅有楼对峙，下连市肆。有祖山，山有太祖天皇帝庙，御靴尚存。太祖陵凿山为殿，曰明殿。殿南岭有膳堂，以备时祭。门曰黑龙。东偏有圣踪殿，立碑记述太祖游猎之事。殿东有楼，立碑纪太祖创业之功，都在州西五里。

怀州，奉陵军，为节度州。本唐归诚州。为辽太宗、穆宗陵寝所在地。太宗行帐在此放牧。天赞年间，太宗从太祖破扶余城，攻下龙泉府，把俘户筑寨安置于此地。会同中，掠燕、蓟所俘也安置此地。太宗崩，葬西山，称为怀陵。大同元年，世宗置州用以祭祀。当年，有十余骑，在祖州西五十里大山中打猎，看见太宗乘白马，独追白狐，射之，一发而毙；人忽然不见，只获狐与矢。当天，太宗崩于栾城。后在其地建庙，又在凤凰门绘太宗驰骑贯狐的画像。太宗之子穆宗被害，葬怀陵侧，建凤凰殿用以祭祀。建有清凉殿，为行幸避暑之所。

庆州，玄宁军，节度州。为圣宗、兴宗、道宗陵寝所在地。在太保山黑河之地，岩谷险峻。穆宗建城，称为黑河州，每岁来幸，穆宗射虎障鹰，军国之事多委大臣，后来在此地被害。因地苦寒，统和八年，州废。圣宗秋畋，爱其山谷奇秀，建为庆州。圣宗殁，葬山下。在州二百里，有庆云山，本黑岭。圣宗驻跸，爱羡曰："我万岁后，当葬此处。"兴宗遵遗命，建永庆陵。有望仙殿、御容殿。设置蕃、汉守陵三千户，隶属于大内都总管司。①

永州，是契丹始祖奇首可汗与皇后相遇之地。为承天皇太后所建。太祖于此置南楼。东潢河，南土河，二水合流，故号永州。皇帝冬月牙帐多驻此，称为冬捺钵。有木叶山，上建契丹始祖庙，奇首可汗在南庙，可敦（皇后）在北庙，绘塑二圣并八子神像。相传有神人乘白马，自马

① （元）脱脱等：《辽史》卷37《地理志》，中华书局1974年版，第443—444页。

盂山浮土河而东，有天女驾青牛车由平地松林泛潢河而下。至木叶山，二水合流，相遇为配偶，生八子。其后族属渐盛，分为八部。每行军及春秋时祭，必用白马青牛，以示不忘本。兴王寺，有白衣观音像。太宗援石晋，自潞州回，入幽州，幸大悲阁，指此像曰："我梦神人令送石郎为中国帝，即此也。"因此把观音像移到木叶山，建庙，春秋祭祀，尊为家神。每兴军必告之，乃合符传箭于诸部。

现据《辽史·地理志》，作辽朝五道的京府州县表（见卷五表1）。

《辽史·地理志》记载，上京道有"军、府、州、城二十五，统县十"。与实际不符。据本书卷五表1统计，上京道1府、32州、5城、30县。

从表1可以看出，上京临潢府大致可以分为四类州县：

第一类为普通州县，这类州，多为县级州，州下不记载民户（除龙化州、庆州外）。

第二类为隶属于帝、后各宫斡鲁朵的州县。

第三类为边防州城，只设州城而不设县。

第四类为头下军州。

关于头下军州，《辽史》卷37《地理志》记载如下："头下军州，皆诸王、外戚、大臣及诸部从征俘掠，或置生口，各团集建州县以居之。横帐诸王、国舅、公主许创立州城，其余不得建城郭。朝廷赐州县额。其节度使朝廷命之。刺史以下皆以本主部曲充焉。官位九品之下及井邑商贾之家，征税各归头下；唯酒税课纳上京盐铁司。"

头下军州是在中原州县制影响下以俘户为主建立的州县。头下军州实际是中原南面州县制与北面契丹部族制结合在一起而形成的一种制度。由朝廷派节度使进行管辖。刺史以下由本头下主任命其部曲担任。头下户输租给官府，纳课给其主人。

关于头下军州的具体数目，前人研究成果如下：田村实造认为有25州；冯永谦认为至少当有36座之多；刘浦江认为有42个①。而余蔚认为有44个。

---

① 刘浦江：《中国史研究》2000年第4期。

《辽史·地理志》所载：徽、睦（成）、懿、渭、豪、原、福（属萧排押）、横、风、遂、丰（属耶律阿没里）、顺、闾、松山、豫、宁、贵德、双、白川、榆、宗、乌；

《亡辽录》与《契丹国志》所载：卫、全、骥、义、随、澄（以河西部落置）、昌、圆、荣、康、肃、茂、麓、和、黑河、荆、攘；

《金史·地理志》所载：抚；

《武经总要》所载：穆、晖、禄；

胡峤《陷虏记》所载：福（属萧翰）。[①]

总结前人共同的看法，即辽代曾经存在的头下军州，远远超出今日学者已知数目。这些头下军州置、废于何时，有多少存至辽末，仍需进行深入探讨。

三 东京道及其所属京府州县

东京辽阳府，唐高宗平高丽，于此置安东都护府，后为渤海大氏所有。太祖建国，天显元年二月攻渤海，拔忽汗城，俘其王大諲譔，立东丹国，以太子耶律倍为人皇王，主持东丹国。太祖神册四年，修建辽阳故城，把渤海、汉户迁徙到东平郡，为防御州。太宗天显三年，迁东丹国民到此居住，把东平郡升为南京。

东京城名为天福城，高三丈，有楼橹，幅员三十里。八门：东门为迎阳，东南门为韶阳，南门为龙原，西南门为显德，西门为大顺，西北门为大辽，北门为怀远，东北门为安远。宫城在东北隅，高三丈，设敌楼，南为三门，壮以楼观，四隅有角楼，相去各二里。宫墙北有让国皇帝（耶律倍）御容殿。大内建二殿，不置宫嫔，唯以内省使副、判官守之。《大东丹国新建南京碑铭》在宫门之南。外城称为汉城，分南北市，中为看楼；晨集南市，夕集北市。街西依次为德寺；大悲寺；驸马寺，铁幡竿在焉；赵头陀寺；留守衙；户部司；军巡院。有归化营军千余人，河、朔亡命之人，都集中于此。东至北乌鲁虎克四百里，南至海边铁山

① 余蔚：《辽代州制研究》，见《历史地理》2010年第24辑。

八百六十里，西至望平县海口三百六十里，北至挹娄县、范河二百七十里。东、西、南三面临海。辽河出东北山口为范河，西南流为大口，入于海；东梁河自东向西流，与浑河合为小口，会辽河入于海，又名太子河，亦曰大梁水；浑河在东梁、范河之间；沙河出东南山西北流，经盖州入于海。太宗天显十三年，改南京为东京，府曰辽阳。

《辽史·地理志》记载，东京道有“州、府、军城八十七。统县九”，与实际不符。据本书卷五表2统计，东京道有州78，府7，城2，县78，府1。共计165个府、州、城、县。

从表中可以看出，东京道的各府州县大致划分为以下几类：

第一类为保留的原来渤海国所置州县，如仙乡县、鹤野县、析木县、兴辽县等。兴辽县：“渤海王大仁秀南定新罗，北略诸部，开置郡邑，遂定今名，户一千。”① 其中有的州县名有所更改。如鹤野县，渤海国时为鸡山县；仙乡县，渤海国为永丰县；辽阳县，渤海国为常乐县等。也有的沿用原州县名，如盈州、铜州、束州等。

第二类为渤海国所置州县，被辽朝废弃，后又复置的州县。如开州：“渤海为东京龙原府……太祖平渤海，徙其民于大部落，城遂废。圣宗伐高丽还，周览城基，复加完。开泰三年，迁双、韩二州千余户实之。”“开远县，本栅城地，高丽为龙原县，渤海因之。辽初废。圣宗东讨，复置以军额，民户一千。”② 辽朝复置的州，下辖的县，大多废置，而独设州。例如穆州，本渤海会农郡，故县四：会农、水歧、顺化、美县，皆废。贺州，本渤海吉理郡，故县四：洪贺、送城、吉理、石山，皆废。

第三类为没有标明设置的时间、废置状况、具体人数的州县。例如渤海州、源州、率州、荷州、清安县等。在《辽史·地理志》中只把州县名称列出。表2中也列出州县名称。这类州县有可能是漏记州县内的民户。可以从《金史·地理志》中记载的州县找到其沿袭的踪迹。例如率宾府，金朝为恤品路。《金史·地理志》：“辽时为率宾府，置刺史。”

---

① （元）脱脱等：《辽史》卷38《地理志》，中华书局1974年版，第455页。

② 同上书，第457页。

析木县，“辽铜州，广利军附郭析木县也”。肃州，金朝为清安县。[①] 祥州，《辽史》卷27《天祚帝纪》：“天庆四年十二月，咸、宾、祥三州及铁俪兀惹皆叛入女真。”宁江州，《金史》卷二《太祖本纪》：“九月，太祖进军宁江州。”可知，《辽史·地理志》中没有标明废置时间和人数的州县，也是辽朝所设的州县，并有民户居住。据此，我们认为没有标明州县设置的时间、废置状况以及具体人数的州县，也应视作正常的州县，而不应视作已废州县。

第四类为隶属于头下军州，后来没入朝廷的州县。如：

宗州，耶律隆运以所俘汉民置。圣宗立为州，隶文忠王府。王薨，属提辖司。

贵德州，太宗时察割以所俘汉民置。后以弑逆诛，没入焉。圣宗建贵德军，后更名。隶崇德宫，兵事属东京都部署司。

遂州，采访使耶律颇德以部下汉民置。穆宗时，颇德嗣绝，没入焉。隶延昌宫。

双州，沤里僧王从太宗南征，以俘镇、定二州之民建城置州。察割弑逆诛，没入焉。故隶延昌宫，后属崇德宫，兵事隶北女真兵马司。

懿州，太平三年越国公主以媵臣户置。初曰庆懿军，更曰广顺军，隶上京。清宁七年宣懿皇后进入，改今名。

第五类为隶属于帝、后斡鲁朵的州县。

显州，世宗置，以奉显陵。隶长宁、积庆二宫，兵事属东京都部署司。统三县：奉先县，世宗析辽东长乐县民以为陵户，隶长宁宫；山东县，穆宗割渤海永丰县民为陵户，隶积庆宫；归义县，初置显州，渤海民自来助役，世宗嘉悯，因籍其人户置县，隶长宁宫。

辽西州，世宗置州，隶长宁宫，属显州。

康州，世宗迁渤海率宾府人户置，属显州。初隶长宁宫，后属积庆宫。

乾州，圣宗统和三年置，以奉景宗乾陵。隶崇德宫，兵事属东京都部署司。

---

① （元）脱脱等：《辽史》卷37《地理志》，中华书局1974年版，第437页。

沈州，太宗置兴辽军，后更名。初隶永兴宫，后属敦睦宫，兵事隶东京都部署司。

岩州，太宗拨属沈州。初隶长宁宫，后属敦睦宫。

辽州，太祖改为州，军曰东平，太宗更为始平军。隶长宁宫，兵事属北女真兵马司。

祺州，太祖以檀州俘于此建檀州，后更名。隶弘义宫，兵事属北女真兵马司。

韩州，太宗置三河、榆河二州。圣宗并二州置。隶延昌宫，兵事属北女真兵马司。

银州，富国军，下，刺史。太祖以银冶更名。隶弘义宫，兵事属北女真兵马司。

同州，太祖置州，军曰镇东，后更名。隶彰愍宫，兵事属北女真兵马司。

第六类为沿袭高丽时所置的州县。如定州、定东县、保州、来远城等。

四 中京道及其所属府州县

中京大定府，在今内蒙古昭乌达盟宁城县西南大明城。唐太宗伐高丽，驻跸于此。部帅苏支从征有功，奚长可度率众内附，唐为置饶乐都督府。唐咸通以后，契丹始大，奚族不敢复抗。太祖建国，举族臣属。圣宗尝过七金山土河之滨，南望云气，有郛郭楼阙之状，因此而议建都。在燕、蓟选良工建造，郛郭、宫掖、楼阁、府库、市肆、廊庑，都是仿照汉地都城规模建造的。统和二十四年，五帐院进故奚王牙帐地。二十五年建成中京城，实以汉户。

中京皇城中有祖庙，景宗、承天皇后御容殿。城池湫湿，多凿井排泄，人以为便。大同驿以待宋使，朝天馆待新罗使，来宾馆待夏使。有七金山、马盂山、双山、松山、土河。

据《宋抟等使辽行程录》记载：契丹所居曰中京，在幽州东北，城垒卑小，鲜居人，夹道多蔽以墙垣。宫中有武功殿，国主居之；文化殿，国母居之。又有东掖门、西掖门。

宋王曾《上契丹事》曰：中京大定府。城垣卑小，方圆才四里许。门但重屋，无筑之制。南门曰朱夏，门内通步廊，多坊门。又有市楼四：曰天方、大衢、通、望阙。次至大同馆。其门正北曰阳德、阊阖。城内西南隅岗上有寺。城南有园圃，宴射之所。

兴中府。本霸州彰武军，设为节度。为古孤竹国。汉柳城县地。慕容皝乃筑龙城，建筑宫庙。号曰和龙宫。元魏取为辽西郡，隋炀帝废州置柳城郡。唐武德初，改营州总管府，寻为都督府。唐开元八年西徙渔阳，十年还柳城，后为奚所据。辽太祖命韩知方完葺柳城，号霸州彰武军，设节度。重熙十年升兴中府。有大、小华山、香高山、麝香崖、小灵河、神射泉等。

《辽史·地理志》记载，中京道有“州十，县九”。与实际记载不符。

从本书卷五表3可以看出，中京道共有府州县66个，其中只有2个有户数记载，“高州三韩县户五千”，“惠州民数百户”。[①] 中京道其他没有户数记载的州县共有64个。但是，据《辽史·地理志》上京道记载，“松山州有户五百”；闾州，“罗古王牧地，近医巫闾山，户一千”。[②] 中京道的闾山县，“开泰二年以罗家军置，隶中京”，闾州与闾山县应为一地，户数为一千。还可以参考《金史》卷24《地理志》北京路（原辽代中京道）的户数，金中期北京路有府州县43个，共有民户31.252万户。

中京道下辖京府州县分为以下四类。

第一，设置二府：中京大定府、兴中府。

第二，设置隶属于斡鲁朵的州县11个：恩州、阜俗县、滦河县、黔州、宜州、锦州、俨州、川州、速州、来州、隰州。

第三，设置两个头下军州：榆州、成州。

第四，其余为普通州县。

① （元）脱脱等：《辽史》卷39《地理志》，中华书局1974年版，第481页。

② 同上。

五　南京道及其所属府州县

南京析津府本古冀州之地。汉为燕国，隋为幽州总管。唐置大都督府，改范阳节度使。自唐而晋，晋高祖以辽有援立之劳，割幽州等十六州以献。辽太宗升为南京，又曰燕京。

南京城方三十六里，高三丈，宽一丈五尺。设有敌楼、战橹。有八门：东为安东门、迎春门，南为开阳门、丹凤门，西为显西门、清晋门，北为通天门、拱辰门。大内在西南隅。皇城内有景宗、圣宗二御容殿，东为宣和，南为大内。内门为宣教门，后改元和门；外三门为南端、左掖、右掖。左掖改万春门，右掖改千秋门。门有楼阁，球场在其南，东为永平馆。皇城西门曰显西，设而不开；北曰子北门。西城巅有凉殿，东北隅有燕角楼。坊市、廨舍、寺观，盖不胜书。城外，有居庸、松亭、榆林之关，古北之口，有桑乾河、高梁河、石子河、大安山、燕山，中有瑶屿。

《契丹国志·五京本末》记载：南京本幽州地，乃古冀州之域。自晋割弃，建为南京，又为燕京析津府，户口三十万。大内壮丽，城北有市，陆海百货，聚于其中；僧居佛寺，冠于北方。锦绣组绮，精绝天下。膏腴蔬蓏、果实、稻粱之类，靡不毕出，而桑、柘、麻、麦、羊、豕、雉、兔，不问可知。水甘土厚，人多技艺，秀者学读书，次则习骑射，耐劳苦。石晋未割弃以前，其中番汉杂斗，胜负不相当；既筑城后，远望数十里间，宛然如带，回环缭绕，形势雄杰，真用武之国也。

《辽史·地理志》记载，南京道有“州六，县十一”。与实际记载不符。据本书卷五表5统计，南京道有1府、9州、31县，24万5千户。滦、平、营州无户数记载，若以每州的平均数8千户计算，这3州共计2.4万户，南京道共计27万户。这与《契丹国志》卷22《州县载记》所记“燕京析津府，户口三十万”大致相当。

南京道所属府州县设置，沿袭古冀州，商周以来的地方建制。

南京道所属京府州县，大多为原住民，以汉户为主，多为隶属于朝廷的普通州县。仅见行唐县、郭阴县隶属于帝、后斡鲁朵，“国主、皇族、群臣各有分地”。

六 西京道及其所属府州县

西京大同府，为陶唐冀州之域。虞分并州。夏复属冀州。战国始置云中郡。唐开元十八年置云州。后唐庄宗同光三年，以云州为大同军节度使。晋高祖代唐，以契丹有援立功，割山前、代北地为赂，大同来属，兴宗重熙十三年（1044）升云州为西京，府曰大同。

西京大同府仿照长安的规制而建。设有敌楼、棚橹。广袤二十里。设有四门，东为迎春门，南为朝阳门，西为定西门，北为拱极门。元魏宫垣占城的北面，双阙尚在。辽建都后，将其“用为重地，非亲王不得主之”。清宁八年建华严寺，奉安诸帝石像、铜像。又有天王寺、留守司衙。南为西省。北门之东为大同府，北门之西为大同驿。由于西京位于西南部要冲，兴宗重熙十三年升为西京，府曰大同。①

据《辽史·地理志》记载，西京道有：“州二，县七”。与实际记载不符。据卷5表5统计，西京道有1府、2军、15州、35县。

西京道京府州县可分为以下几类：

一是秦汉、唐五代时期郡县的沿袭，如丰州，秦为上郡北境，汉属五原郡，隋、唐为丰州。辽朝复为州。

二是辽朝新设置的州县。如大同县，辽重熙十七年西夏犯边，析云中县置。金肃州，重熙十二年伐西夏置。割燕民三百户，防秋军一千实之。

三是隶属于斡鲁朵的州县。如望云县，直隶彰愍宫。

---

① （元）脱脱等：《辽史》卷41《地理志》，中华书局1974年版，第510、515页。

第二章

职官志

辽朝的官制分为北、南面官制。北面官制是以契丹游牧民族为治理对象而设立的制度。在北面官制中，包括契丹本族原有的官职，还有源于契丹沿袭唐朝以来的中原王朝的官职，以及建国后又吸收一部分中原王朝的官职。南面官制是以燕云十六州、辽五京所居汉人为治理对象，基本上沿袭中原政权（唐、五代）的官制。地方上实行府、州、县制和契丹部族制。

一　中央北南面官制

（一）北面官制

辽朝的北面官制，分为如下几类。

1. 北面朝官

主管军政的机构为北、南枢密院，也称契丹、汉人枢密院、

北枢密院：北枢密院“掌兵机、武铨、群牧之政，凡契丹军马皆属焉。以其牙帐居大内帐殿之北，故名北院”。[①] 北枢密院因掌兵机、武铨、群牧之政，因此有军政关决权。《金史》卷75《左企弓传》：“辽故事，军政皆关决北枢密院，然后奏御。”而在辽中央北南面官制中，只设契丹（北）枢密院、汉人（南）枢密院，而无《辽史·百官志》中所列的

---

① （元）脱脱等：《辽史》卷45《百官志一》，中华书局1974年版，第686页。

"契丹南枢密院"。据《辽史》卷81《萧孝忠传》："国制，以契丹、汉人分北、南院枢密治之，孝忠奏曰：'一国二枢密，风俗所以不同。若并为一，天下幸甚。'事未及行，薨……"可证实辽朝只存在两个枢密院。

北、南宰相府：北、南宰相府与北、南枢密院同为皇帝的辅佐机关，其职掌："北宰相府。掌佐理军国之大政，皇族四帐世预其选。"[①]"南宰相府。掌佐理军国之大政，国舅五帐世预其选。"[②]但据《辽史》中的各传记载，北府宰相多由萧氏（后族）担任，南府宰相多由皇族担任。[③]

北、南大王院。北、南大王院初为迭剌部夷离堇，太祖分迭剌部为北、南院。太宗会同元年改夷离堇为大王。其职责为"分掌部族军民之政"。[④]均赋役、劝耕稼，并承担行宫斡鲁朵的马匹、衣物等用品的贡赋。

南大王院与北大王院的职掌与组织机构基本相同。

宣徽北、南院：为太宗会同元年设置，掌北院，南院御前祗应之事，[⑤]是谓"宣徽视工部"。[⑥]

夷离毕院：执掌刑狱，是谓"夷离毕视刑部"。[⑦]

大林牙院：掌文翰之事，设都林牙、林牙承旨等官。

敌烈麻都司：掌礼仪，"敌烈麻都视礼部"。[⑧]

北面御帐、诸帐官是由于辽的四时捺钵习俗而来。"辽之先世，未有城郭、沟池、宫室之固，毡车为营，硬寨为宫，御帐之官不得不谨。"[⑨]其内部机构有侍卫司、近侍局、北南护卫府、奉宸司、三班院、宿卫司、禁卫局、宿直司、硬寨司等机构。北面诸帐官设遥辇大常衮司、大国舅司、渤海帐司、奚王府、乙室王府等机构。

---

① （元）脱脱等：《辽史》卷45《百官志一》，中华书局1974年版，第690页。

② 同上。

③ （元）脱脱等：《辽史》卷2《太祖纪下》，第18页："（天赞元年）冬十月甲子，以萧霞的为北府宰相。"同上，第16页："（神册）六年春六月丙午，以皇弟苏为南府宰相"。又：《辽史》卷67《外戚传》，第1027页："世宗以舅氏塔列葛为国舅别部。三族世预北宰相之选。"

④ （元）脱脱等：《辽史》卷45《百官志一》，中华书局1974年版，第690页。

⑤ 同上书，第693页。

⑥ 同上书，第686页。

⑦ 同上。

⑧ 同上。

⑨ 同上书，第697页。

2. 北面宫官

辽朝建诸宫斡鲁朵，其蕃汉户，统以北面宫官。其机构为：诸行宫都部署院，总契丹汉人诸行宫之事；契丹行宫都部署司，总行在行军诸斡鲁朵之政令；行宫诸部署司，掌行在诸宫之政令；某宫都部署司，掌本宫契丹军民之事；某宫提辖司等。

（二）南面官制

辽设南面官制，“治汉人州县、租赋、军马之事”。[①]《辽史·百官制》说：辽“既得燕、代十有六州，乃用唐制，复设南面三省、六部、台、院、寺、监、诸卫、东宫之官。诚有志帝王之盛制，亦以招徕中国之人也”。[②] 南面官的官吏任用，主要是汉人，也有契丹人。南面官是兼采唐宋官制而逐渐增置、完善起来的。

三师府：下设太师、太傅、太保。三公府：下设太尉、司徒、司空。三公与三师为荣誉称号，属虚职。

汉人枢密院，掌汉人兵马之政。由辽太祖时的汉儿司演变而来。设枢密使、副使，知枢密使事，知枢密院事等。

中书省：太祖时置官，设有中书令、大丞相、知中书省事等职。

门下省：设侍中、常侍、散骑常侍、给事中、门下侍郎。

东上閤门司，设东上閤门使、副使。

西上閤门司，设西上閤门使、副使。

通进司，设左、右通进。

登闻鼓院，设登闻鼓使。

尚书省：太祖时初设，置左、右尚书。其职官有尚书令，左、右仆射，左、右丞，左、右司郎中，左、右司员外郎。

吏部，设吏部尚书、令史、主事、郎中。

户部，设户部使、户部判官。

礼部，设礼部尚书、礼部郎中、礼部贡举。

① （元）脱脱等：《辽史》卷45《百官志一》，中华书局1974年版，第685页。

② （元）脱脱等：《辽史》卷47《百官志三》，中华书局1974年版，第772页。

兵部，设兵部尚书、兵部侍郎。

工部，设工部尚书、工部侍郎。

刑部，设刑部尚书、刑部侍郎。

御史台。太宗会同元年（938）置。设御史大夫、御史中丞等。掌纠察百官。

翰林院：掌天子文翰之事。设翰林都林牙、翰林学士承旨、翰林学士、翰林祭酒等职。

国史院：掌修国史。设监修国史、史馆学士、史馆修撰、修国史。

宣徽院：掌御前祗应之事。此外，还设有宣政殿、观书殿、昭文馆、崇文馆、乾文馆等。

二　因俗而治的地方行政管理机构

（一）部族制

建国后的部族组织经过两次改编，第一次为辽太祖时期，把契丹旧部族改编为二十部；第二次为辽圣宗时期，把契丹原有部族改编为十六部，增置十八部，共计三十四部。[①] 辽圣宗把各部首领由设夷离堇（大王）而改设节度使进行管理。节度使分别隶属东京都部属司，黄龙府都部属司，西南、西北招讨司，乌古敌烈统军司，东北路统军司等。可知，部族的节度使以军事职责为主。

太祖时期把皇族与后族列为辽内四部族：遥辇九帐族，横帐三父房族，国舅帐拔里，乙室已族。其中的横帐三父房族，为辽部族的核心，是皇族御帐。辽太祖二十部，实际上只有十八部，因二国舅别部升帐分，不在此列。

太祖十八部为：五院部、六院部、品部、乌隈部、涅剌部、突吕不部、奚王府六部五帐、突吕不室韦部、涅剌拿古部、乌古涅剌部、图鲁部，以上十一部隶属北府管辖；乙室部、楮特部、突举部、迭剌迭达部、

① （元）脱脱等：《辽史》卷33《营卫志下》，中华书局1974年版，第384、388页。

乙室奥隈部、褚特奥隈部、品达鲁骨部，以上七部隶属南府管辖。

契丹部族组织经过太祖、太宗、世宗、穆宗、景宗时期近百年的发展，有了很大的变化。辽朝对周邻各族的征服战争，使大量的降俘人口涌入部族内。为适应社会的发展，辽圣宗对部族组织进行了改编，一方面以旧部设置十六部，另增加十八部。

圣宗时期增置的十八部，多为俘降的北方各民族人户，如女真、乌古、敌烈、唐古、鼻古德、五国部等。圣宗把上述各族人户置为部，分隶北、南府，节度使属各路统军司、招讨司。这十八部分成各地。

辽代部族制度，以契丹部族为其中心，逐步外延到降俘的人户之中，再外延到边境少数民族之中，处于部族制外圈的边境少数民族，虽然编入部族之中，他们仍保持原有的社会生产方式与生活方式不变，对朝廷只履行出兵、贡赋的义务。

各部下设石烈或弥里。石烈，契丹语为乡之意；弥里为小乡之意。石烈是契丹部族的基层组织，每石烈少则几十户、多则几百户，甚至上千户，由数个石烈组成为部。小乡之抹里，石烈，都设有官员进行管理。石烈官长为辛衮、牙书。抹里的官长为闸撒狘。①

无论是中央还是地方的部族官员，都由朝廷来任命。说明在辽中央集权统辖下，辽代部族制度管理相对严密。

（二）少数民族的属部、属国制

1. 属部

辽朝廷对境内女真、室韦、奚族等北方各少数民族实行部族制，部族内设置夷离堇、节度使等官职，大多由本部人担任。统和七年，“以女真活骨德为本部相”。② 开泰元年，“长白山三十部女真酋长来贡，乞授爵职”。③ 直到辽朝末年，生女真的节度使仍由本族人担任。阿骨打就是袭任其兄乌雅束之职而担任女真部族节度使的。也有的部族内派契丹人前

① （元）脱脱：《辽史》卷116《国语解》，中华书局1974年版，第1538页。

② （元）脱脱：《辽史》卷10《圣宗纪》，中华书局1974年版，第113页。

③ （元）脱脱：《辽史》卷15《圣宗纪》，中华书局1974年版，第170页。

去担任官职，与本族人一同管理部族。圣宗时期，“划离部请以后详稳止从本部选授为宜”。圣宗回绝了这个请求：“诸部惟在得人，乞得是以所部为限。”①

2. 属国

《辽史·属国表》卷首记载：“辽居松漠，最为强盛。天命有归，建国改元，号令法度，皆尊汉制。命将出师，臣服诸国，人民皆入版籍，贡赋悉输内帑。”辽属国可纪者五十有九，朝贡无常。有事则遣使征兵，或下诏专征；不从者讨之。助军众寡，各从其便，无常额。② 辽朝把高丽等族作为其属国而载入史书之中。所谓属国即依附于契丹的国家，处于羁縻状态。属国与属部不是固定不变的。有些属国、属部叛服不常，已归附者，有时叛而离去；未归附者，经征服亦可归顺。高丽与辽经过或战或和的多次摩擦，最终在圣宗统和年间，确立了藩属国关系。其他属国还有回鹘、乌古里、波斯国、大食国、新罗国、突厥、铁离、阻卜、吐浑、女真国等。

（三）道、京、府、州县制

辽朝采取“因俗而治”的方针，在地方建制上实行道、京、府、州县制。③

辽代的地方行政区划，是以五京为中心，分全国为五道，即上京道、中京道、东京道、南京道、西京道。五道“总京五，府六，州、军、城百五十有六，县二百有九，部族五十有二，属国六十”。④ 辽在五京设留守司与其他诸司。如设上京盐铁使司、东京户部使司、中京度支使司、南京三司使司、南京转运使司、西京计司。另设长春路钱帛司、辽西路钱帛司、平州路钱帛司。又在山西路、奉圣州、蔚州、应州、朔州、保

① （元）脱脱：《辽史》卷10，中华书局1974年版，第435页。

② （元）脱脱：《辽史》卷36《兵卫志》，中华书局1974年版，第429页。

③ （元）脱脱：《辽史》卷45《百官志一》，中华书局1974年版，第685页。

④ （元）脱脱：《辽史》卷37《地理志》，中华书局1974年版，第438页。关于属国的数目，《辽史》卷36《兵卫志》，第429页称辽属国“五十有九”，与《辽史》《地理志》所记“属国六十”，稍有差异。

州、西山等设置转运司。

州县制下，州设刺史，同知州事；县设县令、县丞、县主簿和县尉。其他地区，也基本沿袭中原汉制，设州置县。

（四）头下军州

头下军州是辽代特有的一种制度。契丹贵族把俘获的战俘或私奴，团集起来建置州县，进行管理。《辽史・地理志》中说："皆诸王、外戚、大臣及诸部从征俘掠，或置生口，各团集建州县以居之。横帐诸王、国舅、公主许创立州城，自余不得建城郭。"又说："其节度使朝廷命之。刺史以下皆以本主部曲充焉。官位九品之下及井邑商贾之家，征税各归头下；唯酒税课纳上京盐铁司。"即头下军州在军政管辖方面，由朝廷任命节度使掌握，在行政管理方面，由头下主自行任官管理。在经济方面，凡市井之赋，各归头下，唯酒税赴纳上京，归于朝廷。头下军州所属的头下户，是既属于朝廷又属于头下主的二税户，所受的剥削较一般平民为重。头下军州的建置可分为州、军、县、城、堡五种类型。主要依据各州的大小、人口的多少、地理位置等方面因素而设立相应的类型。辽朝的头下军州数目有多种说法（见本书 87 页）。辽圣宗以后，头下军州逐渐减少，这是由于战争减少，朝廷对私行俘获的人口进行限制，以及受中原农业文明的影响所致。

第三章

政治志

一　契丹族的部族制

辽代契丹族的部族制度，是建国前契丹部族制度的保留与发展，它不同于建国前的契丹部族制。在契丹古八部与隋十部时期，基本上是以血缘联系为其主要特征，部族制度及民族共同体尚未形成。在大贺氏部落联盟与遥辇氏部落联盟时期，古代部族制度已逐渐在契丹氏族社会内部生成与发展，并且已出现民族共同体的萌芽。建国后的契丹部族制度是以地缘联系为其主要特征，已形成统一的民族共同体。其统治方式也由氏族社会的部族制转变为国家直接统辖下的多民族汇聚的部族制。在辽中央集权制下，按照"因俗而治"的国策，对建国前契丹旧部族进行改造，使之成为辽中央政权直接领导下的地方行政机构。

（一）建国前契丹的部族组织

建国前契丹的部族组织，曾先后经历了两个历史阶段：古八部至隋十部时期，大贺氏与遥辇氏部落联盟时期。古八部至隋十部时期，为氏族部落时期，而大贺氏至遥辇氏部落联盟时期，为契丹部族制开始形成与巩固的时期，也是契丹民族共同体逐步形成的时期。

古八部与隋十部时期，契丹氏族部落的特征如下：

母权制已让位给父权制，但是仍旧以血缘关系为纽带。据《辽史·部族志》记载："契丹之先，曰奇首可汗，生八子。其后族属渐盛，分为八部。"[①] 这八部按照父系计算世系。每个孩子在其父亲的氏族注籍，女性自出嫁后，便丧失了原来的姓氏，连同她所生的子女均属男性氏族，这八部互为兄弟，属于同一血缘系统。

其社会组织的基本形态为"部落"。古八部时期为八个部落，隋十部时期则为十个部落。古八部的名称为：悉万丹部、何大何部、伏弗郁部、羽陵部、日连部、匹洁部、黎部、吐六于部。隋十部名称不详。各部落有"酋帅"，统领各部。

各部落分散行动，不相统属。元魏时八部各以名马文皮来贡，得以在和龙、密云之间互市。

在氏族部落时期，各部落无定居，迁徙不常，逐寒暑，随水草畜牧。

大贺氏部落联盟与遥辇氏部落联盟时期，为契丹部族制度初创与形成时期。部族是指氏族和部落之后，古代民族形成前的历史阶段，它是在血缘关系解体过程中产生的。部族形成的开始，是与部落联盟的形成及其逐渐巩固的时期相一致的。部落联盟的形成一般经过两个阶段：开始是由亲属部落之间暂时的、紧急的需要而结成的临时联盟，后来发展成为永久性的联盟。与此同时，其部族制度也逐渐形成与巩固。[②]

建国前契丹的部族制度有如下的特点：

契丹各部分地而居，血缘联系薄弱、地域性加强。大贺氏部落联盟时期，唐朝在契丹内地设置松漠都督府，以联盟头领窟哥为都督，八部各有所属之地：以达稽部为峭落州、纥便部为弹汗州、独活部为无逢州、芬问部为羽陵州、突便部为日连州、芮奚部为徒何州、坠斤部为万丹州。伏部，有州二，为匹黎州与赤山州。

制部族、分其氏。部是原来部落形式的继续和发展，族是新改编的以氏为主要内容的族。后来，由于战争的需要；出现了由一个最富有的家族把自己家族兄弟派到他部去代替原来的部长，以部为氏，乃分其氏。在遥辇氏部落联盟时期，阻午可汗"分营置部"，把军事上作战的组织，

---

① （元）脱脱等：《辽史》卷32《营卫志中》，中华书局1974年版，第378页。

② 武玉环：《契丹部落联盟与辽初政体》，《松辽学刊》2000年第1期。

改编为部族。这八部之中，只有乙室与迭剌、突吕不与突举、乌隈与涅剌等是互为兄弟的部落，至于其他几部，彼此之间就未必存在血缘关系了。

变民主公选制为世选制。契丹的部落联盟首领只限于在大贺氏、遥辇氏一族内当选，而一经获得世选联盟长的特权，就促进了部族中显贵家族的形成。

部族是以强大的部落为核心而建立起来的。辽建国前的契丹部族是以迭剌部和乙室部为其核心建立的。直至建国后，迭剌部和乙室部仍占了辽代部族中的四大部族之三（辽太祖分迭剌部为二：五院部与六院部）。这一时期，生产力有了显著的提高。涅里担任契丹遥辇氏部落联盟军事首长时，教民耕织，发展生产。《辽史·百官志》记载："始祖涅里究心农工之事。""自涅里教耕织，而后盐铁诸利日以滋殖。"

建国前的契丹部族内，已经有了用来约束与制裁部民犯罪行为的习惯法，有了牢狱。《辽史·太祖纪》记载："传至雅（涅）里，始立制度，置官署，刻木为契，穴地为牢。"

在契丹部族制度形成的同时，国家的各种因素已开始萌芽，契丹民族共同体也在逐步形成。

（二）建国后契丹部族组织的发展与变化

建国后，契丹部族组织发生了质的变化。它保留了建国前部族制的外壳与名称，但其内部，已发生深刻的变革。部族内的部民，已由原来隶属于部落联盟下的部民，转变为隶属于国家的属民。他们有共同的放牧之地，即所谓"二十部族水草之地"，[①] 有自己的畜群，有国家发放给他们的一定数量的耕地，他们每年向国家缴纳租税、俸羊等，还要承担国家的各种赋役如兵役、修城役等。国家派遣官员对部族进行管理，各部设夷离堇为各部的部长，太宗时，把夷离堇改为大王，又增设都监、司徒、闸撒狘、辛衮等官员，共同管理部族。部族中的首领，为国家派

① （元）脱脱等：《辽史》卷37《地理志一》，中华书局1974年版，第444页。

遣的官吏，各部的部民，成为国家的属民。[①]

建国后的部族组织经过两次改编，第一次为辽太祖时期，把契丹旧部族改编为二十部；第二次为辽圣宗时期，把契丹原有部族改编为十六部，增置十八部，共计三十四部。[②] 辽圣宗把各部首领由设夷离堇（大王）而改设节度使进行管理。节度使分别隶属东京都部属司，黄龙府都部属司、西南、西北招讨司，乌古敌烈统军司，东北路统军司等。可知，部族的节度使以军事职责为主。

太祖时期把皇族与后族列为辽内四部族：遥辇九帐族，横帐三父房族，国舅帐拔里，乙室已族。其中的横帐三父房族，为辽部族的核心，是皇族御帐。辽太祖二十部，实际上只有十八部，因二国舅别部升帐分，不在此列。

太祖十八部为：五院部、六院部、品部、乌隈部、涅剌部、突吕不部、奚王府六部五帐、突吕不室韦部、涅剌拿古部、乌古涅剌部、图鲁部，以上十一部隶属北府管辖；乙室部、褚特部、突举部、迭剌迭达部、乙室奥隈部、褚特奥隈部、品达鲁虢部，以上七部隶属南府管辖。

太祖时期的部族组织有如下特点：

第一，部族组织具有军政合一的特点。部族组织及其部民的首要职责为守卫边防。《辽史·营卫志》云："分镇边圉，谓之部族。有事则以攻战为务，闲暇则以佃渔为生。"各部的部民为国家的属民，承担着戍边与生产的双重任务，军政合一，亦兵亦农（牧），是契丹部族制的一个显著特点。

第二，各部族有固定的放牧之地与戍守之地，国家在各部地区实行分地，按地区进行管理。如五院部的戍守之地为南境，太宗会同二年，把五院部的瓯昆石烈迁到水草丰美的乌古之地，后来，又把海勒水的土地给瓯昆石烈，辟为农田。建国前与建国后的部族组织的一个重大区别就在于国家是"按地区划分它的国民"。[③] 建国后，国家按各部所居地区

① 武玉环：《辽代的部族制度初探》，《史学集刊》2000 年第 1 期。

② （元）脱脱等：《辽史》卷 33《营卫志下》，中华书局 1974 年版，第 384、388 页。

③ ［德］恩格斯：《家庭、私有制和国家的起源》，人民出版社 1972 年版。

进行管理。

第三，公共权力的设立。“这个特殊的公共权力之所以需要，是因为自从社会分裂为阶级以后，居民的自动的武装组织已经成为不可能了”。“构成这种权力的，不仅有武装的人，而且还有物质的附属物，如监狱和各种强制机关，这些东西都是以前的氏族社会所没有的。”① 部族中的部民，在部落联盟时期主动、自愿当兵，到建国后，征兵成为一种强制性的义务：“凡民年十五以上，五十以下隶兵籍。”② 在部族内，设有双重管理机构：管戍军的节度使、都监；管民事与生产的司徒。他们分管的任务不同，驻守之地与办公的地点也不同。节度使、都监多在镇戍之地统领契丹戍兵，司徒多在契丹部民所居之地统领“留后户”进行生产③。留后户，指妇孺老弱，留守在家从事生产的契丹部民。各部的管理官员由国家派遣，而不是如建国前，部民公选各部的头领。圣宗时期，“划离部人请今后详稳只于当部选授，上以诸部官长惟在得人，诏不允”。④

第四，部族组织的基层单位为石烈（弥里），由各石烈组成为部。石烈，契丹语为县之意，其长官为辛衮、牙书。每部内最少设二个石烈，也有的部内多达十几个石烈不等。

第五，在部族内，已掺杂进大量降俘的人口，这些降俘的人口有的为汉族，有的为渤海、女真、室韦、奚族。各民族杂居，促进了民族间的相互影响与相互融合。

辽圣宗时期，契丹部族组织经过太祖、太宗、世宗、穆宗、景宗时期近百年的发展，有了很大的变化。辽朝对周邻各族的征服战争，使大量的降俘人口涌入到部族内。为适应社会的发展，辽圣宗对部族组织进行了改编，一方面以旧部设置十六部，另增加十八部。圣宗以原有的旧部族设置十六部，又分为三种情况：

一是以太祖时期所设的宫分户，各置为部。“太祖伐奚，乞降，愿为著帐子弟，籍于宫分，皆设夷离堇。圣宗各置为部，改设节度使，皆隶

---

① ［德］恩格斯：《家庭、私有制和国家的起源》，人民出版社 1972 年版。
② （元）脱脱等：《辽史》卷 34《兵卫志上》，中华书局 1974 年版，第 397 页。
③ （元）脱脱等：《辽史》卷 33《营卫志下》，中华书局 1974 年版，第 385 页。
④ （元）脱脱等：《辽史》卷 69《部族表》，中华书局 1974 年版，第 1091 页。

南府。”[1] 有窈爪部、稍瓦部等。

二是析置原八部的部分民众，重新组部。最初，从八部中各抽二十户以成奚，侦候落马河及速鲁河侧，置二十详稳（辛衮音译），圣宗因户口蕃息，置特里特勉部，设节度使管辖，隶南府。

三是把原隶属辽朝的北方少数民族室韦等族置部，分隶北、南府。

圣宗时期增置的十八部，多为俘降的北方各民族人户，如女真、乌古、敌烈、唐古、鼻古德、五国部等。圣宗把上述各族人户置为部，分隶北、南府，节度使属各路统军司、招讨司。这十八部分成各地。

辽圣宗改编后，辽代部族组织的特点如下：

第一，在原有的部族组织内，增加了大量少数民族的降俘人户，为契丹部族组织增添了新鲜血液，扩大了部族组织的范围与民族成分，促进了民族融合。

第二，析置诸斡鲁朵户，使其部民由隶属诸宫改隶国家，使农奴制因素逐步得到控制，推进辽朝封建化更加深入。

第三，辽代部族制度，以契丹部族为其中心，逐步外延到降俘的人户之中，再外延到边境少数民族之中，处于部族制外圈的边境少数民族，虽然编入部族之中，但是，仍保留原来的社会形态不变。例如五国部，圣宗时来附，命他们仍居本土，以镇东北境，属黄龙府都部署司，他们仍保持原有的社会生产方式与生活方式不变，对朝廷只履行出兵、贡赋的义务。

（三）部族组织的管理机构

辽代部族组织的管理机构[2]，分为中央与地方两级管理机构。辽中央管理机构，为北、南宰相府，辽代各部族分隶北、南宰相府管辖。太祖时期的辽部族，隶北府的有十一部，隶南府的有七部。圣宗时期的辽部族，隶北府的有二十六部，隶南府的有八部。在辽中央还设四大王府，

---

① （元）脱脱等：《辽史》卷33《营卫志下》，中华书局1974年版，第388页。

② ［日］岛田正郎：《辽代的部族制度》，何天明译，《蒙古学信息》2001年第2期。文中认为：部族的最高行政统治机关为北枢密院。本人认为北枢密院掌军国大政，所谓“北衙不理民”。部族最高行政统治机构为北南宰相府。

管辖辽部族内最为强大的四大部族。四大部族为：五院部、六院部，乙室部、奚王府部。五院部、六院部原来为迭剌部，因强大难制，太祖分五石烈为五院、六爪为六院。

北宰相府：掌佐理军国之大政，设北府左、右宰相，总知军国事、知国事。太祖时，隶北府管辖的部族有十一部，圣宗时为二十六部。

南宰相府：掌佐理军国之大政，设官与北府同。太祖时，隶南府管辖的部族有七部，圣宗时为八部。

大横帐常衮司：掌太祖皇帝九帐皇族之事。

大国舅司：掌乙室己、拔里二国舅帐之事。

遥辇九帐大常衮司：掌遥辇九世宫分之事。

北大王院：分掌部族军民之政。设北院大王、北院太师、太保、司徒、司空。掌部族、军民之政。

南大王院：分掌部族、军民之政。所设官职与北院同。在北、南大王院中，又设北、南院统军司、详稳司，掌北、南院从军及军马之政令，设北、南院都部署司，掌北、南院部族、军民之事。

乙室王府：设迪骨里节度使司，掌管乙室部的部族、军民之事。

奚王府：设二常衮、二宰相及太尉，掌管奚六部的部族、军民之事。①

辽朝廷把号为强大难制的四大部族即五院部、六院部、乙室部、奚六部，直接隶属中央，起到了监督、控制这四大部族的作用，是为了防止地方分权而采取的必要措施。四大部族虽直接隶属中央，但在其上又增加了一层管理机构，即北、南宰相府，使得骄横难制的四大部族不能完全我行我素，而听命于北、南宰相府的管辖。即便如此，也仍然存在着中央集权与分权的矛盾。据路振《乘轺录》载："西南至山后八军八百余里，南大王、北大王统之，皆耶律氏也。控弦之士各万人。二王陆梁难制，虏每有征发，多不从命，虏亦姑息……"

北、南大王的职掌，史书无载。现据散在史料分析，可归纳为两方面：一为主管军事，二为主管生产。耶律吼任南院大王时，太宗亲征，

① （元）脱脱等：《辽史》卷45《百官志一》，中华书局1974年版，第716页。

他以所部兵随征。耶律屋质与耶律挞烈在担任北、南院大王期间，“在治所不修边幅，百姓无称，年穀屡稔”，“朝议以为‘富民大王’云”。[①]

辽代部族组织的地方管理机构，以部为单位，每个部内设部族节度使司、部族详稳司来管理部族。在节度使司内，设节度使、副使、节度判官等职。在详稳司内，设详稳、都监、将军等职。节度使司与详稳司主管军事，兼理狱讼，民事则由司徒掌管。统军的节度使、详稳与统民的司徒有各自不同的管理区域和办公地点，这是由于各部的戍守之地与居民的居住地不同所致。迭剌迭达部，节度使属西南路招讨司，戍黑山北，部民居庆州南。

各部下设石烈或弥里，石烈，契丹语为县之意。弥里为小乡之意。石烈是契丹部族的基层组织，每石烈少则几十户、多则几百户，由数个石烈组成为部。小乡之抹里、石烈，都设有官员进行管理。石烈官长为辛衮、牙书。抹里的官长为闸撒狘。[②]

无论是中央还是地方的部族官员，都由朝廷来任命。为了加强对部族内各少数民族的控制，辽中央选派契丹人充任少数民族的部族节度使，并给予一定的自主权。“五国、乌古部节度使耶律限注以所辖诸部难制，请赐诏，给剑，仍便宜从事，从之。”“划离部人请今后详稳只于当部选授，上以诸部官长惟在得人，诏不允”。[③] 这些都说明了在辽中央集权统辖下，辽代部族制度管理的严格。

（四）部族组织的特点与历史作用

辽代部族制度与辽代社会相始终，在其发展的过程中，具有自身的特点，并对辽代社会的发展起了重要的作用。

辽代部族制度的特点：

第一，辽代部族制度保留了建国前契丹部族组织的外壳，并加以改造，使之更适应社会的发展，但仍以部为其基本单位。

---

① （元）脱脱等：《辽史》卷77《耶律挞烈传》，中华书局1974年版，第1263页。

② （元）脱脱等：《辽史》卷116《国语解》，中华书局1974年版，第1538页。

③ （元）脱脱等：《辽史》卷69《部族表》，中华书局1974年版，第1091页。

第二，辽代部族组织具有军事、行政相统一的特点。在部族的管理方面，节度使、都监主管军事与戍守，司徒、司空主管民事、生产。他们各自的办公地点不同，每人各司其职，各管其事。

第三，辽代的部族组织，具有兵、民合一的特点，即《辽史·营卫志》所说："有事则以攻战为务，闲暇则以佃渔为生。无日不营，无在不卫"。"有调发，则丁壮从戎事，老弱居守。"

第四，辽代部族组织，具有优遇统治民族契丹族的特点。辽代诸部族节度使的选授与任命，由朝廷统一掌握。少数民族部族节度使，也由契丹人担任，体现了作为辽王朝统治民族的契丹族在政治上的优势。如"五国、乌古部节度使耶律限注以所辖诸部难制，请赐诏，给剑，仍便宜从事，从之"。各部族以部为单位，耕种与放牧，输纳赋役也以部为单位进行。泰州与静边州，都为契丹二十部族水草之地，实际上是各部共同的放牧之地。又如"乙室奥隈部黍过熟未获，遣人以助收割"。朝廷由于涅剌、乌隈二部额少役重，而减少赋役，都是以部为单位进行的。

辽代的部族组织对辽代社会的发展，起了重要的作用。部族军是保卫辽朝廷的一支重要的武装力量。它为辽王朝提供一支骁勇、强大的骑兵。众部族军分隶南北府，守卫四边，对防止外部武装力量入侵起了重要的作用，是辽王朝稳定的大后方。而处于辽部族外围的边疆各少数民族部族，由于受辽朝的民族压迫，时服时叛，具有离心力的作用，从而削弱了辽朝的统治。

二　斡鲁朵

斡鲁朵是辽代的宫卫组织与官府治事之所。斡鲁朵辖有斡鲁朵户，分为州县、部族斡鲁朵户和行宫斡鲁朵户。前者承担朝廷的力役、租税、行军作战、守卫陵寝等职责，不随行宫四时捺钵；后者侍奉帝、后、皇室饮食起居、游猎、禁卫等，不承担生产任务，随同皇帝四时捺钵。①

① 武玉环：《辽代斡鲁朵探析》，《历史研究》2000 年第 2 期。

（一）州县斡鲁朵户

辽代的斡鲁朵户，可以分为州县斡鲁朵户、部族斡鲁朵户与行宫斡鲁朵户三种。《辽史·营卫志》记载得很明确：

> 辽国之法：天子践位，置宫卫，分州县，析部族，设官府，籍户口，备兵马……凡州三十八，县十，提辖司四十一，石烈二十三，瓦里七十四，抹里九十八，得里二，闸撒十九。为正户八万，番汉转户十二万三千，共二十万三千户。①

在《辽史》中，州县斡鲁朵户称为“番汉转户”；部族斡鲁朵户称为“契丹正户”；从诸斡鲁朵中分出，另组成的行宫斡鲁朵户，称为著帐户。州县斡鲁朵户的来源如下：

一是用俘户建置的斡鲁朵州县。祺州，“太祖以檀州俘于此建檀州，后更名，隶弘义宫”。宗州，“耶律隆运以所俘汉民置，圣宗立为州，建文忠王府”。仪坤州，属长宁宫，应天皇太后俘掠有技艺者多归帐下，谓之属珊。②

二是从原来隶属州县的民户中分出，使之成为斡鲁朵户。奉先县，“世宗析辽东长乐县民以为陵户，隶长宁宫”。山东县，“穆宗割渤海永丰县民为陵户，隶积庆宫。”康州：“世宗迁渤海率宾府人户置，属显州，初隶长宁宫，后属积庆宫”。③

三是没收契丹贵族私城为斡鲁朵州县。贵德州，“太宗时察割以所俘汉民置。后以弑逆诛，没入焉”④。

四是由流配的犯罪者建置的斡鲁朵州县。泰州，州隶延庆宫，统县二。其中兴国县，“本山前之民，因罪配递至此，兴宗置县。户七百”。长春州，隶延庆宫。统长春一县。“本混同江地。燕蓟犯罪者流配于此。”⑤

---

① （元）脱脱等：《辽史》卷31《营卫志》，中华书局1974年版，第362页。

② （元）脱脱等：《辽史》卷37《地理志一》，中华书局1974年版，第446页。

③ （元）脱脱等：《辽史》卷38《地理志二》，中华书局1974年版，第464页。

④ 同上书，第465页。

⑤ （元）脱脱等：《辽史》卷37《地理志一》，中华书局1974年版，第444—445页。

（二）部族斡鲁朵户

部族斡鲁朵户之来源是由各契丹部落中划分出来。“辽国之法：天子践位置宫卫，分州县，析部族，设官府，籍户口，备兵马。”① 文中的“析部族”，即从契丹部族中分出一部分民户，成为部族斡鲁朵户，也就是各斡鲁朵中的“契丹正户”。辽建十二宫一府，各宫、府均由契丹部族斡鲁朵户（即契丹正户）与汉人州县斡鲁朵户（即番汉转户）组成。

（三）行宫斡鲁朵户

行宫斡鲁朵户，主要指跟随皇帝行宫、侍奉帝后饮食起居，担任近侍、守卫、围猎等的著帐户及侍卫司等。“凡御帐、皇太后、皇太妃、皇后、皇太子、禁卫、亲王祗从、伶官，皆充其役”②。

他们的来源如下：

一是挑选诸部豪健组成。辽太祖建国初，“时制度未讲，国用未充，扈从未备，而诸弟剌葛等往往觊非望。太祖宫行营始置腹心部。选诸部豪健二千余充之，以曷鲁及萧敌鲁总焉”③。

二是自动投附而来：“太祖始置宫分以自卫，欲稳率门客首附宫籍。”④ 他们组成皇帝的禁卫，负责守卫皇帝、行宫的安全。

三是从诸斡鲁朵中析出，及犯罪没入者，成为行宫中的著帐户。他们的职责是侍奉帝、后的饮食、起居、娱乐、围猎等。

州县斡鲁朵户与部族斡鲁朵户承担着生产、军事等方面的职责。他们有向朝廷输纳赋税，出征作战等方面任务。具体如下：

第一，承担朝廷的力役：道宗大安四年二月，“曲赦春州役徒……赦泰州役徒”。春州即长春州，与泰州同隶延昌宫。大安四年七月，“曲赦奉圣州役徒”⑤。奉圣州，统州三、县四。望云县，直隶彰愍宫。大公鼎

① （元）脱脱等：《辽史》卷31《营卫志上》，中华书局1974年版，第362页。
② （元）脱脱等：《辽史》卷45《百官志一》，中华书局1974年版，第706页。
③ （元）脱脱等：《辽史》卷73《耶律曷鲁传》，中华书局1974年版，第1221页。
④ （元）脱脱等：《辽史》卷73《耶律欲稳传》，中华书局1974年版，第1226页。
⑤ （元）脱脱等：《辽史》卷25《道宗纪五》，中华书局1974年版，第296页。

任沈州观察判官时，“北枢密院大发濒河丁壮以完堤防”①。沈州隶属敦睦宫。敦睦宫的斡鲁朵户有修河堤的任务。耶律仁先任契丹诸行宫都部署时，“奏复王子班郎君及诸宫杂役”②。说明诸宫斡鲁朵户要向朝廷服杂役。

第二，斡鲁朵户要承担生产任务，向朝廷缴纳赋税。马人望任松山县令时，“岁运泽州官炭，独役松山，人望请于中京留守萧吐浑均役他邑……以事闻有于朝，悉从所请”。③ 泽州统县二，神山县、滦河县，属永兴宫。隶属泽州的斡鲁朵户，要每年向朝廷缴纳生产的宫炭。

统和十五年三月，“通括宫分人户，免南京赋税及义仓粟”④。朝廷对逃匿的宫分人户进行通括，并免除赋税、义仓粟。宫分人户要向朝廷缴纳赋税和义仓粟。

道宗大安三年三月，“免锦州贫民租一年”⑤。锦州，隶弘义宫。隶属弘义宫的斡鲁朵户，要向朝廷缴纳租税。

第三，斡鲁朵户要承担出征、作战的职责。辽圣宗时，东征高丽，为此下诏：“及命上京、中京洎诸宫选精兵五万五千人以备东征。”统和十二年八月，圣宗命皇太妃“领西北路乌古等部兵及永兴宫分军，抚定西边”⑥。

第四，斡鲁朵户要承担奉守皇陵的任务。辽兴宗为其父辽圣宗建永庆陵，“置番、汉守陵三千户，并隶大内都总管司”⑦。这三千守陵户，隶属兴圣宫。山东县，“辽穆宗割渤海永丰县民为陵户，隶积庆宫”⑧。

上述四方面的职责，州县斡鲁朵户与部族斡鲁朵户基本上相同。

州县、部族斡鲁朵户与行宫斡鲁朵户的区别如下：

第一，州县、部族斡鲁朵户不随行宫四时捺钵，而行宫斡鲁朵户要

① （元）脱脱等：《辽史》卷105《大公鼎传》，中华书局1974年版，第1460页。
② （元）脱脱等：《辽史》卷96《耶律仁先传》，中华书局1974年版，第1395页。
③ （元）脱脱等：《辽史》卷105《马人望传》，中华书局1974年版，第1462页。
④ （元）脱脱等：《辽史》卷13《圣宗纪四》，中华书局1974年版，第149页。
⑤ （元）脱脱等：《辽史》卷25《道宗纪五》，中华书局1974年版，第295页。
⑥ （元）脱脱等：《辽史》卷13《圣宗纪四》，中华书局1974年版，第145页。
⑦ （元）脱脱等：《辽史》卷37《地理志一》，中华书局1974年版，第444页。
⑧ （元）脱脱等：《辽史》卷38《地理志二》，中华书局1974年版，第464页。

随皇帝的行宫四时捺钵。

第二，州县、部族斡鲁朵户承担生产任务，负担朝廷的租赋、力役，而行宫斡鲁朵户则没有这方面的任务。

第三，州县、部族斡鲁朵户有一定的人身自由，而行宫斡鲁朵户则没有，甚至连生命保障也没有。辽穆宗昏庸残暴，身边的近侍、鹿人、獐人多因细故被杀，前后被杀者约有数十人。如应历十三年六月，"近侍伤獐，杖杀之"。应历十五年三月，"虞人沙剌迭侦鹅失期，加炮烙、铁梳之刑而死"①。在同一年十二月，因近侍喜哥私归，穆宗杀其妻。

州县斡鲁朵户、部族斡鲁朵户与行宫斡鲁朵户的共同之处是：他们都属于皇室所有，其社会地位较低，甚至可以随意赏赐。世宗大同元年八月，以崇德宫户分赐翼戴功臣，及北院大王洼、南院大王吼各五十，安抟、楚补各百。② 辽圣宗之后，赏赐宫分户的现象逐渐减少，随意处置、杀害宫分人要受到惩处。但是另一方面，随从皇帝行宫的近侍、护卫，由于经常接近皇帝，得以晋升的机会较多。据不完全统计，《辽史》记载出身宫分户的辽朝官吏近20名。如：耶律瑶质，积庆宫人，统和十年，累迁至积庆宫使③。耶律良，著帐郎君之后，咸雍初，任同知南院枢密使事，为惕隐。姚景行，隶汉人宫分，后来出宫籍，为北府宰相。④ 他们入仕的时间，大多在辽圣宗统和年间以后。辽圣宗时期，随着封建化改革的加深，宫分户的地位有所提高。辽圣宗下诏，放宫帐奴隶置部，⑤从而使宫分户成为隶属于国家的属民。对于滥杀宫分人要给予处罚，即使契丹皇室贵族也不例外。圣宗之女赛哥公主，因为杀无罪家婢，被降封郡主，骑马萧图玉被罢使相⑥，赛哥公主因此而被贬出宫，之后，"薨

① （元）脱脱等：《辽史》卷6《穆宗纪上》，中华书局1974年版，第78页；卷7《穆宗纪下》，中华书局1974年版，第82页。

② （元）脱脱等：《辽史》卷5《世宗纪》，中华书局1974年版，第64页。

③ （元）脱脱等：《辽史》卷88《耶律瑶质传》，中华书局1974年版，第1345页。

④ （元）脱脱等：《辽史》卷96《耶律良传》，中华书局1974年版，第1398—1399页；《辽史》卷96《姚景行传》，中华书局1974年版，第1402—1403页。

⑤ （元）脱脱等：《辽史》卷33《营卫志》，中华书局1974年版，第379页。

⑥ （元）脱脱等：《辽史》卷93《萧图玉传》，中华书局1974年版，第1378页。

于贬所”。①

（四）斡鲁朵的管理机构——北、南面宫官

辽代斡鲁朵设有诸行宫都部署院、十二宫都部署司等管理机构，对诸斡鲁朵的军事、生产、行政等方面的事宜进行管理。《辽史·百官志》中记载的北、南面宫官，即斡鲁朵的管理官员。

1. 诸行宫都部署院

《辽史·百官志》中，关于诸行宫都部署院的记载如下：

诸行宫都部署院。总契丹、汉人诸行宫之事，诸行宫都部署，知行宫诸部署司事，诸行宫副部署，诸行宫判官。

关于诸行宫都部署院，有的研究者认为：“诸行宫都部署院，纯属修《辽史》者杜撰，诸行宫都部署乃汉人行宫都部署或契丹行宫都部署之简称，而此二者乃各为行宫中南北面之最高官署，在二者之上并没有更高的总辖机构。”②

那么，究竟诸行宫都部署院存在与否？它是否与契丹行宫都部署司、汉人行宫都部署司为同一机构？

据辽代石刻资料与其他史书查证得知，诸行宫都部署院确实存在，是总契丹、汉人（北、南面）诸行宫之事。《全辽文》卷7《耶律宗政墓志铭》记载：辽圣宗太平十年，耶律宗政“改授诸行宫都部署兼侍中”。《全辽文》卷9《萧义墓志铭》记载：辽天祚帝寿隆初年，萧义“于是自诸行宫都部署授国舅详稳，加太子太师”。《全辽文》卷9《萧德温墓志铭》记载，辽道宗朝，萧德温之弟萧德让，曾任诸行宫副都部署。此外，《契丹国志》中也同样记载耶律隆运在辽圣宗朝曾担任南北面行宫都部署。③《全辽文》卷13《常遵化墓志铭》记载：“公（常遵化）先娶于南王□番汉都部署女”。这里的南北面行宫都部署、番汉都部署即是诸行宫都部署的异称。因诸行宫都部署总契丹、汉人诸行宫之事，诸行宫都部

① （元）脱脱等：《辽史》卷65《公主表》，中华书局1974年版，第1007页。

② 杨若薇：《契丹王朝政治军事制度研究》，中国社会科学出版社1991年版，第167页。

③ （宋）叶隆礼：《契丹国志》卷18《耶律隆运传》，上海古籍出版社1985年版，第174页。

署在汉人行宫都部署、契丹行宫都部署之上，为辽朝北、南面宫官中最高管理机构。

据史书记载，兴宗重熙六年十一月，“以契丹行宫都部署萧惠为南院枢密使……萧扫古诸行宫都部署，耶律臬里知南面行宫副部署”①。从上述记载可以看出，在同年同月存在着三位斡鲁朵官员：诸行宫都部署、契丹行宫都部署、知南面行宫副部署。由此可印证辽代确实存在诸行宫都部署院，而契丹行宫都部署、汉人（南面）行宫都部署都不能取代诸行宫都部署院的存在。诸行宫都部署院是独立存在的机构。

1957 年，北京复兴门外公主坟出土了辽代王师儒墓志铭。其墓志铭原题为：“故□□佐理功臣诸行宫都部署特进行尚书左仆射赠武定军节度使同中书门下平章事兼侍中上柱国太原郡开国食邑二千户食封二百户王公墓志铭并序。”②

从墓志铭原题中可知，王师儒曾担任诸行宫都部署，在铭文题中把诸行宫都部署写在题中的最前面，可知对其官职的重视。不仅如此，铭文中还有两处提到，王师儒曾于辽道宗大安七年、天祚帝乾统元年分别担任诸行宫都部署。与此同时，道宗大安七年任契丹行宫都部署的有萧陶隗，担任汉人行宫副部署的为耶律谷欲③。在同一时间里，诸行宫都部署、契丹行宫都部署、汉人行宫副部署同时并存。由此可以断定：诸行宫都部署并非汉人行宫都部署或契丹行宫都部署的异称，也并非子虚乌有之事。辽朝确曾设置诸行宫都部署院，总管契丹、汉人诸行宫之事。诸行宫都部署院是契丹行宫都部署司、汉人行宫都部署司之上的管理机构。

2. 十二宫北南面都部署司的官职及职掌④

《辽史·百官志》记载；诸宫官中设某宫契丹都部署司及某宫南面汉人行宫都部署司，掌本宫契丹、汉人军民之事。下设职官有：某宫都部署、某宫副部署、某宫判官、某宫汉人行宫都部署、某宫南面副都部署、

① （元）脱脱等：《辽史》卷 18《兴宗纪一》，中华书局 1974 年版，第 219 页。

② 陈述：《全辽文》卷 10《王师儒墓志铭》，中华书局 1982 年版，第 292 页。

③ （元）脱脱等：《辽史》卷 25《道宗纪五》，中华书局 1974 年版，第 299 页。

④ 武玉环：《辽代斡鲁朵探析》，《历史研究》2000 年第 2 期。

某宫同知汉人都部署。

关于某宫都部署、某宫汉人行宫都部署的职掌，《辽史·百官志》中只记载“掌本宫契丹、（汉人）军民之事”。而在辽代石刻资料中，其职掌记载得较为具体、详细。如韩椅为彰愍宫都部署，“掌绾版图，抚绥生齿。陪四朝之羽卫，覆数郡之刑名”[①]。其职掌包括四方面的内容：一为掌管本宫所属的版图、地域；二为统领、抚藉本宫所属的民众；三为掌领本宫的禁卫军；四为掌管本宫所辖州、县的刑法，为某宫的最高官职。

此外，据辽代石刻资料得知：王说第八子在圣宗朝曾任积庆宫汉儿渤海都部署[②]，冯从顺曾任敦睦宫汉儿渤海都部署[③]，萧德温任彰愍宫汉儿渤海都部署[④]。而在《辽史·百官志》中记载为：某宫汉人行宫都部署，某宫南面副都部署，某宫同知汉人都部署。实际上，“某宫汉人行宫都部署”，应改正为“某宫汉人（儿）渤海都部署”。在辽代十二宫一府中，每宫都有相当数量的“番汉转户”[⑤]。所谓“番汉转户”，就是指斡鲁朵内的汉人、渤海人、奚人等民户。如上京道的定霸县，“本扶余府强师县民，太祖下扶余，迁其人于京西，与汉人杂处，分地耕种……隶长宁宫”。隶属各宫的渤海人户，其所属的州县有保和县、潞县、宣化县、扶余县、显理县等[⑥]。是在渤海灭亡后，辽朝把渤海人迁到辽朝内地安置，而建置的斡鲁朵州县，成为安置斡鲁朵内的“番汉转户”之所在。因此，管理诸斡鲁朵户的“十二宫南面行宫都部署司”中，应该设有“某宫汉人渤海都部署”一职，以管理斡鲁朵内的“番汉转户”。从辽代石刻资料看，各宫均设此职，可补《辽史·百官志》之疏漏。[⑦]

---

① 陈述：《全辽文》卷6《韩椅墓志铭》，中华书局1982年版，第121页。

② 陈述：《全辽文》卷5《王说墓志铭》，中华书局1982年版，第111页。

③ 陈述：《全辽文》卷6《冯从顺墓志铭》，中华书局1982年版，第124页。

④ 陈述：《全辽文》卷9《萧德温墓志铭》，中华书局1982年版，第216页。

⑤ （元）脱脱等：《辽史》卷31《营卫志上》，中华书局1974年版，第362页。

⑥ （元）脱脱等：《辽史》卷37《地理志一》，中华书局1974年版，第439页。

⑦ 武玉环：《辽代斡鲁朵探析》，《历史研究》2000年第2期。

三 四时捺钵

辽国尽有大漠，浸包长城之境，因俗为治。秋冬违寒，春夏避暑，随水草就畋渔，岁以为常。四时各有行在之所，谓之“捺钵”。

（一）春捺钵

在鸭子河泺。皇帝正月上旬起牙帐，约六十天到达。那时天鹅未至，皇帝在冰上支起帐篷，凿冰取鱼。冰溶解后，放鹰鹘抓捕鹅雁。皇帝晨出暮归，从事弋猎。鸭子河泺东西二十里，南北三十里，在长春州东北三十五里，四面都是沙埚，遍布榆柳杏林。皇帝每到此地，侍御皆服墨绿色衣，各备连锤一柄，鹰食一器，刺鹅锥一枚，在泺周围相隔各五、七步排立。皇帝头戴冠巾，穿时服，腰系玉束带，在上风处瞭望。有鹅之处举起旗帜，探骑飞马驰报，远处河泊鸣鼓。天鹅受惊飞起，左右围骑都举旗帜挥舞。五坊擎进海东青鹘，拜授皇帝放海东青。海东青鹘捉住天鹅后下坠，排立近者，举锥刺鹅，取脑来喂鹘。救鹘人按照惯例赏银绢。皇帝得头鹅，荐庙，群臣各献酒果，举乐。皇帝与大臣相互敬酒，致贺语，大家在头上插鹅毛以为乐事。皇帝赐给从人酒，遍散鹅毛。弋猎网钩，春尽乃归。

（二）夏捺钵

夏捺钵多在吐儿山。道宗每年先到黑山，拜圣宗、兴宗陵，赏金莲，后到子河避暑。黑山在庆州北十三里，上有池水，池中有金莲。子河在吐儿山东北三百里。怀州西山有清凉殿，也是皇帝行幸避暑之所。皇帝四月中旬起牙帐，卜吉地为纳凉所，五月末旬、六月上旬到达。在此居五旬。与北、南臣僚议国事，暇日游猎。七月中旬归。

（三）秋捺钵

秋捺钵在伏虎林。皇帝七月中旬自纳凉处起牙帐，入山射鹿、虎。伏虎林在永州西北五十里。尝有虎据林，伤害居民畜牧。景宗率领数骑猎虎，虎伏草中，战栗不敢仰视，景宗罢猎，因此而称伏虎林。每年皇帝车驾至，皇族而下分布泺水两侧。到夜半，鹿饮盐水，令猎人吹角仿效鹿鸣之声，待鹿聚集后而射之。称为“舐碱鹿”，又名“呼鹿”。

（四）冬捺钵

冬捺钵在广平淀。广平淀在永州东南三十里，本名白马淀。东西二十余里，南北十余里。地势平坦，四处皆沙碛，树木多榆柳。其地沙漠环绕，这里冬日暖和，因此皇帝牙帐多于此处过冬，与北、南大臣会议国事，有时出校猎讲武，兼受宋及诸国礼贡。皇帝牙帐以枪为硬寨，用毛绳连系。每枪下设黑毡伞，用来庇护卫士，阻挡风雪。枪外设小毡帐一层，每帐五人，各执兵仗为禁围。南面有省方殿，殿北约二里为寿宁殿，皆木柱竹榱，以毡为盖，彩绘韬柱，锦为壁衣，加绯绣额。又用黄布绣龙为地障，窗、槅皆用毡覆盖，加以黄油绢。地基高尺余，两厢廊庑也都用毡覆盖，没有门户。省方殿北有鹿皮帐，帐次北有八方公用殿。寿宁殿北有长春帐，卫以硬寨。宫用契丹兵四千人，每日千人轮流祗直。禁围外卓枪为寨，夜则拔枪移卓御寝帐。周围拒马，外设铺，传铃宿卫。

每岁四时，周而复始。

皇帝四时巡守，契丹大小内外臣僚并应役次人，及汉人宣徽院所管百司皆从。汉人枢密院、中书省唯摘宰相一员，枢密院都副承旨二员，令史十人，中书令史一人，御史台、大理寺选摘一人扈从。每岁正月上旬，车驾启行。宰相以下，在中京留守，处理汉人一切公事。除拜官僚，止行堂帖权差，俟会议行在所，取旨、出给诰敕。文官县令、录事以下更不奏闻，听中书铨选；武官须奏闻。五月，在纳凉行宫所在地，召开南、北臣僚会议。十月，在坐冬行宫所在地，也同样召开南、北臣僚会议。

第四章

经济志

辽在建国前，已经有了农业、畜牧业、纺织业。史书记载："初，皇祖匀德实为大迭烈府夷离堇，喜稼穑，善畜牧，相地利以教民耕。仲父述澜为于越，饬国人树桑麻，习组织。"① 农业、畜牧业等已经有了一定程度的发展。辽建国后，灭亡渤海，占领燕云十六州，农业区域已经由原来的上京地区扩展到东京、南京、西京地区。在南京、西京等发达农业区域的带动下，辽代农业有了更快的发展。

辽朝中后期，赋役繁重，加之土地兼并，导致阶级矛盾激化，随着农牧民起义的爆发，辽代社会经济逐渐走向衰落。

一　农业与土地制度

辽朝的土地，可分为契丹皇室、贵族的土地，汉族大地主的土地，寺院的土地，农牧民的土地，以及部族公有的土地。②

（一）皇室、贵族所有的土地

辽国之法：天子践位置宫卫，分州县，析部族，设官府，籍户口，备兵马。③ 宫卫即斡鲁朵，相当于皇帝的行宫或皇庄。辽朝帝后共设十二

① （元）脱脱等：《辽史》卷59《食货志》，中华书局1974年版，第923页。

② 武玉环：《辽代农业与土地制度》，《北方文物》2002年第3期。

③ （元）脱脱等：《辽史》卷31《营卫志》，中华书局1974年版，第362页。

宫一府。占有广袤的土地与人民。十二宫一府具体地点如下。

算斡鲁朵，太祖置。为弘义宫。州五：锦、祖、严、祺、银。县一：富义。提辖司四：南京、西京、奉圣州、平州。石烈二。瓦里四。抹里四。得里二。（石烈、得里为契丹语，乡或小乡的意思。瓦里、抹里为官府名。）

国阿辇斡鲁朵，太宗置。为永兴宫。州四：怀、黔、开、来。县二：保和、滦河。提辖司四：南京、西京、奉圣州、平州。石烈一。瓦里四。抹里十三。闸撒七。

耶鲁碗斡鲁朵，世宗置。为积庆宫。州三：康、显、宜。县一：山东。提辖司四。石烈一。瓦里八。抹里十。

蒲速碗斡鲁朵，应天皇太后置。为长宁宫。州四：辽、仪坤、辽西、显。县三：奉先、归义、定霸。提辖司四。[①] 石烈一。瓦里六。抹里十三。

夺里本斡鲁朵，穆宗置。为延昌宫。州二：遂、韩。提辖司三：中京、南京、平州。石烈一。瓦里四。抹里四。

监母斡鲁朵，景宗置。为彰愍宫。州四：永、龙化、降圣、同。县二：行唐、阜俗。提辖司四。石烈二。瓦里七。抹里十一。

孤稳斡鲁朵，承天太后置。为崇德宫。州四：乾、川、双、贵德。县一：潞上京。提辖司三：南京、西京、奉圣州。石烈三。瓦里七。抹里十一。

女古斡鲁朵，圣宗置。为兴圣宫。州五：庆、隰、乌（上京）、乌（东京）、霸。提辖司四。石烈四。瓦里六。抹里九。闸撒五。

窝笃碗斡鲁朵，兴宗置。为延庆宫。州三：饶、长春、泰。提辖司四。石烈二。瓦里六。抹里六。

阿思斡鲁朵，道宗置。为太和宫。石烈二。瓦里八。抹里七。

阿鲁碗斡鲁朵，天祚皇帝置。为永昌宫。石烈二。瓦里八。抹里八。

孝文皇太弟敦睦宫，谓之赤寔得本斡鲁朵。州三：建、沈、岩。提

---

① 文中“提辖司四”，缺载提辖司所在地名，应与太祖、太宗所辖提辖司地名相同。从中也可看出，斡鲁朵所辖州县具有上下承袭关系。世宗、景宗、圣宗、兴宗斡鲁朵也如此。

辖司一：南京。石烈二。瓦里六。抹里二。闸撒二。

大丞相晋国王耶律隆运，拟诸宫例，建文忠王府。州一。提辖司六：上京、中京、南京、西京、奉圣州、平州。①

上述斡鲁朵所占土地广袤，遍布五京。辽代帝后、皇太弟、宠臣所占为正户八万，番汉转户十二万三千，共二十万三千户。所谓“普天之下，莫非王土”，正反映出辽代皇室土地占有的真实状况。

（二）契丹贵族、汉族大地主所占有的土地

契丹贵族所占有的土地，有的是利用在战争中俘获的俘虏，建立头下军州所占有的土地，有的是占有少数民族公有的牧地，有的是皇帝赐予的土地。据不完全统计，散见于《辽史》《契丹国志》及其他文献中的头下军州达 44 个。②

头下军州，皆诸王、外戚、大臣及诸部从征俘掠，或置生口，各团集建州县以居之。横帐诸王、国舅、公主许创立州城，自余不得建城郭。朝廷赐州县额。其节度使朝廷命之，刺史以下皆以本主部曲充焉。官位九品之下及井邑商贾之家，征税各归头下；唯酒税课纳上京盐铁司。

被占的部族公共牧地包括：

丰州，本辽泽大部落，遥辇氏僧隐牧地，户五百。顺州，本辽队县地，横帐南王府俘掠燕、蓟、顺州之民建城居之，户一千。松山州，本辽泽大部落，横帐普古王牧地，户五百。乌州，本乌丸之地，北大王拨剌占为自己的牧地。③ 此外还有契丹贵族放牧地闾州、豫州、宁州。

皇帝赐给契丹贵族的牧地。辽穆宗时期，耶律移剌葛随从穆宗打猎，穆宗赐给他金银各百两，名马百匹，及黑山东抹真之地。④ 兴宗曾把辽阳汤池千顷之地赐给大臣李仙寿。辽道宗时期，牧地日益减少，以至于有的大臣上书给皇帝，要求免赐牧地给宠臣耶律乙辛。“今牧地偏狭，畜不

---

① （元）脱脱等：《辽史》卷 31《营卫志》，中华书局 1974 年版，第 370 页。

② 余蔚：《辽代州制研究》，《历史地理》2010 年第 1 期。

③ （元）脱脱等：《辽史》卷 37《地理志》，中华书局 1974 年版，第 445 页。

④ （元）脱脱等：《辽史》卷 78《耶律移剌葛传》，中华书局 1974 年版，第 1265 页。

蓄息，岂可分赐臣下。”①

（三）农民所有的土地

农牧民所有的土地属于国家，他们只有使用权，而没有所有权。其中有的是官户领种的“公田”，有的是屯田户领种的土地，有的是募民耕种的闲田，还有一种“私田”，“诏山前后未纳税户，并于密云，燕乐两县，占田置业入税，此私田制也”。② 因此，农民与国家是一种租佃关系，每年要依据耕种土地的多少，向国家缴纳地租、赋税。

辽朝中后期，土地可以自由买卖。《全辽文》卷 8 记载：“今卖自己在宣化坊门里面街西巷子里空闲地，内有井一眼，槐树两株，东邻、南邻、西邻、北邻。”③ 这是道宗朝的卖地契，说明这时的土地可以买卖，转让使用权，但是土地所有权仍在国家。土地除了买卖，还可以转赠，契丹贵族把大量土地转赠给寺院，寺院土地成为辽代土地所有制的一种存在形式。

（四）寺院土地

辽代寺院占有广袤的土地，大都是契丹皇室贵族赠予的，兰陵郡萧夫人就曾赠予钱二万缗，建成静安寺，“遂施地三千顷，粟一万石，钱二千贯，人五十户，牛五十头，马四十匹，以为供亿之本”。④ 又如汉族小地主王仲远，“施地五亩，东至道，南至道，西南至寺院，北至地主”。《全辽文》卷十《妙行大师行状碑铭》记载，秦越国大长公主把所居宅第捐赠寺院：“稻畦百顷，户口百家，枣栗蔬园，井口器用等物，皆有施状。”⑤ 以上几例是契丹贵族、汉族地主施赠给寺院的土地，转赠给寺院后，土地使用权变为寺院，但是所有权仍然属于国家。辽代寺院土地数量巨大，寺院主实际上是土地的所有者，契丹贵族把民户一同转赠给寺

---

① 陈述：《全辽文》卷 3《请免赐乙辛牧地奏》，中华书局 1982 年版，第 210 页。

② （元）脱脱等：《辽史》卷 59《食货志》，中华书局 1974 年版，第 926 页。

③ 陈述：《全辽文》卷 8《卖地券》，中华书局 1982 年版，第 183 页。

④ 陈述：《全辽文》卷 8《创建静安寺碑铭》，中华书局 1982 年版，第 200 页。

⑤ 陈述：《全辽文》卷 10《妙行大师行状碑铭》，中华书局 1982 年版，第 301 页。

院，这些民户耕种寺院的土地，其租税半输官，半输寺，成为寺院二税户。辽代后期，由于寺院经济的发展，寺院占有的土地日益增多，辽朝对寺院的土地实行了限制，对执契不明的土地进行了没收。《全辽文》卷10《上方感化寺碑》记载："大安中，燕地遣括天荒使者驰至，按视厥土，以豪民所首，谓执契不明，遂围以官封，旷为牧地。"[①] 大安为道宗时的年号，道宗时，派遣括天荒使者，到各地搜括荒闲土地以及执契不明的土地，感化寺的土地，因执契不明，而被官收。[②]

（五）公共牧地

辽建国后，对原来部族的公有土地予以保留，但是仍有相当一部分土地被皇室贵族所占有。据《辽史·地理志》所载，部族公有的牧地如下：

祖州，天成军，上，节度。本辽右八（大）部世没里地。

泰州，本契丹二十部族放牧之地。因黑鼠族累犯通化州，民不能御，遂移东南六百里来，建城居之，以近本族。

乌州，本乌丸之地。辽北大王拨剌占为牧地，建城，后官收。

仪坤州，启圣军，节度。本契丹右大部地。应天皇后建州。

广义县，本回鹘部牧地。应天皇后以四征所俘居之，因建州县。

降圣州，本大部落东楼之地。太祖春月行帐多驻此。穆宗建州。四面各三十里，禁樵采放牧。先属延昌宫，后隶彰愍宫。

凤州，南王府五帐分地。户四千。

遂州，本高州地，南王府五帐放牧于此。户五百。

以上牧地中有的公共牧地被皇族侵占为斡鲁朵。如乌州、仪坤州、广义县、降圣州等。静边城，本契丹二十部族水草地，北邻羽厥，每入为盗，建城，置兵千余防之。

上述公有土地，绝大部分被契丹贵族占有，有的成为皇室的斡鲁朵，有的被契丹贵族占为牧地。只有距离上京较远的静边城，为二十部族放

---

① 陈述：《全辽文》卷10《上方感化寺碑》，中华书局1982年版，第290页。

② 武玉环：《辽代农业与土地制度》，《北方文物》2002年第3期。

牧之地，此外还有泰州，保留为部族公有的牧地。

处于辽朝周边的各个少数民族部族，仍处于氏族社会末期，以渔猎、畜牧经济为主，如西北部的乌古敌烈，东北部的女真、室韦等族，其土地所有权属于部族公有。

二　畜牧业与群牧

契丹是以畜牧业为主的游牧民族，“其富以马，其强以兵”，契丹军队以骑兵为主，马匹是决定军事实力强弱的一个重要因素。因此契丹统治者重视畜牧业。辽朝专门设置了管理群牧的机构和人员，形成了有辽一代的群牧制度。

（一）畜牧饲养之法

契丹以善于畜牧而闻名于世。“契丹旧俗，其富以马，其强以兵。纵马于野，弛兵于民。有事而战，旷骑介夫，卯命辰集。马逐水草，人仰湩酪，挽强射生，以给日用，糗粮刍茭，道在是矣。以是制胜，所向无前”。[①]

契丹牧民经过长年累月的放牧，积累了丰富的经验。北宋使臣苏颂曾记载：“契丹马群，动以千数，每群牧者才二三人而已。纵其逐水草，不复羁绊，有役则旋驱策而用，终日驰骋而力不困乏。彼谚云：‘一分喂，十分骑’……视马之形，皆不中相法，蹄毛皆不剪剃，云马遂性，则滋生益繁，此养马法也。”[②]

畜牧业的发展与气候密切相关。据《东斋纪事》卷5，辽朝使臣萧庆曾说：“契丹中马有熟时，有不熟时，一如南朝养蚕也。”“有雪而才露出草一寸许，如此则牛马大熟，盖契丹视此为丰凶。”这说明了契丹牧民在长期放牧中积累了丰富的经验，足以看出当时辽代畜牧业之繁盛。当时辽代草场实行定期放牧，定期收回的办法。即每年春天四月开始到八月

① （元）脱脱等：《辽史》卷59《食货志》，中华书局1974年版，第923页。

② （宋）苏颂：《魏公集》卷13《契丹马》题下原注。

初马匹放草场，令其自逐水草，到八月末则收回栏饲养，保护群牧安全过冬。这在一定程度上发展了人工饲养。有专供皇室游畋用的尚厩院、飞龙院等。女里曾担任马群侍中，管理尚厩院马匹的喂养。他“善识马，尝行郊野，见数马迹，指其一曰：‘此奇骏也’。以己马易之，果然”。[①]说明契丹民族在长期的牧业生产中，积累了丰富的相马经验。

（二）畜牧的来源

除自然繁殖外，辽代畜牧还有以下几种来源。

一是掠获的马、牛、羊、驼。

辽建国前后，在征伐周邻各族的战争中，掠夺了大量牲畜。太祖在征伐河东地区时，曾掠获牛、马、羊、驼十万。枢密使耶律斜轸讨女真，复获马二十余万，分牧水草便地，数岁所增不胜算。当时，括富人马，不加多，赐大、小鹘军万余匹，不加少，盖畜牧有法然也。[②]

二是岁贡的马匹。

辽朝除战争中掠夺而来的牲畜外，还有契丹及其他少数民族向辽朝廷每年输纳的牲畜。从《辽史·食货志》中所见，马匹是诸属国、属部给辽朝的重要贡品，“东丹国岁贡千匹，女真万匹，直不古等国万匹，阻卜及吾独婉、惕德各二万匹，西夏、室韦各三百匹，越里笃、剖阿里、奥里米、蒲奴里、铁骊等诸部三百匹”。各个部族岁贡的马匹，是辽朝各群牧马匹的来源之一。

三是括富人马匹、购买马匹。

统和十三年五月，乙室三府请括富民马以备军需，不许，给予官马。可知当时国有马匹之多。此后，由于辽宋、辽丽战争，以及任意宰杀马匹和其他牲畜，致使牲畜出现减少的现象。开泰二年七月，“命诸军各市肥马”。九年，“诏募诸道汉民马赐东征军”。[③] 说明了不但契丹人养马，就连各道的汉人也都喂养马匹。

---

① （元）脱脱等：《辽史》卷79《女里传》，中华书局1974年版，第1273页。
② （元）脱脱等：《辽史》卷60《食货志下》，中华书局1974年版，第932页。
③ （元）脱脱等：《辽史》卷16《圣宗纪》，中华书局1974年版，第187页。

（三）群牧的管理

辽朝廷划出大片草场牧地从事养马业，从中央到各群牧使司都有专门的官员主持此事。大约在太宗时期，已经有了专管群牧的官员“马群世烛”“群牧都林牙”[①]。

各路群牧使司牧放的马、牛、驼、羊都有部籍，载有各马群司、牛群司的数目，各群牧每年要向朝廷上报实数，以为定籍。辽道宗咸雍年间，萧陶隗担任马群太保，“素知群牧名存实亡，悉阅旧籍，除其羸病，录其实数，牧人畏服。萧陶隗上书曰：‘群牧以少为多，以无为有。上下相蒙，积弊成风。不若括见真数，著为定籍，公私两济’。从之。畜产岁以蕃息”。[②]

辽朝廷对诸司群牧设有奖惩制度，如果群牧滋繁，数目增长，各群牧司牧官给予进阶升职。故《辽史·食货志下》记载：“以故群牧滋繁，数至百有余万，诸司牧官以次晋阶。”而对于群牧使司牧放的马匹，如果比原来簿籍上的数目减少，则给群牧官以惩罚，因此才出现上文中所言“群牧名存实亡，上下相欺”的现象。

各群牧使司牧放的马匹，分为三类：第一类，备南征宋朝的马匹数万，放牧于雄、霸、清、沧州之间，以备燕、云缓急；第二类，备皇室四时游畋的马匹数万，供给尚厩院、飞龙院，总领内外厩马司，以备皇室游畋之用；第三类，为剩余的备用马匹，分地放牧。

为了区分官有马匹与私人马匹，也为了不使国有牲畜丢失和损失，辽圣宗太平六年六月“诏凡官畜并印其左以识之”。并规定，偷偷用私马换取好的官马，要处以死刑。到兴宗重熙十一年七月，“诏盗易官马者减死论”。[③] 契丹贵族多雇人放牧自家的马匹。奚六部的萧蒲奴“幼孤贫”，“佣于医家牧牛”[④]。道宗朝的北院枢密使耶律乙辛，也在少时牧羊。

辽朝廷为了畜牧业的发展、繁衍，以保证社会生活之需以及军事战

① 何天明：《辽代群牧制度源流考论》，《内蒙古社会科学》1993 年第 1 期。
② （元）脱脱等：《辽史》卷 90《萧陶隗传》，中华书局 1974 年版，第 1357 页。
③ （元）脱脱等：《辽史》卷 19《兴宗纪》，中华书局 1974 年版，第 228 页。
④ （元）脱脱等：《辽史》卷 87《萧蒲奴传》，中华书局 1974 年版，第 1335 页。

争所需，严禁祭奠时宰杀牛马，禁止马匹和其他牲畜卖与外境。统和十年正月，“禁丧葬礼杀马”。重熙十一年十二月，“禁丧葬杀牛马及藏珍宝”。重熙十二年六月，“诏世选宰相、节度使族属及身为节度使之家，许葬用银器，仍禁杀牲以祭”。[①] 统和十五年七月，“禁吐谷浑别部鬻马于宋”。由于采取了上述发展畜牧业的政策，辽朝中期畜牧业繁荣，发展很快。辽朝禁止朔州路羊马入宋、吐浑、党项以及卖给西夏马匹。以故群牧滋繁，数至百有余万，诸司牧官以次晋阶。自太祖及兴宗垂二百年，群牧之盛如一日。

天祚初年，马犹有数万群，每群不下千匹。祖宗旧制，常选南征马数万匹，牧于雄、霸、清、沧间，以备燕、云缓急；复选数万，给四时游畋；余则分地以牧。法至善也。累与金战，蕃、汉战马损失十之六七。虽增价数倍，竟无所买，乃冒法买官马从军。诸群牧私卖日多，畋猎亦不足用，遂为金所败。天祚弃众播迁，以讫于亡。[②] 松漠以北旧马，皆为大石林牙所有，驱之西向。至此，辽代畜牧业走向衰落。可以看出，辽代畜牧业与辽国祚同兴盛、共衰亡。

除国有牧场外，还有私人牧场。《辽史·地理志》中，记载了大量契丹贵族所占有的牧场。例如：遂州，为南王府五帐放牧之地；丰州，为遥辇氏僧隐牧地；闾州，为罗古王牧地；松山州，为横帐普古王牧地；豫州，为横帐陈王牧地；宁州，为横帐管宁王放牧地；乌州，为辽北大王拨剌占为牧地，建城。

广大契丹牧民，没有私人的牧场，只有公共放牧之地。据《辽史·地理志》记载，有两处公共放牧之地：泰州，本契丹二十部族放牧之地；静边城，为二十部族水草地。在契丹社会中，牲畜是衡量契丹人财富多少的标志之一。契丹贵族不仅占有大量牲畜，还有自己的放牧之地，由自己的部曲放牧，占有的牲畜数量也较多。契丹部民每年要向朝廷缴纳“倖羊”，作为税收的一种。

---

① （元）脱脱等：《辽史》卷19《兴宗纪》，中华书局1974年版，第229页。
② （元）脱脱等：《辽史》卷60《食货志》，中华书局1974年版，第931页。

三 赋税与徭役

辽代的赋税制度，是依据不同地区经济发展状况而制定的，大体可分为州县、部族与属国、属部三种类型。其赋税名目繁多。契丹、汉族、渤海等族人民是赋税的主要承担者。同时还要承担朝廷摊派的各种力役，如兵役、修城役、修河堤役等。因俗而治，沿袭中原之制又有所创新，是辽代赋税制度的基本特色。[①]

（一）赋税制度

辽初建国，即制定了赋税制度。赋税是国家财政收入的重要来源。辽代民众要承担各种名目繁多的赋税，辽代的赋税分为州县、部族与属国、属部三种类型。辽朝依据各地区不同的社会发展状况，采取因俗而治的政策，因此州县、部族与属国、属部的赋税有所差别，轻重有所不同。

1. 赋税制度的制定及其依据

辽朝境内各地区经济发展状况不尽相同，大体上可以分为农业经济、游牧经济、渔猎经济三种类型。以农业经济为主的地区为辽的南京道、东京道、中京道、西京道。上京道地区也有农业，但主要以畜牧业为主，或半农半牧。辽代赋税制度的制定是在辽建国之初，其后几经厘改，形成有辽一代的赋税制度。《辽史·食货志》记载：“夫赋税之制，自太祖任韩延徽始制国用。”太宗时，又依据户丁之数重新加以改订。穆宗时“省徭轻赋，人乐其生”[②]，减轻了原来的税率。对辽赋税制度全面进行改革的，是辽圣宗。当时因对宋战争，山西四州数被兵，加以岁饥，耶律隆运上言“宜轻税赋以来流民”[③]，于是对西京道的赋税进行了改订。统和十三年，又“增泰州、遂城等县赋”。泰州在辽上京道，为契丹二十部

---

① 武玉环：《辽代的赋役制度》，《北方文物》2003 年第 1 期。

② （元）脱脱等：《辽史》卷 103《萧韩家奴传》，中华书局 1974 年版，第 1449 页。

③ （元）脱脱等：《辽史》卷 82《耶律隆运传》，中华书局 1974 年版，第 1290 页。

族放牧之地，隶属延昌宫。可能先前所征赋税较轻，因此有所增加。第二年，“以南京道新定税法太重，减之”①。在此前，南京、上京、泰州似乎都增加了税额，但因增加的税额过重而又下令减少。这是对西京、上京、南京等地区的赋税全面加以重新改订，轻者增之，重者减之。之后，辽代税法基本上稳定下来。辽代赋税征收的依据，一是“计亩出粟以赋公上”②，即以土地多少出赋税。私田征税，官田收租，土地越多，征税越多。因此，贵族、地主想方设法逃避赋税。统和九年，“复言燕人挟奸，苟免赋役，贵族因为囊橐，可遣北院宣徽使赵智戒谕，从之”③。可见，贵族与地主相互勾结，企图免交或少交赋税。贵族与地主逃避赋税的现象可能经常发生，因此朝廷才有通括户口、检括户籍之举。征收赋税依据之二为户丁与民产。辽太宗时，曾“籍五京户丁以定赋税”④。辽圣宗统和年间，曾多次通括户口。统和八年，下诏括民田，次年，通括户口。统和十五年，通括宫分人户。这是由于辽朝以户丁为依据而征收赋税，因此出现隐匿户口不报的逃税现象。朝廷采取通括户口、查验户籍的办法，搜寻隐匿的人户。马人望在南京任警巡使，“会检括户口，未两旬而毕。同知留守萧保先怪而问之，人望曰：‘民产若括之无遗，它日必长厚敛之弊，大率十得六七足矣。’”⑤ 可知，检括户口与登记民产相结合，是辽朝征收赋税的重要依据。民产主要为房屋、田产、畜产。辽道宗时检括户口，登记民产，对纳税者重新登记，是为增加赋税而防止隐匿户口、田产而采取的一项重要措施。杨遵勖为枢密院都承旨时，曾“奉诏征户部逋钱，得四十余万缗”。⑥ 户部主管户籍与人口及征税，可见，普通民户也有拖欠不交赋税之事存在。

2. 隶属州县民户的赋税

辽朝赋税征收的对象，一是从事农耕的州县民户，二是隶属辽代部

---

① （元）脱脱等：《辽史》卷13《圣宗纪》，中华书局1974年版，第148页。
② （元）脱脱等：《辽史》卷59《食货志》，中华书局1974年版，第926页。
③ （元）脱脱等：《辽史》卷82《耶律隆运传》，中华书局1974年版，第1290页。
④ （元）脱脱等：《辽史》卷59《食货志》，中华书局1974年版，第926页。
⑤ （元）脱脱等：《辽史》卷105《马人望传》，中华书局1974年版，第1462页。
⑥ （元）脱脱等：《辽史》卷105《杨遵勖传》，中华书局1974年版，第1464页。

族的契丹等族的部民，三是边远地区的少数民族部族。

隶属州县的民户，是从事农耕的汉族、渤海族等州县的农民。朝廷每年征收正税（田地税）两次，即夏六月至九月为一次，秋十月至十一月为第二次。《辽史拾遗》卷15记载：“契丹统和十八年，诏北地节候颇晚，宜从后唐旧制，大小麦、豌豆六月十日起征，至九月纳足。正税、匹帛钱，鞋、地、榷钱等，六月二十日起征，十月纳足。”这说明，辽代税制沿袭后唐旧制，实行夏、秋两税制。此外，在《三朝北盟会编》卷50对辽代实行夏、秋两税也有记载：“收复之后，番汉一等待遇，民户除二税外，应该差徭科率无名之赋，一切除放。”这是宋朝占领燕地后，当宋朝与金朝议燕地赋税问题时，谈到民户所交的“二税”问题，同样证明了辽朝实行夏、秋二税制。辽朝的赋税主要包括正税、匹帛钱、鞋钱、地钱、榷钱、农器钱、户丁税、盐铁钱、义仓税等。上述所列杂税，多为沿袭中原王朝的税法。如匹帛钱，是在纳税以外，每匹帛再纳钱若干文。地钱是在正税外每亩另缴若干文，鞋钱是照地亩数再纳军鞋若干双而规定的钱数。盐铁钱为盐税与铁税。盐铁自汉唐以来，始终为国家专卖，辽也不例外。辽境内产盐之地很多，上京有广济湖盐泺，西京有丰州大盐泺，南京有香河、永济两盐院。上京设盐铁司，用以管理国家盐铁税收事宜。辽朝曾多次下诏严禁私贩盐、铁，但是却屡禁不止。道宗时的宰臣张孝杰，即以“私贩广济湖盐及擅改诏旨”[①]而被革职。铁亦为国家专卖，辽境内产铁地区有沙河、千山、首山、柳湿河、铁州、柳河馆等。《契丹国志・王沂公行程录》载：柳河馆“西北有铁冶，多渤海人所居，就河漉沙石，炼得成铁”。打造部落馆“惟有蕃户百余，编荆为篱，锻铁为军器”。《辽史・地理志二》记载，东平县“本汉襄平县地，产铁，拨户三百采炼，随征赋输”。文中的300户专事炼铁，但需缴纳铁税。辽朝铁禁甚严，私货铁或将铁输于外境，都要治罪。北院枢密使耶律乙辛因被告发私藏兵甲而被杀[②]。辽朝的酒为官卖，严禁私酿酒。辽在上京、东京、南京设麴院，有麴院使、麴院判官等，以管理酒务。《辽

① （元）脱脱等：《辽史》卷110《张孝杰传》，中华书局1974年版，第1487页。

② （元）脱脱等：《辽史》卷110《耶律乙辛传》，中华书局1974年版，第1486页。

史·地理志》头下军州条记载："官位九品之下及井邑商贾之家，征税各归头下，唯酒税课纳上京盐铁司。"头下军州所属民户，税分二等，征税各归头下，只有酒税上交国家。

辽朝在沿边诸州各设和籴仓，每岁"出陈易新，许民自愿假贷，收息二分，所在无虑二三十万硕，虽累兵兴，未尝用乏"①。文中的"收息二分"，是收取借贷者的钱作为义仓税。

辽代的赋税，各地区间有所差别。东京道原属渤海人聚居的地区，其中的酒税可以免征，盐禁也较松弛。"先是，辽东新附地不榷酤，而盐麹之禁亦弛。冯延休、韩绍勋相继商利，欲与燕地平山例加以绳约，其民病之，遂起大延琳之乱。连年诏复其租，民始安靖。"② 辽东地区为渤海人所居之地，对辽东地区赋税的征收，较其他地区为轻，这是为安抚渤海遗民而采取的特殊政策。辽圣宗时，冯延休、韩绍勋主管辽东地区税务，欲按燕京地区的税率征收，辽东民众不堪重负，大延琳乘机为乱，平叛之后，朝廷免征增加的租税，才使民心安定下来。

头下军州民户的赋税征收，与一般州县有别。关于头下军州的赋税，元好问在《中州集·李晏传》中提到："输租为官，且纳课给其主，谓之二税户，大定初免为民。"即头下军州内的民户要向头下主和官府各缴纳其租税。像头下户这样既输租于官，且纳课给其主的，还有寺院二税户。《金史·食货志》谓："辽人佞佛尤甚，多以良民赐诸寺，分其税一半输官，一半输寺，故谓之二税户。"因此，辽代的二税户，不但指州县头下户，还包括寺院的二税户。辽朝崇佛，皇室贵族乃至地主和普通民众，都尽其所能，把田产、钱财、房舍、人户捐赠给寺院。寺院的田产、房产因此而逐年增多。兰陵郡萧夫人捐资创建的静安寺，"延僧四十人……施地三千倾，粟一万石，钱二千贯，人五十户，牛五十头，马四十匹，以为供亿之本……敕赐曰静安寺。"③ 其中的"人五十户"，是指随同田产一同捐赠给寺院的民户。他们依附于寺院主，每年收成所得，要输租

① （元）脱脱等：《辽史》卷59《食货志》，中华书局1974年版，第925页。

② 同上书，第926页。

③ 陈述：《全辽文》卷8《创建静安寺碑铭》，中华书局1974年版，第200页。

给官府，还要纳课给寺院主。辽朝的二税户，一直延续到金朝，金大定年间和章宗时期，曾几次放免二税户为良。

3. 契丹、奚族等部民的赋税

契丹、奚族部民隶属于辽内部族，也承担辽朝的赋税。《辽史·耶律挞烈传》记载，耶律挞烈在应历初，升为南院大王，他“均赋役，劝耕稼，部人化之，户口丰殖”。说明契丹部民从事农耕者，要向朝廷缴纳赋税，出劳役。应历年间以前，曾有过赋役不均的现象，在耶律挞烈任南院大王后，这种现象有所改变，均平了赋役，而受到部民的赞誉。兴宗朝，萧孝穆曾“表请籍天下户口以均徭役，又陈诸部及舍利军利害，从之。由是政赋稍平，众悦”①。兴宗又一次均平徭役与赋税，因而受到契丹诸部的拥护。对契丹、奚族等部民的赋税征收，除粮食外，还有“俸羊”。《辽史·耶律室鲁传》记载，耶律室鲁任北院大王时，“以本部俸羊多阙，部人空乏，请以羸老之羊及皮毛，岁易南中绢，彼此利之”。可知，俸羊为契丹部民每年所缴纳的赋税之一。契丹部民除缴纳“俸羊”外，还要缴纳其他杂畜。《辽史·萧观音奴传》记载：“先是，俸秩外，给獐鹿百数，皆取于民，观音奴奏罢之。”萧观音奴为奚六部大王。可见，契丹、奚族等部民，不但要承担朝廷官员的俸禄供给，还要担负俸禄外杂畜的供给。直到统和十六年，才部分免除了部民所承担的官俸：“振崇德宫所隶州县民之被水者。丁未，罢民输官俸，给自内帑。”② 崇德宫为承天太后的斡鲁朵，因水灾才罢免了民输官俸这项税收。辽朝部民所输租税，要折合钱币计算。“故事，州民岁输税，斗粟折钱五，抹只表请折钱六，部民便之。”③ 耶律抹只为统和年间云内州开远军节度使。他奏请斗粟由折钱五改为折钱六，这对于部民来说，是有益的举措。

4. 边远地区的民族及属国、属部的赋税

地处边疆地区的少数民族，与居于辽内地的居民不同，他们每年只需向朝廷提供土特产品——貂皮、马匹、骆驼等，但数额也不小。在东

① （元）脱脱等：《辽史》卷 87《萧孝穆传》，中华书局 1974 年版，第 1332 页。

② （元）脱脱等：《辽史》卷 14《圣宗纪》，中华书局 1974 年版，第 153 页。

③ （元）脱脱等：《辽史》卷 84《耶律抹只传》，中华书局 1974 年版，第 1308 页。

北地区，少数民族五国部，需要向辽朝廷缴纳貂皮和马匹。《辽史·圣宗纪》记载，开泰七年三月，“命东北越里笃、剖阿里、奥里米、蒲奴里、铁骊等五部，岁贡貂皮六万五千、马三百”。西北地区阻卜诸部，每年向朝廷的岁贡也有定额。开泰八年七月，“诏阻卜依旧岁贡马千七百，驼四百四十，貂鼠皮万，青鼠皮二万五千。”① 其他如乌古部、敌烈部、鼻骨德部、于厥里部、室韦部、术不姑部、女真部，每年都要向辽朝进贡数额较大的土特产品。这对于边疆少数民族的部民来说，是一个沉重的负担。因此圣宗统和六年下诏，减免部分贡品：“诏乌隈于厥部却贡貂鼠、青鼠皮，止以牛马入贡。”② 圣宗统和十五年，“罢奚五部岁贡麋鹿”，“罢奚王诸部贡物”③。这说明辽朝对少数民族部族的贡赋，时有减免。

辽朝赋税征收数额的多少及轻重程度，史书无明文记载。据《辽史·耶律隆运传》记载：“其逃民禾稼，宜募人收获，以其半给收者。”这当是对分制的田租。由于史书对地亩税率无明确的记载，因此对于辽税是轻还是重，看法分歧较大。现参照北宋的税率，大致估计一下辽代的税率。北宋的北方农田单位面积产量，平均亩收近一石（即 100 升），其税收为每亩田秋米八升，约为收成的十分之一弱。而辽朝的税率，据出使辽朝的北宋使者路振的记述：“（虏）政苛刻，幽蓟苦之。围桑税亩数倍于（中国），水旱虫蝗之灾，无蠲减焉。”④ 与此相反，北宋的另一位出使辽朝的使臣苏辙却说，汉人“赋役稀少”，“赋役颇轻”，只是“每有急速调发之政，即遣天使持银牌，于汉户须索，县吏动遭鞭箠，富家多被强取，子女玉帛不敢爱惜，燕人最以为苦”⑤。上述两种说法相互矛盾，同是北宋出使辽朝的使者，路振与苏辙所得的结论完全相反。究竟哪一种说法更符合辽朝历史的真实情况？应该把辽朝按照前中后阶段来划分，前中期，赋税较轻，后期赋税繁重。在《辽史》中，多

① （元）脱脱等：《辽史》卷16《圣宗纪》，中华书局1974年版，第186页。

② （元）脱脱等：《辽史》卷69《部族表》，中华书局1974年版，第1094页。

③ 同上书，第1095页。

④ （宋）路振：《乘轺录》，见赵永春编注《奉使辽金行程录》，吉林文史出版社1995年版，第16页。

⑤ （宋）苏辙：《栾城集》卷41，《四部丛刊初编》，上海商务印书馆。

处记载辽朝前中期免交或减少缴纳租税的史实。如“募民耕滦河旷地，十年始租”①，兵荒、岁饥之年，也要减、免赋税。统和九年正月，“诏免三京诸道租税，仍罢括田”②。统和五年，耶律隆运“上言山西四州数被兵，加以岁饥，宜轻赋税以来流民，从之”③。从史书记载看，辽朝前中期的赋税相对来说应该是较轻的。虽然实际税率无记载，但从耕种荒地免交十年租税以及岁饥之年减免赋税的情况看，与苏辙所记“赋役颇轻”的说法正相吻合，是较为符合辽朝中期的实际情况的。但是辽末，兵连祸结，自然灾害频发，官吏腐败，朝廷赋税征收名目繁多，以至于出现饥荒。道宗大康元年九月，“以南京饥，免租税一年，仍出钱粟振之”。大康二年，“南京路饥，免租税一年”。大安三年，“出钱粟振南京贫民，仍复其租税”④。南京地区是辽朝农业较发达的地区，还出现连续几年的饥荒，其原因，一是灾害侵袭，二是赋税太重，赋税种类包括正税、匹帛钱、鞋钱、地钱、榷钱、农器钱、户丁税、盐铁钱、义仓税等。正如《辽史·食货志》所说：“至天祚之乱，赋敛既重，交易法坏，财日匮而民日困矣。”不但百姓生活穷困，朝廷府库也没有过多的积蓄：“至其末年，经费浩穰，鼓铸仍旧，国用不给。虽以海云佛寺千万之助，受而不拒，寻禁民钱不得出境。天祚之世，更铸乾统、天庆二等新钱，而上下穷困，府库无余积。”在金兵压境之时，国穷民困，终于被金所灭。“至末年，累与金战，番汉战马损十六七，虽增价数倍，竟无所买，乃冒法买官马从军。诸群牧私卖日多，畋猎亦不足用，遂为金所败。”⑤

（二）徭役及其种类

辽代的徭役，主要有军役、戍守、侦候、治公田、杂役、修堤、筑路、运输、驿传、生产等。⑥

---

① （元）脱脱等：《辽史》卷59《食货志》，中华书局1974年版，第926页。

② （元）脱脱等：《辽史》卷13《圣宗纪》，中华书局1974年版，第141页。

③ （元）脱脱等：《辽史》卷82《耶律隆运传》，中华书局1974年版，第1290页。

④ （元）脱脱等：《辽史》卷23、卷25《道宗纪》，中华书局1974年版，第295页。

⑤ （元）脱脱等：《辽史》卷60《食货志》，中华书局1974年版，第940页。

⑥ 武玉环：《辽代的赋役制度》，《北方文物》2003年第1期。

1. 军役、戍守、侦候

辽代民众有担负军役、戍守、侦候的责任与义务。“凡民年十五以上，五十以下，隶兵籍。”[①] 其中的契丹本户，多隶宫帐、部族，即隶属御帐亲军、宫卫骑军或部族军。汉人隶兵籍者，被称为“蕃汉转户”。据《辽史·兵卫志》记载：“三京（指上京、中京、东京）丁籍可纪者二十二万六千一百，蕃汉转户为多。析津（南京）、大同（西京），故汉地，籍丁八十万六千七百。”这是契丹、汉族、渤海族等服兵役的情况。辽建国初至辽圣宗时期，战事较多，每户男丁都有服兵役的义务。辽朝留传的诗中有“父子尽从蛇阵殁，弟兄空望雁门悲”之句。[②]

辽朝分派徭役的原则，一是以户丁多少为摊派的依据。“夫西北诸部，每当农时，一夫为侦候，一夫治公田，二夫给纠官之役，大率四丁无一室处。刍牧之事，仰给妻孥。一遭寇掠，贫穷立至。”[③] 这是以户丁为分派徭役的依据。除年幼和年老者外，每户中的成年男丁大多都要服徭役。服徭役的另一个原则，是“以贫富为等差”。“诸部皆有补役之法……近岁边虞数起，民多匮乏，既不任役事，随补随缺。苟无上户，则中户当之，旷日弥年，其穷益甚，所以取代为艰也。”[④] “乃者，选富民防边，自备粮糗。道路修阻，动淹岁月，比至屯所，费已过半，只牛单毂，鲜有还者。其无丁之家，倍直庸僦，人惮其劳，半途亡窜，故戍卒之食多不能给，求假于人，则十倍其息，至有鬻子割田，不能偿者。或逋役不归，在军物故，则复补以少壮。其鸭绿江之东，戍役大率如此。况渤海、女真、高丽合纵连横，不时征讨。富者从军，贫者侦候。”[⑤] 这些史料说明，辽朝服徭役“以贫富为等差”。实行先上户，次中户，再次下户的补役之法。无丁之家也要出钱雇旁人代劳。同时，选富民防边，贫者侦候。从上述记载还可看出：辽西北边疆少数民族所承担的徭役，要比内地繁重。辽西部边疆的边界线较长，疆域辽阔，戍守的任务较重。

---

① （元）脱脱等：《辽史》卷34《兵卫志》，中华书局1974年版，第397页。

② 陈述：《全辽文》卷12《无题佚句》，中华书局1974年版，第348页。

③ （元）脱脱等：《辽史》卷104《耶律昭传》，中华书局1974年版，第1454页。

④ （元）脱脱等：《辽史》卷103《萧韩家奴传》，中华书局1974年版，第1448页。

⑤ 同上。

“方今最重之役，无过西戍。”为此，耶律唐古曾向兴宗上疏：“自建可敦城以来，西蕃数为边患，每烦远戍。岁月既久，国力耗竭。不若复守故疆，省罢戍役。”[①] 但朝廷没有同意这一建议。

2. 驿递

驿递是在各个驿站间传递情报，为较重的徭役之一。由于驿站与驿站之间有相当的距离，驿递要在规定的时间内跑很远的路程，民众以此为患。《辽史·马人望传》记载：“民所甚患者，驿递、马牛、旗鼓、乡正、厅隶、仓司之役，至破产不能给。”

3. 马牛

马牛也是辽朝繁重的徭役之一，尤其是在战时，不但契丹部民、汉人，就连边远地区的少数民族，也要括马，以供军需。圣宗东征高丽，开泰八年下诏：“阻卜依旧岁贡马千七百，驼四百四十，貂鼠皮万，青鼠皮二万五千。”开泰九年，“括诸道汉民马赐东征军”[②]。

4. 运输

运输之役，是把皇室所需的生活用品，运送至行朝，或把军队所需之物，运送至军中。“契丹之粟、果、瓜皆资于燕，粟车转，果瓜以马送之虏廷”[③]。这是饮食的运送。果、瓜等易腐烂的食品，要求快速到达。在炎热的夏天，是较苦的徭役。此外，还有取暖、炊事所用的官炭。官炭产于神山县与滦河县。两县的县民，承担运送官炭的任务。“岁运泽州官炭，独役松山。（马）人望请于中京留守萧吐浑均役他邑”[④]。

5. 修护河堤之役

辽境内有西拉木伦河、潢河、太子河、混同江等江河，每当汛季，都要修护河堤，预防水灾。《辽史·大公鼎传》：“时辽东雨水伤稼，北枢密院大发濒河丁壮以完堤防。”《全辽文·贾师训墓志铭》：“寻扈驾春水，诏委规度春泰两州河堤，及诸官府课役，亦奉免数万工。”

---

① （元）脱脱等：《辽史》卷91《耶律唐古传》，中华书局1974年版，第1362页。

② （元）脱脱等：《辽史》卷16《圣宗纪》，中华书局1974年版，第186页。

③ （宋）沈括：《熙宁使虏图抄》，见赵永春编注《奉使辽金行程录》，吉林文史出版社1995年版，第86页。

④ （元）脱脱等：《辽史》卷105《马人望传》，中华书局1974年版，第1462页。

6. 行在（朝）役

行在役就是供皇帝行朝所需的各种杂役，如衣、食、住、行、渔猎、侍鹰、围场等各种杂役。《全辽文》卷9《贾师训墓志铭》："徙同知永州军州事。既上，日夜经画民事利病。奏减其部并邻道龙化、降圣等州，岁供行在役，调计民功三十余万，奏课天下第一，上嘉之。"可知，辽朝仅以上三州，每年提供契丹皇帝行在的各种徭役就达30余万人次。

7. 诸宫杂役

辽朝皇帝各有自己的斡鲁朵，两位摄政皇太后各置一宫，皇太弟耶律隆庆置一宫，圣宗时期的宠臣韩德让置一文忠王府，共计十二宫一府。这十二宫一府有自己的民户、兵马，因此也有各种杂役。有时，也会免除部分杂役。耶律仁先"奏复王子班郎君及诸宫杂役"①。

8. 冶铁之役

冶铁主要为锻造兵器或铸造钱币，从事冶铁劳作，也是徭役之一种。《全辽文》卷11《丁文逌墓志铭》："旋出为景州龙池冶监。其冶铁货岁出数不供课。比来为殿罚者殆且十数人。皆谓公性疏放，况能庀于是耶。身族为累，其兆于此。公洎至，督役勉工，亲时铸炼，所收倍于常绩。复更征商榷酒等务。烦剧皆办，所莅称最。"丁文逌任景州龙池冶监，"督役勉工，亲时铸炼"，可知冶铁也是辽朝徭役之一。担任此种劳役的多为渤海人。《契丹国志》卷24《王沂公行程录》记载："七十里至柳河馆，河在馆旁，西北有铁冶，多渤海人所居，就河漉沙石，炼得成铁。"

9. 筑路修城役

筑路修城为辽朝常见的徭役。室昉任工部尚书，"诏修诸岭路，昉发民夫二十万，一日毕功"。② 修城役也是辽朝常设的徭役之一。辽初，汉人康默记任左尚书。"神册三年，始建都，默记董役，人咸劝趋，百日而讫事。"

10. 建陵役与守陵役

修建皇陵与守卫皇陵，也是辽朝重要的徭役之一。担任建陵与守陵

---

① （元）脱脱等：《辽史》卷96《耶律仁先传》，中华书局1974年版，第1395页。

② （元）脱脱等：《辽史》卷79《室昉传》，中华书局1974年版，第1272页。

徭役的，既有契丹人，也有汉人、渤海人，其中以汉人、渤海人为多。康默记曾任太祖朝皇都夷离毕，“既破回跋城，归营太祖山陵毕，卒”。[①]可知，康默记曾负责营建太祖之陵。此外，还有奉守皇陵的徭役。辽兴宗为其父辽圣宗建永庆陵，“置蕃、汉守陵三千户，并隶大内都总管司”。改隶山东县的渤海永丰县民，被辽穆宗从永丰县拨出，作为辽世宗陵墓的守陵户，隶属辽世宗的斡鲁朵积庆宫。承担各种徭役的，多为契丹部民和州县民众。契丹贵族及少数民族部族的首领，可免除徭役或以部曲代行。辽道宗时曾下令：“诏二女古部与世预宰相、节度使之选者，免皮室军役。”[②] 除了免除军役，戍边及宫内祗候事也可以部曲代行。《辽史·兴宗纪》：“北枢密院言，南、北二王府及诸部节度侍卫祗候郎君，皆出族帐，既免与民戍边，其祗候事，请亦得以部曲代行，诏从其请。”对那些契丹部族中摊派的徭役较重而人户又少的，朝廷给予减免，或以富户代出赋役。统和三年三月，“枢密奏契丹诸役户多困乏，请以富户代之。上因阅诸部籍，涅剌、乌隈两部户少而役重，并量免之。”[③]

辽朝对契丹民户似乎格外优遇。除上述文中记载的可减免赋役外，有时其他部还要给予“助役”。耶律仁先为北院大王，“奏今两院户口殷庶，乞免他部助役，从之”[④]。两院是指北大王院的五院部、六院部的民户，承担的徭役可由别部助役，这是辽朝廷对两院人户的特殊待遇。隶属皇帝斡鲁朵的民户，其承担的徭役也实行赦免或减免。辽道宗对隶属其父辽兴宗斡鲁朵的春州、泰州民户的徭役，给予赦免：“曲赦春州役徒……赦泰州役徒”，“曲赦奉圣州役徒”[⑤]。

除皇帝有权赦免役徒或大臣上奏免赋役外，地方长官也有增加或减免赋役的权力。圣宗朝的于越耶律休哥被任命总南面军务，负责幽燕地区的军政事务。幽州历经战乱，为了恢复经济、发展生产，“休哥以燕民

① （元）脱脱等：《辽史》卷74《康默记传》，中华书局1974年版，第1230页。
② （元）脱脱等：《辽史》卷69《部族表》，中华书局1974年版，第1070页。
③ （元）脱脱等：《辽史》卷10《圣宗纪》，中华书局1974年版，第114页。
④ （元）脱脱等：《辽史》卷96《耶律仁先传》，中华书局1974年版，第1395页。
⑤ （元）脱脱等：《辽史》卷25《道宗纪》，中华书局1974年版，第297页。

疲弊，省赋役，恤孤寡”①。休哥有权力“省赋役”，可以推断各地区地方长官也有权决定赋役额度，其赋役额度的减免需经朝廷允许。地处西北地区的敌烈部，数为邻部侵扰，民多困弊，命萧乌野任地区长官，他有自行调节赋役额度的权力。他下令免去贫困部民的力役，是节省民力、与民休息的正当举措。也有的地方实行募役之法，年老体弱者和不能承担力役者可出钱，官府为之募役。南院枢密使马人望，“使民出钱，官自募役”②。这样，有钱者出钱，有力者出力，于国于民都有益。

综上所述，辽代赋税是国家财政收入的重要来源，其间几经厘改，而基本内容并无大的变动。辽代徭役种类繁多，契丹、汉、渤海等族人民，是徭役的主要承担者。因俗而治，沿袭中原之制又有所创新，是辽代赋役制度的基本特色。

四 矿冶业

辽早在建国前，已经有了矿冶业。“玄祖生撒剌的，仁民爱物，始置铁冶，教民鼓铸，是为德祖，即太祖之父也。”可知，太祖父亲撒剌的时期，已经有了铁冶。太祖建国前，吞并室韦后，占领其地，地产铜铁金银。“坑冶，则自太祖始并室韦，其地产铜、铁、金、银，其人善作铜、铁器。”③

《王沂公行程录》记载：七十里至柳河馆，河在馆旁。西北有铁冶，多渤海人所居，就河漉沙石，炼得铁……过松亭岭，甚险峻，七十里至打造部落馆。有番户百余，编荆为篱，锻铁为兵器。东南行……九十里至铁匠馆。过石子岭，自北渐入山，七十里至富谷馆，居民多造车者，云渤海人。④

辽朝境内产铁之地有曷术部，部内多铁。此外还有柳湿河、三黜古斯、手山。这几处都是产铁之地。在灭亡渤海国后，原渤海国的广州，

---

① （元）脱脱等：《辽史》卷83《耶律休哥传》，中华书局1974年版，第1299页。
② （元）脱脱等：《辽史》卷105《马人望传》，中华书局1974年版，第1461页。
③ （元）脱脱等：《辽史》卷60《食货志》，中华书局1974年版，第930页。
④ 赵永春编注：《奉使辽金行程录》，吉林文史出版社1995年版，第28页。

为渤海铁利府，改名为铁利州，地多铁。东平县本汉襄平县故地，产铁矿，置采炼者三百户，随赋供纳。银州，本渤海富州，太祖以银冶更名。[①] 以上诸坑冶多在东部，因此辽朝设置东京户部司，长春州设置钱帛司，专门管理采炼之事。

辽初在幽、蓟之地山麓，得银、铁矿，太祖命置铁冶。圣宗太平年间，在潢河北阴山及辽河之源，各得金、银矿，兴冶采炼。自此至天祚帝时，国家皆赖其利。

近年来，在辽墓考古发掘中出土的金属器物繁多，铁器有铁铧、壶、桶、熨斗、斧、刀、铲、剪、箭镞、马具、矛等，反映了辽代铁器制作水平已经达到或赶上中原地区。

在近年出土的辽墓中，出土了很多金银器。其中发现有的尸体外面罩有铜丝网络或金、银、铜面具。开泰七年（1018）入葬的陈国公主驸马合葬墓，即是其例。公主与驸马尸体东西并列陈放，枕金花银枕，两人均戴黄金面具，都穿全身银丝网络和金花银靴，随葬近千件遗物，多为金、银、玉、珍珠、水晶、琥珀、玛瑙等贵重饰品。出土的金银器，制作精美，器型独特。[②] 此外，其他辽墓中出土的有铜镜、铜洗、铜佛像、鎏金铜佛龛，银器有银匙、银镯、银碟、银箸、银制双面人面具等，金器有金冠、金镯、金耳饰等，说明辽代金银器制作工艺已经达到很高的水平。

钱币的制造，是在太祖父亲撒剌的时期。先代撒剌的为夷离堇，以土产多铜，始造钱币。太祖沿袭而用，出土的辽代钱币有太祖时期的天赞通宝。太宗时期设五冶太师，以总四方钱、铁。石敬瑭又献沿边所积钱，以备军用。

辽朝在景宗时期，由于旧钱不足于用，始铸乾亨新钱，钱用流布。圣宗凿大安山，取刘守光所藏钱，散诸五计司，兼铸太平钱，新旧互用。由是国家之钱，演迤域中。所以统和出内藏钱，赐南京诸军司。

除了自铸钱币外，自从统和年间辽宋澶渊之盟缔结后，自宋朝每年

① （元）脱脱等：《辽史》卷60《食货志》，中华书局1974年版，第930页。

② 内蒙古文物考古研究所：《陈国公主驸马合葬墓发掘简报》，《文物》1987年第11期。

所得钱币也是一笔不小的数目。开泰年间，诏诸道，贫乏百姓，有典质男女者，计佣价日以十文；价折佣尽，归还父母。每年春秋，以官钱宴飨将士，故东京所铸至道宗清宁中开始使用。当时，下诏严禁诸路不得买卖铜铁，以防私铸，又禁铜铁卖入回鹘，法令日益严密。道宗时期，铸币有四种：咸雍、大康、大安、寿隆，都因改年号而改其名称。铜币肉好，铢数无所考。道宗曾令杨遵勖征户部司逃户旧钱，得四十余万繦，拜杨遵勖枢密直学士。刘伸为户部使，每年交朝廷羡余钱三十万繦，因此升职为南院枢密使。① 辽境内有灾，朝廷出国库钱用来赈济贫乏百姓以及诸宫分沿边戍守人户。当时可称为国富民强。到辽朝末年，经费开支巨大，虽然每年仍旧铸币，但是仍然不足为用。海云寺曾经给予千万之钱为国用。由于财政开支浩繁，朝廷仍禁止民钱流出境外。天祚之世，又铸乾统、天庆二等新钱，当时国民穷困，府库无所余积。

辽朝通过榷场贸易，获得大量宋钱。兴宗重熙二十年（1051），宋朝定州路安抚司言："雄州、广信、安肃榷场北客市易，多私以铜钱出境。"② 道宗大安五年（1089），北宋苏辙出使辽朝归来上奏："臣等窃见北界别无钱币，公私交易，并使本朝铜钱。沿边禁钱条法虽则深重，而利之所在，势无尤止。本朝每岁铸钱以百万计，而所在常患钱少，盖散入四夷势尔也。"③ 近年来，考古工作者在辽京城遗址和各种辽墓中，发掘出大量北宋铜钱，证明了宋钱北流的事实。

五 纺织业

辽朝的纺织业，在辽建国前已经出现。耶律阿保机的叔父，"德祖之弟述澜，北征于厥、室韦，南略易、定、奚，始兴板筑，置城邑，教民种桑麻，习组织，已有广土众民之志。"④ 到太祖耶律阿保机之时，辽朝

① （元）脱脱等：《辽史》卷105《杨遵勖传》卷98《刘伸传》，中华书局1974年版，第1464、1416页。

② （宋）李焘：《续资治通鉴长编》卷171，皇祐三年十一月，中华书局2004年版，第417页。

③ （宋）苏辙：《栾城集》卷41《北使还论北边事劄子》，《四部丛刊初编》，上海商务印书馆。

④ （元）脱脱等：《辽史》卷2《太祖纪》，中华书局1974年版，第24页。

境内纺织业已经有了很大发展，出现了专门从事纺织业的丝蚕户。东京道灵、锦、显、霸四州，地生桑麻、贝、锦，州民无田租，但供蚕织，名曰太后丝蚕户。东京道原为渤海人聚居区，渤海国时期，纺织业已经很发达，生产细布、绢帛。辽上京有绫锦作坊。胡峤在世宗时期曾经留驻上京七年，他所见到的是："西楼有邑屋市肆，交易无钱而用布。有绫锦诸工作、宦者、翰林、伎术、教坊、角骶、秀才、僧、尼、道士等，皆中国人，而并、汾、幽、蓟之人尤多。"[①] 世宗时期，上京已经有绫锦诸作坊，应是中原地区并、汾、幽、蓟之移民从事纺织业为多。

辽朝占领燕云十六州后，纺织业又有了新的发展。南京析津府的纺织业，自古以来颇负盛名。《契丹国志》记载："城北有市，陆海百货，聚于其中；僧居佛寺，冠于北方。锦绣组绮，精绝天下。"[②]

考古材料也表明，辽朝契丹贵族男女服装面料已颇考究，其工艺达到了相当高的水平。在内蒙古翁牛特旗解放营子辽墓发现的一批织锦、绫、罗、刺绣中，有"夹缬"和"腊缬"法印染的各种花纹。夹缬始于秦汉，唐以后得到流行。最早是用两块木板雕刻成同样花纹，着色夹染，故称夹缬。"腊缬"是用蜡涂成花纹，染后去掉，在织物上留下花纹，反映出当时丝织工艺已达到很高的水平。

1974 年，在辽宁法库叶茂台辽墓出土契丹女尸墓，墓中的女主人身穿珍贵的各种蚕丝织品衣物。包括绢、纱、罗、绮、锦、绒圈织物及缂丝等七类几十个品种。有的平纹纺织品的纺绩工艺很有特点，构成经纬线的茧丝与茧丝之间作整齐的平行排列，使得织品格外轻薄柔软。契丹老年贵族妇女，其衣着为长袍、短袄、裙、裤、套裤。袍衫有疙瘩式襻扣，左衽宽袖。头戴高翅帽，旁有两个高大的立翅。脚穿齐膝缂丝软靴，为圆口两旁开褉式。手戴绣花分指手套，脸部盖有深棕色蝉翼状面纱，质地轻薄柔软。[③] 这说明当时纺织技术的高超和契丹贵族妇女生活的讲究与奢华。

---

① （宋）叶隆礼：《契丹国志》卷 25《胡峤陷北记》，上海古籍出版社 1985 年版，第 238 页。

② （宋）叶隆礼：《契丹国志》卷 22《四京本末》，上海古籍出版社 1985 年版，第 216 页。

③ 辽宁省博物馆等：《法库叶茂台辽墓记略》，《文物》1975 年第 12 期。

从辽朝赠送宋朝的礼品之中可以窥见辽代纺织品的概貌："宋朝皇帝生日，北朝所献：缂丝花罗御样透背御衣七袭或五袭，七件紫青貂鼠翻披或银鼠鹅项鸭头纳子，涂金银装箱，金龙水晶带，银匣副之，锦缘帛皱皮革，金玦束皂白熟皮靴鞋，细锦透背清平内制御样、合线搂机绫共三百匹，涂金银龙凤鞍勒、红罗匣金线方鞯二具，白楮皮黑银鞍勒、毡鞯二具，绿褐楮皮鞍勒、海豹皮鞯二具，白楮皮裹筋鞭一条，红罗金银线绣云龙红锦器仗一副，黄桦皮缠楮皮弓一，红锦袋皂雕翎𦐇角骲头箭十，青黄雕翎箭十八。"① 其中的缂丝花罗御样透背御衣、紫青貂鼠翻披、细锦透背清平内制御样、合线搂机绫等，都是当时纺织品中的精品，代表了辽朝纺织品的最高等级。

六 商业

辽代商业是在农牧业、手工业发展的基础上发展起来的，辽代商业的发展，也与城镇的兴起，交通的便利直接相关联。

（一）辽代城镇的兴起与商业繁荣

辽代商业，早在太祖时期就已经出现。据史书记载，"征商之法，则自太祖置羊城于炭山北，起榷务以通诸道市易"。炭山在今河北独石口外西北滦河上游。山北有羊城，为契丹与北方民族贸易之所。

上京是辽太祖耶律阿保机在建国后于神册年间建立起来的。城中有南城，"南城谓之汉城，南当横街，各有楼对峙，下列井肆。东门之北潞县，又东南兴仁县。南门之东回鹘营，回鹘商贩留居上京，置营居之。西南同文驿，诸国信使居之。驿西南临潢驿，以待夏国使"。② 上京城不但有商业店铺，还有回鹘商贩居住的地方和相互贸易的场所。胡峤留居上京多年，他见到的上京商业状况如下："上京西楼，有邑屋市肆，交易

① （宋）叶隆礼：《契丹国志》卷21《契丹贺宋朝生日礼物》，上海古籍出版社1985年版，第200页。

② （元）脱脱等：《辽史》卷37《地理志》，中华书局1974年版，第438页。

无钱而用布。”[①] 说明辽初的商业贸易，还处在以物易物的阶段。[②]

太宗得燕，置南京，为南京析津府。南京是辽朝商业重镇。《契丹国志》记载：“大内壮丽，城北有市，陆海百货，聚于其中；僧居佛寺，冠于北方。锦绣组绮，精绝天下。膏腴蔬蓏、果实、稻粱之类，靡不毕出，而桑、柘、麻、麦、羊、豕、雉、兔，不问可知。水甘土厚，人多技艺，秀者学读书，次则习骑射，耐劳苦。”[③] 南京析津府，西城巅有凉殿，东北隅有燕角楼。坊市、廨舍、寺观等。

东京辽阳府，太祖建国，攻渤海，拔忽汗城，俘其王大諲譔，设东丹国，立太子图欲为人皇王以主之。神册四年，葺辽阳故城，以渤海、汉户建东平郡，为防御州。天显三年，迁东丹国民居之，升为南京。东京城商业繁荣，外城为汉城，分南北市，中为看楼；晨集南市，夕集北市。街西有金德寺、大悲寺、驸马寺、赵头陀寺。有留守衙、户部司、军巡院等。是辽朝东北地区繁华的商业都市。

中京大定府，圣宗尝过七金山土河之滨，南望云气，有郛郭楼阙之状，因议建都。中京的郛郭、宫掖、楼阁、府库、市肆、廊庑，拟神都之制。“大同驿以待宋使，朝天馆待新罗使，来宾馆待夏使。”[④] 中京是辽朝后期建立的新都市，城中有市肆、廊庑，及招待各国使臣的场所，同时也是与各国使者公私贸易交换的场所。

西京大同府，晋高祖代唐，以契丹有援立功，割山前、代北地为赂，大同来属，因建西京。西京广袤二十里。西京西邻西夏，南与宋朝相接，地理位置十分重要，因此，非亲王不得主之。清宁八年建华严寺，奉安诸帝石像、铜像。又有天王寺、留守司衙。西京大同府之南为西省。北门之东为大同府，北门之西为大同驿。是辽朝与西北、西南地区各族进

---

① （元）脱脱等：《辽史》卷37《地理志》，中华书局1974年版，第438页。

② 关于辽代商业，陈述在《契丹社会经济史稿》，三联书店1963年版中认为，南京地区相对繁荣，但南北存在差别，对北方而言没有固定的市场。唐统天认为，辽境内五京均有商业，头下州，斡鲁朵州县也有商业，有行官市场。见《契丹治下的商业》，《北方文物》1991年第2期。林荣贵在《辽朝经营与开发北疆》（中国社会科学出版社1995年版）中认为，辽代上京在中期商业已经很繁荣。

③ （宋）叶隆礼：《契丹国志》卷22《四京本末》，上海古籍出版社1985年版，第217页。

④ （元）脱脱等：《辽史》卷38《地理志》，中华书局1974年版，第455页。

行贸易的商业之所。

（二）榷场贸易

辽宋双方各在沿边地区设置官办贸易场所，进行贸易。景宗保宁年间，宋朝在镇（河北正定）、易（河北易县）、雄（河北雄县）、霸（河北霸县）、沧（河北沧县），各设置榷场，与辽朝贸易。后来因战争等原因，榷场时开时禁。统和二十年（1002），辽朝请求恢复榷场，宋朝开放雄州榷场，直至“澶渊之盟”后，辽宋榷场贸易才开始恢复与发展起来。

统和二十三年（1005），澶渊之盟缔结的第二年，辽朝先后在涿州新城（河北新城县旧城）、振武军（内蒙古土城子）、朔州南设置榷场，与宋朝进行贸易。同时设置榷场都监进行管理。同年，宋朝也在雄州、霸州、安肃军（河北徐水）、广信军（河北徐水东）等处，设置榷场，自此以后，辽宋双方互市贸易规模逐渐扩大。

榷场贸易的物品，从宋朝输入辽朝的物品有：茶叶、香药、犀象、苏木、缯帛、漆器、秔糯、瓷器等。辽朝向宋朝输入的物品主要有羊马、橐驼等，其中羊为大宗。“河北榷场博买契丹羊岁数万，公私岁费钱四十余万缗。”① 辽宋双方通过榷场贸易，获得了大量税收。仅在宋景德年间，与辽朝贸易岁获银四十余万两。通过榷场贸易，辽宋两朝互通有无，满足了双方各自在物质生活方面的需要，密切了两朝经济文化上的联系。

辽朝地处交通要道的州郡，商业也很发达。如雄州、高昌、渤海亦立互市，以通宋、西北诸部、高丽之货。女真以金、帛、布、蜜蜡诸药材及铁离、于厥等部以蛤珠、青鼠、貂鼠、胶鱼之皮、牛羊驼马、毛毳等物，来易于辽者，道路襁属。

上京道的祖州，东南横街，四隅有楼对峙，下连市肆，十分热闹。

圣宗统和初，燕京留守司言，民艰食，请弛居庸关税，以通山西市易。居庸关在距北京市区50余公里外的昌平区境内，是连接山西、大同

---

① （宋）李焘：《续资治通鉴长编》卷211，熙宁三年五月，中华书局2004年版，第5136页。

等地的关口。辽朝在诸行宫外设置市场，提供百姓日常所需物品。圣宗曾下令有司，“谕诸行宫，布帛短狭不中尺度者，不鬻于市。”① 圣宗下诏以南、北府市场人少，宜率当部车百乘赴集。开奇峰路以通易州贸易。据宋朝使者所见：“过犊儿北十余里，曰市场，小民之为市者，以车从之于山间。”② 统和二十三年，振武军及保州设置榷场。当时的榷场贸易，有的是以物易物，进行物物交换。例如北院大王耶律室鲁以俸羊多阙，部人贫乏，请以羸老之羊及皮毛易南中之绢，上下为便。③

（三）民间走私贸易

除了榷场之外，在辽宋边界，还有大量的走私贸易。辽宋双方各自规定了不许私自贩卖的商品品种。如辽朝禁止金银、铜器、马匹卖入宋朝。宋朝禁止硫黄、焰硝、炉甘石，以及除九经注疏以外的书籍出境。但是，各族商贩冲破重重阻碍，进行走私贸易，以满足民间百姓的日常生活需要。走私的商品，多是朝廷禁止出售的商品。例如盐、马、牛、羊等。由于辽朝盐价较贱，所以贩盐成为走私的重要商品之一。《文献通考·四夷传》：“北人或自海口载盐入界河，涉雄霸入涿州，边吏因循不能止。”

（四）商税

商税的征收，是从太祖时期开始的。“征商之法，则自太祖置羊城于炭山北，起榷务以通诸道市易。”说明太祖时期已经开始征缴商税。从太宗时期开始，在辽朝各地普遍征收商税。“太宗得燕，置南京，城北有市，百物山偫，命有司治其征；余四京及它州县货产懋迁之地，置亦如之。”④

头下军州，也要征缴商税。“官位九品之下及井邑商贾之家，征税各归头下；唯酒税课纳上京盐铁司。”其中的酒税要上缴给国家。

---

① （元）脱脱等：《辽史》卷60《食货志》，中华书局1974年版，第929页。

② （宋）沈括：《熙宁使虏图抄》，见赵永春编注《奉使辽金行程录》，吉林文史出版社1995年版，第95页。

③ （元）脱脱等：《辽史》卷60《食货志》，中华书局1974年版，第929页。

④ 同上。

辽朝曾经对关市税进行过调整。圣宗统和初，曾减少居庸关商税。“燕京留守司言，民艰食，请弛居庸关税，以通山西易。”[①] 圣宗统和十九年，减关市税。这一时期，上京有的州县，也开始征收商税。开泰元年十二月，贵德、龙化、仪坤、双、辽、同、祖七州，至是有诏始征商。[②]

辽朝廷对于征收商税中存在的违法现象，进行处治。圣宗统和四年十一月，以古北、松亭、榆关征税不法，致阻商旅，遣使鞫之。[③]

（五）辽与东北、西北等族的贸易

与熟女真国的贸易。熟女真国居民等以金、帛、布、黄蜡、天南星、人参、白附子、松子、蜜等诸物，与契丹贸易或贡于辽朝廷；或只于边境买卖。契丹国商贾人等自由出入其国买卖。

辽与屋惹国、阿里眉国、破骨鲁国等国的贸易。每国各一万余户。西南至生女真国界。契丹枢密院差契丹或渤海人充诸国节度使管押，然不出征赋兵马，每年惟贡进大马、蛤珠、青鼠皮、貂鼠皮、胶鱼皮、蜜蜡之物，可与北番人随意往来买卖。

辽与铁离国的贸易。铁离国不属契丹统押，也不与契丹争战，复不贡进，唯以大马、蛤珠、鹰鹘、青鼠、貂鼠等皮、胶鱼皮等物与契丹交易。

辽与鞑靼国贸易。鞑靼国无君长统押，稍有耕种。春夏居屋室中，秋冬则穿地为洞，深可数丈而居之，以避其寒。不贡进契丹，亦不争战，唯以鹰鹘、鹿、细白布、青鼠皮、银鼠皮、大马、胶鱼皮等与契丹交易。

辽与铁离、喜失牵国的贸易。铁离、喜失牵国的言语、衣装、屋舍与鞑靼稍同。无君长管押，不贡进契丹，也不争战，只以羊、马、牛、驼、皮毛之物与契丹交易。

辽与蒙古里国的贸易。蒙古里国无君长所管，无耕种，以畋猎为业，不常其居，每四季出行，逐水草，所食唯肉酪而已。不与契丹争战，只

---

① （元）脱脱等：《辽史》卷 60《食货志》，中华书局 1974 年版，第 929 页。
② （元）脱脱等：《辽史》卷 15《圣宗纪》，中华书局 1974 年版，第 172 页。
③ （元）脱脱等：《辽史》卷 11《圣宗纪》，中华书局 1974 年版，第 125 页。

以牛、羊、驼、马、皮、毳之物与契丹交易。

辽与于厥国的贸易。于厥国无君长首领管押，凡事并与蒙古里国同。甲寅岁，曾率众入契丹国界为盗，圣宗命驸马都尉萧徒欲统兵，大破其国。而后，更不复为盗，只以牛、羊、驼、马、皮、毳之物与契丹交易。

辽与鳖古里国、达打国的贸易。鳖古里国、达打国以牛、羊、驼、马、皮、毳与契丹交易。①

以上东北 、西北诸族与契丹进行贸易，多为以物易物。贸易的品种多为当地的土特产品。东北、西北诸族与契丹的贸易，满足了双方的生产、生活的需要，促进了辽朝东北、西北边疆地区的经济、贸易发展，加强了辽朝与东、西部边疆地区各民族的联系。

① （宋）叶隆礼：《契丹国志》卷22《四至邻国地里远近》，上海古籍出版社1985年版，第214页。

第五章

兵　志

辽以武立国，辽朝军队是保卫辽国的重要武装力量，是阶级压迫的工具。辽代军事制度，带有北方游牧民族的传统特色，同时又受中原军制的影响，番汉两套军制并存。①

一　中央与地方各级军事机构

（一）中央各级军事机构

北、南枢密院：辽朝北枢密院，掌兵机、武铨、群牧之政，凡契丹军马都隶属其中。因其牙帐居大内帐之北，故称北院。辽北枢密院统御辽国兵马，位高权重。多由契丹贵族任北枢密使。

南枢密院，即汉人枢密院，掌汉人兵马之政。

天下兵马大元帅府：以太子、亲王总领全国军政。设天下兵马大元帅、副元帅之职。天下兵马大元帅多由皇太子担任。

大元帅府：以大臣总军马之政，设大元帅、副元帅之职。

都元帅府：以大将军总军马之事，设兵马都元帅、副元帅、同知元帅府事等。

大详稳司：辖有左、右、北、南皮室诸详稳司。设置大详稳、都监、将军、小将军等职。

---

① 武玉环：《辽朝军事制度述论》，《北方民族》2000 年第 1 期。

（二）地方各级军事机构

诸路兵马统属司：掌诸路兵马之统属。设置诸路兵马都统署，诸路兵马副统署。

诸军详稳司：设置左、右、南、北皮室详稳司，南北王府舍利军详稳司，敌烈皮室详稳司等。

地方各级军事机构可按照五京地区划分为五大块：东部地区，西部地区、南部地区、北部地区以及辽朝首都上京地区。

上京路诸司：是为控制诸奚而设置。包括奚王府、大惕隐司、大国舅司、大常衮司、五院司、六院司、沓温司，诸军都虞侯司。

东部：东京兵马都部署司：为辽阳路诸司，掌控扼高丽。设契丹、奚、汉、渤海四军都指挥使司，东京都统军使司与都详稳司，保州统军司，汤河详稳司，铜州兵马指挥使司，涞州兵马指挥使司。

北部：长春路诸司：设有黄龙府兵马都部署司、黄龙府铁骊军详稳司、咸州兵马详稳司、东北路都统军使司，掌控制东北诸国。

南部：南京诸司：为备御宋朝而设。有南京都元帅府、南京兵马都总管府、南京马步军都指挥使司、侍卫控鹤都指挥使司、南京禁军详稳司、南京都统军司等。

西部：西京诸司：为控制西夏而设。西京诸司统有：西南面安抚使司、西南面都招讨司、西南面大详稳司、西南路详稳司、西南面五押招讨司、西南路巡察司、西南面巡检司、西南面拽剌详稳司、山北路都部署司、金肃军都部署司、南北王府、乙室王府、山金司等。[①]

在京以下地区，设立东北、西北、西南、东路、西路等诸路使司。

西北路诸司：控制诸国而设。西北路诸司领有西北路招讨使司、西北路管押详稳司、西北路总领司、契丹军详稳司、吐谷浑军详稳司、述律军详稳司、禁军详稳司、大小室韦军详稳司等。

东北路诸司：设有东北路兵马详稳司、东北路监军兵马司、东北路女真详稳司、北女真兵马司等。

---

① （元）脱脱：《辽史》卷46《百官志》，中华书局1974年版。

东路诸司：设东路兵马都总管府、东路都统军使司。遥里等十军都详稳司、九水诸夷安抚使。

西路诸司：设山西兵马都统军司、西路招讨使司、西边大详稳司、四蕃都军所、夏州管内蕃落使、倒塌岭统军司、塌西节度使司、塌母城节度使司。

西南边诸司：设西南面节制司、西南面都统军司。

二 军队的种类与兵器

辽朝军队的种类，可分为御帐亲军、宫卫骑军、大首领部族军、众部族军、五京乡丁、属国军等六种。正如《辽史·百官志》所说："辽宫帐、部族、京州、属国军，各自为军，体统相承，分数秩然。雄长二百余年，凡以此长世也。"

御帐亲军。御帐亲军是皇帝的禁军。创置于辽太祖时期的"腹心部"，即从各部挑选出一千余名豪健武士组成阿保机的"禁军"。"皇后述律氏居守之际，摘蕃汉精锐为属珊军：太宗益选天下精甲，置诸爪牙为皮室军。合骑五十万，国威壮矣。"① 御帐亲军是辽朝重要的武装力量，有大帐皮室军，属珊军共五十万骑。

宫卫骑军。宫卫骑军即诸斡鲁朵骑军，创立于太祖时。太祖"乃立斡鲁朵法，裂州县，割户丁，以强干弱枝。诒谋嗣续，世建宫卫。入则居守，出则扈从，葬则因以守陵。有兵事，则五京、二州各提辖司传檄而集，不待调发州县、部族，十万骑军已立具矣"。斡鲁朵骑军是保卫皇帝、捍卫皇权的武装力量。直接统辖于皇帝，不受枢密院所管辖。十二宫一府共有丁四十八万八千，出骑军十万一千。这支宫卫骑军，由每个斡鲁朵设在各地的提辖司统辖。提辖司主要设在辽宋的边境地区，"重地每宫皆置，内地一二而已"。②

大首领部族军。为辽朝亲王大臣所置私甲，多者千余骑，小者数百

① （元）脱脱：《辽史》卷35《兵卫志》，中华书局1974年版，第401页。
② 同上书，第409页。

人，著籍皇府。征伐之际，从征三、五千骑，常留余兵为部族根本。“其诸大首领太子伟王、永康、南北王、于越、麻答、五押等，大者千余骑，次者数百人，皆私甲也。”①

众部族军。辽朝契丹部族实行亦兵亦民的组织形式，众部族分隶南、北府，守卫四边。《辽史·营卫志》中说：“胜兵甲者即著军籍，分隶诸路详稳、统军、招讨司。蕃居内地者，岁时田牧平莽间，边防乣户，生生之资，仰给畜牧。”“分领兵马，则有统军、侍卫、控鹤司，南王、北王、奚王府五帐分、提失哥东西都省太师兵。又有国舅、钤辖、遥辇、常衮诸司，南北皮室、二十部族节度，频必里、九克、汉人、渤海、女真五节度，五冶大师一百、六百、九百家奚。”②

五京乡丁。是由辽五京中隶属州县的丁壮所组成，包括汉人、渤海人等。由南枢密院及诸军司统领。五京乡丁共计一百一十万一千三百人。五京乡丁的主要任务是随军专伐园林、填修道路等，做些战前辅助性的工作，不是辽朝的主力军。

属国军。隶属辽朝的属国 59 个，朝贡无常。有征伐则遣使征兵，或下诏专征。助军多寡，各从其便，无常额。“复有近界鞑靼、于厥里、室韦、女真、党项，亦被胁属，每部不过千余骑。其三部落吐浑、沙陀，洎幽州管内燕门以北十余军、州部落汉兵，合三万余众，此是石晋割赂契丹之地。番汉诸族，其数可见矣。每契丹南侵，其众不啻十万。”③

以上两帐、十二宫一府、五京，共有兵士一百六十四万七千八百。“宫丁、大首领、诸部族、中京、头下等州，属国之众，皆不与焉。不轻用之，所以长世。”④

骑兵。辽以鞍马为家，因此，契丹铁骑以骁勇而闻名天下。辽朝骑兵是作战的主要兵种。辽朝皇帝的御帐亲军共有骑军 50 万，诸斡鲁朵内有骑军 10 万余。每名骑兵配战马三匹，轮流使用。辽朝骑兵为辽作战的主力军。

---

① （宋）叶隆礼：《契丹国志》卷 23《兵马制度》，上海古籍出版社 1985 年版，第 223 页。

② 同上。

③ 同上。

④ （元）脱脱：《辽史》卷 36《兵卫志》，中华书局 1974 年版，第 433 页。

辽朝步兵，多为汉人。神册元年，太祖耶律阿保机收编后唐的“山北八军”，维持固有的汉军制度不变，遂为定制。之后又收降后晋将领赵思温等人的军队，置之燕云故地。辽在南京、中京又设立禁军，其编制沿袭唐、五代。这些汉军多为辽朝步兵，在对后晋与对宋的战争中发挥了重要作用。

炮兵。辽朝军队中设有“掌飞炮”之事的炮手军详稳司，掌管火炮的制造与管理。辽朝已有攻坚能力很强的炮兵，并用于对宋作战之中。辽朝作战的主力军为骑兵，步兵为辅助性的后备军。

辽朝军队兵士的编制，是以骁勇三千人为先锋，彪悍一百人为远探拦子马军，又抽取十人或五人合为一队，以备通信联络。可推知军队编制可能与氏族组织的十进制编制有关。辽朝汉军分为军与指挥营两级组织。每指挥营约统兵五百人，若干指挥营编为一军。

辽朝军队分为正军和家丁，正军为国家的正式军队，家丁是正军的后备、补充的部队。每正军一名，马三匹，打草谷、守营铺家丁各一人。自备铁甲九副，马鞯辔，马甲皮铁，视其力；弓四，箭四百支，长短枪、䤯𨱏、斧钺、小旗、锤锥、火刀石、马盂、粆一斗、粆袋、搭钅毛伞各一，縻马绳二百尺，皆自备。人马不给粮草，日遣打草谷骑四出抄掠以供军需。①

三 兵役制度及武官的选任

辽朝的兵役制度是征兵制与募兵制并存。辽国兵制，凡民年 15 岁以上，50 岁以下，皆隶兵籍。即以全民皆兵的方式形成辽代独特的军事制度。辽朝部民，平时戍守，战时出征。“有兵事，则五京、二州各提辖司传檄而集，不待调发州县、部族，十万骑兵已立具矣。”②

辽朝的募兵制主要施之于汉军。这是仿中原募兵之制而设立的制度。这种募兵制，带有强制的性质。当时燕京城中汉兵 8 营，有南、北两衙

① （元）脱脱：《辽史》卷 34《兵卫志》，中华书局 1974 年版，第 397 页。
② （元）脱脱：《辽史》卷 35《兵卫志》，中华书局 1974 年版，第 401 页。

兵、两羽林兵、控鹤、神武兵、雄捷兵、骁武兵，皆黥面给粮，如汉制。辽朝后期，贫苦的牧民承受不了沉重的兵役负担，不能自备全副兵甲，只好担任辅助性的工作，从而使辽兵源日渐枯竭。辽末，强征士兵，用于同女真人作战，甚至令豪强献军，辽朝兵役制度大遭破坏，终至紊乱。

辽朝军队中的武官，是统领辽军的中坚力量。辽朝对武官的选任有两条标准：一是能征善战，或立有战功；二是将门虎子，即父兄有功于国，子弟可承袭其父兄之职。如耶律奴瓜，在与宋作战中，“尽复所陷城邑，军还，加诸卫小将军。及伐宋，有功，迁黄皮室详稳”[①]。耶律铎轸，积庆宫人。与宋作战时，“取绯帛被介胄以自标显，驰突出入敌阵，格杀甚众。太后望见喜”[②]。于是多以军事委任。不久授东北详稳。承袭其兄之职也是辽朝录用武官的途径之一。耶律那也，皇帝因其兄耶律斡死于王事，9 岁时加耶律那也为诸卫小将军，又迁为宿直官。[③] 韩延徽之子韩德枢，年纪刚刚 5 岁，太宗对韩延徽说：“是儿卿家之福，朕国之宝，真英物也。”未冠，守左羽林大将军，迁特进太尉。[④] 太平八年圣宗下诏，录征高丽战殁将校子弟。可知，辽朝武官的录用既有因功而授，也有世袭武职。辽朝的武官选任似无定期，根据需要而随时录用与选任。

四　契丹的军事战略战术

契丹的军事战略思想，融本民族的战法与中原战法为一体。契丹有严格的治军之法。随着辽军的南征北讨，其战术在实践中日臻成熟。现据《辽史·兵卫志》所载辽军出兵作战实例，总结其战法如下。

知己知彼，百战不殆。契丹军队在征战前，必先摸清对方虚实，如果可攻取，按顺序先后进兵。辽军与宋作战时，到宋北京（今河北大名东北）三路兵会合，以议攻取之谋。三路军马前后左右有先锋、远探拦子马各十数人，在先锋前后二十余里，全副衣甲，夜中每行十里或五里

---

① （元）脱脱：《辽史》卷 85《耶律奴瓜传》，中华书局 1974 年版，第 1315 页。
② （元）脱脱：《辽史》卷 93《耶律铎轸传》，中华书局 1974 年版，第 1379 页。
③ （元）脱脱：《辽史》卷 94《耶律那也传》，中华书局 1974 年版，第 1384 页。
④ （元）脱脱：《辽史》卷 74《韩德枢传》，中华书局 1974 年版，第 1232 页。

少驻，下马侧听有无人马之声，有则擒之；力不可敌，飞报先锋，齐力攻击。如遇大军。走报主帅。敌中虚实，动必知之。“国主入界之时，步骑车帐不从阡陌，东西一概而行。大帐前及东西面，差大首领三人，各率万骑，支散游奕，百十里外，交相觇逻，谓之‘栏子马’。戎主吹角为号，众即顿舍，环绕穹庐。以近及远，折木稍屈之，为弓子铺，不设枪营堑栅之备。”①

声东击西，兵不厌诈。契丹行军当道州城，如防守坚固，不可攻击，想引兵过去，又恐敌人出城袭击，便采取围城鼓噪、诈为攻击之法。其用军之术，成列而不战，俟退而乘之，多伏兵，断粮道，冒夜举火，上风曳柴，馈饷自赍，退败无耻，散而复聚，寒而益坚，此其所长也。

分兵抄截，使州城孤立无援。如契丹军遇到敌方闭门自守，而前路又无阻挡，则引兵前进，分兵抄截，使各处州城隔绝不通，孤立无援。

严加侦候，等待战机。契丹军队经过敌方大小州城。至夜，恐城中出兵袭击，以及怕与邻近州城计会兵马，所以，到夜里，每城派骑兵百人前去城门左右百余步，被甲执兵器，立马以待。如果敌方兵出城，力不能敌，驰还，勾集众兵与战。左右官道、斜径、山路、河津，夜里都派兵巡守，严加侦候。

保存实力，利用汉人充作先锋。契丹军队中有打草谷家丁，他们披衣甲持兵器，旋团为队，领军者让其先砍伐园林，然后驱掠老幼，运土木填壕堑。攻城时，让打草谷家丁先登，矢石檑木扔下时，止伤老幼，主力无损。另外，在汉人州县地区选汉人乡兵万人，随军专伐园林，填道路。

四面布阵，十道当一面。如果敌军已布阵，契丹军预先分析其阵势大小，山川地形、往返道路，漕运之所，然后制订作战计划。于阵地四面，列骑兵为队，每队500—700人，十队为一道，十道当一面，各有主帅。最先头一队走马大噪，冲突敌阵。得利，则诸队齐进，若不利，退下，第二队继续进攻。退下的军队，息马饮水，吃炒米。更退迭进，敌阵不动，亦不力战。经过二三日，待敌军疲惫，突然袭击。契丹军让打

① （宋）叶隆礼：《契丹国志》卷23《兵马制度》，上海古籍出版社1985年版，第223页。

草谷家丁手拿双帚，顺风疾驰，扬尘敌阵，敌方饥饿疲劳，眼又不能看见，因此可取胜。

养精蓄锐，保持战马余力。契丹行军，鼓击三次，不问昼夜，大众齐发。契丹军不遇大敌，不乘战马，临近敌军，乘新羁马，因此马蹄有余力。敌军排列成阵时，不与其战，敌军后退时则乘机攻打。

治军严肃，兵士能耐饥寒。辽太祖战后率军北归时，晋王尾追其后，“见其野宿之所，布草于地。回环方正，皆如编剪。虽去，无一枝乱者。叹曰：‘契丹法严，乃能如是，中国所不及也’”。契丹治军严肃，士兵能吃苦耐劳，因此契丹军队能征善战，所向无敌。

辽朝军队是国家的重要武装力量，是阶级压迫的工具。辽朝军队承担着立国、对外开疆拓土、守御边防、行军作战等方面职责。辽太祖耶律阿保机凭借他所掌握的御帐亲军，镇压了诸弟叛乱，建立了辽国。太宗又凭借手中的军队，灭亡后晋，占领燕云十六州。其次，辽朝军队有警备、维护治安、镇压反叛势力的功能。辽朝发生的大延琳起义、李宜儿起义等多起反抗辽朝统治的斗争，都先后被契丹统治者手中掌握的军队镇压下去，军队充当了辽朝廷的刽子手。而当女真大兵压境之时，辽朝军队却接连战败，节节败退，失去了昔日骁勇善战的传统作风，终致辽亡。

第六章

刑法志

辽代刑法为番汉分设，在番法中保有契丹游牧民族一些习惯法，随着辽封建化的深入，辽代刑法制度也不断修订与完善。汉律基本沿袭唐律，而在番律中也参用唐律，如十恶、八议之法也用于契丹民族之中。辽中后期，番汉二律逐步走向统一。

一　辽代刑法制度的设立、修订与破坏

辽代刑法制度，起源于遥辇氏部落联盟时期。当时，在契丹氏族社会中，为了约束部族成员的行为，维护氏族社会的秩序，已经有了适用于部族中的刑罚与习惯法，成为后来辽朝制定刑法制度的基础。据《辽史·太祖纪》载："传至雅里，始立制度，置官属，刻木为契，穴地为牢。"①《辽史·刑法志》又载："及阻午可汗知宗室雅里之贤，命为夷离堇以掌刑辟。"② 这一时期，在氏族社会的机体内，法律的雏形已出现，有契丹部族的习惯法、刑罚、牢狱、掌刑辟的官员夷离堇。夷离堇最初为掌刑辟兼统领军马的官员，后来，司法之职由夷离毕专掌。在遥辇氏部落联盟时，设立了决狱官一职。辽太祖淳钦皇后的五世祖胡母里"遥辇氏时尝使唐，唐留之幽州。一夕，折关遁归国，由是世为决狱官"。③

---

① （元）脱脱等：《辽史》卷2《太祖纪》，中华书局1974年版，第24页。

② （元）脱脱等：《辽史》卷61《刑法志》，中华书局1974年版，第935页。

③ （元）脱脱等：《辽史》卷73《萧敌鲁传》，中华书局1974年版，第1222页。

此后，决狱官之职世为淳钦皇后祖、父辈执掌。淳钦皇后之父月椀任阿札割只，此职即决狱官职。辽建国后，其刑法制度经历了创立、发展、破坏三个阶段。

（一）辽代刑法制度的创立

辽初建国，庶事草创，犯罪者量轻重决之。太祖诸弟叛乱后，为惩治逆党，权宜立法。这次立法的目的，是为禁暴戢奸，因此，用法严酷。神册六年，辽太祖下诏："凡国家庶务，巨细各殊，若宪度不明，则何以为治，群下亦何由知禁。"乃诏大臣定治契丹及诸夷之法，汉人则断以律令。① 当时，契丹人突吕不受诏制定《决狱法》。这是辽朝制定的第一部成文法，其内容史无明载。当时，汉人之间的争讼以及牵涉番汉间的争讼案件，由汉人官吏康默记处理。"一切番汉相涉事，属默记折衷之，悉合上意。时诸部新附，文法未备，默记推析律意，论决重轻，不差毫厘，人自以为不冤……五年，为皇都夷离毕。"② 皇都夷离毕为当时上京城的法官。太宗时，渤海人犯法依汉法治罪。世宗时，天德、萧翰、刘哥、盆都谋反，天德伏诛，杖萧翰，流放刘哥，派盆都出使辖戛斯国。这四人犯罪罪行同而刑罚各异。这一现象，反映出辽初刑法的不成熟。由于辽初法律的不成熟性以及为禁暴戢奸，刑法较为严酷，至辽穆宗时利用手中的权力，滥施刑法，涉及无辜者众多。史书记载："然帝嗜酒及猎，不恤政事，五坊、掌兽、近侍、奉镨、掌酒人等，以獐鹿、野豕、鹘雉之属亡失伤毙，及私归逃亡，在告踰期，召不时至，或以奏对稍不如意，或以饮食细故，或因犯者迁怒无辜，辄加炮烙铁梳之刑。甚者至于无算。或以手刃刺之，斩击射燎，断手足，烂肩股，折腰胫，划口碎齿，弃尸于野。且命筑封于其地，死者至百有余人。京师置百尺牢以处系囚。"③ 辽代刑法至此时已经无法可依，辽法律成为契丹皇帝发泄个人怨愤，纵情施暴的工具。④

---

① （元）脱脱等：《辽史》卷61《刑法志》，中华书局1974年版，第937页。

② （元）脱脱等：《辽史》卷74《康默记传》，中华书局1974年版，第1230页。

③ （元）脱脱等：《辽史》卷61《刑法志》，中华书局1974年版，第937页。

④ 武玉环：《辽代刑法制度考述》，《中国史研究》1999年第2期。

（二）辽代刑法的重新修订与完善

辽景宗即位，“已鉴其失”，对辽朝的严刑酷法加以改订，使之适合于辽代社会的发展与安定。史书评价辽景宗“庶几宽猛相济”。辽圣宗即位后，以南京所进律文为基准，对以往的律文进行修订，“当时更定法令凡十数事，多合人心，其用刑又能详慎。”① 圣宗对法律制度的修订，主要有以下几方面：

1. 统一番律与汉律

先是，契丹人及汉人相殴致死，其法轻重不均，至是一等科之。统和十二年，诏契丹人犯十恶，亦断以律。②

2. 禁止滥杀奴婢

统和二十四年，圣宗下诏：“主非犯谋反大逆及流死罪者，其奴婢无得告首；若奴婢犯罪至死，听送有司，其主无得擅杀。”③ 圣宗之女赛哥，因擅自杀死奴婢，降封郡主，驸马萧图玉罢使相。④

3. 契丹贵族犯法，与百姓准法同科

统和二十九年，“以旧法，宰相、节度使世选之家子孙犯罪，徒杖如齐民，惟免黥面，诏自今但犯罪当黥，即准法同科。”⑤

4. 减轻量刑，用刑宽缓

辽圣宗对太祖以来的严刑酷法加以改订，使刑罚趋于宽缓。挞刺干（契丹官名）乃方十因为醉言宫掖事，法当死，圣宗特贳其罪。五院部民偶遗火，延及木叶山兆域，亦当死，圣宗命杖而释之，因著为法。开泰八年，“以窃盗赃满十贯，为首者处死，其法太重，故增至二十五贯，其首处死，从者决流。”⑥ 原来，叛逆之家，兄弟不知情者也连坐，圣宗时

---

① （元）脱脱等：《辽史》卷61《刑法志》，中华书局1974年版，第939页。
② 同上。
③ 同上。
④ （元）脱脱等：《辽史》卷93《萧图玉传》，中华书局1974年版，第1378页。
⑤ （元）脱脱等：《辽史》卷61《刑法志》，中华书局1974年版，第939页。
⑥ 同上。

改为同居兄弟，不知情者免连坐，并著为令。[①]

5. 增补新的法律条文

禁捕法：统和十二年，“行在多盗，阿没里立禁捕法，盗始息”。[②] 八议之法：八议之法承袭唐律，辽律中增设八议之法，使犯了罪的贵族、官吏依据八议之法，减轻刑罚，甚至有的逍遥法外。[③]

辽兴宗时期，为适应辽代社会的发展及实际的需要，再一次调整了律令。兴宗命北院枢密副使萧德与耶律庶成修订律令，为此下诏：“方今法令轻重不伦。法令者，为政所先，人命所系，不可不慎。卿其审度轻重，从宜修订。”[④]“（耶律）庶成参酌古今，刊正讹谬，成书以进。帝览而善之。”[⑤] 这次重修的法令，被称为《重熙条制》，“其刑有死、流、杖及三等之徒而五凡五百四十七条”[⑥]，为辽代正式成文法典。

（三）道宗至辽末刑法条令的改订及司法制度的破坏

辽道宗即位，命人把《重熙条制》删其重复者二条，为五百四十五条，取律一百七十三条，又增加七十一条，共七百八十九条，增重编者至千余条。皆分类列。大康年间，续增三十六条，大安三年又增六十七条，但事与愿违，“条约既繁，典者不能遍习，愚民莫知所避，犯法者众，吏得因缘为奸”。[⑦] 大安五年，又复用旧法（《重熙条制》），余悉除之。[⑧] 自道宗至天祚帝，由于法律条文多变，道宗、天祚帝又昏庸怠政，致使冤狱迭起，法制黑暗。道宗朝，北院枢密使耶律乙辛用事专权，先后制造了宣懿皇后被诬案与皇太子谋反案。皇后被杀，皇太子被废，后被杀死。皇太子谋反案，牵连者三十五人，均被杀。“帝犹不寤，朝廷上

① （元）脱脱等：《辽史》卷61《耶律阿没里传》，中华书局1974年版，第1275页。

② （元）脱脱等：《辽史》卷79《耶律阿没里传》，中华书局1974年版，第1275页。

③ （元）脱脱等：《辽史》卷12《圣宗纪》，中华书局1974年版，第130页。

④ （元）脱脱等：《辽史》卷89《耶律庶成传》，中华书局1974年版，第1349页。

⑤ 同上。

⑥ （元）脱脱等：《辽史》卷62《刑法志》，中华书局1974年版，第944页。

⑦ 同上书，第945页。

⑧ 同上。

下，无复纪律。”① 天祚帝时，治耶律乙辛奸党，但“党人之尤凶狡者，皆以赂免。至于覆军失城者，第免官而已。……赏罚无章，怨讟日起；剧盗相挺，叛亡接踵。天祚大恐，益务绳以严酷，由是投崖、炮掷、钉割、脔杀之刑复兴焉”。② 北院枢密使萧奉先诬告耶律余睹与文妃谋立晋王敖鲁斡为帝，天祚帝下令文妃自尽，杀挞葛里等人。当金兵临境之际，天祚帝又听信萧奉先之言，杀其皇子晋王敖卢斡以退金兵，从而导致“天祚荒暴尤甚，（辽）遂至于亡”。③

二 番律与汉律

辽朝刑法的特点，是分为番律与汉律。这是针对辽境内存在着契丹、汉族、奚族、渤海族等各民族聚居的民族分布状况，所制定的因族而治、因俗而治的制度。④

（一）**番律及其刑罚**

辽太祖神册六年，诏大臣定制契丹及诸夷之法，汉人断以律令。所谓契丹及诸夷之法，即番律；汉人所断律令，为汉律。这次所定番律与太祖初年治诸弟逆党所立之法有直接联系。太祖治诸弟逆党在辽建国前四五年（911—913），其刑罚与契丹氏族社会的习惯法有密切的联系，其内容史无明载，据《辽史·刑法志》《太祖纪》所载，辽代番律，内容大致如下：

（1）叛逆之罪

亲王叛逆，不罄诸甸人，或投高崖杀之；一般官吏参与叛逆，“生埋之铜河南轨下”。或以“鬼箭射杀之”。前于越赫底里之子解里等参与谋逆，命全部绞杀。诸帐族参与谋逆者三百余人皆弃市。

（2）淫乱不轨之罪

犯淫乱之罪，五车轘杀之。

① （元）脱脱等：《辽史》卷62《刑法志》，中华书局1974年版，第946页。

② 同上。

③ 同上书，第947页。

④ 武玉环：《辽代刑法制度考述》，《中国史研究》1999年第2期。

（3）违抗父母之罪

犯违抗父母之罪者，五车轘杀之。

（4）讪詈犯上者罪

讪詈犯上者，用熟铁椿其口杀之。

（5）从坐者罪

参与犯罪者，非主犯，量罪轻重杖决。

随着辽代社会的发展，阶级矛盾的激化，辽代刑法又增添了新的犯罪罪名与内容：

（1）谋反之罪

即谋危害社稷之罪。世宗天禄二年，天德、萧翰、刘哥及其弟盆都等谋反，均被处死或流放。

（2）叛逃之罪

契丹人若犯叛逃他国之罪，要处以死刑。辽圣宗时，近侍刘哥、乌古斯尝从齐王妻叛逃，被腰斩。

（3）奴婢逃亡之罪

奴婢犯逃，若盗其主物，主人不得擅黥其面，可刺臂及颈部。

（4）予谋杀人罪

会同四年，皇族舍利郎君谋毒通事解里等，已中（毒）者二人，命重杖之，其妻流放，族诛造药者。

（5）官吏受贿为犯罪人说情之罪

官吏贪求贿赂，为犯罪人开脱或为其说情者，以本犯人罪而定其罪。

（6）职官私取官物之罪

职官私取官物者，以正盗论处。

（7）官吏失职之罪

官吏犯失职之罪，要处以死刑。景宗时，殿前都点检耶律夷腊葛宿卫失职，被斩首。

（8）官吏蓄谋引人误犯之罪

契丹皇帝行幸之所，周围高立标识以禁止行人误入。契丹官吏楚古等人，“故低置其标深草中，利人误入，因之取材。自今有复然者，以死论”。

（9）禁地射猎之罪

诸帐郎君在禁地射鹿，决杖三百，不征偿，小将军决二百已下，百姓犯此罪决三百。

（10）盗窃罪

凡初犯盗窃者，刺右臂；再犯刺左臂；三犯刺颈之右侧；四犯刺颈之左侧；五犯则处死。盗窃钱或物二十贯以上者处死。那母古犯盗窃罪十三次，被弃市。

（11）强暴之罪

穆宗应历十二年，国舅帐郎君萧延之奴海里强暴拽剌秃里年幼之女，以法无文，加之宫刑，仍付秃里以为奴。因著为令。

（12）过失犯罪

辽朝刑法在量刑时，分为过失犯罪与故意犯罪两种情况。过失犯罪属偶犯，而非故意犯罪，处罚从轻。景宗时，近侍实鲁里误触神纛，法应死，处杖刑后释放。[①]

辽代对刑事犯罪的处罚较为严厉。在用刑方面，保存了很多契丹民族特殊的刑罚与刑具。“然其制刑之凡有四：曰死，曰流，曰徒，曰杖。”[②] 而实际上，辽代刑罚的划分，主要有以下五个方面：

（1）生命刑

即死刑。辽代死刑种类繁多，有射鬼箭、刺死、焚、骑践、支解、脔杀、投崖、生埋、绞杀、斩首、五车轘杀、腰斩、枭、凌迟、生瘗、沉河等。

（2）身体刑

即对犯罪者的肉体进行处罚、伤害的刑罚。主要有以下种类：断手足、烂肩股、划口碎齿，钉割、宫刑、刺臂、颈、黥面等。主要刑具有：木剑、大棒、杖、沙袋、铁骨朵、鞭、炮烙等。杖刑从五十至三百。用木剑、大棒之数，分为三类，从十五至三十下不等。沙袋用熟皮缝制而成，长六寸、宽二寸，有柄，长尺余，在人的腓骨之上及四周击打。黥

① （元）脱脱等：《辽史》卷61《刑法志》，中华书局1974年版，第936—937页。

② 同上书，第936页。

墨之法即墨刑，在犯人的脸、颈、臂等处刺字，染上黑色。黥墨之刑初施于百姓之中，辽圣宗时，契丹贵族子孙犯罪，也黥面。拷讯之具有细杖、鞭烙之法，鞭、烙、细绳勒颈之刑，用于被告诸事应服而不服者，用此刑拷讯。

（3）自由刑

即剥夺或限制犯罪者的人身自由的刑罚。可分为流刑与徒刑两种。流刑量罪轻重，流放的远近有所不同。或流放到边城部族之地；或流放到诸境外之地；或罚使绝域。

徒刑分为四种：终身徒刑、五年、三年、一年半。徒刑剥夺了罪犯的人身自由，在拘禁之所强制服劳役。

（4）财产刑

即籍没犯罪者个人所有财产的一部分或全部。辽代财产刑，即赎法。官吏因公事误犯法，民众年纪在七十以上，十五以下犯罪者，可以赎罪。赎铜之数，应杖一百赎钱一千。此外，辽代实行八议之法，也是用罚金代替赎刑，赎罪。辽代有籍没之法，其中的籍没家产，也属财产刑。

（5）名誉刑

即剥夺罪犯名誉权的刑罚。辽代的名誉刑有两种：一为黥墨，在脸上、臂上、颈项刺字，染上墨，以区别于正常的无罪之人，达到损害其名誉的目的；二为籍没之法，契丹建国前已有此法。辽太祖担任遥辇氏部落联盟的挞马狘沙里（契丹官名，为管率众人之官）时，奉痕德堇可汗之令，审理于越释鲁遇害之事，把首恶家属没入瓦里。之后，内外戚属及世官之家，犯反逆等罪，均没入瓦里，其他人则没为著帐户。也有的没入宫分或分赐臣下，从身份上由贵戚降为奴隶，从而使其从原来的群体中分离出来，打入另册，损害其尊严与名誉，并没收其家产。

（二）汉律及其刑罚

辽初，“定制契丹及诸夷之法，汉人则断以律令”。“至太宗时，治渤海人一依汉法。”① 辽圣宗统和元年，“枢密请诏北府司徒颇德译南京所进

① （元）脱脱等：《辽史》卷61《刑法志》，中华书局1974年版，第937页。

律文，从之”。[1] 辽代的南京，即唐、五代时的幽州，因此，南京律文就是唐、五代时期的律文。辽代汉律承袭唐律，辽汉律主要有十恶之罪：

（1）谋反之罪

即谋危害社稷之罪。汉人、渤海人犯谋反之罪，要处以死刑。渤海人东京舍利军详稳大延琳于太平九年谋反，后来被擒处死。霸州民妻王氏以妖惑众，被处死。[2]

（2）大逆之罪

为侵犯皇帝的宗庙、山陵及宫阙尊严之罪。要处以死刑。

（3）谋叛之罪

为背叛本朝，将投外域。谋叛之罪要处以死刑。驸马刘三嘏谋奔宋朝，被擒处死。[3]

（4）恶逆之罪

为殴打及谋杀祖父母、父母等尊长之罪。《辽史·道宗纪》：“皇族十公悖母，伏诛。”

（5）不道之罪

违反伦理道德要求的悖逆行为。

（6）大不敬之罪

为盗祭神之物和皇帝的车马舆服、伪造皇帝的玺印等。汉人赵钟哥犯阙，劫宫女、御物，后被捕正罪。[4]

（7）不孝之罪

为诅詈祖父母和父母，供养有缺，父母丧身自嫁娶等。辽圣宗下诏：“民间有父母在，别籍异居者，听邻里觉察，坐之。”[5]

（8）降之罪

为投降敌人之罪。李瀚夜逃归汴，被巡者逮捕，下吏。[6]

---

① （元）脱脱等：《辽史》卷10《圣宗纪》，中华书局1974年版，第110页。

② （元）脱脱等：《辽史》卷13《圣宗纪》，中华书局1974年版，第143页。

③ （元）脱脱等：《辽史》卷86《刘六符传》，中华书局1974年版，第1323页。

④ （元）脱脱等：《辽史》卷105《马人望传》，中华书局1974年版，第1462页。

⑤ （元）脱脱等：《辽史》卷10《圣宗纪》，中华书局1974年版，第112页。

⑥ （元）脱脱等：《辽史》卷103《李瀚传》，中华书局1974年版，第1450页。

（9）不义之罪

为殴打、杀郡县官吏、闻夫丧匿不举哀等。

（10）内乱之罪

是奸祖父、父之妾之罪。滑哥，初烝其父妾，惧事彰，与别人害其父，后参与谋反，被凌迟处死。① 以上为十恶之罪。此外还有如下罪名：

（1）匿名飞书，谤讪朝廷之罪

圣宗时下诏，禁止举人匿名飞书，谤讪朝廷。②

（2）擅改诏旨罪

辽官吏擅改诏旨，要严惩。北府宰相张孝杰因擅改诏旨，削爵贬安肃州。③ 参知政事王观，因矫制修私第，削爵为民。④

（3）职官受贿罪

辽职官如接受贿赂，要受贬职处罚。同中书门下平章事刘六符因受宋朝贿赂，被贬为节度使。⑤

（4）谋害人命罪

谋害人命罪，视其情节和后果，或流放，或处死。南院枢密使高勋以毒药害驸马都尉萧啜里，事觉，流铜州。又谋害尚书令萧思温，诏下狱诛之，没其产，赐萧思温家。⑥

（5）朝官私取官（贡）物罪

辽朝官吏如犯此罪，要处以刑罚并削爵免官。韩涤鲁因私取回鹘使者獭毛裘，及私取阻卜贡物，事觉，决大杖，削爵免官。⑦

（6）男女私通罪

辽代臣民犯此罪，要处以刑罚。宰相刘慎行与子妇姚氏私通，有司

① （元）脱脱等：《辽史》卷 112《耶律滑哥传》，中华书局 1974 年版，第 1503 页。

② （元）脱脱等：《辽史》卷 12《圣宗纪》，中华书局 1974 年版，第 133 页。

③ （元）脱脱等：《辽史》卷 110《张孝杰传》《耶律乙辛传》，中华书局 1974 年版，第 1483、1486 页。

④ （元）脱脱等：《辽史》卷 97《王观传》，中华书局 1974 年版，第 1411 页。

⑤ （元）脱脱等：《辽史》卷 86《刘六符传》，中华书局 1974 年版，第 1323 页。

⑥ （元）脱脱等：《辽史》卷 85《高勋传》，中华书局 1974 年版，第 1317 页。

⑦ （元）脱脱等：《辽史》卷 82《韩涤鲁传》，中华书局 1974 年版，第 1291 页。

出其罪。[①] 驸马萧恒德与宫女贤释私通，太后赐萧恒德死。[②]

（7）私自刊印文字罪

辽朝严禁私自刊行文字以及书籍外传，重者处死刑。

三 番汉二律逐步走向统一

辽朝中后期，番汉二律逐步走向统一。

统和十二年，圣宗诏契丹人犯十恶，亦断以律。改变了过去同罪异法的现象。

辽朝实行八议之法。这是沿袭唐八议之法，最初实行于汉族之中，之后，逐步实行于契丹族之中。由于《辽史·刑法志》没有记载其具体内容，现据唐律八议之法叙述如下：一议亲，二议故，三议贤，四议能，五议功，六议贵，七议勤，八议宾。八议之法最早见于《周礼》，称“八辟”，是“刑不上大夫”的礼治原则在法律上的具体体现。后被各朝沿袭，直至明清。贵族或官僚犯罪，可用“请”“减”“赎”“官当”等赎罪或减刑。这些规定，保护了贵族、地主阶级的特权。“八议”之法用于契丹、奚、汉贵族之中。如“奚王筹宁杀无罪人李浩，所司议贵，请贷其罪，令出钱赡浩家，从之”。[③] 这即是“八议”之法中的“赎法”，以金钱赎其罪。辽圣宗之女、公主赛哥杀无罪婢，降公主为郡主，削驸马同平章事。[④] 这是“八议”之法中的“议贵”之法的实际运用。辽北院枢密使耶律乙辛，“坐以禁物鬻入外国，下有司议，法当死。乙辛党耶律燕哥独奏当入八议，得减死论，击以铁骨朵，幽于来州”。[⑤] 可知，汉律不但用于汉族，也用于契丹族中。辽朝中后期，番汉二律逐步走向统一。

---

① （元）脱脱等：《辽史》卷 82《武白传》，中华书局 1974 年版，第 1294 页。

② （元）脱脱等：《辽史》卷 88《萧恒德传》，中华书局 1974 年版，第 1343 页。

③ （元）脱脱等：《辽史》卷 12《圣宗纪》，中华书局 1974 年版，第 130 页。

④ （元）脱脱等：《辽史》卷 93《萧图玉传》，中华书局 1974 年版，第 1378 页。

⑤ （元）脱脱等：《辽史》卷 110《张孝杰传》《耶律乙辛传》，中华书局 1974 年版，第 1483、1486 页。

第七章

艺文志

一　契丹文字

辽建国之初本无文字，公元920年，辽太祖耶律阿保机令耶律突吕不和耶律吕不古参照汉字创制契丹大字，“以隶书之半，就加增减，作文字数千”。“及制契丹大字，突吕不赞成为多。”[①]

契丹小字是由耶律迭剌参照汉字和契丹大字制成的。契丹小字为音节拼音文字，较大字简便，契丹小字“数少而该贯”，即原字虽少，却能把契丹语全部贯通。契丹小字约有五百个发音符号。契丹大小字创制之后，与汉字一起在辽朝广泛使用。契丹大、小字主要用于著书、译书，刻记功碑，以及皇帝、皇后、大臣的墓志铭，铸造银钱、铜钱、符牌和印章使用。契丹大小字的创制，开我国东北少数民族创制文字之先河，以后的女真文字、蒙古文字、满族文字无不直接或间接受它的影响。

辽国灭亡后，契丹文字仍然被女真人所使用，直到金章宗明昌二年（1191）“诏罢契丹字”，共使用了三百余年。由于改朝换代、战乱和兵火，用契丹字写的书一本也没能流传下来，后历经元明清几百年来无人能识，被称为“死文字”。直到1922年，契丹庆陵帝后哀册重现天日，才让这种古老的文字进入研究者的视野。

从出土的契丹文哀册和碑刻来看，大字是一种表意方块字，其中夹

① （元）脱脱等：《辽史》卷75《突吕不传》，中华书局1974年版，第1240页。

杂一些直接借用汉字的形式。小字是一种拼音文字，利用汉字笔画形体创制出几百个原字，然后缀合拼写成词。原字分正楷、行草、篆书等字体，篆体字的拼写方式异于正楷和行草，采取鱼贯式而不是层叠式。行文的款式自上而下竖写，自右而左换行，敬辞抬头或空格。原字有一个书写形式，代表几种语音或一个语音采用几种书写形式的情况。因此，同一个词或词素表现在文字上可以有不同的拼写形式。

我国在20世纪出土不少契丹小字石刻，如耶律仁先墓志铭，刻于辽道宗咸雍八年（1072）。1983年7月，出土于辽宁省北票县小塔子公社莲花山大队东山生产队辽耶律仁先家族墓群中。墓志为正方形，边长117厘米。志盖正面中央阴刻篆体汉字“大辽国尚父于越宋王墓志铭”4行12字，志盖内侧刻契丹小字70行，每行字数不等，行均70字左右，总计5100余字，现存约4500余字，是迄今发现的契丹小字石刻中字数最多的一种。据刘凤翥先生统计，其中有一百多个新的原字，大大丰富了原有的契丹小字资料。

金代博州防御使墓志残石。1993年9月16日，在内蒙古敖汉旗新地乡老虎沟村，发现有契丹小字墓志一合。志石长110厘米，宽95厘米，阴刻楷体契丹小字51行，现存共计1570余字。根据刘凤翥先生对该墓志契丹小字的解读，得知墓主人是辽末降金的契丹人，在金代曾任博州防御使，卒于金世宗大定十年（1170），在迄今发现的契丹小字石刻中，这是时代最晚的一方，距金朝明令废止契丹字仅二十一年，因此对于研究晚期契丹小字很有价值。

1932—1935年间，我国学者罗福成、王静如和厉鼎奎等人，利用契丹小字哀册与汉字哀册对比的方法，率先破译了年、月、日、数目字、干支、年号及少量词语，其后经验证释对了的有70个字左右。但这些字仅知其义，不知其音，语法关系更不得其解。1934年金毓黻出版了《辽陵石刻集录》一书，辑录了20件拓本，并附当时的研究成果9篇，集中反映了当时的研究水平。金毓黻在“绪言”中首次提出庆陵式契丹文字是契丹小字的正确见解。

到了五六十年代，日本学者长田夏树首次归纳了契丹小字原字，共得327字。日本及苏联学者曾给149个原字拟了音，但后来经过验证，拟对的和接近正确的仅 34 个原字。

1975 年，内蒙古大学和中国社会科学院合作，开始了对契丹小字的联合研究。清格尔泰、刘凤翥、陈乃雄、于宝林、邢复礼五人组成了契丹小字研究小组，在原有工作的基础上，确定了 378 个原字。他们以释读《郎君行记》碑为突破口，对比其他碑刻，进行综合研究，互相参照，互相印证，逐步寻找汉语音译人名、地名、官名，然后根据中古汉语汴洛音和中原音韵构拟相关原字的音值。这种音义结合的研究方法，避免了片面性和主观性。为求音而先求义，在已知义的基础上探索未知的音；用探得的音值再辨识一些新词，在掌握一定数量的已知词义或已知读音的词语之后，从中找出一些规律性的东西。

通过研究，联合小组为 112 个原字构拟了音值，加上前人的拟音结果，共有 146 个原字得到了拟音。同时释读了契丹小字语词 370 多条，加上前人释出的 70 多条，共达 450 多条，分析词法形态达 70 多种，对 20 多种附加成分作了不同程度的解释，还发现契丹语有元音和谐现象。1985 年清格尔泰、刘凤翥、陈乃雄、于宝林、邢复礼联合撰写出版了《契丹小字研究》，成功地破读了一百个契丹小字的音值。

2014 年，刘凤翥《契丹文字研究类编》由中华书局出版。此书被视为契丹文字研究在 21 世纪的集大成之作。这套书共分三大板块七部分，其中最大的亮点在于契丹文字的释义与拟音。在书中，刘先生将能够释义的契丹大字和契丹小字的单词或词组分门别类地予以编排，把能够拟音的契丹大字和契丹小字的原字一一用国际音标予以拟音，并举出构拟音值的根据。书中的“契丹文字的释义与拟音”部分，相当于一部反映契丹文字最新研究成果的小型字典。书中收录了近年出土的墓志铭、墓碑、哀册之类的大件契丹小字资料共达 32 件，书中还刊布了 50 篇研究契丹小字的文章和 14 篇研究契丹大字的文章。

二　契丹文学

契丹文学深受汉唐文风的影响，在诗歌、散文、辞赋等方面都有杰出的作品问世，并且涌现出一批造诣较深的契丹文人群体。

契丹文人包括契丹贵族、普通劳动人民和妇女。契丹文学，可分为契丹贵族文学、妇女文学与民间文学三类。[①]

（一）契丹贵族与文学

契丹皇室、贵族多喜好文学，契丹皇帝好诗文，留下不少传世的诗作。契丹贵族之中的文学之士，虽有诗词作品流传于世，但多在辽末战乱之时毁于兵火。

辽太祖耶律阿保机之子耶律倍，为东丹王。他有文才，博古今，喜爱读书，善作文章。史书记载："倍初市书至万卷，藏于医巫闾绝顶之望海堂。通阴阳，知音律，精医药、砭焫之术，工辽、汉文章，尝译阴符经。善画本国人物。"[②] 耶律倍能诗善文。阿保机死，述律后欲立中子德光，倍让位，德光立，徙倍于今辽阳，之后，耶律倍浮海奔唐。临行，立木海岸，写下《海上诗》一首：

小山压大山，大山全无力。

羞见故乡人，从此投外国。

此诗质朴无华，直抒胸臆，以隐喻的手法，抒发个人的感情，表达了他忧愤不平的心情。此外，耶律倍还曾作《乐田园诗》。

寺公大师，贤而能文，尤善于歌诗，其诗志趣高远。著有《醉义歌》，是今存辽人最长的诗篇。诗中写道："渊明笑问斥逐事，谪仙遥指华胥宫。"[③] 这首诗依汉语用韵，同时多用汉人史实掌故，足见辽诗受唐、宋诗的影响之大。

耶律谷欲，字休坚，六院部人。谷欲冲澹有礼法，工辽、汉文章。统和中，为本部太保。开泰中，稍迁塌母城节度使。鞫霸州疑狱，称旨，授启圣军节度使。兴宗与他结为诗友。多次问政治要，多所匡建。耶律谷欲奉诏与耶律庶成、萧韩家奴编辽国上世事迹及诸帝实录。[④]

---

① 武玉环：《契丹文化形成之源及其历史影响》，见《中国·平泉契丹文化研讨会论文集》，吉林大学出版社 2010 年版。

② （元）脱脱等：《辽史》卷 72《义宗倍传》，中华书局 1974 年版，第 1209 页。

③ 陈述：《全辽文》卷 12《醉义歌》，中华书局 1982 年版，第 363 页。

④ （元）脱脱等：《辽史》卷 104《耶律谷欲传》，中华书局 1974 年版，第 1457 页。

辽圣宗耶律隆绪，“幼喜书翰，十岁能诗”。他曾“出题诏宰相以下赋诗，诗成进御，一一读之，优者赐金带”。又“亲以契丹字译白居易讽谏集，诏番臣等读之”。[①] 辽圣宗自吟：“乐天诗集是我师。”他作词曲有百余首，其中有《传国玺》流传。《传国玺》诗曰：“一时制美宝，千载助兴王。中原既失守，此宝归北方。子孙皆慎守，世业当永昌。”[②] 诗中反映了辽朝盛世及其统治的巩固。

后族萧合卓善属文，被圣宗称为诗友。

辽道宗耶律洪基，善作诗。耶律良奏请编御制诗文，名曰《清宁集》，其中《题李俨黄菊赋》颇为著名，诗中说：“昨日得卿黄菊赋，碎剪金英填作句。袖中犹觉有余香，冷落西风吹不去。”又有《赐法均大师句》诗：“行高峰顶松千尺，戒净天心月一轮。”[③] 他的诗句气势磅礴，诗意清新，用字精练，与唐、宋诗相比毫不逊色。

耶律孟简，从小聪颖。六岁时随父晨出猎，俾赋晓天星月诗，孟简应声而成。即长，善属文。曾作《放怀诗》二十首。[④]

萧韩家奴，契丹人。少好学，博览经史，通辽、汉文字。与耶律庶成录遥辇可汗至重熙以来事迹，集为二十卷。又诏译诸书，萧韩家奴欲帝知古今成败，译《通历》《贞观政要》《五代史》。与耶律庶成制礼典，博考经籍，酌古推今，撰成三卷。著有《六义集》十二卷。[⑤]

耶律庶成，好学，通辽汉文字，尤工于诗。与萧韩家奴各进《四时逸乐赋》，帝嗟赏。最初，契丹医人鲜知切脉审药，上命庶成译方脉书行之，自是人皆通习，虽诸部族亦知医事。同林牙萧韩家奴等撰实录及礼书。与枢密副使萧德修订法令，上诏庶成曰：“方今法令轻重不伦。法令者，为政所先，人命所系，不可不慎。卿其审度轻重，从宜修订。”庶成

---

① （宋）叶隆礼：《契丹国志》卷7《圣宗天辅皇帝》，上海古籍出版社1985年版，第71、72页。

② 陈述：《全辽文》卷1《传国玺》，中华书局1982年版，第18页。

③ 陈述：《全辽文》卷2《赐法均大师句》，中华书局1982年版，第39页。

④ （元）脱脱等：《辽史》卷104《耶律孟简传》，中华书局1974年版，第1456页。

⑤ （元）脱脱等：《辽史》卷103《萧韩家奴传》，中华书局1974年版，第1445页。

参酌古今，刊正讹谬，成书以进。帝览而善之。[①]

（二）契丹妇女与文学

契丹妇女不但长于骑射，也擅长文学。

秦晋国妃，为辽圣宗之妹，她幼而聪警，明晤若神。博览经史，聚书数千卷，能于文词。其歌诗赋诵，落笔则传诵朝野，脍炙人口。雅善飞白，尤工丹青，所居屏扇，多出其笔。“僻嗜书传，晚节尤甚”[②]。她撰写《见志集》若干卷行于世。她熟知古代明君贤相、典章文物。兴宗、道宗了解她知国家大礼，诏赴行朝，常备顾问。可惜她所作的诗词歌赋已年久失传，所作文集《见志集》也流散失佚。她的事迹，只能在其墓志碑文中晓其大概。

辽朝后妃也有能诗善文者，如辽道宗宣懿皇后、天祚文妃萧瑟瑟等。道宗宣懿皇后萧观音，《辽史·后妃传》称她“姿容冠绝，工诗，善谈论。自制歌词，尤善琵琶”。现存诗十四首。清宁三年（1057），萧观音创作了《君臣同志华夷同风应制》：

虞廷开盛轨，王会和其琛。
到处承天意，皆同捧日心。
文章通蠡谷，声教薄鸡林。
大寓看交泰，应知无古今。[③]

诗中歌颂了辽朝盛世，以及契丹社会的发展与兴盛。契丹民族对中原文化发扬光大，以致其“声教”“文章”传播到“蠡谷”“鸡林”等边远地区，出现了空前的盛世。诗人热情讴歌契丹民族追求、向往“华夷同风”之目标。

萧观音在向道宗进谏，遭到冷落与疏远后，写下十首诗词《回心

① （元）脱脱等：《辽史》卷89《耶律庶成传》，中华书局1974年版，第1349页。
② 陈述：《全辽文》卷8《秦晋国妃墓志铭》，中华书局1982年版，第193页。
③ 陈述：《全辽文》卷3《君臣同志华夷同风应制》，中华书局1982年版，第62页。

院》，以此抒发自己寂寞、哀怨之情。诗中从《扫深殿》写起，依次为《拂象床》《换香枕》《铺翠被》《装绣帐》《叠锦茵》《展瑶席》《剔银灯》《爇薰炉》《张鸣筝》。上述物品都为宫中常用之物，以物言情，寓情于物，物是人非的凄凉感觉跃然纸上：

“展瑶席。花笑三韩碧。笑妾新铺玉一床，从来妇欢不终夕。展瑶席，待君息。”①

诗中抒发了对宫廷生活的感慨，宫中佳丽无数，可大多红颜薄命，成为帝王手中的玩物，虽曾恩爱一时，终将被遗弃。最后一首《张鸣筝》，表达了自己知音难遇，凄凉绝望的心境：

“张鸣筝。恰恰语娇莺。一从弹作房中曲。常和窗前风雨声。张鸣筝，待君听。”②

曲声、琴声、风雨声，衬托出诗人孤单寂寞，哀怨悲伤的情怀。《回心院》一诗，诗句清新婉约，幽怨凄凉，音韵婉转天然，被称为“怨而不怒，深得词家含蓄之意”的佳品。致使清人吴梅发出“辽邦闺阁多才”的感慨。

萧观音作《怀古》一诗，诗云：

“宫中只数赵家妆，败雨残云误汉王。惟有知情一片月，曾窥飞燕入昭阳。”③

诗中有“惟有知情一片月”一句，被耶律乙辛诬陷为诗中含赵惟一名字，是与乐工赵惟一私通，被道宗赐死。

萧瑟瑟，为天祚帝文妃，《辽史·后妃传》称她“善歌诗”。“少时工文墨”，“聪慧闲雅”，深受天祚帝宠爱。当时女真族崛起北方，日见侵迫。天祚帝畋猎不理政事，忠臣多被疏斥。文妃作歌讽谏：

“勿嗟塞上兮暗红尘，

勿伤多难兮畏夷人，

不如塞奸邪之路兮选取贤臣。

直须卧薪尝胆兮激壮士之捐身，

① 陈述：《全辽文》卷3《回心院》，中华书局1982年版，第62页。

② 同上书，第63页。

③ 陈述：《全辽文》卷3《怀古》，中华书局1982年版，第64页。

可以朝清漠北兮夕枕燕云”。[①]

文妃在诗中劝谏天祚帝，不要畏惧女真的入侵，要整顿朝纲、任贤去邪，激励天祚帝卧薪尝胆，君臣同仇敌忾，定能收复家园。诗中感情真挚，语气诚恳，表达了她忧国忧民，奋发图强的思想感情。她又作《咏史》一诗。萧瑟瑟因写诗进谏，而遭天祚帝忌恨，后来被萧奉先诬告谋立其子敖卢斡为帝，而被天祚帝赐死。

耶律常哥，是辽道宗朝的一位民间女文人。她能诗文，喜读历史，见前人得失，历能品藻。当时，枢密使耶律乙辛爱其才，屡次向她求诗，耶律常哥回以文。耶律乙辛见文中讥讽自己，由此怀恨在心。道宗咸雍年间，常哥作文以述时政。文中写道：“君以民为体，民以君为心。人主当任忠贤，人臣当去比周；则政化平，阴阳顺。欲怀远，则崇恩尚德；欲强国，则轻徭薄赋。”[②] 文中表现出她忧国忧民的情怀。

（三）民间诗词

辽代的民间诗词，语调清新明快、辛辣活泼，内容上针对时弊与时政，明确地表达了人民的呼声和对辽朝统治的不满。如《天祚时谚》：

“五个翁翁四百岁，南面北面顿瞌睡。自己精神管不得，有甚心情管女真”。[③] 诗中用幽默的语气讽刺了统治者的昏聩无能。

《辽诗记事》中载：辽朝“俗有臻蓬蓬歌，每扣鼓和臻蓬蓬之音为节而舞，人无不喜闻其声而效之者”。其歌词为：

“臻蓬蓬，外头花花里头空。但看明年正二月，满城不见主人翁。”[④] 诗中表达了人民群众对辽末的黑暗统治的强烈不满及对时局的忧虑。又有《投坑伎诗》：

“百尺竿头望九州，前人田土后人收。后人收得休欢喜，更有收人在后头。”[⑤]

---

① 陈述：《全辽文》卷 3《讽谏歌》，中华书局 1982 年版，第 64 页。

② （元）脱脱等：《辽史》卷 107《耶律常哥传》，中华书局 1974 年版，第 1472 页。

③ 陈述：《全辽文》卷 12《国人谚》，中华书局 1982 年版，第 346 页。

④ 陈述：《全辽文》卷 12《臻蓬蓬歌》，中华书局 1982 年版，第 345 页。

⑤ 陈述：《全辽文》卷 12《投坑伎诗》，中华书局 1982 年版，第 345 页。

这首民歌质朴明快，语调辛辣，用隐喻的手法讥讽了辽末时局动荡，诅咒了它行将灭亡的命运。

三 辽代绘画

辽代绘画吸取了我国北方游牧民族优秀的艺术传统和唐代的艺术风格，逐渐创立了具有本民族特色的绘画艺术。流传下来的作品虽然不多，但是都带有浓厚的北方草原气息，选题都以游牧题材为主。其代表人物有胡瓌、耶律倍、萧瀜等契丹族画家。

胡瓌，是辽代早期著名的画家。他擅长描绘北方草原游牧民族的生活，胡瓌的作品很多，但是大多已经散失，现存世的有《卓歇图》《蕃马图》《还猎图》等。《卓歇图》是胡瓌的重要代表作品之一，画卷表现了众多人物的各种神态，人群马群栩栩如生，宴饮歌舞参差有致，场面恢宏，地域特色鲜明，体现了艺术家描绘草原游牧生活的杰出才能。《五代名画补遗》列胡瓌作品为“神品”，《画史》说他画“穹庐什物，各尽其妙”。胡瓌在当时画坛上享有极高的声誉。

耶律倍，汉名李赞华，是辽初著名的诗人和画家，他的作品，以契丹游牧生活为题材，尤擅长于画马，如《骑射图》《猎雪骑》《千角鹿图》，皆入宋秘府，在中国画史上有着重要的地位。耶律倍的作品，传世的仅有《骑射图》《射虎图》，现藏于美国普林斯顿大学美术馆。

萧瀜，契丹族著名画家，萧瀜受唐代花鸟画影响极深。其作品传世的不多，《故宫名画三百种》第94图里，收录了他的一幅花鸟画。绢本轴画，纵145厘米，横83厘米，是一幅较大型的设色花鸟画。以芙蓉、荼蘼、野鸟和山鹧鸪为画题，画面左侧有“南院枢密使政萧瀜恭画”的署款，右下方有“萧瀜”印。其用笔、传色均臻，为上乘珍品。这幅花鸟轴画，从近景巨岩的墨线，到远景河溪的描绘，以及中景竹叶技法和野鸟、山鹧鸪飞舞，其间的神态、手法都极为娴巧，其艺术成就很高。

在辽代画家中，还有许多无名氏的作品，如传世的《蕃骑射猎图》《平原射鹿图》《平沙卓歇图》等，都是以契丹游牧生活为题材，由于画家们非常熟悉草原生活，因此描绘准确、刻画生动，仿佛把我们带到辽阔壮丽的辽地草原。

四 儒学

辽代儒学经历了确立统治地位与发展繁荣两个时期。辽代儒学经过传播、发展，逐步成为契丹统治阶级治国的根本指导思想。儒学的发展，对辽代的政治、经济、文化及社会生活的各方面均产生了重要影响。

辽代儒学的传入与发展分为前、后两期。前期为辽太祖至辽穆宗时期，是确立儒学的统治地位时期。这一时期为"楚材晋用"阶段，汉族儒士为辽建国，运筹帷幄，建章立制，发挥了重要的作用。后期为辽景宗至辽末，是辽代儒学的发展繁荣时期。这个时期辽朝开科取士，设立学校，培养出一大批为统治阶级服务的儒士，儒学在社会各阶层广泛传播，对改革契丹的陈规陋俗，教化民心，起了重要的作用。①

（一）辽太祖至辽穆宗时期儒学统治地位的确立

"辽起松漠，太祖以兵经略方内，礼文之事固所未遑。及太宗入汴，取晋图书、礼器而北，然后制度渐以修举，至景圣间，则科目聿兴，士有由下僚擢升侍从，骎骎崇儒之美。"② 《辽史》中的这段话，十分精辟地概述了辽代儒学发展的概况。辽朝是在氏族制度的废墟上立国，因此，辽初鄙陋无文，但契丹统治者深知，要想维护、巩固其统治，建万世磐石之帝业，必须要有一套行之有效的安邦治国之术。而儒学正是契丹统治阶级寻求的治国法宝。辽太祖曾询问侍臣："'受命之君，当事天敬神。有大功德者，朕欲祀之，何先?'皆以佛对。太祖曰'佛非中国教'。倍曰：'孔子大圣，万世所尊，宜先。'太祖大悦，即建孔子庙，诏皇太子春秋释奠。"③ 从此，儒学在辽朝取得正统地位，被契丹统治阶级所尊奉。

① 武玉环：《辽代儒学的发展及其历史作用》，《吉林大学社会科学学报》1996年第5期。

② （元）脱脱等：《辽史》卷103《文学上》，中华书局1974年版，第1445页。

③ （元）脱脱等：《辽史》卷71《义宗倍传》，中华书局1974年版，第1209页。

辽初，儒学主要通过以下三种途径进行传播：其一，由中原地区来的汉族知识分子进行传授。韩延徽、韩知古是太祖时期汉族儒士的代表。他们帮助辽太祖建牙开府，设立各种制度。韩知古“总知汉儿司事，兼主诸国礼仪。时仪法疏阔，知古援据故典，参酌国俗，与汉仪杂就之，使国人易知而行”。[①] 其二，秉承家教。辽南院枢密使邢抱朴和其弟邢抱质，“受经于母陈氏，皆以儒术显，抱质亦官至侍中，时人荣之”。[②] 其三，自学。“室昉，字梦奇，南京人。幼谨厚笃学，不出外户者二十年，虽里人莫识。”[③]

辽初，儒家知识分子的活动主要是围绕建立、巩固新生政权，制定各种典章制度，恢复和发展经济等方面来进行的。首先，汉族儒士帮助契丹统治阶级建立新生的民族政权。辽太祖“又得燕人韩延徽，有智略，颇知属文。与语悦之，遂以为谋主，举动访焉。延徽始教契丹建牙开府，筑城郭，立市里以处汉人，使各有配偶，垦艺荒田。由是汉人各安生业，逃亡者益少，契丹威服诸国，于延徽有力焉。”[④] 其次，汉族儒士借鉴中原封建王朝的典章制度。“凡营都邑，建宫殿，正君臣，定名分，法度井井，延徽力也。”[⑤] 世宗朝，韩延徽迁南府宰相，“建政事省，设张理具，称尽力吏”[⑥]。

恢复和发展经济。辽太祖、太宗时虽然兴兵累年，但他们都注意发展农业和牧业，减轻农牧民的赋税负担。太祖“平诸弟之乱，弭兵轻赋，专意于农”。[⑦] 太宗“寻诏有司劝农桑，教纺绩”。“仍戒敢有伤禾稼者以军法论。”[⑧] 因此，辽初“群牧蕃息，上下给足”[⑨]。保宁七年，“汉有宋兵，使来乞粮，诏赐粟二十万斛助之。非经费有余，其能若是”?[⑩]

---

① （元）脱脱等：《辽史》卷74《韩知古传》，中华书局1974年版，第1233页。

② （元）脱脱等：《辽史》卷80《邢抱朴传》，中华书局1974年版，第1279页。

③ （元）脱脱等：《辽史》卷79《室昉传》，中华书局1974年版，第1271页。

④ （宋）叶隆礼：《契丹国志》卷1《太祖大圣皇帝》，上海古籍出版社1985年版，第2页。

⑤ （元）脱脱等：《辽史》卷74《韩延徽传》，中华书局1974年版，第1232页。

⑥ 同上书，第1231页。

⑦ （元）脱脱等：《辽史》卷59《食货志上》，中华书局1974年版，第924页。

⑧ 同上。

⑨ （元）脱脱等：《辽史》卷60《食货志下》，中华书局1974年版，第931页。

⑩ （元）脱脱等：《辽史》卷59《食货志上》，中华书局1974年版，第924页。

（二）辽景宗至辽末儒学的发展繁荣

辽景宗至辽末，辽代儒学迅速发展，通过各种方式，在朝野上下得到广泛的传播。儒学不但为统治阶级所尊奉，而且普及、深入民间，成为社会各阶层人们奉行的道德标准与行为准则。辽后期儒学的发展与儒士的活动，较前期更为显著与活跃。

第一，开设科举，培养大批精通儒学的知识分子，为封建统治服务。太宗时期已在局部地区开设科举。

之后在景宗保宁八年，“诏复礼部贡院”①。其“制限以三岁，有乡、府、省三试之设。乡中曰乡荐，府中曰府解，省中曰及第……程文分两科，曰诗赋，曰经义，魁各分焉。”② 每次放进士人数不等，如辽圣宗太平八年放进士 57 人③，辽道宗寿隆元年放进士 130 人④。

第二，设立官学与私学，逐步建立起以儒家思想为主干的教育模式。道宗清宁元年，下诏设学养士，颁五经传疏，置博士、助教各一员。清宁六年，“中京置国子监，命以时祭先圣先师（孔子）”。⑤ 确定以儒家经典为法定教材。辽朝在府、州、县设置地方官学。地方的州县官员，也大力兴办教育。大公鼎在良乡县任县令时，修建孔子庙学。⑥ 马人望在新城县时，建新城县学。⑦ 萧文在易州时，“务农桑、崇礼教，民皆化之”⑧。耶律孟简在高州任内，“修学校，召生徒”⑨。三河县令刘瑶，“重建孔庙，阐扬儒教，辅助国风”⑩。辽朝私学记载不多，但也设立多处。如王

---

① （元）脱脱等：《辽史》卷 8《景宗纪上》，中华书局 1974 年版，第 96 页。

② （宋）叶隆礼：《契丹国志》卷 23《试士科制》，上海古籍出版社 1985 年版，第 226、227 页。

③ （元）脱脱等：《辽史》卷 17《圣宗纪》，中华书局 1974 年版，第 203 页。

④ （元）脱脱等：《辽史》卷 26《道宗纪》，中华书局 1974 年版，第 308 页。

⑤ （元）脱脱等：《辽史》卷 21《道宗纪》，中华书局 1974 年版，第 253、258 页。

⑥ （元）脱脱等：《辽史》卷 105《大公鼎传》，中华书局 1974 年版，第 1460 页。

⑦ （元）脱脱等：《辽史》卷 105《马人望传》，中华书局 1974 年版，第 1462 页。

⑧ （元）脱脱等：《辽史》卷 105《萧文传》，中华书局 1974 年版，第 1461 页。

⑨ （元）脱脱等：《辽史》卷 104《耶律孟简传》，中华书局 1974 年版，第 1456 页。

⑩ （元）脱脱等：《全辽文》卷 10《三河县重修文宣王庙记》，中华书局 1982 年版，第 294 页。

鼎“幼好学，居太宁山数年，博通经史”。[①] 萧韩家奴“少好学，弱冠入南山读书，博览经史，通辽、汉文字”。[②] 太宁山、南山是私学设立之所。辽代设立的官学与私学，都以儒学经典为基本教材，为辽朝培养出一大批精通儒学教义的汉族、契丹族知识分子，他们对儒学的传播与发展，起了重要的作用。

第三，著书立说，阐述儒家经典，宣传儒家的政治主张。耶律俨“登咸雍进士第，守著作佐郎，补中书省令史……修皇朝实录七十卷”。[③] 辽圣宗“阅唐高祖、太宗、玄宗三纪，德臣乃录其行事可法者进之”。[④] 兴宗时，诏译诸书。萧韩家奴“欲帝知古今成败，译通历、贞观政要、五代史”。著有《六义集》十二卷行于世。[⑤] 道宗多次诏谕学者“当穷经明道”，召翰林学士赵孝俨、知制诰王师儒讲五经大义，命枢密直学士耶律俨讲尚书洪范。[⑥]

第四，依据儒学的基本精神，制定、完善辽朝的各项法令与政策。圣宗时制定了契丹人犯十恶，亦断以律。所谓十恶，即依据儒家道德标准而修纂的法律条文。兴宗让耶律庶成、王鼎、萧韩家奴撰实录及礼书，与枢密副使萧德修订法令。[⑦]

辽代儒家知识分子对于儒学的宣传与实践，使儒学成为契丹统治阶级治国的根本指导思想，使辽朝封建化更为深入。儒学对于辽代的政治、经济、文化等各方面的发展，都起到了积极的促进作用。

（三）儒学对社会发展的影响

辽代儒学在其二百余年的发展过程中，对辽代社会诸方面产生了重要的影响。

---

① （元）脱脱等：《辽史》卷104《王鼎传》，中华书局1974年版，第1453页。
② （元）脱脱等：《辽史》卷103《萧韩家奴传》，中华书局1974年版，第1450页。
③ （元）脱脱等：《辽史》卷98《耶律俨传》，中华书局1974年版，第1416页。
④ （元）脱脱等：《辽史》卷80《马德臣传》，中华书局1974年版，第1279页。
⑤ （元）脱脱等：《辽史》卷103《萧韩家奴传》，中华书局1974年版，第1450页。
⑥ （元）脱脱等：《辽史》卷25《道宗纪五》，中华书局1974年版，第296页。
⑦ （元）脱脱等：《辽史》卷104《王鼎传》，中华书局1974年版，第1453页。

在政治方面，契丹统治者以儒家所提倡的仁政学说为施政的指导方针。孔子提出的仁政学说，强调仁者爱人，反对苛政暴政。孔子说："善人为邦百年，亦可以胜残去杀也。"① 这一施政方针被辽历代皇帝与朝臣贯彻实行。辽太宗提出："军国之务，爱民为本。民富则兵足，兵足则国强。"② 北院枢密使萧义，"申威令以制其豪强，修仁政以养其疲瘵"。耶律仁先"恤孤茕，禁奸慝，宋闻风震服"。③ 耶律宗政"乐慕儒宗。谛信佛果。戚里推其孝悌。部下仰其宽仁。"④ 上述辽朝君臣的言行，都是在实践中，推行儒家学说的仁政理念。

在吏治方面，以儒家的道德标准作为决定官吏升迁罢黜的衡量准则。圣宗时，任贤举能，不计民族与出身贵贱。耶律韩八囊衣匹马行于宫侧，遇圣宗微行出猎，才始见售。⑤ 为求贤能之士，圣宗下令诸部："所俘宋人，有官吏儒生抱器能者，诸道军有勇健者，具以名闻。"⑥ 武白被辽军俘获后，辽授予他为上京国子博士，后又任尚书左丞，知枢密事。⑦ 宋将王继忠被俘后，被任为枢密使。⑧ 圣宗时，为使官吏清正廉明，曾几次下诏禁止官吏营私舞弊、贪污受贿。如经检举核实，便给予法律制裁。"北南诸部廉察州县及石烈、弥里之官，不治者罢之。诏大小职官有贪暴残民者，立罢之，终身不录；其不廉直，虽处重任，即代之；能清勤自持者，在卑位亦当荐拔；其内族受贿，事发，与常人所犯同科。"⑨ 兴宗时，朝政不纲，溺志浮屠，官爵非人，妄有除授。枢密使马保忠上言："强天下者，儒道；弱天下者，吏道。今之授官，大率吏而不儒。崇儒道，则乡党之行修；修德行，则冠冕之绪崇。自今其有非圣帝明王孔、孟圣贤

① 《论语·子路篇》，见《四部丛刊初编》经部：《论语集解》，上海商务印书馆，第58页。

② （元）脱脱等：《辽史》卷59《食货志上》，中华书局1974年版，第924页。

③ （元）脱脱等：《辽史》卷96《耶律仁先传》，中华书局1974年版，第1397页。

④ （元）脱脱等：《全辽文》卷7《耶律宗政墓志铭》，中华书局1982年版，第157页。

⑤ （元）脱脱等：《辽史》卷91《耶律韩八传》，中华书局1974年版，第1361页。

⑥ 陈述：《全辽文》卷1《谕举拔人才诏》，中华书局1982年版，第11页。

⑦ （元）脱脱等：《辽史》卷82《武白传》，中华书局1974年版，第1294页。

⑧ （元）脱脱等：《辽史》卷81《王继忠传》，中华书局1974年版，第1284页。

⑨ （元）脱脱等：《辽史》卷17《圣宗纪八》，中华书局1974年版，第200页。

之教者，望下明诏，痛禁绝之。”[①] 马保忠对兴宗朝吏治腐败，有违孔孟圣贤之教者深恶痛绝，上书皇帝，希图扭转每况愈下的朝政，反映出辽后期儒、吏两道之间的斗争。

在法律制度方面，受孔子的“不教而杀谓之虐，不戒视成谓之暴，慢令致期谓之贼”[②] 思想的影响，由辽初的同罪异法、严刑酷法，逐步转向同一法律，施刑趋向宽缓。辽初，“经理疆土，擐甲之士岁无宁居，威克厥爱，理势然也”。[③] 当时，契丹及汉人相殴致死，其法轻重不均；朝廷宰相、节度使世选之家子孙犯罪，徒杖与百姓相同，只免除黥面。圣宗下诏：“自今但犯罪当黥，即准法同科。”“当时更定法令凡十数事，多合人心，其用刑又能详慎”。[④] 原先，“窃盗赃满十贯，为首者处死，其法太重，故增至二十五贯，其首处死，从者决流”。[⑤] 兴宗时朝廷重新修订了太祖、圣宗以来的法令，从轻从缓，其刑有死、流、杖及三等之徒而五凡五百四十七条。[⑥]

思想文化方面的影响。孔子的人生理想、社会理想是以尧、舜、禹、文王、周公为其历史凭借的先王世界，并被具体化为一种思想道德境界和道德人格。孔子认为：“弟子入则孝，出则悌，谨而信，泛爱众，而亲仁。”[⑦] 在处理上下关系上，孔子主张“君使臣以礼，臣事君以忠”[⑧]。以仁为纲纪，孔子提出许多具体道德条目作为现实人生的行为准则。概括来说，即《春秋繁露·基义篇》所说的三纲五常：“君为臣纲，父为子纲，夫为妻纲”，“仁、义、礼、智、信”等道德条目。辽朝统治者，把三纲五常视为臣民的道德标准与行为准则，以忠君、爱国、勤政作为衡量朝臣的行为标准。“忠良则必示旌褒，凶逆则须行诛伐。”[⑨] 张俭，任圣

① （宋）叶隆礼：《契丹国志》卷19《马保忠传》，上海古籍出版社1985年版，第180页。
② 《论语》《尧曰》，《四部丛刊初编》经部：《论语集解》，上海商务印书馆，第93页。
③ （元）脱脱等：《辽史》卷61《刑法志上》，中华书局1974年版，第935页。
④ 同上书，第939页。
⑤ 同上。
⑥ （元）脱脱等：《辽史》卷62《刑法志下》，中华书局1974年版，第944页。
⑦ 《论语》《学而篇》，《四部丛刊初编》经部：《论语集解》，上海商务印书馆，第3页。
⑧ 《论语》《八佾篇》，《四部丛刊初编》经部：《论语集解》，上海商务印书馆，第12页。
⑨ 陈述：《全辽文》卷1《谕高丽兴化镇敕》，中华书局1982年版，第13页。

宗、兴宗朝宰相，他“尊儒重道，移孝资忠。宗九流百氏之指归，达三纲五常之要道”[①]。贾师训为刑部尚书，他忠直不阿，“直亮不容人阿僻”，勤于政事，“夙作矻矻不自己，事不讫不饮食”[②]。辽朝廷对于叛逆作乱之人，则惩治不贷。太祖平诸弟之乱，把参与谋逆者三百余人“皆弃市”[③]。辽朝以儒家的“孝悌”“三纲五常”学说来教化百姓，奖励民众的孝悌行为。圣宗下诏：“民间有父母在，别籍异居者，听邻里觉察，坐之。有孝于父母，三世同居者，旌其门闾。”[④] 开泰元年，前辽州录事张庭美六世同居，仪坤州刘兴胤四世同居，各给复三年。[⑤] 邢简妻陈氏，孝舅姑，闺门和睦，亲党推重。睿智皇后在她死后，追赠她为鲁国夫人，刻石以表其行。[⑥] 耶律奴妻意辛，在耶律奴被诬流放时，皇帝要其与耶律奴离婚。意辛婉言拒绝说：“然夫妇之义，生死以之。妾自笄年从奴，一旦临难，顿尔乖离，背纲常之道，于禽兽何异。”[⑦] 耶律安抟“动尊绳矩，事母至孝。以父死非罪，未葬，不预宴乐”。[⑧]

辽代文人深受儒家思想的影响，在其作品中，字里行间都渗透着这种影响。萧铎卢斡“一日临流，闻雉鸣，三复孔子‘时哉’语，作古诗三章见志。当时名士称其高情雅韵，不减古人”。[⑨] 孔子“乐天知命”豁达的人生哲学，对辽代文人也有很大的影响。耶律孟简在被贬期间作《放杯诗》二十首，“自序”云“禽兽有哀乐之志，蝼蚁有动静之形。在物犹然，况于人乎？然贤达哀乐，不在穷通、祸福之间。易曰：‘乐天知命，故不忧’。是以颜渊箪瓢自得，此知命而乐者也。予虽流放，以道自安，又何疑耶。”[⑩] 孔子自认“五十而知天命。”又说“死生有命，富贵

① 陈述：《全辽文》卷6《张俭墓志铭》，中华书局1982年版，第131页。
② 陈述：《全辽文》卷9《贾师训墓志铭》，中华书局1982年版，第254页。
③ （元）脱脱等：《辽史》卷1《太祖纪上》，中华书局1974年版，第9页。
④ （元）脱脱等：《辽史》卷10《圣宗纪一》，中华书局1974年版，第112页。
⑤ （元）脱脱等：《辽史》卷15《圣宗纪六》，中华书局1974年版，第172页。
⑥ （元）脱脱等：《辽史》卷107《邢简妻陈氏传》，中华书局1974年版，第1471页。
⑦ （元）脱脱等：《辽史》卷107《耶律奴妻萧氏传》，中华书局1974年版，第1473页。
⑧ （元）脱脱等：《辽史》卷77《耶律安抟传》，中华书局1974年版，第1260页。
⑨ （元）脱脱等：《辽史》卷93《萧铎卢斡传》，中华书局1974年版，第1377页。
⑩ （元）脱脱等：《辽史》卷104《耶律孟简传》，中华书局1974年版，第1456页。

在天”。[①] 天命是人力不能改变的，但是人可以在天命（客观条件）允许的范围内，尽自己最大的主观努力，使自己成为志士仁人。颜渊（回）是孔子最得意的门生，他身居陋巷，生活困苦，但是他安贫乐道，一心求学。孔子由衷地赞美他“贤哉，回也！一箪粥，一瓢饮，在陋巷，人不堪其忧，回也不改其乐”。[②] 耶律孟简以颜回乐天知命的人生态度自勉，可见儒学对辽代文人思想影响之深。

儒学经过二百余年的发展，不但成为辽朝占统治地位的“官学”，同时也为辽朝下层民众所接受。儒家学说中的三纲五常，仁、义、礼、智、信等道德条目，已成为辽朝社会伦理道德的重要内容，在潜移默化中起到了移风易俗的作用。它改变了过去契丹族“父母死而悲哭者，以为不壮”。[③] 妻后母、报寡嫂，“姐亡妹续婚”等陈规陋俗。以至有耶律安抟“居父丧，哀毁过礼，见者伤之”[④]，近年来在辽墓中发掘的画像石，如王祥卧冰求鱼、王密舍子救弟，孝妇姜思妻等孝子、孝悌、义妇的故事，均取材于中原地区广泛流传的“二十四孝图”，是渗透了儒家思想的《孝经》的具体化、形象化，表现出辽代儒学的广泛普及与深入人心。

五　萨满教

辽朝盛行萨满教。并受到统治者的大力提倡，萨满教成为辽代朝野上下普遍信奉的宗教。

萨满教是北方阿尔泰语系诸民族所普遍信仰的原始多神教。萨满教是由于原始人类对于自然的恐惧而产生的万物有灵和神祇传说。

契丹人信仰万物有灵论。早在原始氏族部落时期，萨满教已经开始流传。其表现形式是崇拜天地与日月、雷雨风火等。并逐步演变成固定的祭祀仪式。遥辇氏部落联盟时期的几位可汗，为适应契丹人精神生活

---

① 《论语》《颜渊篇》，《四部丛刊初编》经部：《论语集解》，上海商务印书馆，第 52 页。

② 《论语》《雍也篇》，《四部丛刊初编》经部：《论语集解》，上海商务印书馆，第 23 页。

③ （宋）叶隆礼：《契丹国志》卷 23《试士科制》，上海古籍出版社 1985 年版，第 226—227 页。

④ （元）脱脱等：《辽史》卷 77《耶律安抟传》，中华书局 1974 年版，第 1260 页。

的需要及统治的需要，先后制定了柴册仪（祭天仪）、拜日仪、祭山仪、瑟瑟仪（祈雨仪式）、岁除仪等。宗教已与天命观，政治相结合，成为统一契丹部民思想的精神武器之一。①

（一）建国前契丹族的萨满教

建国前，契丹族的萨满教，在社会上已经很流行，并初具礼仪的雏形。

柴册仪。是遥辇氏部落联盟时期阻午可汗制定的祭天仪式。此后，每个新可汗即位，都要举行柴册仪，以昭告上天，祈求上天的支持与保佑，直到建国前后，柴册仪仍是契丹可汗即位之前必须履行的仪式之一。辽太祖耶律阿保机即可汗位，“命有司设坛于如迂王集会埚，燔柴告天”。在战争之前，契丹人要先祭祀天地，以求上天的保佑。祭天仪式是契丹人对上天的崇拜，契丹人认为，上天是最高神祇，它主宰着人世间的一切，因此契丹可汗即位也要禀报上天，求得上天的允许与支持。而可汗正是上天派来统治契丹的使者。

拜日仪。契丹人有拜日的习俗。史书记载“辽俗东向而尚左”。其毡房、门窗皆东向。这是由于游牧民族的生产、生活都离不开太阳。太阳与气候季节的变换、水草的枯荣直接相关，因此契丹人崇拜太阳。契丹人凡出征、帝后的生辰以及其他重大庆典，都要举行拜日仪式。

祭山仪。契丹人崇拜高山，契丹人认为高山是通往上天的路，是神灵之所在。遥辇氏部落联盟时，胡剌可汗制定了祭山仪。

瑟瑟仪。是遥辇氏部落联盟时期的苏可汗所制定。由于契丹地处大漠之间，多风少雨，为祈求雨水充沛、水草丰美，苏可汗制定了瑟瑟仪。

风神。是契丹人所忌讳的自然现象。契丹人害怕刮风：“契丹人见旋风，合眼用鞭望空打四十九下，口道坤不刻七声。”② 坤不刻为契丹语，汉语为魂风之意。草原放牧最惧刮风，因为它直接威胁到牲畜的安全，因此风神也是契丹人祭祀的对象之一。

---

① 武玉环：《辽金时期的萨满教》，《东北史地》2005 年第 2 期。

② （宋）叶隆礼：《契丹国志》卷 27《岁时杂记》，上海古籍出版社 1985 年版，第 255 页。

雷伯。打雷是自然界中常见的现象，“契丹臣俗每闻霹雳之声，各勾中指作吃雀声以为禳厌”。

祭祀祖先。契丹人相信人的灵魂不死。在其父母死，下葬后，因酹酒而祝曰：“冬月时，向阳食；夏月时，向阴食；我若射猎时，使我多得猪鹿。”①

契丹人既然相信万物有神灵，那么沟通人神之间的使者便应运而生，这就是萨满教中的巫师萨满。萨满在社会中地位很高，他们处理部落内的大事，掌管部落的生产活动。担任萨满的为部落头领。契丹族有一个古老的传说：“后有一主，号乃呵，此主持一骷髅，在穹庐中覆之以毡，人不得见。国人有大事，则杀白马灰牛以祭，始变人形，出视事。已，即入穹庐，复为骷髅，因国人窃视之，失其所在。复有一主，号曰喎呵，戴野猪头，披猪皮，居穹庐中，有事则出，退复隐入穹庐如故。后因其妻窃其猪皮，遂失其夫，莫知所如。次复一主，号曰昼里昏呵，唯养羊二十口，日食十九，留其一焉，次日复有二十口，日如之。”② 这个传说中的三主，为契丹始祖，他们俨然以萨满的形象出现，反映了契丹始祖为部落中的生产、生活的领导者，也是他们精神上的领袖。第二个部落首领，戴野猪头，披野猪皮，说明那时的契丹人从事狩猎业。部落首领是狩猎的指挥者。而第三个部落首领养羊二十口，日食十九，留其一焉，次日复有二十口，说明契丹族由狩猎生产向畜牧业生产的转变，“日食十九，留其一焉，次日复有二十口”，说明羊群的繁衍生息，给契丹人带来了生产方式的变化，即由原来的单纯射猎转为畜牧与射猎并行。而契丹人社会生产中的领导者，仍以萨满的形象出现。可见萨满教已经与政治结合，萨满即是契丹部落头领。

（二）建国后契丹族的萨满教

契丹族在建国后，萨满教依然盛行。对于过去流行于可汗即位时的

---

① （宋）叶隆礼：《契丹国志》卷23《国土风俗》，上海古籍出版社1985年版，第221页。

② （宋）叶隆礼：《契丹国志》卷首《契丹国初兴本末》，上海古籍出版社1985年版，第1页。

柴册仪、拜日仪以及其他的祭山仪、祈雨仪、岁除仪等仍予保留并赋予了新的内容。

柴册仪。这是契丹皇帝即位时举行的一种仪式。是过去流行于可汗即位时的仪式的保留。先设置柴册殿及坛，皇帝诣高阜地，大臣诸部帅列仪仗，遥望以拜。皇帝遣使敕言，与群臣对答完毕，皇帝于所识之地封土石以识之。遂行。第二天皇帝升坛，群臣赞祝，枢密使奉玉宝、玉册入，并称尊号以进，群臣三呼万岁，礼毕。

拜日仪。皇帝升露台，设褥，向日再拜。上香。

祭山仪。设天神地祇位于木叶山。东向，中立君树。前植群树。以象朝班。又偶植二树以为神门。牲用赭白马，玄牛、赤白羊，杀牲以祭，悬之君树。太巫以酒酹牲。皇帝、皇后乘马，至君树前下马就座。皇帝、皇后至天神、地祇位，北府宰相等致奠，皇帝率皇族三匝神门树。上香，再拜升坛，巫三致辞，皇帝、皇后拜祭。以茶果饼饵祭于天神地祇。太巫奠酹毕，皇帝皇后再拜，礼毕。①

皇帝每年祭祀木叶山，在史书中还有如下补充："十月内，五京进纸造小衣甲并枪刀器械各一万副。十五日，一时推垛。国主与押番臣僚望木叶山葬太祖处，奠酒拜，用蕃字书状一纸，同焚烧奏木叶山神，云寄库，北呼此时为戴辣。汉人译云戴是烧，辣是甲。"冬至日，国人杀白羊、白马、白雁，各取其生血和酒，国主北望拜黑山，祭奠山神，言契丹死，魂为黑山神所管。又彼人传云，凡死人悉为此山神所管。富民亦然。契丹黑山，如中国之岱宗。云北人死，魂皆归此山。每岁五京进人、马、纸物各万余事，祭山而焚之，其礼甚严，非祭不敢近山。② 直到辽朝末年，天祚帝乾统年间还"祀木叶山"。

瑟瑟仪。是契丹族古老的祈雨仪式，建国后仍然保留并完备了瑟瑟仪。"若旱，择吉日行瑟瑟仪以祈雨。前期置百柱天棚，及期，皇帝致奠于先帝御容，乃射柳。皇帝再射，亲王宰执以次各一射。中柳者质志柳者冠服。不中者以冠服质之，不胜者进饮于胜者。然后各归其冠服。又

① （元）脱脱等：《辽史》卷51、卷52《礼志》，中华书局1974年版，第839页。

② （宋）叶隆礼：《契丹国志》卷27《岁时杂记》，上海古籍出版社1985年版，第253页。

翌日，植柳于天棚之东南，巫以酒醴，黍稗荐植柳，祝之。皇帝、皇后祭东方毕，子弟射柳，皇族、国舅、群臣与礼者，赐物有差。既三日雨，则赐敌烈麻都马四匹，衣四袭；否则以水沃之。”瑟瑟仪一直保留到辽朝末年，天祚帝乾统年间，“射柳祈雨”。

射鬼箭。除在宫廷中保留的各种祭祀仪式外，在社会生活中，仍可看到萨满教的遗迹。在行军作战中，契丹人要祭祀天神，以求上天的保佑。景宗乾亨二年，南伐时，“命巫者祀天地及兵神”。在出征前，“以死囚，还师以一谍者，置柱缚其上，于所向之方乱射之，矢集如猬，谓之射鬼箭”。这是萨满教中鬼神观念的反映。萨满教认为，人死后，其灵魂不死。为避免战场上的冤魂缠绕，以及被除行军途中的不祥，才有了射鬼箭之举。

岁除仪。初夕，“以盐及羊膏置炉中燎之。巫及大巫以次赞祝火神讫，阖门使赞皇帝面火再拜。”爇节仪。皇帝征伐叛国俘虏人民，或臣下进献人口，或犯罪籍没官户，皇帝亲览闲田，建州县以居之，设官治其事。皇帝死后，所置人户、府库、钱粟，穹庐中置小毡殿，里面放置皇帝与后妃的金像，节辰、忌日、朔望，在穹庐之前祭祀，筑高丈余的土坛，土坛上摆放盘子，里面放入酒食之后将其焚烧，国俗称之为爇节。

在柴册仪等各种仪式中，突出了巫，作为仪式的主持人。《辽史·礼志》记载，在辽朝各种祭祀礼仪中都由太巫、大巫、巫来主持仪式。例如祭山仪，皇帝、皇后为主祭，“太巫以酒酹牲”。“巫衣白衣，惕隐以素巾拜而冠之。巫三致辞，每致辞，皇帝和皇后一拜，在位者皆一拜。”在再生仪中，“太巫蒙皇帝首，兴，群臣称贺再拜”。在丧葬仪中，皇帝的灵柩出殡时，“巫者祓除之”。①

六　佛教

辽朝在其二百余年的统治期间，佛教盛行，历久不衰。这与统治阶级的大力提倡以及佛学教义的宣传不无关系。

---

① （元）脱脱等：《辽史》卷50《礼志》，中华书局1974年版，第839页。

（一）辽代崇佛的原因

统治阶级的大力提倡。太祖耶律阿保机，曾于上京建天雄寺、义节寺、安国寺。应天皇后于义节寺建断腕楼。太宗亲自把白衣观音像移于木叶山，建兴王寺，“春秋告祭，尊为家神”。① 圣宗对“道释二教，皆洞其旨”。② 圣宗钦哀皇后尊崇佛教，史称：“普全六行之余。洞达三乘之义”。③ 兴宗“尤重浮图法”。④“幸佛寺受戒”。⑤ 兴宗仁懿皇后“崇大雄之妙教，通先哲之灵章，精穷法要，雅识朝纲。建宝塔而创精兰百千处”。⑥ 道宗“好佛法，能自讲其书，每夏季辄令诸京僧徒及其群臣，执经亲讲，所在修盖寺院，度僧甚众”。⑦ 宣懿皇后也精通佛法，文中称她为：“佛法本生知之性。”⑧ 辽朝统治者不但身体力行，还给予僧尼以优厚的待遇。兴宗“尤重浮屠法，僧有正拜三公三师兼政事令者，凡二十人。贵戚望族化之，多舍男女为僧尼。如王纲、姚景熙、冯立辈皆道流中人，曾遇帝于微行，后皆任显官”。⑨ 圣宗时，僧尼可免服差役。因此，贫困之家的男女多进入寺院为僧尼。出现私度、滥度僧尼之风。

社会因素。辽朝自辽初至圣宗时期，连续发动了征伐诸部、平息内乱、灭晋、灭渤海、对宋战争等多次损耗国力、民力的战争，使社会处于动荡之中。由于战争环境，“征敛调发，急于剽掠”。⑩ “契丹诸役户多困乏。”有的将士死后，因家贫不能安葬，圣宗下诏给予优恤。⑪ 战争使家人不能团聚。“父子尽从蛇阵殁，弟兄空望雁门悲。”⑫ 辽代妇女在夫、

① （元）脱脱等：《辽史》卷37《地理志一》，中华书局1974年版，第446页。
② （宋）叶隆礼：《契丹国志》卷7《圣宗天辅皇帝》，上海古籍出版社1985年版，第72页。
③ 陈述：《全辽文》卷2《圣宗钦爱皇后哀册》，中华书局1982年版，第36页。
④ （宋）叶隆礼：《契丹国志》卷8《兴宗文成皇帝》，上海古籍出版社1985年版，第82页。
⑤ （元）脱脱等：《辽史》卷68《游幸表》，中华书局1974年版，第1064—1065页。
⑥ 陈述：《全辽文》卷9《仁懿皇后哀册》，中华书局1982年版，第214页。
⑦ （宋）苏辙：《栾城集》卷41，《四部丛刊初编》，上海商务印书馆。
⑧ 陈述：《全辽文》卷10《道宗宣懿皇后哀册》，中华书局1982年版，第276页。
⑨ （宋）叶隆礼：《契丹国志》卷8《兴宗文成皇帝》，上海古籍出版社1985年版，第82页。
⑩ 陈述：《全辽文》卷12《伴宋使杂谈二则》，中华书局1982年版，第361页。
⑪ （元）脱脱等：《辽史》卷10《圣宗纪一》，中华书局1974年版，第115页。
⑫ 陈述：《全辽文》卷12《无题佚句》，中华书局1982年版，第361页。

子被征兵后，承担了大部分家务及生产活动。在这种动荡不安的战乱环境下，辽代民众以佛教为其精神依托，寄希望于佛祖，希望神佛能保佑外出征战的亲人平安归来。燕京易州涞水县遒亭乡水井村邑众节衣缩食，积攒钱财造一香幢，其目的是“增无量福德”。

佛学教义的吸引。佛教的基本教义为四谛，即苦谛、集谛、灭谛和道谛。人们只有按佛法修行，最终才能得善果，进入涅槃之理想境界。佛教教义符合各阶层人民追求幸福、脱离苦难的愿望。在遗存的辽代各种碑铭、建塔题记、造经题记中，人们的这种愿望表达得非常清楚：“见闻随善，同获梵天之果。施主邑人，早登涅槃之乐。”① 佛教得到辽代各阶层民众的普遍尊崇。辽代崇佛，有其社会的、经济的根源，它是生产力发展到一定阶段的产物，是人们精神上的依托。

（二）辽代崇佛活动

辽代佛教的传入，约在建国前后。佛教传入辽朝后，逐步普及推广开来。大致可以划分为前、后两期。即辽太祖至辽景宗时为前期，辽圣宗至辽末为后期。②

1. 辽太祖至景宗时期

这时期，佛教由中原传入辽朝，影响还不普遍。佛教是经过辽朝统治者的有意倡导而逐步推广到民间中去。辽初，太祖、太宗在上京建天雄寺、义节寺、安国寺。太祖死后，应天皇后于义节寺断腕，置太祖陵，并在义节寺建断腕楼，树碑记其事。③ 应天太后于神册四年（919）前去谒拜寺观，以示对佛祖的敬仰之意。随后，佛教开始流行于汉族、契丹族之中。天禄三年，为葬舍利佛牙，世宗亲降宣头一道，钱三百贯，石匣旁书写布施金钱人姓名，“具列大辽皇帝、皇后、东明王夫人、永宁大王、燕主大王、国舅相公……齐国夫人张氏……”等人姓名。④ 穆宗应历

---

① 陈述：《全辽文》卷9《欢州西会龙山碑铭》，中华书局1982年版，第241页。

② 武玉环：《论辽代妇女的崇佛》，陈述主编《辽金史论集》第5辑，文津出版社1991年版。

③ （元）脱脱等：《辽史》卷37《地理志一》，中华书局1974年版，第440页。

④ 陈述：《全辽文》卷4《葬舍利佛牙石匣记》后注，中华书局1982年版，第70页。

年间，在四月八日佛诞日，“香车宝马、藻野缛川，灵木神草，赩赫芊绵。从平地至于绝巅，杂沓驾肩，自天子达于庶人，归依福田”。[①] 不但契丹皇帝参加庆贺仪式，且男女老幼都前去拜祭佛祖，参加佛诞日的活动。这时期民众崇佛活动大致如下：

积极兴造佛寺，建塔造幢。应历五年，北郑院邑人合资起建陀罗尼幢，有女邑人近百人参加。[②] 契丹公主化助云居寺“建碑楼一座，五间六架，并诸腰座”[③]。

出家为僧尼。《刘承嗣墓志铭》载：左骁卫将军、金紫崇禄大夫、检校太保兼御史大夫刘承嗣与其契丹夫人牙思所生女儿，“幼居香刹。恒护戒珠。”[④] 辽代民众崇佛的前期，其崇佛活动还未十分活跃，活动内容也很单一，佛教还没有广泛普及。

2. 辽圣宗至辽末

这时期，民众崇佛活动更趋活跃，信徒遍布五京，佛寺香火不断，许多信男善女出钱兴建众多的塔幢、佛寺。佛教影响遍及辽国。史载：“处处而敕兴佛事，方方而宣创精蓝。”[⑤] “无贫富后先，无贵贱老少，施有定例，纳有常期。”[⑥] 辽末，兵连祸结，烽烟四起，但辽国内崇佛活动依然如故，且香火鼎盛。赢钹邑的邑员建园寂道场，由大安三年二月的三昼夜延长到天庆九年的七昼夜。[⑦] 辽末，出家为僧尼的人有增无减。《陈国别胥造经题记》记载，在涿州宝德寺撰刻石经及讲经的僧尼就有九人。[⑧] 后期的崇佛活动有如下几种：

出家为僧尼。大多为未婚者。据重熙二十二年撰刻的《王泽墓志铭》

① 陈述：《全辽文》卷4《重修范阳白带山云寺碑》，中华书局1982年版，第80页。
② 陈述：《全辽文》卷4《北郑院邑人起建陀罗尼幢记》，中华书局1982年版，第73—75页。
③ 陈述：《全辽文》卷4《重修范阳白带山云寺碑》，中华书局1982年版，第80页。
④ 陈述：《全辽文》卷13《刘承嗣墓志铭》，中华书局1982年版，第366页。
⑤ 陈述：《全辽文》卷9《安次县祠垡里寺院内起建堂殿并内藏碑记》，中华书局1982年版，第233页。
⑥ 陈述：《全辽文》卷4《重修范阳白带山云寺碑》，中华书局1982年版，第81页。
⑦ 陈述：《全辽文》卷11《永乐村感应舍利石塔记》，中华书局1982年版，第331页。
⑧ 陈述：《全辽文》卷10《陈国别胥造经题记》，中华书局1982年版，第299—302页。

载：怀州刺史兼御史大夫、奉陵军节度使王泽的两个女儿，先后出家为尼；[①] 曾孙女二人，也出家为尼，长者紫衣，次者德号。[②] 王泽继母仇氏，慕崇觉行，落发为尼。[③] 王家是名副其实的佛教世家。朝散大夫、守殿中少监、知惠州军州事董庠三个孙女三喜、迎璋、省哥，于大安年间落发为尼。[④] 朝散大夫、尚书比部郎中张衍长女，“性悯”，于寿昌年间出家为尼。[⑤] 在这一时期，官宦之家的千金出家为尼的还有燕京涿州前左都押衙郑恪之女，[⑥] 北宰相、守太傅兼中书令萧义长女，[⑦] 左都押衙郑士安三女，[⑧] 参知政事、虞国公张浩之长兄为僧，妹为尼。[⑨]

也有中年寡妇出家为尼的。如王泽继母仇氏；宰相、守太尉兼侍中刘六符三女刘五拂嫠居，后落发为精行尼。当时“士大夫妻有嫠居者，感而慕道□□□者数人”。[⑩]

恪守教规、吃斋念佛。承天太后萧绰，“每岁正月则不食荤茹，大修斋会及造寺”。[⑪] 圣宗钦哀皇后笃信佛教，“普全六行之余，洞达三乘之义。动必协于人心，静必从于佛意”。[⑫] 六行即六渡，行法有六种：一布施；二持戒；三忍辱；四精进；五禅定；六智慧。三乘，即指小、中、大乘，乘运人而到其果地。钦哀皇后不但信教，而且身体力行，以佛教教义的六行法和三乘之义为其行为规范，恪守佛教教规。王泽之妻李氏，“近于佛乘，净信三归，坚全五戒，清旦每勤于焚祝，常时惟切于诵□□□。”[⑬] 耶律元妻、晋国夫人萧氏信奉佛教，时常诵读。[⑭] 耶律弘益

---

① 陈述：《全辽文》卷7《王泽墓志铭》，中华书局1982年版，第166页。
② 陈述：《全辽文》卷11《王安裔墓志铭》，中华书局1982年版，第341页。
③ 陈述：《全辽文》卷7《王泽墓志铭》，中华书局1982年版，第165页。
④ 陈述：《全辽文》卷9《董庠妻张氏墓志铭》，中华书局1982年版，第231页。
⑤ 陈述：《全辽文》卷11《张衍墓志》，中华书局1982年版，第342页。
⑥ 陈述：《全辽文》卷9《郑恪墓志铭》，中华书局1982年版，第237页。
⑦ 陈述：《全辽文》卷9《萧义墓志铭》，中华书局1982年版，第251页。
⑧ 陈述：《全辽文》卷11《郑士安遗行铭记》，中华书局1982年版，第328页。
⑨ 陈述：《全辽文》卷10《张行愿墓志铭》，中华书局1982年版，第287页。
⑩ 同上。
⑪ 徐松：《宋会要辑稿》《番夷》。
⑫ 陈述：《全辽文》卷2《圣宗钦爱皇后哀册》，中华书局1982年版，第36页。
⑬ 陈述：《全辽文》卷7《王泽妻李氏墓志铭》，中华书局1982年版，第161页。
⑭ 陈述：《全辽文》卷7《耶律元妻晋国夫人墓志铭》，中华书局1982年版，第148页。

妻萧氏筵僧营佛，熟悉佛经。[①] 董匡信之妻王氏，“又恒以清净心日课上生法花观音品，十数年间，持六斋戒。”[②] 王氏除每日诵经，还坚持数年“持六斋戒”，即在每月八日、二十三日、十四日、二十九日、十五日、三十日六天中，当诸天神众集会称量世间善恶时，修善事，信守斋戒，不食荤茹。

兴建佛寺，建塔寺，造经幢。辽代贵族妇女，她们家资豪富，挥金如土，多以个人名义建寺院造塔幢。统和八年，辽晋国公主在南京建佛寺后，曾向圣宗申请赐额未准。[③] 承天太后在临潢县修崇孝寺。[④] 清宁五年春，秦越大长公主造十三级石浮图一座，高二百尺，巍然挺立，高耸入云，被称为昊天宝塔。同年，秦越大长公主以所居宅第为施，请师建寺。“大率宅司诸物罄竭，永为常住。及稻畦百顷，户口百家。枣栗蔬园，井口器用等物，皆有施状。又□□□择名马万匹入进，所得迴赐，示归寺门……懿德皇后为母酬愿，施钱十三万贯，特为奏闻，专管建寺。道宗皇帝至□五万贯。敕宣政殿学士王行已□□□□其寺……寺成之日，道宗御书金榜，以大昊天为之名。”[⑤] 大昊天寺金碧辉煌，雄伟壮丽。清宁八年，宋楚国大长公主以左街显忠坊之赐第为佛寺，赐名竹林。[⑥] 咸雍五年，兰陵郡萧夫人在辽的中京（今大宁城）出巨资建寺院，延僧四十人，施地三千顷，粟一万石，钱二千贯，人五十户，牛五十头，马四十匹，以为供亿之本。道宗赐名为静安寺。[⑦] 陈国夫人耶律氏为辽朝宰相萧义之妻，天祚德妃之母，其长女出家为尼，因此陈国夫人多次施造石经。[⑧] 一般官宦人家的妇女，也多有热衷于佛事的。《全辽文》卷十二载：萧拔烈与其妻及三子四女，合造经文十多条。刘庆余妻耶律氏、窦景庸

---

① 陈述：《全辽文》卷10《耶律弘益妻萧氏墓志铭》，中华书局1982年版，第304页。

② 陈述：《全辽文》卷8《董匡信妻王氏墓志铭》，中华书局1982年版，第192页。

③ （元）脱脱等：《辽史》卷79《室昉传》，中华书局1974年版，第1272页。

④ （元）脱脱等：《辽史》卷37《地理志一》，中华书局1974年版，第441页。

⑤ 陈述：《全辽文》卷8《昊天石塔记》，第176页；卷9《燕京大昊天寺传菩萨戒故妙行大师遗行碑铭》，第249页。

⑥ 陈述：《全辽文》卷8《奉国寺尊胜陀罗尼幢记》，中华书局1982年版，第177页。

⑦ 陈述：《全辽文》卷8《创建静安寺碑铭》，中华书局1982年版，第200页。

⑧ 陈述：《全辽文》卷10《陈国别胥造经题记》，中华书局1982年版，第310—313页。

女、斡离也公主、燕京马侍郎夫人、易州太傅夫人、燕京孙衙内家郎中娘子，都曾在天庆、保大年间施钱办碑造经。

民间成立各种邑社组织。民间成立邑社组织的目的是“集众人之力，各抽有限之材，正证无为之果”。“或贫或富，皆毕力于当时。”[①] 这是民间邑社量力而行的一种集资方法。邑社组织是佛教信徒自发成立的，组织佛教信徒的各种日常活动。邑社组织有多种，有千人邑、念佛邑、建塔邑、鸁钹邑等。有不少信徒参加了邑社组织，其中有的还担任邑长职务，组织佛教信徒合资兴建塔幢、寺院。应历五年，北郑院邑人合资起建陀罗尼幢。[②] 大安七年的《建塔题名》（残石）上，刻有纠首、同建办塔事、提点塔事、邑长、女邑长、女邑等人的名字。[③] 《全辽文》卷九《懽州西会龙山碑铭》记载；大安八年建塔邑众男女五百人，合资兴建佛身感应舍利塔一座。

宣讲、书写、撰刻经文

为弘扬佛法，不少信徒还宣讲、书写、撰刻经文。王泽长女法微、三女崇辨出家为尼后，都“宣讲大小乘经律”。《全辽文》卷十《陈国别胥造经题记》记载：陈国夫人施造的石经，很多出自寺院比丘尼之手。天庆五年的石经为“施主涿州宝德寺赐紫比丘尼行圆、惠玉刻”。

辽代佛教信徒常诵的经卷有：《妙法莲花经》《华严经》《法华经》《圆觉经》《菩萨本行经》《贤劫经》等。[④] 辽代民众崇信佛教的阶层广泛，从帝后、公主到一般的平民，从契丹族到汉族，都有佛教信徒。崇佛的形式多样，既有出家为僧尼的，又有烧香念佛的；既有参加邑会组织的，又有个人建塔幢、造经题记的。辽代民众所信奉的佛教流派较多，主要有净土宗、华严宗、天台宗、禅宗、密宗等，从侧面反映出辽代佛教各派的发展与繁荣。

---

① 陈述：《全辽文》卷9《安次县祠垡里寺院内起建堂殿并内藏碑记》，中华书局1982年版，第233页。

② 陈述：《全辽文》卷4《北郑院邑人起建陀罗尼幢记》，中华书局1982年版，第73页。

③ 陈述：《全辽文》卷9《建塔题名残石》，中华书局1982年版，第240页。

④ 陈述：《全辽文》卷9《刘泆造经题记》，第244页；卷10《陈国别胥造经题记》，中华书局1982年版，第310—313页。

（三）佛教的历史影响

辽代佛教信徒在传播佛学教义上起了桥梁的作用，《全辽文》卷九《清河公女坟记》记载，福登之父母同兴善道，于重熙二十二年，在当村开化院内独办法堂一座，请十方高上法师前来讲经。于冬夏开花严法花经约三十席，于良山灵峰院内请大众读了经一十藏。《全辽文》卷十《陈国别胥造经题记》记载：陈国夫人在天庆年间施造石经几百条。有的石经流传至今。石经遂成为辽代文化中的一朵奇葩。留传至今的辽代寺院、经幢、石经、雕塑，蕴含着丰富的文化内容，是中华民族多元一体文化的重要组成部分。辽代佛教信徒在其中所起的作用是不可忽视的。

崇佛在一定程度上改变了辽朝传统的社会风俗。对契丹人的修饰、衣饰与饮食有一定的影响。例如祭祀佛祖时，兴宗与皇太后均着素服，饭僧于延寿、悯忠、三学三寺。[①] 承天太后在每年的正月不食荤茹，严格遵守佛教的斋戒。崇佛使辽代民众的生活习俗有了新的改变。

辽俗以每年的四月八日为佛诞日，这天，“凡水之滨山之下，不远百里。仅有万家，予馈供粮，号为义食”。[②] 在京府诸州，为庆贺佛诞日，“各用木雕悉达太子一尊，城上升行，放僧尼、道士、庶民行城一日为乐”。[③] 行像，是用宝车载着佛像巡行城市街冲的一种宗教仪式，一般在信奉佛教的地方都有流传。

还有一种宗教仪式：“建园寂道场三昼夜（或七昼夜），以草为骨，纸为肉，彩为肤，造释迦涅槃卧像一躯，具仪荼毗。”[④] 这是后世扎纸草人之始。

对社会经济发展的影响。道宗时，“所在修盖寺院，度僧甚众”。“僧徒纵恣放债营利，侵夺小民，民甚苦之。”[⑤] 僧尼不但巧取豪夺，广占土地，还施放高利贷剥削平民，聚敛财富。隋唐以来，北方的寺院就拥有

---

① （元）脱脱等：《辽史》卷19《兴宗纪二》，中华书局1974年版，第228页。

② 陈述：《全辽文》卷4《重修范阳白带山云寺碑》，中华书局1982年版，第80页。

③ （宋）叶隆礼：《契丹国志》卷27《岁时杂记》，上海古籍出版社1985年版，第251页。

④ 陈述：《全辽文》卷11《永乐村感应舍利石塔记》，中华书局1982年版，第331页。

⑤ （宋）苏辙：《栾城集》卷41，《四部丛刊初编》，上海商务印书馆。

许多田产，到了辽代，在皇室贵族的赐予、施舍之下，寺院经济迅速发展，出现了“其税一半输官、一半输寺”的寺院二税户。[①] 二税户原来为一般平民，身份较为自由。沦为寺院二税户后，既属官，又属其寺主，社会地位有所下降。辽代用千人邑社等各种组织形式，动员信男善女资助寺院，她（他）们节衣缩食积蓄的一点钱财，都用在修寺院、建塔幢、刻石经等方面。辽代的佞佛之风，使得“清信施财者沓至”。寺院僧尼上层则借机搜刮、挥霍民财。

辽朝后期，由于佛教的影响，以及契丹族汉化加深，其尚武习俗趋于文弱。正如宋人评论：“然契丹之人，缘此诵经念佛，杀心稍悛。此盖北界之巨蠹，而中朝之利也。”[②] 此话一针见血地道出了佛教的消极作用。

七 契丹文化的源流及其历史影响

契丹文化是辽文化的重要组成部分，契丹文化包括本源文化、主源文化和他源文化，以本源文化为主，同时吸收了主源、他源文化而最终形成。主源文化与他源文化对契丹文化的影响是多方面的。契丹文化在中华文化发展中占有重要的地位，是中华文化的重要组成部分，并在历史发展中深刻影响到周边的民族。[③]

契丹文化，具有鲜明的时代特点与民族特点。契丹文化，受奚族、渤海、室韦等族文化以及中原汉文化的多重影响，与具有草原游牧民族特色的本族文化相融合而形成。正如金朝伟大的文学家、历史学家元好问所说：“慷慨歌谣绝不传，穹庐一曲本天然。中州万古英雄气，也到阴山敕勒川。”契丹文化在中华文化发展中，具有不可替代的作用，做出了重要的贡献。

（一）契丹文化的初创与形成

契丹文化按历史时期可划分为建国前的契丹早期文化、建国后的契

① （元）脱脱等：《金史》卷46《食货志》，中华书局1974年版，第1033页。

② （宋）苏辙：《栾城集》卷40，《四部丛刊初编》，上海商务印书馆。

③ 武玉环：《契丹文化形成之源及其历史影响》，见《中国平泉首届契丹文化研讨会论文集》，吉林大学出版社2010年版。

丹文化、辽亡以后的契丹文化这几个历史阶段。这里着重论述辽建国后的契丹文化。辽代契丹文化的初创与形成，是在辽建国初期至辽穆宗时期，其发展与繁荣，在辽景宗时期至辽末。正如《辽史》所说：“辽起松漠，太祖以兵经略方内，礼文之事固所未遑。及太宗入汴，取晋图书、礼器而北，然后制度渐以修举，至景圣间，则科目聿兴，士有由下僚擢升侍从，骎骎崇儒之美。”《辽史》中的这段话，十分精辟地概述了契丹文化，乃至辽代文化发展的阶段性特点。

辽建国前后至辽穆宗时期是契丹文化的第一阶段。辽自建国初，就着力培养本民族的文化人才，着力于本民族文化的发展。

1. 创制本民族的文字

契丹本无文字，刻木为契。公元920年，阿保机从侄耶律鲁不古和突吕不，接受太祖之命，仿汉字偏旁，制契丹大字。“以隶书之半，就加增损，作文字数千。”之后，阿保机弟弟耶律迭剌创制契丹小字，从此契丹民族有了自己的文字，契丹大、小字开始在辽地颁行、使用。

2. 设立官学与私学，逐步建立起本朝的教育体制

辽朝在五京，设立五京学，置博士、助教各一员。辽的上京、中京设置国子监，在府、州、县设置地方官学。地方的州县官员，也大力兴办教育。大公鼎在良乡县任县令时，修建孔子庙学。马人望在新城县时，建新城县学。辽朝私学记载不多，但也设立多处。如王鼎“幼好学，居太宁山数年，博通经史”。萧韩家奴“少好学，弱冠入南山读书，博览经史，通辽、汉文字”。[①] 太宁山、南山是私学设立之所。辽代的官学与私学，为辽朝培养出一大批具有各种文化知识的契丹族、汉族知识分子，他们对契丹文化、辽文化的发展与繁荣，做出了重要贡献。

3. 以皇太子耶律倍为首的契丹文人阶层开始出现，并多有建树

耶律倍博通古今，喜爱读书。史书记载：“倍初市书至万卷，藏于医巫闾绝顶之望海堂。通阴阳，知音律，精医药、砭焫之术，工辽、汉文章，尝译阴符经。善画本国人物。”阿保机死，述律后欲立中子德光，倍让位，德光立，把耶律倍迁徙到今辽阳。耶律倍浮海奔唐，临行，立木

① （元）脱脱等：《辽史》卷103《萧韩家奴传》，中华书局1974年版，第1445页。

海岸，写下《海上诗》一首：

小山压大山，大山全无力。

羞见故乡人，从此投外国。

此诗质朴无华，以隐喻的手法，表达了他忧愤不平的心情。此外，耶律倍还曾作《乐田园诗》。耶律倍善画本国人物，如《射骑图》《猎雪骑》《千鹿图》，皆入宋秘府。[①] 在中国绘画史上占有重要的地位。

胡瓌，是辽代早期契丹族著名的画家，他善于描绘草原游牧民族的日常生活。胡瓌的作品主要有《卓歇图》《蕃马图》《还猎图》等。《五代名画补遗》把胡瓌的作品列为神品，他在当时的画坛上享有极高的声誉。

辽初的文人还有：耶律屋质，博学，知天文。会同间，为惕隐。

耶律学古，颖悟好学，工译鞮及诗。保宁中，补御盏郎君。

耶律题子，善于绘画。上述辽初的契丹文人，多工诗词歌赋、绘画、具有医学、天文等方面的知识，为契丹文化的创立与发展，做出了重要贡献。

4. 尊崇儒学

辽太祖曾询问侍臣："'受命之君，当事天敬神。有大功德者，朕欲祀之，何先？'皆以佛对。太祖曰'佛非中国教'。倍曰：'孔子大圣，万世所尊，宜先。'太祖大悦，即建孔子庙，诏皇太子春秋释奠。"[②] 从此，儒学在辽朝取得正统地位，被契丹统治阶级所尊奉。

5. 撰写国史

太宗会同四年，诏有司编写《始祖奇首可汗事迹》。开始用文字记载契丹始祖的事迹，开创了辽朝修史的先河，并先后三次纂修国史。

6. 制定朝廷礼仪制度

契丹人突吕不受诏撰决狱法，辽朝有了第一部成文法。

太宗大同元年三月，太宗废晋，把晋诸司僚吏、嫔御、宦寺、方技、百工、图籍、历象、石经、铜人、明堂刻漏、太常乐谱、诸宫

① （元）脱脱等：《辽史》卷72《义宗倍传》，中华书局1974年版，第1209页。

② 同上。

县、卤簿、法物及铠仗，悉送上京。据《辽史·礼志》记载："太宗克晋，稍用汉礼。"之后，太宗制订了服饰之制。契丹文化在这一历史时期初步形成。

（二）契丹文化的繁荣与发展

辽景宗至辽末，是契丹文化的繁荣与发展阶段。在这一时期，契丹文化的建树是多方面的。这一时期契丹文人阶层已形成，是契丹文人辈出的时期，其作品脱离了早期模仿的痕迹，熔草原文化与中原文化于一炉，有些作品达到了炉火纯青的程度。

1. 契丹文人创作进入繁荣期

在这一时期，契丹文人多创作诗词歌赋，结集出版。秦晋国妃，姓萧，其父为枢密使、驸马都尉萧曷宁，其母为景宗皇帝第二女，为辽圣宗之妹。秦晋国妃博览经史，聚书数千卷，擅长吟诗作赋。其歌诗赋咏，落笔则传诵朝野，脍炙人口。"僻嗜书传，晚节尤甚"。她撰写《见志集》若干卷，流行于世。①

萧韩家奴，契丹人，著有《六义集》十二卷。

萧柳，善属文，著诗千篇，集成诗集，书名为《岁寒集》。②

萧孝穆，兴宗时为北院枢密使，时称为"国宝臣"，所著文集曰《宝老集》。③

耶律资忠，著有《西亭集》。

耶律庶成，精通辽、汉文字，尤工诗词。重熙初，与萧韩家奴各进《四时逸乐赋》。耶律庶成翻译《方脉书》，在社会上广为流传，从此人皆通习，虽诸部族亦知医事。④

辽圣宗耶律隆绪，"幼喜书翰，十岁能诗"。他曾"出题诏宰臣以下赋诗，诗成进御，一一读之，优者赐金带"。又亲以契丹大字译白居易讽

---

① 陈述：《全辽文》卷 8《秦晋国妃墓志铭》，中华书局 1985 年版，第 193 页。
② （元）脱脱等：《辽史》卷 85《萧柳传》，中华书局 1974 年版，第 1316 页。
③ （元）脱脱等：《辽史》卷 87《萧孝穆传》，中华书局 1974 年版，第 1331 页。
④ （元）脱脱等：《辽史》卷 89《耶律庶成传》，中华书局 1974 年版，第 1349 页。

谏集，诏诸臣读之。辽圣宗自吟："乐天诗集是我师。"[①] 他制曲百余首，其中有《传国玺》流传。

辽道宗耶律洪基，善作诗。耶律良奏请编御制诗文，名曰《清宁集》，其中《题李俨黄菊赋》最为著名：

昨日得卿黄菊赋，碎剪金英填作句。

袖中犹觉有余香，冷落西风吹不去。

又有《赐法均大师句》：

行高峰顶松千尺，戒净天心月一轮。[②]

他的诗气势磅礴，诗意清新，用字精练，与唐、宋诗相比毫不逊色。

耶律孟简，六岁时父晨出猎，俾赋晓天星月诗，孟简应声而成。及长，善属文。曾作《放怀诗》二十首。

萧观音，为道宗皇后，善于吟诗作赋，有《怀古》《伏虎林应制》等诗歌流传于世，《回心院》是其代表作。《回心院》一诗，诗句清新婉约，幽怨凄凉，音韵婉转天然，被称为"怨而不怒，深得词家含蓄之意"的佳品。致使清人吴梅发出"辽邦闺阁多才"的感慨。

萧瑟瑟，为天祚帝文妃，《辽史·后妃传》称她"善歌诗"，"少时工文墨"，"聪慧闲雅"，有作品《咏史》《讽谏歌》留存于世。

寺公大师，著有《醉义歌》，是今存辽人最长的诗篇。

萧铎卢斡，好学，善属文。一日临流，闻雉鸣，三复孔子"时哉"语，作古诗三章见志。当时名士称其高情雅韵，不减古人。

耶律良，会道宗猎秋山，耶律良进《秋游赋》，上嘉之。清宁中，上幸鸭子河，作《捕鱼赋》。奏请编御制诗文，书名为《清宁集》；上命良诗为《庆会集》，亲制其序。[③]

2. 撰写国史、修撰礼书

萧韩家奴，博览经史，通辽、汉文字。他与耶律庶成、耶律谷欲奉兴宗诏，记录遥辇可汗至重熙以来事迹，集为二十卷。

---

① （宋）叶隆礼：《契丹国志》卷7《圣宗天辅皇帝》，上海古籍出版社1985年版，第72页。

② 陈述：《全辽文》卷2《赐法均大师句》，中华书局1984年版，第39、49页。

③ （元）脱脱等：《辽史》卷96《耶律良传》，中华书局1974年版，第1398页。

道宗时期的耶律俨，“登咸雍进士第，守著作佐郎……修皇朝实录七十卷”。[①] 耶律庶成与林牙萧韩家奴等撰写《实录》及《礼书》。与枢密副使萧德修订法令，成一代之典。

3. 创作具有游牧民族特色的绘画作品

秦晋国妃，雅善飞白，尤工丹青，所居屏扇，多出其笔。此外，还有很多无名氏的作品，如传世的《蕃骑猎归图》《平沙卓歇图》《平原射鹿图》等，都是以契丹族的游牧生活为题材，带有浓郁的民族特色与时代特征。

4. 科举取士，培养精通各种文化知识的士人

辽代科举，早在太宗会同时期，已在局部地区开设。“会同初，昉登进士第。”景宗保宁八年，“诏南京复礼部贡院”。其“制限以三岁，有乡、府、省三试之设。乡中曰乡荐，府中曰府解，省中曰及第。……程文分两科，曰诗赋，曰经义，魁各分焉”。[②] 每次放进士人数不等，如辽圣宗太平八年放进士 57 人，辽道宗寿隆元年放进士 130 人。科举初设时，不允许契丹人应试，到辽后期，契丹人也可举进士，耶律蒲鲁，幼聪悟好学，七岁时，能诵契丹大字。习汉文，未十年，博通经籍。重熙中，举进士第。[③] 耶律大石，太祖八代孙。通辽、汉字，善骑射，登天庆五年进士第。[④] 可见，契丹人在辽朝晚期已经有应试之举。

（三）契丹文化的源流

契丹文化的源流主要有本源、他源与主源。契丹文化的本源是本族的文化，他源是奚族、渤海、室韦等族的文化，主源是中原汉文化。契丹文化在本源文化的基础上，广泛吸收了他源文化、主源文化，融会贯通，最终形成了具有本族特色的草原游牧民族文化。

契丹本源文化在第一部分已经论述，此不赘述。下面主要是他源文化、主源文化对契丹文化的影响。

---

① （元）脱脱等：《辽史》卷 98《耶律俨传》，中华书局 1974 年版，第 1415 页。

② （宋）叶隆礼：《契丹国志》卷 23《试士科制》，上海古籍出版社 1985 年版，第 227 页。

③ （元）脱脱等：《辽史》卷 89《耶律蒲鲁传》，中华书局 1974 年版，第 1351 页。

④ （元）脱脱等：《辽史》卷 30《天祚皇帝纪》，中华书局 1974 年版，第 355 页。

1. 他源文化的影响

（1）奚族的影响

中京地区曾是奚人的居住地。辽朝的奚人，除畜牧、农耕外，还善于造车。契丹人早年曾向他们学习造车技术。宋朝沈括曾说："奚人业伐山，陆种斫车，契丹之车皆资于奚。车工所聚曰打造馆。其辎车之制如中国，后广前杀而无般，材俭易败不能任重而利于行山。长毂广轮，轮之牙，其厚不能四寸，而軫之材不能五寸，其乘车驾之以驼。"① 由于契丹人以游牧为生，因此在四时迁徙过程中，车子是重要的交通工具，而契丹人的造车技术是向奚人和黑车子室韦人学习的。辽上京有车子院，并设监管理，可见当时车子为契丹人所需，造车业受到辽朝廷的重视。

（2）渤海人的影响

渤海人不但善于制造车、船，而且善于冶铁、炼银。中京附近的富谷馆，居住着渤海人，居民多以造车为业。渤海人多在辽朝从事冶铁业、银冶业。渤海人聚居的辽东地区是铁的重要产地，辽以横帐和大族奴隶置曷术石烈，从事冶炼。辽在手山、三黜古斯和柳湿河分置三冶。中京柳河馆附近有铁冶，多渤海人所居，就河漉沙石，炼得成铁。"七十里至打造部落馆，唯有番户百余，编荆为篱，锻铁为军器。"上京饶州长乐县，太祖迁徙渤海人居住此地，其中有一千户纳铁。东京道的银州，南京道的渔阳，中京道的泽州、严州等地有银冶。据《辽史·地理志》记载，中京道的泽州，"太祖俘蔚州民，立寨居之，采炼陷河银冶。"据承德地区文化局调查，陷河银冶地当在今河北平泉会州城西南。此地开采时间很长，历金、元、明直至清朝仍可开采，储量丰富。此外，辽境内还有阴山、都峰、大石、宝兴等银冶。

渤海人能歌善舞，其中的渤海乐，就曾在辽宫廷演奏。渤海人善于烹调，《契丹国志》卷 27 记载，五月初五端午节，"渤海厨子进艾糕"。艾糕是渤海厨子所做的食品，深受契丹人的喜爱。

---

① （北宋）沈括：《熙宁使虏图抄》，见赵永春编注《奉使辽金行程录》，吉林文史出版社 1995 年版，第 85 页。

(3) 室韦族的影响

契丹之北为黑车子室韦，善作车帐，契丹向黑车子室韦学习作车帐。此外，室韦人善于冶炼并制作金、银、铜、铁器。史书记载，北方的室韦，“其地多铜、铁、金、银，其人工巧，铜铁诸器皆精好，善织毛锦。”① 室韦曾向辽朝纳贡，并从属于辽朝。因此室韦人对契丹人和契丹文化是有一定影响的。

2. 主源文化的影响

主源文化是中原的汉文化。中原汉文化早在辽建国前后，随着大量汉人迁入草原地区已经传入契丹社会，汉文化对契丹族的影响是深远的。下面从物质文化与精神文化两方面看中原文化对契丹文化的影响。②

(1) 纺织业

辽朝纺织业受中原汉人的影响很大。在辽上京、中京、祖州有官营的手工业作坊绫锦院，为皇室提供纺织品。中京道的宜州、川州、锦州、霸州和东京道的显州，地产桑麻，除向绫锦院提供纺织原料外，也以纺织为业，生产大量精美的丝织品。其生产者主要是汉人。世宗以定州（今河北正定）俘户所设置的中京道弘政县，“民工织衽，多技巧”，南京（今北京）“锦绣组绮，精绝天下”。南京等地的精湛的纺织技术，带动并促进了辽朝纺织业的发展。1981 年，在内蒙古乌兰察布盟豪欠营契丹墓出土的契丹女尸，身穿衣、裙 8 件，皆以罗、绢为原料，女尸身上的轻罗薄绢，薄如蝉翼，据有关专业技术人员判断，在当时属最优等的产品。南京是辽朝官营纺织业的中心，从事纺织业的多为汉人，他们对辽朝纺织业水平的提高起了重要的作用。

(2) 陶瓷业

辽的陶瓷在中国陶瓷史上占有重要的地位。其特点主要表现在制造工艺上继承和学习了唐、宋的技术，在造型方面具有浓厚的草原游牧民族特点。在辽瓷中，鸡冠壶、方碟、长颈瓶、牛腿瓶、凤首瓶和辽三彩、

① （宋）叶隆礼：《契丹国志》卷 25《胡峤陷北记》，上海古籍出版社 1985 年版，第 239 页。

② 武玉环：《契丹文化形成之源及其历史影响》，《中国平泉首届契丹文化研讨会论文集》，吉林大学出版社 2010 年版。

仿定白瓷是辽瓷器物和工艺的代表。辽三彩直接继承了唐三彩的风格，色彩为黄、绿、白。鸡冠壶是辽瓷中的典型器物，从造型上看，早期的鸡冠壶器腹较大，保留着皮绳缝制的印记；中期渐趋扁平，口高，体小；晚期器体细高，多为捏把。鸡冠壶等器型带有浓郁的草原游牧民族风格，又融入了中原的制造工艺，是二者的完美结合。

从精神文化方面来看，契丹文化受中原文化的影响深远，体现在中原儒学，以及儒家道德观念的影响、文学作品对契丹文化的影响等方面。

（3）汉字的影响

契丹的大、小字，是借助汉字偏旁加以改造而创立的。可见中原汉字对契丹文字的影响之大。此外，辽朝在社会上普遍流行和使用汉字，无论契丹人还是汉人，多以汉字为主要书写工具。有的契丹人会使用契丹字与汉字两种文字。

（4）儒学典籍的传入与影响

中原传入的古代文献、儒家经典如《通历》《贞观政要》《五代史》等被契丹文人翻译成契丹文，在朝廷与社会中广泛流传。辽道宗的儒学、佛学造诣很深，他非常重视古代文献、典籍的收集与整理，命令儒臣校正乾文阁所缺的经籍，又让汉人文士讲解五经大义。儒学中的“三纲五常”，即“君为臣纲，父为子纲，夫为妻纲”，“仁、义、礼、智、信”，成为契丹民族为人处世所遵奉的道德准则。儒家的传统道德观念，在潜移默化中起到移风易俗的作用。它改变了过去契丹族“父母死而悲哭者，以为不壮”，“妻后母、报寡嫂”等陈规陋俗。以至有耶律安抟“居父丧，哀毁过礼，见者伤之”。出现了契丹贵族耶律宗政拒绝与后母成婚等事件。辽朝提倡孝道，“民间有父母在别籍异居者，听邻里觉察，坐之。有孝于父母，三世同居者，旌其门闾”，体现了辽代儒学对契丹族影响之深。

（5）礼乐的影响

辽代雅乐、大乐、散乐，受中原影响较大。大同元年，太宗自汴京归辽，得晋太常乐谱，宫悬、乐架，委所司送回上京。晋天福三年，遣刘昫以伶官来归，自此辽有大乐。此后在辽宫廷中用雅乐、大乐、散乐。八音器数，也大抵因唐之旧。

（6）文学作品的传入与影响

辽朝提倡学习中原汉文化，辽圣宗曾用契丹文字译白居易的《讽谏集》，让契丹大小官员熟读。在契丹皇帝的倡导下，社会上学习汉文化已蔚然成风，契丹人对宋朝的文人与作品推崇备至，并有深入的了解。宋朝著名文人苏辙出使辽朝后，曾作诗感叹："谁将家集过幽都，逢见胡人问大苏。"寺公大师所著《醉义歌》，这首诗依汉语用韵，同时多用汉人史实掌故，足见辽诗受唐、宋诗的影响之大。辽道宗宣懿皇后作《君臣同志华夷同风应制》一诗，真实地概括了契丹文化的特点，华夷同风正体现了契丹草原文明与农耕文明相互吸收，相互影响的历史事实。

（7）制度的影响

辽以国制治契丹，以汉制待汉人。辽代的南面官制，是吸收、采用中原三省六部制而制定的，而在北面官制中，受中原汉官制影响，设立北枢密院、宰相府等机构。在辽代的法律中，分设番、汉二律，在番律中，受汉律的影响，也将汉律中的十恶之罪与八议之法列入其中。可知，辽代的制度深受中原制度的影响。

（四）契丹文化的特点与历史地位

1. 契丹文化的特点

契丹文化的特点主要表现在以下几方面：

（1）契丹文化具有时代的特点

公元10—12世纪，正值唐亡宋兴之时，唐宋文化在中国文化发展史上，具有很高的地位，唐诗宋词被历代文人所传诵。辽朝与宋朝南北并立，辽朝制定了"学唐比宋、华夷同风"的文化发展方向。学唐不是照抄照搬的拿来主义，而是有选择的选取对辽代社会发展有用的东西，加以改造、运用，使之成为契丹文化的重要组成部分。契丹文化从总体上说，它是一定时代的文化，具有时代的特征。

（2）民族、地域性特点

契丹处于西部草原与大漠之间，多寒多风，因此契丹文化带有浓郁的西部草原地区的特点，其生产方式、生活方式，体现了这一民族地域性的特色，如居室为拆卸自由的帐篷，出行为骑马、驼，过着四时迁徙的游牧生活。其生产方式以牧放牛羊为主，契丹族的衣食住行、婚丧嫁娶体现了这一民族的地域性的特色。其文学作品、绘画、壁画、陶瓷、雕塑的内容多以游牧生活为题材进行创作，带有浓郁的草原文化特征。

（3）多元与交融的特点

契丹文化的多元特点，一是指来源的多元，二是指包容的内容的多元。契丹文化的来源，如上所述，是以本族文化为本源，吸收他源、主源文化而形成的，因此说来源是多元的，包容的内容也是多元的。契丹文化与辽境内各民族、各地区的文化同属辽代文化，辽代文化是中华文化的重要组成部分，辽代各民族文化相互交融，相互影响。而契丹文化，体现了这种交融的特点。

契丹民族在与多民族杂处、发展自身的草原文化的同时，不断地更新自己的文化观念、创立新的文化领域，使契丹文化别具特质，即草原文化与农耕文化在不断地汲取、汇聚、再造的机制中，将契丹文化不断更新、提高。契丹文化是将本源、主源、他源文化融会贯通的一种新型文化。契丹民族在南北两种观念系统的日趋接近、统一的发展过程中，极力提倡学习优秀的中原文化成果，广采并收。这正是契丹文化之所以在中华文化史上占据重要地位的原因，也是契丹文化具有强大生命力的源泉。

2. 契丹文化的历史地位

契丹文化在中华文化发展中，占有重要的地位，是中华文化的重要组成部分，并在历史发展中深刻地影响到周边的民族。

（1）契丹文化是中华文化的重要组成部分

契丹文化与其他各族文化，共同构成了中华文化。辽五京的建筑遗址、佛寺、庙宇、塔幢，辽人篆刻的石经，出土的精美的陶瓷与金银器，以其古朴的造型和精美的工艺，留存于世，是中华文化中的一朵奇葩。其文学作品、绘画、史学著作、佛学译著等，在中国文学史，绘画史、哲学史上占有重要地位。

（2）契丹文化对其他民族的影响

辽代契丹文化对北方各民族文化的发展起到重要的作用。《契丹国志·四京本末》记载："所在分奚、契丹、汉人、渤海杂处之。"辽境内各民族杂错而居的分布格局，导致了各民族之间相互影响，出现了汉人胡化、胡人汉化的双向融合的发展趋势。

饮食方面。辽代契丹人的饮食习惯，受地理、气候条件的限制，带有浓厚的游牧民族的特点。"绩毛饮湩，以为衣食。"契丹人放牧的牛马驼羊，其皮毛，可制成衣服、皮靴；其肉、奶，可做成他们喜爱的日常饮食。奶可饮用，肉可烧烤煮食。宋朝出使辽朝的使者曾写诗描绘辽代的宫廷宴席："引刀取肉割啖客，银盘擘臑槁与鲜。"[①] 诗中列举了契丹人宴席上的丰盛食物以及引刀取肉的习俗，其引刀取肉的习俗，与今天的蒙古族的手把肉有些相似。今天西北地区的民族喜欢喝的奶茶，也可在当年的契丹习俗中找到其踪迹。

服饰方面。契丹服饰的特点，男子穿圆领窄袖长袍，左衽，腰中束带，穿靴。女子喜穿长裙，裙上绣花。铜绿色是契丹人喜欢的颜色。契丹族的服饰深受中原汉人的喜爱，对宋朝汉人服饰有很大的影响。宋朝多次下达禁令禁止仿效契丹服饰："禁士庶效契丹服及乘骑鞍辔，妇人衣铜绿、兔褐之类。"大观政和年间再次下诏："敢为契丹服著毡笠、钩墩之类者，以违御笔论。"文中所说钩墩即妇人所着袜裤的形制，铜绿是契丹人喜爱的颜色。宋朝文人苏辙作诗感叹："哀哉汉唐余，左衽今已半。""汉人何年被流徙，衣服渐变存语言。"[②] 中原汉人以及北方的汉人服饰均有所改变，一部分人的穿着、服饰已经契丹化、胡化了。

制度的沿袭。契丹的制度与文化，对其他北方民族有着积极的影响。金初的科举、官品、刑法多采用辽之制度，《大金国志》记载，太宗天会十年，"下诏如契丹开辟制，限以三岁。有乡、府、省三试之法"。金朝的官品也承袭唐制与辽制，"虏之官品本尊唐制，又以本朝之法并辽法参而用之"。[③] 金初刑法沿袭辽法，"金虏有国之初，立法设刑悉遵辽制"。[④]

① （宋）王安石：《临川先生文集·北客置酒》，国家图书馆出版社1985年版，第122页。

② （宋）苏辙：《奉使契丹二十八首之出山》，见赵永春编注《奉使辽金行程录》，吉林文史出版社1995年版，第111页。

③ （宋）宇文懋昭：《大金国志》，附录二《官品》，中华书局1986年版，第598页。

④ （宋）宇文懋昭：《大金国志》，附录二《刑法》，中华书局1986年版，第601页。

元朝的投下制度、捺钵制度与辽制有渊源关系。成吉思汗建国之初，占领新地区、俘获战俘后，就把战俘分赐给诸王将领，称为投下。蒙古草原的投下制度与辽朝的头下制度大体相同。捺钵，又称为纳宝，是辽、金、元皇帝外出渔猎的驻所。辽皇帝四时外出渔猎，设立的行帐称为捺钵，也被称为行营、行在，或引申为帝王的四时渔猎活动。金朝也有捺钵制度，《金史》译为行宫。元朝皇帝也有捺钵的习俗，他们在北方驻冬或驻夏，其行宫有时也被称为捺钵或纳宝。

契丹文化是以本族文化为本源，吸收他源、主源文化而形成的。契丹文化对北方民族的影响是深远的，其制度相因，文化相袭，反映了契丹文化具有强大的生命力和影响力。①

① 武玉环：《契丹文化形成之源及其历史影响》，《中国平泉首届契丹文化研讨会论文集》，吉林大学出版社 2010 年版。

第八章

民俗志

衣食住行、婚丧嫁娶是一定历史阶段生活方式的直接透视，是一定文化形态的反映。契丹族在衣食住行、婚丧嫁娶各个方面，既保持了游牧民族的特点，又受汉化的影响，表现出各民族相互影响，相互学习，契丹人汉化、汉人胡化的发展趋势。

一　契丹族的衣食住行

（一）服饰

契丹人的服饰，分为官服与民服两类。

民服，即一般契丹人的穿着，它带有浓厚的民族特点，并受生产方式、地理气候条件所制约。《辽史》卷56《仪卫志》载："上古之人，网罟禽兽，食肉衣皮……契丹转居荐草之间，去邃古之风犹未远也。太祖仲父述澜……始置城邑，为树艺、桑麻、组织之教……太宗制中国，紫银之鼠，罗绮之篚，麋载而至……于是定衣冠之制，北班国制，南班汉制，各从其便焉。"这段记载说明了契丹建国前后的生产力发展状况及契丹服饰的发展与变化。契丹建国前的社会生产状况为"随水草畜牧"，"食肉衣皮"，过着以畜牧业为主的生活，服饰也极简陋。到太祖父辈时已定居，已经有了农业、纺织等新兴行业，因而有了自己的民族服饰。到太宗时，灭亡后晋占领汉地后，统一制定了国制与汉制的服饰制度。

契丹男人的发式、服饰为"髡发左衽"。髡发即前额头发全部剃光

（也有前额留短头发的），只有鬓角留一绺长发，从耳后垂至肩际。此外，庄绰《鸡肋篇》记载："凡仕族之家女子，在家时皆髡首，到出嫁时方留发。"因此髡首是契丹男子和契丹少女特有的一种发式。契丹人髡发的习惯可能与气候有关。草原游牧风沙大，头发剃去便于清洗，干净利落。契丹男女的服饰一般都为"左衽"，即衣服左边开襟。而汉服一般为右边开襟，这是契丹服饰与汉服的一个重要的区别。契丹男子的服饰，大多为圆领窄袖长袍，腰中系带，足踏黑靴，靴子用各种皮革所制，耐水耐寒，轻便利落，便于骑马。制靴的皮革来自契丹人所饲养的牛、羊、马之皮，取材方便。从出土的辽墓壁画中可以看到契丹男子昔日的风貌：髡发左衽，留须，戴黄色耳环，白色下衣，蓝色中单，红色圆领窄袖长袍，腰系浅色革带，足踏黑靴①。

契丹妇女服饰。其上衣叫团衫，颜色用黑、紫、绛紫诸色，服式为直领左衽。前拂地，后长而曳地尺余，两边垂红黄带。妇女所束的裙子形式为襜大式，多在黑紫面上绣以全枝花。哲盟库伦旗一号辽墓壁画中，绘有契丹妇女画像：头戴黑色瓜皮帽，帽缘扎绿色中带，鬓发下垂，腰系黄色葫芦状荷包及一黑色小皮囊。另一女子，头戴绿顶黑皮小帽，后面系花结，绿色长衫，浅红色腰带，左佩件与主人同，侧身向女主人，手执铜镜，为女主人整容②。由此可见，辽代契丹妇女穿着为长衫，系腰带，由于北方寒冷，无论寒暑，必系棉裙，头戴帽子。③

契丹皇后服饰华丽、讲究。常服为紫金百凤衫，杏黄色金缕裙，头戴百宝花簪，足穿红凤花靴。宫女也有穿锦靴、戴貂额者。

辽宁法库叶茂台辽代石棺墓出土的契丹老年贵族妇女其所穿服饰较为具体形象。其衣着为长袍、短袄、裙、裤、套裤。长袍为绣花棉袍，棕黄色罗地左衽式，通体绣花，领绣二龙，袍衫有疙瘩式襻扣，左衽宽袖。头戴高翅帽。中为圆式帽顶，为纱地绵胎，棕色，帽面锁绣。旁有两个高大的立翅。脚穿齐膝缂丝软靴，为圆口两旁开楔式。手戴绣花分

① 陈相伟、王健群：《吉林哲盟库伦旗一号辽墓发掘简报》，《文物》1973 年第 8 期。

② 同上。

③ 武玉环：《论契丹人的衣食住行》，《北方文物》1991 年第 3 期。

指手套，为罗地绵胎绣花，分指包腕式，套口缚有带结。脸部盖有深棕色蝉翼状面纱。出土的纺织品都是桑蚕丝织品，有绢、纱、罗、绮、锦、绒圈织物及缂丝等七类几十种品种规格，质地轻薄柔软①。这说明当时纺织技术的高超和契丹贵族妇女生活的讲究与奢华。其中棉袍、软靴、绣花分指棉手套、棉帽等，做工精细，美观适用，以御寒为主，带有浓厚的北方地域性特点。辽代的上京有绫锦诸工作。南京“锦绣组绮，精绝天下”②。社会生产力的进步改变了契丹人建国前“食肉衣皮”的简陋的生活状况，使契丹人在服饰上更多样化，更具审美情趣。

契丹妇女尤其喜爱修饰。项串和耳坠是契丹妇女喜爱的饰物。据贾敬颜《路振乘轺录疏证》记载：辽承天后“冠翠花，玉充耳”。侍立者“皆胡婢，黄金为耳珰”。内蒙古奈曼旗陈国公主驸马墓中，陈国公主头旁放置一对耳坠，耳坠各用金丝连缀10颗大小珍珠及4个琥珀雕刻鱼龙形船，船舱、摇橹人的耳、目及鱼龙的鳞、鳍等处无不刻画入微。在建平张家营子辽墓、锦州张扛村一号辽墓、朝阳前窗户村辽墓等均出土有耳坠。质地有金、银、铜质，形态各异，但都远不及陈国公主所戴的精美。③ 陈国公主所佩珍珠项链，是用银丝贯穿五百余颗珍珠分股组合而成。下方中间缀以琥珀圆雕，红白相间，色彩鲜明。臂钏，即双臂佩戴的饰物。宋人称：“女夭夭称细娘，真珠络臂面涂黄。”诗中形象地描绘了契丹妇女的风貌。面涂黄，即“冬月以栝蒌涂面，谓之佛装，但加傅而不洗，至春暖方涤去，久不为风日所侵，故洁白如玉也”。④ 契丹妇女崇佛，因此以黄物（栝蒌）涂面的佛装为美。珍珠络臂，即用珍珠做成臂钏。陈国公主双臂戴网络，外戴两对黄金臂钏，双手十指戴11枚戒指。⑤

由于辽朝地处北方，气候寒冷，所以契丹人在服饰上多衣皮毛。贵者披貂裘，裘毛以银貂为最贵，紫黑色貂皮也很珍贵，青次之。穷苦人

① 辽宁省文化局等：《法库叶茂台辽墓纪略》，《文物》1975年第12期。
② （宋）叶隆礼：《契丹国志》卷22《州县载记》，上海古籍出版社1985年版，第217页。
③ 张郁：《辽陈国公主夫妇殡葬服饰小记》，《文物》1987年第11期。
④ （清）厉鹗：《辽史拾遗》卷15。
⑤ 张郁：《辽陈国公主夫妇殡葬服饰小记》，《文物》1987年第11期。

一般服羊、鼠、沙狐裘皮以御寒。契丹人为防寒，还在肩背处围以“贾哈”。“贾哈”用锦貂或其他毛皮裁制，形制如箕，两端作尖锐状，围于肩背间，正适合于北方寒冷气候的需要。

在契丹人中还流行着穿艾衣的风俗。“五月五日午时，采艾叶与绵相和，絮衣七事，国主著之，蕃汉臣僚各赐艾衣三事。”① 艾叶有浓郁的香气，可以理气血，逐寒湿，艾叶揉捣之后如绒，穿在身上既香气袭人，又可驱逐寒湿，取驱邪避寒之意。

官服，分为国服与汉服两类。国服，以朝服、公服、常服为主。朝服，皇帝服饰为实里薛衮冠，络缝红袍，垂饰犀玉带错，络缝靴，称为国服；太宗时更为锦袍、金带。契丹臣僚戴毡冠，金花为饰，或加珠玉翠毛。额后垂金花，织成夹带，中贮发一总。或戴纱冠。服紫窄袍，系鞊鞢带，以黄红色绦裹革为之。太宗时改为锦袍、金带。

公服，其特点之一就是头上裹巾，穿紫衣。皇帝也戴紫皂幅巾，穿紫窄袍、玉束带。《辽史》卷116《国语解》：“契丹豪民裹头巾者，纳牛驼十头、马百匹，乃给官名曰舍利。”可见，裹头巾者为官吏。因此臣僚戴巾，穿紫衣。

常服，为绿色窄袍，中单多红绿色。贵者服貂裘。辽太宗入晋后，并用汉服。汉服也分朝服、公服、常服。② 汉服的服饰特点、佩戴的饰物佩件与中原汉服相同。服饰的汉化反映了各族之间相互学习、相互融合的历史趋势。

契丹人在服饰上的阶级、等级之别非常严格。“夷离堇及副使之族并民如贱，不得服驼尼、水獭裘，刀柄、兔鹘、鞍勒，珮子不许用犀玉、骨突犀；惟大将军不禁。”③ 契丹族普通老百姓，夏天穿布衣，冬天穿羊皮、兔皮袄取暖。

（二）饮食

契丹人的饮食习惯受地理、气候条件的限制，并带有浓厚的游牧民

① （宋）叶隆礼：《契丹国志》卷27《岁时杂记》，上海古籍出版社1985年版，第251页。

② （元）脱脱等：《辽史》卷56《仪卫志》，中华书局1974年版，第905页。

③ （元）脱脱等：《辽史》卷21《道宗纪一》，中华书局1974年版，第252页。

族特点。《辽史》卷32《营卫志》："（契丹）绩毛饮湩，以为衣食。"这句话精练地概括了契丹人饮食的物点。契丹人善于畜牧，饲养的牛羊及其所产牛羊乳，是契丹人喜爱的日常饮食。契丹人把牛羊乳做成各种奶酪。肉类也是契丹人日常的食品。契丹人喜爱狩猎，捕获的飞禽走兽如雁、鹿、兔、虎、熊，都可做成各种美味佳肴。貔狸肉是契丹人招待贵客的珍膳。貔狸，形如鼠而大，穴居，食谷粱，嗜肉，味如豚肉而脆。王安石在《北客置酒》一诗中描绘了独具特色的契丹人宴席："引刀取肉割啖客，银盘擘臑槁与鲜……山蔬野果杂饴蜜，獾脯豕腊如炰煎。"诗中描绘的丰盛宴席中，有煮熟的各种肉食、肉脯、獾脯等，还有各种鲜果蔬菜。现在蒙古族仍保留引刀取肉的待客习俗，满族仍有腌制咸腊肉的习俗。契丹人还喜食生葱韭蒜。《东京梦华录》载：宴席上辽使节为宋君王上寿时，辽使节面前"独羊鸡鹅连骨熟肉为看盘，皆以小绳束之，又生葱韭蒜醋各一碟"。至今北方人仍喜食生葱韭蒜。

除肉食外，契丹人还喜欢吃各种新鲜蔬菜。有一种回鹘豆，高二尺许，直干，有叶无旁枝，角长2寸，每角只有两豆，一根才六七角。色黄，味如栗。蔬菜中常食用的有芹菜、韭菜、白菜、葱、蒜等。渤海螃蟹，红色，大如碗，螯巨而厚，其跪如中国蟹螯，[①] 较为稀罕，也是契丹人喜食的一种海物。

契丹人的主食为米、面及各类五谷杂粮。太祖祖父匀德实"喜稼穑，善畜牧，相地利以教民耕"。[②] 太祖立国后，农业有了进一步的发展。汉城"地可植五谷，阿保机率汉人耕种"。[③] 契丹人种植的粮食有稻、麦、粟、黍、糜等。契丹人把米做成粥或干饭食用。《契丹国志》卷24《王沂公行程录》："（契丹）食止糜粥、粆糒。"糜粥即肉粥。粆糒即炒米、炒面。炒米、炒面做法简易，携带方便。契丹人在日常饮食中和行军作战中食用。《栾城集》中描绘契丹人的饮食："腥膻酸薄不可食，羊修乳粥差便人。"从宋人口中反映出契丹人喜食带腥膻味的牛羊肉及牛羊乳、

① （宋）叶隆礼：《契丹国志》卷27《岁时杂记》，上海古籍出版社1985年版，第257页。
② （元）脱脱等：《辽史》卷59《食货志上》，中华书局1974年版，第923页。
③ （宋）叶隆礼：《契丹国志》卷23《并合部落》，上海古籍出版社1985年版，第222页。

乳粥。这里的乳粥是用牛羊乳煮的粥。《辽史》卷50《礼志》：契丹人“行酒肴、茶膳、馒头毕，从人出水饭毕，臣僚皆起”。水饭是将米用水煮熟，用笊篱捞到凉水里，也可能是做成干饭后泡水而食。面食的制作多种多样，能做成松软的馒头、香甜的油饼、薄脆的煎饼、各式糕点等。在辽的祭祀仪中，用各种面食作为祭品。其中有馒头、饼饵。契丹人还喜欢在人日那天在庭院中食煎饼，俗云“熏天”。五月五日端午，则吃艾糕。[①]

契丹人喜食各种水果。契丹境内出产西瓜，据说是“契丹破回纥得此种，以牛粪覆棚而种，大如中国冬瓜而味甘”。[②] 在北京市斋堂辽墓壁画中，绘有两位侍女，双手藏袖内托盘，盘内盛西瓜、石榴、鲜桃[③]。《契丹国志》卷21《南北朝馈献礼物》中记载，契丹贺宋生日礼物，其中有蜜晒山果10束棂碗，蜜渍山果10束棂，匹列山梨柿4束棂，榛栗、松子、郁李子、黑郁李子、面枣、楞梨、堂梨20箱……这些果品都是契丹境内的土特产品。其中的蜜晒山果、蜜渍山果，是契丹人保存水果的特殊方法。蜜晒、蜜渍山果，即把山果用蜜浸泡后晒干，如同今天的果脯，既能保持山果新鲜的质地，又不致变坏。契丹人为在漫长的冬季能食到新鲜的水果，把梨、柿子冷冻后食用。据庞文英《文昌杂录》记载：“取冷水浸良久，冰皆外结，已而敲去，梨已融释。”吃起来汁液清冷，冰凉爽口，有如新鲜的水果。此种冷冻保存水果的方法一直沿袭至今。

契丹人喜爱的饮料有酒和茶。九月九日皇帝“射（虎）罢，于地高处卓帐，与番汉臣登高，饮菊花酒。出兔肝切生，以鹿舌酱拌食之……又以茱萸研酒，洒门户间辟恶。亦有入盐少许而饮之者”。[④] 菊花，能疏风热，清头目，降火解毒。茱萸，具有温胃散寒疏肝降逆的作用。这两种酒对身体都有益处。兔肝、鹿舌酱也都是营养价值较高的下酒菜。在

---

① （宋）叶隆礼：《契丹国志》卷27《岁时杂记》，上海古籍出版社1985年版，第252页。

② （宋）叶隆礼：《契丹国志》卷25《胡峤陷北记》，上海古籍出版社1985年版，第238页。

③ 《北京市斋堂辽壁画墓发掘简报》，《文物》1980年第7期。

④ （宋）叶隆礼：《契丹国志》卷27《岁时杂记》，上海古籍出版社1985年版，第253页。

辽的州城街肆上，设有酒店、酒楼。辽兴宗曾变服微行，数入酒肆[①]。穆宗"每夜酣饮，达旦乃寐，日中方起"。[②] 兴宗曾下诏，禁止职官擅自造酒糜谷，说明辽朝饮酒之风很盛。酒可驱寒助兴，舒筋活血，因此生活在北方寒冷草原上的契丹人喜饮酒。

契丹人喜欢喝茶。《契丹国志》卷21《宋朝贺契丹生辰礼物》中，有"乳茶十斤，岳麓茶五斤"。新罗国进贡物有"脑元茶"。契丹境内不产茶，大都从宋朝贸易得来。契丹人常食牛羊肉，喝茶可消油腻，助消化，茶还能醒脑、消暑、提神。饮茶是契丹人向汉人学习的饮食习俗。

契丹人的饮食用具别具特色。装水、装酒用的鸡冠壶，形如鸡冠，身扁平或圆形，壶上部有二圆孔，备穿绳用，便于在马上携带，形制古朴典雅。其他用品有盘、碗、盂、罐等，形式多样，色彩斑斓。其中尤以辽三彩独具特色，以黄、白、绿色为主。今内蒙古境内出土以上物品较多。

（三）居室

契丹族为游牧民族，为适应草原放牧生活的需要，其居室为拆卸方便的帐篷。后唐姚坤"谒见阿保机，延入穹庐……阿保机与妻对榻引见坤"。[③] 穹庐即帐篷。太祖围幽州，"毡车毳幕弥漫山泽"[④]。其帐篷冬为毡，夏为布。宋人姜夔诗中形象地描绘了契丹人的放牧生活与居住状况："契丹家住云沙中，耆车如水马若龙。春来草色一万里，芍药牡丹相间红。大胡牵车小胡舞，弹胡琵琶调胡女。一春浪荡不归家，自有穹庐障风雨。"[⑤] 文中的穹庐即帐篷。契丹人以游牧为主，四时要随季节、草场迁移。毡包拆卸方便，因此成为契丹人的日常居室。昭盟辽墓壁画绘有契丹人居住的帐篷，半圆形顶，有皮绳拴缚，外形极似蒙古包。[⑥]

① （宋）叶隆礼：《契丹国志》卷8《兴宗文成皇帝》，上海古籍出版社1985年版，第82页。
② （宋）叶隆礼：《契丹国志》卷5《穆宗天顺皇帝》，上海古籍出版社1985年版，第50页。
③ （宋）薛居正：《旧五代史》卷137《外国列传第一》，中华书局1975年版，第1830页。
④ （宋）叶隆礼：《契丹国志》卷1《太祖大圣皇帝》，上海古籍出版社1985年版，第2页。
⑤ 陈述：《全辽文》卷12《契丹风土歌》，中华书局1982年版，第360页。
⑥ 项春松：《辽宁昭盟地区发现的辽墓绘画资料》，《文物》1979年第6期。

契丹皇帝也过着四时捺钵的生活。皇帝所居住的帐篷被宋人称为“虏帐”。这种帐篷在《辽史》卷32《营卫志》中记述较详：“皇帝牙帐以枪为硬寨，用毛绳连系。每枪下黑毡伞一，以庇卫士风雪。枪外小毡帐一层，每帐五人，各执兵仗为禁围。南有省方殿，殿北约二里曰寿宁殿，皆木柱竹榱，以毡为盖，彩绘韬柱，锦为壁衣，加绯绣额。又以黄布绣龙为地障，窗、槅皆以毡为之，傅以黄油绢。基高尺余，两厢廊庑亦以毡盖，无门户。省方殿北有鹿皮帐……每岁四时，周而复始。”宋绶在《契丹风俗》中，记在木叶山所见云：“东向设毡屋，曰省方殿，无阶，以毡籍地。后有二大帐，次北又设毡屋，署曰庆寿殿。去山尚远，国主帐在毡屋西北，望之不见。”文中的省方殿与《辽史》所记名同，当为同一殿。两书记载毡帐形制略同。所谓殿，皆木柱竹榱，以毡为盖，无门户，也有以鹿皮为帐，是设备较豪华的帐篷。在契丹皇帝的四时捺钵之地，有番汉官员的固定住所或公府。乾亨二年秋八月二日王裕薨于行宫之私第。[①] 大康七年十一月，王师儒“感疾薨于广平甸之公府”。[②] 重熙元年冬十一月，秦晋国大长公主“薨于龙化州西南坐冬之行帐”。[③]《辽史》卷26《道宗纪》记载道宗诏令：“每冬驻跸之所，宰相以下构宅，毋役其民。”这说明皇帝四时捺钵，宰相及辽朝官员，要前往随行，并有固定的住所。文中的“公府”“私第”“宅”，是汉人官吏办公或居住的房屋，而秦晋国大长公主住的是“行帐”。

《王沂公行程录》记载：“自过古北口即蕃境，居人草庵板屋，亦务耕种……亦有携车帐，逐水草射猎。”早在建国前，太祖伯父述澜“占据潢河沃壤，始置城邑”。[④]

宫殿，是契丹皇帝居住的地方。上京临潢府，是辽朝皇都，城高2丈，幅员27里。其北谓之皇城，高3丈，有楼橹。中有大内。有留守司、盐铁司、崇孝寺、国子监、齐天皇后故宅、元妃宅、绫锦院等，“南城谓

① 陈述：《全辽文》卷13《王裕墓志铭》，中华书局1982年版，第367页。

② 陈述：《全辽文》卷10《王师儒墓志铭》，中华书局1982年版，第291页。

③ 陈述：《全辽文》卷6《秦晋国大长公主墓志铭》，中华书局1982年版，第126页。

④ （元）脱脱等：《辽史》卷56《仪卫志二》，中华书局1974年版，第905页。

之汉城，南当横街，各有楼对峙，下列井肆”。①

中京大定府，圣宗时建都。乳郭、宫掖、楼阁、府库、市肆、廊庑，拟神都之制。

南京析津府，城方36里，高3丈，衡广1丈5尺。城有八门，大内在西南隅。坊市、廨舍、寺观，盖不胜书。“僧居佛寺，冠于北方。锦绣组绮，精绝天下。”② 辽代都城，还有东京与西京。需特别指出的是，无论是契丹人居住的毡帐、房屋，还是皇帝所居的宫室，门皆东向，这是因为契丹人有拜日的习俗。

（四）交通工具

契丹人外出的主要交通工具为马、车、船。契丹人无论男女老幼，都善于骑马。“契丹旧俗，其富以马，其强以兵。纵马于野，弛兵于民。”③ 契丹人“转徙随时，车马为家”。马是契丹人重要的交通工具，也是行军作战时必备的坐骑。契丹铁骑以骁勇善战闻名于世。契丹银牌天使执牌驰马，日行数百里。④

契丹人随水草迁徙，车具是必备的交通工具。有毡车、大车、青幰车等。契丹车的形制：“长毂广轮，其乘车驾之以驼，上施旒，惟富者加毡幰文绣之饰。”公主下嫁时也要以车具作为嫁妆。“青幰车，二螭头、盖部皆饰以银，驾用驼，公主下嫁以赐之。”“送终车，车楼纯饰以锦，螭头以银，下悬铎，后垂大毡，驾以牛。上载羊一，谓之祭羊，以拟送终之用，亦赐公主。”⑤ 契丹皇族把车具作为公主的嫁妆之一，郑重的赐予公主，足见契丹人对于车的重视和依赖。驾车有马、牛、驼，有的驾鹿。车饰与形制也不尽相同。圣宗仁德皇后“所乘车置龙首鸱尾，饰以黄金。又造九龙辂、诸子车，以白金为浮图，各有巧思。”⑥ 库伦旗一号

① （元）脱脱等：《辽史》卷37《地理志一》，中华书局1974年版，第441页。
② （宋）叶隆礼：《契丹国志》卷22《州县载记》，上海古籍出版社1985年版，第217页。
③ （元）脱脱等：《辽史》卷59《食货志上》，中华书局1974年版，第923页。
④ （宋）叶隆礼：《契丹国志》卷25《胡峤陷北记》，上海古籍出版社1985年版，第242页。
⑤ （元）脱脱等：《辽史》卷55《仪卫志》，中华书局1974年版，第901页。
⑥ （元）脱脱等：《辽史》卷71《后妃传》，中华书局1974年版，第1202页。

辽墓壁画中，有一组备车启程的场面：车为轿顶式，高轮长辕，红柱支棚，周围覆以蓝色帷幕，前垂格帘，贝珠形棚顶。车棚周缘垂黄色短帷，四角挂流苏①。契丹人在车上坐、卧皆可。

契丹人用于江河海上的交通工具为舟船。“其俗刳木为舟，长可八尺，形如梭，曰‘梭船’，上施一桨，止以捕鱼；至渡车，则方舟或三舟。”② 东丹王耶律倍，就是坐船浮海而奔后唐的。

船也用于军事作战方面。重熙十五年，辽西征夏国，萧蒲奴以兵二千据河桥，聚巨舰数十艘。巨舰成为渡河西征夏国的重要交通工具。

综上所述，契丹人的衣、食、住、行有以下特点。

第一，由于契丹人生活在西北较寒冷的地区，因此在衣、食、住、行方面具有明显的地域性。如在服饰上多衣皮毛、棉衣，穿戴较厚，并有戴帽子、手套的习惯，以防寒为主要特点。

第二，契丹是以游牧射猎为主，兼营农业的民族，因此在衣、食、住、行等方面，带有浓厚的游牧民族的特点。如髡发左衽，饮食多肉、奶，居室为帐篷，外出多骑马或坐车，契丹皇帝有四时捺钵的习俗等。契丹社会受本国生产力发展水平的制约，在衣、食、住、行诸方面，带有浓厚的时代特点，反映了以自然经济为主的生产力发展水平。

第三，由于受中原以及辽境内汉人的影响，契丹人在衣、食、住、行诸方面，表现出汉化的趋势；反之，汉人也受契丹人的影响，在衣、食、住、行方面趋向“胡化”，表现出各民族相互学习、相互融合的多元一体的趋势。《揽辔录》载：“最甚者衣服之类，其制尽为胡矣，自过淮以北皆然。”甚至连庙宇中的塑像、刻像也皆“左衽”。以至于大宋朝廷不得不下禁令：“禁士庶效契丹服及乘骑鞍辔，妇人衣铜绿、兔褐之类。”大观政和年间（1107—1117）又再次下诏：“敢为契丹服若毡笠、钩墩之类者，以违御笔论。”钩墩，即妇人所着袜裤的形制。铜绿等色衣服是契丹等北方民族所喜欢穿的颜色。但强制命令没能阻止各族人民相互学习、趋为一体的历史潮流。以至宋朝文人苏辙在《燕山》诗中感叹：“哀哉汉

① 陈相伟、王健群：《吉林哲盟库伦旗一号辽墓发掘简报》，《文物》1973 年第 8 期。

② （宋）叶隆礼：《契丹国志》卷 27《岁时杂记》，上海古籍出版社 1985 年版，第 256 页。

唐余，左衽今已半。”“汉人何年被流徙，衣服渐变存语言。”① 各民族间相互学习，相互影响，相互融合是当时历史发展的趋势。②

二 契丹的婚俗与婚制

契丹族的婚姻制度与婚姻习俗，有别于中原汉族。在婚俗中保有原始群婚的遗俗。在两性关系上较中原汉族自由。建国后，契丹的婚俗与婚制有了较大变化，原始群婚的遗俗逐渐受到限制，各民族间通婚更为普遍。

（一）婚姻观念与婚俗

契丹民族在婚姻观上，与中原汉民族有很大的不同，这就是结婚不重门第，可自由择偶，离婚再婚现象较为普遍。

在婚姻方面，契丹人有相互选择的自由。契丹民族中有一个习俗，即每年的正月十三日，纵偷一日，“正月十三日，放国人做贼三日，如盗及十贯以上，依法行遣”。③“亦有先与室女私约，至期而窃去者，女愿留则听之，自契丹以来皆然，今燕亦如此”。这是原始社会抢劫婚的遗俗。所不同的是男女双方有私约在先，即男女双方有自由选择伴侣的自由，家中不予干涉。

结婚不重门第，是契丹民族婚姻观的又一个特点。辽承天皇太后的姐姐齐王妃，曾在驴驹儿河阅马，见到番奴挞览阿钵姿貌甚美，因召侍宫中，又请于太后，愿以他为夫。太后许之，以西捍鞑靼为条件。此外，契丹贵族与卑小帐族为婚的现象也很普遍。圣宗因此下诏：“横帐三房（辽皇族）不得与卑小帐族为婚，凡嫁娶，必奏而后行。”④ 以保持皇室贵族的高贵血统。

辽代契丹族妇女，结婚较为自由，而离婚再婚，同样也较自由。有

① （宋）苏辙：《栾城集》《奉使契丹二十八首》，《四部丛刊初编》，上海商务印书馆。
② 武玉环：《略论辽代契丹人的衣食住行》，《北方文物》1991 年第 3 期。
③ （宋）叶隆礼：《契丹国志》卷 27《治盗》，上海古籍出版社 1985 年版，第 254 页。
④ （元）脱脱等：《辽史》卷 16《圣宗纪七》，中华书局 1974 年版，第 186 页。

的契丹妇女甚至离婚、再婚数次。景宗之女淑哥，因与驸马都尉卢俊不谐，表请离婚，改嫁萧神奴。圣宗之女严母堇，曾四次离婚。[①] 秦晋国妃萧氏曾三次结婚（三次命婚，两次结婚）。由于契丹妇女离婚再嫁现象普遍存在，致使圣宗下诏“禁命妇再醮”，但并未能杜绝契丹妇女的离婚再婚行为。不但骄横自恃的契丹公主结婚、离婚较自由，就连一国之母的皇后也如此。圣宗之母承天太后自其夫景宗死后，一直与大丞相韩德让同居，朝野上下并不以此为怪异。

契丹民族在贞节观上，不似中原汉民族那样重视妇女的贞操。表现在有婚前性行为。史书记载，契丹族俗中有“放偷日”，这是原始群婚遗迹的表现。“亦有先与室女私约，至期而窃去者，女愿留则听之。”“嫁娶之夕，男女无别，反以为荣，后颇稍止，终未改。”“故契丹女真诸国皆有女倡，而其良人皆有小妇、侍婢。”[②] 男女在社交上较为自由。终辽之世，在《辽史·列女传》中，只列出五名有贞节的妇女，其中还有一名为汉族妇女。可见，契丹妇女并不那么死守“从一而终”的贞节观念。以至朝廷不得不采取措施匡正契丹妇女的不检点行为，兴宗之女跋芹，“以妇道不修徙中京”。[③]

契丹族在婚姻上残存着原始婚制的遗俗。一为甥舅婚，如辽太祖阿保机女儿质古嫁淳钦皇后弟萧室鲁。二为姑侄婚。世宗为淳钦皇后孙，其妻怀节皇后为淳钦之弟阿古只之女，为姑侄相配。三为收继婚。收继婚是夫死弟娶寡嫂、妻后母的婚俗。这是进入父权制后，为不使家族财产外流，夫死妻改嫁，必须嫁给夫系家族的成员，以防止氏族部落离散，保证氏族部落劳动力和后代的繁衍。收继婚的主要类型有三种。一是妻后母婚。《全辽文·耶律庶几墓志》载：“惯宁相公故大儿求哥，与其继母骨欲夫人宿卧，生得女一个，名阿僧娘子。长得儿一个，名迭剌特。”秦晋国王耶律隆庆卒，夫人秦晋国妃萧氏由圣宗做主，下嫁隆庆之子宗政，遭宗政拒绝而未果[④]。二是弟继寡嫂婚。唐开元年间，契丹郁于病

---

① （元）脱脱等：《辽史》卷65《公主表》，中华书局1974年版，第1001页。

② 洪皓：《松漠纪闻》，见《辽海丛书》，辽沈书社1984年版，第204页。

③ （元）脱脱等：《辽史》卷65《公主表》，中华书局1974年版，第1002页。

④ 陈述：《全辽文》卷7《耶律宗政墓志铭》，中华书局1982年版，第156页。

死，弟吐于代统其众，袭兄官爵，复以燕郡公主为妻。吐于为郁于之弟，燕郡公主为其兄郁于之妻，吐于娶燕郡公主为妻，为弟继寡嫂婚。三是姐亡妹续婚。萧裕鲁之妻亡，继娶其妹。耶律筠娶马直温长女，该女卒，又娶直温第五女。太宗会同三年（940）十一月，辽太宗曾下诏："除姐亡妹续之法。"说明辽初期姐亡妹续婚仍然存在。[1]

（二）建国后的契丹婚制

契丹建国后，其婚姻制度发生了深刻的变化，由原始氏族社会的婚制跨越到封建制的婚姻制度。通婚范围更为扩大，不仅仅限于各个部落之间，在各个民族之间，也开始通婚。由于去古未远，因此，在契丹社会内部，还残留着很多原始氏族社会婚制的陋俗，为适应契丹社会发展和社会文明进步的需要，辽太祖即位后，对原始婚姻制度进行了改革。之后，在太宗、圣宗、兴宗朝，也先后发布诏令，改革制定新的婚制。归纳起来，大致有以下几方面的内容。

各族相互通婚。辽太宗时下诏："契丹人授汉官者从汉仪，听与汉人婚姻。"王族与汉族、奚族、渤海族都相互婚姻。如耶律倍夫人高美人、夏氏为汉人。大氏为渤海人。世宗妃甄氏为汉人[2]，景宗妃为渤海人[3]。圣宗妃白氏、马氏、李氏、艾氏、姜氏都为汉人[4]。圣宗女儿淑哥下嫁卢俊（汉人）；圣宗女儿长寿女下嫁渤海人大力秋；圣宗女儿八哥、擘失分别下嫁汉人刘三嘏、刘四端。圣宗女儿十哥下嫁奚王萧高九[5]。契丹为了与西夏、高丽保持藩属关系，辽朝公主还远嫁给西夏国王、高丽国王为妻。史书中所记载的有严格限制的契丹上层统治集团内部的婚姻状况大致如此。

但是，分析契丹婚制的实质，不仅只以契丹上层统治阶级的婚姻状

---

① 武玉环：《契丹婚俗与婚制》，《国际文化学刊》2002 年第 1 期。

② （元）脱脱等：《辽史》卷 71《后妃传》，第 1197 页；《辽史》卷 64《皇子表》，中华书局 1974 年版，第 985 页。

③ （元）脱脱等：《辽史》卷 65《公主表》，中华书局 1974 年版，第 1001 页。

④ 同上。

⑤ 同上书，第 1003 页。

况为主要依据，而应把占契丹民族中绝大多数的普通部民的婚姻状况作为主要依据。由于历史的原因，一般契丹平民的事迹大多不入史籍，入史籍的多为契丹贵族。即便如此，也有蛛丝马迹可透视契丹一般部民的婚姻状况。辽代流行较广的民谣中就有："垂杨寄语山丹，你到江南艰难。你到那里讨个南婆，我在这里嫁个契丹。"[①] 蕃汉通婚已成为契丹社会中的普遍现象。据《武溪集·契丹官仪》记载，契丹、渤海、奚、汉人四族杂居，"旧不通婚，谋臣韩绍芳献议，乃许婚焉"。辽代后期，这种现象更为普遍。洪迈《夷坚志》记载："契丹常胜军校庞太保妻耶律氏诣燕山，其夫一营卒，近以微功方迁队首，犹未免饥寒，后金人灭契丹，兀术纳耶律氏为越国王妃。"契丹平民与汉族通婚已很普遍。在史书中经常看到的是契丹贵族与汉人通婚：平王耶律隆先的母亲为渤海人[②]；晋王道隐的母亲为汉人[③]；耶律仁先的夫人郑氏为汉人[④]。汉人娶契丹妇女为妻的如：韩椅娶契丹妇人萧氏[⑤]；刘庆余娶契丹夫人耶律氏[⑥]。

建立尊卑贵贱的封建等级婚制。"其王族后族二部落之家，若不奉北主之命，皆不得与诸部之人通婚。"[⑦] 开泰八年，圣宗又再次下诏："横帐三房不得与卑小帐族为婚。凡嫁娶必奏而后行。"[⑧] 契丹皇族重视门第与名分，为维护高贵的血统，不允许皇族与卑小帐族之人通婚。但从反面说明，当时契丹皇族已冲破了这种限制，出现了与卑小帐族通婚的现象，以致圣宗下此诏令禁止。

改革陋俗，移风易俗。契丹建国后，朝廷曾多次下令改革旧的婚俗，使契丹族婚俗更加接近封建文明。比如：会同三年，"诏除姐亡妹续法"。[⑨]

① （元）脱脱等：《全辽文》卷12《寄夫诗》，中华书局1974年版，第349页。
② （元）脱脱等：《辽史》卷72《平王隆先传》，中华书局1974年版，第1211页。
③ （元）脱脱等：《辽史》卷72《晋王道隐传》，中华书局1974年版，第1212页。
④ 陈述：《全辽文》卷5《耿延毅妻耶律氏墓志铭》，中华书局1982年版，第113页。
⑤ 陈述：《全辽文》卷6《韩椅墓志铭》，中华书局1982年版，第120页。
⑥ 陈述：《辽文》卷12《刘庆余造经题记》，中华书局1982年版，第352页。
⑦ 叶隆礼：《契丹国志》，《族姓原始》，上海古籍出版社1985年版，第221页。
⑧ （元）脱脱等：《辽史》卷16《圣宗纪七》，中华书局1974年版，第186页。
⑨ （元）脱脱等：《辽史》卷4《太宗纪下》，中华书局1974年版，第49页。

一夫多妻制。契丹皇帝有众多妃嫔，契丹贵族多有数妻。《松漠纪闻》记载：“契丹女真诸国皆有女娼，而其良人皆有小妇侍婢。”① 一夫多妻制是文明时代普遍存在的现象，正如马克思论述的：“在野蛮时代高级阶段，在对偶婚制和一夫一妻制之间，插入了男子对女奴隶的统治和多妻制。”② 契丹社会也是如此。

同姓相婚。辽代社会存在着同姓相婚的现象。道宗时期，都林牙耶律庶箴上表乞广本国姓氏曰：“我朝创业以来，法制修明；惟姓氏止分为二，耶律与萧而已。始太祖制契丹大字，取诸部乡里之名，续作一篇，着于卷末。臣请推广之，使诸部各立姓氏，庶男女婚媾有合典礼。”帝以旧制不可遽厘，不听。社会上出现同姓相婚这种不合典礼的现象，说明当时的契丹社会，只有耶律、萧两姓存在，限制了契丹的通婚范围，而世俗婚姻早已突破了这种限制，出现了同姓相婚的现象。而“同姓可结交，异姓可结婚”③ 是正统的礼法与婚姻原则。同姓相婚，不合礼法。但是契丹经过几百余年的发展，与周边汉族、渤海族、奚族通婚已经很普遍，即使同姓相婚，也不再是原始社会中同一氏族同一血缘，其同姓之间也早已脱离了血缘上的同一血脉的联系，只是名不副其实罢了。同姓相婚是契丹社会发展到一定阶段出现的必然现象。

三 契丹葬俗

契丹族建国前的早期葬式为树葬（风葬）兼火葬。建国前的契丹民族，“父母死而悲哭者，以为不壮。但以其尸置于山树上，经三年后，乃收其骨而焚之”。因酹酒而祝曰：“冬月时，向阳食，夏月时，向阴食，我若射猎时，使我多得猪鹿。”④ 至隋唐时期，“死者不得作坟墓，以马驾车送入大山，置之树上，亦无服纪。”“子孙死，父母晨夕哭之；父母死，

① 洪皓：《松漠纪闻》卷上，《辽海丛书》，辽沈出版社1984年版，第204页。

② 恩格斯：《家庭私有制和国家的起源》，见《马克思恩格斯选集》第4卷，人民出版社1972年版，第71页。

③ （元）脱脱等：《辽史》卷71《后妃传》，中华书局1974年版，第1198页。

④ （宋）叶隆礼：《契丹国志》卷23《国土风俗》，上海古籍出版社1985年版，第221页。

子孙不哭。”[①] 在内蒙古通辽市乌斯吐火坑火葬墓，墓底地放骨灰和木炭灰烬，灰上盖几层桦树皮，为契丹建国前的火葬墓，由此可见，契丹族在建国前，其葬俗基本为树葬，加以火葬，不作坟墓。父母死，子孙不哭。经三年后，进行火葬。树葬可能与萨满教的宗教信仰有关，萨满教认为天上是死者奔赴的地方，将死者尸体置于树上，是让死者奔赴天堂之路。契丹人火葬习俗与佛教僧侣葬式传播有关。1973 年巴林左旗哈达英格乡哈达图出土一件穹庐式骨灰罐，正中设带轴门，门两旁各开一窗，同年又在塔子沟开悟寺附近出土一件穹庐式陶瓷素面骨灰罐，这两个陶罐具有浓郁的草原生活气息，可能是契丹人的葬具。

辽朝建国后，契丹族受中原文化、礼仪、宗教信仰等方面的影响，生活方式发生了很大的变化，葬俗也有了新的变化，即为火葬兼土葬，火葬或火化后土葬、直接土葬。土葬的出现时间应在辽建国前的遥辇氏部落联盟后期。辽太祖耶律阿保机的陵寝为祖陵，规模宏大，陵园内设常殿、刻立碑石，并有石刻臣僚、瑞兽等。在陵墓周围设陵寝户守陵。

契丹族有殉葬制度。这种野蛮、落后的习俗是源于人类的灵魂崇拜与祖先崇拜的原始信仰。太祖耶律阿保机死，皇后述律氏断右腕放置阿保机的灵柩之中，并先后以“为我达语于先帝”为由，杀死几十名政见不同的大臣为太祖殉葬。[②]

契丹族有“烧饭”之俗。即在死者葬后，每逢朔、望、节辰、忌日等，焚烧酒饭、祭祀亡灵。后被金、元朝所承袭。

契丹族还有一种独特的保存尸体的习俗。据文惟简《虏廷事实》记载，其法为将刚死的尸体破腹，洗净肠胃，以香药、盐、矾实之，然后用五彩线缝合。再用尖苇筒刺破皮肤，沥尽膏血，形成干尸。辽太宗耶律德光死于灭晋归途中，其部下“剖其腹，实以盐数斗，载而北，晋人谓之“帝羓”。[③]

---

① 宋祁、欧阳修等：《旧唐书》卷 119 下《契丹传》，上海古籍出版社 1986 年版，第 644 页。

② （宋）叶隆礼：《契丹国志》卷 13《太祖述律皇后传》，上海古籍出版社 1985 年版，第 139 页。

③ （宋）欧阳修：《新五代史》卷 72《四夷附录》，中华书局 1974 年版。

契丹族还有一种葬俗，把尸体用铜丝网衣和金属面具罩上。据文惟简《虏廷事实》所载，契丹贵族死后，以金银为面具，铜丝络其手足。在近年出土的辽墓中，有多处发现其尸体外面罩有铜丝网络或金、银、铜面具。开泰七年入葬的陈国公主驸马合葬墓，即是其例。公主与驸马尸体东西并列陈放，男左女右。枕金花银枕，两人均戴黄金面具，都穿全身银丝网络和金花银靴，随葬近千件遗物，多为金、银、玉、珍珠、水晶、琥珀、玛瑙等贵重饰品，集中体现了契丹上层贵族的厚葬习俗。

契丹贵族所使用的金、银、铜面具，其面具依死者面型用金属薄板锤鍱而成。也有用全身网络者。全身网络是由头网、臂网、胸背网、裤网和手足网组合而成。契丹民族用网络缠身的习俗，可能与萨满教的信仰有关。面具、网络是萨满教巫师进行布教活动的装饰，并影响到契丹族的葬俗。其面具与网络能够起到保护尸体的作用。

契丹族的葬具有石棺、木棺和瓷棺三种。石棺使用较普遍。也有直接把骨灰撒在尸床之上。葬式有单葬、合葬和丛葬，或者死后归葬祖茔。夫妻合葬为契丹人常见的葬式。秦晋国妃死后，“有诏于显陵，开魏国王玄堂而合附焉”。[①]

契丹族从早期的树葬、火葬转为土葬与火葬，是受中原土葬习俗的影响，以及受佛教火葬习俗的影响所致。

辽朝有一个习俗，即在亲人去世后，焚烧其服饰、玩好，带给去世的亲人。圣宗去世后，辽兴宗“出大行皇帝服御、玩好焚之，纵五坊鹰鹘”。[②]

辽代社会中流行着亲人为死者守丧的习俗。一般为终制三年。如辽圣宗母承天皇太后去世，“终制三年”而后改元。[③] 邢抱朴，“寻以母忧去官，诏起视事。表起终制，不从。宰相密谕上意，乃视事。人以孝称”。[④] 韩德威，父丧，强起复职，权西南招付使。可见辽朝实行为亲人

---

① 陈述：《全辽文》卷8《秦晋国妃墓志铭》，中华书局1982年版，第193页。

② （元）脱脱等：《辽史》卷18《兴宗纪》，中华书局1974年版，第213页。

③ （宋）叶隆礼：《契丹国志》卷7《圣宗天辅皇帝》，上海古籍出版社1985年版，第72页。

④ （元）脱脱等：《辽史》卷80《邢抱朴传》，中华书局1974年版，第1278页。

守丧习俗，在职官员亦有守丧假期，具体时间因缺乏记载，不详。

重要朝官如逝世，皇帝为表示哀悼之意，或辍朝，或亲自送葬，以示哀悼悲伤。如耶律屋质为于越，任北院大王。死后，景宗“痛悼，辍朝三日”。[①] 北府宰相萧孝忠逝世后，兴宗“丧服哭临，赦死囚数人，为孝忠荐福。葬日，亲临，赐宫户守坟”。[②] 统和二年九月，“以景宗忌日，诏诸道京镇遣官行香饭僧”。[③]

葬仪：

圣宗崩，兴宗哭临于椒涂殿。大行之夕四鼓终，皇帝率群臣入，在棺柩前三致奠。奉柩出殿之西北门，就辒辌车，车上籍以素裀。巫者祓除之。清晨，出发至祭所，凡五致奠。太巫祈禳。……把生前死者衣物、弓矢、鞍勒、图画、马驼、仪卫等物皆焚烧。至陵墓之处，埋葬毕，上哀册。皇帝到御帐，命升起火，面向火致奠，三拜。东向拜天地完毕，率领送葬者过神门之木，东向再拜。第二天清晨，皇帝率群臣、命妇到陵墓处，行初奠之礼，到御容殿，接受遗物，第三天，再次祭奠如初。[④]

忌辰仪：

先一日，奏忌辰榜子，予写名纸。大纸一幅，用阴面后第三行书“文武百僚宰臣某以下，谨诣西上阁门进名奉慰。”当天，大小臣僚穿皂衣、皂鞋带，四鼓至时，于幕次前，在京于僧寺，排列整齐，依位望阙叙立。直日舍人跪在右侧，执名纸在前，班首以下皆再拜。引退。名纸于宣徽使面付内侍奏闻。[⑤]

四　契丹族妇女的社会地位

在辽代社会中，契丹妇女享有较高的家庭地位、社会地位和法律地位，并在统一契丹八部，推行封建化改革和文化发展中都起到了一定的

① （元）脱脱等：《辽史》卷77《耶律屋质传》，中华书局1974年版，第1255页。
② （元）脱脱等：《辽史》卷81《萧孝忠传》，中华书局1974年版，第1285页。
③ （元）脱脱等：《辽史》卷10《圣宗纪》，中华书局1974年版，第114页。
④ （元）脱脱等：《辽史》卷50《礼志》，中华书局1974年版，第841页。
⑤ 同上。

推动作用。[①]

（一）契丹族妇女的家庭地位

契丹族妇女在家庭中的地位，具体表现在以下几个方面：

1. 婚姻自主权

契丹族妇女在婚姻上有较大的自主权。如承天皇太后的姐姐齐王妃，曾在阅马时遇到番奴挞览阿钵，见他姿貌甚美，召侍宫中，又向承天太后请求，愿以他为丈夫。承天太后应允，但以齐王妃率军西捍鞑靼为条件。[②] 又据《辽史·公主表》载："圣宗二女岩母堇初嫁萧啜不，后改适萧海里，不谐，离之。又适萧胡睹，不谐离之。又适韩国王萧惠。"圣宗八女长寿，"初嫁大力秋，后大力秋因罪伏诛，改嫁萧糙古"。景宗四女淑哥，"初嫁卢俊，后因与之不谐，表请离婚，改适神奴"。兴宗长女跋芹，"初嫁萧撒八，后因不谐，离之，改嫁萧阿速"。后因不修妇道，迁徙到中京，又嫁给萧窝匿。道宗三女特里，"初嫁萧酬斡，因萧得罪，离之，改适萧特末"。[③] 以上为契丹贵族妇女再嫁、再婚的状况。辽代普通民间妇女也有再嫁、再婚的自由。如张馆的妹妹先嫁韩秉信，早逝，"再适守卫尉少卿"。圣宗时期，曾下诏"禁命妇再谯"。从反面说明了辽代命妇再婚现象的普遍存在。圣宗皇帝外甥女秦晋国妃萧氏，初嫁其舅、圣宗之弟秦晋国王隆庆，隆庆死，二嫁隆庆之子耶律宗政，宗政拒婚，三嫁汉人刘二玄即是其例。[④]

2. 抚育、教养、规诫子女之权

契丹妇女在家庭中，对子女有抚育、教养、规诫的权利。秦晋国大长公主，"克正母仪，遂专家事。庭闱之训，肆慈诲于义方"。[⑤] 耶律弘益妻萧氏，"秉五常之性，执四德之维，夙彰训子之规，殊有事亲之礼"。[⑥]

---

① 武玉环：《论契丹族妇女的社会地位》，《昭蒙师专学报》1998 年第 3 期。

② （宋）叶隆礼：《契丹国志》卷 13《景宗萧皇后传》，上海古籍出版社 1985 年版，第 142 页。

③ （元）脱脱等：《辽史》卷 65《公主表》，中华书局 1974 年版，第 1000 页。

④ 陈述：《全辽文》卷 8《秦晋国妃墓志铭》，中华书局 1982 年版，第 193 页。

⑤ 陈述：《全辽文》卷 6《秦晋国大长公主墓志铭》，中华书局 1982 年版，第 125 页。

⑥ 陈述：《全辽文》卷 10《耶律弘益妻萧氏墓志铭》，中华书局 1982 年版，第 304 页。

已婚的契丹妇女，除操持家务外，还负有教育、抚养子女的责任。

3. 财产的分配、管理与使用权

契丹女子在出嫁时，娘家要陪送嫁妆。因家境贫富不同，陪送的嫁妆多少也不同。帝王之女出嫁时，有“从嫁户”，也称“媵臣户”陪送给女儿。“承天太后以楚国公主嫁其弟萧徒姑撒，为筑城以居之，曰睦州，号长庆军，徙户一万实之，曰‘从嫁户’”。[①] 用“从嫁户”建立起来的州城，称为头下军州。辽朝对建立头下军州者，有严格的规定：“横帐诸王、国舅、公主许创立州城，自余不得建城郭。”据《辽史·地理志》所载，契丹公主所创立的头下军州，共计四个。徽州，宣德军，节度。景宗女秦晋大长公主所建。媵臣万户，在宜州之北二百里，因建州城。北至上京七百里。节度使以下，皆公主府署。户一万。

成州，长庆军，节度。圣宗女晋国长公主以上赐媵臣户置。在宜州北一百六十里，因建州城。北至上京七百四十里。户四千。

懿州，广顺军，节度。圣宗女燕国长公主以上赐媵臣户置。在显州东北二百里，因建州城。西北至上京八百里。户四千。

渭州，高阳军，节度。驸马都尉萧昌裔建。尚秦国王隆庆女韩国长公主，以所赐媵臣建州城。显州东北二百五十里。辽制，皇子嫡生者，其女与帝女同。户一千。

另有睦州，据《辽史·圣宗纪》记载为圣宗时期驸马萧孝穆所建，那么，共计五个由公主、驸马创立的头下军州。头下州城的赋税，除酒税“课纳上京盐铁司”外，其余的归头下主所有。

契丹妇女出嫁后，把从父母家带来的嫁妆带到夫家，对财产有管理权与使用权。耶律元妻晋国夫人萧氏，“育婢仆百千口，整家道十数年，衣食由是丰，仓廪以之实”。[②] 妇女在财产的使用方面，有相当的支配权力。

此外，辽代妇女大多崇信佛教，她们往往自己出钱建造塔寺、经幢。

---

① （宋）叶隆礼：《契丹国志》卷13《景宗萧皇后传》，上海古籍出版社1985年版，第142页。

② 陈述：《全辽文》卷7《耶律元妻晋国夫人萧氏墓志铭》，中华书局1982年版，第148页。

刘庆余的妻子耶律氏曾施钱造经，陈国夫人耶律氏也曾多次施钱造经。兰陵郡萧夫人在中京出巨资建寺院，延僧四十人，施地三千顷、粟一万石、钱二千贯、人五十户、牛五十头、马四十匹，以为供亿之本。秦越大长公主造十三级石浮图一座，被称为昊天宝塔。[①]

4. 受赡养的权力

契丹妇女在年老体衰之后，有受子女赡养的权利。萧乌野，“寻以母老，归养于家，母亡，尤极哀毁，服阕，历官兴圣、延庆二宫使”。[②] 朝廷以法律条文的形式规定：“民间有父母在，别籍异居者，听邻里觉察，坐之。有孝于父母，三世同居者，旌其门闾。”[③]

作为母亲，契丹族妇女在家庭中享有较高的地位。契丹皇帝行“再生仪”，生动、形象地把契丹民族尊敬母亲、孝敬母亲的习俗淋漓尽致地表现出来。据《辽史·礼志》所记载，契丹皇帝行再生礼，一般是在契丹皇帝本命年之前的一年的季冬之月，择吉日，设再生室、母后室、先帝神主舆。在再生室东南，倒植三岐木，皇帝入室，释服，铣足，三过岐木之下。太巫奉襁褓、采结等物赞祝之。皇帝行再生仪，目的是“使天子一行是礼，以起其孝心……始之以三过岐木，母氏劬劳能无念乎”。[④] 契丹社会，上至皇族贵戚，下至庶民百姓，对母亲都孝敬体贴，唯母命是从。《契丹国志》卷二记载，太宗耶律德光事母孝谨，“母病不食亦不食，尝侍于母前，应对或不称旨，母扬眉而视之，辄惧而趋避，非复召不敢见也”。辽圣宗耶律隆绪对其母孝敬恭顺，母亲去世，“帝哀毁骨立，哭必呕血。番汉群臣上言山陵已毕，宜改元。帝曰：‘改元吉礼也。居丧行吉礼，乃不孝子也。’群臣曰：‘古之帝王，以日易月，宜法古制。’帝曰：‘吾契丹主也，宁违古制，不为不孝之人。’终制三年”。[⑤]

---

① 陈述：《全辽文》卷8《昊天石塔记》《创建静安寺碑铭》，中华书局1982年版，第176、199页。

② （元）脱脱等：《辽史》卷92《萧乌野传》，中华书局1974年版，第1370页。

③ （元）脱脱等：《辽史》卷10《圣宗纪》，中华书局1974年版，第112页。

④ （元）脱脱等：《辽史》卷53《礼志》，中华书局1974年版，第179页。

⑤ （宋）叶隆礼：《契丹国志》卷7《圣宗天辅皇帝》，上海古籍出版社1985年版，第72页。

（二）契丹族妇女的社会地位

契丹族妇女在社会上，同样享有较高的地位。她们可以参政议政，领兵作战，同时又是社会生产活动的主要承担者。

1. 立嗣权与皇太后摄政

契丹皇后有立嗣的权力。辽太祖死后，应天太后“任智用权，立中子德光，在其国称太后”。太宗驾崩，应天太后想立少子李胡为帝，而诸将在北归途中已立耶律倍之子耶律阮为帝（辽世宗），应天太后与世宗隔潢河而阵，各言举兵意。耶律屋质说李胡酷暴失人心，太后对李胡说：“昔我与太祖爱汝异于诸子。谚云‘偏怜之子不保业，难得之妇不主家’，我非不欲立汝，汝自不能矣。”①

此外，在辽朝二百余年的历史中，先后有四位皇太后摄政。她们是：应天太后述律平；承天太后萧燕燕；钦哀皇后萧耨斤；辽末南京政权耶律淳妻萧德妃。

皇太后摄政的条件：一是皇帝年幼；二是帝疾不能视事；三是先帝卒崩，或有遗诏。应天太后述律平，在太祖死后的天显元年七月至天显二年十一月摄政。史书记载，因太祖皇帝“卒崩”，应天皇后“摄军国事”。承天太后萧燕燕，因景宗“婴疾，及即位，国事皆燕燕决之”。景宗死前，遗诏梁王隆绪嗣位，军国大事听皇后命。当时圣宗“年十二，皇后奉遗诏摄政”，“临朝二十七年”。但也有例外，钦哀皇后萧耨斤，圣宗崩，“乃自立为皇太后，摄政。”“临朝凡四年，兴宗方幽而废之。”②耶律淳妻萧氏，当辽亡在即，天祚帝逃入夹山，奉众臣议为皇太后，主军国事，迎立天祚五子秦王定为帝，太后遂于保大二年六月至保大三年二月称制。辽朝在位共九位皇帝，临朝称制的皇后达四人。辽朝皇后摄政人数之多，在中国历史上各朝代中也是罕见的。辽朝皇后在朝廷上下享有较高的威信，皇后之言同皇帝同样被奉为圣旨。保宁八年，辽景宗

---

① （元）脱脱等：《辽史》卷72《章肃皇帝李胡传》，中华书局1974年版，第1213页。

② （宋）叶隆礼：《契丹国志》卷13《圣宗萧皇后》，上海古籍出版社1985年版，第143页。

为此下诏："书皇后言亦称朕暨予，著为定式。"①

2. 封爵与族表

封爵与族表，是辽朝为表彰契丹妇女中符合封建礼教的有卓行的人物而制定的一项制度。封爵与族表的对象绝大多数是契丹贵族妇女，辽朝廷把她们之中的贤妻良母、节妇烈妇当作遵守封建礼教的楷模加以表彰。封爵的妇女，其夫、子、兄大多为朝官。凡封妻室，只封正妻，其封爵称号，多用国夫人、郡夫人、郡君、县君、乡君等。母亲的爵称前则加"太"字。封为"国夫人"的，多为皇室公主或王侯宰相之母（妻、姐）。如圣宗钦哀皇后之姐封为秦国夫人。守太傅兼中书令萧义夫人耶律氏封为陈国夫人。匡义军节度使耶律宗允的夫人萧氏封为长沙郡妃。

以上均为契丹贵族之妻从荫受封。而普通的契丹妇女，只有当她的丈夫有功于国的时候，才能封爵。"开泰八年秋七月，征高丽战殁诸将，诏益封其妻。"②

从辽朝中期开始，又制定了内外命妇之衔。开泰二年正月，辽圣宗封马氏为丽仪、耿氏为淑仪、尚寝白氏昭仪、尚服李氏顺仪，尚功艾氏芳仪、尚仪孙氏和仪。封爵是封建朝廷赐给妇女的一种荣誉称号，以示尊崇。而封爵的妇女大多为从夫荫、从子荫、从父荫，正体现出封建社会中妇以夫贵、母以子贵的封建等级制的社会现实。

3. 领兵权

辽以鞍马为家，契丹妇女精于骑射，并且骁勇善战。应天太后述律平，自置"属珊军"，其兵将都是从番汉军队中挑选精锐而组成的，因此把此军比为珊瑚之美，共有骑军二十万。应天太后曾亲率大军随同太祖征渤海，还曾领兵击败室韦、平定叛乱。承天太后萧燕燕，设崇德宫，有骑军一万，"凡行兵御众后曾予谋"，"国中所管幽州汉兵谓之神武、控鹤、羽林、骁武等，皆后自统之。其将有南北皮室、当直舍利等"。③ 承

① （元）脱脱等：《辽史》卷8《景宗纪》，中华书局1974年版，第95页。

② （元）脱脱等：《辽史》卷16《圣宗纪》，中华书局1974年版，第186页。

③ （宋）叶隆礼：《契丹国志》卷13《景宗萧皇后》，上海古籍出版社1985年版，第142页。

天太后曾多次出入疆场，亲自指挥对宋战争，并与宋朝签订了澶渊之盟。承天太后的姐姐齐王妃，受命总乌古部兵及永兴宫分军，率兵镇抚西部边陲，取得辉煌战绩。耶律淳妻萧太后，当辽亡之际，下诏：“我亲统大军，尽死一战，为社稷计，胜则再与卿等相见，万一失利，则我誓死于阵前。”① 表现出契丹妇女临危不惧、英勇果敢的精神。

4. 从事社会生产活动的主力军

契丹族大多数的中下层妇女，除养育儿女，操持家务外，还要承担纺织、放牧、耕种等各种生产劳动。中京一些州县，有许多“丝蚕户”，专门从事纺织业。契丹族妇女擅长畜牧之事，家中的男子出徭役或征兵以后，家中的“畜牧之事，仰给妻孥”。契丹妇女承担了繁重的生产劳动，成为家庭与生产劳动的主力军。此外，妇女还要从事农耕。圣宗时期，曾派人帮助契丹妇女收获粮食。苏颂在《前后使辽诗》中写道：“千里封疆蓟霤间，时平忘战马牛闲。居人处处营耕牧，尽室穹车往复还。”② “儿童能走马，妇女亦腰弓。”③ 契丹、奚族妇女承担了家内的大部分农牧业生产。

（三）契丹妇女的法律地位

辽建国之初，庶事草创，法律不健全，因此契丹妇女的人身安全没有法律保障。东丹王耶律倍性情刻急好杀，“婢妾微过，常加火灼”。穆宗时期，制定了防止侵犯妇女权益的法令。应历十二年，“国舅帐郎君萧延之奴海里强陵拽剌秃里年未及之女，以法无文，加之宫刑，仍付秃里以为奴，因著为令”。④ 圣宗、兴宗时期，保护妇女权益的法令进一步完善。圣宗时下诏：“若奴婢犯罪至死，听送有司，其主无得擅黥其面。”“开泰六年正月，以公主赛哥杀无罪婢，驸马图玉不能齐家，降公主为县

① 陈述：《全辽文》卷3，萧太后《谕宰相左企弓等》，中华书局1982年版，第64页。

② 赵永春编注：《奉使辽金行程录》，苏颂《前后使辽诗之和仲巽奚山部落》，吉林文史出版社1995年版，第72页。

③ 赵永春编注：《奉使辽金行程录》，欧阳修《奉使道中五言长韵之出使契丹诗》，吉林文史出版社1995年版，第55页。

④ （元）脱脱等：《辽史》卷61《刑法志》，中华书局1974年版，第935页。

主，削图玉同平章事。”[①] 之后，公主“薨于贬所”。重熙年间，“耶律袅履将娶秦晋长公主孙女，其母与公主婢有隙，谓袅履曰：‘能去婢，乃许尔婚。’婚成。事觉，有司以大辟论”。[②] 兴宗时，“奴婢犯逃，若盗其主物，主无得擅黥其面，刺臂及颈者听”。[③] 以上几例，都是契丹贵族擅自杀死无罪婢女。杀人者，一为公主，一为同知点检司事耶律袅履，均被处以刑罚。公主虽贵为皇亲，也削爵号被贬。耶律袅履则处以死刑，后来减刑，长流戍边。辽朝法律对维护妇女人身安全起到一定的保障作用。

（四）契丹妇女在历史上的作用

契丹族妇女在辽朝历史上发挥了重要的作用。

在统一契丹八部，建立辽朝的关键历史时期，应天太后出谋划策，充当太祖的得力助手与谋士。应天太后建议辽太祖设盐池之会，计杀八部大人，统一了契丹各部，为辽朝的建立铺平了道路。在平定辽太祖诸弟叛乱的斗争中，应天太后从容应变，率军击退了刺葛等叛军的进攻，平定了叛乱，维护了新生政权。

推行封建化改革，消除奴隶制残余。承天太后在辽圣宗执政期间，帮助辽圣宗实行封建化改革，推行了一系列改革政策，使辽朝政治、经济、文化等方面更为深入发展。例如，把原来隶属于宫籍的奴隶改为隶属于国家的部民。在整顿吏治方面，任贤去邪，惩治贪官污吏，使辽朝政治清明，深得民众拥护。在法律上，改革过去的严刑酷法，使法律趋于宽、缓。在这个时期，与北宋签订了有重大历史意义的澶渊之盟，澶渊之盟的签订，有利于两朝的社会安定与经济发展。

在辽朝文化发展中，契丹妇女起到一定的推动作用。辽道宗皇后萧观音，能诗能文，她写的诗词感情真挚，生动感人，朝野传诵。有《君臣同志华夷同风应制》《回心院》《怀古诗》等。对于萧观音之诗词，后人评价甚高。清徐铣《词苑丛谈》评云：“《回心院》词怨而不怒，深得

---

① （元）脱脱等：《辽史》卷15《圣宗纪》，中华书局1974年版，第179页。

② （元）脱脱等：《辽史》卷86《耶律袅履传》，中华书局1974年版，第1324页。

③ （元）脱脱等：《辽史》卷62《刑法志》，中华书局1974年版，第943页。

词家含蓄之意，斯时柳七之调尚未行于北国，故萧词大有唐人遗意也。”吴梅《辽金元文学史》评曰：“词意并茂，有宋人所不及者，非山川灵秀之气，独钟于后不可也。”秦晋国妃萧氏，“其歌诗赋咏，落笔则传诵朝野，脍炙人口。撰《见志集》若干卷行于代”。[①] 耶律常哥与萧瑟瑟，为辽朝末年的女文人，她们的诗赋跳出了抒发个人幽怨的小圈子，对国家的兴衰存亡给予极大的关注。耶律常哥对时政很有见地，曾上书辽道宗。她一针见血地指出辽朝存在的时弊与应采取的措施：“人主当任忠贤，人臣当去比周……欲怀远，则崇恩尚德；欲强国，则轻徭薄赋。……淫侈可以为戒，勤俭可以为师。错枉则人不敢诈，显忠则人不敢欺。勿泥空门，崇饰土木，勿事边鄙，妄费金帛。”[②] 道宗虽称善，但终未采纳。

萧瑟瑟为天祚文妃，她善于歌诗。当时女真作乱，日见侵迫。天祚帝整日游畋，不恤国政，忠臣多被疏斥。文妃作歌讽谏：“勿嗟塞上兮暗红尘，勿伤多难兮畏夷人，不如塞奸邪之路兮，选取贤臣。直须卧薪尝胆兮，激壮士之捐身。可以朝清漠北兮，夕枕燕云。”辽代女文人的作品流传下来的不多，但她们的诗赋为辽代文坛增添了光彩，在辽代文坛上占有一定的地位。

契丹族妇女在辽朝历史上起到一定的作用，并有较高的社会地位。究其原因，其一，由契丹民族所处的自然环境所决定，契丹妇女有较强的独立性。契丹族为北方游牧民族，终年过着四时迁徙的放牧生活，艰苦的自然环境，冬寒夏暑的磨炼，造就了契丹妇女对外界有较强的适应能力与生存竞争能力。契丹妇女独立性较强，很少依赖性，当男子从军打仗或外出服徭役之时，契丹妇女承担全部生产劳动，从而使辽代社会对妇女不得不刮目相看。其二，辽朝去古未远，而受封建三纲五常的传统道德观念影响较少，契丹妇女思想上很少受束缚，社会上有男女平等的观念与尊重女性的传统习俗。其三，辽代社会风气开放，政治较为开明，给契丹族妇女参政议政提供了较多的机会。因此，契丹族妇女才能在辽朝政治、军事和生产、文化建设上做出较大贡献。

① 陈述：《全辽文》卷 8《秦晋国妃墓志铭》，中华书局 1982 年版，第 193 页。

② （元）脱脱等：《辽史》卷 107《萧常哥传》，中华书局 1974 年版，第 1472 页。

五 文体娱乐活动

契丹民族喜爱各种文体娱乐活动。如歌舞、双陆、围棋、叶格、赛马、打马球等。文体娱乐丰富了契丹族的生活，增强了体魄，培养了契丹民族机智勇敢、热情豪放的民族性格。

契丹民族能歌善舞，歌舞是日常生活中不可或缺的内容，吉庆节日更要欢歌狂舞。契丹皇帝在捺钵之时，也要有乐工伴奏，歌舞助兴。据宋《乐书》记载，契丹的民间歌舞表演时“歌者一，二人和”。即一人唱，二人帮腔。伴奏的乐器只有一支小横笛，一个拍板，一个拍鼓，“其声喽离促迫”，可见是一种速度较快的民间舞曲。其歌舞带有游牧民族豪放、热情、刚健的特点。王安石在使辽诗中这样写道：“涿州沙上饮盘桓，看舞春风小契丹。”诗歌中形象地记述了辽朝契丹人能歌善舞，在春天的草原上亦歌亦舞的生动景象。

双陆为我国古代流传下来的博戏。棋子的移动以掷骰子的点数决定。契丹皇帝喜欢玩双陆。兴宗曾和其弟重元“因双陆赌以居民城邑”，连输数城。契丹皇帝每于夏捺钵之时，都与臣下玩双陆为戏。在辽宁法库叶茂台辽墓中，其随葬品有双陆的盘和棋子，可见双陆游戏在辽朝的盛行。围棋是契丹族喜好的娱乐活动。辽朝皇帝喜好围棋，每到夏季捺钵之时，以布易毡帐，籍草围棋。在出土的辽朝墓葬中，曾发现黑白两色的围棋子。纸牌，也是深受契丹人喜爱的游戏，是从中原传入辽内地的。

击鞠，有乘畜与徒步两种。乘畜挥杖击球称“击鞠”，又称作打马球。一般为双球门制，乘马持杖击球称为大打。而乘骡、驴击球叫小打，小打实行单球门制。击球人员分为两队，争击一球，球形如拳大小，以轻韧木做成，中空，外面漆上红色。击球所用球杖长数尺，前端弯曲，形如偃月。在球场南立双桓，置板，板下开一孔为门，而加网为囊，能夺得鞠击入网囊者为胜。击鞠是契丹民族热衷的一项体育活动。穆宗“幼弱多宠，好击鞠”。辽圣宗也沉迷于击鞠，兴宗“击鞠无度”。曾召集善击鞠者数十人与近臣角胜，并前去观看，道宗也擅长击鞠，耶律塔不也“以善击鞠，幸于上，凡驰骋，鞠不离杖”。

骑射是契丹人经常从事的习武与娱乐相结合的活动。射柳就是这种活动的主要形式之一。射柳常与祈雨的瑟瑟仪同时进行。辽朝举行射柳活动，是在每年的四月、五月、六月三个月。射柳的程序是，以手帕系在要射的柳枝，离地几寸的地方削去树皮露出白地。先以一人驰马前导，后驰马用无羽横镞射之。如果射断柳枝，并以手接住，飞驰而去者为优胜者；断而不能接去者，次之；断其青处，或中而不能断，或不能中者为负，要押出自己的冠服给优胜者。赛后，归还各自的冠服。

第九章

礼　志

辽代的礼乐制度，是伴随契丹社会跨入文明社会的门槛后而制定的。但是，作为早期礼仪制度的萌芽，在遥辇氏部落联盟时期已经出现。辽朝建立后。逐步设立并完善了礼仪制度。礼仪制度的制定，对维护辽朝尊卑贵贱的等级制度，教化人心，起到一定的作用。

辽朝的五礼，既包含本民族诸多的祭祀礼仪，又融入了中原的告庙仪、谒庙仪等宗教色彩较浓的礼仪。体现出契丹草原文明与中原农耕文明的融合。①

一　吉仪

吉仪包括祭山仪、瑟瑟仪、柴册仪、拜日仪、告庙仪、谒庙仪、爇节仪、岁除仪等。（见第七章《萨满教》）

二　凶仪

（一）丧葬仪

圣宗崩，兴宗哭临于椒涂殿。大行之夕四鼓终，皇帝率群臣入，在棺柩前三致奠。奉柩出殿之西北门，就辒辌车，车上籍以素裀。巫

---

① 武玉环：《辽代礼仪制度探析》，《阿尔山国际学术研讨会论文集》，内蒙古人民出版社2009年版。

者祓除之。清晨，出发至祭所，凡五致奠。太巫祈禳。……把生前死者衣物、弓矢、鞍勒、图画、马驼、仪卫等物皆焚烧。至陵墓之处，埋葬毕，上哀册。皇帝到御帐，命升起火，面向火致奠，三拜。东向拜天地完毕，率领送葬者过神门之木，东向再拜。第二天清晨，皇帝率群臣、命妇到陵墓处，行初奠之礼，到御容殿，接受遗物，第三天，再次祭奠如初。

（二）忌辰仪

前一天，奏忌辰文书，预先写好名纸。大纸一幅，用阴面后第三行书“文武百僚宰臣某以下谨诣西上閤门进名奉慰”。当天，应拜大小臣僚穿皂衣，系皂革腰带，四更时分，在幕次前，在京于僧寺，依次望阙站立。值日舍人跪右边，执名纸在前，班首以下皆再拜。引退。名纸于宣徽使面付内侍奏闻。①

凶仪中还有上谥册仪、宋使祭奠吊慰仪等。

三　军仪

（一）皇帝亲征仪

一般常在秋冬季节。皇帝将要出师，一定要先告庙。庙中立三神主。三神主一为先帝，二为道路，三为军旅。杀青牛白马祭祀天地。祭祀时，常依独树，无独树，即在房舍前而行之。或皇帝服介胄，祭诸先帝宫庙之后，阅兵。将出行，献牝牡麃各一为禡祭。将临敌，结马尾，祈拜天地而后入。下城克敌，用白黑羊祭天地。班师回朝，以所获牡马、牛各一祭祀天地。出师以死囚，还师以一谍者，绑于柱上，于所向之方乱箭射之，矢集如雨，称为“射鬼箭”。②

---

① （元）脱脱等：《辽史》卷50《礼志》，中华书局1974年版，第841页。

② （元）脱脱等：《辽史》卷51《礼志》，中华书局1974年版，第845页。

（二）腊仪

旧历十二月辰日。前一日，诏司猎官选狩猎地点。狩猎日，皇帝、皇后焚香拜日毕，设围，命猎夫分布左右翼。司猎官奏成列，皇帝、皇后上辇车，敌烈麻都以酒食奉进，北南院大王以下进马及衣。皇帝下车，祭东毕，乘马入围中。皇太子、亲王率群官进酒，分两翼而行。皇帝射中兔，群臣进酒上寿，各赐以酒。至中午，亲王、大臣各进所获猎物。皇帝饮酒毕，赐群臣饮，还宫。

四 宾仪

宾仪包括常朝起居仪、正座仪、臣僚接见仪、曲宴宋使仪等。随着辽朝与中原王朝的往来日益频繁，礼仪也日趋完善。从宾仪的行使程序来看，大多从汉仪，反映了契丹民族礼仪日趋汉化的趋势。

（一）常朝起居仪

清晨，臣僚穿朝服入朝，各依幕次而立。内侍奏“班齐”。先引京官列班于三门外，当直舍人放起居，再拜。次依两府以下文武百官，于丹墀内面殿而立，竖班诸司并供奉官，于东西道外相向立定。当直阁使副赞放起居，再拜。退还幕次，换公服。皇帝升殿而坐，两府并京官殿前作揖、致敬。教坊司同北班起居毕，奏事。

（二）正座仪

皇帝升殿坐，殿内肃静声绝。契丹、汉人殿前，各依位侍立。次教坊班毕，顺次退出。京官班入拜毕，告揖于右横街西，依位站立。次武班入拜毕，依位立。文班入拜毕，依位立。北班入，起居毕，于左横街东，排序站立。次两府班入，鞠躬，通宰臣某官已下起居，拜毕，引上殿奏事。已上六班起居，并七拜。内有不带节度使，班首止通报姓名，亦七拜。顺次退出，与常朝同。[①]

五 嘉仪

辽朝的嘉仪包括皇帝受册仪、册皇太后仪、册皇后仪、册皇太子仪、册王妃公主仪、皇帝纳后仪、皇帝生辰朝贺仪、皇后生辰仪、贺生皇子仪、正旦朝贺仪等。皇帝受册仪，是在圣宗太平元年举行此仪，大略遵唐晋旧仪。上契丹册仪，以阻午可汗柴册礼合唐礼杂就之。其中皇帝纳后仪独具契丹婚俗特色。下面详述之。

（一）皇帝纳后仪

选择吉日，清晨，皇后出房门坐于堂前。皇帝派使者及媒人，把牲酒等丰盛的食品送到门前。使者及媒人入室再拜。使者进酒给皇后及皇后父母、宗族、兄弟。纳币、致辞，再拜毕，后族皆坐，惕隐夫人四拜，请皇后上车。皇后辞父母、向伯叔父母、兄弟各四拜。再拜宗族长者。皇后上车，父母饮皇后酒，致戒词，遍及使者、媒者、送者。启程，伯叔父母、兄饮后酒如初。教坊夹道赞祝，皇后命赐给物品。后族追拜，进酒，送行。将到宫门，宰相传敕令，赐皇后及送者酒。惕隐率皇族奉迎，再拜。皇后车至便殿东南七十步止，惕隐夫人请下车。皇后手捧银器器皿与縢，履黄道而行。后面一人手张羔裘若披在肩，前面一妇人捧镜后退而行。在道路上面置放马鞍，皇后从上面而过。到神主室三拜，南北向各一拜，酹酒。向谒者一拜。起居毕，再拜。又到舅姑御容礼拜，奠酒。选皇族诸妇女之中多子孙者，再拜，授以皇后银器、縢。皇后又拜诸帝御容，奠酒。神赐皇后袭衣、珠玉、佩饰，拜而接受佩戴。皇后姐妹、陪拜者各赐予物品。赐酒给皇族迎亲者、后族送亲者，相对而饮毕，皇后坐别殿，送皇后者退食于旁。媒者传达旨命，送后者列于殿北。等到皇帝坐御坐，选皇族尊者一人当奥坐，主持婚礼。命执事者往来致辞于后族，后族之长

① （元）脱脱等：《辽史》卷51《礼志》，中华书局1974年版，第846页。

者率领送皇后者到殿前，面对皇帝，皆再拜，附奏送后之词；退复位，再拜。后族之长及送后者向当奥者三拜，南北向各一拜，向谒者一拜。后族之长跪问“圣躬万福”，再拜；复奏送后之词，又再拜。当奥者与媒者行酒三周，命送后者再拜，皆坐，宴会结束。第二天清晨，皇帝拜先帝御容，奠酒毕，到御殿，宴后族及群臣，皇族、后族偶饮如初，百戏、角觗、戏马较胜以为乐。第三天，皇帝御殿，赐后族及送后者礼物，各有差等。受赐者再拜，进酒，再拜。皇帝御别殿，有司进皇后服饰之籍。酒五行，送后者告辞，皇族献后族礼物；后族以礼物谢当奥者。礼毕。

在上述纳后仪中，张羔裘、过马鞍，反映出契丹游牧民族的婚礼特色。

（二）公主下嫁仪

选择吉日，清晨，媒者到迎娶公主之家引领他们去皇宫。等到皇帝、皇后御便殿，率领其族入见。进酒毕，命皇族与迎娶公主之族相对饮。第二天，迎娶公主之家以公主及女婿率其族入见，致宴于皇帝、皇后。献赆送者礼物毕，告辞。皇帝赐公主青幰车二辆，螭头、盖部皆用银装饰，驾驼；送终车一辆，车楼饰以锦绣，银螭，悬铎，后垂大毡，驾牛，车上载羊一只，称为祭羊，模拟送终之具，至覆尸仪物全部都有。皇帝赐其女婿朝服、四时袭衣、鞍马，凡所需无不齐备。选皇族一人，送至其家。①

（三）岁时节庆

1. 立春仪

皇帝出到内殿，拜先帝御容，北南臣僚丹墀内合班，站立再拜。可矮墩以上入殿（辽《排班图》，有高墩、矮墩、方墩之列。），赐坐。皇帝进御容酒，陪位并侍立皆再拜。一进酒，臣僚下殿，左右相向立。皇帝戴幡胜，形似幡旗，等第赐臣僚幡胜。臣僚戴簪毕，皇帝于土牛前上香，

---

① （元）脱脱等：《辽史》卷52《礼志》，中华书局1974年版，第864页。

三奠酒，不拜。教坊奏乐，侍仪使跪进彩杖。皇帝鞭土牛，可矮墩以上北南臣僚丹墀内合班站立，跪左膝，受彩杖，起身，再拜。赞各祗候。司辰报春至，鞭土牛三圈。矮墩停鞭，引节度使以上上殿，撒谷豆时，击土牛。撒谷豆，允许众人争抢。之后，臣僚依位坐好，酒两行，春盘端入。酒三行毕，行茶。皆起。礼毕。

2. 重午仪

重午那天，臣僚清晨赴御帐，皇帝系长寿彩线上车坐，引北南臣僚合班而立，如丹墀之仪。所司各赐长寿缕，揖臣僚跪受，再拜。引退，驾车至膳所，饮宴。

3. 重九仪

北南臣僚清晨赴御帐，从驾到围场，赐茶。皇帝就座，引臣僚御前班立，所司各赐菊花酒，臣僚跪受，再拜。酒三行，揖起。

4. 藏阄仪

当日，北南臣僚穿常服入朝，皇帝御天祥殿，臣僚依位赐坐。契丹南面，汉人北面，分朋抓阄。一阄上写“饮”字，其余各阄无字。签子五至七枚拈得“饮”字者饮酒。计数五次或七次，赐膳。饮食毕，皆起。不久，又坐抓阄如初。晚赐茶，签子三至五枚，做法与饮酒同，罢教坊承应。若帝得阄，臣僚进酒毕，依次赐臣僚酒。

（四）岁时杂仪

正旦，国俗以糯米饭和白羊髓做成饼，若拳头大小，每帐赐四十九枚。戊夜，各于帐内窗中掷圆饼于窗外。得偶数，动乐，饮宴。得奇数，令巫十二人鸣铃，执箭，绕帐歌呼，帐内把盐放炉火中哔啪作响，烧地拍鼠，称为惊鬼，居七日才出帐篷。国语称正旦为“乃捏咿呢”。“乃”，正也；“捏咿呢”，旦也。

立春，妇人进春书，以深绿色丝织品为旗帜，在上面绣龙；或绣蟾蜍，在旗上书写“宜春”二字。

人日，凡正月之日，一鸡、二狗、三豕、四羊、五马、六牛，七日为人。其占卜，晴天为祥，阴天为灾。民俗在庭院中食煎饼，称为“薰天”。

二月一日为中和节，国舅族萧氏设宴，招待国族耶律氏，岁以为常。国语称此日为，“请时”。

二月八日为悉达太子生辰，京府及诸州雕木为像，仪仗百戏导从，绕城为乐。悉达太子，是西域净梵王子，姓瞿昙氏，名释迦牟尼。以其觉性，称之为“佛”。

三月三日为上巳，国俗，刻木为兔，分朋走马射之。先中者胜，负者下马列跪进酒，胜朋马上饮之。国语称这日为“射兔”。

五月重五日，午时，采艾叶和绵缝衣，七件以奉天子，北南臣僚各赐三件，君臣宴乐，渤海厨师进艾糕。以五彩丝为细绳缠臂上，谓之“合欢结”。又以彩丝婉转结为人形簪于发上，称为“长命缕”。国语称这天为五月。

夏至之日，俗称“朝节”。妇人进彩扇，相互赠送粉脂囊。

六月十八日，国俗，耶律氏设宴，招待国舅族萧氏，称“请时”。

七月十三日夜，天子于行宫西三十里卓帐住宿。前期，备酒食。第二天，诸军部落从者皆奏蕃乐，饮宴至暮，回行宫，称为“迎节”。十五日中元，动汉乐，大宴。十六日清晨，再次往西方，随行诸军部落大喊三声，称为“送节”。

八月八日，国俗，杀白犬，在寝帐前七步埋入土中，露其嘴。后七日中秋，将寝帐移于其上。国语称为“捏褐耐”。“捏褐”，犬也；“耐”，首也。

九月重九日，天子率群臣部族射虎，射少者为负，罚重九宴。射毕，择高地卓帐，赐蕃、汉臣僚饮菊花酒。生切兔肝，鹿舌为酱，又研茱萸酒，洒门户用以消灾祈福。国语称这日为“必里迟离”，为九月九日。

十月，五京进纸造小衣甲、枪刀、器械万副。十五日，天子与群臣遥祭木叶山，用契丹字书写，并焚烧。国语称为“戴辣”。“戴”，烧也；“辣”，甲也。

冬至日，国俗，屠白羊、白马、白雁，各取血和酒，天子望拜黑山。黑山在境北，俗称国人魂魄，由黑山神主管，犹如中国之岱宗。每年这日，五京进纸造人马万余件，祭山而焚之。俗甚严畏，非祭不敢靠近山。

腊辰日，天子率北南臣僚并穿戎服，戊夜坐朝，奏乐饮酒，等第赐甲仗、羊马。国语称这日为战日。[①]

① （元）脱脱等：《辽史》卷53《礼志》，中华书局1974年版，第878页。

第十章

乐　志

辽乐，分为国乐、雅乐、大乐、散乐，横吹乐、诸国乐几种。[①] 国乐，犹先王之风；其诸国乐，犹诸侯之风。辽乐，始于太祖，而形成于圣宗时期。

一　国乐

国乐，是契丹本族之乐。一般在契丹皇帝饮宴之时用国乐。[②] 国乐在各乐种中占首要地位，很受契丹贵族的青睐。契丹人视国乐“如同先王之风”，在春捺钵、举行各种祭祀仪式中用国乐。如正月朔日，是夜，皇帝燕饮，用国乐。七月十三日，皇帝出行宫三十里卓帐。十四日设宴，应从诸军随各部落奏乐。

春捺钵，飞放杏埚，皇帝射获头鹅，荐庙燕饮，乐工数十人执小乐器演奏，以助酒兴。

二　雅乐

雅乐是辽从后晋和北宋宫廷吸收而来的仪式音乐。但由于辽朝没有郊庙礼，因此雅乐中无颂乐，这是与汉族宫廷雅乐的不同之处。辽太宗灭晋后，曾把原后晋宫廷的太常乐谱、宫悬乐架等礼乐器物悉送往上京。

---

① （元）脱脱等：《辽史》卷54《乐志》，中华书局1974年版，第881页。

② 同上。

辽朝宫廷正式采用雅乐，是在辽圣宗时期，建立了宫廷雅乐制度。设置主持雅乐的机构太常寺、有太常卿、太常博士、协律郎、太乐令等官员。圣宗统和元年，册封承天皇太后时，就是按照汉族宫廷的雅乐传统，设宫悬（四面乐悬）于殿廷，使用乐工达二百余人。所用八音乐器大抵依唐朝旧制。从圣宗太平元年到兴宗时期行尊号册礼时，都曾举行过雅乐礼仪。正月朔日朝贺，用宫悬雅乐。圣宗具有很深的文化修养，通晓音律，是太宗之后吸收汉音乐文化的另一重要时期。雅乐所用的音乐作品称“十二安乐”，也是从唐代承袭而来。包括十二部的成套作品，经后梁、后唐、后晋一再改名而沿用。雅乐在者，其器雅，其音亦西云。

唐十二和乐，辽初用之：豫和祀天神，顺和祭地祇，永和享宗庙，肃和登歌奠玉帛，雍和入俎接神，寿和酌献饮神，太和节升降，舒和节出入，昭和举酒，休和以饭，正和皇后受册以行，承和太子以行。

辽十二安乐：初，梁改唐十二和乐为九庆乐，后唐建唐宗庙，仍用十二和乐，晋改为十二同乐。辽杂礼：“天子出入，奏隆安；太子行，奏贞安。”则是辽曾改乐名，余十安乐名缺。

辽雅乐歌辞，文阙不具；八音器数，大抵因唐之旧。至辽道宗大康时期，还依照汉族宫廷的典章，制定十二律的音高。辽朝的雅乐，是吸收汉宫廷音乐而逐步形成的。

三　大乐

用之朝廷，别于雅乐者，谓之大乐。① 是宫廷所用的燕乐，应用场合和雅乐之严肃仪典有别，多为宴饮庆祝。“元会，用大乐。”② 后晋高祖时冯道、刘煦为应天太后、太宗皇帝册礼祝贺，所带来的乐器、乐工、乐官等即留在辽宫廷，为吸收汉宫廷燕乐之始。大乐的直接来源是后晋，但渊源仍在唐代。所用乐舞主要是唐代著名的《景云乐》《庆善乐》《破阵乐》《承天乐》，所用乐器也与唐代相仿。

---

① （元）脱脱等：《辽史》卷54《乐志》，中华书局1974年版，第885页。

② 同上。

圣宗统和元年，册承天皇太后，童子弟子队乐引太后辇至金銮门。天祚皇帝天庆元年上寿仪，使用的是大乐。

大乐器：本唐太宗七德、九功之乐。武后毁唐宗庙，七德、九功乐舞遂亡，自后宗庙用隋文、武二舞。朝廷用高宗景云乐代之。元会，第一奏景云乐舞。杜佑通典已称诸乐并亡，唯景云乐舞仅存。唐末、五代板荡之余，留存稀少。辽国大乐，晋代所传。杂礼虽见坐部乐工左右各一百二人，是以景云遗工充坐部；其坐、立部乐，自唐已亡，可考者唯有景云四部乐舞。

乐器：玉磬、方响、筝，卧箜篌，大箜篌，小箜篌，大琵琶，小琵琶，大五弦，小五弦，吹叶，大笙，小笙，觱篥，箫，铜钹，长笛，尺八笛，短笛。以上皆一人。毛员鼓、连觱鼓、贝。以上皆二人，其余每器工一人。

歌二人，舞二十人，分四部：景云舞八人，庆云乐舞四人，破阵乐舞四人，承天乐舞四人。

大乐调：雅乐有七音，大乐亦有七声，称为七旦。自隋以来，乐府取其声，四旦二十八调为大乐。

右四旦二十八调，不用黍律，用琵琶弦协之。皆从浊至清，迭更其声，下益浊，上益清。共七七四十九调，余二十一调失传。出自九部乐之龟兹部。①

四 散乐

散乐包括歌舞、角觝、俳优、百戏、笙、戏马、琵琶等多种多样的音乐节目。② 太宗时，宫廷已有“俳优角觝戏”，之后，后晋派刘煦带来伶官，散乐有了进一步的发展。辽散乐是汉代百戏传统的延续，与北宋宫廷散乐面貌相似。散乐比大乐更为活泼欢快，带有娱乐性，更适合饮宴助兴。在重大节日，大乐之后往往也用散乐收尾。“曲破后，用散乐。”

① （元）脱脱等：《辽史》卷54《乐志》，中华书局1974年版，第895页。

② 同上书，第891页。

散乐中包括琵琶独弹、笙独吹、筝独弹，可见这三种乐器已达到独奏乐器的水平，并还可能有其他的曲目。在辽晚期墓葬壁画中，一般多画有奏乐图。辽宁法库叶茂台契丹妇女墓葬壁画绘有执笛、拍板、排箫、琵琶的乐工。河北宣化张世卿墓壁画所画乐队由多人组成。前排有吹笙者、击腰鼓和击大鼓者。后排有打拍板者、吹十二管者。①

五 鼓吹乐与横吹乐

鼓吹乐，一曰短箫铙歌乐，自汉有之，称为军乐。辽杂礼，朝会设熊罴十二案，法驾有前后部鼓吹，百官卤簿皆有鼓吹乐。

鼓吹乐又称军乐，包括鼓吹（又名短箫铙歌）和横吹（马上之乐）乐。辽朝朝会，皇帝法驾用前后部鼓吹，按鼓吹令进行。乐器多为打击乐器。如鼓、钲、铙；有管吹乐器如管、箫、笳笛、觱、篥等。鼓吹乐和横吹乐两种乐队用人较多，演奏时很有气势。②

前部：鼓吹令二人，㧿鼓十二，金钲十二，大鼓百二十，长鸣百二十，铙十二，鼓十二，歌二十四，管二十四，箫二十四，笳二十四。

后部：鼓吹丞二人，大角百二十，羽葆十二，鼓十二，管二十四，箫二十四，铙十二，鼓十二，箫二十四，笳二十四。

右前后鼓吹，行则导驾演奏，朝会则列仪仗，设而不奏。

横吹乐亦军乐，与鼓吹分部而同用，皆属鼓吹令。

前部：大横吹百二十，节鼓二，笛二十四，觱篥二十四，笳二十四，桃皮觱篥二十四，㧿鼓十二，金钲十二，小鼓百二十，中鸣百二十，羽葆十二，鼓十二，管二十四，箫二十四，笳二十四。

后部：小横吹百二十四，笛二十四，箫二十四，觱篥二十四，桃皮觱篥二十四。

百官鼓吹、横吹乐，自四品以上，各有增损，见仪卫志。

自周衰，先王之乐逐渐缺失，周南变为秦风。秦始皇有天下，郑、

① 郑绍忠：《河北宣化张世卿壁画墓发掘简报》，《文物》1996 年第 9 期。

② （元）脱脱等：《辽史》卷 54《乐志》，中华书局 1974 年版，第 893 页。

卫、秦、燕、赵、楚之声迭进，而雅声亡。汉、唐之盛，文事多西音，是为大乐、散乐；武事皆北音，是为鼓吹、横吹乐。①

六 诸国乐

诸国乐包括宋朝乐，晋乐，回鹘、敦煌、女真等族的音乐。② 诸国乐的使用，大约在辽太宗会同三年，晋宣徽使杨端、王朓等诸国使朝见，太宗御便殿赐宴，端、朓起进酒，而作歌舞。同年端午，百僚及诸国使称贺。命回鹘、敦煌二使作本国舞。太宗会同九年灭后晋，把晋诸司僚吏、嫔御、宦寺、方技、百工、图籍、历象、石经、铜人、明堂刻漏、太常乐谱、诸宫悬、卤簿、法物及铠仗，悉送上京。此后晋音乐用之于辽朝。③

女真歌舞：天祚天庆二年，驾幸混同江，头鱼酒筵，半酣，天祚帝命诸酋长次第歌舞为乐。女真阿骨打端立直视，辞以不能。之前女真酋长应在辽朝廷内表演过歌舞，而到了辽朝末年，女真逐步强大，已经不能撼动其意志了。

七 礼乐维护尊卑贵贱等级制度的教化功能

契丹统治者重视礼乐的教化作用。辽太祖建国后，即设礼部，执掌礼仪、外交、祭祀、宴享等事务。辽代礼乐制度至圣宗时逐渐完备。礼乐制度对于建立尊卑有序的统治秩序、教化民心，宣扬皇帝至高无上的地位，使人们的言行合于礼法，均起到重要的作用。礼乐制度属上层建筑的重要组成部分。辽代礼乐制度把本族礼乐、诸族音乐与中原传入的礼乐相结合，既保持了本民族的特色，又融入了中原汉族文化，体现出草原文化与中原文化相互融合的时代特点。④

---

① （元）脱脱等：《辽史》卷54《乐志》，中华书局1974年版，第893页。

② 同上书，第882页。

③ （元）脱脱等：《辽史》卷4《太宗纪》，中华书局1974年版，第60页。

④ 武玉环：《辽代礼仪制度探析》，《阿尔山国际学术研讨会论文集》，内蒙古人民出版社2009年版。

卷三　传记

第一章

皇帝篇

一　辽太祖耶律阿保机

辽太祖耶律阿保机（872—926）[①]，唐咸通十三年，出生在契丹迭剌部霞濑益石烈乡耶律弥里（契丹语，弥里意思是小乡）。他汉名叫亿，小名叫啜里只。阿保机是契丹德祖皇帝长子，母亲是宣简皇后萧氏。年幼时，他言谈中对时事就很有见解。当时，阿保机的伯父当于越（于越，契丹贵官，地位高于北、南大王），有疑难问题就询问阿保机，因此，深得伯父的喜爱与信任。伯父曾说："我如同蛇，你如同龙。"阿保机由于才力过人，公元901年，当选为部落头领。当时小黄室韦不依附契丹，阿保机用一计谋，智降室韦。阿保机又率领部下征讨越兀、乌古、奚等部落，都战而胜之。因此，阿保机在部落里威望很高，受到人们的信任和尊敬。

公元902年7月，阿保机率领骑兵40万闯进长城以南，在河北、山西一带，掠获了95000多名汉人，驼、马、牛、羊多得不计其数。[②]这些被俘虏来的人口和牲畜，都成了耶律氏的财富。俘掠来的汉人，阿保机采取了以下的安置措施：设置头下军州，安置俘户；设置"汉儿司"，任用汉人来管理汉人。阿保机让原来是夫妻的住在一起，把单身的男女也

---

① 武玉环：《辽太祖耶律阿保机》，张博泉主编《东北历史名人传》（古代卷）上，吉林文史出版社1986年版，第167页。

② （元）脱脱等：《辽史》卷1《太祖纪》，中华书局1974年版，第2页。

结为夫妻。汉人俘奴的加入，使得契丹部落联盟迅速发展，尤其是阿保机所在的迭剌部，由于不断地进行战争掠夺，财富迅速增加，实力更加雄厚，在契丹各个部落中发展最快。之后，他被拜为于越，地位仅次于可汗。

公元906年12月，契丹痕德堇可汗死，部下奉遗命请立阿保机。907年正月，阿保机即位，做了可汗。阿保机即位后，先后平定了自己的弟弟剌葛等契丹贵族发动的争夺皇位的三次叛乱。以剌葛等人为代表的叛乱集团，是契丹旧贵族及其守旧势力的代表。他们反对帝位制，因为这样一来，他们就失去了三年一选而为部落可汗的机会。阿保机即位后的第5年，公元911年，阿保机的弟弟剌葛、迭剌、安端、寅底石谋反。安端的妻子得知这个消息后，马上报告给阿保机。阿保机没有处罚他们，而是同其弟登山祭祀，告天地为誓，然后赦免了他们。

契丹旧贵族野心不死。第二年（912），在于越辖底亲自策划下，又发动了第二次叛乱。这次叛乱者除了剌葛、迭剌、寅底石和安端外，新任惕隐滑哥也参与了叛乱。在叛乱发生后，阿保机并没有向叛乱者发动回击，却绕开他们，把军队引到南边的十七泺，当天举行了选汗仪式的“燔柴礼”①（燔柴礼，就是把薪木堆积如坛状，受群臣玉册，礼毕，焚烧柴火，祭天）。阿保机先举行燔柴礼，就抢先把叛乱者妄想维护旧传统选汗制的旗帜夺到自己的手里，使守旧贵族失去了叛乱的理由。阿保机的弟弟剌葛等人无可奈何，只好在燔柴礼的第二天，派人来谢罪。阿保机宽恕了他们，又一次给他们改过自新的机会。但是他们并没有就此善罢甘休。

时隔半年，第二年的三月（913），他们又密谋策动了更大的武装叛乱。这次叛乱的领导者仍旧是剌葛等人，他们事先经过周密的部署，公然采取以武力夺取汗位的行动。这次，阿保机给予叛乱者以严厉的惩罚，把诸帐族参与谋逆的300多人全部杀死。这场斗争是新、旧两种势力的斗争，它关系到新制度的生死存亡。阿保机代表了新制度的维护者，终于赢得了胜利。

---

① （元）脱脱等：《辽史》卷1《太祖纪》，中华书局1974年版，第6页。

迭剌部内的旧势力被击败了。但是其他七部的首领还是反对阿保机连任可汗。他们打着民主公选的旗号，强迫阿保机接受罢免。915年，阿保机在征讨黄头室韦回来的路上，被七部的兵马所劫。阿保机迫不得已，交出了象征天子的旗鼓，对诸部说："我已立王九年，所得到的汉人很多。我打算自立为一部，用它来治汉城，可以吗?"七部首领答应了。汉城在炭山东南滦河上，其地出盐、铁，又能种植五谷杂粮。阿保机率领汉人修建城郭、房屋，设立集市，如同过去汉人的居住地幽州一样。人民在那里丰衣足食，安居乐业。后来，阿保机用他妻子述律后的计谋，派人到七部大人那里说："我地的盐池，你们大家食用。可是你们只知食盐，却不知道盐有主人，你们应该来犒劳我。"于是七部大人就一同拿酒肉来找阿保机聚会。阿保机预先设下伏兵，待酒兴正浓时，忽听杀声四起，伏兵四面冲杀出来，把七部大人全部杀死。阿保机先后铲除了新制度的反对者，稳定了他的统治地位。公元916年，阿保机接受了群臣上的尊号："大圣大明天皇帝。"同年，阿保机宣布大赦，建元神册，按照中原政治制度正式建立辽朝。他封长子耶律倍为皇太子，确立了世袭皇权的统治。经过5年的斗争、较量，阿保机终于击败了契丹旧势力的反抗，在西部草原上建立起一个崭新的国家。

阿保机在与汉族人民的接触中，中原地区的政治、文化以及先进的农耕技术都深深地吸引了他。他决心以中原王朝为楷模，来建造自己的国家。辽初的汉人文士帮助阿保机制定了各种典章制度。辽朝的官制、法律、文字、皇都，都在这时期奠定了基础。

汉官制，也就是辽朝的南面官制，是由辽初的汉儿司发展而来。辽初，阿保机设立汉儿司，主管汉人事务。神册六年（921），阿保机下诏"正班爵"，规定了各级官员的不同等级，国家统治机构初具规模。

同年，阿保机下诏制定法律。阿保机认为：凡是国家事务，巨细不同，如法度不明，那么用什么准则治理国家呢？老百姓也不知道哪些是国家禁止的事情。于是，阿保机命突吕不制定法律。突吕不制定了《决狱法》，在辽国内颁布实行。还设置了夷离毕（契丹语，即法官）来处理狱讼公事。

神册三年（918），阿保机命令汉人康默记为总管，营建皇都。皇都也称为“西楼”，在今内蒙古昭乌达盟巴林左旗南波罗城。天显元年（926），又在原来皇都的基础之上进行了扩建。辽太宗天显十三年（938），再次进行了扩建，改皇都为上京。①

创制文字。为了适应新的政治、经济和文化发展的需要，神册五年（920），阿保机又让他的从侄耶律鲁不古和突吕不制契丹大字。契丹大字是仿照汉字的偏旁而创制的。之后，阿保机的弟弟迭剌又创制了契丹小字。契丹文字的创制，对契丹社会的发展起了重大的作用，它标志着契丹社会已发展到一个新的历史阶段。

尊崇儒教。神册三年（918），一次，阿保机问侍臣：“受命之君，应当事天敬神。在历史上有过大功德的人，朕想祭祀他，不知哪位合适？”侍臣们都说应该祭佛。阿保机说：“佛教不是中国教。”皇子耶律倍说：“孔子大圣，万世所尊，应当祭祀他。”阿保机非常赞同，马上下诏修建孔子庙，并令皇太子每年春秋两次祭祀。

设立宫卫组织。阿保机设立的宫卫组织叫作算斡鲁朵（契丹语把心腹称为“算”，把宫称为“斡鲁朵”），意思是心腹宫卫。阿保机的宫卫人员全部都是从军队里挑选出来的精干心腹所组成的，共有2000多人。

部族新编制。随着辽朝的建立和对外战争的开展，契丹社会中又增加了大量的新部族。阿保机为了巩固统治，对境内的部族进行了新编制。首先，把阻午可汗时所设立的二府改称为北、南宰相府，使迭剌部和乙室部两个强大难制的部落分隶于这两府。此外，其他八部分别隶属于这两个府。二府的宰相由迭剌、乙室两部的贵族担任；但是必须由皇帝任命，这就把过去各个部平等议事，民主选举的准则推翻了。之后，阿保机又命北府宰相由后族萧氏担任；南府宰相由皇族宗室来担任。这样，原来契丹八部的居民，从此便成为由皇帝直接统治的居民，进一步加强了皇权。对被征服和被俘虏的北方各族居民，阿保机也进行了改编，使之成为属于契丹八部的新八部。他们分隶于北、南两府，由国家任命的节度使进行管理。这样，阿保机新编的部族共有18部，其中，阿保机以遥辇氏旧部族分置的共10部，新增置8部。

① （元）脱脱等：《辽史》卷1《太祖纪》，中华书局1974年版，第12页。

设置州县。阿保机在几十年的征战中，掠获了大批的汉人。为了便于统治，阿保机设置汉地的州县进行管理。新设置的州县名称仍用原来汉人所属州县的名称。

各种制度的建立，使辽国初具规模。阿保机仿照中原的政治制度建造自己的国家，各种新制度的制定、实行，强烈地冲击和涤荡了旧氏族制度遗留下来的残余，使得辽朝游牧文明与农耕文明并存。

辽太祖耶律阿保机的最大长处，是知人善用。阿保机在称帝以前积极网罗人才，形成了自己的智囊集团和心腹战将。阿保机身旁的这批文臣武将，忠心耿耿追随阿保机，为阿保机出谋划策，随阿保机南征北战。阿保机建国后，曷鲁等人又先后随太祖灭渤海国，平定西南诸部落，使新兴的政权得到了巩固。阿保机和他的开国功臣是水乳交融的融洽关系。这些辅佐王运的功臣之所以能起到非常重要的作用，也是与阿保机的知人善用、任贤举能分不开的。《辽史》作者在评论阿保机和他的助手们之间的关系时说："神册初年，将相大臣拔起于风尘之中，匡扶王运，图取功名，这固然是因为他们有济世之才，但也是因为太祖能推诚相见，驾驭他们，不独断专行，总揽群策而为之用，为他们提供机会而名列功臣，以至于有心腹、耳目、手足之比，这难道是偶然的吗？……知识器度广博的人都得到重用，有思想而道德高尚的人都建功立业。称他们为佐命功臣是名副其实的。"辽太祖耶律阿保机把在辽政权建立前后，追随自己出生入死、功勋卓著的二十一名将领封为开国功臣。他还形象地把每一个功臣分别比作自己身体的某一部分，来说明每一个人在辽政权建立过程中所起到的作用。例如他把耶律曷鲁比作"心脏"，把萧敌鲁比作"手"，把阿古只比作"耳朵"……这些比喻十分生动而又形象地说明以曷鲁为首的开国功臣，作为阿保机在政治、军事斗争中最重要的智囊人物和最忠实的助手所起到的重大作用。

辽建国初期，诸事草创，百业待兴。阿保机懂得，要治理好国家，就要仿照中原的封建政治制度来建造自己的国家。为了达到这个目的，阿保机大胆而果敢地起用汉人。辽初的汉人文士帮助阿保机制定各种典章制度，参与重大政治、军事和经济决策，制定辽朝对内对外的政策。他们引进中原封建王朝的政治制度和文化礼仪，使契丹以中原王朝和中原文化为楷模建立了新型的国家。如韩延徽建议太祖修建都邑，建立宫殿，正君臣、定名分，法度井然；韩知古根据辽朝的国情，引经据典，参酌契丹国俗和汉人法制制定新法，使契丹人容易理解而遵照执行。

辽太祖、辽太宗在征战中，俘获了大批的汉人。在如何统治汉民和治理汉地这个问题上，韩延徽向太祖建议：建造城郭，分成市里，让俘获的汉民居住。一切用汉法进行治理；张砺向太宗建议，不可以专门用辽人和契丹习俗来治理汉地，否则人心不服。在他们的倡议下，太祖专设汉儿司，管理汉人事务，太宗以后汉儿司演变成为辽南面官制。逐渐形成了辽朝特有的南、北面两套官制。

在经济上，汉族地主阶级的贡献在于，把中原汉族的生产方式介绍到辽朝，推动了辽朝农业生产的发展，为契丹社会多种经济体制并存奠定了基础。农业的发展，需有定居方式做保障。而契丹早期“随畜牧，素无邑屋，得燕人所教，乃为城郭宫室之制于汉北”说明了在汉族人的影响下，契丹人也已经开始建设城市。而辽朝“二百余年，城郭相望，田野益辟”的景象正是韩延徽、韩知古等汉人帮助辽朝推行农业政策的结果。

阿保机不仅是一个杰出的政治家，他还是一个杰出的军事家。在几十年的戎马生涯中，阿保机积累了丰富的军事经验，用兵很懂策略，为当时的人们所称道。建国前，契丹族所在区域与唐朝的管辖区域相毗邻。山西方面的是河东节度使李克用管辖，河北方面的是幽州节度使刘仁恭管辖，他们都想扩充自己的势力和地盘，彼此之间有矛盾。阿保机和刘仁恭直接毗邻，常常有冲突。阿保机采取远交近攻的策略，与李克用联合。阿保机和李克用互易袍马，拜为兄弟，互赠金缯（丝织品）、马匹和杂畜，相互约定共同进攻唐卢龙节度使刘仁恭。他们接连攻下数州，阿保机掳掠了很多财物、人口，乘胜而归。

阿保机在作战中，善于掌握敌我双方情况，因此在面临复杂危险的局面时，也能应付自如。913 年，阿保机的弟弟剌葛等人叛乱，在行宫内烧杀抢掠，叛军占领了西楼，焚烧明王楼，情况很是危急。可是阿保机得知情况后，却镇定自若，他让军队原地休息，秣马休兵、毫不在意。

各位将领焦急万分，请求阿保机下令马上追击叛军。阿保机说："各位不必着急，也不必马上去追击。等到叛军远逃，远离家乡，必定人人思念妻子老幼，众心离异。我军乘此间隙进行追击，一定能获胜。"不久阿保机选派轻骑前去追击叛党，在培只河击溃叛军。剌葛等率军逃跑。阿保机又派室韦、吐浑酋长拨剌、迪里姑等五人，让他们率领人马分别埋伏。命北宰相迪里姑为先锋攻击叛军。叛军头目剌葛领兵迎战，溃败而逃。在逃跑的路上，遇到阿保机预先设下的埋伏。两军前后合击，大败叛军，活捉剌葛。

阿保机治军严谨。天赞二年（923），晋王李存勖亲自率领骑兵五千来进攻辽军。阿保机率军迎战，当时天下大雪，平地数尺，人马困在雪地，阿保机只好率军北归。晋王偷偷地引兵追踪而来，只见辽军野宿的地方，谷草摆放在地上（作为晚上睡觉铺用的），一排排摆放得方方正正，像刚刚编剪过的一般。晋王望而兴叹："契丹纪律严明，才能如此。我们是望尘莫及呀。"①

作为开国皇帝耶律阿保机，为保国家长治久安，他生活节俭，远离声色。听到后唐庄宗李存勖被伶人郭以谦所杀的消息，他对后唐使者姚坤说："我听说此儿（李存勖）有宫婢二千人，乐官千人，放鹰走狗，嗜酒好色，任用不肖，不惜人民，此其所以败也。我自从听说这事后，即举家断酒，解放鹰犬，罢散乐官。我亦有诸部乐官千人，非公宴不用。我若所为像我儿那样，江山怎能坐得长久呢？"又对姚坤说："我能说汉语，然而却一句也不与别人说，我怕契丹效法汉人而变得怯弱了。"阿保机从后唐庄宗之事吸取了教训，一生中始终保持忧患意识和清醒的头脑，以保大辽江山的稳固。

公元925年，阿保机为完成统一北方的夙愿，亲自率军征伐渤海。在辽大军压境的形势下，渤海国王大諲譔投降，渤海灭亡。阿保机改渤海国为东丹国，忽汗城为天福城，册皇太子倍为人皇王，主治东丹国。阿保机又根据渤海的政治制度，设立左右丞相正副职一共四人。皇弟迭剌

---

① （宋）叶隆礼：《契丹国志》卷1《太祖大圣皇帝》，上海古籍出版社1985年版，第5页。

为左大相，渤海老相为右大相，渤海司徒大素贤为左次相，耶律羽之为右次相。这种统治机构，沿袭了渤海原来的政治制度，仍用汉法治理，但让契丹人参加到政府机构中任要职，起到了监督的作用。

据传说，攻下渤海的当年七月，阿保机在回军的途中，路经扶余府，身体觉得不适。当天夜晚，有一颗大星从天上陨落于帐幕前，并见子城上黄龙缭绕，可长一里，光耀夺目，入于行宫。第二天早晨，阿保机死，终年55岁。阿保机死时的行宫在扶余城西南两河之间，后来在此处建立升天殿。后人把扶余府（今吉林农安县）更名为黄龙府，其典故就是从此处而来。①

二 辽太宗耶律德光

辽太宗耶律德光（902—947），是辽太祖的次子，辽朝开国的第二个皇帝。他出生时，应天皇后梦神人金冠素服，执兵仗，貌甚丰美，十二异兽跟随。中有黑兔跃入皇后怀中，因而有娠，遂生太宗。生产时黑云覆帐，火光照室，有声如雷，诸部异之。人们认为这象征着吉祥。耶律德光长大成人后，雄杰有大志，外貌严肃而性格宽厚仁慈，多次参决军国大事。尤其被其母应天太后（即淳钦皇后）所钟爱。他骁勇善战。太祖任他为天下兵马大元帅，是手握重兵的实权派。凡是军国大事，太祖总是听取他的意见后再行决定。他曾南攻中原，西取吐浑、党项、阻卜，攻取山西诸镇。他率军跨越流沙，夺取西部边疆各部；东平渤海。《辽史》说他："东西万里，所向皆有功。"②

太祖死后，本应由皇太子耶律倍继承皇位，但应天太后偏爱二子耶律德光，再加上德光手握兵权，而耶律倍乃是一介书生。最终耶律德光登上皇帝的宝座，而耶律倍弃家出走，投奔后唐。

太宗即位后，励精图治，奖励生产，教民播种纺织。设置典章制度，治理民政。他亲自深入基层社会，审察囚犯，求直言之士，严惩贪官污

① （元）脱脱等：《辽史》卷2《太祖纪》，中华书局1974年版，第15—25页。
② （元）脱脱等：《辽史》卷3《太宗纪》，中华书局1974年版，第27页。

吏，选拔有威望的人。辽太宗时期，是契丹的经济、政治和文化得到空前大发展的时期。辽朝的疆域在这一时期经过迅速地扩展后，基本稳定下来。国家规模更加扩大、更加制度化。契丹正式改称为大辽，与之后建立的北宋王朝南北鼎立，形成了我国历史上又一次南北朝。

辽太宗在位期间，正值五代末期。当时的后唐明宗李嗣源，是个出身贫苦、缺少文化的“蕃人”。他没有培养出有能力的继位者和一批有才德的臣下。明宗在幽州有亲家赵德钧（德钧儿子赵延寿是明宗的女婿），在河东（今山西省）有女婿石敬瑭，自己手上还有避难的东丹王耶律倍。可是，他万万没有想到自己内部发生了政变。在他死后，他的几个女婿，掌握很大兵权的石敬瑭、赵延寿、杜重威，先后一个个向契丹投降，与后唐为敌。继位的儿子、年轻的李从厚（闵帝），很快就被养子李从珂（末帝）杀掉。赵德钧、石敬瑭当然不会同意李从珂为帝。但是石敬瑭和赵德钧之间也有矛盾。

李从珂是个粗鲁的、不会驾驭臣下的人，即位不久，就把与他关系不好的石敬瑭刺激起来反对自己。他要把石敬瑭从太原调到郓州（今山东东平）去，石敬瑭不肯。于是他发兵讨伐石敬瑭，并且杀掉石敬瑭在洛阳的子弟四十人。

石敬瑭起兵反唐，并向契丹求救。与此同时，赵德钧也派人到契丹勾结。赵德钧的代价是：灭掉李从珂，赵德钧做皇帝，和契丹结为兄弟之国。契丹正在考虑，还未做出是否支持赵德钧时，石敬瑭特派桑维翰入契丹，他提出的代价是：灭掉李从珂，由石敬瑭做皇帝，和契丹结为父子之国，割让燕云十六州；每年贡帛三十万匹。桑维翰在太宗帐前，哭泣跪求不起，太宗终于同意了石敬瑭的要求。《辽史·地理志》记载：“（永州）兴王寺，有白衣观音像。太宗援石晋主中国，自潞州回，入幽州，幸大悲阁，指此像曰：‘我梦神人令送石郎为中国帝，即此也。’”因而把其移到木叶山，建庙，春秋祭祀，尊为家神。

辽天显十一年（936），太宗亲自率领十万大军，直入太原，打败了后唐大将张敬达的军队。李从珂举族自焚而死，后唐灭亡。太宗立石敬瑭为大晋皇帝。石敬瑭卖身投靠契丹，他的天下是借契丹的兵马打出来的。大晋皇帝是辽太宗册立的，石敬瑭虽然当上了契丹扶植下的“儿皇帝”，但势如累卵，随时都有倒台的危险。石敬瑭深知这一点，因此对辽朝百依百顺，毕恭毕敬，采取各种手段讨好辽朝，极尽卑躬屈膝之能事。为当时的人及后人所不齿。但他的政权终究未能长久。

后来，后晋皇帝石敬瑭死。他的儿子石重贵继位。后晋派金吾卫大将军梁言、判四方馆事朱崇节来谢。石重贵在来信中对太宗称“孙”而不称“臣”，太宗派客省使乔荣去后晋责问此事。乔荣回来，如实上奏晋景延广的回答，太宗开始有南伐后晋的想法。

太宗在会同六年至会同八年，先后几次伐晋。在阳城，契丹军大破晋军。不久两军又战，契丹军被晋将符彦卿等打败，太宗慌忙骑一骆驼逃回。

会同九年，太宗亲自率军南攻晋朝。十二月，杜重威等投降。大同元年（947）春正月，太宗事先预备好车驾进入汴州（今河南省开封市）。太宗降封晋主石重贵为负义侯，并大赦天下，升镇州（今河北正定）为中京。授赵延寿为留守兼大丞相、政事令。内外官僚晋爵封赏各有差等。太宗封张砺为平章事，晋李崧为枢密使、冯道为守太傅，和凝为翰林学士，其余的人都授官不等。太宗派赵莹、冯玉、李彦韬率领近百骑兵，送负义侯（即晋帝石重贵）和他的母亲李氏、太妃安氏、妻子冯氏、石重睿、儿子石延煦、石延宝等到黄龙府（今吉林省农安县）居住。并派宦官、宫女百余人随行。

太宗命令把后晋各府的官吏、侍妾、宫女、宦官、方技、百工、图画、书籍、历象、石经、铜人、明堂刻漏、太常乐谱、诸宫悬、卤簿、法物及铠仗，全部送到上京（今内蒙古巴林左旗林东镇东南二里波罗城）。辽得晋地76处，得民户1 090 118户。太宗从汴州出发回朝，回师到赤岗，他对侍臣说：“我这次行动有三个错误。第一，纵容士兵抢掠百姓的粮草和谷物。第二，搜括民众的财产。第三，没有马上派诸节度使回镇。”

当年契丹兵按照草地上的习惯，以战胜者的姿态，在中原纵情抢掠杀戮。许多地方“屠死者不可胜记”，有的城池被“悉杀城中男子，驱其妇女而北”。契丹统治者的野蛮屠杀，激起中原人民的愤怒和反抗。很多人上山结寨自保，多的数万人，少的几百人，不时出兵打游击，契丹军队吃了不少亏。辽太宗说，他不知道中原地区的人民“难制如此”。与此同时，石晋将领们据地反抗契丹，形势对契丹极为不利，这才迫使太宗不得不很快离开汴京。尽管他口头上说天气炎热，水土不服，实际上他的内心带着更沉重的负担，踏上了归途，病死在途中（今河北栾城县杀胡林）。[①] 太宗去世的那年，有人曾在祖州西五十里大山中打猎，看到有骑兵十余人，见太宗乘白马，独自一人追赶白狐，一箭射中。人却忽然不见，只获狐狸与弓矢。当天，太宗崩于栾城。后来，契丹在此地建庙，又在祖州凤凰门绘太宗驰骑射狐的画像。

三　世宗耶律阮

辽世宗耶律阮（？—951）[②]，小名兀欲，是人皇王（耶律倍）的长子，母亲是柔贞皇后萧氏。兀欲长得仪表堂堂，魁伟高大，外表严肃而内心宽厚仁慈，善于骑马射箭，乐善好施，人们都期望能归属于他。人皇王投奔后唐而后被害，太宗视兀欲如同是自己的儿子。会同九年(936)，兀欲随太宗征讨后晋，大同元年春二月，太宗封兀欲为永康王。

大同元年夏四月，太宗死在栾城（今河北栾城县杀胡林）。兀欲护送太宗的灵柩驻扎在镇阳。当时太宗死时没有留下遗诏，军中人心惶惶，不知怎么办才好。南院大王耶律吼到北院大王耶律洼那里议论说：“皇位一天不可空，如果拜见太后，让她定夺的话，那么一定让李胡当皇帝。李胡暴烈残忍，哪里能够治理人民？如果一定要民心所服，那么应当立永康王。”耶律洼也表示赞同。[③] 早在立太宗之时，在朝廷议论时，正值安抟在殿堂中值班，安抟的父亲迪里，因为规劝太后立东丹王为帝，被太后杀死。安抟从小就被世宗所怜恤，安抟从此暗中归依兀欲。这时，兀欲召来安抟询问计策，安抟回答说：“大王聪明仁慈，又是人皇王的嫡

① （元）脱脱等：《辽史》卷4《太宗纪》，中华书局1974年版，第43—60页。

② 武玉环：《辽世宗耶律阮》，《中国北方各族人物传·辽代卷》（上），辽海出版社1989年版，第67页。

③ （元）脱脱等：《辽史》卷77《耶律洼传》《耶律吼传》，中华书局1974年版，第1258、1261页。

长子，先帝虽然有寿安王（即太宗的儿子，后来的穆宗皇帝），但天下人心多向着大王。今天如果再不决断，将来后悔不及。”正值有从京师来的人，安抟假报李胡的死讯，并迅速传遍军中，人们都信以为真。于是安抟到南、北二大王处去商议此事。北院大王洼听到安抟来，马上起来说：“我们二人正在议论此事。先帝曾经想立永康王为继承人。今日之事，有我们在，谁敢不从？但是不向太后禀报就立帝，朝廷内部恐怕要发生争夺战争。”安抟回答说：“大王既然知道先帝想立永康王为皇位继承人。况且永康王贤明，人心乐意归附。现在天下刚刚平定，稍一迟缓，那么大事就不成了。如果向太后说了，太后一定会立李胡。况且李胡残暴，路人皆知，果真继位，对于国家有什么好处呢？”南院大王吼说：“这话有道理。我计谋已定。”于是就整备军队，召集诸将立世宗为帝，并且下令说：“皇帝升天，神器无主，永康王是人皇王的嫡长子，天人所属，应当立他为帝。有不从的人，以军法论处。”诸将因太祖死时，述律太后曾经杀死酋长以及将领数十人。因此都怕死，全都欣然从命。于是，世宗耶律阮即位于太宗的灵柩前。世宗驻扎在定州（今河北正定）。命令天德、朔古、解里等护送太宗灵柩先回上京（今内蒙古巴林左旗林东镇东南二里波罗城）。太后听说世宗即位的消息后大怒，命令李胡率领军队前去抵御世宗。

五院夷离堇安端、详稳留哥等派人驰马急报世宗，请求当先锋到泰德泉。安端遇到李胡的军队、两方交战，打败了李胡军。当时安端坠下马，天德驰马疾至，想用枪刺安端。留哥用身体挡住安端，发箭射向天德，只射穿盔甲没伤着肌肤。安端上马后又战，于是获胜。世宗派郎君勤德等告诉两军和解，并派伟王带兵驻扎在石桥。太后所派的后晋降将李彦韬迎接世宗，并向世宗投降。

世宗到达潢河（今内蒙古西拉木伦河），述律太后在横渡，整顿军队抵御世宗。当时李胡把拥戴世宗的官僚家属全部抓住，对看守他们的人说：“我如果打不胜，先杀死这些人。”人们都纷纷议论。互相说道：“如果两方交战，那么就是父子兄弟相互残杀呀。”两方相持多时，耶律屋质多次从中斡旋，最后两方听从屋质的劝告，各自罢兵奔赴上京。不久，世宗听说李胡与太后又在密谋叛乱。于是把太后与李胡迁徙到祖州（今内蒙古巴林左旗林东镇西南）。①

世宗被群臣上尊号为天授皇帝。大赦天下，改年号为天禄。任用安端治理东丹国，封安端为明王，察割为泰宁王，留哥为惕隐，高勋为南院枢密使。天禄四年，设置政事省。

世宗耶律阮即位后，推行了一条力图争夺中原地区、依靠汉族上层和采取中原农业文明为主的发展路线，为此触犯了契丹旧贵族的利益，遭到他们的强烈反对。世宗使隶属于契丹贵族的附属宫人摆脱了属籍。他仰慕中原的风俗，在朝廷中大量任用汉人，而“轻慢诸酋长。由是国人不服。诸部数叛”。他对于夺取中原地区，始终没有忘怀。而辽的各部落首领，留恋草原旧风，多数人都不愿意南进，只是满足于相对安定的生活。世宗即位后，尊他的母亲萧氏为太后，用崇德宫宫户分别赐给南北院大王各五十户，安抟、楚补各一百户。以前因无罪籍没为奴隶的人，归回原处。设置北院枢密使，主管军事，军政分权，世宗任命安抟担当此职，拜他为于越。

世宗对参与谋反的人心慈手软，打击不力，终酿祸端。萧翰曾二次谋反，世宗竟把他释放。直到萧翰第三次谋反，在耶律屋质的固谏下，萧翰才伏诛。刘哥曾参与谋反，并借上寿之机，袖中抽刀刺帝。世宗发觉，囚刘哥，世宗下诏免他死，流放到乌古敌烈部。

耶律察哥，明王安端之子，为取得世宗信任，他装作与其父交恶，暗中派人告之世宗。世宗召他来，他“泣诉不胜，帝悯之”。派他领女石烈军，从此，他出入禁中，数被恩宠。并逐渐把自己的庐帐靠近世宗的行宫。屋质多次上奏，世宗不信，说：“察割舍父事我，可保无他心。”

天禄四年冬十月，世宗亲自带兵南侵后汉。辽军攻下安平、内邱、束鹿等城，满载而归。

天禄五年春正月，世宗到百泉湖。后汉郭威杀其后汉皇帝刘斌而自立为帝，国号为周，郭威派朱宪前来向辽朝禀报，并送来良马。汉刘崇在太原自立为皇帝。夏六月，刘崇被周所攻打，派使者到辽称侄，乞求援助，并请求册封。辽马上派燕王牒葛、枢密使高勋前去册封刘崇为大

① （元）脱脱等：《辽史》卷5《世宗纪》，中华书局1974年版，第65页。

汉神武皇帝。后唐派蒋洪来辽，请求辽朝出兵救援。当时后唐政权为了削弱中原王朝，曾经陆续不断地和辽朝联系，供给有关中原王朝方面的情报。而北汉政权为了苟延残喘，也一次又一次向契丹称侄求援。

天禄五年（951）九月，世宗“自将南伐”，目的是支援辽朝卵翼下的北汉政权。中途在归化州的祥古山修整，从征将领察割等人，终于等到了谋反篡位的机会，借机发动了兵变，世宗耶律阮在这次兵变里被杀。① 辽世宗耶律阮，是辽朝皇帝中最为短命的一个。在位仅仅五年，就被契丹贵族察割所杀害。他是在兵变中获得政权的，也是在兵变中被杀的。耶律阮的即位，是契丹统治阶级内部剧烈斗争的结果。他的被杀，也反映了当时契丹政局的动荡和不稳定。

四 辽穆宗耶律璟

辽穆宗耶律璟（931—969），是辽朝的第四位皇帝，他是辽太宗的长子，在位十九年。耶律璟是一个残暴昏庸的皇帝。在他统治时期，是辽朝统治最黑暗的时期。在这一时期，由于穆宗的残暴统治，辽朝宫廷奴隶的命运变得更加悲惨。

穆宗即位之初的十年间，朝廷大臣多次举行叛乱，都先后被平定了下去。朝廷大臣的叛乱之所以如此频繁，是辽穆宗统治初期人心不稳，威信不高，社会动荡所致。应历二年（952）春，太尉忽古质叛乱，被处死。之后，国舅、政事令萧眉古得、宣政殿学士李浣等密谋投奔中原，事情败露，萧眉古得被杀。秋七月，政事令娄国、林牙敌烈、侍中神都、郎君海里等人叛乱，被处死。

应历三年，李胡的儿子宛、郎君稽干、敌烈谋反，事情暴露，供词牵涉到太平王罨撒葛、林牙华割、郎君新罗等人，穆宗把他们全部捉拿归案。华割、稽干不久被杀，穆宗释放了宛和罨撒葛。

应历九年，王子迪烈、前宣徽使海思等叛乱，穆宗派人把他们关押了起来。

① （元）脱脱等：《辽史》卷5《世宗纪》，中华书局1974年版，第63—68页。

应历十年，政事令耶律寿远、太保楚阿不等人叛乱，被处死。冬十月，李胡的儿子喜隐叛乱，供词牵涉到李胡，李胡被关进监狱并死在狱中，穆宗释放了喜隐。[①]

纵观辽穆宗耶律璟短暂的一生，他执政有一大特点、三大乐趣，即：怠政不视朝；饮酒、狩猎和杀人。

怠政不视朝：在穆宗执政的十九年间，载他“好游戏，不亲国事”[②]。“不视朝”[③] 不听政[④]“秋七月……迄于九月，射猎诸山，不视朝”[⑤]“自立春饮至月终，不听政”[⑥]。

穆宗虽然不视朝不听政，可是饮酒却可以通宵达旦。“每夜酣饮，达旦乃寐，日中方起，国人谓之‘睡王’”。“纵饮三餐”“宴饮达旦，自是昼寝夜饮”“昼夜酣饮者九日。”[⑦] 幸酒人拨剌哥家，复幸殿前都点检耶律夷腊葛第，宴饮连日。赐金盂、细锦及孕马百匹，左右授官者甚众。[⑧] 他不仅连续畅饮，而且在宫中饮；在野外饮；在马上饮；在大臣家中饮；在百姓家里饮；在市上酒店里饮。大醉中不理朝政；大醉中多次加封左右人员的官爵；大醉中草菅人命；也是在大醉中糊里糊涂地被人杀掉。

穆宗喜爱狩猎，史书记载：“好游猎，穷冬盛夏，不废驰骋。万机事繁……帝不以为意。瀛、莫之失，幽州急递以闻，帝曰：‘三关本汉地，今以还汉，何失之有？’其神气怠缓。不恤国事如此。”[⑨] “六月丙午朔，猎于玉山，竟月忘返。”[⑩]

穆宗不但昏庸怠政，而且凶暴残忍，被穆宗杀死的奴隶更是不计其

---

① （元）脱脱等：《辽史》卷6《穆宗纪》，中华书局1974年版，第76页。

② （宋）叶隆礼：《契丹国志》卷5《穆宗天顺皇帝》，上海古籍出版社1985年版，第50页。

③ 《辽史》卷6、卷7《穆宗纪》，中华书局1974年版，第71页。

④ 同上书，第74页。

⑤ 同上书，第75页。

⑥ 同上书，第87页。

⑦ （元）脱脱等：《辽史》卷6《穆宗纪》，中华书局1974年版，第77页。

⑧ （元）脱脱等：《辽史》卷7《穆宗纪》，中华书局1974年版，第84页。

⑨ （宋）叶隆礼：《契丹国志》卷5《穆宗天顺皇帝》，上海古籍出版社1985年版，第55页。

⑩ （元）脱脱等：《辽史》卷7《穆宗纪》，中华书局1974年版，第81页。

数。穆宗曾经听信女巫的话，用男子的胆汁掺和延年益寿的药方服用，为此杀人无数。其中绝大多数是被视同牛马或牛马不如的奴隶。穆宗耶律璟杀人，没有任何理由。“五坊、掌兽、近侍、奉膳、掌酒人等，以獐、鹿、野豕、鹘、雉之属亡、失、伤、毙，及私归、逃亡，在告途期，召不时至，或以奏对稍不如意，或以饮食细故，或因犯者迁怒无辜，辄加炮烙、铁梳之刑。”[①] 他杀人的方法多种多样：手刃刺之、腰斩、击、射、燎、肢解、烂肩股、断手足、折腰胫、划口、碎齿等。人死了还不算，还要折损其尸体，把肉剁成小块，弃尸于野等。总之，穆宗耶律璟为“长夜之饮”而杀害的宫廷奴隶相继不绝，可见他是以残杀奴隶为赏心乐事的。

穆宗耶律璟对宫廷奴隶的残杀，并不能看作是仅仅由于他个人性格的残忍。而是统治阶级残酷本性的表现。宫廷奴隶们对于加到他们头上的残暴统治无法忍受，只有起而斗争。应历十九年（969）二月，穆宗耶律璟打猎喝醉后回到行宫，“会醉，索食不得，欲斩庖人”。侍候穆宗的奴仆们因为稍有小过，就被穆宗杀掉，一直是胆战心惊，“数年之间，重足屏息，人人虞祸”。到这时，他们再也不甘引颈受戮，小哥、花哥、辛古等六名奴隶“捧食以进，挟刃弑帝于黑山下”。[②] 穆宗耶律璟在奴隶们被迫还击中丧命，终年三十九岁。

五 辽景宗耶律贤

景宗耶律贤（947—982），字贤宁，小字明记。是世宗皇帝第二子，母亲是怀节皇后萧氏。察割之乱，景宗刚刚九岁。世宗遇害。御厨尚食刘解里用毡裹住耶律贤，藏在柴草之中，才得以幸免于难。景宗因此得风疾，即中风，手脚麻木。因此，辽朝“刑赏政事，用兵追讨，皆皇后决之，帝卧床榻间，拱手而已”。[③] 穆宗即位后，把耶律贤养于永兴宫。

① （元）脱脱等：《辽史》卷6、卷7《穆宗纪》，中华书局1974年版，第69—88页。

② （宋）叶隆礼：《契丹国志》卷5《穆宗天顺皇帝》，上海古籍出版社1985年版，第55页。

③ （宋）叶隆礼：《契丹国志》卷6《景宗孝成皇帝》，上海古籍出版社1985年版，第57页。

穆宗酗酒怠政，有一次，已经长大的耶律贤与韩匡嗣谈及时事，耶律贤适在旁边制止他。耶律贤醒悟，不再言及时事。

穆宗应历十九年春二月，耶律贤入见穆宗，穆宗说："吾儿已成人，可付以政。"不久，穆宗遇弑，耶律贤率飞龙使女里、侍中萧思温、南院枢密使高勋率甲骑千人驰赴行宫。黎明时分，到了行宫，哀哭不止。群臣劝进，于是耶律贤即皇帝位于柩前。百官上尊号为天赞皇帝，大赦天下，改元保宁。殿前都点检耶律夷腊葛、右皮室详稳萧乌里只因宿卫不严，被杀。

景宗耶律贤即位后，重用汉族官员，让其担任朝廷宰相、南院枢密使等重要职务。任命室昉同政事门下平章事。任命韩德让、高勋、郭袭先后为南院枢密。

同时任命一批契丹官员担任北面朝官。保宁元年三月，景宗任命萧思温为北院枢密使兼北府宰相。北院大王耶律屋质加于越。进封太平王罨撒葛为齐王，改封赵王喜隐为宋王，封隆先为平王，稍为吴王，道隐为蜀王，必摄为越王，敌烈为冀王，宛为卫王。景宗任命的这批蕃汉大臣，辅佐景宗，治国理民，发展农业生产，重新制定法律条文，使刑罚逐渐走向宽缓，使社会秩序逐步走向稳定。

景宗奖功罚过，信赏必罚。对于有功将校，进行奖赏，有过将校，进行处罚。白马岭之役，因辽军失利，景宗责罚耶律沙、耶律抹只。后因辽宋交战，宋朝皇帝逃走而以功宽释耶律沙；耶律奚底遇敌而退，处以杖击；耶律撒合虽率军队撤退，但是队伍不乱，宽赦之；冀王敌烈麾下率先逃走者问斩，都监以下杖之。同时奖赏作战有功人员。

景宗即位后，对于谋反、谋大逆者进行镇压，以巩固统治。景宗即位后不久，捉获并惩治了杀害穆宗的近侍小哥、花哥、辛古等人。黄龙府卫将燕颇杀都监张琚叛乱，景宗派遣敞史耶律曷里必前去讨伐。把其余党千余户迁徙到通州。秋七月，宁王只没妻安只伏法，只没、高勋等被除名。

景宗时期，对于东北、西北地区的少数民族部族，实行朝贡、封赏、羁縻的民族政策。女真族地处东北地区，每年向辽朝朝贡，辽朝封女真首领为地方宰相、节度使。例如保宁九年，女真二十一人来请宰相、夷离堇之职，景宗授予他们不同的爵位与官职。女真宰相及夷离堇每年来辽朝朝贡，辽朝与女真等族保持稳定的臣属关系。

辽朝西北部的党项、回鹘、吐谷浑等先后归附辽朝，辽朝册封他们为地方官，管理其部族与民众。保宁初，党项降酋可丑、买友来朝，景宗任命可丑为司徒，买友为太保，各赐物遣之。

景宗对于周边的各王朝，采取不同的拉拢与分化的策略。北汉(951—979)，是五代十国时期的一个小王朝。公元951年，后汉将领郭威废帝自立，建国号周。后汉高祖刘知远的弟弟刘崇又借机在太原称帝，国号汉，史称北汉。北汉长期割据山西中部、北部和陕西、河北部分地区。北汉距离北宋首都开封较近，赵匡胤曾一度想先解决北汉问题，但是北汉有契丹的支持，攻取较为困难。

辽景宗制定了援助北汉、遏制北宋的外交策略。并且多次出兵援助北汉。仅在保宁八年几个月的时间，就曾三次出兵援汉。如保宁八年九月壬午，汉为宋人所侵，遣使求援，景宗命南府宰相耶律沙、冀王敌烈前去援助。戊子，汉以宋师压境，遣驸马都尉卢俊来告。冬十月辛丑，汉以辽师击退宋军来谢。十一月，汉以宋军复至、掠其军储来告，且乞赐粮为助。辽朝遣使援助北汉战马。景宗保宁九年，一次性援助北汉粟二十万斛。北汉成为契丹卵翼下的小王朝。

辽朝与北宋南北对峙，北宋建国之初，曾想夺回失去的燕云十六州，进而统一全国。并且先后发动了数次对辽朝的战争。在对宋策略上，由于初期宋朝采取积极进攻的策略，辽朝最初是以防守为主。

景宗乾亨元年三月，汉遣使来告宋兵入境，景宗诏左千牛卫大将军韩侼、大同军节度使耶律善补率本路兵南援。耶律沙等与宋战于白马岭，接连损失了几员大将，士卒死伤众多。

乾亨元年六月宋军来侵。辽军与宋军战于沙河，辽军失利。宋主率军包围南京。

同年秋七月，耶律沙等与宋兵战于高梁河，耶律休哥、耶律斜轸领军大败宋军。宋主仓皇乘驴车逃跑。辽军大获全胜，获兵仗、器甲、符印、粮馈、货币不可胜计。知南京留守事韩德让、权南京马步军都指挥使耶律学古、知三司事刘弘皆能安人心，捍城池，景宗赐诏褒奖。高梁河战役之后，辽军一改战略防守为战略进攻。同年九月，以燕王韩匡嗣为都统，南府宰相耶律沙为监军，惕隐耶律休哥、南院大王斜轸、权奚王抹只等各率所部兵南伐。

乾亨元年冬十月，韩匡嗣与宋兵战于满城，辽军失败。辛未，太保矧思与宋兵战于火山，辽军失败。景宗诏数韩匡嗣五罪，赦免其罪。

瓦桥关之战：是辽朝以守转攻的关键性一战。乾亨二年冬十月，景宗亲自率军南伐，围瓦桥关。十一月，耶律休哥大败宋兵，守将张师引兵出战，休哥奋击。宋兵列阵于水南，耶律休哥涉水击败宋军，追杀至莫州，宋军溃败。

景宗性格儒雅，喜好音律、医术。当时"伶伦、鍼灸之辈，授以节钺使相者三十余人"①。

景宗自幼得病，沉疴连年，皇后萧燕燕以女主临朝，国事一决其手。大诛罚，大征讨，番汉诸臣集众共议，皇后裁决，报之知帝而已。②

乾亨四年（982）九月，景宗在祥古山打猎，身体不适，崩于焦山行宫中。终年三十五，在位十四年。遗诏梁王隆绪嗣位，军国大事听皇后命。

六　辽圣宗耶律隆绪

辽圣宗耶律隆绪（970—1031），小名文殊奴。景宗耶律贤长子。母亲是睿智皇后萧燕燕。在位四十九年（982—1031），是辽朝皇帝中统治时间最久的一个。他在执政期间，从政治、经济、文化、法律等方面进行了全面改革，使辽朝农耕文明更为普及深入，他在位期间，政治清明，经济繁荣，辽朝的发展达到了鼎盛时期。

耶律隆绪 12 岁那年（982），他的父亲景宗皇帝去世，耶律隆绪即皇帝位，是为圣宗。母亲睿智皇后奉遗诏摄政，改元统和。辽圣宗从小生长在契丹皇族家庭里，受汉文化的熏陶很深。

① （宋）叶隆礼：《契丹国志》卷 6《景宗孝成皇帝》，上海古籍出版社 1985 年版，第 60 页。
② 同上。

他好读唐《贞观政要》及《太宗明皇帝实录》，对他们很钦佩，常说："五百年来中国之英主，远则唐太宗，次则唐明宗，近则今宋太祖、太宗。"辽圣宗崇尚中原的封建文明和统治制度，崇尚中原的英明君主，他决心效法中原，进行全面改革。①

首先，重用汉人。在圣宗朝担任朝廷要职的，汉人居多。当时南京的汉族大地主以韩、刘、马、赵四姓为首，其中的韩氏家族，终辽一代，尤其显贵，其中拜为使相者7人，任宣猷者9人，入宫或担任宿卫官及军队将领的，超过百人。汉族地主、士大夫的参政，对辽圣宗整顿吏治、删定法律、科举取士等都起了重要作用。

圣宗即位不久，就开始整顿吏治，诏告三京大小各级官员，执事应公正无私，不要曲意奉迎。遇有朝官非理征求，要敢于抗争。当时，南院大王勃古哲，滥施刑罚，残害无辜，有人上告勃古哲，圣宗派人察访，情况属实，立即关押勃古哲，处以刑罚。

辽朝有一旧例：皇帝车驾经过的地方，当地官员应有所献。圣宗到云中去打猎，节度使拜见他说："臣所在之地没有什么特产，只有幕僚张俭，是一代之宝，愿献给皇上。"辽圣宗马上召见张俭，和他谈到朝政时事，张俭从容上奏30多件事。辽圣宗如获至宝，对张俭顾遇特异。后来，提升他为南院枢密使，拜左丞相。

辽圣宗整顿吏治，以政绩的好坏为标准来提升或罢免官吏。太平六年（1026），他下诏令：北南诸部廉察州县及石烈、弥里之官，不善于治理的，要罢免。大小职官有贪暴残民的，立即罢免，终身不录。不能秉公办事，虽处重任，马上换任他人，对那些清廉而有政绩者，官职卑微也应提拔；皇族受赂行贿，发现后与普通人同罪。由于采取以上各项措施，使当时的政治较为清明，官吏多奉职守法。

辽圣宗为加强中央集权，扩大国家属户，限制把民户转为奴隶或私属。统和十四年（996）四月下诏："诸道民户应历以来胁从为部曲者，

---

① 武玉环：《辽圣宗耶律隆绪》，张博泉主编《东北历史名人传》，吉林文史出版社1986年版，第211页。

仍籍州县。”[1] 辽圣宗还放宫帐奴隶置部。辽初，曾专门设置鹰坊于辽水河畔，捕捉训练皇帝围猎时所用的飞鹰。捕捉飞鹰的人都是奴隶；在柳湿河、手山冶铁的也是奴隶。圣宗把这些奴隶置部，使捕鹰、冶铁的奴隶都取得了普通部民的身份。他们由隶属诸宫改隶于政府，成为隶属于朝廷的部民。

辽圣宗时期重视发展农业生产。为了发展农业生产，辽圣宗采取了以下措施：

募民垦荒。圣宗在统和年间，曾几次下诏，允许老百姓开荒种地，免租赋十年。此外，朝廷还迁徙人口到肥沃的土地去耕种，由官府给牛和种子，但要纳税，叫作“私田”。

减轻税法。圣宗统和十二年下诏，“定均税法”。统和十四年，“以南京道新定税法太重，减之”。在局部地区又对新税法进行了调整。

罢民输官俸，减轻百姓负担。统和十六年四月，辽圣宗“罢民输官俸，给自内帑”。[2]

屯田。沿边各州都设置屯田，种田积谷用以供给军饷。仅西北屯田，14 年间共积粟数十万斛。屯田的实行，对巩固边防，备战备荒，起了重要作用。

辽朝的法律，是在太祖时制定的。辽初刑法严酷，穆宗时更为残酷，有炮烙、铁梳之刑、裂口碎齿、断手足、烂肩股、折腰胫等许多惨无人道的刑罚。圣宗即位后，在其父亲景宗修订法律的基础上，更定法令几十条，多合人心，用刑又很详慎。其中重要的一项是不得擅杀奴婢。开泰六年二月，驸马萧图玉免去同平章事的官职，公主降为县主。其原因就是因公主杀了无罪奴婢，而驸马没有管束。二是契丹、汉人同一律令。圣宗以前历朝，契丹人打死汉人，赔偿其家牛马；汉人打死了契丹人，则杀头，并以他的亲属为奴婢。统和十三年下诏：“契丹人犯十恶亦断以律。”纠正了同罪异法的现象。三是契丹贵族、小民犯法同罪。过去宰相、节度使世选之家子孙犯罪，刑罚与老百姓

① （元）脱脱等：《辽史》卷 10 至 17《圣宗纪》，中华书局 1974 年版，第 107—210 页。
② 同上。

相同，只免除在犯人脸上刺字。统和二十九年，圣宗下诏：“今后如契丹贵族子孙犯罪当黥面，一律和老百姓相同。”为进一步打击一些贪官污吏的枉法行为，太平六年，圣宗再一次下诏：“朕因国家内有契丹、汉人，因此分南、北二院治理，是想革除贪赃枉法的弊端。如果贵贱不同法，那么必激起民愤。而内族外戚依权势，妄图苟免罪责，这样法律就不起作用了。从今以后，贵戚因事被告，不论事情大小，都要让所在官司审察。南北院都要审察明白，如不按此条例办，以及受人请托为其说情者，按本犯人罪定其说情者罪。”经过以上的整顿，法律逐渐趋于宽平、完备。

辽圣宗作为北方游牧民族的皇帝，他崇尚武功。在位期间，他曾多次亲自领兵东征西讨。先后率军南攻宋朝，与宋订立澶渊之盟。又东伐高丽，以高丽称臣纳贡而告结束。同时用兵西北各部，先后征服了西北部的甘州回鹘、阻卜、乌古部，敌烈部等西北少数民族。之后，设立西北路招讨司管辖各属部。

辽圣宗期间，与周邻各族、各部都保持经常的贸易往来，从西北部的吐蕃、西夏、沙州回鹘，到东北部的女真、铁骊，从西南的狮子国、大食国到东北的高丽国，都和辽朝建立了朝贡和贸易交换关系。每年辽的京城，使臣、信使往来不绝。辽圣宗时期，辽朝已经达到了它的“盛世”。

作为“盛世”君主的辽圣宗，其个人品格也有与众不同之处。辽圣宗虚心学习和借鉴历史上的各朝统治经验。他经常阅读唐高祖、唐太宗、唐玄宗三个皇帝的本纪，让马德臣摘录可效法的留用。他“游心典籍，分章解句”，并常常问臣下贞观、开元之事。辽圣宗热心学习汉文化，开创了学唐比宋、华夷同风的一代文风。辽圣宗自幼喜欢读书，10 岁时，就能作诗。他常常出题，诏宰相以下赋诗。写成后，呈上一一读之，对诗写得好的人赐给金带，作为奖赏。他喜爱唐诗，尤其喜爱白居易的诗，他说：“乐天诗集是吾师。”他亲自用契丹大字译白居易讽谏集，召集各族臣僚习读，自己曾作诗百余首，其中有《传国玺》流传。《传国玺》写道：“一时制美宝，千载助兴王。中原既失守，此宝归北方。子孙皆慎守，世业当永昌。”[1] 这首诗反映了辽朝的强盛和辽圣宗对子孙继承帝业的期望和信心。

辽圣宗信奉儒家学说，把儒家学说作为自己立身行事的根本。他自己身体力行，提倡儒家学说的“忠”“孝”之教。辽圣宗从小就受其母萧太后的严格管束，恭顺承诺，毫无怨辞。太后驾崩，圣宗悲哀至极，哭必呕血。当时朝臣上奏：“太后已亡，应该改元。”圣宗回答：“改年号是吉礼，守丧期间行吉礼，这是不孝。”群臣说：“古代帝王以日换月，宜法古制。”圣宗说：“我是契丹主，守可违背古制，不为不孝之人。”三年之后方改年号。[2]

圣宗晚年得了消渴病（即糖尿病），太平十一年（1031）六月三日，死在上京东北300里外的大斧河的行帐中，终年61岁。《辽史》评论辽圣宗说：“然其践祚四十九年，理冤滞，举才行，察贪残，抑奢僭，录死事之子孙，振诸部之贫乏，责迎合不忠之罪，却高丽女乐之归。辽之诸帝，在位长久，令名无穷，其唯圣宗乎！”[3]

七 辽兴宗耶律宗真

辽兴宗耶律宗真，是辽圣宗的长子。其母为钦哀皇后萧氏。太平十一年（1031）夏六月，圣宗崩，兴宗耶律宗真即皇帝位于柩前。圣宗遗命以齐天为皇太后，钦哀为太妃。钦哀皇后把遗书藏起来，自封为皇太后，让人诬告齐天皇后谋叛，把她囚在上京。兴宗说：“齐天皇后与先帝四十年夫妻，先帝遗诏立为太后，今既不立，怎么还忍心杀她？”钦哀太后又问诸兄弟，他们都说：“如果留她性命，必为后患。”兴宗说：“齐天皇后无子，又年老，如果留她在宫中，何患之有？”钦哀后竟不从其言，将齐天皇后缢杀，先后杀其左右百余人，以庶人礼葬于祖州北白马山。

钦哀太后摄政伊始，就开始改变圣宗以来所实行的政策。首先，把

① 陈述：《全辽文》卷1《传国玺诗》，中华书局1982年版，第18页。
② （元）脱脱等：《辽史》卷10至17《圣宗纪》，中华书局1974年版，第107—210页。
③ （元）脱脱等：《辽史》卷17《圣宗纪》，中华书局1974年版，第210页。

圣宗时期的功臣“骈首诛夷”；从而“专制其国”。“皇太后赐驸马萧不里、萧匹敌死，围场都太师女真著骨里、右祗候郎君详稳萧延留等七人皆弃市，籍其家。”①

其次，任命一批亲后派，以及反对改革契丹旧俗的守旧大臣。在钦哀太后摄政期间，把其父母兄弟姐妹都封为王侯，甚至把家里的奴婢也任命为重要职官，把圣宗时期有利于封建化的“法度”“变更殆尽”。钦哀皇太后追封其曾祖为兰陵郡王，父为齐国王，诸弟皆封王，虽汉五侯无以为过。后家奴隶咸无劳绩，皆授为团练、防御、节度使者，四十人。从而“自是幽、燕无行之徒，愿没身为奴者众”。她“卖官卖爵”，“残毒蕃汉”。朝廷内外，“淫虐肆行，刑政弛紊，南北面蕃汉公事，率其弟兄掌握之。凡所呈奏，弟兄聚议，各个弄权。朝臣朋党，每事必知”。②

兴宗对其母钦哀太后的违反朝规、法规，倒行逆施的做法听之任之，无所作为。兴宗在重大原则问题上采取的是消极对待的态度，没有采取积极的措施，进行干预、阻止。直到重熙三年，兴宗在得知钦哀太后要密谋废帝，立少子重元为帝的消息后，才在众位大臣的支持下，夺回钦哀太后所掌握的权力，让钦哀太后躬守庆陵。后来，兴宗因命僧侣建佛事，听讲报恩经后感悟，派人迎回钦哀太后。但是限制钦哀太后出入行止，并暗中派人监视她。

辽兴宗亲政后，围绕着皇权以及改革还是维护契丹旧俗的斗争一直未断。兴宗在对待母后摄政专权、重元跋扈不法等问题上，消极纵容，致使契丹内部的守旧势力曾一度甚嚣尘上，妄图改变圣宗时期制定的各项改革政策。

兴宗之弟耶律重元是一个顽固的守旧派首领。他“悍强好战，屡次请求进攻中原”，他主张修改圣宗时期制定的汉人、契丹人相殴致死，同样按照汉法论罪的法令，建议恢复原来的同罪异法的法令。耶律重元深受其母钦哀太后的喜爱，在钦哀太后欲立耶律重元为帝之时，重元密告兴宗，兴宗因此对他心存感激，于是处处恩宠于他。“上益重之，封为皇

① （元）脱脱等：《辽史》卷18《兴宗纪》，中华书局1974年版，第211页。

② （宋）叶隆礼：《契丹国志》卷13《后妃传》，上海古籍出版社1985年版，第143页。

太弟。历北院枢密使、南京留守、知元帅府事。重元处戎职，未尝离辇下。赐以金券誓书。”① 兴宗又把飞龙厩马，赐予皇太弟重元。皇太弟重元生子，兴宗赐诗及宝玩器物，曲赦死罪以下。又多次幸皇太弟重元行帐。重熙十七年十二月，兴宗封皇太弟重元之子涅鲁古为安定郡王。后来，涅鲁古又晋封为楚王。

兴宗在宴会酒兴正酣之时，许以千秋万岁后传位给耶律重元。“重元喜甚，骄纵不法。又因双陆，赌以居民城邑。帝屡不竞，前后已偿数城。重元既恃梁孝王之宠，又多郑叔段之过，朝臣无敢言者，道路以目。一日复博，罗衣轻指其局曰：‘双陆休痴，和你都输去也!’帝始悟，不复戏。”②

兴宗许诺把皇位传给耶律重元，造成耶律重元的骄纵不法，也为其后的叛乱埋下了祸根。

兴宗崇尚中原传统文化，汉文化造诣很深，喜欢吟诗作文。史书中多次记载兴宗与大臣、新科进士饮酒赋诗的场面。兴宗到后弟萧无曲家，曲水泛舟，饮酒赋诗。又与大臣分朋击鞠。兴宗还与宋朝使者一同钓鱼、赋诗。

兴宗善丹青，尝以所画鹅、雁送诸宋朝，点缀精妙，宛乎逼真，仁宗作飞白书以答之。

兴宗亲自御试进士。“御清凉殿，放进士王棠等六十八人。”兴宗命题以日射三十六熊赋、幸燕诗，考试进士。按照成绩优劣，赐予冯立、赵徽四十九人进士及第。以冯立为右补阙，赵徽以下皆为太子中舍，赐绯衣、银鱼，并大宴群臣。在宴会上，兴宗酒酣赋诗，吴国王萧孝穆、北宰相萧撒八等皆属和，夜中乃罢。兴宗还赐诗给有功大臣。例如任命南院大王耶律胡睹衮，兴宗亲为制诰词，并赐诗以宠之。③

兴宗崇佛。“尤重浮屠法，僧有正拜三公、三师兼政事令者，凡二十人。贵戚望族化之，多舍男女为僧尼。如王纲、姚景熙、冯立辈皆道流

① （元）脱脱等：《辽史》卷112《耶律重元传》，中华书局1974年版，第1501页。

② （元）脱脱等：《辽史》卷109《罗衣轻传》，中华书局1974年版，第1479页。

③ （元）脱脱等：《辽史》卷18《兴宗纪》，中华书局1974年版，第218—219页。

中人，曾遇帝于微行，后皆任显官。”① 在宣献皇后忌日，兴宗与皇太后素服，饭僧于延寿、悯忠、三学三寺，并赐钱给开泰寺铸银佛像。

兴宗在任免官员方面，凭个人喜好，任人唯亲。“每有除授，凡所亲信不依常格，径与躐升，如刺曷昌等数十人。左右隶役，皆自微贱入亲宫闱，曾无勋力，拔居将相，位至公卿。爵赏滥行，除授无法。枢密使马保忠本汉人，曾从容进谏，言于帝曰：‘罚当罪，赏当功，有国之令典也。积薪之言，汲黯叹之；斜封之滥，至唐而极。国家起自朔北，奄有幽、燕，量才授官，人始称职。今臣下豢养承平，无勋可陟，宜且序进之。’帝怫然怒曰：‘若尔，则是君不得自行其权，岂社稷之福耶?’保忠惶恐。自是欲有迁除，必先厚赐贵臣，以绝其言。”②

兴宗重新纂修太祖以来法令，参以古制。其刑有死、流、杖及三等之徒，而五凡、五百四十七条。史书记载，“然兴宗好名，喜变更，又溺浮屠法，务行小惠，数降赦宥，释死囚甚众。”兴宗时期，本该判为死罪之人，均改为流刑或赎刑。如重熙六年，以南大王耶律信宁故匿重囚及侍婢脏污，命挞以剑脊而夺其官；都监坐阿附及侍婢罪，皆论死，兴宗诏令赎之。南面侍御壮骨里诈取女真贡物，犯罪当死，兴宗因其有吏能，而改为流放。

兴宗对于东北、西北以及西夏，实行属国属部及封贡制度。对于前来归附的东北少数民族头领，辽朝赐予官爵，以本族人治理本族人，或者派往他族为官。当时女真族每年向辽朝朝贡。长白山太师柴葛、回跋部太师撒剌都前来贡方物。以女真部长遮母率众来附，加太师。授予五国节度使耶律仙童左监门卫上将军。以北女真详稳萧高六为奚六部大王。

兴宗时期曾经两次西征西夏。第一次在重熙十三年九月，兴宗亲征夏国，会大军于九十九泉，以皇太弟重元、北院枢密使韩国王萧惠将先锋兵西征。后来李元昊上表谢罪，辽军班师回朝。

第二次在重熙十八年秋七月，兴宗亲征西夏。渡过黄河，之后两军经过多次交战，西夏军失败，被迫求降。西夏退兵，辽军回师。

---

① （宋）叶隆礼：《契丹国志》卷8《兴宗文成皇帝》，上海古籍出版社1985年版，第82页。
② 同上。

辽朝与宋朝自澶渊之盟缔结以来，一直保持睦邻友好的关系。重熙十一年，兴宗闻听宋朝在辽宋沿边之地设关河，治壕堑，恐为边患，与南、北枢密吴国王萧孝穆、赵国王萧贯宁商议，谋取过去给宋割让的关南十县地，于是派遣萧英、刘六符出使宋朝。重熙十一年春正月，辽朝遣南院宣徽使萧特末、翰林学士刘六符使宋，取晋阳及瓦桥以南十县地；问询兴师伐夏及沿边疏浚水泽，增加兵戍之故。夏四月兴宗颁南征赏罚令。宋遣知制诰富弼往契丹，富弼至契丹，与帝往反难论，力拒其割地之意。富弼力陈出兵武力征伐的害处，结盟增币的好处。兴宗首肯。“又对曰：‘两朝人主继好垂四十年，一旦忽求割地，何也?’帝曰：‘南朝违约，塞雁门，增塘水，治城隍，籍民兵，意将何为? 群臣竞请举兵而南，寡人以为不若遣使取关南故地，求而不获，举兵未晚。’弼曰：‘北朝忘章圣皇帝之大德乎！澶渊之役，若从诸将言，北兵无得脱者。且北朝与中国通好，不绝岁币，则人主专其利，而臣下无所获；若用兵则利归臣下，而人主任其祸。故北朝群臣争劝用兵者，皆为身谋，非国计也。’帝大悟，首肯者久之。”弼归复命。宋朝每年在澶渊之盟的基础上，再增绢十万疋、银十万两。

兴宗乘圣宗以来的盛世余威，守成有余，而创新不足。

重熙二十四年八月丁亥，兴宗病重，召燕赵国王耶律洪基，谕以治国之要。戊子，大赦天下，放五坊鹰鹘，焚钩鱼之具。己丑，兴宗崩于行宫，终年四十。遗诏燕赵国王耶律洪基嗣位。清宁元年十月庚子，上尊谥为神圣孝章皇帝，庙号兴宗。

八 辽道宗耶律洪基

辽道宗耶律洪基（1031—1101），[①] 字涅邻，小字查剌。兴宗长子，母亲为仁懿皇后萧氏。辽重熙二十四年（1055）八月，兴宗去世，耶律洪基即位，至1101年去世，在位共47年。耶律洪基当政之时，正是辽朝由盛转衰的时期，耶律洪基的执政方针，对辽末政局产生了重大的影响。

① （元）脱脱等：《辽史》卷21至26《道宗纪》，中华书局1974年版，第251—314页。

耶律洪基性格沉静、严毅。他六岁被封为梁王，重熙十一年（1042）进封燕王，总领中丞司事。重熙十二年，总北南院枢密使事，加尚书令，进封燕赵国王。重熙二十一年（1052）为天下兵马大元帅，知惕隐事，参与朝政。二十四岁即位，是为辽道宗。当时的辽朝，经过辽圣宗的改革，基础稳固，政治修明，经济繁荣。与宋朝缔结了澶渊之盟，宋朝每年岁贡巨额币帛，使得辽朝的国力大为增强。兴宗在位二十四年，休养生息，延续强盛之势。但是当时佞佛之风极盛，宫廷内又发生了兴宗与其母钦哀皇后的政争，为其后的宫廷内乱及社会动乱埋下了隐患。

道宗即位之初，雄心勃勃，欲有所作为。首先下诏求直言，举才能之士，“凡尔士庶，直言无讳，可则择用，否则不以为愆”。同年十二月，又下诏谕左移离毕：“欲闻直言，以匡其实，其令内外百官，比秩满，各言一事。”

道宗为选拔官吏，下诏宰相举才能之士，姚景行为北府宰相，多被顾问。道宗有意伐宋，召景行问道：“宋人好生边事，如何？”对曰：“自圣宗皇帝以威德怀远，宋修职贡，迄今几六十年。若以细故用兵，恐违先帝成约。”道宗然其言而止。道宗执政前期，尚能求直言，纳谏，近忠臣，远小人。朝廷官吏多能尽职。例如，当时的提点大理寺丞刘伸，秉公执法，审理冤案，使得全活者众多。耶律仁先担任西北路招讨使，严守边防，对西北民族实行怀柔政策，使得边境整肃，社会安定。①

道宗前期，乘圣宗以来的鼎盛之基，经济繁荣，国库充盈。道宗重视农业，即位之初，就遣使平赋税，劝农桑，为守御边防，道宗命西北边防军屯田自给，西北路招讨使耶律唐古，率领西军，在胪驹河侧屯田，第一年就获得了大丰收，以后又移屯镇州，凡十四年，年年获得丰收，积粟达数十万斛，每斗粮食不过数钱。为了积蓄余粮，道宗在沿边各州设立和籴仓，依照旧法，出陈易新，许民众自愿借贷，收息二分。马人望为中京度支使时，才半年，积粟达十五万斛。辽代农谷至是为盛。东京各州如咸、信、苏、复、辰、海、同州等地都设和籴仓，所在无虑二

① 武玉环：《养奸蓄乱的辽道宗耶律洪基》，黄凤岐等主编《中国北方各族人物传·辽代卷》，辽海出版社 1988 年版，第 287 页。

三十万硕，虽然累年用兵，也未曾用乏。当时春州斗粟才六钱。辽代的牧业也有很大的发展，萧陶隗任马群太保，他整顿群牧，查阅马群实数，重新定籍管理，消除了群牧名存实亡，上下相欺的弊病。此后西北各地又相继岁贡马匹，群牧滋繁，达百万余匹。群牧司官员由此而升官进阶。此时国富民足，经济繁荣，辽朝仍处于鼎盛时期。

随着经济的发展繁荣，道宗朝先后发行四种钱币：咸雍、大康、大安、寿隆。并让杨遵勖征户部司逋户旧钱，得四十余万缗，刘伸为户部使时，岁入羡余钱三十万缗，国库充盈。

道宗在法律上也做了重大变革，他首先更定契丹汉人犯罪条例，因契丹汉人风俗不同，国法不可异施，道宗命惕隐苏、枢密使耶律乙辛更定法律，凡是合于律令者，全都记载下来，不合者，另外保存。又校定重熙旧制，更定盗窃罪格，改二十五贯处死为五十贯处死。又删其重复条目二，为五百四十五条，取律一百七十三条，又创增七十一条，共计七百八十九条。大安三年（1087）又增加六十七条。由于条约繁杂，民众不知所措，以及无法避讳，犯法者越来越多。主管官吏从中受贿得益。大安五年，道宗下诏复用旧法，新增条例一律废除。

道宗聪慧好学，汉文化造诣很深。他不但精通诗词歌赋，还深通儒学、佛学。他常常在宴会上，命朝臣赋诗，以助雅兴。道宗作《放鹰诗》，赐予群臣，谕任用贤臣之意。他曾赐法均大师诗句："行高峰顶松千尺，戒净天心月一轮。"不但用词精妙，且对仗工整。另一首《题李俨黄菊赋》："昨日得卿黄菊赋，碎剪金英填作句。袖中尤觉有余香，冷落西风吹不去。"知制诰耶律良，给道宗编御制诗文《清宁集》，道宗给耶律良的诗集命名为《庆会集》，并作序。

道宗非常重视汉文化的推广。他即位的第一年，就下诏设学养士，颁五经传疏。清宁六年（1060），道宗又命在中京设立国子监，同年，下诏求乾文阁所阙经籍，命儒臣校勘。又下诏颁行《史记》《汉书》。辽道宗还亲自召翰林学士赵孝严等讲五经大义。为了选拔优秀的文人士子，道宗亲自出题试进士，并开设贤良科，求试者需要先以所业十万言进。

道宗仰慕中原文化，他深通佛学，他曾铸银佛像两尊，铭其背曰："愿后世生中国。"表达了他对中原怀有深厚的感情以及对中原文化的崇拜之情。道宗深通佛教教义，他常召僧徒在内殿开坛讲经，还亲笔作《华严经五颂》。他著有多种佛学著作，其中有《华严经随品赞》《发菩提心戒本》《释摩诃衍论通玄钞引文》《科》等。道宗朝，佛教在辽朝得以全面普及与推广，佞佛之风达到极盛。

道宗具有很深的“中华观”，他视自己为中国人，视北朝为中国的一部分。曾有汉人讲论语，至“北辰居其所而众星拱之”。道宗说：“吾闻北极之下为中国，此岂其地吗?”又讲至“夷狄之有君”，疾读不敢讲，道宗说：“上世獯鬻、猃狁荡无礼法，故谓之‘夷’，吾修文物，彬彬不异于中华，何嫌之有?”卒令讲之[①]。道宗还把“君臣同志华夷同风”诗进献给皇太后。“华夷同风”说明道宗朝风气大开，辽朝出现汉文化的全面普及和各民族文化相互融合的大趋势。

自道宗大康年间以后，辽朝国势逐渐由盛转衰，分析其原因，其一是道宗姑息养奸，昏聩无断，致使奸人当道，吏治腐败，朝纲废弛。其二是道宗朝实行的宽松的佛教政策，“一日而祝发三千”，由此带来种田者日少，闲人日多的社会问题。其三是道宗朝连年水旱灾害不断，使得辽朝国势逐渐衰微，一蹶不振。

大康年间，道宗任用奸臣耶律乙辛任北院枢密使，开始埋下祸端。耶律乙辛惯会逢迎讨好，深得道宗信任，他结党营私，排斥忠良，安插党羽，先后制造了宣懿皇后和太子濬冤案，致使他们无辜被诛。同时被牵连进此案的朝臣多达几十人。朝廷由此纪纲大坏，诛戮无辜，滥赏奸佞，道宗的不明无断，不辨忠奸，是辽朝纪纲败坏的直接原因。辽道宗刚愎自用。疑心重重，听不得半点不同意见，皇后萧观音本来很得道宗的宠爱，只因她上《谏猎疏》给道宗，劝他不要终日畋猎，不问国事，不要重蹈“穆王远驾，周德用衰”的覆辙。道宗由此心怀不满，逐渐疏远皇后。随后，萧观音又被奸臣耶律乙辛所诬陷，说她与伶官赵惟一私通，道宗大怒，赐萧观音死。道宗对耶律乙辛的阴谋诡计毫不觉察，反而对他更加信任，提拔耶律乙辛的党羽张孝杰，把耶律乙辛、张孝杰比

---

① （宋）叶隆礼：《契丹国志》卷 9《道宗天福皇帝》，上海古籍出版社 1985 年版，第 95 页。

作辽兴宗时期的贤相耶律仁先和耶律化葛，“先帝用仁先、化葛，以贤智也。朕有孝杰、乙辛，不在仁先、化葛之下，诚为得人”。此时的耶律乙辛开始筹划阴谋陷害太子濬。对于耶律乙辛的阴谋，林牙萧岩寿早有察觉。在他的多次劝谏下，道宗降耶律乙辛为中京留守。耶律乙辛痛哭流涕，从而打动了道宗，道宗反而怀疑萧岩寿，把萧岩寿贬为顺义军节度使。道宗不顾大臣们的反对，召回耶律乙辛，复为北院枢密使。耶律乙辛越发猖狂，加紧了谋害太子濬的活动。耶律乙辛命护卫太保耶律查剌、牌印郎君萧讹都斡两次出面诬告耶律撒剌等人谋立皇太子。道宗竟然命耶律乙辛审理此案。在耶律乙辛的严刑酷法下，强逼耶律撒剌等人招供，并伪造口供说太子已经服罪。道宗大怒，贬太子为庶人。后被耶律乙辛派人杀害，又杀其妻灭口。耶律乙辛接连策划的两起冤案，都是道宗的骨肉至亲，道宗却浑然不觉，反倒认为耶律乙辛是忠臣，对他恩宠备至。

耶律乙辛大肆排斥异己，朝廷中的忠良之士，多被乙辛以参与谋立太子等罪名而被逐、被杀、被流放。萧岩寿、萧速撒等忠直大臣都被杀害。而杀害太子濬或参与乙辛阴谋活动的人多得以晋升，萧达鲁古升为国舅详稳，萧十三升为殿前都点检、北院枢密副使。一时之间，朝廷上下，无复纪律，忠臣被逐，奸臣荐拔，辽朝纲纪至此大坏。道宗下诏：“告谋逆事者，重加官赏；否则，悉行诛戮。”从而助长了朝廷诬告之风。

道宗晚年昏聩到掷骰子任官。史书记载，他“用人不能自择，令各掷骰子，以采胜者官之”。耶律俨曾得胜采，道宗说：“上相之征也。”于是任命他为知枢密院事，赐经邦佐运功臣，封越国公。由此可见，道宗后期的吏治腐败、政治黑暗，与道宗的猜疑心重、养奸蓄乱、滥赏滥罚有着直接的关系。

道宗后期，辽朝各级官员贪赃枉法、欺凌百姓之事屡见不鲜。例如有的官员在部内假贷贸易，名曰假贷，实为明抢。有的内藏库官直接盗窃库中财物。还有的伪造矫制，营建私第。更有的在部内发放高利贷，贷钱取息。面临这种社会局面，道宗曾下令采取一系列措施加以补救，但是无法从根本上改变这种江河日下的局面。

道宗时期，社会上宠佛，佞佛之风很盛，辽朝境内寺院遍布五京，僧尼剃度无数，使得寺院经济迅速膨胀，仅拜法均大师名下的出家或未出家的居士、信徒就有“五百万余”。巨量的社会财富在崇佛活动中被无谓的消耗掉。大康四年，道宗下令一日饭僧尼“三十六万”。在朝廷的带动下，契丹皇室贵族、官僚地主纷纷把财产施舍给寺院，据石刻资料《上方感化寺碑记》记载，道宗时期，该寺院“野有良田百余顷，园有甘栗万余株”。①

道宗清宁五年（1059），宣懿皇后之母，秦越国大长公主以所居宅第施与大昊天寺，有“稻畦百顷，户口百家，粟栗蔬园，井、器用等物，皆有施状，奏讫，准施。又择名马万匹入进”。懿德皇后为母酬愿，施钱十三万贯。道宗皇帝赐钱五万贯。寺成之日，道宗亲自御书“大昊天寺”。道宗咸雍六年（1070），由兰陵郡萧夫人筹资兴建的静安寺，建筑费用达二万余缗，寺即成，“延僧四十人。施地三千顷，粟一万石，钱二千贯，人五十户，牛五十头，马四十匹”。寺院僧侣放债取息，“僧徒纵恣放债盈利，侵夺小民，民甚苦之”。土地、钱财都集中于寺院地主之手。仅三学寺在短短的三年之内就积存钱五千余贯。大安三年（1087），由于水旱灾害，海云寺一次进济民钱千万。寺院的发展，使得巨量社会财富集中到寺院，大批有劳动能力的壮年男女脱离了生产。道宗咸雍八年（1072）三月，一次奏准春、泰、宁江三州三千人为僧尼。可见道宗朝僧尼所占人口比重之大。道宗的宠佛政策，使得寺院经济逐渐蚕食了占主体地位的农业经济，劳动力减少，坐食者日多，为辽代的衰亡埋下了隐患。

道宗大康年间，辽朝连年灾害不断，导致百姓生活更加贫困，国库日益空虚，为此，道宗下令设立入粟补官法，缴纳一定数额的粮食即可做官。社会上的家资富饶而无才无德之辈，得以买官鬻爵。他们上任后，大肆搜刮民财，造成竭泽而渔的恶性循环。由于水旱灾害的侵袭，使得农作物歉收，百姓流离失所，甚至活活饿死。道宗曾多次下诏，赈济贫民并免征赋税。农民由于交不起赋税，相继逃亡，大安四年正月，免上京逋逃及贫户税赋。又以南京闹饥荒，许良人自鬻。同年，下诏免役徒。

为了解决饥荒问题，道宗下诏出户部司粟，赈济流民及义州之饥。

---

① 陈述：《全辽文》卷10《上方感化寺碑记》，中华书局1982年版，第289页。

此外，朝廷借贷给百姓官粟。道宗寿昌初年，王师儒为枢密副使时，由于农业歉收，粟价飞涨，王师儒力奏朝廷赈济灾民，当时的燕民因之济活者达数百万人。为解决逃户问题，除了免除逃户的赋税、役徒外，朝廷还颁布了“安泊逃户征尝法”。自大安年间以后，朝廷年年赐给贫户钱，以赈济诸路流民。海云寺曾经一次进济民钱千万，但也只是杯水车薪，无法解决连年自然灾害所带来的饥馑、流民等问题。并且，进一步激化了阶级矛盾与民族矛盾。道宗末年，各地爆发农牧民起义。咸雍三年（1067）新城县民杨从反叛，伪署官吏。咸雍五年，西北部阻卜叛乱。同年，北方五国部剖阿里部叛乱。大安九年（1093），阻卜乌古扎叛乱，磨古斯部来侵。大安十年，敌烈部来侵。道宗末年，边境不宁，叛亡接踵，辽朝内外矛盾交困，国势转衰。除了经济方面的原因外，与道宗的施政方针不无联系。道宗“一岁而饭僧三十六万，一日而祝发三千，徒勤小惠，蔑计大本”。道宗昏聩无能，赏罚无章，致使群邪并兴，谗巧竞进，从而导致其政治黑暗，经济萧条，民不聊生。

寿隆七年（1101）正月，道宗在内外交困的形势下，崩于行宫，终年 70 岁。

九　天祚帝耶律延禧

天祚帝耶律延禧（1075—1126），小字阿果，他的父亲是顺宗耶律濬，母亲是贞顺皇后。六岁时，延禧被封为梁王，后晋升为燕国王、尚书令、兵马大元帅。[①] 辽寿隆七年（1101）正月，道宗死，皇太孙耶律延禧即位，是为天祚皇帝。

天祚帝即位后，改年号为乾统，大赦天下。首先，平反昭雪被耶律乙辛陷害的人。下令被耶律乙辛所诬陷的人恢复其官爵；被籍没为奴的人，恢复原籍；被流放远方的人，放回原地。之后，天祚帝下令处死耶律乙辛及其党羽，迁移他们的子孙到边疆。

---

① （元）脱脱等：《辽史》卷 27 至 30《天祚皇帝纪》，中华书局 1974 年版，第 317—358 页。

天祚帝当政之时，用人不当，任人唯亲，轻信谗言，宫廷内自相残杀，削弱了统治集团内部的力量。辽时谚语说：“五个翁翁四百岁，南面北面顿瞌睡，自己精神管不得，哪有心情管女真。”形象生动地说明了当时朝廷当政者的情况：年老昏聩，混沌度日，不理国政。这些人当政，国家必乱。天祚帝不辨忠奸，轻信谗言，任用萧奉先等佞臣。阿骨打率领女真军队在出河店打败辽都统萧嗣先（萧奉先的弟弟）。萧奉先怕他弟弟被杀，因此向天祚帝谎报：“东征溃军逃窜，所至劫掠，如不宽赦，将啸聚为患。”于是，萧嗣先仅仅免官而已。自此以后，士无斗志，遇敌就崩溃，辽的郡县所失日多。萧奉先因私情而忘公，引起军士不满，以致影响军心和斗志。

萧奉先在朝廷中使用阴谋诡计，挤走军将耶律余睹，杀死天祚之子、晋王敖鲁斡。萧奉先身为辽国宰相，他处心积虑，考虑的是如何才能使自己的外甥（天祚元妃之子）登上皇帝的宝座。为此，他不惜捏造事实，要阴谋诡计，蒙骗天祚帝。首先，他诬蔑耶律余睹勾结驸马萧昱，阴谋立外甥晋王敖鲁斡为帝。天祚帝竟信以为真，杀死肃昱，耶律余睹逃入女真国。保大二年，耶律余睹带兵攻辽。萧奉先见有机可乘，又向天祚帝进谗言说：只有杀死晋王敖鲁斡，金兵可不战自退。愚蠢、贪恋王位的天祚帝竟然又相信了他的话，杀死了自己的亲生儿子，朝廷上下没有不痛哭流涕的。人心更加涣散。晋王敖鲁斡虽死，但金人并未因此而退兵，继续追击天祚帝，天祚帝无奈，向西逃跑，直到这时，天祚帝才醒悟到萧奉先的奸诈误国。天祚帝时期，任用的这批担任军政要职的宰相、大臣，无不是为一己私利，而损害国家大计，要阴谋诡计，陷害忠良的个人野心家，辽朝灭亡，是势所必然的。

辽末，社会阶级矛盾日益尖锐。契丹贵族及其国家，对于各族人民百般榨取、欺凌，对于榨取来的人民血汗相互争夺、挥霍。耶律延禧时期，“民所甚患者，驿递、马牛、旗鼓、乡正、厅隶、仓司之役。”广大农民和稍有田地、无力耕种的人，甚至某些无势力的小地主，他们必须无偿地为官府服各种差役，做各种供应，以及轮流负责向人民征集供应马匹、兵役并戍守边疆等事。“至破产不能给”。苛捐杂税，地租和高利贷的盘剥，使各族人民无以为生，许多地方民众纷纷逃离家乡，因而出现大批流民。各族人民激愤郁结，不得不起来斗争。饶州渤海古欲起义；东京渤海人高永昌联合汉人杀死留守萧保先，在东京称帝，占领了辽东五十多个州；汉人侯概在中京也聚众万人，攻下了高州；张撒八策动中京射粮军起义；易州涞水县人董庞儿聚众万人，转战云、应、武、朔、奉圣、易州一带；安生儿、张高儿聚众二十万，与另一支起义军首领霍六哥相合攻陷海北州。参加起义的，遍及辽朝境内各族人民。其中有女真族、渤海族、汉族、奚族、阻卜等。也有契丹本族人民，甚至包括契丹贵族。各族人民在东京、上京、南京、中京和西京地区许多地方燃起了燎原大火。

女真族反辽斗争日益高涨。地处东北部的女真族是辽朝统治地区内的少数民族之一，他们隶属辽朝二百余年，女真族的首领“世袭节度使，兄弟相传，周而复始”，辽朝的统治者和其他王朝的统治者一样，他们对其属下的民族是建立在统治和被统治关系之上的。契丹统治者除每年向女真征求贡马万匹等物以外，还从其他方面加紧对女真人奴役和勒索，给女真人造成极大灾难。

天庆二年，天祚帝到春州，去混同江钓鱼。按照旧俗，每年春捺钵之时，女真、五国部等东北少数民族部族都前来朝贡。自从天祚帝即位以来，随着女真族逐渐强大，女真对辽朝朝贡时的态度发生很大变化，由过去的恭谨侍奉，变为不卑不亢，甚至直接抗拒。《辽史》记载：“天庆二年（1112）二月丁酉，如春州，幸混同江钩鱼，界外生女真酋长在千里内者，以故事皆来朝。适遇‘头鱼宴’，酒半酣，上临轩，命诸酋次第起舞；独阿骨打辞以不能。谕之再三，终不从。他日，上密谓枢密使萧奉先曰：‘前日之宴，阿骨打意气雄豪，顾视不常，可托以边事诛之。否则，必贻后患。’奉先曰：‘粗人不知礼义，无大过而杀之，恐伤向化之心。假有异志，又何能为？’其弟吴乞买、粘罕、胡舍等尝从猎，能呼鹿，刺虎，搏熊。上喜，辄加官爵。”①

此时的完颜阿骨打，已经心有异志，天祚帝已看出端倪，只可惜受到萧奉先的阻碍而没能根除后患，以致埋下更大的隐患。仅仅相隔两年，

① （元）脱脱等：《辽史》卷27《天祚皇帝纪》，中华书局1974年版，第326页。

天庆四年（1114），女真起兵反辽。

女真起兵反辽的直接原因是辽朝的民族压迫。史书记载：为了满足契丹皇帝春捺钵捕捉天鹅的需要，辽朝向女真人每年催征海东青，从而引发了女真与相邻的五国部的械斗与征战。《文献统考》327卷记载，“先是，女真岁以北珠、貂革、名马、良犬及俊鹰海东青于契丹，海东青出于五国之东，契丹酷爱之，然不能自至。女真之东北，与五国邻，每岁大寒，契丹必遣使来趣发甲马数百入五国界，即巢取之，往往征战而得，国人厌苦。及契丹主延禧嗣位，责供犹苛，至遣鹰坊子千辈，越长白山罗取，岁甚一岁，女真不胜其扰。”《松漠纪闻》记载：“后求海东青，使者络绎，恃大国使命，惟择美好夫人，不问其有夫及阀阅高者，女真浸忿，遂叛。”① 由此可知，海东青是契丹皇帝春捺钵时必备的“武器”，由春捺钵而引发的对于海东青的催征，使得辽朝与女真族的民族矛盾一触即发。正如阿骨打起兵反辽时誓词所说：“世事辽国，恪修职贡，定乌春、窝谋罕之乱，破萧海里之众，有功不省，而侵侮是加。罪人阿疏，屡请不遣。今将问罪于辽，天地其鉴佑之。”阿骨打伐辽誓词所说辽罪行有三：一是辽银牌天使到女真国催征海东青，侵侮女真人；二是女真平定乌春、窝谋罕之乱有功，而辽朝不赏；三是女真纥石烈部人阿疏，前来投奔辽朝，辽朝留下阿疏不遣。以上述理由为导火索，阿骨打誓师起兵反辽。

公元1114年9月，阿骨打集合女真诸部兵马二千，攻打宁江州。宁江州为道宗清宁年间置，治混同县（今扶余县伯都纳古城），属东京道。与长春州（吉林省松源北塔虎城）相距八十里。② 辽军与女真军队战于宁江州东，“（辽）渤海军大败，或阵没，或就擒，获免者无几，复攻破宁江州，无少长悉杀之。”③

同年十月，天祚帝以司空萧嗣先为东北路都统，静江军节度使萧挞不也为副，率军近万余，屯兵出河店（位于肇源县西南部），欲与女真军

---

① 洪皓：《松漠纪闻》，《辽海丛书》，辽沈书社1984年版，第205页。

② 陈相伟、李殿福：《扶余县文物志》，吉林省文物志编委会1984年版，第46页。

③ （宋）徐梦莘：《三朝北盟会编》卷21《政宣上帙21》，上海古籍出版社1987年版，第150页。

队决战。“女真军潜渡混同江，掩其不备，诸军未及阵，而为女真所败，骨肉辎械、牛羊金帛，悉皆弃于女真。”① 由于此战的胜利，阿骨打确立并巩固了自己的地位，翌年（1115）正月，正式即皇位，建国，取国号为大金。

第二年，即天庆五年，天祚帝亲征，率领番汉兵十余万，自长春州分道而进，可是，刚与女真兵马交战，契丹军未来得及布阵，“女真（军队）三面急击之，天祚御旗向西南出，众军从，而败绩。天祚帝一日夜走三百里，退保长春州。”② 天庆八年正月，辽朝派遣耶律奴哥等使金议和。和约未成，金军乘势而进，摧枯拉朽，迅速占领辽的东京、南京、中京、上京等地。天祚退保夹山。

保大四年，天祚帝得大石林牙兵归，又得阴山鞑靼、毛割石兵，自谓天助，谋划出兵收复燕云。大石林牙力谏曰：“自金人初陷长春、辽阳两路，则车驾不幸广平淀而都中京；及陷上京，则都燕山；及陷中京，则都云中；及陷云中，则奔夹山。向以全师不谋战备，以致举国汉地尽为金人所有。国势微弱致此而力求战，非计也。当养兵待时而动，不可轻举。”③ 天祚帝斥而不从。于是率领诸军出兵夹山，与金人战，失败。保大五年二月，天祚帝在应州新城东，被金人所获，辽亡。金朝封天祚为海滨王，天祚被囚一年后病死。

---

① （宋）徐梦莘：《三朝北盟会编》卷21《政宣上帙21》，上海古籍出版社1987年版，第150页。

② 同上书，第151页。

③ 同上书，第152页。

第二章

后妃篇

一　太祖淳钦皇后述律平

太祖淳钦皇后述律平（879—953），小字月理朵，其祖先为回鹘人。述律平生活在契丹族勃兴、发展的时代，历经太祖、太宗、世宗三朝。她在辅佐辽太祖开创辽国基业及统一东北、巩固辽政权中，充任辽太祖的谋士与助手①。

辽太祖耶律阿保机即位后，立述律平为皇后，群臣上皇后尊号为地皇后。述律平的祖先是回鹘人，父亲叫婆姑梅里，官至遥辇氏的阿扎割只。述律皇后生于契丹右大部。述律皇后性情沉稳、果断，有雄才大略。太祖行军打仗，述律皇后常常参与谋略。太祖曾横穿沙漠攻打党项，述律皇后留守帐中。黄头、臭泊二室韦乘虚前来袭击，述律皇后得知消息后，率兵埋伏，等室韦军刚刚到达，述律皇后率军奋力迎击，大破敌军，名震诸夷。她的母亲和姑姑来看她，她坐着不动，接受长辈的朝见，并对她们说："我只拜天，不拜人。"②

幽州刘守光派韩延徽来契丹，韩延徽见太祖不跪拜，太祖大怒，把他当场扣留，让他去牧马。述律皇后对太祖说："韩延徽守节不屈，是当

---

① 武玉环：《论辽应天太后》，《社会科学探索》1993 年第 3 期。

② （宋）叶隆礼：《契丹国志》卷 13《太祖述律皇后传》，上海古籍出版社 1985 年版，第 139 页。

今的贤人，应该以礼相待，任用他。”于是太祖召回韩延徽，与他谈话，非常投机，太祖很高兴，任用韩延徽为参谋。①

太祖七年春三月，太祖的弟弟耶律剌葛等谋反，太祖亲自率兵去追杀他们。耶律剌葛派遣他的党羽以及叛军直逼行宫，把帐篷烧毁，述律皇后急忙派遣耶律蜀古鲁前来援救，抢回被叛军夺去的天子旗鼓，率军而还。

建国初，在辽朝急剧向封建制转化的过程中，应天后参与这一转变过程，并在其中起到一定的作用。应天后建议辽太祖任用汉人，推荐韩延徽、康默记、韩知古等人，帮助辽太祖定法律、正班爵、订立赋税制度，他们为辽朝制定出一整套向封建制发展的国策。

神册元年（916）春二月，文武百官上太祖耶律阿保机尊号为大圣大明天皇帝，后为应天大明地皇后。大赦，建元神册。三月丙辰日，太祖立长子耶律倍为皇太子。

太祖亲征渤海，应天后、太子耶律倍和大元帅耶律德光都随太祖同去。天显元年（926）春正月，太祖灭渤海国，二月。把渤海国改为东丹国，任命耶律倍为人皇王，设置百官，治理东丹国。秋七月，太祖回军，到达扶余府（今吉林省农安县）时，太祖病逝，应天后称制，权决军国大事。

天显二年秋八月，在祖陵埋葬太祖。当下葬的时候，应天后想要以身殉葬，被百官极力劝谏而止，于是，她自断右手腕，将其放在太祖的棺柩里。冬十一月，太宗（耶律德光）即皇帝位，尊其母述律平为应天皇太后。

应天太后属于守旧的契丹贵族代表人物。她对于太祖、太宗攻占中原的战略构想，持反对意见。吴王李升献猛火油给太祖，这种油一遇到水，燃烧得更炽烈。太祖选三万骑兵，准备进攻幽州。应天太后对太祖说：“哪有因为试验油而攻打别的国家的呢？”她指着帐前的树问太祖：“树没有皮能够活吗？”太祖回答说：“不能。”应天太后说：“幽州的土地

① （元）脱脱等：《辽史》卷71《太祖淳钦皇后述律氏传》，中华书局1974年版，第1199页。

和百姓，和树与皮是同样的道理，我们以三千骑兵去掠夺它的四野，不过数年，幽州就因为困乏而归属我们了。现在何必这样做呢？万一不胜，留下笑柄，我们的部落不也会因此而解体吗？”太祖因此而打消了攻打中原的念头。

会同六年（943）冬十二月，太宗到达南京（今北京城西南），商议伐后晋之事，命赵延寿等分道前进，征伐后晋。应天太后对太宗说：“能不能让汉人当契丹的皇帝？”太宗回答说：“不能。”太后说：“那你为什么要当汉人的皇帝呢？”太宗说：“后晋皇帝石重贵忘恩负义，不能容忍。”太后说：“你今天虽然得到了汉地，但是不能长住，万一有差错，后悔莫及。”太后又说：“自古只听说汉与蕃讲和，没听说蕃与汉讲和。汉人如果能回心转意，我们又怎能吝惜与他们讲和呢。”不久。后晋果然派使者前来求和，向辽请罪，言辞颇为谦恭。太宗说：“让景延广、桑维翰前来议和，并割镇（今河北正定）、定（今河北定县）两地，那么就可以讲和。”后晋怀疑太宗没有和意，于是停止与契丹讲和。

太宗率军灭晋归来，死于栾城（今属河北省境内），诸将领拥立世宗（即人皇王耶律倍之子耶律阮）在镇阳即皇帝位。应天太后之意是将皇帝之位传给少子耶律李胡。李胡听说世宗即位的消息后大怒，派军迎击世宗的军队，应天太后亲自率兵在潢河（今内蒙古西拉木伦河）的横渡与世宗军队对峙。在这期间，耶律屋质从中斡旋，极力劝谏，太后才罢兵。世宗迁应天太后到祖州（今内蒙古巴林左旗西南石房子村）的没打河。

应天太后不仅在政治上很有见地，在军事上也可称得上是一名沙场女将。在辽太祖统一东北的大大小小的战争中，应天太后曾多次参与征战，名震诸族。

应天太后曾先后两次参与帝位之争。太祖时期，长子耶律倍虽然立为皇太子，但应天太后更偏爱次子耶律德光，欲让其继承帝位。攻下渤海国后，改渤海国为东丹国，以耶律倍为东丹王，就是应天太后的主意，目的是用东丹王易皇太子之位。太祖去世，应天太后称制。为了名正言顺地让耶律德光登上皇帝的宝座，应天太后废除太祖依中原封建制度制定的嫡长子继承法，而按照契丹在建国前民主公选可汗的仪式，让耶律德光和耶律倍乘马立于帐前，对各位酋长说：“两个儿子我都喜爱。不知立谁好，你们诸位定夺，谁可立为帝，就牵谁的马缰绳。”各位头领明白应天太后的用心，都争相牵耶律德光的马缰绳。对于反对者，应天太后采用武力镇压的手段。应天太后摄政时，先后杀死迭里、匹鲁等主张立东丹王为帝的官员上百人。

太宗死后，应天太后又要把皇位传给她所钟爱的三子李胡，李胡性情暴虐，不得人心。应天太后为了让李胡当上皇帝，亲自率兵讨伐世宗，内战迫在眉睫。当时，耶律屋质再三进行规劝，应天太后才勒马返回，允许立耶律倍之子永康王耶律阮为帝。① 应天太后参与的两次帝位之争，实际上是建国初期太祖制定的封建嫡长子继承制与残存的氏族制末期的世选制度的斗争。最后，还是嫡长子继承制占了上风。

应天太后是辽初契丹贵族妇女中涌现出的一个重要人物。在她身上，既有政治家深谋远虑的远大目光，又有善于玩弄权术、谋杀不同政见的大臣的残忍本性；既有封建的思想意识，又有契丹旧贵族落后、保守的思想残余。她的一生瑕瑜互见，是一个较为复杂的历史人物。

二　承天太后萧绰

承天太后萧绰（953—1012），小字燕燕，是辽景宗耶律贤的妻子，辽圣宗耶律隆绪的母亲。她是契丹贵族妇女中涌现出来的杰出政治家，也是中国历史上颇具影响的著名历史人物。②

承天太后生活在辽朝亟待改革的中期。在这前后，辽朝统治集团内部因争夺皇权，曾经展开过激烈的内争，尤其是辽穆宗在位期间，实行残暴统治，使阶级矛盾激化，国势中衰。景宗即位以后，“人人望治”，辽穆宗时期遗留下来的弊政亟待改革。但景宗在幼年时，适逢察割之乱，被人藏在柴草中，躲过了这场劫难，却因此而得了疾病。景宗即位后，也常卧病榻，国家大事都交给萧绰处理。承天太后萧绰帮助景宗治理国

① （元）脱脱等：《辽史》卷 71《太祖淳钦皇后述律氏传》，中华书局 1974 年版，第 1199 页。

② 武玉环：《辽承天太后萧绰》，见张博泉等主编《东北历史名人传·古代卷》（上），吉林文史出版社 1986 年版，第 200 页。

政，收效最显著的是吏治方面。景宗时期，“任人不疑，信赏必罚”，因而“百司守职，罔敢偷惰”。①

景宗在位十四年，因病而亡。圣宗即位，年仅十二岁，“主少国疑”。承天太后奉遗诏摄政。当时，萧绰才三十岁左右，而诸王宗亲等二百多人拥兵摄权，遍布朝廷，朝廷内外人心惶惶。南有宋朝虎视眈眈，西有阻卜时叛时服，东有高丽不称藩纳贡。萧绰哭泣着说：“如今母寡子弱，族属雄强，边防未靖，怎么办呢?”大臣韩德让、耶律斜轸说：“信任我们，还有什么可忧愁的呢?”承天太后摄政期间，外用耶律休哥、耶律斜轸等一代名将，抵御、南攻宋朝；内起室昉、韩德让等两朝重臣辅佐幼主。承天太后通达治理天下的道理，熟悉明了军政大事，知人善任，闻善必从，她“善驭左右大臣”，因此“多得其死力”。②

承天太后不仅在政治上颇有政绩，在军事上也很有才能。每次攻宋她都亲自披甲督战。澶渊之战，她亲自驾驭战车，指挥三军，与宋朝达成和议，宋朝以承天太后为叔母。每年向辽输纳银十万两，绢二十万匹。

承天太后有四子三女，她管教子女很严格，即使对长子圣宗耶律隆绪也是如此。圣宗从小就受母亲的严格管束，他恭顺承诺，毫无怨辞。圣宗即位后，每有事都请示母亲，需用一件东西，承天太后也要先问清楚事由，然后才给。宫人与圣宗说笑，被承天太后见到，她很严厉地斥责圣宗，圣宗好打猎，因此受到承天太后的批评。《辽史》作者评论承天太后时说：“圣宗被称为辽代的兴盛之君，他受益于太后的教诲是很多的。”③

然而，史书说她“天性残忍，阴毒嗜杀”。胡里室在一次打马球的比赛中，不小心把韩德让撞到马下，承天太后与韩德让的关系非同寻常，她于是怒杀胡里室。承天太后与她的两个姐姐不和，就找借口赐死她们。这些都表现出她的统治阶级的残忍本性。

---

① （元）脱脱等：《辽史》卷 71《景宗睿智皇后萧氏传》卷 9《景宗纪》，中华书局 1974 年版，第1203 页。

② （宋）叶隆礼：《契丹国志》卷 13《景宗萧皇后传》，上海古籍出版社 1985 年版，第 142 页。

③ （元）脱脱等：《辽史》卷 71《景宗睿智皇后萧氏传》，中华书局 1974 年版，第1202 页。

三 圣宗钦哀皇后萧耨斤

圣宗钦哀皇后萧氏，小名耨斤，是淳钦皇后弟弟阿古只五世孙。她面色黝黑，目光凶狠。其母亲曾经梦到一金柱擎天，孩子们想上去却怎么也上不去，耨斤与仆人后到，却攀援上去，大家都感到很惊异。①

过了很久，耨斤入宫。她曾擦拭承天太后的床榻，得到一只金鸡，吞下去之后，肤色变得光泽异常。承天太后见到惊异地说："看样子一定能生奇子！"不久生下兴宗。圣宗仁德皇后没有孩子，对待兴宗视同己出。兴宗恭谨的侍奉仁德皇后，耨斤看到后很不高兴。圣宗去世，耨斤让冯家奴等人诬蔑仁德皇后与萧浞卜、萧匹敌等谋乱，把仁德皇后迁到上京，迫害致死。萧耨斤自立为皇太后，摄政，把自己的生辰定为应圣节。②

重熙元年，兴宗耶律宗真继承皇位，尊其母钦哀皇后为仁慈圣善钦孝广德安靖贞纯宽厚崇觉仪天皇太后。钦哀太后摄政之初，追封她的曾祖为兰陵郡王，父亲为齐国王，诸弟都封为王，虽汉五侯也比不过其荣耀。钦哀太后摄政后，把圣宗以来的施政方针变更殆尽，任用一批反对变革的守旧大臣和追随她的亲信，就连家中的奴婢也大加封赏，当起高官。一时间，投靠她的人门庭若市，正所谓一人得道鸡犬升天。

重熙三年，皇太后秘密召集诸弟商议，要立少子重元为帝，重元把其母的阴谋告诉了兴宗。兴宗收回太后的符玺，把她迁到庆州的七括宫。重熙六年秋，兴宗心中悔恨，亲自把其母钦哀太后奉迎回宫，愈加孝顺恭敬的侍奉她。钦哀太后常常不悦。兴宗去世，钦哀太后一点也不悲伤。她见到崇圣皇后悲伤地哭泣，对她说："你还年轻，为何如此悲痛！"

清宁初年，道宗耶律洪基尊她为太皇太后。不久，钦哀太后去世，谥号为钦哀皇后。

---

① （元）脱脱等：《辽史》卷71《圣宗钦哀皇后萧氏传》，中华书局1974年版，第1203页。

② （宋）叶隆礼：《契丹国志》卷13《圣宗萧皇后传》，上海古籍出版社1985年版，第144页。

四 道宗宣懿皇后

萧观音,[①] 为辽道宗耶律洪基皇后。是辽朝著名的女诗人。萧观音的父亲萧惠是辽朝有名的大臣，曾担任辽兴宗朝的北院枢密使，执掌辽朝的军政大权。萧观音从小受到良好的家庭教育，喜爱文学，博通经史，善于谈论。她能自制歌词，尤擅弹筝和琵琶。她不仅多才多艺，而且姿容美丽，举止文雅、安详，酷似佛教中的观音菩萨，因而得名观音。重熙二十二年（1053）。兴宗封其子洪基为燕赵国王，聘观音为儿妃。道宗即位立为皇后。清宁初年，尊为懿德皇后。[②]

道宗当朝，正值辽朝的中、后期。圣宗朝提倡学唐比宋，开创一代文风，辽朝的几位皇帝如圣宗、兴宗、道宗都擅长文辞。萧观音在这方面尤为突出。她才思敏捷，抒情能各尽其意，诗词清新典雅。清宁二年（1056），道宗秋山行猎，到伏虎林猎场，命她以秋猎为题赋诗一首。她随即朗声吟诵："威风万里压南邦，东去能翻鸭绿江，灵怪大千俱破胆，哪叫猛虎不投降?"[③]"南邦"指北宋，"鸭绿江"喻王氏高丽。辽朝在这前后，南征赵宋，迫使宋与辽签订了澶渊之盟；东征高丽，高丽向辽称臣纳贡。这首诗词调铿锵，极力颂扬辽的国威，充分迎合了道宗皇帝的心意。

道宗即位后，曾想有所作为。但是，后来逐渐沉湎于酒色、畋猎，为人昏庸，不辨忠奸，甚至让人掷骰子，将胜者擢任为官。萧观音目睹辽朝腐败的政治，恐长此下去国家将濒临危亡。于是，她向道宗皇帝上疏谏猎："我听说周穆王远出游猎，不理国事，周朝衰败了。太康骄奢淫逸，夏朝社稷颠覆了。因此前人都以此为鉴。"她还说："皇帝行猎，常常一个人单骑追逐野兽，这是很危险的，我深为国家担忧。"道宗看到

① 武玉环：《萧观音与萧瑟瑟》，张博泉主编《东北历史名人传·古代卷》（上），吉林文史出版社 1986 年版，第 226 页。

② （元）脱脱等：《辽史》卷 71《道宗宣懿皇后萧氏传》，中华书局 1974 年版，第 1205 页。

③ 陈述：《全辽文》卷 3《伏虎林应制》，中华书局 1982 年版，第 62 页。

《谏猎疏》后，虽表面嘉纳，可内心里觉得有损于自己的尊严，难于接受，从此逐渐疏远了皇后。

皇后见规劝无效，心中十分忧虑。她深居宫禁想起当初夫妻的恩爱，写下《回心院》词十首。其中写道："扫深殿，闭久金铺暗，游丝络网尘作堆，积岁青苔厚阶面，扫深殿，待君宴。……"这十首诗，深切地表达了她对道宗皇帝的怀念，希望道宗能够回心转意，重归于好。但是，这些词非但没有使道宗皇帝回心转意，反而招来一场杀身之祸。

萧观音喜爱音乐，她把《回心院》配上自制的曲子，命宫中伶官演奏。当时，伶官中只有赵惟一能演奏。于是，诬案的文章就从这里做起。皇后有一名宫婢，名叫单登，也善于弹筝及琵琶，技艺不在赵惟一之下。她埋怨皇后看不起她。皇后让单登和自己对弹四旦二十八调，结果单登远不如皇后。道宗尝召单登弹筝，皇后劝谏说："单登是叛家婢，怎能让她接近陛下呢?"随即把单登派往别院，单登怀恨在心。单登的妹妹清子嫁给教坊朱顶鹤，和耶律乙辛关系密切。他们勾结在一起，污蔑皇后与赵惟一私通。皇后擅长书法，耶律乙辛伪作《十香词》令单登诈称："这词是南朝忒里赛（皇后）所作，如能得到您的手书，便可称为二绝。"皇后信以为真，就手书《十香词》，末尾又写上自己所作的《怀古诗》："宫中只数赵家妆，败雨残云误汉王。惟有知情一片月，曾窥飞燕入昭阳。"耶律乙辛得皇后手书后大喜，命单登与朱顶鹤出头诬告萧皇后与赵惟一私通，《怀古诗》中有"赵惟一"三字，有亲书《十香词》作证。道宗大怒，命耶律乙辛和其同党张孝杰审理此案。耶律乙辛用酷刑逼供，屈打成招。道宗命令族诛赵惟一，赐皇后死。[①] 萧皇后悲愤之极，口赋绝命词一首，其中写道："……乘阳德兮天飞，岂祸升兮无朕，蒙秽恶兮宫闱，将剖心兮自陈。……呼天地兮惨悴，恨古今兮安极，知吾生兮必死，又焉爱兮旦夕。……"[②] 这首绝命诗，凄惨悲楚，悲愤地表达了萧观音内心的冤屈。就这样，美丽、聪颖而年仅36岁的萧观音惨死于奸臣之手。

---

① （元）脱脱等：《辽史》卷71《道宗宣懿皇后萧氏传》，中华书局1974年版，第1205页。

② 陈述：《全辽文》卷3《绝命词》，中华书局1982年版，第64页。

契丹有一个习俗，“五日生女，古人所忌”。萧观音出生之前，其母梦见一轮皓月当空，光彩耀人，忽然被一片乌云所遮。惊醒后，生下观音。其父亲萧惠说：“此女一定大贵，可是会遭遇不测，况且五日生女，为古人所忌。”

传说，在萧观音遇害前，有一天坐于宫中，忽然一条白绸带自天而降，上面写着“三十六”几个字。宫人看后很觉惊异，不解其意。萧观音也不以为然。萧观音36岁死后，宫人这才领悟到其中的含义。

五 天祚文妃萧瑟瑟

萧瑟瑟,[①] 天祚帝文妃，小名瑟瑟，国舅大父房之女。她聪慧娴雅，沉静寡言，自幼好文墨，能歌诗。乾统初年，天祚帝在耶律挞葛家见到瑟瑟，一见钟情，带回宫中。后来天祚帝听从皇太叔和鲁斡的劝告，立瑟瑟为文妃。在举行柴册礼时，加号为“承翼”。文妃进宫后，生蜀国公主、晋王敖卢斡。天祚帝对文妃更加宠爱。[②]

天祚皇帝为辽朝的末主，为人拒谏饰非，穷奢极侈，最喜欢游畋。他昏庸无能，信用奸人，纲纪废弛。此时，女真完颜部崛起于北方，乘辽衰败之机，屡屡侵犯边境。辽国内部矛盾重重，统治集团内互相倾轧，人民起义不断爆发，阶级矛盾和民族矛盾交织在一起，日益激化。但是天祚皇帝却不问国事，终日沉湎于酒色畋猎之中。文妃看在眼里，痛在心里，经常以诗词歌赋的形式规劝天祚帝。希望天祚帝振作精神，重整朝纲，以卧薪尝胆的精神，拯救辽朝于危难之中。在其中的一首诗中，文妃这样写道：“勿嗟塞上兮暗红尘，勿伤多难兮畏夷人；不如塞奸邪之路兮，选取贤臣。直须卧薪尝胆兮，激壮士之捐身；可以朝清漠北兮，夕枕燕云。”这首诗表达了文妃忧国忧民，奋发图强，不满皇帝昏聩而敢于上书直言的可贵精神。

---

① 武玉环：《萧观音与萧瑟瑟》，张博泉主编《东北历史名人传·古代卷》（上），吉林文史出版社1986年版，第226页。

② （元）脱脱等：《辽史》卷71《天祚文妃萧氏传》，中华书局1974年版，第1206页。

在另一首诗中，文妃又写道："丞相来朝兮剑佩鸣，千官侧目兮寂无声。养成外患兮嗟何及，祸尽忠臣兮罚不明。亲戚并居兮藩屏位，私门潜蓄兮爪牙兵。可怜往代兮秦天子，犹向宫中兮望太平。"[①]

文妃拿秦二世来比拟天祚帝，所以天祚帝见诗后，怀恨在心。天祚帝皇子中只有文妃所生的晋王敖卢斡贤明聪慧，当时权臣萧奉先的妹妹元妃，生子秦王。萧奉先怕自己的外甥不能立为太子，心中忌恨晋王。文妃姐姐的丈夫耶律挞葛、文妃妹妹的丈夫耶律余睹，都掌握一部分兵权。萧奉先一直在寻找机会加害文妃及晋王。正巧碰上耶律挞葛和耶律余睹之妻都在军中，萧奉先向天祚帝诬告说："耶律挞葛和耶律余睹阴谋立晋王，尊天祚帝为太上皇。"天祚帝盛怒之下，杀了耶律挞葛夫妻，赐文妃死。[②] 文妃就这样死在谗言之下。耶律余睹在军中听到噩耗非常害怕，当天逃跑，投奔女真去了。

保大二年（1122），耶律余睹被女真任命为监军，引金兵攻辽。天祚帝闻听大惊失色。萧奉先乘机进谗说："耶律余睹是皇族，并不想灭亡辽国，只想拥立其外甥晋王敖卢斡做皇帝。"天祚帝昏庸糊涂，听信谗言，采取饮鸩止渴的办法，马上赐晋王死，国人无不痛哭流涕，人心更加离散，辽国之亡已迫在眉睫了。

---

① 陈述：《全辽文》卷3《咏史》，中华书局1982年版，第64页。

② （元）脱脱等：《辽史》卷71《天祚文妃萧氏传》，中华书局1974年版，第1207页。

第三章

文武大臣篇

一　东丹王耶律倍

义宗耶律倍，小名图欲，他是太祖的长子，母亲为淳钦皇后萧氏。耶律倍自幼聪敏好学，外宽内挚。神册元年春，立为皇太子。[①]

太祖曾问侍臣："受命之君，当事天敬神。有大功德者，朕欲祭祀，应该先祭祀谁?"大家都说应祭佛。太祖说："佛非中国教。"耶律倍说："孔子大圣，万世所尊，应祭孔子。"太祖非常高兴，马上建孔子庙，下诏皇太子春秋释奠。

耶律倍曾经随从太祖征伐乌古、党项，为先锋都统，并经略燕地。太祖西征，留下耶律倍留守京师，他向太祖建议攻取渤海国。天显元年，耶律倍随太祖征伐渤海。攻下扶余城，太祖要搜括户口，耶律倍制止说："现在刚刚得到此地而扰民，民必不安。如果乘破竹之势，直接打到忽汗城，一定能够攻克此城。"太祖听从了他的建议。耶律倍与大元帅耶律德光为前锋，半夜包围忽汗城，渤海国王无计可施，请求投降。不久又反叛，太祖率军打败渤海军，灭亡渤海国，改其国为东丹国，其城为天福城，任命耶律倍为人皇王，主持东丹国。赐予耶律倍天子冠服，建元甘露，称制，设置左、右、大、次四相及朝廷百官，制度上沿用汉法。每年向辽朝廷贡布十五万端，马千匹。太祖告诫他："此地濒海，不可久

① （元）脱脱等：《辽史》卷72《义宗倍传》，中华书局1974年版，第1209页。

居，留下你在这里治理百姓，以体现朕的爱民之心。”太祖车驾将还，耶律倍作歌献给太祖，上殿辞别，太祖说：“由你治理东土，我很放心。”耶律倍哭泣而出。不久，诸部叛乱，大元帅耶律德光平息了叛乱。太祖讣告至，耶律倍马上奔赴上京。

太祖死后，述律后想要立二子耶律德光为帝。于是，她命德光与太祖长子耶律倍都乘马立于帐前，对诸位大臣说：“二子我都喜爱，不知立谁为帝才好，你们选择可立者牵他的马缰绳。”大臣们知其用意，争先恐后牵德光的马缰绳。述律后说：“大家的意愿，我怎敢违背？”于是立德光为帝，即皇帝位。改元天显。

太宗即位后，对耶律倍猜疑日重，于是把东平升为南京（今辽阳），迁徙耶律倍在此居住，把东丹国民也迁移到南京。又设置卫士，暗地里监视其动静。耶律倍回到渤海国，命王继远撰写建南京碑，在西宫修建书楼，作乐田园诗。后唐明宗闻听此事，派人跨海持书信秘密召耶律倍到后唐。耶律倍乘船到海上。使者再至，耶律倍对左右说：“我以天下让给德光，如今反而怀疑我；不如去他国，以成吴太伯之名。”他立木海边，在上面刻诗：

小山压大山，大山全无力。
羞见故乡人，从此投外国。

耶律倍携带高美人，载书浮海而去。后唐以天子仪卫迎接耶律倍，耶律倍坐船殿，众官陪列敬酒祝贺。到了汴州，见到明宗。唐明宗把庄宗后夏氏给耶律倍，娶为妻子，赐耶律倍姓东丹，名为慕华。改瑞州为怀化军，拜他为怀化军节度使、瑞慎等州观察使。又赐姓李，名赞华。移镇滑州，遥领虔州节度使。耶律倍虽在异国他乡，却常常思念亲人，问安之使不绝。

后来，明宗养子李从珂弑其君自立为帝，耶律倍密报太宗：“李从珂弑君，应该讨伐他。”太宗立石敬瑭为晋主，在洛阳出兵。李从珂要自焚，召耶律倍一起死，耶律倍不从，于是李从珂派遣壮士李彦绅害死耶律倍，终年38岁。有一僧人把耶律倍的尸骨收敛掩埋。石敬瑭入洛阳，穿丧服哭临，用王礼临时置棺待葬。大同元年，世宗亲护人皇王灵驾归国。后来把耶律倍改葬在医巫闾山，谥号为文武元皇王。其子世宗耶律阮即位后，谥号为让国皇帝，陵墓为显陵。人皇王耶律倍生前喜爱医巫闾山水奇秀，所以死后葬在医巫闾山。医巫闾山山形掩抱六重，显州在山东南，于其中作影殿，制度宏丽。世宗迁徙东京三百民户到显陵，为其守陵。应历元年，穆宗把世宗葬于显陵西山，仍禁樵采。圣宗统和中，更耶律倍谥号为文献。兴宗重熙二十年，增谥文献钦义皇帝，庙号义宗，谥二后为端顺，为柔贞。

人皇王喜好读书，不喜射猎，购书数万卷，在医巫闾山绝顶修建书房望海堂。医巫闾山距离海岸一百三十里，风景秀丽。耶律倍通阴阳，知音律，精医药、针灸之术。他擅长写辽、汉文章，曾翻译《阴符经》。他能诗善画，尤其善于画本国人物，留下作品如《射骑》《猎雪骑》《千鹿图》，都收藏在宋朝秘府。耶律倍性格急躁，苛刻好杀，婢妾如有微过，常常用火灼。其妻夏氏害怕而请求削发为尼。耶律倍有五个儿子：长子世宗、次子娄国、三子稍、四子隆先、五子道隐，各有传。

二 顺宗耶律濬

顺宗，名濬，小名耶鲁斡，道宗皇帝长子，母亲为宣懿皇后萧氏。耶律濬自幼聪颖好学，知书达礼。道宗曾说："此子聪慧，是上天赐给我的！"

耶律濬六岁时，封为梁王。第二年，随从道宗打猎，连发三箭三中。道宗对左右大臣说："自祖宗以来，骑射绝人，名震天下。我儿虽年幼，不坠其风。"后遇十鹿，射获其中九只。道宗设宴祝贺。耶律濬八岁时，被立为皇太子。大康元年，兼领北南枢密院事。①

耶律濬的母亲宣懿皇后被耶律乙辛迫害致死，耶律濬很是悲愤、忧愁。耶律乙辛虽然身为北院枢密使，但是心中有鬼，常常不安。护卫萧忽古想要为民除害，杀死耶律乙辛，事未成，却被抓进监狱。副点检萧十三

① （元）脱脱等：《辽史》卷72《顺宗濬传》，中华书局1974年版，第1215页。

对乙辛说："如今臣民心向太子，公不是出身于功勋世家，如果太子立为皇帝，我们将无葬身之地！"于是，耶律乙辛与同知北院宣徽事萧特末设计谋害太子，暗中命右护卫太保耶律查剌诬告都宫使耶律撒剌、知院萧速撒、护卫萧忽古阴谋废帝自立。道宗下诏立案审查，没有证据而罢。

耶律乙辛又让牌印郎君萧讹都斡等上言："查剌前告不是诬蔑之词，臣其实参与密谋，欲杀耶律乙辛等人，然后立太子为帝。臣若不言此事，唯恐此事暴露而连累自己。"道宗信以为真，把太子关起来，让耶律燕哥审问。太子耶律濬陈述冤状说："我为储副，还有何求。你应当为我辩护。"燕哥为乙辛之党，篡改其言为已经服罪。道宗大怒，下令废太子为庶人。太子在即将被抓走时说："我有何罪！"萧十三呵斥太子上车，遣卫士关起门。把太子耶律濬迁徙到上京，囚于门内。不久，耶律乙辛派达鲁古、撒八前去害死太子，太子死时刚满二十岁。上京留守萧挞得谎报太子因病而死。道宗哀伤，命有司葬在龙门山。想要召见其妃嫔，乙辛暗中派人把其杀死。

道宗后来得知太子死得冤枉，悔恨莫及，赐予耶律濬谥号为昭怀太子，用天子礼改葬在玉峰山。乾统初，天祚帝追尊耶律濬为大孝顺圣皇帝，庙号顺宗，妃萧氏为贞顺皇后。濬有一子，延禧，即天祚皇帝。

三　晋王敖卢斡

晋王（？—1122），小名敖卢斡，是天祚皇帝的长子，母亲为文妃萧氏。

敖卢斡很小的时候，就能够驰马射箭。后来他被定为大丞相耶律隆运之后，封为晋王。敖鲁斡性格和善，乐道人善，富有同情心。当时宫中人不允许读书。敖卢斡曾经进入寝殿，碰巧见到小底茶剌正在读书，便取过来观看。正值诸王来到，敖卢斡偷偷把书藏到袖中，事后，归还给他，告诫他说："不要让其他人看到。"一时被人称为长者。[①]

长大后，敖卢斡很有威望，深得人心。保大元年，南军都统耶律余

① （元）脱脱等：《辽史》卷72《晋王敖卢斡传》，中华书局1974年版，第1216页。

睹与其母文妃被人诬告密谋立敖卢斡为帝，耶律余睹投奔金朝，文妃被处死，敖卢斡不知实情，免死。保大二年，耶律撒八等再次谋立其为帝，没有成功。天祚帝让其自尽。也有人劝他逃亡，敖卢斡说："怎能为微小之躯，而失臣子之大节。"于是自杀。听闻此事，朝廷内外之人都感到悲痛哀伤。

四 阿保机的心腹耶律曷鲁

耶律曷鲁（871—918）[①]，名控温，又名洪隐，迭剌部人。祖父匣马葛是简宪皇帝（太祖的祖父玄祖）的哥哥。父亲偶思，在遥辇时为迭剌部夷离堇。曷鲁是偶思的长子。

曷鲁性情朴质憨厚，小时候和太祖在一起玩耍，叔父释鲁特别器重他。长大成人后，曷鲁与太祖交换皮衣、坐骑表示友好，曷鲁侍奉太祖更加谨慎。正赶上曷鲁的叔父释鲁被他的儿子滑哥所杀害，从此，曷鲁经常佩刀跟随在太祖左右，以防备不测。[②]

曷鲁的父亲偶思生病。他对曷鲁说："阿保机神才大略，由天所授。你要带领弟弟们忠心侍奉他。"等到太祖前来探视病情时，偶思拉着他的手说："你命中注定是旷世奇才。我儿曷鲁，将来可以委任他替你做事，我已经嘱咐他了。"

太祖任挞马狘沙里，参与部族的事情，曷鲁召降小黄室韦来归服了契丹。太祖知道曷鲁品德淳厚才能出众，军国大事多找曷鲁参与谋议。攻打越兀和乌古部时，以曷鲁为前锋，曷鲁机智勇敢，立有战功。

太祖担任迭剌部夷离堇，率兵攻打奚部，奚部首领术里在险要之地修建堡垒坚守，太祖攻打不下，命令曷鲁手持一箭前去招降。曷鲁被奚人捉住，劝说他们道："契丹与奚原来本是同一个族系。汉人杀死我们的祖先奚首，我们的夷离堇怨恨切骨，日夜想着报仇。考虑到力量单薄，

① 丛佩远：《耶律阿保机的心脏——耶律曷鲁》，张博泉主编《东北历史名人传·古代卷》（上），吉林文史出版社1986年版，第188页。

② （元）脱脱等：《辽史》卷73《耶律曷鲁传》，中华书局1974年版，第1219页。

派我前来向你们求援，传递箭杆以表示信用。我们的夷离堇接受上天的委任，用恩德安抚下民，所以能拥有如此多的百姓。如果今天你们杀死我，违抗天意，背离道义，从此就会连年战争，祸乱相结，难道这符合你们的利益吗?”术里听后很受感动，于是向契丹投降。

太祖担任于越，掌握国政，要封曷鲁为夷离堇，曷鲁推辞。他跟从太祖攻打黑车子室韦，幽州刘仁恭派将领赵霸前来援救室韦，曷鲁在桃山设下伏兵，等到赵霸的军队过去一半，他与太祖合击，大获全胜，室韦于是投降。太祖在云中（今山西省大同）与李克用会面，曷鲁在太祖身旁担任侍卫，李克用见曷鲁气宇轩昂，问道：“这位壮士是谁?”太祖回答说：“这是我的同族耶律曷鲁。”

后来，痕德堇可汗死，群臣奉他的遗命，请立太祖为可汗，太祖推辞道：“过去我的祖先雅里曾以不当立为由，推辞不做可汗，今天我如果听从你们的劝进，有何面目见祖先?”曷鲁劝道：“过去雅里推辞当可汗，是因为没有遗命，符命祥瑞没有出现，仅仅是为国人所推戴罢了。今先帝遗言犹在耳边，天、人都授命于你，你做可汗符合天命，不可以违背啊。”太祖说：“可汗的遗命固然是有，但你怎么知道天道呢?”曷鲁说：“听说于越（指阿保机）出生时，神光普照，异香满帷幄，梦中受神人的教诲，赐给你龙锡金佩。天道无私，必授予有德之人。我国削弱，长期受邻部的欺负，所以生圣人振兴我国。痕德堇可汗知道天意，所以有遗命。而且我们契丹有九大部，星罗棋布，并不是没有可立的人，但是臣民心属于越，这就是天道。天时地利人和，机不可失。”太祖仍然没有应允。这天晚上，太祖单独召见曷鲁，问他为何如此做，曷鲁回答说：“过去雅里推辞即位而立阻午为可汗，相传十余世，社会的秩序和国家的法纪败坏，依附其他部族，就好像缝在旗子上的缨子一样。国家兴盛的命运，就在今天。”太祖于是答应即位，任命曷鲁主管军国大事。

太祖设置行营腹心部，选拔诸部强健的士兵二千余人充实腹心部，任命曷鲁和萧敌鲁管理。当时制度还没制定，国家财政也不充裕，皇帝的随从护驾人员也没有齐备。而太祖的弟弟剌葛等人都心怀叵测，觊觎可汗位。

太祖五年夏五月，太祖的弟弟剌葛等发动叛乱。太祖命曷鲁统领军队，平定了叛乱。八年春正月甲辰日，太祖任命曷鲁为迭剌部夷离堇。当时，百姓经历了战火的浩劫，曷鲁安抚治理百姓很有成效，畜牧日益繁衍，国家日益富庶。第二年，乌古部叛乱，曷鲁等人讨伐平定了叛乱。从此乌古部被威慑住而不敢再叛乱。

神册元年（916）春二月初一日，曷鲁率领百官请求为太祖上加尊号，三次上表后，太祖才允许。太祖封曷鲁为阿鲁敦于越。之后曷鲁随太祖讨伐西南诸部落，屡次充当前锋。

神册二年，曷鲁随太祖进军幽州（今北京）。在可汗州（今河北怀来以东）西面，曷鲁与后唐节度使周德威交战，把他打败，于是包围了幽州。太祖因为当时天气炎热，又逢雨季，班师回朝，留曷鲁与卢国用守在那里。不久，唐的救兵来到，曷鲁军队撤退。

神册三年，皇都建成，太祖为庆贺皇都落成，大宴群臣。曷鲁当天得病死，终年四十七岁。太祖命人把曷鲁埋葬，赐其名“阡宴答”，其山名叫“于越峪”，又下令立碑记载曷鲁的功绩。太祖痛哭流涕地说：“此人如果再活三年五载，我的计划没有不成功的！”之后、太祖的二十一位开国功臣，都各有比喻，曷鲁被比喻为“心脏”。清宁年间，道宗命令在上京建立祠堂，祭祀曷鲁。① 他的儿子惕剌、撒剌都没有做官。

五 辽初谋士韩延徽

韩延徽（？—959），字藏明，幽州安次人。他在后唐卢龙军节度使刘仁恭手下做事，为观察度支使。后来刘守光（刘仁恭之子）为军帅，经常与六镇发生冲突，延徽极力谏止，不被采纳。刘守光派他出使契丹，他见太祖不跪拜，太祖把他扣留，让他在野外放马。述律皇后为他讲情，太祖召韩延徽回来，与他谈话，太祖见他有智谋，任用他为参谋。太祖攻党项诸部，多是韩延徽出的主意。神册元年（916）春二月，太祖耶律阿保机称帝，任命韩延徽为守政事令、崇文馆大学士，中外大事都让他参与决策。韩延徽请求太祖，建造城郭，分成市里，让俘获的汉人居住。

---

① （元）脱脱等：《辽史》卷73《耶律曷鲁传》，中华书局1974年版，第1219页。

韩延徽又为这些人选定配偶，教他们学习耕种，休养生息，所以，汉人中间很少有人逃跑。①

韩延徽想念故乡，他在诗歌中表达了自己的思乡之情，并偷偷地投奔了后唐。不久他因与将领不和，害怕遭其报复，于是以探亲为由，跑到幽州，躲藏在他的朋友王德明家中。王德明问他今后的打算，他说："我将重新投奔契丹。"王德明不以为然。韩延徽说："契丹失去我，如同失去左右手，见我归来必定非常高兴。"韩延徽回到契丹后，太祖问他为什么逃跑，他回答道："忘记双亲是不孝，抛弃君主是不忠。我虽然挺身逃走，但仍挂念陛下，所以我又回来了。"太祖十分高兴，对他的待遇比以前更好，并赐韩延徽名叫匣列。"匣列"是契丹语，意思为复来。这时，后唐派使者来，韩延徽致书给庄宗李存勖，叙说了为什么北走投奔契丹，并以老母相托，并说："延徽在北（指契丹），契丹一定不会南侵。"所以在后唐同光年间，契丹没有南侵。

天赞四年（925）冬十二月，太祖亲征渤海，韩延徽从行。天辅元年（926）春正月，渤海国王大諲譔乞求投降。之后又叛乱，韩延徽与各位将领攻破其城，因功升为左仆射。他又与康默记攻打长岭府，占领了这座城镇，班师回朝途中，太祖死，延徽哀痛不已，使左右从官都为之感动。

太宗即位，封韩延徽为鲁国公。他随太宗援助石敬瑭，得幽、燕之地。韩延徽兼枢密使同平章事。他出使后晋归来时，改任为南京三司使。

世宗天禄五年（951）夏六月，河东派使者至辽，求为其举行大册礼。世宗召见韩延徽，问他应该怎样册封北汉。韩延徽回答说，应该按照太宗皇帝册封后晋皇帝之礼册封北汉，世宗采用了他的建议。第二年春二月，世宗设置政事省，改任韩延徽为南府宰相，他设章建制，推荐得力官吏。

穆宗应历年间，韩延徽退休。他的儿子德枢镇守东平，穆宗允许他每年回家探亲。韩延徽死于穆宗应历九年（959）。穆宗追赠他为尚书令，让他子孙世代为崇文令公。

---

① （元）脱脱等：《辽史》卷74《韩延徽传》，中华书局1974年版，第1231页。

先前，韩延徽逃离契丹时，太祖梦见一只白鹤从帐中飞出。韩延徽回来前，太祖又梦见一只白鹤飞入帐中。第二天清晨，太祖对左右侍臣说："延徽来也！"果然如太祖所料。太祖初创业，百废待兴，韩延徽为太祖修都邑、建宫殿、正君臣、定名分，法度井然。韩延徽是太祖的佐命功臣之一。

他的儿子德枢，被特封为太尉，授予辽兴军节度使，后入京都为南院宣徽使、门下平章事，封为赵国公。

他的孙子绍勋，官至东京户部使。孙子绍芳。重熙年间任参知政事兼侍中，因劝阻兴宗征伐西夏国，被贬为广德节度使。听到辽兵失败的消息，他吐血而死。绍芳的孙子资让，道宗寿隆初为中书侍郎、门下平章事，后改为辽兴军节度使。

六 辽初汉相韩知古

韩知古为蓟州（今天津蓟州区）玉田人。他善谋而有胆识。太祖平蓟州时，他被应天皇后的哥哥萧欲稳所得。皇后入选为嫔妃，韩知古随从入宫，但没有机会晋见皇帝。他的儿子韩匡嗣后来得以亲近太祖，向太祖耶律阿保机推荐他的父亲。太祖召见韩知古，问策，认为他是可用之才，于是命他为参谋。神册初年，太祖授予他为彰武军节度使职。久而久之，太祖对他信任无比，让他总管汉人的事务，兼主持诸国礼仪。当时，法制不完备。韩知古引经据典，参酌契丹国俗和汉人法制制定新法，使国人容易懂得而遵照执行。他升迁为左仆射，又与康默记率领汉军征伐渤海国有功，升为中书令。他死于天显年间，是太祖的佐命功臣之一。①

韩知古的儿子匡嗣，擅长医道，在长乐宫侍奉皇帝和皇后，皇后视他如同自己的儿子。应历十年，韩匡嗣为太祖庙详稳。

景宗在即位以前，与韩匡嗣是好朋友。景宗即位后，任韩匡嗣为上京留守，封为燕王，又改为南京留守。他死时任西南招讨使，追谥为尚

① （元）脱脱等：《辽史》卷74《韩知古传》，中华书局1974年版，第1233页。

书令。

韩匡嗣有五子。德源，官至平章事、节度使。

德让，即耶律隆运。

德威，性格刚直，善于骑马射箭，多次参与行军布阵，官至开府仪同三司、平章事，死后追谥为侍中。他的儿子雾金，为彰国军节度使。两个孙子：谢十，为惕隐；涤鲁，为南府宰相，封为汉王。

德崇，懂医道，官至武定军节度使。他的儿子制心，为南院大王，封为燕王，死后追封为政事令。制心是皇后的外弟，很受宠信，但每逢内宫宴会，制心常常回避不去，为此，皇后很不高兴。制心说："宠贵难能保持长久，所以我因此而忧虑。"圣宗太平年间，一天，制心沐浴更衣而卧，家人听到有丝竹音乐之声，不久制心去世，皇帝追封他为陈王。制心任上京留守时，禁酒令执行正严，官府捉住一个私自酿酒的人，制心把酒一饮而尽，笑而不加审问。制心死的那天，部民哀悼他如丧考妣。

德凝，谦逊廉谨。保宁年间，他为护军司徒。开泰年间，他升为护卫太保、都宫使、崇义节度使，在任大同军节度使时去世。他的儿子郭三，为天德节度使。他的孙子高家奴，官至南院宣徽使；孙高十，为辽兴军节度使。①

七　能征善战的萧敌鲁与阿古只

萧敌鲁，字敌辇，述律皇后的弟弟。母亲是德祖（阿保机之父）的妹妹。敌鲁性情宽厚，臂力过人。太祖即位前，他每日侍奉在太祖的左右，凡是军事行动他都一定参加。太祖即位后，他与弟弟阿古只、耶律释鲁共同担任警卫的任务。太祖任命敌鲁为北府宰相，并允许他的家族可以世代沿袭这个官职。

太祖征讨奚与刘守光时，敌鲁夺取海滨之地，俘获很多人。不久，皇帝的弟弟剌葛等作乱，失败后向北边逃去。敌鲁率轻骑疾行，昼夜兼程追赶。在榆河，击败剌葛及其党羽，活捉剌葛献给太祖。太祖赏赐给

① （元）脱脱等：《辽史》卷74《韩知古传》，中华书局1974年版，第1234页。

他许多物品。敌鲁又随太祖征讨西南诸部落，功劳最大。神册三年（918）十二月，萧敌鲁去世。

敌鲁有胆略，作战时，箭矢如雨，他亲自冲锋陷阵，所向披靡。在太祖的功臣中，他被比喻为“手”。

萧敌鲁的弟弟萧阿古只，字撒本。骁勇善射，遇到敌人奋勇当先。他射的箭每次都能力透铠甲盾牌。太祖即位后，阿古只总领太祖的腹心部。剌葛叛变时，淳钦皇后驻扎在黑山，依山势的险要抵御叛军。太祖命阿古只率领兵士前去支援，叛军这才不敢进犯。剌葛向北逃跑，阿古只与敌鲁在榆河活捉剌葛。

阿古只随从太祖征讨西南部落，立下了赫赫战功，他又夺取山西诸郡县，大败周德威军。神册元年（916），太祖拜阿古只为北府宰相，并允许他的家族世袭这个官职。天赞初年，阿古只与王郁夺取燕、赵之地，攻克磁窑镇。太祖西征时，委托阿古只总管南面边防事宜。

在太祖攻打渤海国，攻克扶余城（今吉林农安）时，阿古只大败渤海三万老相军。阿古只又与康默记讨伐平定叛军。这时鸭绿府七千士兵赶来救援叛军，气焰十分嚣张，阿古只独自率领军队，打败了援军，斩首二千余级，于是攻克回跋城。后来阿古只因病去世。在太祖的功臣中，阿古只被比喻为“耳朵”。他的儿子安抟，做官到右皮室军详稳。①

八 太祖的谋士康默记

康默记本名照。原为蓟州衙校。太祖把他抓获后，留在帐下听用。一切涉及汉族和其他民族的事，太祖都让他折中处理。当时，诸部落刚刚归附契丹，法律还不完备，康默记处罚轻重，不差分毫，被处罚的人，都以为不冤。他官升为左尚书。

神册三年（918），契丹开始修建皇都，康默记负责管理劳役，一百天就建成了皇都。

神册五年，康默记被提升为皇都夷离毕。后来，太祖出师居庸关，

① （元）脱脱等：《辽史》卷73《萧敌鲁、阿古只传》，中华书局1974年版，第1222页。

康默记带领汉军逼近长芦水寨，他又随太祖征渤海，分兵进攻忽汗城东门，他率兵捷足先登，攻克忽汗城。后他又与韩延徽攻下长岭府（今吉林桦甸东北苏密城）。回师时，已经攻下的城邑又多有叛乱，康默记与阿古只平定了叛乱。

太祖驾崩，康默记受命建造太祖陵，他在太祖陵建成后死去。他是太祖佐命功臣之一。他的孙子康延寿，做官到保大军节度使。①

九　渤海武将高模翰

高模翰，又名松，渤海人。有臂力，善于骑射，喜好谈兵。太祖平定渤海国时，他逃亡到高丽国，高丽国王把女儿嫁给他，后因罪逃回契丹，又因仗酒兴杀人被捕入狱，太祖知道他很有才能，赦免了他的罪过。

天会十一年（936），后唐将领张敬达等进攻太原，石敬瑭向辽告急求救，太宗派高模翰率援军前往营救，大败张敬达军，太原解围。太宗赐给高模翰酒撰。之后又与张敬达军交战，把他打败。张敬达退守晋安寨，不久被其部将杨光远所杀。唐军投降，各州全部被攻占。太宗对高模翰说："我自起兵，大小百余战，你的功劳第一，虽古代名将也无法与你相比。"于是授高模翰为上将军。会同元年（938），册封礼完毕后，太宗宴请文武百官，他指着高模翰说："此人是我国的勇将，我统一天下，全靠此人之力。"②

到了石晋背盟，太宗起兵征讨后晋石重贵时，高模翰为统军副使兼左、右铁鹞子军统帅，攻下关南数十座城邑。这时，杨覃进军乾宁军，被包围。高模翰与赵延寿前往救援。突然，有一道光从高模翰的眼睛里射出，围绕旗帜和长矛，炎炎如流星，很久后散去。高模翰高兴地说："这是上天赞助我的吉祥之兆！"于是率兵进城，杀获很多人。高模翰因功加官为侍中、太傅。他曾率领部下三百人，大破后晋杜重威十万大军，斩杀晋将梁汉璋。太宗皇帝亲自手写褒奖他的诏书，将他比作汉朝的李

① （元）脱脱等：《辽史》卷74《康默记传》，中华书局1974年版，第1230页。

② （元）脱脱等：《辽史》卷76《高模翰传》，中华书局1974年版，第1249页。

陵。太宗命令高模翰守卫中渡桥，他又把晋军打败，杜重威投降。太宗进入汴京（今河南省开封市）时，特加封高模翰为开国公。后改任他镇守中京。穆宗应历年间，他历任中台省左、右相，直至去世。①

十 辽初贤臣耶律屋质

耶律屋质（916—973），字敌辇，出身于孟父房。他处事简静，有气度，重然诺。遇到突发情况，处之从容，人莫能测。耶律屋质博学有才华，精通天文。他历经太宗、世宗，穆宗、景宗四朝，是辽朝初期在几次关键时刻起过重大作用的大臣之一。在辽初社会和政治局势动荡的危急关头，他力挽狂澜，计安乾坤，对辽初社会和政治局面的稳定和发展，可以说是功不可没。

太宗会同间，耶律屋质为惕隐。太宗耶律德光在征晋返回途中，死于栾城，南征将领们在镇阳拥立世宗耶律阮为帝，应天太后听说后，大怒，派遣皇子李胡率兵迎击。李胡在泰德泉遇安端、刘哥所率的军队，交战后失败而归。李胡回朝，把追随世宗臣僚的家属全都关押起来，对看守者说："我若战败，先把他们杀掉！"当时人人自危，惶遽不安。他们说："如果两方交战，则是父子兄弟自相残杀！"世宗继续北上。述律太后、李胡重整军队，形成了太后与世宗隔潢河而阵的局面，两军相持数日。当时耶律屋质跟随在太后身边，与世宗久经沙场的军队相比，太后和李胡的乌合之众当然是不堪一击的。而孤掌难鸣的太后，不得不依赖于屋质之谋，以挽回失败的局面。屋质以国家为重，顺应历史潮流的发展，帮助太后及时认清形势，力劝太后与世宗议和。双方见面，屋质既指责了太后的偏爱，又批评了世宗见到太后不谦恭，同时痛斥李胡残酷狠毒，根本没有资格当皇帝。世宗后来对屋质说："你与朕关系更近，为何反而帮助太后？"屋质回答："臣以社稷为重，不可轻付他人，因此而已。"世宗欣赏他的忠诚。由于屋质的从中斡旋，平息了这场一触即发的战乱，确立了世宗的合法地位。契丹社会则开始踏上

① （元）脱脱等：《辽史》卷76《高模翰传》，中华书局1974年版，第1249页。

封建化的大道。

世宗即位后，契丹旧贵族势力不甘没落，三番五次发动叛乱。而宽厚疏忽的世宗竟不以为然。

天禄二年，耶律天德、萧翰密谋谋反，惕隐刘哥及其弟盆都勾结天德等进行叛乱。耶律石剌暗中密告耶律屋质，屋质马上入见世宗，揭露其事。刘哥等不承认，事情遂罢。不久，刘哥邀请世宗观看樗蒲，捧酒杯敬酒祝寿，在袖中暗藏刀具，向世宗敬酒。世宗觉察，命人抓捕，并且亲自审问刘哥。刘哥赌咒发誓没有此事，世宗再不过问此事。屋质上奏："应该让刘哥与石剌对质，不可宽恕其罪行。"世宗说："你为朕审问他们。"屋质率剑士严加审问，天德等服罪，处死天德，杖翰，迁刘哥，盆都出使辖葛斯国。

天禄三年，屋质上表奏泰宁王察割阴谋叛乱，世宗不信。天禄五年，世宗任命屋质为右皮室详稳。这年的秋天，世宗在行宫祭祀让国皇帝耶律倍，世宗与群臣都喝得酩酊大醉，察割趁机杀死世宗。察割深知，欲做皇帝，必先除掉屋质。杀死世宗后，察割大喊："不可放走穿紫衣服的人。"而"遇事造次，处之从容"的耶律屋质急忙脱下紫衣，换装逃走，并迅速组织军队平息了这场叛乱，及时立太宗的长子穆宗耶律璟为帝。[①]

穆宗即位，对屋质说："朕的性命，实际是你救的。"任命屋质知国事，把逆党的财产全部赐给屋质，屋质坚决推辞。应历五年，穆宗任命屋质为北院大王，总山西事。

景宗保宁初，宋军围困太原，景宗命屋质率兵前往支援，到白马岭，屋质派遣劲卒夜出间道，飞马疾驰驻扎在太原西，鸣鼓举火。宋兵以为辽朝大军到了，惶惧而逃。屋质因功加为于越。保宁四年，后汉刘继元遣使来贡，送钱给屋质，屋质告之景宗，景宗命他接受。保宁五年五月，屋质死，终年五十七岁。景宗痛悼，辍朝三日。后来道宗诏令在上京立祠祭享，树碑纪其功。

① （元）脱脱等：《辽史》卷77《耶律屋质传》，中华书局1974年版，第1255页。

十一 辽初契丹功臣突吕不

突吕不（？—942），字铎衮，自幼聪敏好学，是太祖、太宗朝重要的功臣之一。他能文能武，先后参与了制定契丹大字和制定辽朝法律的工作。太祖命制契丹大字，突吕不参与制定，功劳居多。不久，任命突吕不为文班林牙，领国子博士、知制诰。第二年，受诏撰《决狱法》。辽朝至此有了第一部成文法。

突吕不不但能文，而且善武。太祖攻燕，命令突吕不与皇太子及王郁攻打定州。师还至顺州，幽州马步军指挥使王千率众来突袭，突吕不射其马足，活捉王千。天赞二年，皇子耶律德光为大元帅，突吕不为副帅，攻克平州，进军燕、赵，攻下曲阳、北平。攻打易州时，易人来拒，辽军挖战壕而阵。李景章投降，言城中人无斗志。大元帅耶律德光将修攻具，突吕不建议："我师远来，人马疲惫，势不可久留"乃止。回师，大元帅以其谋上报太祖，太祖大悦，赏赐优渥。①

太祖车驾西征，突吕不与大元帅为先锋，征伐党项有功，太祖犒师水精山。大元帅东归，突吕不留屯西南部，再讨党项，多获而还。太祖东伐渤海国，大諲譔投降后又复叛，辽军再次攻打渤海城池，突吕不先登。渤海灭亡，奉诏在永兴殿墙壁铭刻太祖功德。辽军班师回朝，已攻下的渤海州郡往往又复叛，突吕不跟随大元帅重新攻破占领渤海州郡。

淳钦皇后临朝称制，有人飞语中伤突吕不，皇后大怒，突吕不害怕而逃。太宗知其无罪，召还朝。太宗天显三年，突吕不征讨乌古部，俘获甚众。辽军征伐后唐，以突吕不为左翼，攻唐军霞沙寨，降之。十一年，突吕不送晋主石敬瑭入洛阳。及大册，突吕不总礼仪事，加特进检校太尉。会同五年，突吕不去世。

---

① （元）脱脱等：《辽史》卷75《突吕不传》，中华书局1974年版，第1240页。

十二　东丹国宰相耶律羽之

耶律羽之，小名兀里，又名寅底哂。自幼豪爽不群，长大后勤奋好学，精通诸部语言。太祖经营之初，多找他参与军谋。

天显元年，辽灭亡渤海国，立东丹国。太祖命皇太子耶律倍为东丹王，耶律羽之为中台省右次相。当时人心未安，左大相迭剌不久去世，耶律羽之莅事勤勉守信，威信并行。①

太宗即位，耶律羽之上表奏："我大圣天皇始有东土，择贤辅以抚斯民，不以臣愚而任之。国家利害，敢不以闻。渤海昔畏南朝，阻险自卫，居忽汗城。今去上京遥远，既不为我用，又不罢戍卫，结果怎样？先帝因其离心，乘衅而动，因此不战而克。天授人与，彼一时也。渤海遗民渐渐繁衍生息，今居远境，恐为后患。辽东梁水之地是其故乡，地广土肥，有木铁盐鱼之利。乘渤海微弱，迁徙其民到辽东，为万世长策。渤海遗民回到故乡，又获木铁盐鱼之丰饶，一定会安居乐业。然后选渤海军以为我左翼，突厥、党项、室韦为我右翼，左右辅佐，可以坐制南邦，混一天下，成圣祖未成之功，给后世留下无疆之福。"表奏太宗，太宗皇帝嘉纳。同年，太宗下令迁徙东丹国民于辽东梁水，这一做法被时人所称颂。

人皇王耶律倍投奔后唐，耶律羽之镇抚东丹国民，一切如故。因功加守太傅，迁中台省左相。太宗会同初年，以册礼赴行宫，加特进。羽之上表奏左次相渤海人苏贪墨不法事，同年去世。

十三　张砺

张砺，磁州（今河北磁县）人。起初在后唐做翰林学士。他跟随赵德钧援助张敬达，兵败后投降契丹。太宗皇帝见张砺刚直不阿，有文采，授他为翰林学士。张砺遇事必言无不尽，无所顾忌，太宗更加器重他。

① （元）脱脱等：《辽史》卷75《耶律羽之传》，中华书局1974年版，第1238页。

不久，张砺企图逃离契丹，被追骑捉获。太宗责备通事高彦英不能很好地善待张砺，命令用木棒打高彦英一百，以安抚张砺。

会同初年，张砺升为翰林承旨，兼吏部尚书。他跟从太宗进入汴京（今河南开封），将领萧翰、耶律郎五、耶律麻答等肆意杀掠。张砺上奏太宗道："今大辽刚刚得中国，应该用中国人来治理，不可专门用契丹人和契丹习俗来治理中国。如果政令不当，则人心不服，虽得到中国，也必然要失去它。"太宗不听，改任张砺为右仆射兼平章政事。

不久，太宗去世。张砺当时正在恒州（今河北正定），萧翰和耶律麻答领兵包围了张砺的宅第，萧翰斥责张砺说："你为什么在先帝面前说辽人不可以为节度使？先帝留我守卫汴京，只有你认为不可。你又在先帝面前诋毁我和耶律解里，说我们好抢掠人家的财物和子女。今天非杀你不可！"于是命令士兵给张砺套上枷锁。张砺大声呵道："这是国家大事，关系到国家的安危存亡，我据实而言。要杀则杀，何必套枷锁！"耶律麻答因张砺是国家大臣，以不可擅自杀害为理由，将萧翰制止住。这天晚上，张砺悲愤地死去。[①]

十四　赵德钧与赵延寿

赵德钧原为后唐将领，是后唐明宗的亲戚。[②] 他掌握重兵。和石敬瑭一样，为了自身的功名利禄，总想找机会钻空子，卖身投靠，卖主求荣，是一个无耻的汉族权贵。

赵德钧早就心怀反策，暗中与契丹相勾结，要求支持自己为中原王朝的皇帝，只是他出的价码没有石敬瑭高。当后唐军队打了败仗，并且被辽军和石敬瑭军队合力包围于晋安寨，后唐皇帝命令赵德钧、赵延寿父子从幽州出兵，援助晋安寨。以赵德钧父子的力量完全可以打退契丹军队，他们也可以不到今山西地区打仗，完全可以出兵榆关，直指契丹族根据地。那么晋安寨之围可以不救自解，辽太宗必将迅速撤军北还，

① （元）脱脱等：《辽史》卷76《张砺传》，中华书局1974年版，第1251页。
② （元）脱脱等：《辽史》卷76《赵延寿传》，中华书局1974年版，第1247页。

保护自己的老家。赵德钧即便要和石敬瑭争夺帝位，也应该集中力量打退辽太宗军队，从而使自己威望大大提高以后，再动手比较有利。赵德钧一味为自己打小算盘，拥兵不进，实际上是帮助了辽太宗和石敬瑭，打击了晋安寨守军和后唐朝廷，又败坏了自己手下军队的士气，并且给辽太宗提供了先对付晋安寨、后对付自己，实行各个击破的有利时机。当辽军追及赵德钧所率军队后，赵德钧便投降契丹，他卖身投靠新主子。巴望能像石敬瑭一样当上中原的“儿皇帝”。但是并未如愿。最后，赵德钧像输光了一切的赌徒一样死于幽州。

赵延寿，本姓刘。梁开平初，沧州节度使刘守文攻陷蓚地，其稗将赵德钧获延寿，收他为养子。

赵延寿年少美容貌，爱好书史。唐明宗先是把女儿嫁给他，唐明宗即位后，封其女儿为兴平公主，拜赵延寿为驸马都尉、枢密使。明宗子从荣恃权跋扈，内外莫不震慑，赵延寿请求补外避之，出为宣武军节度使。清泰初，加鲁国公，复为枢密使，镇许州。石敬瑭发兵太原，唐遣张敬达前去征讨。会敬达败保晋安寨，赵延寿与赵德钧前去营救，听说晋安寨已破，因此回师团柏峪。太宗追兵到，赵延寿与其父投降契丹。

第二年，赵德钧死，辽朝任命赵延寿为幽州节度使，封燕王；辽改幽州为南京，赵延寿迁留守，总山南事。太宗天显末，以赵延寿妻在后晋，太宗命接回延寿之妻。从此赵延寿更加激昂图报。

会同初年，太宗幸其家，加赵延寿政事令。会同六年冬，后晋违背盟约，太宗亲征，赵延寿为先锋，攻下贝州，辽朝廷授予赵延寿魏、博等州节度使，封魏王。在南乐大败晋军，俘获其将赛项羽。辽进军元城，晋将李守贞、高行周率兵来迎战，大破晋兵。到顿丘，正值下大雨，太宗要班师回朝。赵延寿建议：“晋军屯河滨，不敢出战，如果直接进入澶州，夺其桥，则后晋可平。”太宗听从这一建议。正值晋军先归澶州，高行周至析城，延寿率轻兵逆战；太宗亲督骑士突入其阵，晋军遂溃散。师还，留延寿巡行贝、冀、深三州。

会同八年，辽军再次伐晋，晋主遣延寿族人赵行实以书来招。当时晋人坚壁不出，延寿骗他们说：“我陷入虏廷很久，怎能忘记父母之邦。如果以军迎我，我即归回。”晋人信以为真，派遣杜重威率兵迎接。赵延寿至滹沱河，占据中渡桥，辽军与晋军力战，赵延寿亲手杀其将王清，两军相拒。太宗潜由他处渡济，留延寿与耶律朔古占据桥头，敌人不能夺，多次进攻失败，杜重威率众投降。太宗大喜，赐延寿龙凤赭袍，对他说："汉兵都归你所有，你要亲往抚慰。"延寿到军营，杜重威、李守贞在马前迎接。

太宗攻克汴京，赵延寿让李崧求太宗，立自己为皇太子，太宗说："我对魏王，虽割肉也不足惜，但是皇太子必须是天子之子才能当，魏王岂能为之?"这是由于当初太宗曾许诺，灭晋后，让赵延寿做中原皇帝，因此赵延寿摧坚破敌，常身先士卒。至此太宗让李崧传达旨意，太宗命迁延寿官职。翰林学士承旨张砺上奏拟中京留守、大丞相、录尚书事、都督中外诸军事。太宗涂去"录尚书事、都督中外诸军事"。辽太宗把赵延寿利用以后，没有按支票兑现承诺，赵延寿的要求没有结果，给予他的名义、待遇也打了一些折扣。

石敬瑭的年龄，比辽太宗耶律德光要大好多岁，但他毕恭毕敬拜倒在耶律德光面前，做了一生的儿子，孙子又被爷爷打垮。赵延寿卖命出力，盼着当儿子还没有当成，很快就忧郁而终。天禄二年，赵延寿去世。

十五 自在太子李胡

李胡（912—961），是辽太祖耶律阿保机和述律太后最小的儿子。他为人凶狠残暴很不得人心。辽太祖对他有过正确的评价："他一定是三个孩子中最差的。"但是述律太后特别偏爱这个不成器的小儿子，意欲把皇位传给他。正像《辽史》评论说："李胡残酷骄盈，太祖知其不才而不能教，太后不知其恶而溺爱之。"述律太后曾经迫使长子耶律倍把皇位让给她心爱的次子耶律德光，她当然仍要以昔日权威干预皇帝继任大事。而李胡依仗母亲的权势做起了皇帝梦。《宋会要》称李胡为"自在太子"，可以想见他在述律太后的淫威保护下是怎样肆意妄为了。

辽太宗死于伐晋归来的途中，跟随从征的将领们，一时群龙无首。他们考虑着摆在面前的两条道路：第一条，带着太宗的尸首回草原，如实报告给老太后和皇太弟李胡，这样一来，必然是李胡当上皇帝。老太后、李胡一向反对入主中原。新皇帝和老太后对于大家的冲锋陷阵，出生入死，未必看作是一件了不起的功绩。第二条，就是让南征的将领东丹王耶律倍的儿子永康王耶律阮当皇帝。这样，大家的汗马功劳一定不会落空。通过酝酿、谋划，大家意见一致，他们采取了后一条办法，共同推举出南征将领之一、东丹王耶律倍的儿子永康王耶律阮，拥戴他在回军中途的镇阳做了皇帝，历史上称为辽世宗。

老太后和皇太弟李胡听到这个消息后，大怒。他们不但没有欢迎、慰劳南征将士，而是调动兵马打了过来。经过耶律屋质从中调停，耶律阮和南征将领们如愿以偿。老太后、李胡被迁到祖州。后来。李胡和他的儿子因为谋反，被囚禁起来，李胡死于狱中。①

世宗耶律阮和李胡的争立，不仅是契丹统治阶级内部互相争夺最高权力的斗争，也反映了政局的不稳定和当时社会的动荡。这场斗争，反映了是仍然原封不动地在契丹内部保持旧制，还是要推行像燕、云地区那样的中原农业文明的斗争；是对归附过来的汉族上层人物不可依靠，还是可以依靠的斗争；以及关于是否出兵中原，争夺中原地区的斗争。李胡代表了前一种倾向，而辽世宗代表了后一种倾向。斗争的结果是以逆历史潮流而动的李胡的失败而告终。

十六　辽代重臣韩德让

韩德让（941—1011），是辽朝有重要影响的权势家族玉田韩氏的典型代表。从他的祖父韩知古本人追随辽太祖起，玉田韩氏及其家庭子孙在辽多身居要职，地位显赫，累世为官，他们“入则为爪牙，出则为民父母”。

韩德让庄重厚道有智略，明了为政的根本，喜欢建功立业。景宗自幼有病，皇后萧绰参与决策国家大政，加封德让为东头承奉官，担任枢密院通事，转调为上京（今内蒙古巴林左旗林东镇东南二里波罗城）皇城使，代替他的父亲韩匡嗣为上京留守，很有声誉。不久又代替父亲镇

① （元）脱脱等：《辽史》卷72《章肃皇帝李胡传》，中华书局1974年版，第1213页。

守南京。宋兵夺取河东（今山西省），侵入燕地（今河北省），五院纠详稳奚底等战败而归，宋兵包围南京城，人心惶恐不安。德让与耶律学古等人登上城楼，日夜防守抵抗，援军来到，南京解围。等到高梁河交战，宋军败逃，德让半路拦截迎击，打败了宋军。德让因功晋升为辽兴军节度使，景宗下诏书褒奖他。

乾亨四年（982）秋九月壬子日，景宗在焦山的行宫中去世，韩德让与耶律斜轸共同受景宗的临终遗命，立梁王（耶律隆绪）为皇帝，尊萧皇后为皇太后，代行国事。德让总管宿卫之事，太后更加宠爱信任他。当时皇上年幼，国民心存疑虑，宗室拥有重兵，人心惶恐不安。德让劝太后下诏命令诸王各归府第，不得私下聚会，之后夺取他们的兵权，人心大定。

统和四年（986）三月，宋将曹彬等分三路来侵犯，韩德让跟从太后出兵，打败了宋军，加官为守司空，封为楚国公。他与北府宰相室昉共同执掌国家大政。韩德让上奏请求减免山西租赋，很得民心。承天太后宠信韩德让，在观看打马球时，胡里室突然撞击韩德让，使他从马上掉下来，承天太后立即命令把胡里室斩首。

统和十七年（999）秋，魏王耶律斜轸去世，圣宗令韩德让兼管北院枢密事，不久拜他为大丞相，封齐王，总管南北二枢密院、南北二宰相府事，总揽朝政，威震朝廷。

韩德让曾多次跟随太后萧绰南伐宋朝，“澶渊之盟”后，辽圣宗徙封韩德让为晋王，赐姓耶律，赐名隆运，解除他的宫籍，使他隶属于横帐季父房，地位在亲王之上。圣宗并赐给他几杖，入朝不拜，上殿不趋，左右护卫特置百人。辽朝，护卫只有国主才有。辽圣宗因韩德让功高勋大，对他恩礼有加，百般尊崇，甚至以父亲之礼待之。秦国王隆裕每日一问起居，到韩德让帐二里之外，已经下车，徒步而进。问安已毕，列揖于帐外，韩德让座而受之。辽圣宗到韩德让的帐前，也在50步开外就下车。韩德让出去迎接，圣宗也是先向韩德让施礼，到了帐篷内，如同家人礼。其饮膳服食，都为水陆珍品。当时诸国陪使，争相进献奇珍异宝。

韩德让之所以受到承天太后和辽圣宗的宠任，是韩德让与承天太后曾有过一段特殊的关系。据史书记载，“萧后幼时，尝许嫁韩氏，即韩德让也，行有日矣，而耶律氏求妇于萧氏，萧氏夺韩氏妇以纳之，生隆绪，即今虏主也。耶律死，隆绪尚幼，袭虏位。萧后少寡，韩氏世典军政，权在其手，恐不利于孺子，乃私谓德让曰：‘吾尝许嫁子，愿谐旧好，则幼主当国，亦汝子也。’自是德让出入帷幕，无间然矣。”① 在景宗去世，族属雄强的情况下，承天太后任用韩德让，“韩德让请于后，易置大臣，敕诸王各归第，不得私相燕会，随机应变，夺其兵权。”② 此后，承天太后对韩德让“益宠任之”。韩德让执掌辽朝军政大权。

韩德让得病，辽圣宗与承天太后祷告山川，召来番汉名医为他诊治，朝夕不离左右。统和二十九年（1011）春正月，韩德让死于军中。终年71岁。韩德让生病之时，圣宗和皇后亲临看视，送医送药。他死后，朝廷赠官为尚书令，谥号为文忠。朝廷赐给葬具，在乾陵旁边为他建立庙宇。皇帝皇后以下的官员穿丧服，丧葬礼仪都依照承天太后的先例。韩德让自从做大丞相，与宋朝交结，和睦无间，中外顺服，他心无邪恶，处事磊落，始终受到朝廷的宠遇，朝中很少有人能与他相比。韩德让死后没有儿子，皇帝特将魏王贴不的儿子耶鲁作为他的嗣子。天祚皇帝当政以后，以皇子敖卢斡接续耶鲁为韩德让的后嗣。由于韩德让与萧太后的特殊关系，圣宗对他“见则尽敬，至父事之”，赐他姓耶律，籍隶横帐季父房，位置在亲王之上，俨然以宗室贵姓称著于辽，③ 辽的契丹贵族也望尘莫及。韩德让兄弟九人，都被封王，“诸侄三十余人，封王者五人，余者皆任节度使、部署等官”。可见，辽朝所谓“秉国钧，握兵柄，节制诸部帐，非宗室外戚不使”，对韩氏家族是大有例外的。因为这个家族实在已经和契丹统治阶级打成一片，被契丹统治者接纳为皇室成员了。“入则为爪牙，出则为民父母”，已成为辽朝契丹贵族的忠实奴仆。所以，辽代有“耶律、萧、韩三姓滋横”的说法。

---

① 路振：《乘轺录》，见赵永春编注《奉使辽金行程录》，吉林文史出版社1995年版，第15页。

② （宋）叶隆礼：《契丹国志》卷18《耶律隆运传》，上海古籍出版社1985年版，第175页。

③ （元）脱脱等：《辽史》卷82《耶律隆运传》，中华书局1974年版，第1289页。

十七 一代名臣张俭

张俭，字仲实，其先祖为清河人，后迁徙到苏北。张俭的父亲张雍任职皇左赞善大夫，迁至太子太付。其母刘氏，也出身官宦之家。知书达礼。张俭从小耳濡目染，听诗闻礼，博学多才。他性格清淳朴实，志向高远。统和中，他一举考中进士甲科。调到云州为幕官。圣宗去云中打猎，云州节度使说："臣境内无其他特产，只有幕僚张俭，是一代之宝，愿把他献给您。"圣宗召见张俭，问及政务，张俭出口成章，上奏三十多件事，得圣宗首肯。调到朝中供职行在，先后任监察御史、礼部郎中、参知政事等职。开泰四年，任枢密使、尚书左仆射，兼门下侍郎。太平元年，以左丞相之秩，位中书令之上。

张俭清廉正直，公正无私。他在任期间，政绩卓著，一心为民，而不谋一己之私利。圣宗对他信任有加，宠专柄用。经常召他便殿问政询谋，从幸与圣宗同乘翠辇。君臣之间推心置腹，亲密无间。张俭为相期间，事事以国家和百姓的利益为重。他建议减免百姓的赋税和徭役，深受百姓的爱戴。

在民族政策上，张俭主张怀柔诸夷，因此在圣宗时万邦来朝。

张俭尊佛重儒，他"尊儒重道，移孝资忠，宗九流百氏之指归，达三纲五常之要道。正气袭物，直躬律人，清白为基，门无悖人之货"。张俭看淡功名利禄，"外荣中素，富与贵，视之如浮云。名与身，弃之若大患"。张俭生活十分俭朴，一件粗布袍穿了三十来年。圣宗让他任意拿取内府中的物品，他只拿了三匹布。张俭有弟五人，兴宗准备全都赐给他们进士及第，他坚决推辞。官府抓获八个人，把他们当作盗贼杀掉后，才抓到了真正的罪犯。张俭三次请求重新审理这起冤案，致使兴宗说："你想让我偿命吗？"兴宗想要亲征宋朝，被张俭极力劝止。兴宗曾亲临礼部贡院考试进士，是辽科举史上的佳话。此举亦多得张俭启发。张俭号称明达干练，做宰相二十多年，对政事补益相当多，[①] 是圣宗、兴宗两朝公认的“贤相”。

兴宗重熙十二年（1053）张俭死，终年九十一岁。

像韩德让、张俭这样的人物，虽然都来自汉族地主阶级家庭，但是他们与契丹贵族结盟后，很快改变了他们的原有的政治面貌，并以辽朝新贵的姿态出现在辽朝政界，得到了辽朝的重用和赏识。正是由于汉族地主阶级的涉入，契丹统治者才能顺利地平定周边各族，开疆拓土，与北宋王朝订立澶渊之盟。协助契丹统治者设立政治、经济、法律制度。没有汉族地主豪强的支持与合作，辽政权的建立和巩固是难以想象的。

十八　辽代汉族贤臣室昉

室昉，字梦奇，南京人。他自幼谨厚笃学，不出户外有二十余年，虽邻里人也不认识他，其精明如此。

会同初年，室昉考中进士，担任卢龙巡捕官。太宗入汴受册礼，任命室昉知制诰，总礼仪事。世宗天禄中，室昉任南京留守判官。穆宗应历间，室昉为翰林学士，出入禁中长达十余年。[②]

景宗保宁间，室昉兼政事舍人，景宗多次召见他，讨论古今治乱得失，奏对称旨。室昉有处理法律诉讼方面的才能，改任为南京副留守，因决讼平允，很得民心。之后，室昉任工部尚书，改枢密副使，参知政事。不久，拜枢密使，兼北府宰相，加同政事门下平章事。景宗乾亨初年，任监修国史。

圣宗统和元年，室昉申请告老还乡，圣宗不许。室昉进《尚书·无逸篇》，太后看到后，嘉奖了室昉。统和二年秋，诏令室昉主持修诸岭路，室昉发动民夫二十万，一日完工。当时，室昉与韩德让、耶律斜轸相友善，同心辅政，整析弊政，知无不言，息民薄赋，因此法度修明，朝无异议。

---

① （元）脱脱等：《辽史》卷 80《张俭传》，中华书局 1974 年版，第 1277 页。陈述：《全辽文》卷 6《张俭墓志铭》，中华书局 1982 年版，第 129 页。

② （元）脱脱等：《辽史》卷 79《室昉传》，中华书局 1974 年版，第 1271 页。

统和八年，室昉再请致仕。圣宗下令，让他入朝免拜，赐给他手杖，太后派阖门使李从训持诏慰问，让他常居南京，封郑国公。最初，晋国公主在南京建佛寺，圣宗要赐予寺院名额。室昉上奏："朝廷曾经下令全部罢免无名寺院。今天因公主申请就赐额，不但违背前诏，恐怕此风愈刮愈炽。"圣宗听从了他的建议。室昉撰写辽朝实录二十卷，圣宗亲自手书褒奖他，加室昉为政事令，赐帛六百匹。

统和九年，室昉向圣宗推荐韩德让来代替自己的职位，圣宗不从。圣宗因室昉年老怕冷，赐给他貂皮衾褥，允许他乘轿入朝。室昉病重，圣宗特派翰林学士张干到他家，授予他中京留守，加尚父。室昉 75 岁去世。圣宗哀悼，辍朝二日，赠他为尚书令。室昉留下遗言，告诫后人不要厚葬。他唯恐后人太过溢美之词，自写其墓志铭。

十九 威震宋朝的大将耶律休哥

耶律休哥（？—998）为辽皇族，是名震宋境的辽朝大将。他和耶律斜轸一起，为景宗、圣宗两朝的两员虎将，他们通力合作，多次击败宋朝统一燕云地区的军事攻势，并深入宋境出击，使宋朝从此不敢北向。

当宋朝进行统一南方的战斗时，对辽采取和好的态度，以免两面受敌。契丹也忙于内部事务，双方都乐于保持着通好的关系。

公元 977 年，宋太宗打败北汉，结束了唐五代以来的中原割据的局面。宋太宗显然低估了辽的军事力量，毅然决定乘灭北汉的余威，向燕京（今北京市）进军，决定收复后晋时割给辽的燕云十六州。在赵宋王朝看来，这一地区未收复以前，宋是不能称作统一的。

公元 979 年，宋太宗率军浩浩荡荡由太原杀向燕京。辽景宗耶律贤正在上京郊野打猎，紧急召集臣下，商议对策。在商议中，曾经有过放弃南京，退守长城一线的考虑。耶律休哥深知南京是契丹国家重大利益之所系，拼死也不能放弃，他请兵 10 万救幽州。耶律休哥善于用兵，他命令，白天每个士兵举两条旗帜，夜里举两只火把，增加声势，安定人心，恐吓宋军。这一天，宋太宗正率军与辽军将领耶律沙大战于高粱河，辽军溃败，不能支持。正在这紧急关头，耶律休哥、耶律斜轸所率的援兵恰恰赶到，迅速绕到对方背后，两面夹击，杀他个措手不及。在战斗中，休哥身先士卒，身上三处受伤。宋军仓皇撤退，行动混乱，被辽军杀伤很多人。宋太宗丢弃服饰、宝器、从人和妃嫔，只身逃跑。据说宋太宗身中两箭，箭疮年年必发，最后因箭疮而亡。耶律休哥因伤不能骑马，驾轻车追宋帝到涿州，追不及而还。这场战斗以宋军失败而暂告结束。但从此以后，宋辽边境连年用兵，战争不停，彼此互有胜负。

高梁河之战，辽朝方面绝不是侥幸取胜。从辽朝方面来说，它的军事实力还很强大，并且有耶律休哥、耶律斜轸这样善于用兵的大将。从宋朝方面来说，宋太宗因胜而骄，不听取多数将领的意见，不顾将士已很疲劳，军需储备也消耗了很多，灭北汉后马上移师北上，犯兵家之大忌；屯兵坚城之下，不分兵堵截对方可能派来的援军；疏忽大意，一吃败仗，就完全不能沉着应付，抛掉广大将士和巨额军需物资，带头南逃。高梁河之战虽然使宋廷遭受巨大的挫折，但并没有阻止宋太宗收复燕云地区的信心和勇气。

公元986年，宋太宗再次发动对辽的强大军事攻势。宋太宗因辽国主幼，母后专权，认为是北伐的好机会。这年正月，宋军兵分三路：东路以曹彬为主将，直逼燕京；中路以田重进为主将，取代州；西路以潘美为主将，杨继业为副将，攻山西诸州，然后一齐会师燕京。

战争一开始，宋三路大军节节胜利，中路军胜利完成预定任务，西路军连克环、朔、应、云四州，整个形势对宋有利。东路军本应持重，吸引辽的主力于燕京，等西、中两路得手后，然后合围燕京。但他们并没有这样做，而是在粮食转运困难的情况下，迅速进军，占领涿州后，又因缺粮退回雄州。及看到西、中两军的胜利，又急于争功，经过一番苦斗，再至涿州，已是五月，天气炎热，人困马乏，缺粮缺水，宋军只好滤泥水而饮。开始时，耶律休哥兵少，不敢正面作战，一方面设伏兵抄掠宋军粮道；另一方面在夜间出轻骑杀分散单弱的宋军。使宋军疲于奔命。辽太后率大军赶到，与耶律休哥合兵，集中力量，在岐沟关大败宋军。

宋东路军溃败，影响到整个战局，于是，宋太宗下令各路撤军。中路全军而返，西路主力已撤，宋又下令由潘美、杨继业负责保护燕云、应、朔、环、曲州之民迁往内地。这时，辽大将耶律斜轸的十万大军已向西猛攻，攻下蔚州、环州，在狼牙村生擒宋将杨继业。宋守卫云、应等诸州的将领，听到杨继业被擒的消息，都弃城逃跑。

宋王朝收复燕云的战争再次失败，北方空虚。辽军乘胜进入宋境，抢掠一空，使宋境人民蒙受重大损失。宋太宗已锐气耗尽，表示不再谈论收复燕云之事。宋朝从此“不敢北向”，军事上对辽改为防守以求苟安了。战争胜利后，耶律休哥主张乘胜追击，与宋朝以黄河为界，这个建议没有被采纳。之后，他又多次侵入宋境，屡败宋军，威名大振。当时，宋人要制止小孩子哭，就吓唬他说：“休哥来了！”

耶律休哥是辽代少有的战略家和军事家，他有远大的战略眼光，料敌如神，百战不殆。他还具有谦虚谨慎的美德，每次胜利，他都让功给各位将领。但是，耶律休哥毕竟是辽封建统治阶级的一员，他的双手沾有中原人民的鲜血。史书记载他曾多次侵入宋境抢劫、捉生。《辽史》作者评价说：“（休哥）身经百战，却不曾杀死一个无辜的人。”① 这话连《辽史纪事本末》的作者也不相信。因此改为：“不曾多杀无辜的人。”但是，即便这样评价休哥，仍然有失公允，有溢美之嫌。

二十 契丹名将耶律斜轸

耶律斜轸，字韩隐，于越曷鲁之孙。他性格明敏，不事生产。

景宗保宁元年，枢密使萧思温向景宗推荐耶律斜轸，说他有经国之才，景宗说：“朕了解他，性格超脱，无拘无束，怎能受拘束羁绊呢?”萧思温回答：“他外表虽然放荡不羁，其胸襟不可限量。”于是景宗召见他，问以时政，耶律斜轸回答中肯贴切，景宗愈加器重他。把皇后之妹嫁给他做妻子，命他节制西南面诸军，以援助河东，改任南院大王。②

景宗乾亨初，宋军再攻河东，耶律斜轸随耶律沙至白马岭遇到宋军，耶律沙等战不利；斜轸奔赴救援，下令麾下万箭齐发，宋军气馁而退。

---

① （元）脱脱等：《辽史》卷83《耶律休哥传》，中华书局1974年版，第1299页。

② （元）脱脱等：《辽史》卷83《耶律斜轸传》，中华书局1974年版，第1302页。

当年秋天，宋军下河东，乘胜袭击燕京，北院大王耶律奚底与萧讨古迎战，失败，退守清河北。耶律斜轸率奚底等青帜军在得胜口诱敌深入，敌军果然奔赴而来。斜轸出其不意在其后面奋力攻打，宋军失败而回。高梁河之战，耶律斜轸与耶律休哥分左右翼夹击，大败宋军。

圣宗统和初，皇太后称制，对耶律斜轸愈加信任，任命他为北院枢密使。此时正值宋将曹彬、米信出雄、易，杨继业出代州。萧太后亲率师救燕，任耶律斜轸为山西路兵马都统。杨继业攻陷山西诸郡，各自派兵驻守，杨继业自屯代州，耶律斜轸率军到定安，遇贺令图军队，击败其军，把宋军追至五台山，斩首数万级。第二天，到蔚州，宋人不敢出，耶律斜轸手书绢帛，射到城上，谕以招慰之意。暗中打探到宋军派兵来救援，耶律斜轸命令都监耶律题子在险恶之地，夜里设下伏兵，等敌军到而攻击。守城者见救兵到来，突围而出。耶律斜轸攻击其背后，二军全部溃败，追击到飞狐，斩首二万余级，于是攻下蔚州。贺令图、潘美再次派兵前来，耶律斜轸在飞狐迎击，大败宋军。宋军在浑源、应州者，全部弃城逃走。斜轸闻杨继业出兵，下令萧挞凛伏兵在路旁。第二天清晨，杨继业兵至，耶律斜轸摆开阵势。杨继业麾旗帜率军前进，耶律斜轸假装后退。两旁伏兵突然出击，耶律斜轸率军进攻，杨继业失败而逃走，到狼牙村，众军溃退。杨继业被流矢射中，被活捉。最初，杨继业在宋朝以骁勇善战而闻名，人称杨无敌，首建御边之策。到狼牙村，心中厌恶这个名字，想要离开却不能。后来被捉后，三日而死。

耶律斜轸回朝，因功加守太保。后来，耶律斜轸跟从萧太后南伐宋朝，死于军中。萧太后亲自送葬，朝廷给葬具。庶子狗儿，官至小将军。

二十一　刘六符

刘六符，其父亲刘慎行，由膳部员外郎累迁至北府宰相、监修国史。当时皇帝多在宴饮时大行诛赏，刘慎行上谏言：“以喜怒而加诛赏，恐怕不妥。”帝醒悟，告诉朝廷官员：“今后宴饮有刑赏之事，第二天再禀报执行。”刘慎行任都统，征伐高丽，因失军期被判刑，由于符合议贵的条件，才得以豁免，出为彰武军节度使，赐保节功臣。

刘慎行有儿子六人：一德、二玄、三嘏、四端、五常、六符。德很早就逝世。玄终于上京留守。常历任三司使、武定军节度使。嘏、端、符都是进士及第。嘏、端都娶公主为妻，为驸马都尉。三嘏献圣宗一矢毙双鹿赋，圣宗嘉其文词端正秀丽。三嘏与公主感情不睦，逃奔宋朝，回来后被杀。四端以卫尉少卿出使宋朝为贺生辰使，宴会上，宫女献歌献舞，刘四端竟然拂袖而去，人人畏惧其严肃刚正。回朝后，拜为枢密直学士。①

刘六符有志操，善作诗文。兴宗重熙初，迁政事舍人，擢翰林学士。重熙十一年，刘六符与宣徽使萧特末出使宋朝，索要十县地。宋朝遣使增岁币用以换十县，再次与耶律仁先出使宋朝，定“进贡”之名，宋朝不同意。刘六符说：“本朝兵强将勇，海内共知，人人愿进军宋朝。若任其俘获以饱私欲，与‘进贡’字孰多孰少？况大兵进驻燕地，万一南进，宋朝拿什么来抵御！顾小节，忘大患，后悔莫及！”宋朝这才同意岁币称“贡”。刘六符还朝，加同中书门下平章事。朝廷命刘六符为三司使而接受回币。

刘六符与参知政事杜防有矛盾，杜防因刘六符曾经接受宋朝贿赂，向朝廷揭发此事，刘六符被降职为长宁军节度使，不久又召为三司使。

道宗即位，将行大册礼，北院枢密使萧革说：“行大册礼备仪物，必选择宽广开阔之地，不如在黄川举行大册礼。”刘六符说：“不然。礼仪国之大体，帝王之乐不奏于野外。如今中京四方之极，朝觐各得其所，应在中京行此礼。”道宗听从了他的建议。不久，刘六符因病而死。

二十二 萧孝穆

萧孝穆（？—1043），小字胡独堇，淳钦皇后弟阿古只五世孙。父陶瑰，为国舅详稳。②

萧孝穆廉谨有礼法。统和二十八年，累迁西北路招讨都监。开泰元

① （元）脱脱等：《辽史》卷86《刘六符传》，中华书局1974年版，第1323页。

② （元）脱脱等：《辽史》卷87《萧孝穆传》，中华书局1974年版，第1331页。

年，遥授建雄军节度使，加检校太保。是年术烈等叛乱，萧孝穆将其击退。冬天，萧孝穆率军进军可敦城。阻卜联合五群牧长查剌、阿睹等，阴谋里外相应，萧孝穆全部诛杀，并严阵以待，余党于是溃败而逃。因功迁九水诸部安抚使。不久，拜北府宰相，赐忠穆熙霸功臣，检校太师，同政事门下平章事。八年，还京师。

圣宗太平二年，任命萧孝穆为枢密院事，充汉人行宫都部署。三年，封燕王、南京留守、兵马都总管。九年，渤海人大延琳在东京叛乱，朝廷任命萧孝穆为都统前去讨伐，萧孝穆与叛军战于蒲水。中军稍退却，副部署萧匹敌、都监萧蒲奴在两翼进行夹击，叛军败溃，萧孝穆率军追叛军到手山北。大延琳逃入城中，挖深沟以自卫。萧孝穆围城，在城外筑起二重城，建楼橹，使内外不相通，城中撤屋以爨。叛军中的将领杨详世等人活捉大延琳投降，辽东之乱平定。圣宗任命萧孝穆为东京留守，赐佐国功臣。萧孝穆为政宽简，抚纳流民，境内秩序安定。

兴宗即位，封萧孝穆为秦王，不久任他为南京留守。重熙六年，进封吴国王，拜北院枢密使。重熙八年，萧孝穆上表请籍天下户口以均徭役，又上言诸部及舍利军利害。兴宗听从其建议。于是政赋稍平，百姓生活安定。重熙九年，兴宗封萧孝穆为楚王。当时天下无事，户口蕃息，兴宗正当年盛，每每谈及周取十县，慨然有南伐之意。当时群臣多顺从兴宗之意。只有萧孝穆上谏："过去太祖南伐，终以无功而返。嗣圣皇帝太宗仆唐立晋，后因石重贵叛，长驱入汴；銮驭始旋，反来侵轶。此后与宋连兵二十余年，仅得和好，民众安居乐业，南北相通。今日国家比之过去，虽曰富强，然而勋臣、宿将都已不在。况且宋人无罪，陛下不宜废弃先帝盟约。"当时兴宗伐宋之意已决，书奏不报。萧孝穆以年老为由，请求退休，兴宗不许。任命萧孝穆为北院枢密使，更为齐王，萧孝穆死于重熙十二年。追赠大丞相、晋国王，谥号为贞。

萧孝穆虽有椒房之亲，但是却处事谨慎小心。太后有赏赐，推辞不受，妻子面无骄色。与人交往，始终如一。萧孝穆向朝廷推荐者，都为忠直之士。萧孝穆曾经对人说："枢密选贤而用，何事不济？如果事必躬亲于琐碎之事，则大事凝滞矣。"然而自萧合卓以来，推荐吏才，其后转相效仿，职官不知大体。萧孝穆感叹："不能移风易俗，而偷安爵位，这难道是臣子之道吗。”当时，人们称他为“国宝臣”，他所著文曰《宝老集》。萧孝穆的二子为阿剌、撒八，弟孝先、孝忠、孝友，各自有传。

二十三 耶律仁先

耶律仁先（1012—1072），字㸦，小名叫查剌，孟父房（太祖伯父）的后代。父亲瑰引，为南府宰相，被封为燕王。仁先外貌魁伟英俊，性格直爽，有智谋。重熙三年（1034），补为护卫。兴宗与他议论政事，认为他很有才能。兴宗授予他为宿直将军。耶律仁先历任殿前副点检（总领皇室亲军的官），后改为迭剌唐古部节度使，不久召为北面林牙（林牙，辽官名，掌文翰）。[①]

耶律仁先口才出众，具有较强的外交才能。重熙十一年（1042），他晋升为北院枢密副使（总领契丹兵马的官）。当时，宋朝请求增加每年进贡的货币、银绢，作为补偿辽朝十县之地的代价。耶律仁先与刘六符出使宋朝，商议签订“进贡”的条款。宋朝对“进贡”这个词进行非难。耶律仁先说：“过去石晋（指后晋皇帝石敬瑭）为了报答本朝，割地进献，周朝人将地掠去，是非利害，显而易见。”宋无话可答。于是议定宋朝每年增加银 10 万两、绢 10 万匹，仍然称为“进贡”。耶律仁先回朝后，兴宗任命他为同知南京留守事。

耶律仁先有军事才能。在军事行动中，他能够审时度势，不盲目进攻。重熙十八年（1049），兴宗再次征伐西夏，仁先与皇太弟耶律重元为前锋。萧惠在河南失利，兴宗还要继续进兵，仁先极力劝阻，方才罢兵。兴宗任命仁先为知北院枢密使，东京留守。当时，东北的女真族依靠地势险要，常常在辽朝境内掠抢不止，耶律仁先请求开山通道，以控制女真人，边民因此安居乐业。兴宗封仁先为吴王。

耶律仁先为官期间，勤政爱民，深得百姓爱戴。重熙十六年（1047），仁先为北院大王（辽官名，契丹五院部统兵马官）之时，为了减轻各部的赋役，他上奏朝廷说，现今两院（即契丹五院、六院两部，

① （元）脱脱等：《辽史》卷 96《耶律仁先传》，中华书局 1974 年版，第 1395 页。

太宗时，改两部为北院、南院）户口富庶，请免除其他部互助的劳役，兴宗应允此事。

道宗清宁初（1055），仁先为南院枢密使（辽统领汉人兵马的官）。他因受耶律化哥等人的诬陷，被降为南京兵马副元帅，守太尉，更为隋王。清宁六年（1060），耶律仁先重新回朝担任北院大王。他进京时，百姓在数百里外迎接他，如同迎接自己的父兄到来一样。北、南院枢密官涅鲁古、萧胡睹等人非常忌恨仁先，请求道宗派他为西北路招讨使。耶律乙辛奏道："仁先为先朝旧臣、在朝廷内外很有威望，不宜出外。"道宗任命仁先为南院枢密使，改为许王。

在耶律重元叛乱的关键时刻，耶律仁先机智果敢，率先平乱，维护了道宗的安全和社会的稳定。清宁九年（1063）七月，道宗在太子山打猎，耶律良奏报皇太叔耶律重元谋反，道宗召仁先商议对策。仁先说："重元凶狠残暴，臣已经怀疑他很久了。"道宗命令仁先马上逮捕重元。耶律仁先出门时，对道宗说："陛下应该谨慎防备！"仁先还没上马，重元率领士兵向道宗的宫闱杀来。道宗要到北、南院避难。仁先说："陛下如果舍弃护卫而走，逆贼一定追随在后面；况且南、北大王不知是否可靠。"仁先的儿子挞不也说："圣意怎么能违反呢？"仁先大怒，敲打挞不也的头。道宗醒悟，命令仁先全权负责讨贼事宜。仁先于是用车辆围成营盘，拆行马（古时设置在官府门前以阻挡行人的障碍物）作为兵杖，率领官属近卫及 30 多名骑兵守在行宫门外。到两方交战时，叛军大都投降。耶律重元的儿子涅鲁古中箭坠落马下，被活捉。重元受伤逃走。仁先因为五院部萧塔剌的住处最近，急忙召他来，并派人分别召集诸军讨伐叛贼。黎明时分，重元率领奚人 2000 人进犯道宗行宫，萧塔剌的兵马也刚刚到达。仁先料到敌人不能持久，就等到叛军士气丧失后攻打他们，于是背营列成阵势，乘机奋击，叛军崩溃，仁先率军追杀 20 多里，重元与数骑逃走。叛乱被平定。道宗握住仁先的手说："平乱全是你的功劳。"封仁先为尚父，晋封为宋王、北院枢密使。道宗亲自撰文褒奖他，命令画滦河战图，以表彰他的功绩。

咸雍元年（1065），道宗封仁先为于越（辽官名，地位在南、北大王之上，只授给有特大功勋的人），改封他为辽王。耶律仁先与耶律乙辛共同主持北枢密院事务。耶律乙辛依仗皇帝的宠爱，横行不法。耶律仁先抵制他，由此引起耶律乙辛的忌恨，挑拨道宗让仁先出朝廷，任南京留守，改为晋王。到南京后，仁先抚恤孤寡，打击违法作乱的人，境内秩序井然，百姓生活安定。宋朝听说后很是惊讶与佩服。当时论者以为从于越耶律休哥之后，只有耶律仁先一人可以与休哥相媲美。

耶律仁先为西北路招讨使的时候，西北部的阻卜塔里干背叛辽朝，在边境抢掠侵扰百姓。道宗赐给仁先鹰纽印和剑，对他说："你此去离朝廷遥远，每件事情都一一奏报，恐怕会失去机会，所以允许你可以相机从事。"仁先严守边关，扼住阻卜的交通要道，招抚诸部，全面整治边疆事务。塔里干再次来进犯，仁先率军迎击，追杀 80 多里，辽援军随后到达，一举打败塔里干。其他的部落把里斯、秃没等前来救援，见塔里干屡次受挫，不敢参与战斗就投降了。于是，西北部边疆安宁下来。

耶律仁先死于咸雍八年（1072），终年 60 岁。留下遗言，死后丧事从简。

二十四　杨佶

杨佶，字正叔，南京人。自幼颖悟异常，读书自能成句，识者奇之。年纪很小却声名远扬。

圣宗统和二十四年，杨佶举进士第一，历校书郎、大理正。开泰六年，转仪曹郎，典掌书命，加谏议大夫。杨佶出知易州，治尚清简，每当朝廷征发必如期当信。之后入为大理少卿。累迁翰林学士。杨佶文章号为得体。开泰八年，燕地饥疫，民多流殍，朝廷任命杨佶同知南京留守事，杨佶发仓廪，振饥民，贫民鬻子者计佣而出之。宋朝派遣梅询贺千龄节，皇帝诏令杨佶迎送，他与宋朝使者应酬往来礼仪周全，梅询每次见杨佶都交口称赞。圣宗任命杨佶为翰林学士。①

兴宗重熙元年，杨佶升翰林学士承旨。因母亲去世，请假回乡。后来起复为工部尚书。杨佶历任忠顺军节度使，朔、武等州观察、处置使，

---

① （元）脱脱等：《辽史》卷 89《杨佶传》，中华书局 1974 年版，第 1352 页。

天德军节度使，加特进检校太师、同中书门下平章事，复拜参知政事，兼知南院枢密使。

重熙十五年，杨佶出为武定军节度使。境内大旱，庄稼枯槁。杨佶视事当天傍晚，天下大雨，雨水充沛，缓解了旱情。百姓为此而歌："何以苏我？上天降雨。谁来抚我？杨公为主。"当地的漯阳河泛滥成灾，每年发水，成为民害。杨佶用自己的俸禄创建长桥，河水两岸的人往来便利，汹涌的河水再不危害民众。杨佶任期到，被召回朝，郡民攀车辕哭泣送别。兴宗御清凉殿宴劳杨佶，当日除吏部尚书，兼门下侍郎、同中书门下平章事。兴宗说："卿今日恰像吕望之遇文王！"杨佶对曰："吕望比臣遭际有十年之晚。"兴宗很高兴。杨佶身居相位，以进贤为己任，事总大纲，责成百司，人人愿意为之效劳。

杨佶三请致政，兴宗允许。每月给钱粟、傔隶，四时遣使慰问。杨佶著有《登瀛集》流行于世。

二十五　能吏大公鼎

大公鼎（1041—1120），渤海人，其先祖著籍于辽阳率宾县。圣宗统和年间，圣宗迁徙辽东豪强大户于中京，于是其家定居于中京大定府。曾祖大忠，为礼宾使。父大信，曾任兴中主簿。

大公鼎幼年时端庄诚实，成年后勤奋好学。咸雍十年（1074），考中进士，调任沈州观察判官。当时辽东地区暴雨连绵，水灾严重。北枢密院大举征发濒河住户的男丁，修筑堤防。官府接旨后催督十分严厉紧急，只有大公鼎说："边境要地刚刚安宁，又大兴徭役，这不是利国便民之道。"于是上奏朝廷。朝廷听从了他的建议，停止征发劳役，而河水也没有酿成灾害。沿河千里的百姓无不欢欣鼓舞。后来改任良乡县令，大公鼎减省徭役，致力于农桑，修建孔子庙和学校，部民顺服归化。[①]

当时有隶属于宫内的鹰坊之人，以张网捕鸟为名，扰乱危害百姓的田地。时间久了，百姓无法忍受。大公鼎向朝廷申奏，道宗当即下令禁

---

① （元）脱脱等：《辽史》卷105《大公鼎传》，中华书局1974年版，第1459页。

止。适逢大公鼎上朝，大臣们告诉他，皇上采纳了他的意见，大公鼎说："一郡获得安宁，实在是幸事；别郡像这种事也很多，希望也能将恩赐平均于天下。"皇上听从了这一主张。

大公鼎迁任长春州钱帛都提点。[①] 皇上到春水，朝廷长官按例要从州里借钱，公鼎说："怎么可以拿国家的钱来借给私人?"而加以拒绝。后来听到许多怨恨咒骂的话传到耳中，大公鼎说："这是我的职守，不敢荒废。"不久拜为大理卿，他平反了很多冤假错案。

天祚即位，大公鼎历任长宁军节度使、南京副留守，改任东京户部使。当时盗贼杀了留守萧保先，初时贪图其财物，杀他以后乘机倡导作乱。百姓也互生猜忌，各家之间互相争斗。公鼎单骑巡行郡中，陈说祸福利害，众人均放下兵器拜伏说："您不会欺骗我们，怎敢不从命。"境内安定如故。朝廷任命他为中京留守，赐贞亮功臣，得以乘坐驿站的专车前往官府。当时境内盗贼遍地，其中有人在路上遇到公鼎，便在马前叩首请求改过自新。公鼎交给他一块符照，让他恢复旧业，听说者接踵前来。不到十天，辖境以内便清平宁静了。天祚知道后，加赐保节功臣。当时人心不安，大公鼎担心发生变乱，请皇上降恩惠加以安抚，皇上因此而赦免了囚犯。

公鼎多次上表请求辞官归田，皇上不批准。适逢张撒八率领无业州民结伙为盗，公鼎想攻打他们却力不从心。叹道："我想辞官已经好久了。为世务所牵累，不幸到了这一步，难道真是命该如此吗?"因而忧愤成疾。保大元年（1120），大公鼎去世，终年 79 岁。[②]

---

① 武玉环：《能吏大公鼎》，黄凤岐等主编《中国北方各族人物传》，辽海出版社 1989 年版，第 382 页。

② （元）脱脱等：《辽史》卷 105《大公鼎传》，中华书局 1974 年版，第 1459 页。

第四章

文化艺术篇

一 多才多艺的秦晋国妃

秦晋国妃（1000—1069），姓萧，世为后族，勋业隆盛。其父为枢密使、北宰相、驸马都尉萧曷宁，即萧皇后侄子萧排押。其母为魏国公主，小字长寿奴，是景宗皇帝第二女，圣宗皇帝之爱妹。其父萧曷宁有勇有谋，善于骑射，曾多次立有战功，凡遇到军事上的疑难问题，必让其参与决定。他曾随圣宗征伐高丽有功，被封为兰陵郡王。

秦晋国妃[①]出身贵族，家世显赫，曾多次受封，先后被封为赵魏、燕宋、吴越、齐楚、秦晋国妃。她因才华横溢而在朝野上下极负盛名，并深受朝廷的恩宠。史书说她："知识气度，富贵恩荣，批阅女史，莫与之京者。"[②]

秦晋国妃是辽代中后期契丹妇女中杰出的文学家、书画家。她自幼聪颖，明悟若神。她非常喜爱读书，博览经史，曾藏书数千卷。她尤其喜爱文学，善于吟诗作赋。她所做的歌诗赋咏，落笔则传遍朝野，人人争相诵读，脍炙人口。她曾撰写《见志集》若干卷，流行于世。秦晋国妃雅善飞白，尤攻丹青，所居房内的屏扇，多出于她之手，受到时人的称赞。

---

① 武玉环：《多才多艺的秦晋国妃萧氏》，黄凤岐等主编《中国北方各族人物传》，辽海出版社 1989 年版，第 232 页。

② 陈述：《全辽文》卷 8《秦晋国妃墓志铭》，中华书局 1982 年版，第 193 页。

秦晋国妃豁达大度，胸有匡国致君之术，为人不拘小节。与一般文弱女子不同，她不善于修饰，不好音律，喜爱骑射，经常出入于围场。她的射猎本领特别高超，料其能中则发箭，箭射出，猎物即应弦而倒。她慷慨大度，乐善好施，士人之中有贫寒者赈济之，士人之中有才华者推荐之。因此，内外显僚，多出其门。为秦晋国妃撰写墓志铭的陈觉，曾得到秦晋国妃的指教和帮助，令其就学，后至登科。她家里，坐客常满，日无虚席。她爱发议论，品论人物，每每谈论古今兴亡，见解中肯，入木三分，听者为之倾倒。辽道宗因她熟知国家的礼法和典章制度，"诏赴行在，常备顾问，顾遇日厚，恩日隆"。

秦晋国妃虽然才华横溢，聪明敏捷，豁达大度，但是她在个人生活上却非常不幸。她的第一个丈夫为耶律隆庆，耶律隆庆是景宗第二子，是秦晋国妃母亲长寿奴的弟弟，实际上是外甥女嫁给舅舅的甥舅婚。耶律隆庆长于骑射，骁勇善战，在对宋战争中战功卓著，曾生擒宋朝将领王继忠。被封为秦晋国王、拜尚书令、后拜兵马大元帅，赐金券。秦晋国妃十六岁那年嫁给耶律隆庆，当时耶律隆庆已经有两个妃子即秦国妃、齐国妃。结婚后，夫妻二人感情和睦，秦晋国妃"恭肃宸幄，礼敦贞顺"。但是不幸的是，这年年底，耶律隆庆入觐，还至北安州，浴温泉，得病而死。据史书记载，耶律隆庆有五子，没有一个为秦晋国妃所生，墓志铭说她"无子嗣续，惜哉"。

秦晋国妃的第二个名誉上的丈夫为耶律宗政，耶律宗政的契丹名字为查葛，他是秦晋国妃第一个丈夫耶律隆庆的长子，其母为齐国妃萧氏，与秦晋国妃为姨表姐妹。在辈分上，秦晋国妃可以算是耶律宗政的母亲。如果从另一方面而论，耶律宗政与秦晋国妃又可以算是姨表姐弟，因为耶律宗政的父亲与秦晋国妃之母为亲兄妹关系。这样的婚姻，不仅血缘关系相近，而且颠倒伦纲，实为封建礼法所不容。不过，可以从中窥视出契丹贵族婚姻嫁娶为保持其高贵血统，不惜打乱伦理纲常的风俗习惯。

耶律宗政小秦晋国妃两岁，秦晋国妃与耶律隆庆订婚时，耶律宗政已经十四岁。这件婚事是由辽圣宗一手包办的。秦晋国妃是"奉诏所归"。耶律宗政被称为"少有器局，干略过人"。而且汉化程度较深，他谙熟封建理义，史书称他"乐慕儒宗，谛信佛果，戚里推其孝悌，部下仰其宽仁”。他当然从内心里对这件违反儒学伦理道德的婚姻不愿从命。所以有“先是圣宗帝蕃戚间，逼王娶妃，王性介特，辞以违卜，不即奉诏，自是不复请婚，以致无子”。因此，耶律宗政与秦晋国妃并没有事实上的婚姻。

秦晋国妃的第三任丈夫是刘二玄，也是奉诏命所成之婚。刘二玄为北府宰相、监修国史刘慎行的第二子。官至上京留守。秦晋国妃与刘二玄结婚可能在兴宗时期。他们共同生活的时间也不会太长，因为在秦晋国妃墓志铭中，对于刘二玄没有更多的记载。在秦晋国妃死后，也没有和刘二玄合葬在一起。

秦晋国妃不但聪颖豁达，多才多艺，她还善于理家。史称“治家严肃，僮仆侧目”。道宗咸雍五年（1069）秋天，道宗去庆陵秋猎，秦晋国妃同行，后告辞回中京，中途忽染病而亡，终年 69 岁。道宗知道这个消息后，嗟悼良久，下令在显陵开魏国王耶律宗政的玄堂而合葬。送终之礼超越寻常。[①]

二　文学家萧韩家奴

萧韩家奴，[②] 字休坚，契丹涅剌部人。他生活的时代，正是辽政权比较巩固，社会经济有了显著发展，社会文化繁荣发展的时期。

萧韩家奴少年时代十分勤奋好学，他曾远离家乡，到南山去潜心读书。几年之间，他学习阅读了大量的经书、史籍，掌握了汉文和契丹文两种文字，打下了比较深厚的文化根底。

统和十四年（996），萧韩家奴做了一名低级小吏。统和二十八年（1010），萧韩家奴被提升做了右通进，派到南京（今北京市西南）去管理皇家的栗子园。萧韩家奴充分利用闲暇的时间，继续致力于经史、文学。太平十一年（1031），圣宗耶律隆绪死去，兴宗耶律宗真继位，此时

① 陈述：《全辽文》卷 8《秦晋国妃墓志铭》，中华书局 1982 年版，第 193 页。

② 丛佩远：《多才多艺的萧韩家奴》，张博泉主编《东北历史名人传·古代卷》（上），吉林文史出版社 1986 年版，第 219 页。

萧韩家奴被提升为南京同知三司使事，主管地方的盐铁财政等经济事务。重熙四年（1035），又被提拔为天成军节度使（今内蒙古巴林左旗林东的西南），后调上京临潢（今内蒙古巴林左旗林东之南），做了彰愍宫的宫使。这一职务使他得以经常扈从耶律宗真皇帝出行，从而为他显露才华创造了机会。①

兴宗耶律宗真是一个多才多艺的皇帝，对文人也非常器重。萧韩家奴曾和耶律庶成一起奉命作过《四时逸乐赋》，很受兴宗耶律宗真的赞赏。一次兴宗皇帝与萧韩家奴闲谈，问他："你长期在外地做官，有没有什么稀奇的故事给我讲一讲?"萧韩家奴略微想了一想，回答说："我做了25年管理栗子园的小官，所以只知道怎样炒栗子。要炒好栗子，掌握火候很重要。如果只是看到小的栗子已经熟了，那么大的必然还是生的；如果只顾把大的炒熟，小的势必要烧焦了。除了这一点，我再也不知道别的了。"他刚刚说完，兴宗立即捧腹大笑，但是在笑声中也会同时领悟到一个很深刻的政治哲理：办事用人也和炒栗子一样，要讲究艺术，要上下左右全面考虑，不能顾此失彼，偏执一端，不能只顾局部，忘掉整体。

兴宗皇帝曾下诏，要人们帮助他回答这样一些问题："现在徭役不比从前重，战争也不经常发生，每年五谷丰登，国库粮丰财足。但是老百姓还是穷困得很，这是不是因为各级官吏不尽职、老百姓太懒惰的缘故?现在的徭役哪一种最重，哪一种最苦?最好是减免掉哪些?补充服役的办法怎样才能废除，强盗和窃贼怎么样才能制止呢?"兴宗执政时代辽朝处于发展的鼎盛时期，同时这也是一个压榨剥削异常严酷，各族人民不断掀起反抗斗争的时代，兴宗耶律宗真皇帝所提出的一系列问题，正反映了这个时期社会矛盾的严重性，统治者对自己统治地位稳固的忧虑。萧韩家奴在他的奏对谏议中，直言不讳地指出："不是官吏不尽职，也不是老百姓懒惰，而是国家的方针大计有问题，人民的徭役负担太沉重。为了防御东边的高丽、西边的阻卜，人民要自备军粮前去戍边，经过长途跋涉，到达哨所时，军粮已经耗费了一半。因此只带有一头牛、一辆

① （元）脱脱等：《辽史》卷103《萧韩家奴传》，中华书局1974年版，第1445页。

车前去的人，很少有能够再回来的。没有壮丁的人家，要出几倍的工钱雇人代替戍边。戍边的士兵大多数粮食不能自给，只好以 10 倍的利息向别人借贷，对于许多人来说即使卖儿卖田也无法偿还。戍卒死了，家里的人要继续派人前去补充戍边，兄死弟代，父死子替，永无休止。军役这样重，再加上水旱灾荒，老百姓怎么能不一天比一天穷？军役负担最重的是西边，路途远，战线长，人员多。阿保机时代，阻卜降服，从未为患。圣宗年间向西扩张，才出现了各部时叛时服的现象。我们最大的威胁是南方的宋朝，因此西部驻军应该后撤，任命当地部族首领来管理那些地方。有人说如果后撤，有损国威，容易引起外患，又扔掉了肥沃的土地。其实，守不住那么大的地方才是损害国威；任命当地首领管理，叛乱自然减少了；土地虽然肥沃，老百姓种不了，怎么能说是我们的沃土呢？国库虽然富足，也只能周济一部分人，不能满足所有贫困的人。重要的是要知道百姓穷困的原因，要从上面做起，节制游乐耗费，裁减驿传机构，减轻赋役负担，严禁奢侈浪费。老百姓由于穷困才做了盗贼，要想彻底根除这种祸患，必须减轻赋役，使百姓安心务农，衣食丰足，自然就知礼守法了。以前唐太宗治理盗贼，就反对用严刑峻法，而采取了节俭安民的办法。”萧韩家奴看到了辽朝存在的严重的社会弊病，并站在统治阶级立场上力图加以补救。可是，兴宗对萧韩家奴的奏折，并没有采纳。

兴宗任命萧韩家奴做了都林牙即翰林长官，兴宗对他说：“执掌文政这个职务，是国家的光华，没有才华的人是不能担当的。你的文才在当今可以说是首屈一指，因此才叫你做翰林。今后我的起居注，就由你据实编写。”

萧韩家奴尽量利用自己的职务，企图对时政有所裨益。辽代的皇帝都非常喜欢渔猎，每年春水秋山，兴师动众，劳民伤财。萧韩家奴每次都竭力劝阻，但皇帝却不肯听。一次秋猎之后，主管官员向皇帝报告：打猎活动中，熊和虎咬死咬伤的有几十人之多。萧韩家奴听了后，如实地记在皇帝的起居注上。后来被兴宗耶律宗真发现了，很不高兴，当场叫他把这一条涂掉了。可是，皇帝一走，他又原原本本重新记在了上面。过了些日子，兴宗又来察看，发现萧韩家奴又把打猎死人的事写进了起居注，无可奈何，只好称赞说：“好啊，记载历史就应该这样写！”萧韩家奴秉笔直书，大胆评价当代皇帝。兴宗曾向萧韩家奴问道：“我们辽国自从创建以来，你认为谁是最贤能的皇帝？”萧韩家奴毫不犹豫地回答：“是穆宗皇帝耶律璟！”这个回答使耶律宗真出乎意料，他反问说：“穆宗终日酗酒，喜怒无常，动不动就杀人，你怎么还说他是个好皇帝呢？”萧韩家奴说：“穆宗虽然为人暴虐凶狠，但他减轻了赋役负担，百姓都愿意在他统治下生活。尽管他经常杀人，但一生中所杀无罪之人，加在一起也没有你一次狩猎中所死的无辜者多。所以我认为他是个好皇帝！”耶律宗真听了无言以对，默默离去。

萧韩家奴和耶律庶成、耶律谷欲等人共同撰写了辽朝各代皇帝的实录20卷，从遥辇可汗至兴宗时代的契丹史。这大概是由契丹人自己撰写的关于本族的第一部比较系统的历史。

兴宗耶律宗真叫萧韩家奴与耶律庶成两人仿照古制，结合现实，制定出辽朝的礼仪典章。萧韩家奴等接受任务后，翻遍古代的经籍，斟酌当时的实际，撰写了有关从天子到老百姓各阶层的礼仪制度，共计3卷，名曰《礼书》。《礼书》的撰成，是契丹统治者全面接受儒家文化而迈出的新的一步。

为了使兴宗能够更好地吸收中原汉族统治者的统治经验，萧韩家奴把《通历》《贞观政要》《五代史》等书，从汉文翻译成契丹文，供辽统治者借鉴。此外，他还著有经学方面的著作《六义集》12卷流行于世。

萧韩家奴72岁时去世。①

三 史学家耶律俨

耶律俨（？—1113），字若思，析津（今北京市）人，本姓李氏，是辽代著名的史学家。道宗咸雍六年，赐国姓耶律，因此称为耶律俨。耶律俨生的五官端正，外貌俊秀。他勤奋好学，而以诗闻名。他考中道宗咸雍年间进士，任著作佐郎，补任中书省令史，以勤奋敏捷著称。后来南北两府上奏，论群臣优劣，一致认为只有耶律俨政绩突出，才能卓越。

① （元）脱脱等：《辽史》卷103《萧韩家奴传》，中华书局1974年版，第1445页。

道宗大安初年（1085），耶律俨任景州刺史。他上任后，纠正官吏的不法行为，打击豪猾之徒，优抚老人，赈济贫民，不到几个月，他的政绩被人们交口称颂，郡里的人刻石赞美他的功德。大安二年，改任御史中丞，道宗派他审理上京积滞的案件，他判处公正，多所平反。大安六年（1080）冬，耶律俨改任山西路都转运使。他清除弊政，重新制定赋税的数量，增加州县官吏的俸给，深得民心。

当时宋朝进攻西夏，李乾顺派使者请求辽出面和解，道宗让耶律俨去宋朝调解此事。回来后拜耶律俨为参知政事。道宗晚年昏庸怠政，不能决断任用的人选，就让他们各自掷骰子，谁中彩得胜，谁当官。耶律俨曾经得了胜彩，道宗说："这是当宰相的征兆。"于是封他为知枢密院事，赐他为经邦佐运功臣，封越国公。

道宗病危，耶律俨与北院枢密使阿思同受皇帝的顾命，辅佐道宗之孙天祚帝。乾统三年（1103），天祚帝徙封耶律俨为秦国王。六年，封他为漆水郡王。天庆年间，因耶律俨有病，天祚帝命他乘小车入朝。他病重时，天祚又派太医前去探视他的病情。死后赠他为尚父，谥号忠懿。

耶建俨为政清廉，一点东西也不向别人索取。他聪敏过人，凡是看过的书籍，都能过目成诵。他善于察言观色。他的妻子邢氏长得很美丽，经常出入于皇宫，耶律俨告诉她说："你要谨慎行事，不要违背皇帝的心意。"于是，耶律俨的权势日益稳固。

耶律俨以卓越的才能临政，所到之处都赞誉他能干。他勤奋好学，撰写《皇朝实录》70卷。[①] 详述有辽一代的兴衰治乱。后人把该《实录》统称为《耶律俨实录》，是元人撰写《辽史》的基本史料和依据。从这一点来看，耶律俨治史功不可没。

四 王师儒

王师儒（1039—1101），[②] 其家族世代居住在范隆。他的曾祖父讳惟

① （元）脱脱等：《辽史》卷98《耶律俨传》，中华书局1974年版，第1415页。

② 陈述：《全辽文》卷10《王师儒墓志铭》，中华书局1982年版，第291页。

忠，为天成军节度掌书记。祖父讳诂，居家不仕，父亲讳祁，在重熙七年二十一岁时，举进士状元及第，任职枢密副都承旨。王师儒，字通夫。性格孝顺谨慎，年少以家学渊源，自学于家。长大后，针对时弊，撰文抒其意。因此而声誉鹊起。从乡野传于朝廷之上。深为时人所推崇，都对王师儒寄予厚望。王师儒二十六岁，考取进士，屈于丙科。朝廷特授他为将仕郎，守秘书省校书郎。当朝者爱惜王师儒，唯恐师儒在州县疲于奔命，因此让他充任枢密院令史。咸雍六年（1070）夏，加太子洗马。朝廷委以他重任，还觉未尽其才。当年的冬天，命他为儒林郎直史馆。授予勋衔服章，为同行所羡慕。过了一年，授秘书丞应奉阁下文字。咸雍十年冬，加尚书比部员外郎兼史馆修撰。因王师儒吏材儒术突出，后来侍从皇帝行宫。在大康三年（1077）秋，加朝散大夫尚书比部郎中，赐紫金鱼袋。第二年夏，迁将作少监，知尚书吏部铨。不久，改授堂后官，仍充史馆修撰。朝廷授予王师儒秘书少监，充南宋正旦国信接伴。大康九年（1083）冬，道宗孝文皇帝因天祚帝耶律延禧刚刚出阁，封为梁王。封王师儒为太常少卿、乾文阁待制。特命王师儒为耶律延禧伴读。最初王师儒接伴宋使钱勰，钱勰是北宋著名的博学之人。在驿站途中，他与王师儒论六经子史及山南异物卜筮之书。王师儒样样精通，听王师儒讲解透彻明白，一行人都由衷地佩服他。到达驿站，原相国窦景庸当时任枢密直学士，在馆内设宴招待宋使。王师儒博学多才，对于当朝制度，他认为应于本朝南北两制之间求得平衡。皇帝曾经微服私访，亲耳听到王师儒的谈论。自此以后，对王师儒愈加恩宠，超出同辈。不久，道宗皇帝授予王师儒知制诰。由于王师儒善于辞令，与宋使来宾应酬自如。于是让他充任南宋贺生辰国信接伴使。大安年间，王师儒为南宋祭奠副使。大安三年（1087），加谏议大夫。大安四年，迁给事中，权翰林侍读学士。大安五年，正授前职，仍加大中大夫。大安六年，拜翰林学士，签诸行宫都部署。大安七年，兼枢密直学士。大安八年，加尚书刑部侍郎。寿昌初（1095），超拜同中书门下平章事，再知枢密副使，签中书省事。不到十几年的时间，王师儒连续九迁清资要职。可以看出，道宗皇帝要重用王师儒。

王师儒任枢密副使时，正值闹灾荒，燕地饥荒遍野，饥民无以为食。

王师儒上奏朝廷，希望对灾民进行赈济。而主管此事的官员吝惜官粟，拒绝赈济灾民，并上奏朝廷，当前米粟价格飞涨，不可贱卖给灾民。因此朝廷没有应允王师儒的救灾之策。在朝廷之上，再无肯为灾民上言者。王师儒多次上奏朝廷，申明赈济之意，恳请朝廷出官仓救济灾民。皇帝深深感悟并赞许王师儒的救灾之策。燕民受到朝廷的赈济，因此而存活者数百万。

王师儒参加了撰修国史的工作。从道宗咸雍十年（1074）到大康四年（1078）王师儒任史馆修撰。大安元年（1085）十一月，史臣进太祖以下七帝《实录》，即太祖、太宗、世宗、穆宗、景宗、圣宗、兴宗《实录》。这是辽代第三次撰修的《实录》。道宗寿昌六年（1100），在王师儒任宣政殿大学士、判史馆事时，编修所申报朝廷，国史已纂修完毕。宰相耶律俨上奏，国史如不经过大手笔最后刊定，不能取信于后人，因此拟请王师儒再对国史加以删改。皇帝听从了这一建议。朝廷每次游畋或举行宴会，入行宫夜饮，或召亲信者陪坐，必有王师儒在场。皇帝酒兴正浓，命王师儒劝酒及索歌以助酒兴。王师儒赋诗代唱。皇帝与大臣听后赞不绝口。真道、纯德、懿文、朴学这四方面，在士人之中，精通其一就很难，而王师儒却四者兼而有之。由此相信世上有通才，而王师儒可称为通才。王师儒自从入仕，皇帝对他有知遇之恩，王师儒上为天子（道宗）辅臣，次为王者（天祚帝）师傅。不到四十年而历儒官，进政府。寿昌六年（1100）夏，南宋谢登位使者到来。不久，宽释曹书吏。御书误加宝字。于是殃及王师儒与门下郑相颛、中书韩资让等人。同日，被削平章事，罢免其枢密中书省职位。后来道宗得知王师儒无罪。密下诏令，让王师儒冬赴广平甸行宫。等到他到达后，改授他为宣政殿大学士、判史馆事，上柱国食邑五百户。依前伴书燕国王耶律延禧。七年（1101）春正月，道宗逝世，天祚帝耶律延禧让王师儒充任攒涂都提点。王师儒所到之处，事情无不办。当年二月，改元乾统。夏六月，改授王师儒诸行宫都部署，加尚书左仆射兼判太常司事。十一月十日，王师儒生病，死于广平甸办公之所，终年 62 岁。王师儒一年四季在其身旁教诲辅导天祚帝，在十八年间，忠于职守，一日未曾背离其职。天祚帝闻听噩耗，悲痛不已，赠王师儒为太子太师。派遣王师儒长婿，诸行宫都部署司主事，起居舍人贾烨充敕祭发引使。赠予王师儒家里物品若干，超出同辈的殊荣。四月五日葬于南京析津府宛平县房仙乡池水里之西北原。后来以恩赠武定军节度使，同中书门下平章事、侍中。封功臣户并进其数。夫人故同中书门下平章事，判三司使事兼赠中书令韩造之女。以妇以夫荣，累封为丰国夫人。天庆四年（1114）二月二十八日，于燕京齐礼坊家中去世。夫人功容言德。有墓志石刻在，此不重复。王师儒有儿子二人，长子为元孙，已去世。次子为德孙，承恩荫，授率府副率阖门祗候，考中进士。有两个女儿，长女春宫，嫁给宣徽判官崇禄少卿贾烨。二女儿芝香，嫁给枢密都承旨时立爱，早逝。二子德孙性格纯孝，自王师儒死后，继承其父遗志。四月二十五日，把母夫人合葬于其父王师儒墓中。

五 民间才女耶律常哥

耶律常哥，是辽朝太师耶律适鲁的妹妹，她长得秀丽端庄，幼年时就有成人风度。长大成人后，她品行清高，发誓终身不嫁。她能作诗写文章，但不轻易落笔。她读《通历》，见前人得失，能一一进行中肯的评论。①

道宗咸雍年间，常哥作文议论时政。其文章大略为：“皇帝以民众为本体，民众以皇帝为中心。皇帝应当任用忠贤之臣。而臣子应当尽忠报国。那么就政治清明，万物和顺。要想征服远方，就要施以恩德；要想富国强兵，就要减轻徭役和赋税。四书五经为教化的根本，六府三事是百姓的生命。要禁止奢侈，提倡勤俭。纠正错枉，那么人们就不敢作恶。表扬忠诚，那么人们就不敢欺瞒。不要迷信佛道，大兴土木，建造奇观。不要在边境兴兵，枉费财物。满当思溢，安必虑危。赏罚公正，那么百姓就会规矩守法。不要迷信佛道，那么贤者就自然会出现，建万世磐石之业，制诸部强横之心。要正人，就要先正己，要治理好全国，就要从朝廷开始。”道宗皇帝见到此文，连声称赞。

① （元）脱脱等：《辽史》卷107《耶律氏常哥传》，中华书局1974年版，第1472页。

当时，枢密使耶律乙辛爱她的才能，屡次向她求诗，常哥于是写了回信交给他。耶律乙辛看到诗中有讽刺他的意思，十分忌恨她。道宗大康三年（1077），皇太子耶律濬因事获罪，耶律乙辛诬告皇太子，查无证据，皇太子无罪释放。这时，常哥的哥哥耶律适鲁被贬到镇州（今蒙古共和国布尔根省哈达桑之东），常哥与哥哥同去镇州。她穿布衣吃粗粮。有人问她："你为什么自讨苦吃？"她回答说："皇太子无罪遭废，我们怎能美食安寝呢？"听到皇太子被害的消息，她非常悲痛。70岁时，她死在家中。①

① （元）脱脱等：《辽史》卷107《耶律氏常哥传》，中华书局1974年版，第1472页。

第五章

其　他

一　逆臣察割

察割（？—951），字欧辛，明王安端之子。他善于骑射。外表恭顺而内心狡诈，人们以为他怯懦。太祖阿保机说："这人凶狠，而不是怯懦。"他的父亲安端曾经派察割前去奏事，太祖对近侍说："此子眼睛如风驼，面部有反相。朕如果一个人在的话，不要让他进门。"

世宗在镇阳即位，安端听说此事，要保持中立。察割说："太弟李胡嫉妒刻薄，如果他即位，怎能容得下我辈！永康王耶律阮宽厚仁慈，并且与刘哥关系很好，应该前去投靠。"安端马上与刘哥商议投归世宗。到世宗与李胡和议成功后，因功封安端为泰宁王。①

安端担任西南面大详稳，察割表面上与父亲安端关系不好，暗中派人向世宗告白，世宗马上召察割前来。察割到世宗面前，痛哭流涕地诉说，世宗非常同情他，让他典领女石烈军。从此察割得以出入行宫，多次被世宗恩赏。世宗每次出猎，察割都借口手有毛病，不拿弓矢，只是拿炼锤快步走。他多次把家中琐事说给世宗听，世宗以为察割诚实可靠。

察割因为诸族属杂处，人多眼杂，阴谋不好实施，于是就逐渐把自己住的帐篷向世宗住的行宫靠近。右皮室详稳耶律屋质观察到察割的阴险，上表列出察割的行踪，说他图谋不轨。世宗不信，并且把屋质的上

---

① （元）脱脱等：《辽史》卷112《耶律察割传》，中华书局1974年版，第1499页。

表拿给察割看。察割说是屋质诬陷自己，哽咽着诉说并痛哭流涕。世宗说："朕知道绝无此事，你何至于此呢！"察割口出怨言，责怪屋质。屋质说："你虽无此心，但是你的行为有失检点。你不要做不义之事就好。"有一天，屋质又向世宗提起此事，世宗说："察割舍弃父亲来投靠我，我可保证察割无他心。"屋质说："察割对父亲既不孝，于君上怎能忠！"世宗不听屋质的话。

天禄五年七月，世宗到太液谷，在那里留驻三天，每日宴饮，察割阴谋作乱没成。之后，世宗率军征伐后周，到了详古山，太后与世宗前去行宫祭祀文献皇帝，宴会上，群臣都喝醉了。察割去见寿安王耶律璟，邀他一同起事，耶律璟不从。察割把他的阴谋告知耶律盆都，盆都答应共同起事。当天傍晚，察割与盆都一同率兵进入行宫杀死太后及世宗，僭位称帝。百官不从者，把家属抓来羁押。到夜里，察割查看内府物品，看见玛瑙碗，说："这是稀世之宝，现在是我的！"其妻很是惊诧，说："寿安王、屋质都在，我们没有依靠，要此物有什么用！"察割说："寿安王年幼，屋质不过带领一些奴婢前来，到明天早晨就会来朝，因此不用忧虑。"其党矧斯来报告，寿安、屋质派兵在外面已经包围行宫，察割派人把皇后杀死于世宗灵柩前，仓皇出阵应战。寿安王派人招降说："你们杀帝叛乱，还不归降？"夷离堇划者带兵归降寿安王，其他人看到，都追随他前去归降。察割知道大势已去，于是抓来群官家属，手拿弓箭威胁呵斥他们尽快出来。当时林牙耶律敌猎也在人群中，上言说："不有所废黜，寿安王何以兴。你若拿此为借口，或许还可以免罪。"察割说："如你所言，谁前去当使者？"敌猎请求与罨撒葛同去劝说，察割听从其计。寿安王让敌猎诱出察割，杀掉了他，其余诸子都认罪伏法。

二　叛臣耶律重元

耶律重元（？—1063）①，小名孛吉只，圣宗次子，为钦哀皇后所生。

① 武玉环：《阴谋篡位的耶律重元》，黄凤岐等主编《中国北方各族人物传·辽代卷》，辽海出版社1989年版，第295页。

他才能出众，勇猛过人。他生得眉清目秀，不苟言笑，人望而生畏。圣宗太平三年（1023）封他为秦国王。兴宗重熙三年，钦哀太后密谋，欲立重元为帝。重元将太后的密谋告诉兴宗。兴宗因此更为器重他，不久立他为皇太弟。取皇室飞龙厩的马赐给他，重元生儿子，兴宗赐诗和宝器玩物给他。不久，任命他主持北南枢密院事。①

重熙十七年，兴宗赐重元金券，封其子涅鲁古为楚王。兴宗与重元饮宴，酒酣，兴宗应允死后将皇位传给重元。重元大喜，自此后，骄纵不法。兴宗与重元玩双陆游戏，赌军民城邑，兴宗屡玩不赢，前后已经输掉了几座城。一日，兴宗又与重元赌博，戏子罗衣轻指着棋局说："双陆你不要痴迷，连你都输去。"兴宗醒悟，从此不再玩双陆。

重熙二十三年，兴宗死，其子耶律洪基即位。是为辽道宗。任命重元为皇太叔，免去跪拜礼，不称其名。

在兴宗时期，辽统治集团里分成了针锋相对的两派：一派是兴宗，他的儿子耶律洪基和汉人大臣，他们习汉法，慕汉风，对宋朝愿意保持通和友好；经济上，代表新兴的封建主的利益。一派是皇太弟耶律重元和契丹各部落的首领们。他们不喜汉化，偏向保守本俗，对北宋主张采取较为强硬的政策。他们代表旧的契丹旧贵族的残余势力。这两派政见的不同，不仅含有民族、经济、文化等重要因素，并且有着长期的历史渊源。

耶律重元是一个顽固的守旧派首领。"悍强好战，屡次请求进攻中原"；他偏向契丹族，压迫汉人，主张修正圣宗制订的汉人、契丹人殴人致死，同样按"汉法"论罪的法令，建议恢复原来的、即优遇契丹人的法律；他"性极残忍，每出一囚犯死罪者，命众集射，斩而脔之，口流血满前，饮啖自若"。②

兴宗曾许诺，死后把皇位传给重元，重元因此获得了"皇太弟"的头衔。这个"皇太弟"的典故，在中原历史上，是从晋惠帝开始的。实

① （元）脱脱等：《辽史》卷112《耶律重元传》，中华书局1974年版，第1501页。

② （宋）叶隆礼：《契丹国志》卷14《鲁王宗元传》，上海古籍出版社1985年版，第152页。

际内容就是“兄终弟及”的意思。重元早已准备担任皇帝的角色，这使得一些顽固反对封建化的契丹贵族逐渐聚集在他的周围，形成了党羽。这个派系的形成，又使当朝皇帝不放心，从而不断发生摩擦，并愈演愈烈。

道宗即位后，皇太弟做了皇太叔，身份是高了一辈，但现在侄子做了皇帝，“皇太叔”只是一个空名了。皇太叔尽管享受了许多优厚待遇，但叔侄关系反而更紧张了。这些也牵连在宫廷之内的眷属之间。皇太叔的妃子进宫见皇后，皇后说话直率了一些，皇太妃恼羞成怒，回帐大骂重元；重元的儿子涅鲁古争权不得志，满心怨恨不平，逼着父亲搞政变。

从家庭琐事到军政大权，各种因素都刺激着皇太叔耶律重元。一团怒火形成的叛乱，终于在清宁九年七月爆发了。起事这一天，重元纠合大小官员四百余人，诱胁弓箭手等，向道宗所在行宫发动袭击。但是，他们的政变没有成功。其子涅鲁古被乱箭射死，逆党全部被诛杀。重元逃入沙漠，自杀身亡。①

重元之乱是辽朝廷内保守和前进两个派系斗争的反映。随着政治、经济重心的南移，辽国家也朝着封建制迅速发展。耶律重元却代表了这一发展的反动力量，他们未能也不可能挡住历史前进的车轮。

三 佞臣耶律乙辛

耶律乙辛（？—1083），② 字胡都衮，五院部人。他的父亲耶律迭剌一贫如洗，吃穿不能自给，部人称他为“穷迭剌”。他的母亲在怀他的时候，夜晚梦见用手抓住一只公羊，把公羊的角和尾巴拔掉。醒后她找人占卜，算卦的人说：“这是吉兆，羊字去角尾为王字，你以后有儿子当为王。”之后耶律乙辛生，他自幼聪慧狡黠。他小的时候曾经牧羊，一次，一直睡到黄昏，他的父亲喊醒他，耶律乙辛大怒，说道：“我正梦见有人

① （元）脱脱等：《辽史》卷112《耶律重元传》，中华书局1974年版，第1501页。

② 武玉环：《乱世奸雄耶律乙辛》，黄凤岐等主编《中国北方各族人物传·辽代卷》，辽海出版社1989年版，第295页。

拿日月喂我，我已经把月亮吃掉，正在吃太阳的一半，就被突然惊醒，可惜没有全都吃掉。”他的父亲很惊异，从此不再让他牧羊。长大后，耶律乙辛俊美而有风度，外表温和而内心狡猾。兴宗重熙年间，他当上文班吏，掌管太保印。一次，他陪从入宫，仁懿皇后见耶律乙辛温文尔雅，如同真正的宦官一样，于是任命他为笔砚吏。兴宗也十分宠爱他，提拔他为北枢密院同知，又为枢密副使。道宗朝又命耶律乙辛为南院枢密使。清宁七年，道宗任命耶律乙辛为知北枢密院使事，并封为赵王。①

道宗清宁九年，耶律乙辛因讨平耶律重元叛乱有功，加官为太子太傅、北院枢密使，晋升为魏王，并被道宗赐予“匡时翊圣竭忠平乱功臣”的称号。

咸雍五年（1069），道宗加封耶律乙辛为守太师，并允许他如果四方有战事，可以全权处理。于是，耶律乙辛炙手可热，权倾朝野，门下送礼贿赂的人络绎不绝。凡是依附他的，都被提拔；忠直之士被罢贬。

大康元年（1075）夏六月，皇太子（耶律濬）开始总理朝政。他法令修明，众望所归，耶律乙辛专权擅政的野心不能得逞，于是他暗中串联，阴谋诬陷皇后与太子。这年冬天，皇后受诬陷，被道宗赐死。太子濬郁郁寡欢，耶律乙辛心中常常不安，他担心皇太子一旦即帝位，将无他的立身之地。因此，又想谋害太子。他乘机上奏说：“帝与后如同天地并存，东宫之位不可久旷。”并极力称赞其党羽驸马都尉萧霞抹的妹妹美丽而又贤惠。道宗听信了他的话，册封她为皇后。这时护卫萧忽古憎恶耶律乙辛的奸邪，藏身于耶律乙辛要经过的桥下，想要行刺耶律乙辛。一会儿，忽下暴雨把桥冲坏，萧忽古的计谋未能实现。林牙萧岩寿密奏道宗说：“耶律乙辛自从皇太子参政以来，心怀疑惧，他与宰相张孝杰相勾结，恐怕有异图，不可让他官居要职。”第二年夏六月，道宗贬耶律乙辛为中京留守。耶律乙辛的党羽萧霞抹向道宗为耶律乙辛说情，道宗后悔，召耶律乙辛回朝，官复北院枢密使，贬萧岩寿为顺义军节度使。不久，又把他流放到乌隗部。当时，道宗召近臣商议召回耶律乙辛的事情，群臣都不敢非议此事。只有耶律撒剌说：“当初，因萧岩寿的奏请，贬耶

---

① （元）脱脱等：《辽史》卷110《耶律乙辛传》，中华书局1974年版，第1483页。

律乙辛。如果萧岩寿所说的不符实，应该治他的罪；如果他所说的是实情，那么就不能重新召回耶律乙辛。”他屡次劝谏，道宗不听。于是，朝廷中谗言诽谤甚嚣尘上，忠良之士被排斥无遗。耶律乙辛听从同党萧十三所言，夜间召来同党萧得里特策划陷害太子。于是在大康三年夏五月，耶律乙辛命令护卫太保耶律查剌等诬告萧速撒等人密谋欲立皇太子为帝。道宗下令立案审查，查无证据而作罢。不久，耶律乙辛又命令牌印郎君萧讹都斡诬告说，他也参与了这一阴谋。道宗命令耶律乙辛审理此案，耶律乙辛用酷刑迫使他们供认。道宗大怒，命令杀萧速撒和耶律撒剌等人。耶律乙辛害怕道宗怀疑，临刑前带数人上庭复问，让犯人各带很重的刑具，绳子紧紧勒在脖子上，不能出气，人人不堪忍受酷刑，只求速死。耶律乙辛上奏说：“罪犯供认不讳。”当时正值大暑，尸体不让埋葬，以致腐烂发臭。皇太子被囚禁在上京（今内蒙古巴林左旗林东镇东南二里波罗城），耶律乙辛不久派人杀害了皇太子和他的妻子。

大康五年（1079）春正月，道宗将要外出去打猎，耶律乙辛奏请将皇孙（被杀太子耶律濬之子，即后来的天祚皇帝）留下，道宗正要答应，同知点检萧兀纳劝谏道：“皇孙幼小，左右无人，我愿留下保护皇孙，以防不测。”于是，道宗将皇孙带走。由此，道宗才开始怀疑耶律乙辛。

耶律乙辛当权时，正值辽朝末年的道宗朝，辽道宗昏庸，爱听逢迎的话，耶律乙辛善于钻营，能言善辩，并且会察言观色，投其所好。他靠这些手段取得了道宗的信任。道宗对他恩宠无比。耶律乙辛当权后。结党营私，网罗亲信、党羽，凡是逢迎、巴结他的人，都得到高升，凡是忠直的大臣，不依附于他的人。都被他以各种理由排斥出朝，或以各种莫须有的罪名残害致死。耶律乙辛还亲手制造了两起轰动朝廷内外的宫廷冤案，使道宗逼死他的妻子萧观音和皇太子耶律濬。耶律乙辛伙同张孝杰等，用一连串的阴谋，蒙蔽道宗耶律洪基，杀害皇后、太子，杀害或斥逐大批比较正派的朝臣，把朝廷军政大权逐步掌握到自己及其党羽们的手里。他的威权实际上超过了耶律洪基。当时甚至有一句谚语说：“宁违圣旨，无违魏王的帖子。”耶律乙辛在朝廷是一个大奸邪，是国家一个大祸害。然而道宗耶律洪基对他信任极深，并不认为他有问题，只是过了很长时间，在一次北幸途中，看见侍从官属都跟随在乙辛后面，才“恶之，出乙辛知南院大王事”。[①] 但是直到最后，还是没有按照主要罪行对乙辛做出惩处，而只是由于他投奔宋朝和私藏武器的事被揭露，才把耶律乙辛处死。耶律乙辛的其他同伙，在耶律洪基时期，大都逍遥法外，只有个别人受到薄惩。

耶律乙辛专权，是从契丹贵族统治集团内部生长出来，导致这个集团慢性自杀的痈疽之一。这个痈疽之所以生存，是因为道宗耶律洪基昏庸到了不辨黑白的程度。耶律洪基昏庸怠惰，用人授官，连动动脑筋做选择都不肯了，干脆靠被任命者们自己掷骰子，看彩头，凭运气，这样来确定用哪个人，授什么官。他沉溺佛教到了不能自拔的地步。“一岁而饭僧三十六万，一日而祝发（即落发为僧侣）三千。”他下诏重赏告密的人，这才有“诽谤之词甚嚣尘上”，“耶律乙辛权宠方盛”。辽朝的灭亡，固然是在耶律延禧时期，但在耶律洪基时就已经种下了灭亡的种子。

四 误国宰相萧奉先

萧奉先（？—1122），是辽末天祚朝的枢密使，他是天祚帝元妃的哥哥。萧奉先虽受天祚帝的无比宠信，但是他却对国家无所建树。相反，误国、误民正是萧奉先所为。

第一件误国之事，是放走阿骨打。天庆二年（1112），辽天祚帝在头鱼宴上已看出阿骨打“意气雄豪”，有不臣之意，天祚帝让萧奉先“托以边事”杀死阿骨打。但是萧奉先鼠目寸光，却对天祚帝说：“阿骨打有何能为。”认为阿骨打不足挂虑，以致放虎归山，留下后患无穷。

第二件误国之事，是天庆四年（1114），阿骨打率领女真军队在出河店打败辽都统萧嗣先（萧奉先的弟弟）。萧奉先怕他弟弟被杀，因此向天祚帝谎报：“东征溃军逃窜，所至劫掠，如不宽赦，将啸聚为患。”[②] 于是，萧嗣先仅仅免官而已。自此以后，士无斗志，遇敌就崩溃，辽的郡县所失日多。萧奉先因私情而忘公，引起军士不满，以致影响军心和斗

① （元）脱脱等：《辽史》卷110《耶律乙辛传》，中华书局1974年版，第1483页。
② （元）脱脱等：《辽史》卷102《萧奉先传》，中华书局1974年版，第1439页。

志，辽的国土沦丧，和军心不稳、军无斗志直接有关。

第三件误国之事，是用阴谋挤走耶律余睹，杀死天祚之子、晋王敖卢斡。萧奉先身为辽国宰相，他处心积虑，考虑的是如何才能使自己的外甥登上皇帝的宝座。为此，他不惜捏造事实，要阴谋诡计，蒙骗天祚帝。首先，他诬蔑耶律余睹勾结驸马萧昱，阴谋立外甥晋王敖卢斡为帝。天祚帝竟信以为真，杀死萧昱，耶律余睹逃入女真国。当保大二年，耶律余睹带兵攻辽，萧奉先见有机可乘，又向天祚帝进谗言说：只有杀死晋王，金兵可不战自退。愚蠢、贪恋王位的天祚帝竟然又相信了他的话，杀死了亲生儿子晋王敖卢斡，朝廷上下没有不痛哭流涕的。人心更加涣散。晋王敖卢斡虽死，但金人并未因此而退兵，继续追击天祚帝，天祚帝无奈，向西逃跑，直到这时，天祚帝才醒悟到萧奉先的奸诈误国。①

天祚帝时期，任用的这批担任辽朝军政要职的宰相、大臣，无不是为一己私利，而损害国家大计，要阴谋诡计，陷害忠良的个人野心家。辽朝灭亡，是势所必然的。

五　北辽皇帝耶律淳

耶律淳（1063—1122），是辽兴宗的第四个孙子。父亲为宋魏王和鲁斡。天祚帝时，拜他为南府宰相、魏国王。保大二年（1122），在李处温、李夷等人的策划下，耶律淳在南京称帝，号天锡皇帝，改元建福。②他称帝只有三个月，就病死。其妻萧太后临朝称制，后来被天祚帝处死。史称这个政权为北辽。

耶律淳称帝的客观原因，是由于天祚帝逃入夹山，多日命令不通，而朝廷又不可一日无主。在这种形势下，李处温等人乘机劝他称帝，把事先准备好的红袍披在他身上，他是不得已而为之。

此外，由于天祚帝的昏庸无能，已经使朝廷内外的人丧失了对他的信任与拥戴，辽朝廷内早就酝酿着“新桃换旧符”的替换皇位的政变。

① （元）脱脱等：《辽史》卷102《萧奉先传》，中华书局1974年版，第1439页。

② （元）脱脱等：《辽史》卷30《天祚皇帝纪》，中华书局1974年版，第352页。

早在天庆五年（1115），当天祚帝率军东征女真时，都监耶律章奴曾预谋立魏王淳为帝，由于天祚帝已得知消息，派人拿密信通知耶律淳兵变的消息，耶律淳立即杀死前来劝他称帝的萧敌里，然后亲自到天祚帝那里请求治罪。耶律章奴兵变未能成功，最后被天祚帝处死。

辽末，在不到七年的时间里，连续发生两次拥立耶律淳为帝的政变，一方面说明天祚帝早已丧失朝臣的信任，另一方面说明辽朝臣们急于寻找一个名正言顺的皇室后裔取代天祚帝，以此来改变辽末衰败的局势。而耶律淳被朝臣们看中，说明他在辽朝内外享有较高的威信，以他的出身、才能适合代替天祚帝。但是，他上台后却是一个短命的皇帝，只做了三个月的皇帝就病死了。[①] 这是因为，当上皇帝固然容易，但是安邦治国，匡正扶危，却不是一日之功、举手之劳所能奏效的。况且，辽末局势危机四伏，耶律淳当皇帝同样没能挽救辽朝即将覆亡的危局。

六 耶律雅里

梁王耶律雅里，是天祚帝的第二子。保大三年（1123），在将领耶律敌烈等人的拥戴下做了皇帝，改年号为神历。当时，正值辽危亡之时，天祚帝决心渡河，投奔西夏，群臣极力劝谏也不听，人心惶惶不知如何是好。在这种混乱的局势下。耶律敌列等人立耶律雅里为帝。雅里为帝后，曾有积极的建树，他命令官民上书提建议，经常拿唐朝《贞观政要》和耶律资忠的《治国诗》，让侍从们阅读。诸部相继前来归附。耶律雅里为帝后，是想有所作为的。他不因耶律敌列拥戴他做皇帝就优待他，耶律敌列与诸藩部交战屡战屡败后，耶律雅里命杖打耶律敌列后免官。耶律雅里能听劝谏。他喜爱击鞠，当特母哥极力劝阻后，雅里从此再也不玩了，但最终他死于打猎过劳。[②]

雅里生于辽末混乱的年代，在众人的劫持下做了皇帝。他是帝王之子，在和平的年代有继承皇位的可能性，但在辽末多事之秋，他虽有扶

① （元）脱脱等：《辽史》卷30《天祚皇帝四》，中华书局1974年版，第352页。

② 同上书，第353页。

世济民之志，但生不逢时，只做了几个月短命的皇帝，未有结果而死去。

七　奚王回离保

回离保，为奚六部大王，兼总管东路兵马事，是奚王特里的后代。他曾任辽朝知枢密院事等职。天祚帝保大三年春正月，回离保在箭苛山自立为帝。号奚国皇帝，改年号为天复元年。设置奚、汉、渤海三个枢密院，改东、西节度使为二王，分司建立官制。后来，奚回离保被众人杀死，他称帝只有八个月。

回离保称帝，是在辽末纷乱的形势下出现的闹剧。辽朝末年，辽朝廷已无力控制形势的发展。金兵节节逼近，国土大部丧失。天祚帝逃奔在外，民众人心惶惶。因此趁混乱之际，各种人物都跳到前台表演。奚回离保是其中人物之一。他是一个野心膨胀的个人野心家。他的称帝，是为了满足个人的侈欲和野心，奚回离保在民众中没有威望，因此称帝后又控制不了形势，以致不能制止奚兵袭击契丹部落和抢劫行为。使得民心怨愤。奚回离保在与郭药师（辽末怨军首领）交战时，又被打败，使得军心离散，奚回离保被部下人和他的外甥杀死。① 奚回离保被杀，说明他的行动不得人心，部下对他已丧失信心，奚回离保称帝，最终落得个众叛亲离，死无葬身之地的可悲下场。

八　李处温

李处温，析津人。其伯父李俨，道宗大康初为将作少监，累官参知政事，封漆水郡王，李俨与北枢密使萧奉先为旧友。执政十余年，善于逢迎取媚，天祚帝宠任他。李俨死，萧奉先推荐李处温为相，李处温因萧奉先有援己之力，便倾心依附，以巩固权位，李处温贪污受贿，凡所推荐的，多为小人。

天祚帝保大初年，金人攻陷中京，诸将不能抵御金军的进攻而节节

① （元）脱脱等：《辽史》卷114《奚回离保传》，中华书局1974年版，第1516页。

败退。天祚帝畏惧，逃奔夹山，金军进逼辽境，形势十分危急。李处温与族弟李处能等人，外借怨军声援，内结都统萧干，阴谋立魏国王耶律淳为帝，召集番、汉官属到魏王府劝进。魏国王耶律淳刚出门，李处温就将赭袍披在耶律淳身上，让百官拜舞称贺。魏王耶律淳固辞不得，于是称天锡皇帝，即位。耶律淳任命李处温守太尉，李处能直枢密院，左企弓以下及亲旧和参与其事者，各赐大小不等的官职。①

不久，魏国王耶律淳病，自知不久于人世，于是耶律淳密授李处温番汉马步军都元帅，要将后事托付给李处温。耶律淳病重之时，萧干等矫诏南面宰执进室密议，唯独李处温称疾不至，暗中聚集勇士，并且扬言奉密旨防止他变。魏国王耶律淳死，萧干率契丹兵，当众宣布立王妃萧氏为太后，权主军国大事，朝官不敢有干预者。萧干以太后之命，召李处温到朝廷，当时时局艰难，没有马上处死李处温，只是追讨元帅札子。李处能害怕殃及自己，落发为僧。

不久，有永清人傅遵说随郭药师入燕，被捉住，坦白李处温曾经派易州富民赵履仁，托他把手书送给宋将童贯，想要挟萧后纳辽土归附宋朝。萧后提李处温审问，李处温说："臣父子对于宣宗有定策之功，应该世蒙宽容，怎么能够因谗言而获罪?"萧后说："如果能让魏国王（淳）象周公那样任用贤能，忠诚辅政，则可终生享有亲贤之名于后世。可是误国误民者都是你们父子所为，你何功之有!"并历数之前李处温的所有罪恶。李处温无话可说，于是赐李处温死。

九 东京起义军领袖大延琳

大延琳，辽东京渤海人，圣宗时为东京舍利军详稳。② 东京是辽朝五京之一（今辽宁辽阳），此地自天显三年（928），东丹政权南迁后，大量渤海民户迁移此地。舍利军，有的是契丹皇族中从军者组成的，也有奚族子弟组成的奚族舍利军，以及境内各部族子弟组成的各部族舍利军。

---

① （元）脱脱等：《辽史》卷102《李处温传》，中华书局1974年版，第1440页。

② （元）脱脱等：《辽史》卷17《圣宗纪》，中华书局1974年版，第203页。

舍利军详稳司的最高长官叫详稳。大延琳所统辖者，大约是渤海部族舍利军。

辽太祖在天显元年（926）灭渤海国，得渤海国一百零三城。渤海国是唐时靺鞨粟末部首领大祚荣结合其他靺鞨诸部和部分高句丽人所建政权。最盛时全境包括松花江以南，东到日本海，有五京、十五府、六十二州。被辽所灭后，改称东丹。后迁到辽河流域，定都辽阳。改渤海国为东丹国，任命长子耶律倍为东丹王进行统治。太祖次子太宗耶律德光即位后，为了控制因让皇位而心怀怨气的耶律倍，下令尽迁东丹国民到辽东地区，为此遭到东丹国民的强烈反抗，他们有的逃入女真，有的逃入新罗。太宗又下令：凡是因贫乏不能迁徙的人，由富民帮助他们迁徙，然后把他们变成富民的奴隶。此次南迁，使渤海地区遭受空前浩劫和破坏。二百多年文明毁之于一旦。

辽东京地区，自辽太祖阿保机以来，此地没有实行酒专卖和关于盐、曲的法令，市场买卖货物征税也很宽松。但到太平年间，冯延休、韩绍勋相继按照燕地平山（今河北平山）税法征税，民不堪命。太平九年，燕地大饥，东京户部副使王嘉又献计造船，招募熟悉海运者，运辽东粮米以赈燕地，而水路艰险，船只、人员多覆没。百姓虽申辩，而主持者不信，还拷打驱逼，因而怨恨思乱。① 于是，大延琳趁机起兵，杀死了韩绍勋与王嘉，以泄民愤，并发动起义。

太平九年（1029）八月初三日，大延琳趁机起兵于东京。起义军囚禁了辽东京留守、驸马都尉萧孝先及其妻南阳公主（圣宗第四女），杀东京户部使韩绍勋、副使王嘉及四捷军都指挥萧颇得，占领了东京城，有众数万。大延琳即王位，国号兴辽，年号天庆。

大延琳在起兵之前，似曾有过比较详细的行动计划，其主要是：除由自己控制辽的东京城外，秘密派人到北方与黄龙府的黄翩联系，派人到东方与保州的夏行美联系，号召他们与自己联合起兵。黄翩任黄龙府兵马都部署。黄龙府兵马都部署是辽控制东北方边境以内各族的一个重要军事机构，黄翩是这一机构的最高长官。黄翩在混同江和疏木河（即

① （元）脱脱等：《辽史》卷17《圣宗纪》，中华书局1974年版，第204页。

唐代涑沫江，指今第二松花江的吉林市以上部分）之间，建立城堡，加强对女真的控制。由此可见，大延琳一旦得到黄翩的起兵响应，立刻会使东北反辽斗争局面发生重大变化；使仅次于五京的黄龙府控制在义军手里，与东京义军，南北呼应，将使辽廷的镇压难于顺利进行；而且会使黄龙府控制下的东北方女真，皆卷入反辽斗争中。夏行美是渤海族人，当时担任渤海太保，率领军队驻守鸭绿江东辽国境内的保州（今朝鲜义州与新义州之间）。大延琳写信给他，让他谋取驻军统帅耶律蒲古。这一计划如果实现，起义军便会控制东京的东南部边境地区，与东京义军，东西呼应。以上两个计划如能实现，将会使辽东京道的渤海、女真人户全部卷入反辽起义之中，起义军便控制了整个东京道地区。

但大延琳不仅没能实现两个计划，而且连同东京起兵计划，都迅即传到了辽廷。原来在起兵前，大延琳与东京副留守王道平密谋，王道平乘夜离家出城逃走，与大延琳派往黄龙府召黄翩的人，一同到圣宗驻地黑岭告变。因此，一方面，大延琳与黄翩建立起联系；另一方面，辽廷由于接到报告，得以及时采取应变措施，辽廷立即征调诸道之兵，在诸道兵未集之前，以辽国舅详稳萧匹敌驻地接近大延琳，命他先率本管之兵与家丁，占据要害，杜绝大延琳西渡计划。同时，大延琳联合夏行美的计划也失败了。夏行美接到大延琳的密信后，不仅没有谋取其统帅耶律蒲古，反而把密信送给他，又诱杀了所谓“贼党”百人。耶律蒲古得到信后，入据保州，杀了渤海兵800人，以防当地渤海兵起义响应，从而切断了大延琳起义军的东路。

大延琳占领了东京城后，海州（今辽宁海城）、宁州（今辽宁熊岳城西南七十里）、渌州（今吉林临江县）等地起义响应，还有南、北女真，皆投靠起义军。但由于东京义军的东方、西方皆有辽军扼控要害之地，不能不影响起义军的迅速发展和进军。大延琳为解除其东方之患，求援于高丽，曾派大府丞高吉德前往高丽国，告知兴辽建国，并求得援助。高丽派兵攻鸭绿江东辽军，失败而走。在上述情况下，大延琳分兵北上，进攻沈州（今辽宁沈阳）。沈州节度使萧王六初到任。主持防守的副节度使张杰，声言欲降，以为缓兵之计。起义军竟不急攻，及知其诈，而城中已有准备，所以没有攻克就返还了。

十月初一，辽廷以南京留守萧孝穆为都统，国舅详稳萧匹敌为副统，奚六部大王萧蒲奴为都监，率兵镇压大延琳起义军。诸道官兵次第皆至，大延琳曾先与辽军战于蒲水（今称蒲河），击退其中军，却遭到萧匹敌、萧蒲奴所率领左、右翼兵的夹击，因而溃退。辽军又控制了大延琳义军通往女真、高丽的交通要道。阻止外地的增援。大延琳退至手山（即首山，在辽阳城西南 15 里）之北，与敌军再战，又失利，退入东京城中，深沟为卫，据城固守。辽官兵包围了东京城，在城的四面，距城各 5 里许，修筑重城，建起高台，坐困义军，使城内人不能与外界相通。海州起义军也遭到辽官兵的包围，据城自守。同时，官兵还攻打了辽南其他起义的城邑。十二月，被大延琳任命为兴辽国太师的大延定，率领高丽东北境外，辽国境内渌州一带的女真人，与官兵相战，并向高丽派遣使者，请求援助。此时，高丽鉴于第一次援兵失利，决定修城谨堠，徐以观变，不再派援兵。太平十年（1030）正月，大延琳再派水部员外郎高吉德（即前述之大府丞高吉德）。赴高丽乞援师，高丽也未派兵。八月二十五日，大延琳部将杨详世叛变，密约辽军，夜开南门，使辽军进入城中，大延琳被俘。海州城起义军，坚持经岁，及闻别部首领皆被俘，才投降。至此，大延琳领导的起义失败了。

大延琳起义虽然失败了，但沉重地打击了辽朝在东京道的统治力量，处决了一批辽朝的酷吏，粉碎了辽廷在东京道的搜刮计划，一时解救了东京道人民的苦难，有助于这一地区生产的继续发展。

十　辽代名僧鲜演大师

大师名鲜演，俗姓出于陇西之郡，其父讳从道，性格聪敏善良，能说善道，善写文章。隐于民间而不入仕做官。

其母杨氏，蕙心兰质，心地善良。初教大师以儒家经典，循循善诱，引师向善；再以佛书义理，加以引导，鲜演接触佛理，逐渐长大，他心存善念，不流于俗，而鹤立鸡群。有同乡太傅大师听闻后，赞叹不已，因而到其居所，看到鲜演后，对他说：“你年龄虽小，心存志向，如加以引导，通达教化，今后自然出人头地。”于是鲜演跟随大师到上都，尊太师大师为师，出家，住在大开龙寺。凡是寺院清规戒律，行为规范，鲜演大师一学就会。凡所见闻，都有其独特的见解。同门称赞鲜演说：“你好比麒麟落于走兽之中，凤凰落在群鸟之中，真的出类拔萃啊。”清宁五年，鲜演正值青春年少，考试经文戒律，得第一名。不久，鲜演大师辞别大家，游历山水，寻找老师学习。他从白霫之地，到幽燕地区，各处游历。鲜演在寺院讲经辩论，声名远播。有秦楚国大长公主对大师说：“愿与你成为良师益友，请师入竹林寺，永为寺院讲主。”鲜演在寺院一年左右，其名声传到皇帝耳中，皇帝特赐鲜演紫衣、慈惠德号。自此以后，鲜演声名显赫，传遍京师。偶遇道宗巡幸燕京，有通赞疏主特意向道宗举荐大师。鲜演再蒙圣恩，改充大开龙寺暨黄龙府讲主。鲜演在钻研佛教之暇，把心得撰写出来，撰有《仁王护国经融通疏》《菩隆戒纂要疏》《唯识论掇奇提异钞》《华严经玄谈决择记》《摩柯衍论显正疏》《菩提心戒》及《诸经戒本》，卷秩颇多。有《三宝六师外镬文》十五卷，可以说是脚踏万行之深渊，下笔千经之奥妙。大师通《因明大义》，途中曾遇到暴雨而不湿其服。鲜演大师刊《楞严钞文》，山内枯井自动涌出清泉。于是，高丽外邦，僧统倾心仰慕；大辽中国，师徒翘首以待。①

道宗皇帝，常在冬夏时节，召大师赴朝廷之上，与他共同探寻佛理之玄妙，谋划治理国家之良策。鲜演大师善于阐释弘扬义理，与道宗相互研讨佛书。大安五年，道宗特授大师“圆通悟理”四字师号。大安十年冬，奏籍系兴中府兴中县。寿昌二年，迁崇禄大夫、检校大保。奉旨开坛讲经。鲜演大师七十二岁，应根度大众，亿兆有余。大师名扬北方，朝廷器重。今天的皇帝，常顾念大师以往功德，又赐予新恩。

天祚帝乾统元年，天祚帝加大师特进阶、守太保。六年，迁特进、守太傅。赐予大师的门人、家人各种荣誉。例如守荫门人，亲弟兴操紫衣二字师号，兴义紫衣、崇禄大夫、鸿胪卿；兴密、兴智、兴祚紫衣德号。其余承应者不算在内。次荫俗弟亨，为左承制兼监察御史；俗侄永

① 闫凤梧：《全辽金文》上，《鲜演大师墓碑》，山西古籍出版社 2002 年版，第 665 页。

晟，礼宾副使兼殿中侍；次俗侄永安，永宁并在班祇候。乾统四年，追封其父太子左诩卫校尉，其母为弘农县太君。当此之时，缁徒爵号，荟萃一门；俗眷身名，光生九族。天庆二年，鲜演大师固辞帝阙，回家颐养天年。寒暑屡迁，大师身体仍健。年七十余岁，与世长辞。

十一 西辽政权的缔造者耶律大石

耶律大石（1187—1143），字重德，是辽皇族后裔、辽太祖耶律阿保机的八代孙，他精通契丹文和汉文，善于骑射，考中天庆五年（1115）的进士，天祚帝提拔他为翰林应举，不久升为翰林承旨。辽国俗把翰林称为林牙，因此人们称他为大石林牙，他历任、祥二州刺史、辽兴军节度使。①

辽朝末年，政治黑暗，天祚帝昏庸怠政，灾荒遍野。女真族乘辽衰亡之机，崛起于北方，辽的疆土大部被金占领。天祚帝被逼无奈。抗击金兵，屡遭失败。于是他率领残余兵士逃入夹山。当时，为了保卫燕、云地区，大石与诸大臣谋划拥立秦晋王耶律淳为帝，以守卫燕地（今河北省）。大石负责军政事务。耶律淳死后，他的妻子萧氏被群臣拥立为太后，临朝听政。金兵攻入燕京（今北京西南），萧太后投奔天祚帝，被杀。天祚帝责备大石说："我在，你为什么敢拥立秦晋国王为帝?"大石回答说："陛下以全国的力量，尚不能抵抗住敌人，放弃国家而远逃。即使拥立十个秦晋国王有什么害处?"天祚帝无言以对，赐给大石酒食，赦免了他的罪过。保大三年（1123）夏四月，金兵到达居庸关，大石被金兵捉住。秋九月，大石从金逃回天祚帝那里。天祚帝想要出兵收复燕、云（今河北、山西）之地，大石极力劝阻说："自从金人初陷长春（今吉林乾安北）、辽阳，陛下不去广平淀（今内蒙古奈曼旗西北老哈河上游的白音套海），而到中京（今内蒙古宁城西大明城）。金人攻陷上京（今内蒙古巴林左旗林东镇东南二里波罗城），陛下到燕山（今河北境内）。金人攻陷中京，陛下则去云中（今山西大同），从云中而又迁移到夹山（今

① （元）脱脱等：《辽史》卷30《天祚皇帝四》，中华书局1974年版，第359页。

内蒙古土默特左旗西北）。因为全军不谋求战备，使得全国汉地都被金人所占领。国势因此而衰弱，如要再战，不是良策，目前应当养精蓄锐，见机而动，不可轻举妄动。”天祚帝不听他的劝告。于是，大石就杀死萧乙薛和坡里括，设置北、南面官属，自立为王，带领属下西行而去。过了黑水（今内蒙古百灵庙以北的艾不改河），遇见白达达详稳牀古儿。牀古儿送给大石马和骆驼。大石一行西行到可敦城（今蒙古共和国布尔根省哈达桑之东的青托罗盖），驻扎在北庭都护府，会见威武、崇德、会蕃、新、大林、紫河、驼等七州和大黄室韦、敌剌、王纪剌、茶赤剌、也喜、鼻古德、尼剌、达剌乖、达密里、密儿纪、合主、乌古里、阻卜、普速完，唐古、忽母思、奚的、而毕（以上皆为我国西北部族名）18 部大王和众人，大石对他们说：“我祖宗艰难创业，历世 9 个皇帝，历时 200 载。金人是我国臣属，却威逼我国家，残害我黎民，占领我州城，使得我天祚皇帝流亡在外，日夜痛心疾首。我今天仗义西行，想凭借诸部的力量，消灭我仇敌，恢复我疆宇。只是你们之中也有替我国家痛惜，替我国家忧虑，想共同救我君父，救民众于危难之际的人吗?”于是，大石得到各部援助的 1 万余名精兵及兵器。保大四年（1124）春二月，大石用青牛白马祭天地、祖宗，整顿队伍向西行进。事先，大石在给回鹘王毕勒哥送去的书信中说：“过去，我太祖北征，路过卜古罕城（即回鹘城），立即派人到甘州（今甘肃张掖）召见你的祖先乌母主，你的祖先立即表示感谢。因此，我们和你国并非一日之好。今天我将西行到大食（指阿拉伯帝国），借道你国，你们不要怀疑。”毕勒哥得到书信后，立刻把大石迎到宫邸，设宴款待。因此，大石兵行万里，归附的有好几个国家，获得的马、骆驼、牛、羊、财物不可胜计，军事势力日益强大。大石到达寻思干（今乌兹别克斯坦撒马尔罕），西域各国出兵 10 万，号称“忽儿珊”（西域大军名），前来抵抗。大石率师分三路迎击，派六院司大王萧斡里剌，招讨副使耶律松山等攻其右翼；枢密副使萧剌阿不，招讨使耶律术薛等攻其左翼；自己亲自率领其余的士兵进攻忽儿珊军的中间，忽儿珊大败，死尸遍地。大石的军队驻扎在寻思干共 90 天，回回国王来投降，献地方特产。

大石又率军西行到起儿漫（在今乌兹别克斯坦撒马尔罕和布哈拉之

间），在这里大石称帝，在甲辰岁二月五日即位。大石时年 38 岁，号称葛儿罕（漠北君主之称），又上尊号为天祐皇帝，改年号为延庆元年（1124）。大石追谥其祖父为嗣元皇帝，祖母为宣义皇后，册立妃子萧氏为昭德皇后，对萧斡里剌等 49 人的祖父和父亲，各加封爵。大石所建立的政权称为西辽，也称“后辽”，西辽立国前后共约 90 年（1124—1211）。

延庆三年（1126），大石班师东归，大石骑马走了 20 天，找到一块好地方，于是建立都城，起名为虎思斡耳朵（即八剌沙衮，在今吉尔吉斯斯坦托克马克以南）。延庆十一年，改元为康国。这年三月，大石任命六院司大王萧斡里剌为兵马都元帅，前同知枢密院萧查剌阿不为副帅，耶律燕山为都部署，耶律铁哥为都监，命令他们率领 7 万骑兵东征。大石对他们说：“今天你们东征，信赏必须分明，要与士兵同甘共苦，选择水草丰美的地方扎营，衡量敌人的强弱再决定攻取，千万不要自取灭亡啊！”东征军东行万余里一无所获，牛马多死亡，于是率兵回来。

大石死于康国十年（1143），他在位 20 年，庙号德宗。大石留下遗诏，让昭德皇后称制，皇后名叫塔不烟，号感天皇后，改元咸清，摄政 7 年。

大石的儿子夷列即位，改元为绍兴。登记百姓中 18 岁以上人的户籍，有 84500 户。夷列在位 13 年，死，庙号仁宗。夷列的儿子年幼，夷列留下遗诏，让他的妹妹普速完执掌大权。她改元为崇福，号为承天皇后。后来，普速完与驸马萧朵鲁不的弟弟朴古只沙里私通，贬驸马为东平王，并将他杀害。驸马的父亲斡里剌率领士兵包围了皇宫，射死了普速完和朴古只沙里。普速完在位 14 年。仁宗的次子直鲁古即位，改年号为天禧，他在位 34 年。乃蛮王屈出律趁直鲁古出去打猎之机，派伏兵将他捉获，而窃取王位，尊直鲁古为太上皇，朝夕问起居，侍奉到死。直鲁古死，辽绝。前后共 90 余年，号为西辽。①

耶律大石是辽末杰出的历史人物，他目睹了辽朝灭亡的历史过程，

---

① （元）脱脱等：《辽史》卷 30《天祚皇帝四》，中华书局 1974 年版，第 359 页。

亲自参加了为挽救辽朝而与宋金军队进行的大小战争，他在辽衰亡之际，毅然决定了向西转移，建立根据地，保存发展实力，重建辽朝的大计。他终身以恢复辽朝为己任，虽然最终未能实现光复故土的愿望，但他所建立的西辽帝国，无论在中国历史上还是中亚历史上都占有极其重要的地位。

卷四　考异

一　辽初社会性质考论

关于契丹建国前的社会组织，究竟是部落联盟还是酋邦制？契丹社会向国家的转变是在何时？辽初政体是奴隶制还是封建制？对上述几个问题学术界争议较大。①

我们认为辽建国前的社会组织形式是部落联盟。契丹部落联盟设联盟长、军事首长各一人，设部落联盟议事会、人民大会。它与酋邦制的社会组织形式是不同的。契丹部落联盟向部族、国家的转变，是在遥辇氏部落联盟时期。在部族形成的同时，国家的各种因素开始萌芽，国家的雏形也在发育、成熟。耶律阿保机在担任部落联盟可汗（联盟长）时，开始了建立国家政权的各种准备工作，奠定了辽初政体的基础。②

1. 大贺氏与遥辇氏部落联盟

建国前的契丹社会，是经由大贺氏与遥辇氏族部落联盟而转变为国家，而非由酋邦制而转变为国家。酋邦制与部落联盟最大的区别在于：

第一，酋邦制在政治权力结构上表现为金字塔形，即一个人拥有整个社会的最高权力；

第二，酋邦制是势力较大的部落对弱小部落进行吞并征服的结果；

第三，酋邦制是血缘上不同质的社会。

部落联盟与酋邦制不同。部落联盟实行两头首长制，联盟内部存在三级权力结构：联盟长、议事会、人民大会。三级权力机构相互制约，联盟长虽有独立处理联盟内军政大事的权力，但必须事先经由联盟议事会的讨论才能最终决定。军事行动仍需与军事首长协调。联盟长的任免要由人民大会来决定。部落联盟成员享有参政、议政的权力。

---

① 关于建国前的契丹社会组织有以下几种意见：（1）经由部落联盟转变为国家（蔡美彪：《中国通史》第6册，人民出版社1979年版）；（2）经由酋邦制而转变为国家（谢维扬：《中国早期国家》，浙江人民出版社1995年版）；（3）经由宗族部族制发展为国家（杨茂盛：《北方文物》1997年第3期）。

② 武玉环：《契丹部落联盟与辽初政体》，《松辽学刊》2000年第1期。

契丹先后建立起大贺氏部落联盟与遥辇部落联盟。大贺氏部落联盟大约建立于唐武德年间（618—628）。据《新五代史》卷72《四夷附录》：“族之大者曰大贺氏。后分为八部，部之长号‘大人’，而常推一人为王，建旗鼓，以统八部。每三年则以次相代，或其部有灾疾而畜牧衰，则八部聚议，以旗鼓立其次而代之。被代者以为元约如此，不敢争。”从以上史料可知：契丹部落联盟是以强大部落为核心而建立的。契丹部落联盟内存在着三级权力机构：一为“可汗”，即部落联盟长，统领八部。二为议事会。部落联盟内的大事由议事会来决定。三为人民大会，人民大会有任免部落联盟长的权力。“八部聚议”，就是召开八部在内的人民大会，重新讨论、决定部落联盟长的人选。《辽史·世表》记载：“邵固，咄于之弟，国人共立之。”“国人”，是指契丹部民，他们用民主公选的方式，推选出契丹部落联盟长。在契丹部落联盟内，除可汗（部落联盟长）之外，还有一名专管征讨的军事首长——夷离堇。从大贺氏部落联盟后期开始，军事首长夷离堇的权力逐步增强，管辖范围已大大超过了军事的职权方面。如唐开元年间，任大贺氏部落联盟长的军事首长可突于，除担任军事征讨任务外，还对部落联盟长实行控制。据史书记载，他的权力甚至超过了部落联盟长，可以随心所欲地对部落联盟长或攻，或杀，或撤换，左右着大贺氏部落联盟的局势。值得一提的是，军事首长有时甚至可以破例升任部落联盟长。唐贞观二十二年（648），契丹部落联盟长被唐朝封为松漠都督府都督，封无极男，赐姓李氏。唐显庆五年（660），曾任大贺氏部落联盟军事首长的阿不固，在大贺氏部落联盟长窟哥之后，任大贺氏部落联盟长。唐万岁通天元年（696），曾任联盟内军事首长的孙万荣，继李尽忠之后，任部落联盟长。

据上可知，大贺氏部落联盟有如下的特点：

联盟内为两头首长制。设部落联盟长与军事首长。部落联盟长握有军事统率权、祭祀权、军政大事的决定权。但在可突于专权时期，部落联盟长则受制于军事首长。

军事首长可直接升任部落联盟长。大贺氏部落联盟军事首长据曲担任了大贺氏部落联盟长。军事首长的权力大大超过其职权范围，甚至可以独揽联盟内的军事、行政大权。

大贺氏部落联盟长实行兄终弟及的世选制。部落联盟长都在同一家族内选出。新的部落联盟长为前任部落联盟长之弟。

大贺氏部落联盟设有议事会。议事会由契丹各部部长所组成，统领部民，平时畋猎，战时作战。有商讨、参与、决定部落联盟军政大事的权力。

大贺氏部落联盟设有人民大会。在联盟初期，契丹部民有参政、议政、实行民主公选的权力。后期，人民大会遭到破坏，可突于的专权擅政，使部民丧失了民主议政、参政的权力。大贺氏部落联盟后期，内部纷争不断，最后一任部落联盟长为李过折。他任期不到一年，被涅里所杀。自此，契丹中衰，大贺氏部落联盟解体。

大贺氏部落联盟瓦解之后，唐天宝四年（745），当时任契丹八部大帅的迪辇阻里建立了遥辇氏部落联盟，并任遥辇氏部落联盟的首君阻午可汗。遥辇氏部落联盟的结构如下：

设部落联盟长一人。部落联盟长统领部民，掌有军事大权。阻午可汗曾“发兵十万，与（安）禄山战潢水南，禄山大败……”① 部落联盟长有制定礼仪、祭祀的权力。部落联盟长（可汗）即位仪式柴册仪，就是首任联盟长阻午可汗制定的。部落联盟长握有任命官员的权力。“痕德堇可汗拜太祖为于越，总知军国事。”

设军事首长一人。军事首长的主要职责是协助部落联盟长处理联盟内部军国大事，有领兵作战的权力；率领部民进行生产；握有刑法大权。涅里担任部落联盟军事首长时，“刻木为契，穴地为牢”。既统兵，又领民，“教民纺织，而后盐铁诸利日以滋殖”。

设立部落联盟议事会。部落联盟议事会，由各部大人（部长）组成，议事会参与、决定联盟内军政大事。阿保机在担任部落联盟长第九年，“诸部以其久不代，共责诮之”。辽建国初期，在帝位继承仪式上，仍留有联盟议事会民主公选联盟长的遗迹。“述律后爱中子德光，欲立之，命与突欲俱乘马立帐前，谓诸臣曰：‘二子吾皆爱之，莫知所立，汝曹料可立者，执其辔。’诸臣知其意，争执德光辔，遂立之”。诸臣执辔，推选

① （宋）欧阳修：《新五代史》卷72《四夷附录》，上海古籍出版社1986年版，第97页。

其可立者，正是部落联盟议事会推选联盟长仪式的残余。但也只是徒具民主的形式而已。述律太后在立耶律德光的过程中，“前后所杀近百人”，已无丝毫民主可言。

人民大会。遥辇氏部落联盟内部设有人民大会。人民大会有参政、议政的权力。辽建国前夕，安端、迭剌等人发动叛乱，耶律阿保机“召父老群臣定其罪，并戮之，分其财以给卫士”。这里的“父老群臣”，包括普通部民与联盟内的头领。正反映出人民大会行使参政权力的事实。但是，到了遥辇氏部落联盟的后期，在刀光剑影、血腥镇压反对派的斗争中，人民大会也只具形式而已。

在遥辇氏部联盟时期，契丹社会内已发生一系列深刻的变革，具体表现在以下几方面：

第一，在联盟内部，特权阶层已出现，同时已有贫富差别与阶级分化。各部首领在对外征讨过程中，俘获了大量的人口、牲畜，积累了大量的财富，成为部落中的显贵。而被俘获的人口以及部落中的普通部民，因犯罪而籍没为奴的，因风雪牛马死伤、畜产减少而沦为贫民与奴隶的，也为数不少。

第二，出现了初期国家的萌芽。设置管理刑狱的官吏。“契丹国自唐太宗置都督、刺史，武后加以王封，玄宗置经略使，始有唐官爵矣。其后习闻河北藩镇受唐官名，于是太师、太保、司徒、司空施于部族。”①同时设立了主管刑狱的官员夷离堇、决狱官等，以解决联盟内由于财富、争斗所引起的各种纷争。

第三，农业、纺织、矿冶业与畜牧业的发展。遥辇氏部落联盟时期，已有农业、纺织与矿冶业。《辽史》记载，部落联盟初期的军事长官涅里，“究心农工之事”，“教民耕织”。这时期，契丹社会生产力已有很大的提高，到阿保机伯父述澜为夷离堇时，“始兴版筑，置城邑，教民种桑麻，习组织”。②

第四，各部落已划分固定的“份地”，开始定居、半定居的生活。

---

① （元）脱脱等：《辽史》卷47《百官志三》，中华书局1974年版，第771页。

② （元）脱脱等：《辽史》卷2《太祖纪》，中华书局1974年版，第24页。

“契丹之初，草居野次，靡有定所，至涅里始制部族，各有分地。”遥辇氏部落联盟时期，契丹已由血缘组织向地缘组织转化。

2. 契丹由部落联盟向部族、国家的转变

部族是指氏族和部落之后，古代民族形成前的民族共同体，是在血缘关系解体过程中产生的。部族形成之初，是与部落联盟的形成及其逐渐巩固的时期相一致的。部落联盟的形成一般经过两个阶段：开始是由亲属部落之间暂时的、紧急的需要而结成的临时联盟，后来发展成为永久性的联盟。部落从分散状态结为永久性的联盟，这样就朝古代民族的形成跨出了第一步。契丹遥辇氏部落联盟时期，为契丹部族形成时期。这一时期的特点：

一是血缘关系逐渐薄弱，而地域性加强。在联盟中的八部之中，只有乙室部与迭剌部、突吕不部与突举部、乌隗部与涅剌部是互为兄弟的部落，至于他们彼此之间就未必存在这种血缘关系了。

二是变民主公选制为世选制。例如部落联盟长只限于遥辇氏一族内当选，军事首长夷离堇则由涅里所在的迭剌部一族内当选。一经获得世选联盟长、军事首长的特权，就促进了各氏族中贵族家庭的形成。

三是联盟内强大部落核心的形成。这一强大部落为当选联盟长之一部。契丹迭剌部是当选联盟长之部，也是契丹各部之中最为强大的一部。这为以后民族共同体的形成打下了基础。民族共同体就是以其强大部落为核心逐步统一其余各部而形成的。

四是纲纪、条教的确立，起到了约束和控制各个部落的作用，同时也是一个民族统一族俗形成的重要前提。遥辇氏部落联盟时期，阻午可汗命涅里为夷离堇掌刑狱，始有纲纪，约束诸部及个人犯罪行为的发生。在部族形成的同时，国家的各种因素开始萌芽，国家的雏形也正在发育、成熟。十世纪初，遥辇氏部落联盟长痕德堇可汗立，任命涅里的后裔耶律阿保机为夷离堇，统领兵马，专管对外征讨，俘获大量的战俘与牲畜，使得阿保机的实力大增。当时后唐统治下的幽燕地区，由于赋役繁重，不少汉人逃入契丹，阿保机把这些汉人安置在头下军州内，让他们仍旧从事原来的农业生产或手工业制造。公元907年，痕德堇可汗拜耶律阿保机为于越（契丹尊官，非大功德者不授），总知军国事。阿保机由此掌握了联盟的军政大权。

公元907年，“八部之人以遥辇不任事，选于其众，以阿保机代之”。阿保机成为契丹部落联盟的首领——可汗。阿保机担任部落联盟长后，集军、政大权于一身，他开始了建立国家政权的一系列准备工作。

变三年一选部落联盟可汗制为连任制。按契丹的惯例，阿保机的弟兄们也都有三年一选为联盟首领的资格，他们觊觎其位已久。阿保机任联盟首领后，汉人谋士对阿保机说：“中国之王无代立者。”阿保机益以威制诸部而不肯代。①

平定诸弟叛乱。在阿保机任部落联盟长的第五年，阿保机诸弟剌葛、迭剌、寅底石、安端等共同谋反，连续三年，举行了三次武装叛乱，并且一次比一次规模大。其目的是要夺取部落联盟的领导权。耶律阿保机经过近三年的时间，才平定了三次武装叛乱。稳定和巩固了他在部落联盟内的统治地位。

计杀八部大人，统一契丹各部。叛乱平定后，部落联盟内仍存在着反对阿保机的势力，“其立九年，诸部以其久不代，共责诮之。阿保机不得已，传其旗鼓，而谓诸部曰：‘吾立九年，所得汉人多矣，吾欲自为一部以治汉城，可乎？’诸部许之。汉城在炭山东南滦河上，有盐铁之利，乃后魏滑盐县也。其地可植五谷，阿保机率汉人耕种，为治城郭邑屋廛市，如幽州制度，汉人安之，不复思归。阿保机知众可用，用其妻述律策，使人告诸部大人曰：‘我有盐池，诸部所食。然诸部知食盐之利，而不知盐有主人，可乎？当来犒我。’诸部以为然，共以牛酒会盐池。阿保机伏兵其旁，酒酣伏发，尽杀诸部大人，遂立，不复代。”② 阿保机在担任契丹部落联盟首领期间，为建立世袭的中央集权国家做了大量准备工作，扫除了反对派设置的种种障碍和契丹贵族分权势力的反对，于公元916年正式登基，做了皇帝。

① （宋）欧阳修：《新五代史》卷72《四夷附录》，上海古籍出版社1986年版，第97页。

② 同上。

3. 辽初国体与政体及形成原因分析

关于辽初政权的性质，学术界看法不一。① 我们认为，辽初政权为专制主义中央集权制的封建国家。公元916年，耶律阿保机在龙化州即皇帝位，国号契丹，建元神册，群臣上尊号为“大圣大明天皇帝”，其妻述律氏为“应天大明地皇后”。立长子耶律倍为皇太子，确立了世袭皇权的统治，建立了中央集权制的国家。其中央集权制国家的特征如下：

设置中央与地方各级管理机构，从事对国家和民众的管理。辽初官制是按因俗而治的方针而设立，分为契丹本族官制和汉官制。

契丹本族官制：

南北宰相府：掌佐理军国大政，南、北宰相由皇帝亲自任命。南宰相，多由皇族四帐世预其选；北宰相，多由后族世预其选。契丹十八部，分别由南、北府所统领。

南、北大王院：分掌部族、军民之政。

大于越府：无职掌，班百僚之上，非有大功德者不授。

大惕隐司：掌皇族之政教。

夷离毕院：掌刑狱。

敌烈麻都司：掌礼仪。

侍卫司：掌御帐亲卫之事。

汉官制：

汉儿司：掌管辽地汉人事宜。

中书省：太祖置官，设中书令，为辽初汉人宰相之职。

尚书省：太祖置左、右尚书，掌管汉地汉人事宜，为总理行政事务的机关。

地方行政建制：

---

① 一种意见认为是奴隶制国家（蔡美彪：《中国通史》第6册）；另一种意见认为：辽太祖、太宗虽自称皇帝，只不过是一个强大部落联盟的首领，辽世宗时才由部落联盟向中央集权体制转变（李锡厚：《论辽朝政治体制》，《历史研究》1988年第3期）；第三种意见认为：辽建国即走上了封建化道路（张正明：《契丹史略》，中华书局1979年版）。第四种意见认为，阿保机的汗国（帝国）是以奴隶占有为基础的各部落联合（陈述：《契丹社会经济史稿》，生活·读书·新知三联书店1978年版，第15页）。

改编契丹部族为十八部，由北、南宰相府按地区进行统治。太祖以遥辇部族分置者凡十部，增置者八：分迭剌部为五院部、六院部；品部、乌隗部、涅剌部、突吕不部、奚王府六部五帐、突吕不室韦部、涅剌拿古部、乌古涅剌部、图鲁部。以上十一部隶属北府。乙室部、楮特部、突举部、迭剌迭达部、乙室奥隗部、楮特奥隗部、品达鲁虢部。以上七部隶属南府。以上十八部族，有原来遥辇氏时期的旧契丹部族八部，太祖析为十部；有被征服、掳掠的北方、西北方的渔猎、游牧部落居民，太祖耶律阿保机把他们分编为八部，分别隶属北、南府管辖，各部都有“分地”，按地区进行统治。北、南府宰相由皇帝任命，而各部的大王，也由皇帝派遣，成为北南府统辖下的国家官吏。十八部的部民成为隶属国家的属民，承担国家的赋役。

对汉人俘户，以头下军州的办法进行管理。把俘获的汉人编入头下军州，头下军州由朝廷任命节度使进行管辖，其户数多寡则由朝廷赐额。头下军州多由契丹贵戚、诸王、公主创立，头下户输租为官，且纳课给其主。这是根据中原州县制的办法，结合契丹的头目制管辖汉人所设的州县。

改渤海国为“东丹国”，仍按渤海原有的制度治理东丹国。公元926年，辽太祖灭渤海，派人皇王耶律倍任东丹王，治理东丹国，设中台省，置左、右、大、次相及百官，一用汉法。派皇弟耶律迭剌、契丹人耶律羽之分别担任左、右次相，以渤海人大素贤为左相，原渤海左相为右相。

军队的改编。契丹国家建立后，太祖耶律阿保机设置“宫卫骑军”，入则居守，出则扈从，葬则以守陵，成为皇帝的警卫队。地方有州县部族军、五京乡丁、属国军等，成为捍卫皇权、维护统治的重要工具。

制定法律。耶律阿保机即位后，命突吕不撰“决狱法”，又命大臣“定治契丹及诸夷之法”，[①] 辽境内的汉人则依汉法。同时，在中央设置了决狱讼的法官“夷离毕”。法律的制定，对维护社会秩序稳定，巩固契丹的统治，起到了重要作用。

建都城。公元918年，耶律阿保机在契丹故地建造皇都，为上京临

① （元）脱脱等：《辽史》卷1《太祖纪》，中华书局1974年版，第12页。

潢府。

造文字。契丹旧无文字，刻木为契。公元920年正月，阿保机从侄鲁不古和突吕不受命仿汉字偏旁，制契丹大字。之后，阿保机之弟迭剌制契丹小字，同在辽地颁行、使用。

耶律阿保机所建立的国家，是在“部分地改造氏族制度的机关，部分地设置新机关”[①] 恩格斯的过程中建立起来的。这个国家是一个封建的、中央集权制的国家，其主要特征如下：

契丹皇帝有独断一切的权力。耶律阿保机已由部落联盟首领变为统领天下的君王。契丹国内的政治、军事、行政、司法大权都牢牢掌握在皇帝的手中。

封建制的推行。耶律阿保机即位后大力推行封建制。经济上，对汉人实行赋税剥削，建立头下军州，用中原州县制的统治办法，安置俘获的汉人。汉人要“输租为官，且纳课给其主”，“夫赋税之制，自太祖任韩延徽，始制国用”。[②]

对契丹及各部族实行集中、统一的管理。阿保机在天赞元年（922年），因迭剌部“强大难制”，于是把迭剌部分为五院、六院两部，各置夷离堇以统之。改编后的五院、六院部夷离堇，成为北、南府直接统辖下的国家官吏，直接听命于朝廷。

契丹其他各部族分别隶属于北、南宰相府，由北、南府对其进行统一管理。各部族有保卫边陲与向朝廷缴纳赋税的义务，成为封建国家的直接属民。同时规定了各部占有固定的地区，成为镇驻这一地区的居民。如五院、六院部“镇南境”，乙室部“镇驻西南之境”，突吕不室韦部镇戍泰州东北等。这种集中、统一管理的制度是中央集权与地方分权相结合的产物。中央集权是统治阶级政治权力集中的结果，其实质是建立以一个政治中心作为统治王朝的出发点，从中央到地方形成有层次的管理。

在政治制度上，实行中央集权的领导体制，把中原三省六部制引入

① ［德］恩格斯：《家庭、私有制和国家的起源》，见《马克思恩格斯选集》第4卷，人民出版社1972年版，第105页。

② （元）脱脱等：《辽史》卷59《食货志》46，中华书局1974年版，第924页。

辽中央官僚体制中。任用汉人官僚建章立制，使辽朝制度从开始建制就与中原封建制接轨。同时，把契丹原有的官职纳入中央官僚体制之中，采取因俗而治的办法进行统治，在原渤海封建地区，仍保留原来的体制进行统治。

辽朝跨越了奴隶制的发展阶段，直接进入专制的、中央集权的封建制的原因，大致有如下几个原因。①

辽国家政权是耶律阿保机用武力镇压内部诸弟大规模的武装叛乱，用武力统一契丹八部后而建立的。为了防止统治阶级内部的争斗与颠覆，必须实行专制的中央集权的统治方式，才能安邦立国。

原有氏族机构已远远不能适应契丹社会的急剧变化，因此建国后，原有的契丹传统体制保留的较少。判断一个政权的性质是奴隶制的抑或是专制的中央集权制的国家，可以从氏族部落联盟旧体制保留的情况判断。辽建国，是砸碎了氏族部落联盟的旧体制，建立了一个全新的高度中央集权的国家。而金朝是部分地保留氏族制机关，部分地建立的国家机关而建立起来的。其政治体制很大程度制约于旧体制保留程度。金朝由于建国初期，保留着原来部落联盟时期的民主制度，走上一条与辽朝完全不同的道路。辽朝皇帝有独断一切的权力，而金朝皇帝凡事要听命于议政会。辽建国后全面采用封建主义中央集权制的统治制度，内部机构体制上没有阻碍它发展的制约因素，而金则不然。共议国政的勃极烈制在很大程度上制约着它的发展。因此在熙宗朝不得不进行“二次革命”，把旧勃极烈制完全废除，建立以三省六部制为中心的封建官僚体制。金朝社会也由此开始全面向封建社会转化。

是否全部或部分地接受中原政治体制也是判断一个政权性质的重要依据。辽朝从建国伊始，就完全接受中原的政治体制，把中原的官僚机构移植到辽中央政权内。虽然也保留了契丹旧有的官名，但都赋予了新的含义：“凡辽朝官，北枢密院视兵部、南枢密院视吏部，北、南二王视户部，夷离毕视刑部，宣徽视工部，敌烈麻都视礼部，北、南宰相总之。

① 武玉环：《契丹部落联盟与辽初政体》，《松辽学刊》2000 年第 1 期。

惕隐治宗族，林牙修文告，于越坐而议论以象公师。”① 辽太祖耶律阿保机以中原封建官僚体制为蓝图，来建立辽朝的政治制度，使辽朝建国之始，就迈上了专制主义中央集权的封建化道路，在实践中不断完善这一体制，经过太宗、世宗、圣宗等几代人的苦心经营，使辽朝政治体制日臻完善，迅速与中原政权同步，完成了封建化历史进程。

辽初统治者采用何种生产方式，也是判断政权性质的重要前提。辽太祖建国初，占领了封建经济较为发达的渤海地区，辽太宗又占领了封建经济文化高度发展的燕云十六州地区，辽统治者面临着用原有的、先进的生产方式来统治汉人、汉地，还是倒退回去，用落后的奴隶制生产方式来统治汉人汉地的问题。辽初统治者明智地选择了前者，使得辽朝迅速走向了封建化道路。正如马克思所说：“所有的征服有三种可能：征服民族把自己的生产方式强加于被征服民族（例如，19 世纪英国人在爱尔兰所做的）；或者是征服民族让旧生产方式维持下去，自己满足于征收贡赋；或者是发生一种相互作用，产生一种新的，综合的生产方式。”② 辽的政治体制是把中原原有的统治方式进行改革，移植过来，中央实行汉官制与契丹官制，地方上则实行契丹部族制，汉地实行州县制。头下军州是中原州县制与契丹头目制相结合而产生的一种新的综合的生产方式。因此，辽朝自建国伊始，就是一个中央集权制的国家，在之后的历史发展中，并不断地进行调整、改革，以适应社会发展的需要。

二 辽代人口考述

关于辽代人口研究，在人口数量上分歧较大，主要是对于《辽史》中缺载的京府州县的户数如何进行统计，研究者方法各有不同，有的学者按军丁之数进行推算，有的以宋金文献的间接记载来估算，③ 以金代的

① （元）脱脱等：《辽史》卷 45《百官志》，中华书局 1974 年版，第 686 页。

② ［德］马克思：《政治经济学批判导言》，《马克思恩格斯选集》第 2 卷，人民出版社 1972 年版，第 100 页。

③ 魏特夫、冯家升：《辽代中国社会史》，见杨家骆《辽史汇编》第 10 册，台北鼎文书局 1973 年版。认为辽代人口有 380 万。

相关州县的人口数取其半，来推算，[①] 有的是以《辽史·地理志》的相关记载，加上漏计的人户，来计算辽代人口，[②] 关于辽代家庭人口的统计，也有分歧。有的人认为，辽代家庭每户为4口，有的认为是6口，有的认为是6.5口等。而辽代家庭人口，关系到整个辽代人口统计的总数目，因此很重要。应采取文献资料与石刻资料相结合的方法，通过查阅辽代石刻资料中的相关记载，对辽代契丹人、汉人家庭、子女人数进行统计，进而估算出家庭人口以及辽代总人口。[③]

（一）《辽史·地理志》中记载的五京州县的总户数

对辽朝总人口的统计，由于《辽史》中记载的户数缺载很多，在史料缺乏的情况下，可以用以下几种方法进行研究：一是依据《辽史·地理志》中对各道人口的记载，如果有的州县没有记载户数，按照每州县的平均户数，从中统计出辽代的总户数。二是从《辽史·兵卫志》中记载的每户所出的丁数，统计出各府州县的总户数。再依据辽代碑刻墓志铭，统计出每户平均人口的多少，从而计算出辽代总人数。三是依据辽代石刻资料中的相关记载，间接推算出辽代人口的多少。用这三种方法分别进行计算，从而有一个比较，以得出一个相对客观的统计数字。

由于辽代人口主要集中在上京道、中京道、东京道、南京道、西京道，因此用第一种方法，计算出上京道等五道的户数，再以每户人口数乘以户数。即辽代人口总数。据《辽史·地理志》所载，辽代上京临潢府大致可以分为三类州县：第一类为普通州县，这类州，多为县级州，州下不记载民户（除龙化州、庆州外）县下记载。第二类为边防州城，只设州城而不设县。第三类为头下军州，只设州，不设县。上京临潢府下记载户数3.65万，与下面记载的州县户数不符。其他有人户记载的州县共有44个，为9.29万户。尚有14个州县无户数记载。若以每州县的平均数2000户计算，14个无户数记载的州县为2.8万户，再加上有人户

① 葛剑雄：《中国人口发展》，福建人民出版社1991年版。认为辽代人口470万。

② 王育民：《辽朝人口考》，《辽金史记集》，福建人民出版社1991年版。认为辽代人口有900万。

③ 武玉环：《辽代人口考述》，《学习与探索》2009年第2期。

记载的州县 9.29 万户，上京道共有人户 12.09 万户。

西京道设 14 个州，每个州下都未记载户数（只有金肃州记有燕民 300 户），只有县下面记载户数可以理解为县一级州，西京道有户数记载的县为 32 个，共计 16.1 万户，平均每个县为 5000 户左右。其中有 4 县、1 军无户数记载，无户数记载的按每州县的平均户数 5000 户计算，为 25000 户，西京道共计有户数 18.6 万户。

东京道的各府州县，大致划分为以下几类：

第一类为原来渤海国时所置州县的保留，如仙乡县、鹤野县、析木县、兴辽县等。兴辽县："渤海王大仁秀南定新罗，北略诸部，开置郡邑，遂定今名，户一千。"① 其中有的州县名有所更改。如鹤野县，渤海国时为鸡山县；仙乡县，渤海国为永丰县；辽阳县，渤海国为常乐县等。也有的沿用原州县名。如盈州、铜州、束州等。

第二类为渤海国所置州县，被辽朝废弃，后又复置的州县。如开州："渤海为东京龙原府……太祖平渤海，徙其民于大部落，城遂废。圣宗伐高丽还，周览城基，复加完。开泰三年，迁双、韩二州千余户实之。""开远县，本栅城地，高丽为龙原县，渤海因之。辽初废。圣宗东讨，复置以军额，民户一千"。② 辽朝复置的州，下辖的县，大多废置，而独设州。例如穆州，本渤海会农郡，故县四：会农、水歧、顺化、美县，皆废。贺州，本渤海吉理郡，故县四：洪贺、送城、吉理、石山，皆废。

第三类为辽圣宗、兴宗时所置的新州县。例如宣州（应作宜州），开泰二年迁徙汉户置。延昌县，析延昌宫户置。此外还新设有复州、苏州、宁江州、祥州、肃州等。

第四类为合并渤海国旧有的数个州县而设的新州县。例如，黄龙县，本渤海长平县，并富利、佐慕、肃慎置。迁民县，并丰水、扶罗置。

第五类为没有标明设置的时间、废置状况、具体人数的州县。例如渤海州、源州、率州、荷州、清安县等。在《辽史·地理志》中只把州县名称列出，这类州县有可能是漏记州县内的民户，可以从《金史·地

① （元）脱脱等：《辽史》卷 37、38《地理志》，中华书局 1974 年版，第 455 页。

② （元）脱脱等：《辽史》卷 37《地理志》，中华书局 1974 年版，第 437 页。

理志》中记载的州县找到其沿袭的踪迹。例如率宾府，金朝为恤品路。《金史·地理志》："辽时为率宾府，置刺史。"析木县，"辽铜州，广利军附郭析木县也"。肃州，金朝为清安县。[①] 祥州，《辽史》卷27《天祚帝纪》："天庆四年十二月，咸、宾、祥三州及铁俪兀惹皆叛入女真。"宁江州，《金史》卷二《太祖本纪》："九月，太祖进军宁江州。"可知，《辽史·地理志》中没有标明废置时间和人数的州县，也是辽朝所设的州县，并有民户居住。据此，我们认为没有标明州县设置的时间、废置状况以及具体人数的州县，也应视作正常的州县，而不应视作已废州县。

上述东京道各府州县的数目，据《辽史·地理志》记载，"辖州、府、军、城87"。但是，按《辽史·地理志》所列府州县统计，东京道共有165个府、州、县、军等大小城镇。其中34个有户数记载，131个无户数记载。《辽史·地理志》记载，东京道共有户数"四万六百四"，可是对所辖州县民户统计时，却只有3.11万户（其中懿州是据上京道记载填上的）。平均每个州县920户，那么，没有户数记载的州县按照其平均数920户计算，东京道无户数记载的131个州县共有11.7万户，加上有记载的3.11万户，东京道总户数为15万户左右。

中京道共有府州县66个，其中只有二个有户数记载，"高州三韩县户五千"，"惠州民数百户"。[②] 中京道其他没有记载的州县共有64个。但是，据《辽史·地理志》上京道记载，"松山州有户五百"。闾州，"罗古王牧地，近医巫闾山，户一千"。[③] 中京道的闾山县，"开泰二年以罗家军置，隶中京"，闾州与闾山县应为一地，户数为一千。还可以参考《金史》卷24《地理志》北京路（原辽代京中道）的户数，金中期北京路有府州县43个，共有民户31.252万户。这应是金代中期人口恢复、增长后的数字。《辽史·地理志》中记载的以上四个州县的平均户数是1700户。其他的62个州县的户数，以每州县平均1700户计算，共有户数为10万5000户，加上前面的四个州县的7000户，中京道共计为11.2万户左右。

① （元）脱脱等：《辽史》卷37《地理志》，中华书局1974年版，第437页。

② （元）脱脱等：《辽史》卷39《地理志》，中华书局1974年版，第481页。

③ 同上。

约为金朝北京路总户数 31. 252 万户的三分之一左右。

《辽史 · 地理志》中，南京道有户数记载的为 41 个府州县，24. 5 万户。[①] 其中滦、平、营州无户数记载，若以每州的平均数 8 千户计算，这 3 州共计 2. 4 万户，南京道共计 27 万户。这与《契丹国志》卷 22《州县载记》所记："燕京析津府，户口三十万。"[②] 所记大致相当。加上前面的上京 12. 09 万户、东京 15 万户、中京 11. 2 万户、西京 18. 6 万户，辽五京的府州县共有民户 85 万户左右。

除去五京各府州县的人口外，还有契丹人口。在《辽史 · 部族志》中，契丹及其他少数民族的部族共有 54 部，每部人户没有具体记载，但是在史书中也透露了一些情况。《辽史 · 营卫志》中"迭剌迭达部，本鲜质可汗所俘奚七百户，太祖即位，以为十四石烈，置为部。乌古涅剌部，太祖取于骨里户六千，神册六年，析为乌古捏剌及图鲁二部。"可知，其部的户数在七百至三千户之间。《辽史 · 地理志》记载，丰州，为契丹遥辇氏僧隐牧地。此外还有其他契丹贵族牧地，从五百户到三千户不等，我们取中间值一千八百户为每部的户数。那么，辽代契丹等部族共 52 部（二国舅部升帐分），为 9. 4 万户，此外尚有辽内四部族：遥辇九帐族、横帐三父房族、国舅帐拔里、乙室已族、国舅别部。以每部的平均数 1800 户计算，辽内四部族为 9000 户左右。那么，辽代契丹等部族共有人户 10. 5 万余户。还有契丹斡鲁朵宫帐户 48 个州县。由于这 48 个州县在各道中已计算过人户数，因此不重复计算。辽五京的府州县共有民户 85 万户加上辽内契丹等部族人户 10. 5 万户，共计辽代总户数为 96 万户左右。

（二）《辽史 · 兵卫志》中记载的辽代总户数

辽代人口统计的第二种方法，是以《辽史 · 兵卫志》以及《辽史 · 营卫志》中记载的正军、番汉转丁、骑军、五京乡丁等人数，推算出辽代总人数。由于正军、骑军为契丹人充任，因此番汉转丁、五京乡丁即为汉人及奚、渤海等族人充任，以每户二丁计算，得出其他五京的总户

① （元）脱脱等：《辽史》卷 40《地理志》，中华书局 1974 年版，第 493 页。

② （宋）叶隆礼：《契丹国志》卷 22《州县载记》，上海古籍出版社 1984 年版，第 217 页。

数。以这个总户数乘以每户实际人口数，就是辽代的总户数。

《辽史·兵卫志》记载：“改皇都为上京，有丁十六万七千二百。”“东京、本渤海……有丁四万一千四百”。南京有丁五十六万六千，西京有丁三十二万二千七百。中京，“圣宗统和二十三年，城七金山，建大定府，号中京。统县九，辖军、府、州、城二十三，草创未定，丁籍莫考，可见者一县：高州三韩县，丁一万。”[①] 由于中京没有总的丁数记载，只能参照其他地方的丁数。五京中只有东京丁数较少，贴近中京这一新建之地的丁数。“东京，统县六，辖军、府、州、城二十六，有丁四万一千四百。”中京以东京丁数为参考，算作 4 万丁。那么，上京、东京、南京、西京、中京共有丁 113.73 万。

此外，尚有各斡鲁朵中的番汉转丁、正丁、骑军。在辽代，共设置十二宫一府，属州 38、县 10、提辖司 41、石烈 23、瓦里 74、抹里 98、得里 2、闸撒 19。隶属诸宫斡鲁朵的民户，分为正户（契丹户）与蕃汉转户（少数民族户与汉户）。蕃汉转户大都为契丹族以外的各族人户。据《辽史·营卫志》记载，“凡诸宫卫人丁四十万八千，骑军十万一千”。[②] 诸宫卫军士为 50.9 万。加上上京、中京、东京、南京、西京的丁数，共有兵 164.13 万。这与《辽史·兵卫志下》记载的“有兵一百六十四万二千八百。”稍有出入，而大体相同。若以每户二丁计算，五京、诸斡鲁朵共有 82.14 万户。此外，还有诸部族、属国之众，如果把诸部族、属国等所属的兵丁算做与西京三十万兵丁大体相同的话，以每户二丁计算，应有 15 万户。加上五京、诸斡鲁朵的 82.14 万户，辽代共有民户九十七万户。这与前面第一种算法得出的辽代总户数基本一致。

（三）辽代石刻资料中间接记载的辽代人口

辽代人口统计的第三种方法，是用辽代的石刻资料，探求辽代人口的实际数量。辽代石刻资料所见辽代人口。《全辽文》卷 8《法均大师遗行碑铭》记载：“乃受西楼白奚柳城平山云中上谷泉本地紫金之请。所到

① （元）脱脱等：《辽史》卷 36《兵卫志》，中华书局 1974 年版，第 417 页。

② 同上。

之处，士女塞途，皆罢市辍耕，忘馁与渴，递求瞻礼之不暇。一如利欲之相诱。前后受谶称弟子者，五百万余。”上文中的前后受谶称弟子者五百万余，其范围包括上京（西楼）、中京（白奚）、西京（云中）、南京（本地、上谷泉）、柳城（兴中府）等地。辽朝崇佛，佛教信徒众多。如果把这五百万佛教信徒看作是全国佛教信徒的总数，那么，尚有一部分不信教的人口，以佛教信徒为全国人口的三分之二的话，那么辽朝人口的总数应在750万左右。

关于辽代平均每户的家庭人口数，学界意见也不一致。有的学者按照每户4口或5口计算，也有的按照6口或6.5口计算。

本文中的辽代每户的家庭人口数，主要是依据辽代石刻中所见妇女生育子女数的平均数，统计出家庭人口数。详见书后表6“辽代石刻所见契丹族、汉族家庭中妇女生育子女数统计表”。根据表中统计的契丹族家庭数为26户，子女133人。平均每户有子女5.12人。汉族家庭中的子女平均数为6.15人，汉族、契丹族家庭平均每户有子女6人。扣除其夭折、早亡之数，每户按照5个子女计算。辽代汉族、契丹族家庭，按核心家庭计算，即把父母、子女计算在内，每户子女以子女的平均数5人计算，加上父母二人，为每户七口人。在上表中，有的是在一人的墓志铭中，直接提到其父辈家庭的子女状况，及其子孙辈的子女状况，在表中都分别按照独立的家庭分开计算。但是值得一提的是，辽朝廷多次下达诏令，民间有父母在，而别籍异居者，听邻里觉察，坐之。三代以上与父母同居者，政府给予奖励。[①] 说明辽朝倡导三代同居。契丹贵族或官宦人家，也有使用奴婢的。如耶律元妻就曾育婢仆百千口。每个家庭中扣除祖父、祖母早亡、子女夭折数，按每户七口计算，是较为合理的。

以第一种方法计算，辽代五京州县共有人户96万，以每户七口计算，共有人口672万。

以第二种方法计算，辽代共有人户97万，以每户七口计算，共有人口为679万。

第三种方法更为直接，即辽代总人口为在750万左右。

---

① （元）脱脱等：《辽史》卷13《圣宗纪》，中华书局1974年版，第139页。

此外，在前两种方法的计算中，不入籍的僧尼、奴隶及隐户尚未计算在内。僧尼的数量，据《辽史·道宗纪》记载有36万。此外还有家内奴隶，如耶律元妻曾育婢仆百千口，世宗赐给安抟奴婢百口。道宗赐乙辛汉户四十。可知私家奴隶为数不少。辽朝的流民，也有很多。《辽史》卷24《道宗本纪》："大康九年六月，诏诸路检括脱户，罪致死者，原之。"大安三年，"二月，以民多流散，除安泊逃户征偿法。""大安四年，免上京逋逃及贫户税赋。"[①] 可见逃户多为躲避租税而流亡在外或隐匿不报户口。朝廷为此曾多次下达减免租税以及赦免死罪的诏令。耶律引吉曾奉命搜集三京隐户，一次搜得隐户"数千余户"。一次搜得隐户数千，应该还有相当多遗漏的隐户。马人望在南京搜括户口时，不是一网打尽，而是"大率十得六七足矣"。[②] 如果结合上文，数千户为6千户的话，五道则为3万户。而3万户是下文所说的十分之六的话，辽朝共有隐户约6万户，42万人左右。加上不入籍的36万僧尼，那么，辽朝不入籍的人口为80万人左右。以前两种方法计算的670万加上80万，辽朝总人口在750万左右，辽代石刻中记载的750万加上80万，则为830万。即辽代鼎盛时期的人口在750万至830万之间。

三 契丹再生仪考

契丹族的再生仪，属于辽代礼仪中的嘉仪。再生仪带有较强的民族特点和时代特征，是契丹族礼俗文化的主要内容之一。关于行再生仪者的身份、举行的时间以及再生仪的意义，学界存在不同的看法。有必要进一步深入探讨。[③]

1. 行再生仪者的身份与时间

关于再生仪，在《辽史》卷53《礼志》中记载："凡十有二岁，皇帝本命前一年季冬之月，择吉日。前期，禁门北除地置再生室、母后室、

---

① （元）脱脱等：《辽史》卷24、25《道宗纪》，中华书局1974年版，第288、295、296页。

② （元）脱脱等：《辽史》卷105《马人望传》，中华书局1974年版，第1462页。

③ 武玉环：《契丹族再生仪刍议》，《史学集刊》1993年第2期。

先帝神主舆。在再生室东南，倒植三岐木。其日，以童子及产医妪置室中。一妇人执酒，一叟持矢箙，立于室外。有司请神主降舆，致奠。奠讫，皇帝出寝殿，诣再生室。群臣奉迎，再拜。皇帝入室，释服、跣。以童子从，三过岐木之下。每过，产医妪致词，拂拭帝躬。童子过岐木七，皇帝卧木侧，叟击箙曰：'生男矣'。太巫幪皇帝首，兴，群臣称贺，再拜。产医妪受酒于执酒妇以进，太巫奉襁褓、彩结等物赞祝之。予选七叟，各立御名系于綵，皆跪进。皇帝选嘉名受之，赐物。再拜，退。群臣皆进襁褓、綵结等物。皇帝拜先帝诸御容，遂宴群臣。"① 从以上记载中，可以概括出以下几方面的内容：

第一，再生仪是专门为皇帝举行的。

第二，再生仪每十二年举行一次，即皇帝本命前一年季冬之月举行。

第三，再生仪的意义，据《辽史》记载是："岁一周星，使天子一行是礼，以起其孝心。"② 但是，从《辽史·礼志》中的《柴册仪》以及各帝王本纪的记载来看，情况并非如此。可作订正与补充说明的有如下几点：

（1）再生仪有时不单独举行，而是和柴册仪同时举行。《辽史》卷49《礼志》记载："择吉日。前期，柴册殿及坛。坛之制，厚积薪，以木为三级坛，置其上。席百尺毡，龙文方茵。又置再生母后搜索之室。皇帝入再生室，行再生仪毕，八部之叟前导后扈，左右扶翼皇帝册殿之东北隅……翼日，皇帝出册殿，护卫太保扶翼升坛……"从这段文字记载来看，在举行柴册仪之前，一般要先行再生仪，然后行柴册仪。因此，再生仪是举行柴册仪之前的一个先行的礼仪。但是，再生仪也可以单独举行。

（2）契丹族的再生仪，不只限于皇帝，太子、王公贵族或皇太后也可行再生仪。正如《辽史·国语解》中所记载的："国俗，每十二年一次，行始生之礼，名曰再生。惟帝与太后、太子及夷离堇得行之。又名复诞"。例如，圣宗统和四年九月，"皇太后行再生礼"。③ 道宗咸雍五年

① （元）脱脱等：《辽史》卷53《礼志六》，中华书局1974年版，第880页。
② 同上。
③ （元）脱脱等：《辽史》卷11《圣宗纪》，中华书局1974年版，第124页。

十二月，“行皇太子再生礼”。[①] 统和七年三月，“（圣宗）赐于越宋国王红珠筋线，命入内神帐行再生礼”。[②]

（3）契丹族的再生仪，不是十二年举行一次，其间隔的时间或长或短，长则间隔十五年以上或更长的时间，短则仅隔一个月。如：圣宗于统和十二年，行再生礼，之后，直到统和二十七年才又行柴册礼（包括行再生礼），[③] 其间间隔十五年。从统和二十七年后，直到圣宗去世的太平十一年，竟再也没有举行过再生礼。其间经历了二十二年。穆宗在位十九年，其间有两次为本命年，他却从未行过再生礼。兴宗第一次行再生礼是在重熙十三年秋七月，第二次是在重熙十八年六月，[④] 其间间隔五年。道宗是在清宁七年（1061）和咸雍三年（1067）[⑤] 行再生仪，其间间隔六年。而有趣的是，承天太后于统和四年九月行再生礼，[⑥] 仅隔一个月，便又在同年冬十月丁酉，“复行再生礼”。当然，间隔十二年举行再生仪的也有。如圣宗统和元年秋七月，行再生礼。[⑦] 经过十二年，统和十二年十一月，圣宗又“行再生礼”。[⑧] 道宗为燕国王耶律延禧行再生礼，一次是在大安二年（1086），[⑨] 一次是在寿隆四年（1098），[⑩] 中间也间隔十二年。但在上述记载中，毕竟多次出现行再生礼不如期的现象。那么，为何出现这种不如期举行再生礼的现象？我们认为，出现在上述不规则的时间内举行再生礼的现象，大多有特殊的原因，即多发生在喜庆之日或有重大事件发生之时。如圣宗统和四年九月，皇太后行再生仪，是因为这个月，圣宗“纳皇后萧氏”。[⑪] 同年冬十月，皇太后复行再生礼，是

① （元）脱脱等：《辽史》卷22《道宗纪》，中华书局1974年版，第269页。
② （元）脱脱等：《辽史》卷12《圣宗纪》，中华书局1974年版，第134页。
③ （元）脱脱等：《辽史》卷14《圣宗纪》，中华书局1974年版，第164页。
④ （元）脱脱等：《辽史》卷20《兴宗纪》，中华书局1974年版，第240页。
⑤ （元）脱脱等：《辽史》卷22《道宗纪》，中华书局1974年版，第267页。
⑥ （元）脱脱等：《辽史》卷11《圣宗纪》，中华书局1974年版，第124页。
⑦ （元）脱脱等：《辽史》卷10《圣宗纪》，中华书局1974年版，第145页。
⑧ （元）脱脱等：《辽史》卷13《圣宗纪》，中华书局1974年版，第145页。
⑨ （元）脱脱等：《辽史》卷24《道宗纪》，中华书局1974年版，第292页。
⑩ （元）脱脱等：《辽史》卷26《道宗纪》，中华书局1974年版，第311页。
⑪ （元）脱脱等：《辽史》卷11《圣宗纪》，中华书局1974年版，第124页。

由于这个月，契丹军大举征伐宋朝。[①] 皇太后因此行再生仪，为皇帝“祭神祈福”。[②] 兴宗重熙二年幽禁其母法天太后（即钦哀皇后），“至重熙八年，迎回太后”。[③] 为庆贺法天太后重新获得人身自由，所以才有行再生礼的举动。

（4）契丹族的再生仪，不仅仅只在“本命年”举行或在“季冬之月”“择吉日举行”。如圣宗于统和元年秋七月行再生礼，其年龄为十三岁，已过本命年。兴宗于重熙十三年行再生礼，年纪为二十九岁，第二次在重熙十八年又行再生礼，年纪为三十四岁，皆非“本命前一年”。那么，是否只在“季冬之月，择吉日”举行再生仪呢？事实与此大相径庭。例如：统和七年三月，于越宋国王举行柴册仪。[④] 景宗保宁三年四月己卯，“行再生礼”。[⑤] 兴宗重熙十八年六月丁亥，“行再生礼”。[⑥] 兴宗重熙十三年秋七月庚午，“行再生礼”。[⑦] 圣宗统和十二年十一月戊申朔日，“行再生礼”。[⑧] 道宗咸雍三年十二月丁巳日，“行再生礼”。[⑨] 可以看出，在一年之中的三月、四月、六月、七月、九月、十一月、十二月，几乎在一年中的春、夏、秋、冬四个季节内都可举行再生仪。

2. 再生仪的意义

再生仪是由契丹始祖阻午可汗制定的礼仪，流传年代久远。那么，它的意义何在？对于这个问题争议较大。概括起来大致有如下几种说法：（1）“是一种比较聪明而和缓的办法，用来代替废君或杀君。”[⑩]（2）每次复诞“为国王对国神民众，忏悔其即位十二年中之罪孽，其于一洗人

① （元）脱脱等：《辽史》卷11《圣宗纪》，中华书局1974年版，第124页。

② 同上书，第125页。

③ （元）脱脱等：《辽史》卷18《兴宗纪》，中华书局1974年版，第221页。

④ （元）脱脱等：《辽史》卷12《圣宗纪》，中华书局1974年版，第134页。

⑤ （元）脱脱等：《辽史》卷8《景宗纪》，中华书局1974年版，第91页。

⑥ （元）脱脱等：《辽史》卷20《兴宗纪》，中华书局1974年版，第240页。

⑦ （元）脱脱等：《辽史》卷19《兴宗纪》，中华书局1974年版，第231页。

⑧ （元）脱脱等：《辽史》卷13《圣宗纪》，中华书局1974年版，第145页。

⑨ （元）脱脱等：《辽史》卷22《道宗纪》，中华书局1974年版，第267页。

⑩ 王民信：《契丹史论丛》，《契丹的柴册仪与再生仪》文中所引的林瑞翰、刘铭恕、姚从吾文章中的观点，第88页。

神之往愤，除旧布新，再御帝位耳”。[①]（3）“颇似欧洲的儿童十二岁受洗命名礼，中原汉俗的过生日祝春之外，也有纪念诞生的意思。”[②]

再生仪自制定以来，流传年代既久，因此有其原始、最初的含义和后来衍生之意。其原始意义，要追溯到制定礼仪时阻午可汗的那个时代。遥辇氏部落联盟取代大贺氏部落联盟，其间经历了激烈的斗争。当阻午可汗被涅里推为部落联盟首领时，为了巩固新生的部落联盟，制定了有关礼仪、法律、官制等制度和教条，使当时因内乱相互残杀而混乱不堪的契丹社会走上了稳定而有秩序的轨道。其时，契丹各部部长、夷离堇的选任，遵循着“八部大人，法常三岁代”的民主公选制原则，“部之长号‘大人’，而常推一人为王，建旗鼓，以统八部。每三年则以次相代，或其部有灾疾而畜牧衰，则八部聚议，以旗鼓立其次而代之。被代者以为元约如此，不敢争”。[③] 因此再生仪初定之时，带有民主公选制时期庆贺新君主即位之意。例如，罨古只为迭剌部夷离堇时，“故事，为夷离堇者，得行再生礼。罨古只方就帐易服，辖底遂取红袍，貂蝉冠，乘白马而出。乃令党人大呼曰：‘夷离堇出矣！’众皆罗拜，因行柴册礼，自立为夷离堇”。[④] 再生礼于是成为新君主取代旧君主的公开而又合法的即位仪式。也是当时以阻午可汗为代表的遥辇氏部落联盟取代大贺氏部落联盟，让部民认可的新桃换旧符的仪式。再生仪含有尊重女性的内在含义。在阻午可汗部落联盟时代，去古未远，对女系氏族社会有着朦胧的记忆。从再生仪看，再生仪设有三个祭室：再生室、母后室、先帝神主舆。皇帝三过岐木之下，每过，产医妪致词，拂拭帝躬。……皇帝拜先帝诸御容，遂宴群臣。可以明显地看出：再生仪一方面是庆贺新生儿（新主）的诞生，而婴儿诞生离不开母亲，所以特设母后室，让皇帝三过岐木之下，含有对生养他的母亲的无限尊重与怀念。从辽代社会看，契丹妇女确实有着较高的社会地位，她们不但参与政事，而且“军旅田猎，未尝

① 王民信：《契丹史论丛》，《契丹的柴册仪与再生仪》文中所引的林瑞翰、刘铭恕、姚从吾文章中的观点，第 88 页。

② 同上。

③ （宋）叶隆礼：《契丹国志》卷 23《并合部落》，上海古籍出版社 1985 年版，第 222 页。

④ （元）脱脱等：《辽史》卷 112《耶律辖底传》，中华书局 1974 年版，第 1498 页。

不从”。[1] 辽太祖述律皇后屡为太祖出谋划策，统一契丹八部，她有定策之功。承天太后萧绰“临朝二十七年”。景宗曾诏谕史馆学士：“书皇后言亦称‘朕’暨‘予’，著为定式。”[2] 圣宗太平七年下诏：“诏诸帐院庶孽，并从其母论贵贱”[3] 等，都说明契丹社会有尊重女性的历史传统。而再生仪则是契丹社会尊重女性的最恰当而直接的体现。

随着契丹社会的发展，再生仪被赋予了新的内涵，这就是后来的衍生之意。即“祭神祈福”之意。承天太后的两次行再生礼，第一次是由于庆贺圣宗纳妃，第二次是由于契丹军南征，为圣宗“祭神祈福”。[4] 钦哀皇后从囚禁之所放回，为庆贺她重新获得自由而行再生仪。其庆贺之意显而易见。因此，再生仪已演变成一种不定期地向神灵祈福的宗教仪式。

四　辽代斡鲁朵考述

（一）斡鲁朵的含义

斡鲁朵是辽代契丹民族特有的一种制度。斡鲁朵为契丹语。关于斡鲁朵的语义，史书记载有以下几种说法：《辽史·营卫志》云：“居有宫卫，谓之斡鲁朵。”《辽史·国语解》云：“斡鲁朵，宫也。”《金史·国语解》则云：斡鲁朵，“官府治事之所”。由此可知，斡鲁朵包含以下三层含义：（1）为宫卫之意；（2）为宫；行宫之意；（3）为管理斡鲁朵民户的官府。[5]

斡鲁朵的设置，最初是因防备寇贼奸宄而设立的宫卫组织。据《辽史·营卫志》记载：“并营以北，劲风多寒，随阳迁徙，岁无宁居，旷土万里，寇贼奸宄乘隙而作。营卫之设，以为常然。其势然也。”“有辽始大，设制尤密。居有宫卫，谓之斡鲁朵；出有行营，谓之捺钵；分镇边

① （元）脱脱等：《辽史》卷71《后妃传》，中华书局1974年版，第1200页。
② （元）脱脱等：《辽史》卷8《景宗纪》，中华书局1974年版，第95页。
③ （元）脱脱等：《辽史》卷17《圣宗纪》，中华书局1974年版，第201页。
④ （元）脱脱等：《辽史》卷11《圣宗纪》，中华书局1974年版，第125页。
⑤ 武玉环：《辽代斡鲁朵探析》，《历史研究》2000年第2期。

圉，谓之部族。有事则以攻战为务，闲暇则以畋渔为生。无日不营，无在不卫。立国规模，莫重于此。”① 由于斡鲁朵是因防备寇贼而设立的皇帝的宫卫组织，因此又被称为“宫卫”“亲卫”。辽朝历代皇帝都建有自己的斡鲁朵。之后，斡鲁朵又增加了守陵、出征、生产等任务。“太祖以迭剌部受禅，分本部为五院、六院，统以皇族，而亲卫缺然。乃立斡鲁朵法，裂州县，割户丁，以强干弱枝。诒谋嗣续，世建宫卫。入则居守，出则扈从，葬则因以守陵。有兵事，则五京、二州各提辖司传檄而集，不待调发州县部族，十万骑军已立具矣。”② 辽代斡鲁朵也含有行宫之意，为契丹皇帝的居所。“察割以诸族属杂处，不克以逞，渐徙庐帐迫于行宫。”③ 契丹皇帝的行宫，据北宋使者宋绶所见：“东向设毡屋，署曰省方殿，无阶，以毡籍地，后有二大帐。次北，又设毡屋，曰庆寿殿。去山尚远，国主帐在毡屋西北，望之不见。”④ 这里所说“国主帐”，即为辽朝皇帝所居的行宫。

斡鲁朵又含官府治事之所之意。辽代斡鲁朵共十二宫一府，设北、南面宫官进行管理。各斡鲁朵有固定的管辖范围与职责，“总辖图般（版），兼领禁卫”⑤，“分州县，析部族，设官府，籍户口，备兵马”⑥。

（二）斡鲁朵及其所在地

辽代斡鲁朵所在何地？学界一直存在着不同的意见。有人认为辽代斡鲁朵与陵寝在同一地⑦，也有人认为斡鲁朵与陵寝不在同一地，辽代斡鲁朵是“一直迁徙不定的宫帐，从未长期驻守于一地。斡鲁朵及其官吏伴随皇帝而游动……斡鲁朵人户构成了一个行宫集团，这个集团有自己的政

---

① （元）脱脱等：《辽史》卷31《营卫志》，中华书局1974年版，第362页。

② （元）脱脱等：《辽史》卷35《兵卫志中》，中华书局1974年版，第402页。

③ （元）脱脱等：《辽史》卷112《耶律察割传》，中华书局1974年版，第1500页。

④ 宋绶：《上契丹事》，见赵永春编著《奉使辽金行程录》，吉林文史出版社1995年版，第36页。

⑤ 陈述：《全辽文》卷8《耶律仁先墓志铭》，中华书局1982年版，第197页。

⑥ （元）脱脱等：《辽史》卷31《营卫志上》，中华书局1974年版，第362页。

⑦ 费国庆：《辽代斡鲁朵探索》，《历史学》1979年第8期。

治、经济、军事等事务”①。还有人认为：“诸宫卫作为管理斡鲁朵及汉人州县的机构，无疑是有固定地点的。……至于诸宫卫所辖的斡鲁朵，因其系由契丹部族中划分出来的，平时要从事游牧，不可能有固定地点。”② 究竟辽代斡鲁朵是否与陵寝在同一地？是否有固定的地点？现据史书记载及宋人使辽行程录、辽代石刻资料等，来考察辽代斡鲁朵及其所在。

1. 斡鲁朵与陵寝在同一地

斡鲁朵作为皇帝的宫卫、亲卫组织，担负着保卫皇帝的任务。因此，必然要形影不离地跟随皇帝，所谓“无日不营，无在不卫”③。作为宫卫组织的斡鲁朵，在皇帝生前，扈从、守卫皇帝；在皇帝死后，其守卫的对象已经变为穹庐中所铸的金像和埋葬皇帝的陵寝了。如《辽史·营卫志》所说：“崩则扈从后妃宫帐，以奉陵寝。”因此，守卫皇帝的陵寝，也是斡鲁朵宫卫组织的重要职责之一。在圣宗、兴宗、道宗的陵寝所在地——庆州，辽朝廷派遣众多的守陵户，守卫庆陵：“庆州……有望仙殿、御容殿。置番、汉守陵三千户，并隶大内都总管司……玄德县，本黑山黑河之地。景福元年，括落帐人户，从便居之，户六千。”乾陵为辽景宗陵墓，其守陵户由各斡鲁朵户析置而来：“奉陵县。本汉无虑县地。括诸落帐户，助营山陵。”“延昌县。析延昌宫户置。”④

因此，作为宫卫组织的斡鲁朵，无论是在契丹皇帝生前还是死后，都扈从着他的主人。从这个意义上说，斡鲁朵与陵寝是在同一地的。斡鲁朵作为宫、行宫之意，是指契丹皇帝之所在，即宫、行宫之所在，也就是斡鲁朵之所在。那么，契丹皇帝的行宫在何处？地处长城以北、大漠之间的契丹族“秋冬违寒，春夏避暑，随水草就畋渔，岁以为常。四时各有行在之所，谓之‘捺钵’”⑤。契丹皇帝四时捺钵的地点，就是行宫之所在。据《契丹国志》记载：“契丹有四楼，在上京者曰西楼，木叶山曰南楼，龙化州曰东楼，唐州（疑为庆州）曰北楼，岁时游猎，常在

① 杨若薇：《契丹王朝政治军事制度研究》，中国社会科学出版社 1991 年版，第 17 页。

② 李锡厚：《论辽朝的政治体制》，《历史研究》1988 年第 3 期。

③ （元）脱脱等：《辽史》卷 31《营卫志上》，中华书局 1974 年版，第 361 页。

④ （元）脱脱等：《辽史》卷 37、38《地理志二》，中华书局 1974 年版，第 465 页。

⑤ （元）脱脱等：《辽史》卷 32《营卫志中》，中华书局 1974 年版，第 373 页。

四楼间。”① 这与《辽史·地理志》所载相同：“永州……太祖于此置南楼……冬月牙帐多驻此，谓之冬捺钵。有木叶山……隶彰愍宫。”“上京道降圣州，开国军，本大部落东楼之地，太祖春月牙帐多驻此……先属延昌宫，后隶彰愍宫。”② “祖州，太祖秋猎多于此，始置西楼。后因建城，号祖州，隶弘义宫。”

上述地点为辽太祖耶律阿保机四时捺钵之处，又为死后埋葬之处：“九月，葬太祖于木叶山，置州坟侧，名曰祖州。”③ 据《新五代史·四夷附录》记载：“述律为人多智而忍。阿保机死，悉召从行大将等妻，曰：‘我今为寡妇矣，汝等岂宜有夫。’乃杀其大将百余人，曰：‘可往从先帝’左右有过者，多送木叶山，杀于阿保机墓隧中，曰‘为我见先帝于地下。’”木叶山不但为辽太祖耶律阿保机四时捺钵与死后埋葬之处，也成为以后契丹诸帝捺钵之处。北宋人宋绶《上契丹事》记载了他在使辽期间，目睹辽圣宗在木叶山捺钵：“复渡土河至木叶山，本阿保机葬处。又云祭天之地。东向设毡屋，署曰省方殿。无阶，以毡籍地。后有二大帐。次北，又设毡屋，曰庆寿殿。去山尚远，国主帐在毡屋西北，望之不见。尝出三豹，甚驯。马上附人而坐……闻国主在土河上罩鱼，以鱼来馈……”辽圣宗的行宫在木叶山，与辽太祖的捺钵之处、陵寝之处为同一地点。不仅木叶山，辽境内的其他山水名胜之地，也为新、老皇帝共同的捺钵之处。同时，这些地点，也成为辽朝契丹皇帝选择死后埋葬之地的理想处所：“庆州……本太保山黑河之地，岩谷险峻，穆宗建城，号黑河州，每岁来幸，射虎障鹰，军国之事，多委大臣，后遇弑于此……圣宗秋畋，爱其奇秀，建号庆州……庆云山，本黑岭也。圣宗驻跸，爱羡曰：‘吾万岁后，当葬此’。兴宗尊遗命，建永庆陵。”④

庆云山（今内蒙古巴林右旗白塔子废城西北瓦尔漫汗山）山环水绕，风景秀丽，为辽穆宗、辽圣宗、辽兴宗、辽道宗等契丹皇帝的捺钵之地。

---

① （宋）叶隆礼：《契丹国志》卷23《宫室制度》，上海古籍出版社1985年版，第225页。

② （元）脱脱等：《辽史》卷37《地理志一》，中华书局1974年版，第445—446页。

③ （宋）叶隆礼：《契丹国志》卷1《太祖大圣皇帝纪》，上海古籍出版社1985年版，第8页。

④ （元）脱脱等：《辽史》卷37《地理志一》，中华书局1974年版，第444页。

北宋人沈括在《熙宁使虏图抄》中记述了他出使辽朝时所见辽道宗在庆云山的行宫："是时，契丹以永安山为庭（永安山，又名庆云山）……顿程帐，东南距新添帐六十里。帐西北又二十里至单于庭（单于，指辽道宗）。有屋，单于之朝寝、萧后之朝寝凡三。其余皆毡庐，不过数十，悉东向。庭以松干表其前，一人持牌立松干之间，曰阁门，其东相向六七帐曰中书、枢密院、客省，又东，毡庐一，旁驻毡车六，前植纛，曰太庙，皆草莽之中。"庆云山是辽穆宗、辽圣宗、辽兴宗、辽道宗的行宫与捺钵所在地，也为辽圣宗、辽兴宗、辽道宗的陵寝所在地。从这一角度来说，斡鲁朵作为契丹皇帝的行宫与陵寝为同一地点。

2. 斡鲁朵有固定的地点

（1）作为宫卫的斡鲁朵，始终跟随着皇帝四时捺钵。四时捺钵是否有相对固定的地点？据傅乐焕先生《辽代四时捺钵考五篇》[①] 考证，辽诸帝四时捺钵，分为两个时期：

太祖至景宗时期，捺钵地点如下：

太祖：春，东楼（龙化州）；夏，北楼（庆州）；秋，西楼（上京）；冬，南楼（木叶山）。

太宗：春，土河；夏，沿柳湖、凉淀（永安山）；秋，无考；冬，上京。

世宗：无可考。

穆宗：春，潢河；夏，庆州；秋，庆州；冬，庆州。

景宗：春，无定所；夏，沿柳湖、燕子城；秋，庆州诸山、炭山；冬，上京、西京。上述诸帝四时捺钵的地点，基本上在西楼（上京）、东楼（龙化州）、南楼（术叶山）、北楼（庆州）之间。

辽圣宗至天祚帝时期，捺钵地点大体如下：春捺钵主要地点：长春州之鱼儿泊；夏捺钵主要地点：永安山、炭山；秋捺钵主要地点：庆州伏虎林；冬捺钵主要地点：永州广平淀。

圣宗以后诸帝捺钵的地点，除春捺钵为长春州之鱼儿泊外，夏捺钵、秋捺钵、冬捺钵的地点分别在永安山（庆州）、庆州伏虎林、永州广平

---

① 傅乐焕：《辽史丛考》，中华书局 1984 年版，第 88、89 页。

淀，为辽太祖时期的北楼、南楼、东楼。大体上沿袭了辽太祖时期的捺钵地点而稍有变更，只是春捺钵的地点变为鱼儿泊。契丹皇帝每年四时，周而复始，循环往复于四地之间。作为宫卫的斡鲁朵，也随同契丹皇帝往返四地之间。皇帝四时捺钵的地点，大体上自辽圣宗之后是基本固定的，所以，斡鲁朵是有相对固定的地点的。

（2）作为官府治事之所的斡鲁朵，也有其固定的地点。“斡鲁朵，官府治事之所。”① “辽国之法，天子践位置宫卫，分州县，析部族，设官府，籍户口，备兵马。”斡鲁朵“凡州三十八，县十，提辖司四十一，石烈二十三，瓦里七十四，抹里九十八，得里二，闸撒十九。为正户八万，番汉转户十二万三千，共二十万三千户”。②

隶属斡鲁朵的民户，分为两类：一类是以汉人、渤海人为主的州县斡鲁朵户，《辽史》中称为番汉转户；一类是以契丹人为主的部族斡鲁朵户，《辽史》中称为契丹正户。州县斡鲁朵户，由南面诸宫官进行管理；部族斡鲁朵户为契丹正户，由北面诸宫官进行管理。石烈、瓦里、抹里、得里、闸撒为北面宫宫中的基层管理机构。瓦里“为官府名，宫帐、部族皆设之”。抹里，“官府名。闸撒狘亦抹里官之一”。③

斡鲁朵所辖州、县、提辖司、石烈、抹里主要分布于辽上京、中京、东京，由西向东分布。此外，南京、西京也有数量不多的斡鲁朵户。由于其统辖地域辽阔，作为官府治事之所与管理机构的斡鲁朵，应该有一个固定的办公地点，才能对散布于五京的斡鲁朵户进行管理。据史书与辽代石刻资料记载，作为官府治事之所的斡鲁朵，确有固定的办公地点。王师儒曾于辽乾统元年任诸行宫都部署，他上任不久，即死于任上，“感疾薨于广平甸之公府”④。冯从顺曾任“敦睦宫汉儿渤海都部署，归义军节度管内观察处置等使。上京户部使……于太平三年□月十五日寝疾，薨于上京之公署”。⑤ 从上述史料可知：作为诸行宫都部署与各宫都部署

① （元）脱脱等：《辽史》卷116《国语解》，中华书局1974年版，第1544页。
② （元）脱脱等：《辽史》卷31《营卫志上》，中华书局1974年版，第362页。
③ （元）脱脱等：《辽史》卷116《国语解》，中华书局1974年版，第1544页。
④ 陈述：《全辽文》卷10《王师儒墓志铭》，中华书局1982年版，第291、292页。
⑤ 陈述：《全辽文》卷6《冯从顺墓志铭》，中华书局1982年版，第124页。

的北、南面宫，是有固定的办公地点的。文中的“公府”“公署”即为斡鲁朵官府所在地。

（3）不但作为官府治事之所的斡鲁朵有固定的公署、公府所在地，而且，管理契丹游牧部族的各部首领也有固定的官府所在地：“六院部……隶北府，以镇南境。其大王及都监春夏居泰德泉之北，秋冬居独卢金。”“乙室部……隶南府，其大王及都监镇驻西南之境，司徒居鸳鸯泊，闸撒狘居车轴山。”①

上文中泰德泉、独卢金、鸳鸯泊等是管理契丹部族的官府所在地，同时也是辽帝捺钵之所。

管理斡鲁朵内契丹正户的石烈、瓦里、抹里、得里、闸撒狘，既是官府名称，也是官职名称。② 他们同管理契丹各部族的官员一样，有固定的办公地点。我们认为：《辽史·营卫志》中所指的斡鲁朵所在地，即是管辖斡鲁朵户的官府所在地。这个官府所在地，又为契丹皇帝捺钵地之一。例如：“算斡鲁朵，太祖置。国语心腹曰‘算’，宫曰‘斡鲁朵’。是为弘义宫。以心腹之卫置，益以渤海俘、锦州户。其斡鲁朵在临潢府，陵寝在祖州东南二十里。正户八千，蕃汉转户七千，出骑军六千。”耶鲁盌斡鲁朵，世宗置。“兴盛曰耶鲁盌，是为积庆宫。以文献皇帝卫从及太祖俘户，及云州提辖司，并高、宜等州户置。其斡鲁朵在土河东，陵寝在长宁宫北，正户五千，蕃汉转户八千，出骑军八千。”③

辽建十二宫一府，九位皇帝各置一宫，二位皇太后各置一宫，孝文皇太弟置一宫，大丞相韩德让置一府。其斡鲁朵所在地能够确指的，有十个。这十个斡鲁朵所在地名，又分为两种类型：一为府州之地名，二为山水之地名。斡鲁朵在府州的有三个：太祖弘义宫，其斡鲁朵在临潢府；应天皇太后斡鲁朵长宁宫，其斡鲁朵在高州；兴宗延庆宫，其斡鲁朵在高州西。斡鲁朵在山、水之地的有七个：世宗积庆宫，其斡鲁朵在

---

① （元）脱脱等：《辽史》卷33《营卫志下》，中华书局1974年版，第385页。

② （元）脱脱等：《辽史》卷116《国语解》：“霞濑益石烈，乡名。诸宫下皆有石烈，设官治之。”“弥里：乡之小者。”瓦里：“官府名，宫帐、部族皆设之。”“抹里：官府名。闸撒狘亦抹里官之一。”

③ （元）脱脱等：《辽史》卷31《营卫志上》，中华书局1974年版，第364页。

土河东；承天太后崇德宫，其斡鲁朵在土河东；太宗永兴宫，其斡鲁朵在游古河侧；穆宗延昌宫，其斡鲁朵在纠雅里山南；景宗彰愍宫，其斡鲁朵在合鲁河；圣宗兴圣宫，其斡鲁朵在女混活直；道宗太和宫，其斡鲁朵在好水泊。以上七个斡鲁朵所在地，有两个地理位置明确：世宗积庆宫与承天太后崇德宫，其斡鲁朵都在土河东，为辽上京道永州所在地，也为辽诸帝捺钵处之一。其余五个斡鲁朵所在地不能够确指，但也可以判断其斡鲁朵是在辽帝捺钵地之一处。例如：应天皇太后与兴宗的斡鲁朵在高州西，高州属中京，境内有平顶山、落马河、松山等。高州既为斡鲁朵官府所在地，又为辽帝捺钵之处。辽圣宗曾“连猎于有柏、碎石、太保、响应、松山诸山”①。世宗与承天太后的斡鲁朵在土河东。土河东有龙化州、广平淀、长泊，为辽诸帝冬捺钵之地。据此可推定：斡鲁朵作为官府治事之所，有固定的办公地点，其地点正是辽诸帝捺钵处之一。因此，其余以山水命名之处，当为各斡鲁朵官府之所在。以山水命名斡鲁朵官府所在，其捺钵的含义也包含于其中。

（三）契丹皇帝的行宫及其随行者

契丹皇帝终年盘桓在春水秋山之间，作为宫卫组织的斡鲁朵，始终伴随着皇帝，进行着周而复始的四时捺钵。那么，契丹皇帝的行宫中状况如何？皇帝的行宫都有哪些随行者？是否有一个行宫部落跟随在行宫左右？有的学者认为：“斡鲁朵的组成与各部落同样，是一个生产组织，因它是扈从着皇帝行宫的集团，所以又是一支禁卫力量。”“斡鲁朵人户构成了一个行宫部落，这个部落有自己的政治、经济、军事等事务，俨然以一个游牧部落的方式生产、生活着。但它又绝不等同于普通的部落，它乃为皇帝的心腹集团，皇室经济、军事力量之重心所在。”② 我们认为这种解释并不正确。

契丹皇帝的行宫，实际上是用鹿皮、毛毡、木柱、竹榱搭盖而成的帐篷，作为皇帝的宫殿、寝殿与朝廷百司之所在：

① （元）脱脱等：《辽史》卷15《圣宗记六》，中华书局1974年版，第177页。
② 杨若薇：《契丹王朝政治军事制度研究》，中国社会科学出版社1991年版，第30页。

“皇帝牙帐以枪为硬寨，用毛绳连系。每枪下黑毡伞一，以庇卫士风雪。枪外小毡帐一层，每帐五人，各执兵杖为禁围。南有省方殿，殿北约二里为寿宁殿，皆木柱竹榱以毡为盖，彩绘韬柱，锦为壁衣，加绯绣额。又以黄布绣龙为地障，窗槅皆以毡为之，付以黄油绢，基高尺余，两厢廊庑亦以毡盖，无门户。省方殿北有鹿皮帐，帐次北有八方公用殿。寿宁殿北有长春帐，卫以硬寨。宫用契丹兵四千人，每日轮番千人祗直。禁围外卓枪为寨，夜则拔枪移卓御寝帐。周围拒马，外设铺，传铃宿卫。每岁四时，周而复始。皇帝四时巡守，契丹大小内外臣僚并应役次人，及汉人宣徽院所管百司皆从。汉人枢密院、中书省唯摘宰相一员，枢密院都副承旨二员，令史十人，中书令史一人，御史台、大理寺选摘一人扈从。”①

文中记载契丹皇帝的行宫是用木柱、竹榱、毛毡、鹿皮搭盖的帐篷。皇帝的行宫用契丹兵士守卫。跟随契丹皇帝的为契丹北、南面官员及应役次人。

与史书记载不谋而合的，是北宋朝廷派往辽朝的使臣宋绶亲眼所见的契丹行宫：

“复渡土河至木叶山，本阿保机葬处，又云祭天之地。东向设毡屋，署曰省方殿，无阶，以毡籍地。后有二大帐，次北，又设毡屋，曰庆寿殿。去山尚远，国主帐在毡屋西北，望之不见，尝出三豹，甚驯，马上附人而坐。猎则以捕兽。”②

此外，北宋使臣沈括于辽道宗大康元年（1075）也曾出使辽国。据他所见：

“是时，契丹以永安山为庭，自寨至其庭三十有六日……顿程帐，东南距新添帐六十里。帐西北又二十里至单于庭。有屋，单于之朝寝、萧后之朝寝凡三。其余皆毡庐，不过数十，悉东向。庭以松干表其前，一人持牌立松干之间，曰阁门，其东相向六、七帐，曰中书、枢密院、客

① （元）脱脱等：《辽史》卷32《营卫志中》，中华书局1974年版，第375、376页。

② （宋）宋绶：《契丹风俗》，见赵永春编注《奉使辽金行程录》，吉林文史出版社1995年版，第36页。

省，又东，毡庐一，旁驻毡车六，前植纛，曰太庙，皆草莽之中。”[①]

北宋使臣宋绶、沈括出使辽朝所见到的契丹行宫，有皇帝、皇后所居住的毡屋、帐篷，还有数十座毡庐，为辽朝中书省、枢密院等官署所在，并未见到有斡鲁朵民户所居。这与《辽史·营卫志》记载基本相同。

守卫契丹皇帝行宫的，为斡鲁朵兵士，即北面御帐宫中所隶属的侍卫、卫从。辽道宗时，耶律重元叛乱，南院枢密使耶律仁先就是率领宫中近侍、宿卫士平叛的：“乃环车为营，拆行马，作兵仗，率官属近侍三十余骑阵柢枑外。及交战，贼众多降”[②]。“涅鲁古以事泄，遽拥兵犯行宫。南院枢密使耶律仁先等率宿卫士讨之。涅鲁古跃马突出，为近侍详稳渤海阿厮、护卫苏射杀之。”[③] 由此可知，担任皇帝行宫护卫的，为近侍、护卫、宿卫士等宫卫人员，而不是斡鲁朵人户构成的游牧集团。

除了担任皇帝的近侍、护卫、宿卫士等宫卫人员跟随行宫外，还有辽朝的百官及其家属：“虏所止之处，官属皆从，城中无馆舍，但与城外就车帐而居焉。”[④] 辽世宗时期，在显陵附近行宫内，耶律察割趁机举行叛乱，“百官不从者，执其家属”[⑤]。

随同契丹皇帝行宫的还有为皇室服杂役的著帐户，他们“本诸斡鲁朵析出，及诸罪没入者。凡承应小底、司藏、鹰坊、汤药、尚饮、盥漱、尚膳、尚衣、裁造等役，及宫中亲王祗从，伶官之属，皆充之”[⑥]。著帐户也称作行宫斡鲁朵户。行宫斡鲁朵户与其他斡鲁朵户的不同之处在于，行宫斡鲁朵户一般不从事生产，而是承担皇帝行宫内的各种杂役。承担农业或畜牧业生产的，为州县斡鲁朵户与契丹斡鲁朵户。

行宫斡鲁朵户除著帐户外，还包括随从契丹皇帝出猎的猎人，如鹿人、獐人、鹰人、狼人。这些猎人有自己的家庭，他们居住在契丹皇帝

① （宋）沈括：《熙宁使虏图抄》，见赵永春编注《奉使辽金行程录》，吉林文史出版社1995年版，第85页。

② （元）脱脱等：《辽史》卷96《耶律仁先传》，中华书局1974年版，第1396页。

③ （元）脱脱等：《辽史》卷112《涅鲁古传》，中华书局1974年版，第1502、1503页。

④ （宋）路振：《乘轺录》，见赵永春编注《奉使辽金行程录》，吉林文史出版社1995年版，第14页。

⑤ （元）脱脱等：《辽史》卷112《耶律察割传》，中华书局1974年版，第1500页。

⑥ （元）脱脱等：《辽史》卷31《营卫志上》，中华书局1974年版，第371页。

的行宫附近，随从契丹皇帝四时捺钵。辽穆宗经常醉饮于侍从、虞人之家：应历十三年十一月，“猎，饮于虞人之家，凡四日”；应历十五年十二月甲辰，“以近侍喜哥私归，杀其妻”①；应历十六年十二月甲子，“幸酒人拔剌哥家，复幸殿前都点检耶律夷腊葛第，宴饮连日”②。

供给皇帝行宫的日常生活所需的各种物品，如饮食、衣物等，是从辽朝的南京、上京等地，源源不断地用车马运送而来。北宋使者沈括在《熙宁使虏图抄》中记载：“契丹之粟、果瓜皆资于燕。粟，车转；果瓜，以马送之虏廷。”“祖州……东为州廨及诸官廨舍，绫锦院，班院祗候番、汉、渤海三百人，供给内府取索。”③

由此可知，契丹皇帝的行宫，并不是有一个生产组织的部落跟随、扈从着皇帝，而是担任皇帝侍卫、禁卫的宫卫组织以及以著帐户为主的行宫斡鲁朵户侍奉、守卫着皇帝的安全。南京、上京等地，是供给契丹皇帝生活必需品的内帑。所以，契丹皇帝的行宫，可以不必有契丹生产部落跟随，就可以有衣、食、住、行等方面充裕的供给。而一个浩浩荡荡的契丹生产部落，是无法跟随契丹皇帝的轻车快马往来于春水秋山之中的。

（四）斡鲁朵的管理机构

辽代斡鲁朵设有管理机构，对诸斡鲁朵的军事、生产、行政等方面的事宜进行管理。《辽史·百官志》中记载的北、南面宫官，即是斡鲁朵的管理官员。关于北、南面宫官的官署、官职及其职能，由于《辽史·百官志》的记载有重复与错误之处，已有学者进行考证。但仍有必要对下列具体问题重新加以辨析：（1）诸行宫都部署院是否存在；（2）诸行宫都部署与枢密使的职能与权力；（3）十二宫南面都部署司的官职与职掌。

诸行宫都部署院

《辽史·百官志》中，关于诸行宫都部署院的记载如下：诸行宫都部署院。总契丹、汉人诸行宫之事。设官职有诸行宫都部署、知行宫诸部

---

① （元）脱脱等：《辽史》卷7《穆宗纪下》，中华书局1974年版，第83页。

② 同上书，第84页。

③ （元）脱脱等：《辽史》卷37《地理志一》，中华书局1974年版，第442页。

署司事、诸行宫副部署、诸行宫判官。

关于诸行宫都部署院，有的研究者认为："诸行宫都部署院，纯属修《辽史》者杜撰，诸行宫都部署乃汉人行宫都部署或契丹行宫都部署之简称，而此二者乃各为行宫中南北面之最高官署，在二者之上并没有更高的总辖机构。"①

那么，究竟诸行宫都部署院存在与否？它是否与契丹行宫都部署司、汉人行宫都部署司为同一机构？

据辽代石刻资料与其他史书查证得知：诸行宫都部署院确实存在，是总契丹、汉人（北、南面）诸行宫之事。《全辽文》卷7《耶律宗政墓志铭》记载：辽圣宗太平十年，耶律宗政"改授诸行宫都部署兼侍中"。《全辽文》卷9《萧义墓志铭》记载：辽天祚帝寿隆初年，萧义"于是自诸行宫都部署授国舅详稳，加太子太师"。《全辽文》卷9《萧德温墓志铭》记载：辽道宗朝，萧德温之弟萧德让，曾任诸行宫副都部署。此外，《契丹国志》中也同样记载耶律隆运在辽圣宗朝曾担任南北面行宫都部署②。《全辽文》卷13《常遵化墓志铭》记载："公（常遵化）先娶于南王口番汉都部署女。"这里的南北面行宫都部署、番汉都部署即是诸行宫都部署的异称。因诸行宫都部署总契丹、汉人诸行宫之事。诸行宫都部署在汉人行宫都部署、契丹行宫都部署之上，为辽朝北、南面宫官中最高管理机构。

据史书记载：兴宗重熙六年十一月，"以契丹行宫都部署萧惠为南院枢密使……萧扫古诸行宫都部署，耶律裹里知南面行宫副部署"③。从上述记载可以看出，在同年同月存在着三位斡鲁朵官员：诸行宫都部署、契丹行宫都部署、知南面行宫副部署。由此可印证辽代确实存在诸行宫都部署院，而契丹行宫都部署、汉人（南面）行宫都部署都不能取代诸行宫都部署院的存在。诸行宫都部署院是独立存在的机构。

1957年，北京复兴门外公主坟出土了辽代王师儒墓志铭。其墓志铭

---

① 杨若薇：《契丹王朝政治军事制度研究》，中国社会科学出版社1991年版，第167页。

② （宋）叶隆礼：《契丹国志》卷18《耶律隆运传》，上海古籍出版社1985年版，第174页。

③ （元）脱脱等：《辽史》卷18《兴宗记一》，中华书局1974年版，第219页。

原题为："故□□佐理功臣诸行宫都部署特进行尚书左仆射赠武定军节度使同中书门下平章事兼待中上柱国太原郡开国食邑二千户食封二百户王公墓志铭并序。"①

从墓志铭原题中可知，王师儒曾担任诸行宫都部署，在铭文题中把诸行宫都部署写在题中的最前面，可知对其官职的重视。不仅如此，铭文中还有两处提到，王师儒曾于辽道宗大安七年、天祚帝乾统元年分别担任诸行宫都部署。与此同时，道宗大安七年任契丹行宫都部署的有萧陶隗，担任汉人行宫副部署的为耶律谷欲。② 在同一时间里，诸行宫都部署、契丹行宫都部署，汉人行宫副部署同时并存。由此可以断定：诸行宫都部署并非汉人行宫都部署或契丹行宫都部署的异称，也并非子虚乌有之事。辽朝确曾设置诸行宫都部署院，总管契丹、汉人诸行宫之事。诸行宫都部署院是契丹行宫都部署司、汉人行宫都部署司之上的管理机构。

诸行宫都部署掌契丹、汉人诸行宫之事，总管诸斡鲁朵的军事、民政、行政等事宜。它与总揽辽国军政大事的枢密院比较，二者有所区别。

从职掌看，北枢密院"掌兵机、武铨、群牧之政，凡契丹军马皆属焉"③。汉人枢密院，"掌汉人兵马之政"④。北、南枢密院为辽国的权力中枢，掌管辽国的军、政、民众。而诸行宫都部署则"总契丹汉人诸行宫之事"，统领的对象是诸宫斡鲁朵户及其军事、生产、行政等。其管辖的范围与职掌的孰轻孰重是一目了然的。

从其参政的情况看：枢密使总理朝廷大政，凡决定国家军政大事，皇帝多召枢密使与宰相参与议定。此即所谓"天下之事，丛于枢府"⑤；"论思秘殿，参予中堂"⑥。北院枢密使耶律仁先，在道宗朝，与北府宰相

① 陈述：《全辽文》卷10《王师儒墓志铭》，中华书局1982年版，第292页。
② （元）脱脱等：《辽史》卷25《道宗纪五》，中华书局1974年版，第299页。
③ （元）脱脱等：《辽史》卷45《百官志一》，中华书局1974年版，第686页。
④ （元）脱脱等：《辽史》卷47《百官志三》，中华书局1974年版，第773页。
⑤ （元）脱脱等：《辽史》卷105《杨遵勖传》，中华书局1974年版，第1464页。
⑥ 陈述：《全辽文》卷6《张俭墓志铭》，中华书局1982年版，第129页。

“相国姚秦公相善，军国大事，上多召二人议”[①]。道宗也曾对群臣说：“北枢密院军国重任”[②]。耶律乙辛曾任道宗朝北院枢密使，“诏四方有军旅，许以便宜从事，势振中外，门下馈赂不绝。凡阿顺者蒙荐擢，忠直者被斥窜”[③]。枢密使位高权重，权倾天下。

诸行宫都部署，总管契丹汉人诸行宫之事。虽然得以经常接近皇帝，但并未见到有参与辽国军政大事之举。由诸行宫都部署而擢升官职倒是很常见的事情。如耶律宗政由诸行宫都部署进封宋王，兼中书令。[④] 契丹行宫都部署、汉人行宫都部署由于经常接近皇帝，得以擢升的机会也很多。契丹行宫都部署耶律燕哥升为南府宰相。汉人行宫都部署王绩升为南院枢密副使。[⑤]

由此可见，诸行宫都部署的地位与枢密使是不同的，一是总管全国军政，一是统领皇帝诸斡鲁朵；一是参与军国大事的议定，一是主管诸斡鲁朵内的军事、生产、行政、禁卫等事宜。二者在职掌与地位上不可同日而语。

十二宫北南面都部署司的官职及职掌

《辽史·百官志》记载，诸宫官中设某宫契丹都部署司及某宫南面汉人行宫都部署司，掌本宫契丹、汉人军民之事。下设职官有：某宫都部署、某宫副部署、某宫判官、某宫汉人行宫都部署、某宫南面副都部署、某宫同知汉人都部署。

关于某宫都部署、某宫汉人行宫都部署的职掌，《辽史·百官志》中记载：“掌本宫契丹、（汉人）军民之事。”而在辽代石刻资料中，其职掌记载得较为具体、详细。如韩椅为章愍宫都部署，“掌绾版图，抚绥生齿。陪四朝之羽卫，覆数郡之刑名”[⑥]。其职掌包括四方面的内容：一为掌管本宫所属的版图、地域：二为统领、抚籍本宫所属的民众；

① 陈述：《全辽文》卷8《耶律仁先墓志铭》，中华书局1982年版，第198页。
② （元）脱脱等：《辽史》卷90《萧陶隗传》，中华书局1974年版，第1358页。
③ （元）脱脱等：《辽史》卷110《耶律乙辛传》，中华书局1974年版，第1484页。
④ 陈述：《全辽文》卷7《耶律宗政墓志铭》，中华书局1982年版，第157页。
⑤ （元）脱脱等：《辽史》卷24《道宗纪四》，中华书局1974年版，第288页。
⑥ 陈述：《全辽文》卷6《韩椅墓志铭》，中华书局1982年版，第121页。

三为掌领本宫的禁卫军；四为掌管本宫所辖州、县的刑法。为某宫的最高官职。

此外，据辽代石刻资料得知：王说第八子在圣宗朝曾任积庆宫汉儿渤海都部署①，冯从顺曾任敦睦宫汉儿渤海都部署②，萧德温任彰愍宫汉儿渤海都部署③。而在《辽史·百官志》中记载：某宫汉人行宫都部署，某宫，某宫同知汉人都部署。实际上，“某宫汉人行宫都部署”，应改正为“某宫汉人（儿）渤海都部署”。在辽代十二宫一府中，每宫都有相当数量的“蕃汉转户”④。所谓“蕃汉转户”，就是指斡鲁朵内的汉人、渤海人、奚人等民户。例如：上京道的定霸县：“本扶余府强师县民，太祖下扶余，迁其人于京西，与汉人杂处，分地耕种……隶长宁宫。”隶属各宫的渤海人户，其所属的州县有保和县、潞县、宣化县、扶余县、显理县等⑤。都是在渤海灭亡后，辽朝把渤海人迁到辽朝内地安置，而建置的斡鲁朵州县，成为斡鲁朵内的“蕃汉转户”。因此，管理诸斡鲁朵户的“十二宫南面行宫都部署司”中，应该设有“某宫汉人渤海都部署”一职，以管理斡鲁朵内的“蕃汉转户”。从辽代石刻资料看，各宫均设此职，可补《辽史·百官志》之疏漏。

斡鲁朵是辽代特有的一种制度，它含宫、宫卫与官府治事之所三重含义。作为宫卫组织的斡鲁朵，无论是在皇帝生前还是死后，都扈从着他的主人，从这个意义上说，斡鲁朵与陵寝是在同一地的。斡鲁朵作为宫、行宫之意，所在为皇帝捺钵之处，又为其死后葬处。契丹皇帝四时捺钵有相对稳定的地点，作为官府治事之所的斡鲁朵，也有固定的办公地点。《辽史·营卫志》中诸斡鲁朵的地点，正是斡鲁朵官府所在地。随从契丹皇帝行宫四时捺钵的，不是进行生产的契丹斡鲁朵户，而是皇族贵戚、朝廷百官及家属、著帐户、猎户以及皇帝的禁卫、侍卫等。州县、部族斡鲁朵户与行宫斡鲁朵户既有不同之处又有相同之处，州县、部族

---

① 陈述：《全辽文》卷5《王说墓志铭》，中华书局1982年版，第111页。

② 陈述：《全辽文》卷6《冯从顺基志铭》，中华书局1982年版，第124页。

③ 陈述：《全辽文》卷9《萧德温基志铭》，中华书局1982年版，第216页。

④ （元）脱脱等：《辽史》卷31《营卫志上》，中华书局1974年版，第362页。

⑤ （元）脱脱等：《辽史》卷37《地理志一》，中华书局1974年版，第439页。

斡鲁朵户承担朝廷的力役、租税、行军作战、守卫陵寝等职责，不随行宫四时捺钵。行宫斡鲁朵户有侍奉帝、后、皇室的饮食起居、游猎等任务，不承担生产任务，并随同契丹皇帝四时捺钵。斡鲁朵的管理机构中，设有诸行宫都部署院。在十二宫南面都部署司中，某宫都部署为某宫中的最高长官，其职责范围要高于某宫使。在某宫汉人行宫都部署中，设有某宫汉人渤海都部署，为《辽史·百官志》中所缺漏的官职。

五 辽代科举考述

辽代科举制度，究竟始于何年？其试是三试还是四试？举进士的条件与考试科目都为何种？学界在上述问题上有争议。下面，就以上问题谈谈个人看法。[①]

（一）科举制度设立的时间与四试

据史书记载，辽代科举制度在太宗会同年间初设。《辽史·室昉传》记载："会同初，登进士第，为卢龙巡捕官。"《宋史·宋琪传》也说："晋祖割燕地以奉契丹，契丹岁开贡举，琪举进士中第，署寿安王侍读，时天福六年（辽会同五年）也。"辽朝得后晋石敬瑭所献燕云十六州后，为笼络汉人地主阶级参加政权建设，稳定新占领地区的统治，于南京地区开设科举，这是在局部地区开设科举，并非定制。之后，在景宗保宁八年十二月，"诏复南京礼部贡院"。圣宗统和六年，"诏开贡举"。说明辽太宗会同初年，景宗保宁八年，所设科举并非常制，时断时续，因此才有"复南京礼部贡院"之举。直到辽圣宗统和六年后，辽朝科举制度才步入正轨，直至辽亡。

辽代科举制度的科考程序，要经过乡、府、省、殿试四级。《契丹国志》卷23《试士科制》记载如下：

"太祖龙兴朔漠之区，倥偬干戈，未有科目。数世后，承平日久，始

① 武玉环：《辽代科举制度探析》，鲍海春、王禹浪主编《东北历史地理论丛》，哈尔滨出版社2002年版。

有开辟。制限以三岁，有乡、府、省三试之设。乡中曰乡荐，府中曰府解，省中曰及第。时有秀才未愿起者，州县必根刷遣之……殿试，临期取旨。”

又据《金史》卷51《选举制》记载：“金设科皆因辽、宋制，有词赋、经义、策试、律科、经童之制……凡诸进士举人，由乡至府，由府至省，及殿廷，凡四试皆中选，则官之。至廷试五被黜，则赐之第，谓之恩例。又有特命及第者，谓之特恩”。《辽史》《金史》中都提及辽设乡、府、省、殿四试。

关于乡试，辽代石刻文编中多处记载有“乡贡进士君儒”①。“乡贡进士宋雄”②。“乡贡进士刘诏书”③。说明了辽代有乡试之制。

关于府试除上述文献资料外，石刻资料也有关于这方面的记载。《全辽文》卷7《王泽墓志》：“奉诏与故散骑常侍张公渥，考试析津□□，门无私请，路辟至公。”王泽为辽圣宗开泰七年进士，辽兴宗时任南京副留守，知祥复院事，他主持了析津府的考试。与上述石刻资料相印证，《辽史·道宗纪》记载，道宗大安五年三月，“诏析津大定二府精选举人以闻，仍诏谕学者，当穷经明道”。“析津大定二府”指的是辽南京析津府，中京大定府，选拔举人。都说明辽朝设有府试。道宗十分重视府试，命二府通过考试，选拔出优秀者上报朝廷。

省试多由礼部进行，主考官员也多为朝廷要员，而非副留守之类的官员任主考官。贾师训，“十九，试礼部，奏御。”④ 王堂，“乡贡、礼部、廷试皆第一。”⑤《辽史·圣宗纪》统和十二年，“诏诸部所俘宋人有官吏儒生抱器能者，诸道军有勇健者，具以名闻。庚戌，诏郡邑贡明经、茂材异等”。文中的“郡邑”，指的是府郡，即指府试，“明经、茂材异”等为考试的科目。由此可见，辽代确实存在府试一说。

---

① 向南：《辽代石刻文编》《井亭院园寂道场藏掩感应舍利记》，河北教育出版社1995年版，第389页。

② 向南：《辽代石刻文编》《韩瑞墓志》，河北教育出版社1995年版，第448页。

③ 向南：《辽代石刻文编》《义冢幢记》，河北教育出版社1995年版，第495页。

④ 向南：《辽代石刻文编》《贾师训墓志》，河北教育出版社1995年版，第476页。

⑤ 《辽史》卷105《王棠传》，中华书局1974年版，第1464页。

关于殿试设立的时间，过去认为是在兴宗时期始设[①]，一般都是根据《辽史·兴宗纪》中重熙五年的记载：“（帝）御元和殿，以日射三十六熊赋，幸燕诗试进士于廷，赐冯立、赵徽四十九人进士第。以冯立为右补阙，赵徽以下皆为太子中舍，赐绯衣、银鱼，遂大宴。御试进士自此始。”

但是事实上，（御）殿试进士始于辽圣宗之时。统和二十七年十二月，“是岁，御前引试刘二宜等三人”。统和二十九年，“是岁，御试，放高承颜等二人及第”。太平五年，“求进士，得七十二人，命赋诗，第其工拙，以张昱等十四人为太子校书郎，韩栾等五十八人为崇文馆校书郎”[②]。

太平九年十一月，“其皇城进士张人纪、赵睦等二十二人入朝，试以诗赋，皆赐第”。

上面几例充分说明，早在辽圣宗统和年间，已经开始实行“御试”。“御试”即殿试。上文中的“御试”“命赋诗，第其工拙”“试以诗赋，皆赐第”都是说辽圣宗本人殿试进士一事，而并非在兴宗时才设殿试。因此，有人依据《辽史·兴宗纪》中的记载，认为辽兴宗时期才开始御试进士，是不符合历史实际的。

（二）举进士的条件与考试科目

辽朝对应进士之举，做了如下规定：“医卜、屠贩、奴隶及倍父母或犯事逃亡者，不得举进士。”[③] 所谓医卜、屠贩、奴隶或犯罪之人不得举进士，是对举进士之人的阶级出身加以限制，可见，科举制的受惠者应为中、小地主以上家庭出身之人，也有少量出身贫寒的士人、平民。

对应试贤良科，做了如下规定：“诏应是科者，先以所业十万言进。”应试贤良科进士的人，要看过去是否有学业根基，必须在应试前“以所业十万言进”，才允许应贤良科之举。

---

① 都兴智：《有关辽代科举的几个问题》，《北方文物》1991 年第 2 期。

② （元）脱脱等：《辽史》卷 17《圣宗纪》，中华书局 1974 年版，第 201 页。

③ 《辽史》卷 20《兴宗纪》，中华书局 1974 年版，第 241 页。

契丹人不得应试科举。这是辽王朝为保持契丹主体民族尚武的风习而做出的规定。但是，由于辽境内契丹人受中原封建文明的影响日深，因此，契丹族中的文人冲破了朝廷规定的藩篱而应试科举。《辽史》卷89《耶律蒲鲁传》中记载，耶律蒲鲁，“幼聪悟好学，甫七岁，能诵契丹大字，习汉文，未十年，博通经籍。重熙中，举进士第”。因耶律蒲鲁违反了朝廷的禁规，在中进士第后，“主文以国制无契丹试进士之条，闻于上，以庶箴（耶律蒲鲁之父）擅令子就科目，鞭之二百”。但是，上述禁令并未能阻挡住契丹民族学习汉文化、应试科举的热情，到辽后期，已废除了契丹及其他民族不许应试科举之令。例如西辽国的建立者耶律大石，就曾于天庆五年登进士第。《全辽文·郑恪墓志》记载：“君讳恪，世为白霫北原人……君少敏达，博学世俗事，通契丹语，识小简字。生二十九年，以属文举进士，中第三甲。……生子六人，三男三女。长企望，次企荣，皆隶进士业。”白霫是辽境内与契丹习俗相近的民族。郑恪为辽道宗时人，死于道宗大安六年。在辽道宗朝，已允许白霫人参加科举考试。辽朝对北方少数民族与契丹民族是采取同一个因俗而治的国策，因此可以推定，道宗时期已允许契丹及其他少数民族应试科举。

关于应试的科目，据《金史·选举志》记载：“金设科皆因辽、宋制，有词赋，经义、策试、律科、经童之制。”《契丹国志·试士科制》记载：“程文分两科、曰词赋、曰经义，魁各分焉。”“圣宗时，止以词赋、法律取士，词赋为正科，法律为杂科。”可知，辽曾设立词赋、经义、法律等科。有人据此认为：“辽圣宗以词赋法律取士，其后什么时候改为词赋与经义，虽不得而知，但是采取宋制，则是无疑的了。宋朝‘罢试律义’，辽代也去‘法律’，其沿袭之迹，显然可见。”但是，据辽代石刻资料记载，圣宗朝之后，并未去除法律科而改为词赋与经义。《全辽文》卷12《窦景庸女赐紫比丘尼造经记》：“乡贡律学张贞吉施手书。”

查《辽史·窦景庸传》，窦景庸为清宁年间进士，死于辽道宗大安九年（1093）。可知，辽朝在道宗时期，仍然把律学作为科举考试的科目。很显然，过去一向认为辽圣宗之后已取消法律这一考试科目，是一个明显的错误。律学，见于《宋史·职官五》：“设律学博士二人，掌传授法律及校试之事。”

辽朝中后期，除设律学科目外，仍保留明经、词赋等科目，作为科举考试的常设科目。《全辽文》卷10《宁鉴墓志铭》，撰于天祚帝乾统十年。碑文中说，“父讳的，明经登第”。宁鉴之父应为辽道宗、天祚帝时人，他以明经登进士第，可知，辽道宗、天祚帝时仍以明经为科举考试的科目之一。《全辽文》卷11《王安裔墓志铭》：“既而攻词赋，大康五年，擢进士第。”大康五年为辽道宗时的年号，可知，辽道宗时仍然保留词赋这一考试科目。

贤良科设于辽道宗咸雍六年五月，“设贤良科，诏应是科者，先以所业十万言进”。之后，咸雍十年六月，“亲出题试进士”。“丙子，御永定殿，策贤良”。综上所述，道宗朝，科举考试的科目有词赋、法律、明经、贤良诸科。自圣宗朝一直保留法律这一科目，并未中途取消。

（三）放进士的时间与特恩赐第

根据《辽史》统计，圣宗时放进士，多为一年至二年一次。统和年间基本为一年一次，而自开泰年间开始，则二年一次为多。兴宗时期多以四年一放进士。圣宗时期于每年十二月放进士及第，兴宗时与道宗初期，同为每年的十二月，自咸雍年间后，改为每年的五六月份。

举进士的条件。兴宗时“诏医卜、屠贩、奴隶及倍父母或犯事逃亡者，不得举进士”。

贤良科的应试，“诏应是科者，先以所业十万言进”。

辽朝对已经取得进士身份，但触犯了朝规的进士，要给予惩治。

据《辽史·圣宗纪》记载，开泰元年七月，“进士康文昭、张素臣、郎玄达坐论知贡举裴玄感、邢祥私曲，秘书省正字李万上书，辞涉怨讪，皆杖而徒之，万役陷河冶”。

从上述史料可知，对于进士之中有背后私议朝政或者上书而辞涉怨讪的，都要给予徒役、杖打的惩罚，使之安守本分，不得有越轨的行为。

科举成绩，分为三等，即甲科、乙科、丙科。

甲科：张俭，为清河人，“统和中，一举冠进士甲科。其子嗣宗，前进士朝议大夫”。[1]

乙科：杨皙，“幼通五经大义，圣宗闻其颖悟，诏赋诗，授秘书省校书郎。太平十一年，擢进士乙科”。[2]

丙科：王师儒，“年二十有六，举进士，屈于丙科”。[3]

由上可知，辽代进士，按其科举考试成绩而分为甲、乙、丙三等。

辽代科举除正常考试录取进士外，还有特恩赐第进士，特恩赐第有以下几种情况：

于国有功之人。《辽史·圣宗纪》记载，太平九年十一月，以沈州节度副使张杰为节度使，其皇城进士张人纪、赵睦等二十二人入朝，试以词赋，皆赐第。实际上，这一年并未开科举，同年的八月，发生了渤海大延琳在东京领导的反辽起义，张人纪等同佐张杰固守沈州，叛乱平定之后，圣宗特赐予张人纪等进士第以嘉其忠。

对朝廷有贡献的朝臣之子弟。张俭曾任圣宗、兴宗朝宰相，有功于朝，“俭弟五人，上欲俱赐进士第，固辞”。据《梁援妻张氏墓志》记载：官吏梁援长子庆先，五赴御试仍名落孙山，辽道宗“于寿昌六年十月，特恩放进士及第”。[4]

捐钱物为进士。辽朝的富民子弟，“自愿进军马，入献钱三千贯，特补进士出身”。

六　春捺钵与辽朝政治

从辽圣宗时期开始，春捺钵地点改在辽上京道东北部的长春州及其境内的鱼儿泊（月亮泡）、大鱼泊等水草丰美之地，从此长春州就成为辽朝后期的政治中心所在地之一。辽朝的军政大事乃至重大决策，都与长春州及鱼儿泊、鸭子河有着千丝万缕的联系。那么，为什么从圣宗时期春捺钵的地点改为长春州？春捺钵的内容除了钩鱼行猎外，还有什么内容？辽朝后

① （元）脱脱等：《辽史》卷80《张俭传》，中华书局1974年版，第1277页。

② （元）脱脱等：《辽史》卷89《杨皙传》，中华书局1974年版，第1351页。

③ 陈述：《全辽文》卷10《王师儒墓志铭》，中华书局1982年版，第290页。

④ 向南：《辽代石刻文编》《梁援妻张氏墓志》，河北教育出版社1995年版，第566页。

期的政治与春捺钵的关系等，学界对于上述问题虽然有所涉猎，但是大多都围绕四时捺钵等问题展开。而以长春州、鱼儿泊为视角的考察并不多见。本文以春捺钵与辽朝政治为题，围绕上述问题谈谈个人的看法。

（一）圣宗为何把春捺钵地点改在长春州、鱼儿泊等地

捺钵一词出自契丹语，在史籍上又有很多其他的称呼，如“纳拔”“纳钵”“剌钵”“捺宝”等等，其意为皇帝的行营。契丹皇帝保持着先人在游牧生活中养成的习惯，居处无常，四时各有行在之所，进行四时捺钵。捺钵与早期的生产方式有着直接的联系。正如《辽史》所说：“长城以南，多雨多暑，其人耕稼以食，桑麻以衣，宫室以居，城郭以治。大漠之间，多寒多风，畜牧畋渔以食，皮毛以衣，转徙随时，车马为家。此天时地利所以限南北也。辽国尽有大漠，浸包长城之境，因宜为治。秋冬违寒，春夏避暑，随水草就畋渔，岁以为常。四时各有行在之所，谓之捺钵。”① 契丹为游牧民族，其生产方式以畜牧业为主，兼营渔猎。建国后的契丹人，仍旧保有原有的生产习俗，即畜牧兼营渔猎。四时捺钵是契丹皇帝为了保持旧有的习俗以及尚武的传统而进行的活动。在春夏秋冬四个季节进行渔猎，同时在捺钵之地处理军国大事。

春捺钵也称“春水”，意为春渔于水，圣宗之前春捺钵地点大致如下：

太祖：射虎东山。

太宗：春捺钵在土河、潢河、长泊。

世宗：无可考。

穆宗：春捺钵多在潢河，有时在神德湖。

景宗：春捺钵在潢河、长泊、清河。

圣宗：春捺钵多在延芳淀、鸳鸯泊；有时去长泊、土河、台湖、萨堤泺、浑河。②

以上地点都为辽上京道、南京道、东京道及其周围地区。

---

① （元）脱脱等：《辽史》卷32《营卫志》，中华书局1974年版，第374页。

② （元）脱脱等：《辽史》卷1至17《皇帝本纪》，中华书局1974年版，第15—189页。

自辽圣宗太平二年，把春捺钵的地点改在长春州境内的鸭子河泊、大鱼泊、长春河、鱼儿泊、黑水泊等地。《辽史·营卫志》详细记载了春捺钵的状况：春捺钵：曰鸭子河泺。皇帝正月上旬起牙帐，约六十日方至，天鹅未至，卓帐冰上，凿冰取鱼。冰泮，乃纵鹰鹘捕鹅雁。晨出暮归，从事弋猎。鸭子河泺东西二十里，南北三十里，在长春州东北三十五里，四面皆沙埚，多榆柳杏林。皇帝每至，侍御皆服墨绿色衣，各备连锤一柄，鹰食一器，刺鹅锥一枚，于泺周围相去各五七步排立。皇帝冠巾，衣时服，系玉束带，于上风望之。有鹅之处举旗，探骑驰报，远泊鸣鼓。鹅惊腾起，左右围骑皆举帜麾之。五坊擎进海东青鹘，拜授皇帝放之。鹘擒鹅坠，势力不加，排立近者，举锥刺鹅，取脑以饲鹘。救鹘人例赏银绢。皇帝得头鹅，荐庙，群臣各献酒果，举乐。更相酬酢，致贺语，皆插鹅毛于首以为乐。赐从人酒，遍散其毛。弋猎网钩，春尽乃还。①

关于鸭子河泊的具体地点，据傅乐焕先生考证："春州即长春州的简称。洮儿河即达鲁河（长春河），松花江为鸭子河（混同江）。洮儿河于大安县北入嫩江，南流至大安县与松花江合流，其将入嫩江之前，聚为大池，名为月亮泡。月亮泡即鱼儿泊，鱼儿泊即鸭子河泊，今观其水当洮儿河（长春河）之尾闾，去入松花江（鸭子河）之处不远。"② 因此，春捺钵的地点应该是长春州周围的鸭子河泊、大鱼泊、长春河。鱼儿泊、黑水泊③等众多河泊之地，而非专指一地。

那么，为什么圣宗太平年间春捺钵改在长春州境内？在这个时期究竟发生了什么事情，能够让圣宗改变了以往春捺钵的地点？

据《辽史》记载，圣宗在开泰三年至开泰八年连续六年，多次派兵攻打朝鲜半岛的王氏高丽。例如：开泰三年夏，诏国舅详稳萧敌烈、东京留守耶律团石等讨高丽。开泰四年正月东征。东京留守善宁、平章涅里衮总大军及女直诸部兵分道进讨。开泰五年春正月，耶律世良、萧屈烈与高丽战于郭州西，破之，斩首数万级，尽获其辎重。开泰六年五月，

---

① （元）脱脱等：《辽史》卷 32《营卫志》，中华书局 1974 年版，第 374 页。

② 傅乐焕：《辽史丛考》，中华书局 1984 年版，第 48 页。

③ （元）脱脱等：《辽史》卷 17《圣宗纪》、卷 18《兴宗纪》卷 23《道宗纪》中相关记载，见下一节"春捺钵内容"。

汉人行宫都部署王继忠为副，殿前都点检萧屈烈为都监以伐高丽。开泰七年十二月，萧排押等与高丽战于茶、陀二河，辽军失利，天云、右皮室二军没溺者众。开泰八年三月，东平王萧韩宁、东京留守耶律八哥、国舅平章事萧排押、林牙要只等讨高丽还。八月，遣郎君曷不吕等率诸部兵会大军讨高丽。[①] 通过以上记载可知，辽朝在开泰年间与王氏高丽曾多次交战，最终在开泰九年五月，王询表请称藩纳贡，辽朝遣使释王询罪，并允其请，而结束辽丽之间的战争。[②] 辽朝与王氏高丽的关系，最早可追溯到辽建国初期。契丹天显元年（926），辽灭渤海。渤海世子大光显及一部分渤海遗民逃入朝鲜半岛的王氏高丽国中，辽与高丽两国交恶，不复往来。王氏高丽则与北宋建立了外交关系，两国使者往来频繁，交往密切。辽统和年间，开始征讨居住在鸭绿江东岸的女真人。几乎与此同时，王氏高丽也开始对鸭绿江沿岸的女真人进行征伐。辽乾亨二年（980）王氏高丽建立了清塞镇。辽统和二年（984），又在文州（今朝鲜江原道）修筑要塞。至辽统和十年（992），高丽将鸭绿江下游南岸的女真人基本驱逐到长白山以北地区，并在那里建立了威远镇。[③] 王氏高丽的军事行动，显然已形成与辽朝争夺女真旧地的态势，引起辽朝的不满。同时，北宋为了收复燕云地区，已在统和四年与辽开战。为了解除南伐宋朝的后顾之忧，也为了警告高丽不得出兵援宋，辽朝开始了对高丽的军事征伐。统和十年（992）十二月，辽圣宗“以东京留守萧恒德等伐高丽”。[④] 这次用兵以高丽王治遣朴良柔奉表请罪而告终，辽朝为了安抚、笼络高丽，“诏取女真鸭绿江东数百里地赐之”。[⑤] 统和十三年（995），辽圣宗遣使册王治为高丽国王，并以东京留守萧恒德之女嫁之。王治死后，辽朝又册封其子王诵为高丽国王。王氏高丽与辽最终确立了藩属国关系。高丽向辽称臣纳贡，成为辽的藩属国。

辽第二次征伐高丽，是在统和二十八年（1010）。高丽王诵即位后不

① （元）脱脱等：《辽史》卷16《圣宗纪》，中华书局1974年版，第187页。

② 同上书，第183—187页。

③ 朝鲜科学院历史研究所：《朝鲜通史》上卷，吉林人民出版社1959年版，第347页。

④ （元）脱脱等：《辽史》卷13《圣宗纪》，中华书局1974年版，第147页。

⑤ 同上书，第149页。

久，被西京留守康肇杀死，另立王询为国王。为了讨伐叛逆之臣康肇，辽圣宗于同年十一月，亲率大军渡过鸭绿江，攻下铜、霍、贵、宁四州，占领开京城。

辽第三次征伐高丽，是在开泰三年。由于离丽王询在战败后，辽帝“诏王询亲朝”,[①] 王询称病不朝。于是，开泰二年（1013）六月，辽派中丞耶律资忠出使高丽，索取六州旧地。高丽王询拒绝归还，并且扣留了耶律资忠。开泰三年夏，诏国舅详稳萧敌烈、东京留守耶律团石等讨高丽，造浮梁于鸭绿江，在保州、宣义、定远等州建城。

自开泰三年至开泰八年连续六年，辽朝多次发兵征讨高丽。由于连年战争，双方都遭到很大损失。高丽在国力、人力、财力、物力等方面，远非辽朝的对手。因此，开泰八年（1019）十二月，王询“遣使乞贡方物”。[②] 第二年，高丽把耶律资忠放回。高丽国王“王询表请称藩纳贡”,[③] 于是圣宗遣使释王询罪，并允其请。

在与王氏高丽和解后的第二年，从辽圣宗太平二年（1022）春，驻跸鱼儿泊开始，春捺钵的地点改为长春州及其境内鸭子河等水泊。这是与当时的东北地区政治形势与军事战略部属等紧密相关。分析其中的原因，应该有以下几点：

1. 东北地区的重要性凸显。长春州地处上京道东北部，与东京道相连。从地图上看，辽朝国土恰似一条鱼的形状，鱼头朝东，鱼尾在西。长春州、东京道在鱼头上，上京道、中京道、南京道、西京道在鱼的腹部。而王氏高丽恰似鱼头下的鱼鳍。长春州是连接上京道与东京道以及辽东北部地区的桥梁。因此，自圣宗后期开始受到契丹皇帝的重视。辽朝与北宋在统和二十二年（1004）订立澶渊之盟，南部地区基本稳定下来。东部地区为王氏高丽，东北部为女真各部，以及五国部，室韦各部；东京道为渤海族聚居地，渤海人曾多次举行起义。东北部的女真各部虽然每年向辽朝朝贡，但是，随着女真各部的逐渐强大，而心怀不轨。辽

---

① （元）脱脱等:《辽史》卷15《圣宗纪》，中华书局1974年版，第170页。

② （元）脱脱等:《辽史》卷16《圣宗纪》，中华书局1974年版，第187页。

③ 同上。

圣宗似乎已经预见到东北地区乃至东北各族对于辽朝国运的重大影响，正是东北地区女真族，在几十年后灭亡了辽朝。因此，长春州的春捺钵，既有天子巡狩的意义在内，又有对于东北地区的关注与重视。关于长春州设立的时间，据《辽史·地理志》记载，“长春州，韶阳军，下，节度。本鸭子河春猎之地。兴宗重熙八年置。隶延庆宫，兵事隶东北统军司。统县一：长春县。”① 可是，在《辽史·圣宗纪》中，圣宗太平二年“三月甲戌，如长春州”。② 可知，长春州并非兴宗时期设立，而是早在圣宗时期已经设立，太平二年，正是与王氏高丽结束战争，王氏高丽称藩纳贡之后的第二年。圣宗在这个时期设置长春州，与加强对东北地区的控制，把春捺钵之地改为长春州有直接的关系。

2. 为了加强对东北地区的控制。辽帝春捺钵期间，东北各部族、属国先后朝见辽朝皇帝，从而加强了与东北地区各族的联系与羁縻统治。辽朝皇帝每年春捺钵巡视东北地区，对于王氏高丽是一种威慑，使其循规蹈矩，不生异志。辽朝为了加强对散居在松花江以北、宁江州以东的女真人的控制，早已在其南部修筑了军事重镇黄龙府。同时为了加强对北面的室韦人的控制，在长春州设置了东北路统军司，在军事重镇的周围还修建了中小规模的城堡。在军事重镇和城堡里面，驻扎着辽朝的军队，用来捍卫辽朝边疆地区的安全。长春州就是其中的城堡之一。

关于长春州所在地究竟在何处？目前史学界争议较大，有三种看法：一是认为长春州在塔虎城；③ 二是认为长春州应在洮南城四家子古城；④ 三是认为长春州应在黑龙江省泰来县塔子城。⑤

上述几种看法，我们比较认同第一种说法。理由如下：一是根据里程计算，前郭县的塔虎城为长春州，更符合当时史书记载的里程。《三朝

① （元）脱脱等：《辽史》卷37《地理志》，中华书局1974年版，第445页。

② （元）脱脱等：《辽史》卷16《圣宗纪》，中华书局1974年版，第187页。

③ 李健才：《东北史地考略》，吉林文史出版社1986年版，第110页。

④ 《奉天通志》卷72，辽海出版社2003年版；宋德辉：《城四家子古城为辽代长春州金代新泰州》，《北方文物》2009年第2期。

⑤ 曹廷杰：《东北海上舆地图说》，见《辽海丛书》第十函之7；金毓黻：《东北通史》上编卷6，第422页。

北盟会编》卷21记载，天庆五年，辽天祚帝亲征女真，率领番汉兵十余万出长春州，分路进发，与女真兵马会，“契丹未阵，女真三面急击之，天祚御旗向西南出，众军从而败溃，天祚一日夜走三百里，退保长春州。”① 文中对于契丹与女真兵相遇的地点语焉不详，据《辽史·天祚帝纪》记载，“天祚帝亲战于护步达岗，败绩，尽亡其辎重。”② 即护步达岗到长春州为三百里。同样的记载也见于《金史·太祖纪》：“追及辽主于护步达岗。……辽兵大溃。”③ 护步达岗的地址，一说为黑龙江五常西，一说为黄龙府附近。据《金史·太祖纪》记载，辽天祚帝亲征之前，天庆五年九月，女真军队“克黄龙府”。“十一月，辽主闻取黄龙府，大惧，自将七十万至驼门”。④ 从上文分析，天祚在已被女真军占领黄龙府后，率军到驼门，并非到黄龙府。护步达岗如果在黄龙府，与长春州的距离不符。因此护步达岗应该在黑龙江五常西。据《三朝北盟会编》《许奉使行程录》记载，从黄龙府到句孤孛堇寨，即“契丹昔与女真两国占界也”。其距离为440里，⑤ 从现在的测量距离看，黑龙江五常西到松原约为300—400里，天庆五年“天祚帝亲征溃败，从护步达岗，一日夜走三百里，退保长春州”。因此，塔虎城定为长春州更符合“三百里”的距离。而城四家子古城距离黑龙江五常西最少有一千里左右，因此长春州非城四家子古城，而是塔虎城，更符合距离方面的要求。

理由之二是塔虎城城址面积较大，符合军事重镇与守卫春捺钵之地的要求。塔虎城平面呈正方形，周长5213米。每面城墙上有16个半圆形马面，四角有圆形角楼。城址四面各有一门，均有半圆形瓮城。城墙外侧有两道护城河。城内西北角有大型的建筑基址，长宽各约60米，东部和北部有大面积的居住址，是一个较大规模的城址。

---

① （宋）徐梦莘：《三朝北盟会编》卷21引《亡辽录》，上海古籍出版社1987年版，第151页。

② （元）脱脱等：《辽史》卷28《天祚帝纪》，中华书局1974年版，第333页。

③ （元）脱脱等：《金史》卷2《太祖纪》，中华书局1974年版，第28页。

④ （元）脱脱等：《金史》卷2《太祖纪》，中华书局1975年版，第28页。

⑤ 徐林莘：《三朝北盟会编》卷20；又见《大金国志》卷40《许奉使行程录》，中华书局1986年版，第568页。

理由之三是在塔虎城周围，分布着鱼儿泊、查干湖、大鱼泊等大大小小许多个水泊，春水资源丰富，具备春捺钵的自然条件。因此我们认为塔虎城应为辽代的长春州。

（二）春捺钵的内容

据《金史·地理志》泰州条记载，长春县（即辽代的长春州）境内有“达鲁古河，鸭子河”，而长春州“本鸭子河春猎之地”。据《辽史》记载，月亮泡在辽朝被称为“鱼儿泊”，是辽朝皇帝的春捺钵之地。辽朝皇帝到鱼儿泊，“卓帐冰上，凿冰取鱼，冰泮，乃纵鹰鹘捕鱼雁，晨出暮归，从事弋猎……皇帝得头鹅，荐庙，群臣各献酒果，举乐更相酬酢，致贺语，皆插鹅毛于首以为乐。”据洪皓《松漠纪闻》记载，“每春冰始泮，辽主必至其地，凿冰钩鱼，放弋为乐”。

圣宗、兴宗、道宗、天祚帝到长春州、鱼儿泊、长春河、混同江等水泊进行春捺钵的记载如下：

圣宗：6 次

太平二年正月如纳水钩鱼。二月辛丑朔，驻跸鱼儿泺。三月甲戌，如长春州。

太平三年春正月，如纳水钩鱼。

太平四年春正月，如鸭子河。二月己未朔，猎挞鲁河。诏改鸭子河曰混同江，挞鲁河曰长春河。

太平五年春正月，如混同江。二月，如鱼儿泺。

太平八年春正月，如混同江。三月，驻跸长春河。

太平十一年正月，如混同江。二月，如长春河。

兴宗：14 次

重熙三年春正月辛卯，如春水。

重熙五年春正月甲申，如鱼儿泺。

重熙七年春正月辛丑，如混同江。二月庚午，如春州。

重熙八年春正月丙申，如混同江观渔。庚戌，叉鱼于率没里河。二月丙子，驻跸长春河。

重熙九年春正月庚申，如鸭子河。二月，驻跸鱼儿泺。

重熙十三年春正月戊辰，如混同江。辛未，猎兀鲁馆冈。二月庚戌，如鱼儿泺。

重熙十五年春正月乙酉，如混同江。二月乙卯，如长春河。

重熙十六年春正月己卯，如混同江。二月庚申，如鱼儿泺。三月丁亥，如黑水泺。

重熙十七年春正月丁亥，如春水。

重熙十九年春正月壬寅，如鱼儿泺。

重熙二十年春正月戊戌，驻跸混同江。二月己丑，如苍耳泺。三月壬子朔，幸黑水。

重熙二十一年春正月辛亥，如混同江。二月，如鱼儿泺。

重熙二十二年春正月乙巳，如混同江。二月庚辰，如春水。三月丙寅，如黑水泺。

重熙二十四年春正月癸亥，如混同江。二月癸巳，如长春河。

道宗：37 次

清宁二年春正月幸鱼儿泺。

清宁三年春正月，如鸭子河。二月己未，如大鱼泺。

清宁四年春正月如鸭子河钩鱼。二月庚戌，如鱼儿泺。

清宁七年春三月庚戌，如春州。

清宁八年春正月癸丑，如鸭子河。二月，驻跸纳葛泺。

咸雍元年春正月甲子，如鱼儿泺。

咸雍二年春正月，如鸭子河。癸未，幸山榆淀。

咸雍三年春正月辛亥，如鸭子河。甲子，御安流殿钩鱼。三月闰月辛卯，驻跸春州北淀。

咸雍六年春正月甲午，如千鹅泺。

咸雍七年春正月戊子，如鸭子河。三月。幸黑水。

咸雍九年春正月丁未，如双泺。

大康元年春正月乙未，如混同江。二月乙酉，驻跸大鱼泺。

大康二年春正月己未，如春水。庚辰，驻跸双泺。

大康三年春正月癸丑，如混同江。二月己丑，如鱼儿泺。夏四月乙酉，泛舟黑龙江。

大康四年春正月庚辰，如春水。

大康五年春正月壬申，如混同江。乙亥，如山榆淀。三月辛未，以宰相仁杰获头鹅，加侍中。

大康七年二月甲子，如鱼儿泺。

大康八年春正月，如混同江。

大康九年春正月辛巳，如春水。

大康十年春正月辛丑朔，如春水。

大安元年春正月丁酉，如混同江。

大安二年春正月辛卯，如混同江。

大安三年春正月乙卯，如鱼儿泺。

大安四年春正月庚戌，如混同江。二月己丑，如鱼儿泺。己亥，如春州。

大安五年春正月癸未，如鱼儿泺。

大安六年春正月，如混同江。

大安七年春正月壬戌，如混同江。二月己亥，驻跸鱼儿泺。

大安八年春正月乙酉，如山榆淀。

大安九年春正月庚辰，如混同江。

大安十年春正月，如春水。

寿隆元年春正月己亥，如混同江。二月乙亥，驻跸鱼儿泺。

寿隆二年春正月甲午，如春水。

寿隆三年春正月丁亥，如春水。癸卯，驻跸双山。

寿隆四年春正月壬子，如鱼儿泺。三月庚午，幸春州。

寿隆五年春正月乙巳，如鱼儿泺。

寿隆六年春正月丁亥，如春水。

寿隆七年春正月癸亥，如混同江。甲戌，上崩于行宫，年七十。

天祚帝：11 次

乾统二年春正月，如鸭子河。二月辛卯，如春州。

乾统三年春正月辛巳朔，如混同江。女直函萧海里首，遣使来献。

乾统四年春正月戊子，幸鱼儿泺。

乾统七年春正月，钩鱼于鸭子河。二月，驻跸大鱼泺。

乾统八年春正月，如春州。

乾统九年春正月丙午朔，如鸭子河。二月，如春州。

乾统十年春正月辛丑，预行立春礼。如鸭子河。二月庚午朔，驻跸大鱼泺。

天庆元年春正月，钩鱼于鸭子河。二月，如春州。三月乙亥，五国部长来贡。

天庆二年春正月己未朔，如鸭子河。二月丁酉，如春州，幸混同江钩鱼。

天庆三年春正月丁卯，如大鱼泺。

天庆四年春正月，如春州。

从以上史料可见，辽朝皇帝共计在长春州等地进行春捺钵 68 次，其中圣宗 6 次，兴宗 14 次，道宗 37 次，天祚帝 11 次。

关于春捺钵的活动内容，除了凿冰钩鱼，纵鹰捕鹅、猎雁之外，处理国家大事，也是春捺钵的主要内容。

“皇帝四时巡守，契丹大小内外臣僚并应役次人，及汉人宣徽院所管百司皆从。汉人枢密院、中书省唯摘宰相一员，枢密院都副承旨二员，令史十人，中书令史一人，御史台、大理寺选摘一人扈从。每岁正月上旬，车驾启行。宰相以下，还于中京居守，行遣汉人一切公事。除拜官僚，止行堂帖权差，俟会议行在所，取旨、出给诰敕。文官县令、录事以下更不奏闻，听中书铨选；武官须奏闻。

五月，纳凉行在所，南、北臣僚会议。十月，坐冬行在所，亦如之。”①

就是说，契丹皇帝召开南、北臣僚会议，处理军国大事，要在夏捺钵和冬捺钵时进行。因此，有的学者据此认为，“夏冬在行在处所召开政事会议，及处理政务。”② 也有的学者认为：“辽诸帝于每年冬夏两季，在冬夏两捺钵召开冬夏两次大政会议。会议完毕后，即春水秋山将届时，皇帝起牙帐，赴春水秋山地点，契丹官员全体及汉官一部扈从同行，汉

① （元）脱脱等：《辽史》卷 32《营卫志》，中华书局 1974 年版，第 374 页。

② 杨树森：《辽史简编》，辽宁人民出版社 1984 年版，第 82 页。

宫大部返于中京居守，处理汉人事务。契丹官员既全部扈从，则契丹官所辖之北面宫帐、部族、属国之政，仍可由辽帝随地随时料理。至是吾人乃明北南面官制之妙用。即辽帝于吞并一部分汉地，宰治一部分汉人之后，旧日渔猎之习，保守未改，从而不能接受汉人式的政制，作汉人式的皇帝。乃设此南面官，以汉人之事，委之汉人。汉宰相可除拜县令录事以下不须闻奏，县令以上亦可先行堂帖权差，然后于大政会议时取旨，由辽帝加委追认，其权殆不为小。换言之，契丹帝国实包括两个国家，一由契丹人以及汉人以外各族人组成，由辽帝自行统治之；一由汉人组成，由辽帝转委汉大臣统治之。"① 傅乐焕先生在文中说，辽帝只管契丹及其他少数民族之事，汉人汉地之事委于汉人。且县令以上官员的委任亦可先行堂帖权差，然后于大政会议时取旨，由辽帝加委追认。但是事实并非如此。从《辽史·皇帝本纪》中的记载可以看出，春捺钵也是契丹皇帝处理军国大事之处所。不但处理契丹之事，也同样处理汉人之事。圣宗、兴宗、道宗朝，在春捺钵之地处理军国大政，并非等到夏冬捺钵大政会议时才委任汉官。春捺钵时，处理军国大政主要内容如下：

一是任免汉族官员。道宗咸雍七年春正月到鸭子河。二月，以南院枢密使姚景行知兴中府事。大康五年春正月，道宗到混同江。癸酉，赐宰相张（耶律）孝杰名仁杰。三月辛未，以宰相仁杰获头鹅，加侍中。大安元年春正月，道宗到达混同江。癸卯，王绩知南院枢密使事，邢熙年为中京留守。戊申，以枢密直学士杜公谓参知政事。②

二是处理汉人州郡所在地事宜。道宗清宁二年春正月，"谓州郡官及僚属决囚，如诸部族例。"③

三是制定与汉人汉地相关的法律。道宗大安三年春正月乙卯，如鱼儿泺。甲辰，以民多流散，除安泊逃户征偿法。④

四是在春捺钵之地接见与宋朝、西夏、高丽等朝的外交使者，处理外交事宜。圣宗太平二年春三月甲戌如长春州。丁丑，宋使薛贻廓来告

① 傅乐焕：《辽史丛考》之《四时捺钵考五篇》，中华书局 1984 年版，第 96 页。

② （元）脱脱等：《辽史》卷 24《道宗纪》，中华书局 1974 年版，第 290 页。

③ （元）脱脱等：《辽史》卷 21《道宗纪》，中华书局 1974 年版，第 253 页。

④ （元）脱脱等：《辽史》卷 25《道宗纪》，中华书局 1974 年版，第 295 页。

宋主殂，子祯嗣位。遣都点检耶律僧隐等充宋祭奠使副，林牙萧日新、观察冯延休充宋后吊慰使副。戊寅，遣金吾耶律谐领、引进姚居信充宋主吊慰使副。重熙七年二月庚午，兴宗到春州。丁丑，高丽遣使来贡。兴宗重熙十七年春正月丁亥，如春水。二月，夏国王李元昊薨，其子谅祚遣使来告，即遣永兴宫使耶律裹里、右护卫太保耶律兴老、将作少监王全慰奠。重熙二十二年春正月乙巳，如混同江。二月，回鹘阿萨兰为邻国所侵，遣使求援。重熙二十四年春正月，如混同江。宋遣使来贺，馈驯象。二月，召宋使钓鱼、赋诗。[①]

五是在春捺钵之地，有时召开议政会议。“道宗咸雍八年正月，如鱼儿泊。二月丙辰，北、南枢密院言无事可陈。”[②] 北、南枢密院之中的南枢密院，是以汉人官员为主，二院向皇帝奏报无事可陈，正说明是在议政之时向皇帝上奏、禀报时的状况。

因此，“汉官大部返于中京居守，处理汉人事务。契丹官员既全部扈从，则契丹官所辖之北面宫帐、部族、属国之政，仍可由辽帝随地随时料理”之说，值得商榷。

从上文可知，契丹皇帝不但在冬夏捺钵之地处理军政大事，而且在春捺钵之地也同样处理军国大政。而不是只管渔猎，废弃国事，只等三四个月后，在夏捺钵之地召开议政大会才处理军国大政，如果真如《营卫志》所言，全年只在夏冬捺钵之地召开两次议政大会，岂不是政事废弛，误国误民？

（三）天祚帝时期的春捺钵与辽朝覆亡

从辽圣宗太平年间开始，春捺钵所在地长春州及其周围的鸭子河、鱼儿泊等水泊所在地成为辽朝政治中心之一。与辽朝命运相关的重大决策都是在长春州及鸭子河泊决定的。而天祚帝时期，春捺钵之地成为对辽朝国运攸关的场所。按照旧俗，每年春捺钵之时，女真、五国部等东北少数民族部族都前来朝贡。自从天祚帝即位以来，随着女真族逐渐强

---

① （元）脱脱等：《辽史》卷20《兴宗纪》，中华书局1974年版，第247页。

② （元）脱脱等：《辽史》卷23《道宗纪》，中华书局1974年版，第273页。

大，女真对辽朝朝贡时的态度发生很大变化，由过去的恭谨侍奉，变为不卑不亢，甚至直接抗拒。《辽史》记载：

> “天庆二年（1112）二月丁酉，如春州，幸混同江钩鱼，界外生女直酋长在千里内者，以故事皆来朝。适遇‘头鱼宴’，酒半酣，上临轩，命诸酋次第起舞；独阿骨打辞以不能。谕之再三，终不从。他日，上密谓枢密使萧奉先曰：‘前日之宴，阿骨打意气雄豪，顾视不常，可托以边事诛之。否则，必贻后患。’奉先曰：‘粗人不知礼义，无大过而杀之，恐伤向化之心。假有异志，又何能为？’其弟吴乞买、粘罕、胡舍等尝从猎，能呼鹿，刺虎，搏熊。上喜，辄加官爵。”①

此时的完颜阿骨打，已经心有异志，天祚帝已看出端倪，只可惜受到萧奉先的阻碍而没能根除后患，以致埋下更大的隐患。仅仅相隔两年，天庆四年（1114），女真起兵反辽。

女真起兵反辽的直接原因是出于辽朝的民族压迫。史书记载：为了满足契丹皇帝春捺钵捕捉天鹅的需要，辽朝向女真人每年催征海东青，从而引发生女真与相邻的五国部的械斗与征战。《文献通考》卷327记载，“先是，女真岁以北珠、貂革，名马、良犬及俊鹰海东青于契丹，海东青出于五国之东，然不能自至。女真之东北，与五国邻，每岁大寒，契丹必遣使来趣发甲马数百入五国界，即巢取之，往往征战而得，国人厌苦。及契丹主延禧嗣位，责供犹苛，至遣鹰坊子千辈，越长白山罗取，岁甚一岁，女真不胜其扰。”《松漠纪闻》记载：“后求海东青，使者络绎，恃大国使命，惟择美好夫人，不问其有夫及阀阅高者，女真浸忿，遂叛”。② 由此可知，海东青是契丹皇帝春捺钵时必备的猎器，由春捺钵而引发的对于海东青的催征，使得辽朝与女真族的民族矛盾一触即发。正如阿骨打起兵反辽时誓词所说：“世事辽国，恪修职贡，定乌春、窝谋

① （元）脱脱等：《辽史》卷27《天祚皇帝纪》，中华书局1974年版，第326页。

② 洪皓：《松漠纪闻》，见《辽海丛书》，辽沈书社1984年版，第205页。

罕之乱，破萧海里之众，有功不省，而侵侮是加。罪人阿疏，屡请不遣。今将问罪于辽，天地其鉴佑之。”阿骨打伐辽誓词所说辽罪行有三：其一是辽银牌天使到女真国催征海东青，侵侮女真人；其二是女真平定乌春、窝谋罕之乱有功，而辽朝不赏；其三是女真纥石烈部人阿疏，前来投奔辽朝。辽朝留下阿疏不遣。以上述理由为导火索，阿骨打誓师起兵反辽。

公元（1114）九月，阿骨打集合女真诸部兵马二千，攻打宁江州。宁江州为道宗清宁年间置，治混同县（今扶余县伯都古城），属东京道。与长春州（塔虎城）相距 80 里。[①] 辽军与女真军队战于宁江州东，“（辽）渤海军大败，或阵没，或就擒，获免者无几，复攻破宁江州，无少长悉杀之。”[②]

同年十月，辽朝以司空萧嗣先为东北路都统、静江军节度使萧挞不也为副，率军近万余，屯兵出河店（位于肇源县西南部），欲与女真军队决战。“女真军潜渡混同江，掩其不备，诸军未及阵，而为女真所败，骨肉辎械、牛羊金帛，悉皆弃于女真。”[③] 由于此战的胜利，阿骨打确立并巩固了自己的地位，翌年（1115）正月，正式即皇位，建国，取国号为大金。

第二年，即天庆五年，天祚帝亲征，率领番汉兵十余万，从长春州分道而进，可是，刚与女真兵马交战，契丹军未来得及布阵，“女真（军队）三面急击之，天祚御旗向西南出，众军从，而败绩。天祚帝一日夜走三百里，退保长春州。”[④] 天庆八年正月，辽朝派遣耶律奴哥等使金议和。和约未成，金军乘势而进，摧枯拉朽，迅速占领辽的东京、南京、中京、上京等地。天祚退保夹山。

保大四年，天祚帝得大石林牙兵归，又得阴山鞑靼、毛割石兵，自谓天助，谋划出兵收复燕云。大石力谏曰：“自金人初陷长春、辽阳两路，则车驾不幸广平淀而都中京；及陷上京，则都燕山；及陷中京，则

① 陈相伟、李殿福：《扶余县文物志》，吉林省文物编委员会 1984 年版，第 46 页。

② （宋）徐梦莘：《三朝北盟会编》卷 21《政宣上帙 21》，上海古籍出版社 1987 年版，第 150 页。

③ 同上。

④ 同上书，第 151 页。

都云中；及陷云中，则奔夹山。向以全师不谋战备，以致举国汉地尽为金人所有。国势微弱致此而力求战，非计也。当养兵待时而动，不可轻举。"[①] 天祚帝不从。遂率领诸军出夹山，与金人战，失败。保大五年（1125）二月，天祚在应州新城东，被金人所获，辽亡。

从以上可知，辽朝后期的春捺钵之地，与辽朝的国运息息相关，许多关系到辽朝生死攸关的重大决策，都是在春捺钵之地制定的。辽朝对春捺钵所用海东青的无理催征，进一步加深了辽朝与女真的民族矛盾。引发了辽与女真之间的战争。甚至关系到辽朝生死存亡的天庆五年天祚亲征女真之战，也是在长春州附近进行的。因此说，长春州及鱼儿泊等春捺钵之地，与辽朝政治紧密相关，是辽朝后期的政治中心所在地之一。

七　王氏高丽时期的渤海移民考论

辽天显元年（926），辽朝灭亡渤海国后，把大批渤海民众迁往其内地东京、上京等地。与此同时，也有一部分渤海民众陆续迁往朝鲜半岛。对于迁往朝鲜半岛的渤海移民[②]的族属、族源以及他们与王氏高丽的关系等问题，学界存在不同的看法。渤海国与王氏高丽的关系是中国地方政权与国外政权的关系；渤海国灭亡后，迁到朝鲜半岛的渤海移民与王氏高丽的关系是王氏高丽王朝与其附属民众的关系。渤海移民与王氏高丽

---

① （宋）徐梦莘：《三朝北盟会编》卷21《政宣上帙21》，上海古籍出版社1987年版，第152页。

② 关于移民的定义，《美国大百科全书》将移民定义为："个人或团体有相当长的距离的比较经常性的迁移行动。移民至少有永久性的社区变更。"《英国大百科全书》认为："移民是指居住地发生了经常性的变更的个人或团体。"广义的移民是指个人或团体有相当长的距离的比较经常性的迁移行动。国内学术界使用的移民概念基本上与国际上的通行概念一致。《中国大百科全书·地理学》对移民的解释是："一定时期内人口在地区之间永久或半永久的居住地的变动，人口迁移的形式为移民。"葛剑雄主编的《中国移民史》（福建人民出版社1997年版）则认为：移民是指："具有一定数量，一定距离，在迁入地居住了一定时间的迁移人口。"因此移民具有迁出地、迁入地、数量、居住时间等含义。移民不但指有组织的政府移民，同时也指个人的迁移行为。我们同意上述看法。本书中所指的移民，即是按上述定义所涵盖的个人或团体的较长距离的迁移行为，并有长久或半长久的居住地变更。

属于不同民族，不存在血缘上的联系。[①]

（一）渤海族移民到朝鲜半岛的历史背景与过程

从辽初至辽末，渤海民族由于亡国之恨以及不满辽朝的统治，陆续移民朝鲜半岛。渤海民族迁往朝鲜半岛大致可分为两个时期。

第一个时期为辽朝初期至辽景宗时期。公元926年，辽朝灭亡渤海国之后，改渤海国为东丹国，把渤海民族大批迁往辽朝的东京、上京等地。与此同时，也有一部分渤海人趁机迁往朝鲜半岛，其人数约有数万人，是迁徙比较集中的时期。综观渤海人迁往朝鲜半岛的原因，主要有以下几点：

一是处于亡国之际的渤海人，不甘心做辽朝的阶下囚，他们对辽朝有着刻骨的亡国之恨，因此，逃离其统治是情理之中的事情。

二是渤海人的居住地距离朝鲜半岛较近，处于亡国之际的渤海民众当然要选择距离较近、交通便利的地方逃离。而渤海国的南京南海府就设在朝鲜半岛上，因此渤海国与朝鲜半岛很早就有了密切的经济、贸易、文化往来，其民众对半岛的情况较为熟悉，因此渤海民众选择逃往朝鲜半岛。

三是渤海世子大光显在渤海亡国之后逃往朝鲜半岛，对以后渤海人到朝鲜半岛起到了率先垂范的作用。

渤海移民迁往朝鲜半岛的第二个时期是辽圣宗时期至辽末。在这一时期，又有很多渤海人陆续逃往朝鲜半岛。究其原因，一是受东京守将大延琳（大祚荣第七代孙）武装起义事件的影响。辽圣宗太平年间，燕地连年闹饥荒，户部副使王嘉献计造船，让渤海居民熟悉海事者，运辽东粟米赈济燕民。因水路艰险，船只多覆没，人也很少有生还者。朝廷大臣虽多次上言，免除此举，而朝廷未准。加之辽东官吏横行霸道，欺压辽东渤海移民。“先是，辽东新附地不榷酤，而盐曲之禁亦弛。冯延休、韩绍勋相继商利，欲以燕地平山例加以绳约，其民病之，遂起大延

① 武玉环：《王氏高丽时期的渤海移民》，《吉林大学学报》2003年第2期。

琳之乱。"[①] 东京舍利军详稳大延琳，乘机而起，杀户部使韩绍勋、副使王嘉、四捷军都指挥使萧颇得，大快人心。同时囚禁东京留守、驸马都尉萧孝先及南阳公主。大延琳僭位，其国号为兴辽国，年号为天庆。直至第二年八月，辽朝廷才平息了这场叛乱。为了防备渤海人再次发动武装起义，辽圣宗采取分化利用以及迁徙渤海移民入辽内地的政策。平定大延琳之乱后的第二年（太平十年），辽圣宗"诏渤海旧族有勋劳材力者叙用，余分居来、隰、迁、润等州"。[②] 来、隰、迁、润四州为辽中京属下之州。把渤海人迁居辽的内地，是为了便于对其进行监控与管理，防止再次发生渤海人的反叛。受这一事件的影响与牵连，当时很多渤海人离开辽朝本土，逃往朝鲜半岛。

二是受辽朝渤海移民政策的影响。辽朝对渤海民族采取控制、防范、压迫的不平等的民族政策，例如不准渤海人击毬习武，逐步加重渤海人的赋税，限制渤海人在地方与朝廷的任职等，从而激化了渤海民族与辽朝廷的矛盾。以上诸多因素，是渤海民族迁往朝鲜半岛的主要原因。

（二）渤海移民的构成与王氏高丽的安置政策

迁往朝鲜半岛的渤海移民，既有皇室贵族，也有各级官僚，还有广大的普通民众。在渤海移民迁往朝鲜半岛的两个时期里，其构成人员有所不同。

在第一个时期里，迁往朝鲜半岛的渤海移民大致包括以下几类人：

渤海的皇室贵族。渤海上京陷落后，渤海末代王世子大光显带领数万居民投往朝鲜半岛的王氏高丽。在渤海亡国之后第二年，渤海王族大儒范等先后投奔王氏高丽。渤海国的灭亡，使渤海皇室贵族失去了往日的显赫地位，他们不甘沦为辽朝的阶下囚而逃往朝鲜半岛。

渤海的各级官僚。原渤海的中央与地方官僚，在亡国之际，也逃往朝鲜半岛。例如，工部卿吴兴、大福谟及渤海移民 50 人投奔王氏高丽；礼部卿大和钧、大均老与同族及民众百余户投奔王氏高丽。军队中的将

---

① （元）脱脱等：《辽史》卷 59《食货志》，中华书局 1974 年版，第 926 页。

② （元）脱脱等：《辽史》卷 17《圣宗纪》，中华书局 1974 年版，第 206 页。

领如申德、冒豆干、左右卫将军大审理都先后逃往朝鲜半岛的王氏高丽王朝。

普通渤海平民。渤海国灭亡后，先后有数万普通渤海民众投奔王氏高丽。这一时期移民人数最多的有两次：一是王氏高丽朝太祖甲午十七年，即辽太宗天显九年（934），“渤海国世子大光显率众数万来投”。二是王氏高丽朝景宗己卯四年，即辽景宗乾亨元年（979），“是岁渤海人数万来投”。[①] 第一次移民人数众多，是由于辽天显三年（928），辽朝“诏遣耶律羽之迁东丹民以实东平。其民或亡入新罗、女真，因诏困乏不能迁者，许上国富民给赡而隶属之”。[②] 辽朝把渤海移民从其聚居地渤海上京龙泉府（今黑龙江省宁安）等地，以集团移民的方式迁入辽朝东京（今辽宁省辽阳市）。渤海民众背井离乡，人心惶惶。天显九年，辽朝出兵讨云中郡县未附者，正值后唐将领石敬瑭叛唐自立，向辽求援兵。第二年九月，辽太宗率兵 5 万，与唐战，大败唐兵。辽太宗立石敬瑭为大晋皇帝，石敬瑭割燕云十六州以献。因此，渤海民众趁乱而起，逃往朝鲜半岛。时隔 45 年，辽景宗乾亨元年（979），“是岁渤海人数万来投”。这次渤海人移居朝鲜半岛的人数众多，是由于此时正值辽宋战争时期，这年的二月到十月，辽军与宋军在燕云地区的沙河、高梁河等地大战五次，其中辽三败两胜。由于无暇顾及远在辽东的渤海移民，才使得渤海移民有机会逃脱，进入朝鲜半岛。王氏高丽对前来投奔的渤海移民，将其安置在白州（黄海道白州）附近的周边地域居住。白州在王都开城附近。这一时期迁往朝鲜半岛的渤海移民，以王室贵族、官僚为代表，他们率领大批平民来到半岛。为了表示接纳的诚意，王氏高丽王朝对他们予以特殊的优待。例如赐渤海世子大光显姓名王继，附之宗籍，特授元辅守白州，以奉其祀，赐僚佐官爵、军士、田宅有差。

第二个时期，迁往朝鲜半岛的渤海移民的成分有了新的变化。主要包括如下几种人：

仕于辽朝的渤海军将。仕于辽朝的渤海军将是这一时期渤海移民的

---

① 金富轼：《三国史记》，孙文范等校勘，吉林文史出版社 2003 年版

② （元）脱脱等：《辽史》卷 3《太宗纪》，中华书局 1974 年版，第 30 页。

主要组成部分。例如大道行郎，在辽朝担任渤海监门军。大延琳叛乱后，辽朝迁徙渤海民众到辽朝内地上京等地，于是大道行郎借机投奔王氏高丽。高真祥，为辽朝渤海军判官；王光禄，为辽朝渤海军孔目；正奇叱火，为辽朝渤海军监门军；大坚济，为东京回礼使，他们都先后投奔朝鲜半岛的王氏高丽。

渤海王族后裔。大延琳叛乱后，受其牵连，渤海王族后裔先后逃往朝鲜半岛，有大道李卿、大道行郎等。天祚帝时期，有渤海王族后裔大道李乡等人去投王氏高丽。

渤海平民。这一时期有不少渤海平民，为躲避大延琳叛乱后辽朝廷对渤海人的制裁，免遭迁入辽朝内地受其监控而逃往朝鲜半岛。例如，辽兴宗重熙年间，渤海人沙志明童自辽朝投王氏高丽，同行 29 人。萨五德，渤海人，辽重熙年间自辽朝投奔王氏高丽，同行 15 人。在辽太平十年（1030）、辽重熙元年（1032），每年大约有六次渤海人逃往朝鲜半岛。其人数多则几百人，少则几人。

王氏高丽把这一时期来投奔的渤海移民安置在朝鲜半岛的南部。《高丽史》《显宗》记载："显宗二十一年（1030），契丹、奚人、渤海民五百余人来投，处之江南州郡。"① 辽朝天祚帝时期（1116），东京渤海人作乱，杀留守萧保先。当时的供奉官、渤海人高永昌，僭位称皇帝，国号大元，建元隆基。之后，渤海人的叛乱被辽朝平定。同年 12 月，渤海 44 人来投王氏高丽。第二年（1117）正月，"渤海 52 人、奚家 89 人、汉人 6 人、契丹 18 人、熟女真 8 人，自辽来投。"

在第二个时期来投王氏高丽的渤海人，王氏高丽把他们安置在"南地"。上文中所谓的"江南州郡""南地"，地址较为模糊，实际上是指首都开城以南的地方。《高丽史》卷 85《刑法志》："诸投化人犯盗，配南界水路不通州县。"可知当时的"南界"，即江南州县，是远离京都的流放地。那么，为什么把渤海世子等第一批来半岛的渤海人安置在离京城较近的白州，而把后来的普通渤海民众安置在偏远的南地呢？恐怕是王氏高丽对于渤海民众抱有戒备的心理，因此把他们安置在交通闭塞的

---

① ［朝］郑麟趾：《高丽史》卷 5《世家》，朝鲜劳动报纸出版印刷所 1957 年版。

地方。此外，把他们安置在朝鲜半岛的南部地区，正可以利用他们开发边地。王氏高丽的这一政策可以说是一举两得：既安置了前来归附的渤海人，又起到了开发边地的作用。所谓南界的水陆不通之地，在《高丽史》卷57《地理志》记载："尚州又号商山，谚传州北面林下村人，姓太者扑贼有功，升其村为永顺县。"据曾补《文献备考》卷52《帝系考》付氏族的太氏条中永顺太氏部分记载："高句丽时永顺部曲民有太氏者，捕贼有功，升部曲为县。"从李朝初期地理志的记载看，太氏即大氏，渤海大氏在尚庆道永顺部曲居住的地方居住。高丽时代的部曲及居所，是作为地方行政制度的一种行政区划，属于郡县下属的住民，他们与国家有着特定的役属关系，带有集团的世袭的义务。① 在社会地位以及政治经济方面的待遇，要比普通郡县的居民低，并要承担当地的金、银、铜、铁、瓷器、瓦、炭、墨、纸、油、绢、丝、茶、姜、盐、鱼等各种物品的生产、贡纳的义务。从朝鲜半岛南部居住的居民看，尚庆道所在地的大氏，是在第二个时期逃亡到朝鲜半岛的渤海人，而不是第一个时期来的人。在尚庆道居住的渤海人所从事的生产，主要为冶炼业、制瓷业、制纸业、纺织业、捕渔业等行业，他们对当时朝鲜半岛手工业生产的发展起到了一定的推动作用。

（三）渤海移民与王氏高丽的关系

关于渤海移民与王氏高丽的关系，目前学术界存在着较大的分歧，主要有以下几种看法：

一是认为渤海民族与王氏高丽是同一血缘的关系。《朝鲜通史》中说：公元7世纪末，朝鲜半岛由过去高句丽、新罗、百济三国并立变为渤海、新罗并立，直至王建统一朝鲜半岛，建立王氏高丽王朝。因此，"渤海移民的迁徙，是世界封建史上一个特殊事例，是在迁徙者和土著居民基于同一血缘纽带，双方完全同意的情况下进

① ［日］北村秀人：《高丽时代的渤海系民之管见》，日本《中国》杂志特辑《渤海国》，1998年；李钟明：《来投高丽的渤海人考》，《渤海史译文集》，李东源译，刘凤翥校，黑龙江社会科学院历史研究所，1986年。

行的"。[1] 这种说法实际上是混淆了两个不同民族的族属以及两个民族之间的关系。

二是认为渤海移民与王氏高丽是分属不同族系的、不同国家的两个民族。中国学者都持有这一观点。

我们首先探讨一下渤海人与朝鲜半岛上的古代民族是否为同一个民族，他们之间是否存在着血缘上的联系和政治上的隶属关系。关于古代朝鲜半岛上的古民族，在《朝鲜通史》中记载："辰国是在现今我国领域内建立的古代国家，从部落构成上看，它是以韩族为中心的。"辰国起初由辰韩、弁韩、马韩三部分组成。三韩又各自分成十几个或几十个小国，辰王直辖马韩，辰韩、弁韩也在辰王控制之下。由此可知，朝鲜半岛的学者主张：古代朝鲜半岛主要是以韩族为中心，包括辰韩、弁韩、马韩三部分组成。但是朝鲜的古代史籍《三国遗事》中却有不同的记载："卞韩在南，马韩在西，辰韩在东。"致远云："卞韩，百济也。""百济地，百济有卞山，故曰卞韩。"辰韩，《三国遗事》引《后汉书》"辰韩耆老自言，秦之亡人来适韩国，而马韩割东界地以与之，相呼为徒，有似秦语，故或名之为秦韩。有十二小国，各万户，称国"。又崔致远云："辰韩本燕人避之者，故取涿水之名。称所居之邑里为沙涿、渐涿等。"[2]

早在商末周初之际，殷商贵族箕子被周朝封于朝鲜（朝鲜，为东表日出之地），之后更名为朝鲜侯国，属于中国的地方王国。汉代之后，被卫氏朝鲜取代，但依然是汉朝的藩属。东汉永初二年（108），汉灭卫氏朝鲜，设置乐浪等郡。之后，在朝鲜半岛先后出现了新罗、百济政权。中国东北的地方民族政权高句丽政权于公元5世纪初由东北迁入朝鲜半岛，公元7世纪被唐朝所灭。其遗民有的留在当地，有的被唐朝迁入中原。留在当地的高句丽人，与半岛的新罗、百济人融合。契丹神册三年（918），朝鲜半岛的王建建立了王氏高丽政权，并先后灭亡了新罗、后百

---

① 朝鲜民主主义人民共和国科学院历史所编：《朝鲜通史》，延边朝鲜族自治州《朝鲜通史》翻译组译，吉林人民出版社1975年版。

② 一然：《三国遗事》第1卷，孙文范等校勘，吉林文史出版社2003年版。

济，统一了半岛南部的大部分地区。王氏高丽灭亡了新罗、后百济之后，新罗人、百济人成了王氏高丽的主要居民。新罗人主要源于朝鲜半岛南部地区的辰韩、弁韩人。公元 7 世纪，高句丽政权灭亡后，也有一部分高句丽人加入其中。百济主要是源于朝鲜半岛的马韩人。而渤海政权在灭亡之前，虽然先后与新罗、百济、王氏高丽比邻而居，有经济文化上的往来，但是他们属于不同的族属，渤海民族属于东北古代民族肃慎族系中的粟末靺鞨，其依据是：

其一，中国史书《隋书》《新唐书》《旧唐书》等记载，渤海的主体民族为粟末靺鞨。《隋书·靺鞨传》："靺鞨，在高丽之北，其邑落俱有酋长，不相总一。凡有七种：其一号粟末部，与高丽相接，胜兵数千，多骁武，每寇高丽中。"[①]《隋书》是中国较早记载靺鞨的官修史书，有相当的可信度。从中可知：粟末部为靺鞨的七部之一，独立于高丽（即高句丽）之外，并常与高句丽发生争斗，它与高句丽不是同一族属。《旧唐书·渤海传》："渤海，本粟末靺鞨附高丽者（即高句丽），姓大氏。高丽灭，率众保挹娄之东牟山。地直营州东二千里。""万岁通天中，契丹尽忠杀营州都督赵文翙反，有舍利乞乞仲象者与靺鞨乞四比羽及高丽余种东走，渡辽水，保太白山之东北，阻奥娄河，树壁自固。武后封乞四比羽为许国公，乞乞仲象为震国公……是时，仲象已死，其子祚荣引残夷遁去……祚荣即并比羽之众，恃荒远，乃建国，自号震国王。"据以上记载可知：

第一，靺鞨粟末部后来曾依附于高句丽；

第二，高句丽灭亡后，以粟末部为主的靺鞨人乞四比羽等，率众到东牟山。上文中的"舍利乞乞仲象"，舍利是北方民族中的官名。据《辽史·国语解》："舍利，契丹豪民要裹头巾者，纳牛驼十头，马百匹，乃给官名叫舍利。"

第三，舍利乞乞仲象死后，其子大祚荣联合乞四比羽，建立渤海国。《旧唐书·渤海靺鞨传》也记载："祚荣骁勇善用兵，靺鞨之众及高丽余烬稍稍归之，圣历中，自立为震国王。"以上都说明大祚荣是靺鞨人，他

① 魏徵：《隋书》卷 81《靺鞨传》，上海古籍出版社 1986 年版，第 218 页。

率领靺鞨之众建立了渤海国，其中也有一部分亡国后的高句丽遗民进入渤海国中，但其主体民族与统治民族为粟末靺鞨。

其二，关于《旧唐书·渤海靺鞨传》中“渤海靺鞨大祚荣者，本高丽（高句丽）别种也”之说释疑。

有些学者根据别种一词，就认为大祚荣是高句丽人。“这里加了一个‘别’字，史学界由此出现了各种分歧……别种二字纯属多余[①]”。我认为“别种”二字真正的含义是另一种类之意，即不属高句丽同一种类之意。把这段话联系起来看，大祚荣为渤海靺鞨人，是高句丽别种。据《旧唐书·靺鞨传》《唐会要》等书记载：“其白山部，素服于高丽（高句丽），因收平壤之后，部众多入中国，汨咄、安居骨、号室等部，亦因高句丽破后奔散微弱，后无闻焉，纵有遗人，并为渤海编户。”可知，靺鞨各部曾依附于高句丽，当然属高句丽的别种，但是在高句丽灭亡后，都先后成为渤海编户。这就是靺鞨大祚荣本高句丽别种的内在原因。既然是依附于高句丽别种的靺鞨人，就谈不上渤海的始祖是高句丽人了。正确的说法是，渤海始祖大祚荣是曾依附于高句丽的靺鞨人。而依附于高句丽的其他各部靺鞨人，也“并为渤海编户”，成为渤海建国的主体民族。当然在渤海国内也有一部分亡国后的高句丽人在其中，成为建国初期渤海国内的诸多民族中的一种。

其三，根据外国史书的记载，大祚荣及渤海国主体民族为粟末靺鞨。日本史书《类聚国史》载：“天皇二年（698），大祚荣始建渤海国，其国延袤二千里，无州县馆驿，处处有村里，皆靺鞨部落。其百姓者，靺鞨多，土人少，皆以土人为村长。”这段文字说明了两个问题：一是大祚荣所建渤海国，皆靺鞨部落，即主体民族为靺鞨人。这里的“皆”为都、全部之意。文中的“靺鞨多，土人少”也说明渤海国以靺鞨人为主。二是担任渤海国职官的，多为靺鞨人。即文中的“其百姓者，靺鞨多，土人少”。百姓，史书中解释为百官或者普通民众之意。在《诗·小雅》郑玄笺中为：“百姓，百官族姓也。”在奴隶社会中，有姓氏的只有官吏、奴隶主与平民，因此“百姓”即为“百官”之意。而在上段引文中，也

① 李龙范：《渤海国历史之谜》，《新东亚杂志》1981 年第 7 期。

可解释为普通民众之意。在渤海国内的民众，多为靺鞨人。而人数较少的土人，是指原来居住在此地的高句丽人。

据此，我们认为：渤海国是我国东北古代民族肃慎族系中的粟末靺鞨部为主所建立的地方民族政权，而古代朝鲜半岛上的古族是由中原迁移去的殷商遗民与当地的三韩人相互融合而形成的。渤海移民与王氏高丽是分属不同族系、不同国家的两个民族。他们之间不存在着血缘上的联系和政治上的隶属关系。因此，那种认为渤海移民与朝鲜半岛的“土著居民基于同一血缘纽带”的说法是不成立的。

那么，渤海移民与王氏高丽王朝是一种什么关系呢？概括来说，就是王氏高丽王朝与其附属民众的关系。一个王朝与附属民众的关系，既可以是同一民族内的隶属关系，也可以是不同民族之间的隶属关系。它们之间没有必然的联系。说它是王氏高丽与其附属民众的关系，主要基于以下几点：

1. 渤海国时期，渤海国与王氏高丽的关系，是中国境内的民族政权与国外政权的关系。它们之间的关系是平等的。在经济文化等方面，双方有友好的交往和信使的往来。渤海国内的民众，与王氏高丽王朝不发生所谓的附属关系问题。

2. 渤海国灭亡之后，渤海民众分散于各地，其中的大多数成为辽朝的属民，还有一部分迁往朝鲜半岛，成为王氏高丽王朝的属民。从人数上看，迁往辽朝内地的人数远远大于迁往朝鲜半岛的人数，但是也不能据此说，渤海人与辽朝的契丹人是同一族属、同一血缘关系。

3. 渤海民众迁往朝鲜半岛后，接受王氏高丽王朝的安置，承担王氏高丽王朝的赋税、征兵、徭役等义务，有少数渤海贵族、官僚，在王氏高丽朝廷中担任官职。因此说，渤海移民与王氏高丽的关系是王氏高丽王朝与其附属民众的关系。

八 辽代军礼考述

军礼属于辽代五礼之一，是辽代礼仪制度的重要组成部分。契丹民族崇尚武功、军事强盛，辽代军礼的制定，对于提高契丹民族凝聚力，提振士气，提升军队的战斗力有着重要的作用。

《辽史·礼志》中记载，辽代军礼有皇帝亲征仪（射鬼箭）、腊仪、出军仪。除《辽史》记载的上述军礼外，还有献捷礼、执手礼、解洗礼等。辽代的军礼既包含契丹本民族的祭祀仪式，如射鬼箭、执手礼，又融入了告庙仪、谒庙仪等中原礼仪，辽代军礼是在本民族礼仪的基础上，又融合了中原礼仪而最终形成的，是契丹民族文化与中原传统文化相结合的产物。[①]

我国古代的礼分为吉礼、凶礼、宾礼、军礼、嘉礼五种。辽代的五礼，定于辽初。辽太祖七年，"定吉凶仪"。[②] 之后，太宗克晋，稍用汉礼。军礼是五礼之中的一种，主要指行军作战以及战事前后依照一定的仪式举行的与军事活动有关的礼仪。考察我国古代军礼，正如耿元骊先生所言："先秦军礼，稽考困难。秦汉以后，军礼一度不兴。魏晋至隋，军礼才逐步变得正式起来。降至唐代，军礼正规化……至五代时期，乱世争雄，成者为王，败者为寇，只有战事结束并胜利后才能想起要举行一定仪式，以示胜利。所谓军礼，变得具文而已。"[③] 辽代军礼，与前代已有不同。辽代是以北方游牧民族契丹人为主所建立的政权，以武立国，因此辽代军礼呈现出了与前代不同的民族性与多样性。

（一）出军仪式

出军仪式包括出军仪、射鬼箭、腊仪。为契丹军队出征前后所举行的仪式。

出军仪。辽以武立国，战事频繁，武将大多能征善战，辽代皇帝多有挂帅亲征沙场的经历。因此，辽代存在两种形式的出军仪，一种是皇帝亲征仪，另一种是皇帝遣将出征时举行的仪式。二者在形式上颇为类似，但又有所侧重。《辽史·礼志三》对皇帝亲征仪有较为详细的记载："常以秋冬应敌制变或无时。将出师，必先告庙。乃立三神主祭之：曰先

---

① 武玉环、吕宏伟：《辽代军礼考述》，《黑龙江民族丛刊》2012 年第 5 期。

② （元）脱脱等：《辽史》卷 1《太祖纪》，中华书局 1974 年版，第 8 页。

③ 耿元骊：《五代礼制考》，东北师范大学出版社 2003 年版。

帝，曰道路，曰军旅。刑青牛白马以祭天地。其祭，常依独树；无独树，即所舍而行之。或皇帝服介胄，祭诸先帝宫庙，乃阅兵。将行，牝牡各一为挺祭。将临敌，结马尾，祈拜天地而后入。下城克敌，祭天地，牲以白黑羊。班师，以所获牡马牛各一祭天地。出师以死囚，还师以一谍者，植柱缚其上，于所向之方乱射之，矢集如雨，谓之'射鬼箭'。"①

从以上记载可知：第一，皇帝亲征仪的举行大多是在秋冬月份，也因战事所需随时应敌。这与《辽史》纪、传中记载的皇帝亲征月份大体上是吻合的。之所以在秋冬月份，大概是秋冬时节，雨水较少，道路好走，且不影响农时田作。秋收之后，契丹粮草充足、兵强马壮、适宜作战的缘故。

第二，祭祀是皇帝亲征仪的重要内容。出师前告庙，祭"三神主"，目的是"求媚祖先、乞求道路平安、军旅无事"。契丹以骑军为主，道路通畅是取得战争胜利的首要条件，因此乞求道路通畅自然是在情理之中。军旅是作战的主力军，军旅无事，象征着战争的顺利进行，胜利当然指日可待。祭三神主后，还要用青牛白马祭天地，青牛白马与契丹民族起源的神话有关，即《辽史》中所谓神人乘白马，天女驾青牛车。因此，青牛白马是契丹游牧民族的图腾。祭诸先帝、宫庙，其目的是祈求祖先、神灵保佑自己，战胜敌人。将临敌，祈拜天地；下城克敌，以白黑羊祭天地；班师，以所获牡马牛各一祭天地。由此可见，辽朝的祭祀活动贯穿皇帝亲征的始终，内容丰富，既有契丹本民族的传统仪式，如"刑青牛白马以祭天地"等，也融入了告庙仪等中原礼仪。

第三，射鬼箭是皇帝亲征仪式中的重要环节，"出师以死囚，还师以一谍者"作为射鬼箭的对象，带有一定的宗教迷信色彩。在《辽史》中，有多处关于"射鬼箭"的记载，射鬼箭在辽代出军仪式中是比较常见的仪式。

另一种形式的出军仪，则是皇帝遣将出征时举行的仪式。《辽史·礼志三》出军仪条载："制见兵志"，并未明确记载出军仪之轮廓，现摘录《辽史·兵卫志》的相关材料如下："凡举兵，帝率蕃汉文武臣僚，以青

① （元）脱脱等：《辽史》卷51《礼志》，中华书局1974年版，第845页。

牛白马祭告天地、日神，惟不拜月。分命近臣告太祖以下诸陵及木叶山神，乃诏诸道征兵。惟南、北、奚王，东京渤海兵马，燕京统军兵马，虽奉诏，未敢发兵，必以闻。上遣大将持金鱼符，合，然后行。始闻诏……又请引五方旗鼓，然后皇帝亲点将校。又选勋戚大臣，充行营兵马都统、副都统、都监各一人。又选诸军兵马尤精锐者三万人为护驾军，又选骁勇三千人为先锋军，又选彪悍百人之上为远探拦子军，以上各有将领。又于诸军每部量，众寡，抽十人或五人，合为一队，别立将领，以备勾取兵马腾递公事。其南伐点兵，多在幽州北千里鸳鸯泊……出兵不过九月，还师不过十二月。在路不得见僧尼、丧服之人。"告庙、谒庙，皆曰拜容"。以先帝、先后生辰及忌辰行礼，自太宗始也。其后正旦、皇帝生辰、诸节辰皆行之。若忌辰及车驾行幸，亦尝遣使行礼。凡瑟瑟、柴册、再生、纳后则亲行之。凡柴册、亲征则告；幸诸京则谒。四时有荐新。"① 从上述史料我们得知：辽出军前要进行一系列的祭祀活动，这充分体现了"国之大事，在祀与戎"的含义。辽出师前举行的祭祀活动，包括以青牛白马祭告天地、拜日、告庙、祭山等。前三项祭祀，前文已略有说明，在此不再赘述。辽代有祭山仪，且"以祭山为大礼"，相传木叶山为契丹人的发源地，每有军国大事，皇帝率文武臣僚到木叶山告祭。

祭祀活动过后，皇帝"诏诸道征兵"，然后"亲点将校"。史料中有"上遣大将持金鱼符，合，然后行"之记载，这说明皇帝使用金鱼符调兵。关于金鱼符，《辽史·仪卫志三》载："七枚，黄金铸，长六寸，各有字号，每鱼左右判合之。有事，以左半先授守将，使者执右半，大小、长短、字号合同，然后发兵。事讫，归于内府。"② 因金鱼符只七枚，故仅限南院、北院、奚王府等驻有重兵之处调兵。调兵过后，"引五方旗鼓"，"亲点将校"。所谓"五方旗鼓"即东、南、西、北、中五方位的旗鼓，用于军中发号施令，激励将士情绪，在勋戚大臣中点出兵马都统、副都统、都监各一人，又选护驾军、先锋军、远探拦子军以及后勤保障

① （元）脱脱等：《辽史》卷34《兵志》，中华书局1974年版，第397页。

② （元）脱脱等：《辽史》卷57《仪卫志》，中华书局1974年版，第915页。

队伍等。从以上内容可以看出，皇帝握有军事大权，全国的军事指挥权、调动权都在皇帝的手中。无论是调兵遣将，还是任命将帅，都以皇帝之令唯命是从。契丹皇帝具有至高无上的地位。出军仪印证了这一无可争辩的事实。

此外，辽出军前遵循一些约定俗成的规矩，“出兵不过九月，还师不过十二月。”与“皇帝亲征仪”载“常以秋冬应敌制变”相合，这是契丹在长期作战中总结的经验。辽出军前，还存在若干禁忌，说明契丹人受原始宗教影响之深。“正路不得见僧尼、丧服之人”，大概是指僧尼、丧服之人属于阴气较盛，不利于出征之事，因此要回避僧尼、丧服之人。《契丹国志》“行军”条载：“契丹行军不择日，用艾和马粪，于白羊琵琶骨上炙，炙破便出行，不破即不出”，[①] 即是说契丹人重视占卜，行军依据占卜结果。而标“午日”条载：“契丹出军，每遇午日起程，如不用兵，亦须排办，望西大喊七声，言午是北朝大王之日”，[②] 则是说契丹出军，如果遇到午日起程，需西向大喊七声，以提振士气。

综上所述，不管何种形式的出军仪，其共同的内容是祭祀。契丹人出军前的各种祭祀仪式，充满萨满教的原始宗教色彩，即万物有灵与祖宗崇拜。例如以青牛白马祭告天地、拜日、告庙、祭山等仪式。契丹人把祭祀与战事两相结合，显示了契丹国家对出征这件大事的重视。

射鬼箭。关于射鬼箭，不但见于“皇帝亲征仪”中有关于射鬼箭的记载，此外在《辽史》中，还有很多涉及行射鬼箭的相关记载。射鬼箭是行军或战争中举行的一项军事礼仪。有的在行军前举行，有的在行军中举行，有的在战争后举行。

第一种，行军前举行射鬼箭：“凡帝亲征，服介胄，祭诸先帝，出则取死囚一人，置所向之方，乱矢射之，名‘射鬼箭’，以被不祥。”死囚象征敌人，置所向之方，是指行军方向。由弓箭手射杀敌人，以被不祥，预示着战争的胜利。

第二种，行军过程中射鬼箭，多为叛人、敌人、宋卒、谍者、侦人。

① （宋）叶隆礼：《契丹国志》，卷27《岁时杂记》，上海古籍出版社1985年版，第255页。

② 同上。

如“统和二十二年闰月己未，南伐。癸亥，次固安，以所获谍者射鬼箭”。这一次射鬼箭是在行军过程中，起到惩处敌人、警示敌方的作用。辽太祖在行射鬼箭后便“夜围扶余府，南伐，至南京，获敌人”。即是说明在行军作战中以所获谍者射鬼箭。在澶渊之盟签订前，宋辽战争最为激烈的时期，也曾举行射鬼箭。

第三种，“及班师，则射所俘”，即战争结束，凯旋而归，射鬼箭以昭示战争胜利。射鬼箭始终与战争联系在一起。辽太祖时期至辽兴宗时期，都有射鬼箭。黄清连在《辽史“射鬼箭”初探——从宗教和法律观点所做的分析》指出：若城久治郎《辽史索引》射鬼箭条下，共列出19处；魏特夫、冯家异《辽代社会史》所列射鬼箭16处。本文搜集《辽史》中有20处关于射鬼箭的记载。

射鬼箭是极刑的一种，起到一定的警示作用。太祖初年，射鬼箭便成为一种极刑被确立下来，与枭磔、生瘗、炮掷、支解并列，其残忍程度可想而知。辽太祖为巩固皇权，平定“诸弟之乱”以及奚族叛乱，对叛人施以射鬼箭，有强烈的警示作用。辽太宗把贪官作为射鬼箭的备选，实际上也有警示贪官污吏的作用。辽穆宗“射杀”女巫肖古，是否施以射鬼箭，尚不明确。但是，从射杀的动机来看，辽穆宗对女巫肖古所献上的“延年药方”心生怀疑，几年后觉其妄，这对于弑杀成性的辽穆宗来说，施之以极刑是很有可能的。况且辽穆宗在这以后又施行过枭磔、支解、炮烙、铁梳等极刑，对其“乱矢射之”便极具可能了。

射鬼箭作为极刑的一种，只是在太祖、太宗时施行，用于警示叛人和贪官。女巫肖古被射杀是辽穆宗的残暴造成的，不是普遍意义上的刑罚。即射鬼箭的刑罚功能是次要的。射鬼箭作为军礼，射杀的主要是死囚、间谍、俘虏；射鬼箭作为刑罚，射杀的对象是叛人以及贪官等。射鬼箭同时具有军礼和刑罚两种功能是不可否认的，但射鬼箭多用于军仪，因此“辽代射鬼箭已从宗教迷信活动、军仪演变转化为辽代的一种残酷的刑罚”① 的说法，是不全面的，不如说射鬼箭主要的功能是军礼，则更为准确。

---

① 张志勇：《辽代法律史研究》，高等教育出版社2002年版，第71页。

腊仪。是指腊月辰日，皇帝带领群臣举行的祭祀及围猎的仪式。契丹人生活在大漠之间，多寒多风，“畜牧畋渔以食，皮毛以衣，转徙随时，车马为家”。“朔漠以畜牧射猎为业，犹汉人之劭农，生生之资，于是乎出。”草原造就了契丹人“以畜牧射猎为业”，也练就了契丹人英勇善射的本领。以契丹皇帝为代表的上层贵族举行游猎活动，包含了练兵、习武、娱乐等功能。《辽史·礼志三》这样描述腊仪：“腊，十二月辰日。前期一日，诏司猎官选猎地。其日，皇帝、皇后焚香拜日毕，设围，命猎夫张左右翼。司猎官奏成列，皇帝、皇后升辇，敌烈麻都以酒二尊、盘飧奉进，北南院大王以下进马及衣。皇帝降舆，祭东毕，乘马入围中。皇太子、亲王率群官进酒，分两翼而行。皇帝始获兔，群臣进酒上寿，各赐以酒。至中食之次，亲王、大臣各进所获。及酒讫，赐群臣饮，还宫。应历元年冬，汉遣使来贺，自是遂以为常仪。统和中，罢之。”“腊辰日，天子率北南臣僚并戎服，戊夜坐朝，作乐饮酒，等第赐甲仗、羊马。国语谓是日为炒伍侕。炒伍，战也。”[①]《契丹国志》：“腊月，国主带甲戎装，应番汉臣诸司使已上并戎装，五更三点坐朝，动乐饮酒罢，各等第赐御甲、羊马。……是‘战时’也。”[②]

从以上记载可知：

第一，腊辰日，皇帝、皇后率群臣在司猎官事先选好的“猎地”举行骑射围猎。在举行射猎之前，要举行相关的祭祀仪式，焚香、拜日、进酒等。

第二，腊月对于辽代来说是一个很重要的月份。腊辰日被契丹人称为“粆离俪叵”，即战斗的日子。史料中明确记载的契丹词汇“粆离”，意为“战斗”，其基本义为“打”。根据《契丹语研究》的考证，“粆离”(粆离俪叵)，学界有很多解释，有“侵袭”“引斗”“斗战”几种，但基本意义为战斗之意。[③] 由此可见，腊月以及辰日是“战时”，这与前面记载的“出兵不过九月，还师不过十二月”的记载不谋而合。

---

① （元）脱脱等：《辽史》卷53《礼志六》，《国语解》，中华书局1974年版，第1534页。

② （宋）叶隆礼：《契丹国志》卷27《岁时杂记》，上海古籍出版社1985年版，第879、254页。

③ 孙伯君、聂鸿音：《契丹语研究》，中国社会科学出版社2008年版，第55—56页。

第三，腊仪的举行充分体现出腊月的“战时”特点。天子与大臣带甲戎装，皇帝“乘马入围中”，群官“分两翼而行，赐御甲、羊马”，其用意为全副武装以围猎代练兵习武。皇帝“始获兔”，群臣进酒，皇帝赐酒，共同庆祝，这种活动和春捺钵头鹅宴、头鱼宴的内容和形式都很相似。

第四，腊仪成为定式，是在辽穆宗应历元年，“应历元年冬，汉遣使来贺，自是遂以为常仪。统和中，罢之。”虽然《辽史》记载圣宗“统和中，罢之”，但是，据兴宗、道宗、天祚帝本纪的记载，腊仪作为契丹人尚武的仪式，仍存在于辽朝廷之中。可补《辽史·礼制》的缺载。例如，兴宗重熙四年十二月，“诏诸军炮、弩、弓、剑手以时阅习”。重熙十四年十二月”，“观汉军习炮射击。”“重熙十六年十二月”，谒太祖庙，观太宗收晋图。重熙十七年闰月，“射虎于候里吉。”道宗大安四年十二月，“丙午，如混同江”[①] 天祚帝乾统三年十二月，“如藕丝淀”[②]。从以上史料可知，腊仪仍旧在辽代朝廷中存在着，只不过其仪式有所简化。

兴宗时期，在腊月组织诸军炮、弩、弓箭手进行射击演习，并且亲自上山射虎。道宗、天祚帝时期，前往藕丝淀举行祭祀，可知，腊仪仪式被简化，但是尚武的内容却保留下来。

（二）回师仪式

辽军回师仪式包括车驾还京仪、执手礼、献捷礼，是皇帝、将士出征回朝后的礼仪。

车驾还京仪。皇帝回京，“前期一日，宣徽以下横班、诸司、阖门并公服，于宿帐祗候。至日诘旦，皇帝乘玉辂，阖门宣谕军民讫，导驾。时相以下进至内门，阖副勘箭毕，通事舍人鞠躬，奏臣宣放仗。礼毕。”皇帝回京，在京宣徽以下横班、诸司要亲迎，并举行宣谕军民的仪式，进入内门，还要举行勘箭仪式。

执手礼。执手礼最先兴起于魏晋时期，士人相见、分别之际，常行

① （元）脱脱等：《辽史》卷25《道宗纪》，中华书局1974年版，第297页。
② （元）脱脱等：《辽史》卷27《天祚帝纪》，中华书局1974年版，第320页。

执手礼，有致意示好的含义。关于辽代的执手礼，形式上与魏晋时期的执手礼相同，但表现出的功能却大相径庭。由士人之间致意示好的执手礼变为皇帝（或大臣代行）与有功将帅之间的慰问礼、嘉奖礼。《辽史·国语解》中对执手礼有简略记载："将帅有克敌功，上亲执手慰劳。若将在军，则遣人代行执手礼。优遇之意。"① 此条对执手礼的解释已基本明晰，《辽史》本纪以及石刻资料对执手礼的记载与《国语解》的解释相合。"统和四年春正月壬午，枢密使斜轸、林牙勤德、谋鲁姑、节度使阏览、统军使室罗、侍中抹只、奚王府监军迪烈与安吉等克女真还军，遣近侍泥里吉诏旌其功，仍执手抚谕，赐酒果劳之。"② "开泰四年夏四月，枢密使贯宁奏大破八部迪烈得，诏侍御撒剌奖谕，代行执手之礼。"③《赵德钧妻种氏墓志》载："长子枢密使、中京留守、成德军节度使、太师、守侍中、兼政事令、大丞相、燕王延寿。道隆归汉，志在霸秦。大辽嗣圣皇帝执手相劝，付以大任。"④ 由此可知，执手礼是皇帝为嘉奖立有军功者而行的礼仪。行执手礼有优遇、嘉奖、鼓励、委以重任等含义。

除上述几种军礼外，还有解洗礼，《辽史·国语解》载"解装前祓，饮至之义"。从字面上看，似乎是打仗归来，卸解戎装之前，洗尘、饮酒祝贺之意，当属军礼的一种。

献捷礼。是中国古代军礼的一种，在先秦社会中比较常见。指战事结束后，军将向朝廷进献所获俘虏及战利品的仪式。据《先秦献捷礼考论》一文研究，先秦献捷礼的主要内容包括"献恺乐""告祭""献俘授馘""饮至""大赏"五项内容。⑤ 五项内容在时间先后上并无严格之顺序，在礼节上也不是彼此孤立的。那么辽代有无献捷礼？辽代的献捷礼又有什么特点呢？从辽初到辽末，都有献捷礼的记载。《辽史》有关"献捷"最早的记载，是在辽太祖时。"天赞三年九月，南府宰相苏、南院夷离堇迭里略地西南，乙丑，苏等献俘。"天祚乾统二年五月乙丑，斡特剌

---

① （元）脱脱等：《辽史》卷116《国语解》，中华书局1974年版，第1539页。

② （元）脱脱等：《辽史》卷11《圣宗纪》，中华书局1974年版，第119页。

③ （元）脱脱等：《辽史》卷10《圣宗纪》，中华书局1974年版，第116页。

④ 向南：《辽代石刻文编》，《赵德钧妻种氏墓志》，河北教育出版社1995年版，第22页。

⑤ 景红艳、辛田：《先秦献捷礼考》，《中央民族大学学报》2006年第4期。

献耶睹刮等部捷。[①] 可知，辽代献捷礼早在辽初已经出现，至辽末天祚帝时期，仍有献捷礼的记载，说明献捷礼在辽代自始至终都存在。“献捷”，主要指向皇帝进献征讨所得的俘虏。献俘是献捷礼的重要内容，也是核心内容。“帝（太宗）召模翰等赐以酒馔，亲飨士卒，士气益振。翌日，复战，又败之。敬达鼠窜晋安寨，模翰献俘于帝。”[②] “统和二十年甲戌，南京统军使萧挞凛破宋军于泰州。乙酉，南征将校献俘，赐爵赏有差。”“丁未，韩德威以征党项回，遂袭河东，献所俘，赐诏褒美。”[③] “重熙十年，夏国献所俘宋将及生口。”[④] 通过以上史料可知：辽代武将诸如高模翰、萧挞凛、韩德威等征讨有功，而后献俘，受到皇帝嘉奖。辽武将向皇帝献捷，一方面壮大军威，增强战斗的信心；另一方面武将以战斗成果昭示自己的能征善战以及对朝廷的忠诚。献俘，主要以俘虏为主，此外还有器甲、货财、行军辎重等。《辽史·圣宗二》记载：“休哥等败宋军，献所获器甲、货财，赐诏褒美。”献俘后，皇帝赐给奖赏或赐诏褒美。如耶律普宁、萧勤德加官进职，各赐金器诸物。模翰献俘前日，受赐以酒馔。南征将士赐爵赏有差。下诏褒美韩德威等。所谓“献恺乐”，即献捷伊始，先以恺乐献于主或宗庙，以渲染胜利和喜庆的气氛。辽史上并没有记载“献恺乐”这一仪式，但考察唐代历史，《旧唐书·音乐志》记“凡命将征讨，有大功献俘馘者，其日备神策兵卫于东门外，如献俘常仪。其凯乐用铙吹二部，笛……乐工等乘马执乐器，次第陈列，如卤簿之式。鼓吹令丞前导，分行于兵马俘馘之前。将入都门，鼓吹振作，迭奏《破阵乐》等四曲。”很显然，唐代献捷是有“献恺乐”的，奏军乐又为“鼓吹”，据《辽史·乐志》，辽代的鼓吹、横吹均为军乐，“鼓吹乐，一曰短箫铙歌乐，自汉有之，谓之军乐……辽杂礼，朝会设熊罴十二案，法驾有前后部鼓吹，百官卤簿皆有鼓吹乐。右前后鼓吹，行则导驾奏之，朝会则列仗，设而不奏”。“横吹亦军乐，与鼓吹分部而同用，皆属鼓吹令……汉、唐之盛，文事多西音，是为大乐、散乐。武事

---

① （元）脱脱等：《辽史》卷 27《天祚帝纪》，中华书局 1974 年版，第 319 页。

② （元）脱脱等：《辽史》卷 76《高模翰传》，中华书局 1974 年版，第 1249 页。

③ （元）脱脱等：《辽史》卷 14《圣宗纪》，中华书局 1974 年版，第 113、157 页。

④ （元）脱脱等：《辽史》卷 19《兴宗纪》，中华书局 1974 年版，第 1526 页。

皆北音，是为鼓吹、横吹乐。”行则导驾奏之，朝会则列仗，设而不奏。说明皇帝出行则导驾奏之，辽代行军礼或许有军乐这一内容。

“告祭”，即祭宗庙，告祖先所获成功。太宗祀天地以告成功。“九月癸巳朔，谒显陵，告南伐捷。”所谓“饮至”，即指出征凯旋，至宗庙祭祀宴饮庆功。《辽史·圣宗二》载：“统和四年二月甲寅，耶律斜轸、萧挞览、谋鲁姑等族帅来朝，行饮至之礼，赏赉有差。”值得注意的是，告祭、饮至在辽行军作战前后均可独立进行，与献捷（献俘）已有所脱离。从先秦献捷礼到辽代献捷礼，具体内容已发生变化。先秦时期中国社会的一项重要军礼献捷礼，一直持续到清代，尽管各个历史时期献捷礼的具体内容各有损益，但都继承了先秦献捷礼的基本内容。辽代的献捷礼主要呈现为“献俘”和“大赏”两项基本内容。“告祭”“饮至”等内容已经渐渐脱离了献捷礼，即献捷礼的“告祭”“饮至”已然独立存在。

（三）辽代军礼的特点与作用

辽代军礼的特点：

辽代军礼内容丰富，仪式庄重，成一代之规模。如《辽史》所说：“路车法物以隆等威，金符玉玺以布号令。是以传至九主二百余年，岂独以兵革之利，士马之强哉。文谓之仪，武谓之卫，足以成一代之规模矣。”辽代军礼，除《辽史·礼志》记载的皇帝亲征仪、出军仪、射鬼箭、腊仪，还有执手礼、献捷礼、解洗礼等。

辽代军礼具有浓郁的民族、地域特点。契丹为游牧民族，擅长骑射，骁勇善战，其军礼带有浓厚的草原民族特色，例如射鬼箭、腊仪、出军仪等。

辽代军礼是契丹、汉两种文化相互融合的产物。辽代军礼既有来自中原的皇帝亲征仪、献捷礼、谒庙仪，还有具有契丹本民族特色的射鬼箭、腊仪、出军仪、执手礼等。《辽史》中详细记载了中原礼仪告庙仪与谒庙仪。谒庙仪：“至日昧爽，南北臣僚各具朝服，赴庙。车驾至，臣僚于门外依位序立，望驾鞠躬。班首不出班，奏‘圣躬万福’。舍人赞各祗候毕，皇帝降车，分引南北臣僚左右入，至丹墀褥位。合班定，皇帝升露台褥位。宣徽赞皇帝再拜，殿上下臣僚陪位皆再拜。上香毕，退，复位，再拜。”辽太宗征伐回师后，丁丑，皇子述律迎谒于滦河，告功太祖行宫[1]。从辽代军礼的内容可以看出，辽代礼仪制度逐渐受中原文化影响，反映了契丹、汉两种文化相互融合的历史发展趋势。

辽代行军礼的作用，一是祈求祖先的庇护和神灵的保佑。辽军在出征前必谒庙“凡柴册、亲征则告；幸诸京则谒。四时有荐新”。景宗亲征，“命巫者祠天地及兵神”。[2]

二是以强其兵，以练其军，鼓舞士气，震慑敌军。

三是辽代行军礼，标志着辽朝军队建设逐步走向制度化，标志着契丹民族已走向礼仪文明之路。

四是辽代军礼对金元王朝的礼仪制度起到承上启下的作用，其影响深远。

① （元）脱脱等：《辽史》卷3《太宗纪》，中华书局1974年版，第40页。
② （元）脱脱等：《辽史》卷9《景宗纪》，中华书局1974年版，第103页。

卷五 图表

一 图

1. 辽代疆域图

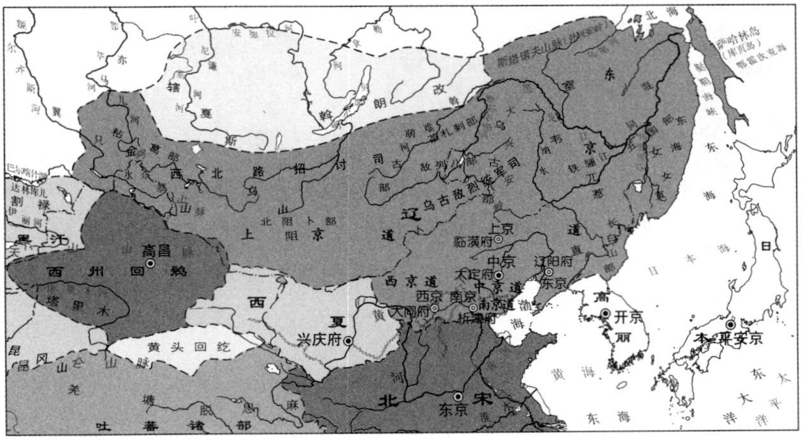

资料来源：地图由中国地图出版社授权使用。

2. 辽上京遗址图

3. 燕云十六州图

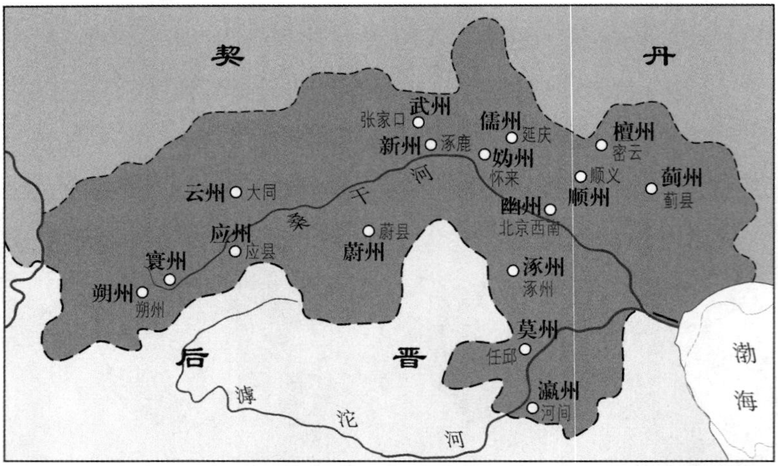

资料来源：地图由中国地图出版社授权使用。

4. 西辽疆域图

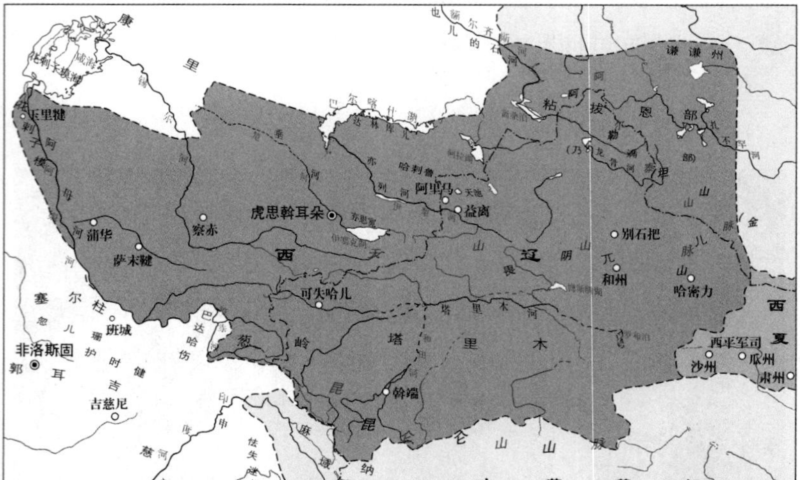

资料来源：地图由中国地图出版社授权使用。

5. 大辽道宗皇帝哀册

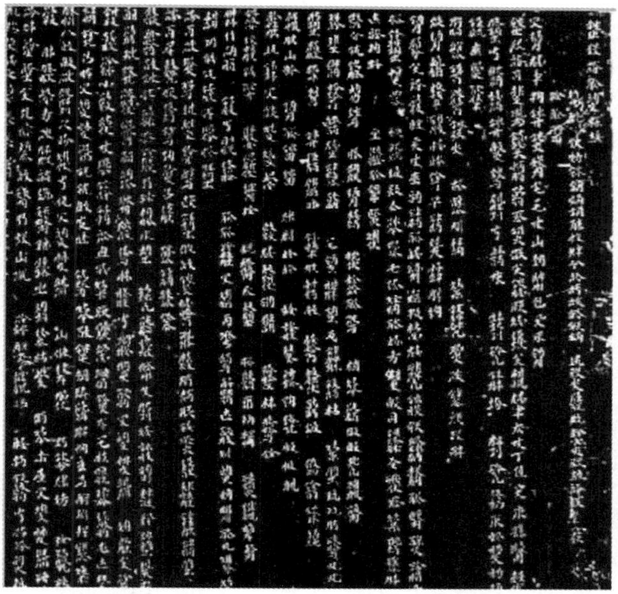

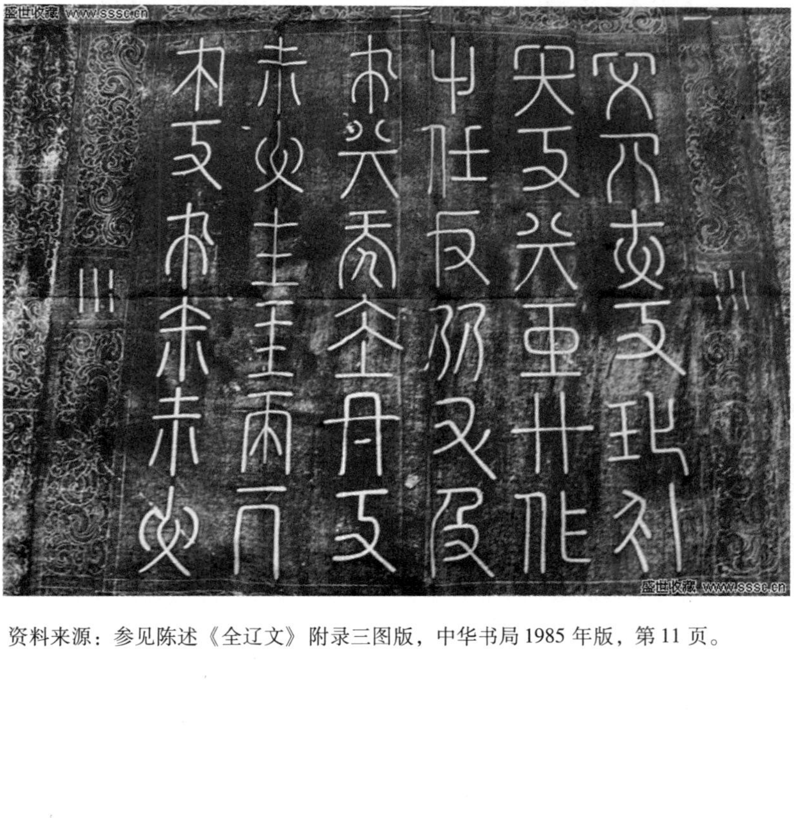

资料来源：参见陈述《全辽文》附录三图版，中华书局1985年版，第11页。

6. 应县木塔

7. 契丹出行图

资料来源：参见《科尔沁历史瑰室》编辑委员会《科尔沁历史瑰室》，《库伦旗奈林稿苏木前勿力布格一号辽墓〈归来图〉》，内蒙古人民出版社2009年版，第222页。

8. 辽代奉国寺

9. 契丹公主的高翅鎏金银冠

资料来源：参见内蒙古文物考古研究所《陈国公主驸马合葬墓发掘简报》，《文物》1987年第11期。

二 表

1. 上京道所属州县、人口表

所属府州县	迁出地	民族	户数	时间
上京临潢府			36500	太祖
普通州县				
临潢县	燕、蓟	汉俘	3500	太祖
长泰县	渤海长平县	渤海	4000	太祖
易俗县	渤海	渤海	1000	圣宗
迁辽县	渤海	渤海	1000	圣宗
渤海县	东京	渤海	不详	圣宗
兴仁县	不详	不详	不详	圣宗
长霸县	龙州长平县	不详	2000	太祖
咸宁县	辽阳	不详	1000	太祖
越王城		党项、吐浑	1000	太祖伯父
夫余县	渤海夫余县	渤海	1500	太祖
显理县	渤海显理府	渤海	1000	太祖
长春县	燕、蓟	汉民	2000	兴宗
鸟州爱民县	不详	汉民	1000	北大王
慈仁县	不详	不详	400	太宗
长宁县	渤海国	渤海	4500	太祖
义丰县	铁利府义州	渤海	1500	太祖
广义县	汉渤海	汉俘户	2500	应天太后
龙化县	燕、蓟	汉俘户	1000	太祖
永安县	怀州永安	渤海	800	太祖
安民县	渤海		1000	太宗
长乐县	渤海	渤海	不详	太祖
临河县	渤海	渤海	1000	太宗
孝安县			不详	不详
玄德县	因罪发配	落帐人户	6000	兴宗
兴国县	山前之民		700	兴宗

续表

所属府州县	迁出地	民族	户数	时间
乐康县		不详	不详	兴宗
隶属斡鲁朵州县				
定霸县隶长宁宫	扶余强师县，以诸宫提辖司人户置	渤海	2000	统和八年
保和县隶彰愍宫	渤海富利县以诸宫提辖司人户置	渤海	4000	统和八年
潞县	蓟州潞县	汉俘	3000	太祖
宣化县	本辽东神化县民，隶彰愍宫	渤海	4000	太祖破鸭绿府，尽徙其民居京之南。统和八年，以诸宫提辖司人户置
祖州隶弘义宫	本辽右八部世没里地			天显中太宗建
怀州隶永兴宫	天赞中，从太祖破扶余城，下龙泉府，俘其人，筑寨居之。会同中，掠燕、蓟所俘亦置此	渤海、汉人	不详	大同元年，世宗置州以奉焉
长春州隶延庆宫	本鸭子河春猎之地	不详	2000	兴宗重熙八年置
乌州隶兴圣宫	本乌丸之地，辽北大王拨剌占为牧地建城，后官收	不详	1000	
永州	太祖于此置南楼	不详	6400	承天皇太后所建
仪坤州隶长宁宫	本契丹右大部地	俘掠有伎艺者多归帐下，谓之属珊。以所生之地置州	回鹘糯思居之	应天皇后建州
龙化州隶彰愍宫	代北	女真、汉俘	数百	太祖

续表

所属府州县	迁出地	民族	户数	时间
降圣州先属延昌宫，后隶彰愍宫	不详	契丹	不详	穆宗
泰州隶延庆宫	通化州	本契丹二十部族放牧之地	不详	
庆州更隶兴圣宫	置蕃、汉守陵三千户，并隶大内都总管司	汉人、番人	3000	圣宗置庆州
富义县隶弘义宫	太宗迁渤海义州民于此。重熙元年降为义丰县，后更名	渤海	不详	
饶州隶延庆宫	本唐饶乐府地。贞观中置松漠府	渤海	不详	太祖完葺故垒
头下军州①			不详	
徽州	秦晋大长公主	媵臣户	10000	景宗
成州	秦晋国长公主	媵臣户	4000	圣宗
懿州	燕国公主	媵臣户	4000	圣宗
渭州	驸马萧昌裔	媵臣户	4000	圣宗
壕州	国舅宰相	汉民俘户	6000	圣宗
原州	国舅金德	汉民俘户	500	不详
福州	国舅萧宁	汉民俘户	300	不详
横州	国舅萧克忠		200	不详
凤州	南王府五帐	渤海人	4000	太祖
遂州		契丹人	500	不详

① 关于头下军州的数目，《辽史·地理志》记载为16个。但是据研究者统计，除此以外，还有《辽史·圣宗纪》中提到的七个头下军州：贵德州、双州、白川州、榆州、乌州、宗州、全州。《契丹国志》卷22《州县载记》中列为："诸藩头下州二十三处。"即微、濠、驩、卫、荆、问、随、和、澄、全、义、遂、昌、豫、员、福、唐、粟、黑河、茂、麓、宗。其中有7个见于《辽史》的头下等州，其余16个州都是靠得住的。《武经总要》记载有晖州、禄州、穆州为耶律休哥所建头下州。总计为42个头下军州。以上见刘浦江《辽朝和头下制度与头下军州》，《中国史研究》2000年第3期，第92—93页。余蔚在《辽代州制研究》中认为有44个头下军州。

续表

所属府州县	迁出地	民族	户数	时间
丰州	遥辇氏曾隐牧地	不详	500	不详
顺州	南王府五帐	燕、蓟、顺之民	1000	不详
闾州	罗古王	不详	1000	不详
松山州	横帐普古王牧地	不详	500	不详
豫州	横帐陈王牧地	不详	500	不详
宁州	横帐管宁王牧地	不详	300	不详
边防城				
静州	不详	不详	不详	不详
镇州	渤海、女真、汉	渤海、女真	20000 骑 700 户	圣宗
防州	同上	同上	不详	同上
维州	同上	同上	不详	同上
招州	不详	女真户	不详	圣宗
河董城	高州	女真	不详	不详
静边城	不详	不详	不详	不详
皮被河城	不详	不详	不详	不详
塔懒王城	不详	不详	不详	道宗

2. 东京道所属州县、人口表

所属府州县	迁出地	民族	户数	时间
东京辽阳府	渤海国	渤海	40640	太宗
辽阳县		渤海	1500	
仙乡县		渤海	1500	
鹤野县		渤海	1200	
析木县		渤海	1000	
紫蒙县		渤海	1000	
兴辽县		渤海	1000	
归仁县			不详	
顺化县		不详	不详	
肃慎县	不详	渤海	不详	
开州	双、韩州	汉、渤海	1000	圣宗
开远县			1000	圣宗

续表

所属府州县	迁出地	民族	户数	时间
盐州			300	
穆州			300	
会农县			不详	
贺州	原渤海吉理郡	渤海	300	不详
定州定东县	辽西民		800	圣宗
保州来远县	不详	辽西汉民、奚	1000	圣宗
宣州		汉人	不详	圣宗
辰州	不详		2000	
建安县			不详	
卢州			300	
熊岳县			不详	
来远城		燕军	不详	圣宗
铁州	原渤海位城四县		1000	
汤池县		渤海	不详	
兴州			200	
汤州			500	
崇州			500	
崇信县			不详	
海州			1500	
临溟县		渤海	不详	
耀州			700	
岩渊县			不详	
缤州			500	
渌州			2000	
弘闻县			不详	
神乡县			不详	
桓州			700	
丰州			300	
正州			500	
东那县			不详	
慕州			200	

续表

所属府州县	迁出地	民族	户数	时间
显州		东京户	300	
奉先县	诸落帐户	辽东长乐县	不详	
山东县			不详	
归义县		渤海	不详	
嘉州			不详	
辽西州			不详	
长庆县		诸宫提辖司	不详	
康州		渤海	不详	
率宾县		渤海	不详	
宗州熊山县		渤海	不详	圣宗
乾州			不详	
奉陵县		诸落帐户	不详	圣宗
延昌县	延昌宫户	不详	不详	圣宗
灵山县			不详	圣宗
司农县	并麓波、云川二县	不详	不详	圣宗
海北州		汉户	不详	世宗
开义县		汉户	不详	世宗
贵德州		汉户	不详	太宗
贵德县		渤海	不详	
奉德县	不详	渤海	不详	
沈州	原渤海沈州	渤海	不详	
乐郊县	不详	渤海	不详	太祖
灵源县	不详		不详	太祖
岩州			不详	
白岩县			不详	
集州	不详	汉人	不详	
奉集县			不详	
广州	渤海	汉人	不详	太祖
昌义县		不详	不详	
奉集县		渤海	不详	
辽州			不详	太祖

续表

所属府州县	迁出地	民族	户数	时间
辽滨县			不详	
安定县			不详	
祺州		渤海	不详	
祺州庆云县	不详	渤海、汉户	不详	
遂州	檀州俘户	汉人	不详	
山河县	渤海县		不详	太祖
通州	不详	汉人	1000	太祖
通远县	并黑川麓川县置	渤海	不详	太祖
安远县	黄龙府	燕颇余党	不详	世宗
归仁县	并布多县置	渤海	不详	世宗
渔谷县		渤海	不详	
韩州	并三河榆河县置	渤海	不详	圣宗
柳河县	并万安县置	渤海	不详	景宗
双州		镇、定州民	不详	太宗
双城县	本渤海安夷县	渤海	不详	不详
银州永平县		渤海	不详	太祖
延津县		渤海	不详	不详
新兴县		渤海	不详	不详
同州		不详	不详	太祖
同州永昌县			不详	不详
同州东平县	渤海优富县	俘户	300	圣宗
咸州	渤海	汉户	数百户	不详
咸州咸平县	不详	渤海	不详	太祖
信州	渤海	汉民	不详	圣宗
信州武昌县		不详	1000	不详
信州定武县		汉民	不详	圣宗
宾州		兀惹户	不详	圣宗
龙州		汉户	1000	圣宗
龙州黄龙县			不详	圣宗
龙州迁民县		汉人	不详	圣宗
永平县		渤海	不详	不详

续表

所属府州县	迁出地	民族	户数	时间
益州静远县		渤海	不详	不详
安远州			不详	不详
威州			不详	不详
清州			不详	不详
雍州			不详	不详
湖州			不详	不详
长庆县			不详	不详
渤州		渤海	不详	不详
贡珍县		渤海	不详	不详
郢州	不详	渤海	不详	不详
延庆县		渤海	不详	不详
铜州		渤海	不详	不详
析木县		渤海	不详	不详
涞州		渤海	不详	不详
率宾府		不详	不详	不详
定理府		不详	不详	不详
铁利府		不详	不详	不详
安定府		不详	不详	不详
长岭府		不详	不详	不详
镇海府		不详	不详	不详
平南县			不详	不详
冀州			不详	圣宗
东州		渤海户	不详	不详
尚州			不详	不详
吉州			不详	不详
麓州			不详	不详
荆州	不详		不详	不详
懿州		不详	4000	圣宗
宁昌县			不详	
顺安县			不详	不详
媵州			不详	不详

续表

所属府州县	迁出地	民族	户数	时间
顺化城	不详	汉户	不详	圣宗
宁州	不详	渤海户	不详	圣宗
新安县	不详		不详	不详
衍州	不详	汉户	不详	
连州	不详	汉俘户	不详	圣宗
安民县	不详	汉户	不详	圣宗
归州	不详	渤海户	不详	圣宗
归胜县			不详	不详
苏州	不详	汉户	不详	兴宗
来远县			不详	不详
怀化县			不详	不详
复州	不详	不详	不详	兴宗
永宁县			不详	不详
得胜县			不详	不详
肃州	不详	不详	不详	兴宗
安州			不详	不详
荥州			不详	不详
率州	不详	不详	不详	不详
荷州			不详	不详
源州			不详	不详
渤海州			不详	不详
宁江州			不详	不详
河州			不详	不详
祥州		铁骊户	不详	兴宗
怀德县			不详	

3. 中京道所属州县、人口表

所属府州县	迁出地	民族	户数	时间
中京大定府				圣宗
大定县	不详	诸国俘户	不详	圣宗
长兴县	不详	诸部人	不详	圣宗

续表

所属府州县	迁出地	民族	户数	时间
富庶县	不详	京民	不详	圣宗
劝农县	不详	京民	不详	圣宗
文定县	不详	京民	不详	圣宗
升平县	不详	京民	不详	圣宗
金源县	不详	京民	不详	圣宗
归化县	不详	不详	不详	圣宗
神水县	不详	不详	不详	圣宗
金源县	不详	京民	不详	圣宗
恩州	不详	渤海户	不详	太宗
恩化县	不详	渤海户	不详	圣宗
惠州		汉民	数百户	太祖
惠和县	上京惠州之民	诸宫院落帐户	不详	圣宗
高州	高丽	高丽俘户	不详	圣宗
高州三韩县	高丽	高丽俘户	5000	圣宗
武安州		汉民辽西户	不详	太祖
沃野县	不详	不详	不详	圣宗
利州	不详	不详	不详	圣宗
利州阜俗县	不详	奚人	不详	不详
榆州	镇州	汉民	不详	圣宗
和众县	不详	不详	不详	圣宗
永和县	不详	不详	不详	圣宗
泽州	蔚州	汉民	不详	圣宗
神山县	不详	不详	不详	圣宗
滦河县	不详	汉户	不详	太宗
北安州	不详	汉户	不详	圣宗
兴化县	不详	不详	不详	圣宗
潭州	不详	不详	不详	圣宗
松山州	不详	不详	不详	圣宗
松山县		汉民、奚	不详	圣宗
成州	不详	媵户	不详	圣宗
同昌县	不详	不详	不详	圣宗

续表

所属府州县	迁出地	民族	户数	时间
兴中府	不详	以奚、燕民置	不详	太祖
兴中县	汉民	不详	不详	不详
营丘县	析霸域置		不详	不详
象雷县	以麦务川置	不详	圣宗	
闾山县	以麦务川置	不详	不详	圣宗
安德州	以霸州安德县置	不详	不详	圣宗
安德县	龙山徒河	不详	不详	圣宗
黔州	不详	渤海浮户	不详	太祖
盛吉县	兴州盛吉县	渤海	不详	太祖
宜州	定州	定州浮户	不详	太祖
宜州弘政县	定州	汉民	不详	世宗
宜州开义县	海北州	海北州	不详	世宗
锦州		不详	不详	太祖
安昌县	不详	不详	不详	太祖
永乐县	不详	不详	不详	太祖
巖州	渤海国	汉户	不详	圣宗
兴城县	不详	不详	不详	圣宗
建州	不详	汉俘户	不详	太祖
永霸县	不详	不详	不详	太祖
永康县	不详	不详	不详	太祖
川州	不详	扩帐户	不详	太祖
弘理县	诸宫提辖司户	不详	不详	太祖
咸康县	不详	不详	不详	太祖
宜民县		不详	不详	圣宗
来州	女真	女真	不详	圣宗
来宾县	不详	不详	不详	圣宗
隰州	括帐户	括帐户	不详	圣宗
海滨县	归州	渤海	不详	圣宗
迁州			不详	圣宗
迁民县	不详	不详	不详	圣宗
润州	宁州	渤海	不详	圣宗
海阳县	东京	渤海	不详	圣宗

4. 南京道所属州县、人口表

所属州县	迁出地	民族	户数	时间
南京析津府				本古冀州之地，晋石敬瑭割幽州等十六州以献，辽太宗升为南京
析津县		汉民	20000	
宛平县		汉民	22000	
昌平县		汉民	7000	
良乡县		汉民	7000	
潞县		汉民	6000	
安次县		汉民	12000	
永清县		汉民	5000	
武清县		汉民	10000	
香河县		汉民	7000	
玉河县		汉民	1000	
郭阴县		汉民	5000	
顺州怀柔县		汉民	5000	
檀州密云县		汉民	5000	
檀州行唐县		汉民	3000	
涿州范阳县		汉民	10000	
固安县		汉民	10000	
新城县		汉民	10000	
归义县		汉民	4000	
易州易县		汉民	25000	
涞水县		汉民	27000	
容城县		汉民	5000	
蓟州渔阳县		汉民	4000	
三河县		汉民	3000	
玉田县		汉民	3000	
景州		汉民	3000	
平州		定州俘户	不详	太祖

续表

所属州县	迁出地	民族	户数	时间
卢龙县		汉民	7000	
平州安喜县		汉民	5000	
平州望都县		汉民	3000	
滦州		汉俘户	不详	不详
义丰县		汉俘户	4000	世宗
马城县	不详	汉俘户	3000	不详
石城县			3000	不详
营州		定州俘户	不详	太祖
广宁县		汉俘户	3000	不详

5. 西京道所属州县、人口表

所属府州县	迁出地	民族	人户	时间
西京大同府				陶唐冀州之域。晋高祖割山前，代北地为赂，大同来属，因建西京
大同县	析云中县置	汉民	10000	兴宗
云中县		汉民	10000	
天成县	析云中县置	汉民	5000	辽置
长青县		汉民	4000	辽始置县
奉义县	析云中县置	汉民	3000	
怀仁县		汉民	3000	
怀安县	分归化州文德县置	汉民	3000	辽朝景宗时置
弘州		汉民		圣宗统和中
永宁县		汉民	10000	
顺圣县	分永兴县置	汉民	3000	景宗
德州		汉民		圣宗
宣德县		汉民	3000	唐会昌中
丰州		汉民		太祖更名应天军，复为州

续表

所属府州县	迁出地	民族	人户	时间
富民县		汉民	1200	
振武县		吐覃	乡兵 300	太祖
云内州		汉民		辽初置
柔服县		汉民	不详	
宁人县		汉民	不详	圣宗
天德军	掳党项吏民	党项	不详	太祖
宁边州		汉民	不详	辽置
奉圣州		汉民		右晋高祖割献，太宗改升
永兴县		汉民	8000	
樊山县		汉民	3000	
龙门县		汉民	4000	
望云县			1000	景宗
归化州				后唐为武州，晋高祖割献于辽，改今名
文德县			10000	无魏置
可汗州		奚人		五代奚王建州，辽太祖沿袭
怀来县			3000	太祖
儒州				
晋山县			5000	
蔚州				
灵仙县			20000	
定安县			10000	辽初
飞狐县			5000	
灵丘县			3000	
广陵县			3000	
应州				
金城县			8000	

续表

所属府州县	迁出地	民族	人户	时间
浑源县			5000	
河阴县	初隶朔州，清宁中来属		3000	道宗
朔州				
善阳县			4000	
宁远县			2000	
马邑县			3000	
武州				
神武县	并宁远为一县来属		5000	
东胜州				
榆林县			不详	
河滨县			不详	
金肃州	燕地	燕民	300	兴宗
河清军	不详		500	兴宗

6. 辽代契丹家庭子女及人口表

姓　　名	子女数目	史　料　来　源
耶律仁先母	5	《全辽文》，第 198 页
耶律仁先妻	4	《全辽文》，第 198 页
耶律弘益妻萧氏	5	《全辽文》，第 304 页
卫国王妻	6	《辽代石刻文编》，第 27 页
萧拔烈妻	7	《全辽文》，第 351 页
萧德温妻耶律氏	10	《全辽文》，第 216 页
耶律宗允妻萧氏	2	《全辽文》，第 192 页
耶律宗允母齐国妃萧氏	3	同上
耶律元妻萧氏之母齐国大妃	8	《全辽文》，第 148 页
耶律元妻萧氏	0	同上
萧义妻耶律氏	4	《全辽文》，第 250 页
萧义之子冲之妻	5	同上
万辛妻达曷娘子	1	
万辛妻留女夫人	1	《全辽文》，第 153 页

续表

姓　　名	子女数目	史　料　来　源
万辛妻中哥夫人	4	
其子萧绍宗妻	6	同上
萧僅妻耶律氏	7	《辽代石刻文编》，第 191 页
耶律宗教妻萧氏	4	《辽代石刻文编》，第 750 页
萧裕鲁妻耶律氏	4	《全辽文》，第 238 页
萧孝忠前妻	1	《全辽文》，第 232 页
箫孝忠次妻	1	
萧孝忠三妻	4	
箫孝忠五妻	1	
妻蒲里不	4	《辽代石刻文编》，第 294 页
妻内欲	4	
萧相公之妻	6	《辽代石刻文编》，第 233 页
耶律延宁之妻	7	《全辽文》，第 95 页
母陈国太夫人耶律氏	3	《全辽文》，第 309 页
陈国夫人耶律氏	4	同上
秦晋国大长公主	3	《全辽文》，第 126 页
其子萧绍宗妻	6	同上
合计：26 户	子女 133 人	平均每户有子女 5.12 人

7. 辽代汉族家庭子女及人口表

姓　　名	子女数目	史　料　来　源
王泽妻李氏	5	《全辽文》，第 160 页
赵匡禹妻张氏	13	《全辽文》，第 373 页
姚琦妻刘氏	5	《全辽文》，第 375 页

续表

姓　　名	子女数目	史　料　来　源
郑恪妻李氏	6	《全辽文》，第 236 页
郑恪之母申氏	11	《全辽文》，第 236 页
冯氏	6	《全辽文》，第 218 页
清河公女坟主人	10	《全辽文》，第 228 页
张氏	5	《全辽文》，第 231 页
张氏	8	《全辽文》，第 341 页
高氏	5	《全辽文》，第 308 页
王奉诸妻	6	《全辽文》，第 368 页
丁氏	5	《全辽文》，第 89 页
萧氏	12	《全辽文》，第 98 页
先夫人萧氏、张氏	8	《全辽文》，第 120 页
王隣之母	5	《全辽文》，第 109 页
王氏	4	《全辽文》，第 192 页
漆水郡夫人耶律氏	4	《全辽文》，第 113 页
王氏、李氏	9	《全辽文》，第 149 页
史洵直之母战氏	8	《全辽文》，第 318 页
邢氏	4	《全辽文》，第 318 页
高氏	5	《全辽文》，第 247 页
刘氏	4	《全辽文》，第 270 页
张氏	10	《全辽文》，第 264 页
刘承嗣妻牙思、杨氏	19	《全辽文》，第 365 页
张氏	10	《全辽文》，第 367 页
韩氏	4	《全辽文》，第 290 页
张世卿之母	4	《全辽文》，第 326 页
孟氏	6	《全辽文》，第 271 页
康氏	5	《全辽文》，第 258 页
殷氏	3	《全辽文》，第 86 页
常遵化妻	8	《全辽文》，第 369 页
李氏	6	《全辽文》，第 371 页
龚延玉妻	4	《辽代石刻文编·补编》，第 754 页

续表

姓名	子女数目	史料来源
龚祥妻李氏	7	《辽代石刻文编·补编》，第 754 页
刘氏	9	《辽代石刻文编》，第 748 页
鲜于氏	2	《辽代石刻文编》，第 684 页
王氏	2	《辽代石刻文编》，第 676 页
孟氏	7	《全辽文》，第 328 页
韩氏	3	《辽代石刻文编》，第 639 页
李氏	6	《辽代石刻文编》，第 639 页
白氏	2	《辽代石刻文编》，第 630 页
刘氏	3	《辽代石刻文编》，第 611 页
阎氏、孙氏	5	《辽代石刻文编》，第 609 页
郭氏	6	《辽代石刻文编》，第 573 页
张氏	3	《辽代石刻文编》，第 566 页
梁援妻	5	《辽代石刻文编》，第 566 页
孟氏	6	《辽代石刻文编》，第 549 页
冯氏	5	《辽代石刻文编》，第 488 页
高氏	5	《辽代石刻文编》，第 473 页
张氏	8	《辽代石刻文编》，第 470 页
张氏	6	《辽代石刻文编》，第 448 页
王氏	5	《辽代石刻文编》，第 334 页
史氏	7	《辽代石刻文编》，第 313 页
于氏	5	《全辽文》，第 128 页
王氏、刘氏	3	《辽代石刻文编》，第 218 页
吴氏、李氏、马氏	4	《全辽文》，第 136 页
尹氏、宋氏	3	《全辽文》，第 125 页
张氏	1	《全辽文》，第 123 页
刘氏	10	《全辽文》，第 123 页
庞氏	7	《辽代石刻文编》，第 165 页
萧氏	4	《全辽文》，第 116 页
蔡氏	8	《全辽文》，第 111 页
王悦之母	7	《全辽文》，第 107 页

续表

姓　名	子女数目	史　料　来　源
王悦之妻赵氏	5	《全辽文》，第 107 页
王氏、张氏	9	《辽代石刻文编》，第 106 页
王氏	1	《辽代石刻文编》，第 100 页
王瓒之妻	6	《辽代石刻文编》，第 81 页
陈公之妻	7	《辽代石刻文编》，第 79 页
刘继文妻郭氏、耿氏	3	《辽代石刻文编》，第 71 页
刘存规妻	5	《辽代石刻文编》，第 9 页
陈万妻	12	《辽代石刻文编》，第 15 页
种氏	4	《辽代石刻文编》，第 21 页
长夫人药氏	4	《辽代石刻文编》，第 42 页
次夫人樊氏	2	《辽代石刻文编》，第 42 页
娘子曹氏	1	《辽代石刻文编》，第 42 页
娘子杜氏	2	《辽代石刻文编》，第 42 页
李祐之妻	6	《全辽文》，第 316 页
张衍之妻	6	《辽代石刻文编》，第 691 页
合计：74 户	454 人	平均每户约有子女 6.14 人

注：表中一共记载了 75 个汉族家庭，其中有子女 454 人。平均每户有子女 6.14 人。

卷六　大事编年

唐天复元年（901）

遥辇痕德堇可汗立，任耶律阿保机为契丹迭剌部夷离堇。专征讨，连破室韦、于厥及奚帅辖剌哥，俘获甚众。

唐天复三年（903）

耶律阿保机任于越、总知军国事。

唐天复六年（906）

十二月，痕德堇可汗殂，群臣奉遗命请立太祖。太祖三让，从之。

辽太祖元年（907）

正月，阿保机即位，群臣上尊号天皇帝。后曰地皇后。

四月，唐宣武节度使朱全中篡唐，国号梁。

五月，阿保机聘梁。

辽太祖二年（908）

二月，始置惕隐，典族属。

二月，晋王李克用死，子存勖为河东节度使。

辽太祖三年（909）

五月，置羊城于炭山之北，以通市易。

辽太祖四年（910）

七月，以后兄萧敌鲁为北府宰相，后族为相自此始。

辽太祖五年（911）

正月，征伐西部奚。

五月，皇弟剌葛、迭剌、寅底石、安端谋反。上不忍加诛，与诸弟登山，告天地为誓而赦其罪。

十月，置铁冶。

辽太祖六年（912）

二月，耶律阿保机亲征刘守光。

七月，耶律阿保机亲征术不姑。

十月，剌葛复与迭剌、寅底石、安端等反。壬辰，燔柴。翌日，诸弟各遣人谢罪。

辽太祖七年（913）

三月，剌葛等乱，引其众至乙室堇淀，具天子旗鼓，将自立。太祖引兵追讨，乱平。

辽太祖八年（914）

五月，剌葛等被擒，以轻重论刑。秋七月，有司上诸帐族与谋逆者三百余人罪状，皆弃市。

辽太祖九年（915）

十月，高丽遣使贡方物。

神册元年（916）

二月，耶律阿保机称皇帝。建元神册。

三月，立子倍为皇太子。受百僚暨诸国使朝贺。

七月，耶律阿保机亲征突厥、吐浑、党项等部。

十一月，耶律阿保机亲攻晋蔚、新、武、妫、儒五州。置西南面招讨司。

神册二年（917）

二月，晋新州裨将卢文进杀节度使李存勖来降。卢文进引契丹兵攻陷新州，围幽州，占平州。

神册三年（918）

二月，建城皇都，以礼部尚书康默记充版筑使。梁遣使来聘。

五月乙亥，诏建孔子庙、佛寺、道观。

同月，渤海、高丽、回鹘、阻卜、党项各遣使来贡。高丽及西北诸蕃皆遣使来贡。回鹘献珊瑚树。

神册四年（919）

二月丙寅，修辽阳故城，以汉民、渤海户实之，改为东平郡，置防御使。征伐乌骨里国，分路击之，举国归附。

神册五年（920）

正月乙丑，始制契丹大字。

九月，大字成，诏颁行之。征伐党项。

神册六年（921）

春正月丙午，以皇弟苏为南府宰相，宗室为南府宰相自此始。

夏五月丙戌朔，诏定法律，正班爵。

天赞元年（922）

冬十月甲子，以萧霞的为北府宰相。分迭剌部为二院：斜涅赤为北院夷离堇，绾思为南院夷离堇，诏分北大浓兀为二部，立两节度使以统之。

十一月壬寅，命皇子尧骨为天下兵马大元帅，略地蓟北。

天赞二年（923）

闰四月，晋王李存勗即皇帝位，国号唐。迁都洛阳。

六月，波斯国来贡。回鹘乌母主可汗遣使贡谢。日本国来贡。新罗国来贡。

天赞三年（924）

六月，大举征吐浑、党项、阻卜等部。诏皇太子监国，大元帅尧骨从行。

九月，大食国来贡。回鹘怕里遣使来贡。攻阻卜。

十月，遣兵流沙，攻取浮图城，尽取西鄙诸部。获甘州回鹘都督毕离遏。

天赞四年（925）

二月，大元帅尧骨略地党项。攻打小番，下之。

十二月，太祖耶律阿保机举兵亲征渤海。皇后、皇太子、大元帅尧骨皆从行。

太宗天显元年（926）

正月，灭渤海。

二月，改渤海国为东丹，忽汗城为天福。册皇太子倍为人皇王以主之。以皇弟迭剌为左大相，渤海老相为右大相，渤海司徒大素贤为左次相，耶律羽之为右次相。

七月，太祖耶律阿保机死，皇后摄军国事。

天显二年（927）

秋，治祖陵毕。冬十一月，耶律德光即皇帝位，为辽太宗。

十二月，女真国遣使来贡。

天显三年（928）

十二月，太宗耶律德光诏遣耶律羽之迁东丹民以实东平。升东平郡为南京。达卢古来贡。突厥来贡。

天显五年（930）

十一月，人皇王耶律倍浮海奔唐。

天显六年（931）

四月，置中台省于南京（辽阳）。

天显七年（932）

十一月，女真来贡。阻卜贡海东青鹘。

天显八年（933）

正月，皇太弟李胡率兵伐党项。

二月，吐浑、阻卜来贡。党项来贡。阻卜来贡。

七月，阿萨兰回鹘来贡。铁骊来贡。术不姑来贡。

天显九年（934）

正月，党项贡驼、鹿。女真来贡。

天显十年（935）

三月，党项来贡。

四月，吐谷浑酋长率众内附。回鹘来贡。铁骊来贡。与后唐互市。

天显十一年（936）

七月，唐河东节度使石敬瑭反，唐以赵德钧前去抵御。石敬瑭求兵于契丹，并应允割燕云诸州，自称儿皇帝。

八月，耶律德光亲援石敬瑭，在晋阳大败唐军。

十一月，耶律德光册石敬瑭为大晋皇帝。女真国遣使来贡。吐谷浑来贡。

天显十二年（937）

九月，女真国遣使来贡。

会同元年（938）

四月，铁骊来贡。女真国遣使来贡。女真国遣使进弓矢。

西南边大详稳耶律鲁不古奏党项之捷。

十一月，晋遣使进献燕云十六州。太宗诏以皇都为上京，升幽州为南京，改南京为东京；升北南二院及乙室夷离毕为王；麻都不改为县令，并定其他官制。改元会同。

会同二年（939）

三月，封皇子述律为寿安王。

七月，乙室大王坐赋调不均，以木剑背挞而释之，并罢南、北府民上供，及宰相、节度诸赋役非旧制者。

会同三年（940）

十一月，诏有司教百姓播种纺织技术。下诏废除姐亡妹续法。

十二月，诏令契丹人授予汉官者从汉仪，可与汉人通婚。

会同四年（941）

二月，诏有司编《始祖奇首可汗事迹》。

十一月，铁骊来贡。鲁不古伐党项回，献俘。吐谷浑降。阻卜来贡。女真国遣使来贡。

会同五年（942）

六月，后晋石敬瑭死，子石重贵立，遣使吊祭。

十二月，晋遣使来谢，称孙不称臣。

会同六年（943）

六月，晋杀契丹贸易者，囚契丹使者，契丹拘晋使者。

会同七年（944）

正月，分道攻晋，辽军攻陷太原，晋帝进书修好，不许。

黑车子室韦、要里等国来贡。回鹘遣使请婚，不许。

十二月，癸卯，南伐。

会同八年（945）

正月，辽军攻陷邢、洺、磁三州。晋军转守为攻，连下泰州、满城，契丹援军败。

七月，晋遣使求和，未允。

会同九年（946）

五月，晋易州戍将孙方简内附。

十二月，晋将杜重威、刘守贞、张彦泽率所部二十万来降。太宗耶律德光率辽军攻晋，晋出帝石重贵降，晋亡。

大同元年、世宗天禄元年（947）

正月，太宗耶律德光入汴京，废晋帝为负义侯。耶律德光备法驾入汴，御崇元殿受百官贺。

二月，改国号大辽，大赦，改元大同。

四月，太宗北返，崩于栾城。东丹王之子耶律阮即皇帝位于柩前。

九月，始置北院枢密使，以安抟为之。葬嗣圣皇帝（太宗）于怀陵。行柴册礼，群臣上尊号曰天授皇帝。是为世宗。以崇德宫户分赐翼戴功臣，北院大王、南院大王吼各五十，安抟、楚补各百。

大赦，改大同元年为天禄元年。

天禄二年（948）

春正月，天德、萧翰、刘哥、盆都等谋反。诛天德，杖萧翰，流放刘哥于边地，罚盆都出使辖嘎斯国。汉主刘知远死，子承祐立。

天禄三年（949）

秋九月辛丑朔，召群臣议南伐。

冬十月，遣诸将率兵攻下贝州高老镇，徇地邺都、南宫、堂阳，杀深州刺史史万山，俘获甚众。

天禄四年（950）

春二月辛未，泰宁王察割来朝，留侍。是月，建政事省。

十月，世宗自将攻安平，内丘、束鹿。

十二月，汉将郭威奉命前去抵御辽军，中途军变，拥威为皇帝。

天禄五年、应历元年（951）

正月，郭威即位，国号周。刘崇称帝于太原，国号北汉。

六月，刘崇为周所攻，遣使称侄求援，并求封册。遣使册刘崇为大汉神武皇帝。

九月庚申朔，世宗将南伐。壬戌，到达归化州祥古山。癸亥，在行宫祭祀让国皇帝。群臣皆醉，察割反，帝遇弑，年三十四。应历元年，葬于显州西山之显陵。

太宗长子耶律璟即位。为辽穆宗。改元应历。

应历二年（952）

四月，铁骊贡鹰鹘。回鹘及辖戛斯国来贡。

十一月，地震，瀛莫幽三州大水，民多流入周境。令赈恤灾民。女真来贡。

应历三年（953）

六月，应天皇太后崩。

冬十月己酉，命太师唐骨德治大行皇太后园陵。李胡之子宛、郎君嵇干、敌烈谋反，事觉，供词涉及太平王罨撒葛、林牙华割、郎君新罗等，皆捉拿归案。

应历四年（954）

春正月戊寅，回鹘来贡。己丑，华割、嵇干等伏诛，宛及罨撒葛皆释放。周主郭威卒，养子柴荣嗣位，为世宗。

应历五年（955）

夏四月己酉，周侵汉，汉遣使求援。癸丑，命郎君萧海璃世为北府宰相。

冬十月壬申，女真来贡。

十一月乙未朔，汉主崇死，子承钧遣使来告，且求嗣立；遣使吊祭，遂封册之。

应历六年（956）

夏五月丁酉，谒怀陵。

秋七月，不视朝。

应历七年（957）

夏四月戊午朔，还上京。初，女巫肖古上延年药方，当用男子胆和之。不数年，杀人甚多。至是，觉其妄。辛巳，射杀女巫。

五月辛卯，汉遣使来贡。

是秋，不听政。

应历八年（958）

四月，南京留守萧思温攻下周北边州县。

十一月，北汉遣使来告周复来侵。

应历九年（959）

四月，周世宗督兵攻取益津、瓦桥、淤口三关及瀛、英、易等州，周以瓦桥关为雄州，益津关为霸州。

六月，周主荣死，子宗训立。

应历十年（960）

正月，赵匡胤废周自立，国号宋，都开封。

七月，政事令耶律寿远、太保楚阿不谋反，伏诛。

十月，李胡子喜隐谋反，辞连李胡，被处死。

应历十一年（961）

夏四月，射鹿，不视朝。

五月乙亥，司天王白、李正等进历。

应历十二年（962）

夏五月庚午，因大旱，命左右大臣以水相沃，不久，果然下雨。

应历十三年（963）

正月，昼夜酣饮九日。宋欲建城益津关，命南京留守高勋等前去扰之。

六月癸未，近侍伤獐，杖杀之。甲申，杀獐人霞马。

九月，助汉扰宋。

应历十四年（964）

春正月戊戌，汉以宋将来袭，驰告。

二月壬子，诏西南面招讨使挞烈进兵援汉。戊辰，支解鹿人没答、海里等七人于野，封土识其地。壬申，汉以败宋兵石州来告。

夏四月丁巳，汉以击退宋军，遣使来谢。

应历十五年（965）

三月，大小二黄室韦先后反叛，派兵征讨。

七月，乌古各部，时叛时服。

十二月，因近侍喜哥私归，杀其妻。杀近侍随鲁。

应历十六年（966）

九月庚子，以重九宴饮，夜以继日，至壬子乃罢。己未，杀狼人。

十二月甲子，幸酒人拔剌哥家，复幸殿前都点检耶律夷腊葛第，宴饮连日。赐金盂、细锦及孕马百匹，左右授官者甚众。

应历十七年（967）

二月甲子，高勋奏宋将城益津关，辽以偏师扰之。

十一月辛卯，杀近侍廷寿。壬辰，杀豕人阿不札、曷鲁、术里者、涅里括。庚子，司天台奏月当食不亏，上以为祥，欢饮达旦。壬寅，杀鹿人唐果、直哥、撒剌。

应历十八年（968）

八月，宋攻北汉。

九月戊子，杀详稳八剌、拽剌痕笃等四人。戊戌，宋欲袭河东，令西南面都统、南院大王挞烈备战。己亥，猎熊，以唤鹿人铺姑并掖庭户赐夷腊葛。甲辰，任夷腊葛兼政事令，并把黑山东抹真之地数十里赐给夷腊葛。

应历十九年、景宗保宁元年（969）

二月，近侍小哥、盥人花哥、庖人辛古等六人杀穆宗。世宗皇帝第二子耶律贤率飞龙使女里、侍中萧思温、南院枢密使高勋率甲骑千人驰赴。耶律贤即皇帝位于柩前。百官上尊号天赞皇帝，为景宗。大赦，改元保宁。

五月，辽侵宋定州，为宋所败。

保宁二年（970）

九月辛丑，得国舅萧海只及海里杀萧思温状，皆伏诛，流其弟神睹于黄龙府。

十二月，敌烈部反辽。

保宁三年（971）

二月，进扰宋易州。

六月，回鹘遣使来贡。汉以宋人来攻，遣使来告。吐谷浑来贡。

保宁五年（973）

正月，耶律休哥伐党项，破之，上俘获之数。

五月，女真侵边。

保宁六年（974）

三月，宋遣使请和。

保宁七年（975）

正月，宋遣使贺正旦，自是双方互派使臣。

保宁八年（976）

正月，宋遣使来聘。

二月，谕史馆学士，书皇后言亦称“朕”暨“予”，著为定式。

十二月，复南京礼部贡院。女真国入侵贵德州。辖戛斯国遣使来贡。

保宁九年（977）

三月癸亥，耶律沙、敌烈献援汉之役所获宋俘。宋于镇、易、雄、霸各置榷场，辽宋互市。戊辰，诏以粟二十万斛助汉。

夏五月庚午，汉遣使来谢，且以宋事来告。己丑，女真二十一人来请宰相、夷离堇之职，以次授之。回鹘遣使来贡。耶律沙以党项降酋可丑买友来，赐诏抚谕。

十一月，吐谷浑叛入太原四百余户，索而还之。

乾亨元年（979）

六月，宋兵围太原，北汉亡。

七月，宋以北汉之兵攻辽，围南京，耶律沙等与宋兵战于高梁河；休哥、斜轸横击，大败宋军。宋主仅以身免，至涿州，窃乘驴车遁去。辽军获兵仗、器甲、货币不可胜计。

十一月，改元乾亨。

乾亨二年（980）

十月，辽帝至南京督师侵宋，败宋于瓦桥关。

十一月，莫州一战，宋军大溃。

乾亨四年（982）

四月，景宗将南伐。三路攻宋，至满城，守太尉奚瓦里中流矢死。东路军战败。

五月，中路军败于雁门，西路军败于新泽岩。

九月，景宗崩于行在。年三十五。景宗长子耶律隆绪奉遗诏即位，为圣宗。军国大事听皇后命。

统和元年（983）

正月，母睿智皇后萧绰（小字燕燕）奉遗诏摄政，诏谕诸道。正月甲申，西南面招讨使韩德威奏党项十五部侵边，以兵击破之。乙酉，以速撒破阻卜，下诏褒美；仍谕与大汉讨党项诸部。

六月，改元统和，复改国号为大契丹。

统和二年（984）

八月，女真宰相海里等八族内附。速撒等讨阻卜，杀其酋长挞剌干。

统和三年（985）

三月乙巳朔，枢密奏契丹诸役户多困乏，请以富户代之。

七月，宋约高丽夹攻契丹，诏诸道缮兵甲，以备东征高丽。

统和四年（986）

正月壬午，枢密使斜轸、林牙勤德、谋鲁姑、节度使阏览、统军使室罗、侍中抹只、奚王府监军迪烈与安吉等克女真还军，遣近侍泥里吉诏旌其功。

二月癸卯，西夏李继迁叛宋来降，以为定难军节度使、银夏绥宥等州观察处置等使、特进检校太师、都督夏州诸军事。

三月甲戌，宋遣曹彬、崔彦进、米信由雄州道，田重进飞狐道，潘美、杨继业雁门道来侵。

夏四月辛丑，宋潘美陷云州。宋兵分三路攻辽，辽师分道抵御宋兵。攻破固安城。

十一月，大举攻宋。

十二月，休哥在望都大败宋军。

统和六年（988）

九月，辽军攻陷宋涿州、祁州。

是年，初开贡举，及第者一人。

十一月，攻长城口，攻下满城，祁州。

统和七年（989）

正月癸卯，攻易州，宋兵出遂城来援，遣铁林军击之，擒其指挥使五人。甲辰，大军齐进，破易州，降刺史刘墀，守陴士卒南遁，上帅师邀之，无敢出者。迁易州军民于燕京。

统和八年（990）

二月，于阗、回鹘各遣使来贡。女真国宰相阿海来朝。阿萨兰回鹘于越、达赖干遣使来贡。

九月，北女真国四部请内附。阻卜遣使来贡。

十二月，遣使封李继迁为夏国王。

统和九年（991）

春正月甲戌，女真遣使来贡。丙子，诏禁私度僧尼。

枢密使、监修国史室昉等进《实录》。

九月，南京地震。

冬十月，女真国遣使来贡。回鹘来贡。突厥来贡。女真国进唤鹿人。阿萨兰回鹘来贡。

统和十年（992）

二月壬午，免云州租赋。庚寅，夏国以韩德威俘掠，遣使来奏。辛卯，免云州租赋，给复云州流民。

十二月，东京留守肖恒德等伐高丽。

统和十一年（993）

正月，高丽王奉表请罪，以女真鸭绿江东地赐之。

二月癸亥，霸州民妻王氏起义。

秋七月己丑，桑乾、羊河溢居庸关西，害禾稼殆尽，奉圣、南京居民庐舍多被冲毁。

统和十二年（994）

二月甲申，免南京受灾户租赋。己丑，高丽来贡。甲午，免诸部岁输羊及关征。

七月，诏契丹人犯十恶者依汉律。

八月，宋遣使求和，不许。

十月，诏定均税法。

回鹘来贡。高丽来贡。高丽遣使请所俘生口，诏赎还之。

十二月，女真以宋人由海道赂本国及说兀惹叛，遣使来告。

统和十三年（995）

夏四月丙戌，诏诸道民户应历以来胁从为部曲者，仍籍州县。

十一月，派遣使者册王治为高丽国王。鼻骨德来贡。阿萨兰回鹘遣使来贡。高丽遣童子十人来学本国语。铁骊遣使来贡鹰、马。

统和十四年（996）

正月丁巳，免除三京及诸州税赋。丙寅，夏国遣使来贡。

三月壬寅，高丽王治表乞为婚，许以东京留守、驸马萧恒德女嫁之。庚戌，高丽复遣童子十人来学契丹语。甲寅，韩德威奏讨党项捷。甲子，诏安置朔州流民。

统和十五年（997）

正月，免流民税。

三月乙丑朔，党项来贡。戊辰，募民耕滦州荒地，免其租赋十年。己巳，夏国破宋兵，遣使来告。己卯，封夏国王李继迁为西平王。免流民税。禁诸山寺滥度僧尼。河西党项叛，诏韩德威讨之。

秋七月戊辰，禁吐浑别部鬻马于宋。萧挞凛奏讨阻卜之捷。

统和十六年（998）

夏四月癸卯，振崇德宫所隶州县民之被水淹者。丁未，罢民输官俸，给自国库。

五月丁卯，诏告来岁南伐。庚辰，铁骊来贡。

冬十一月，遣使册高丽国王诵。

十二月丙戌朔，宋国王休哥薨，辍朝五日。

统和十七年（999）

秋七月，以伐宋诏谕诸道。

九月己亥，南侵宋朝。

冬十月癸酉，攻遂城，不克。遣萧继远攻狼山镇石砦，破之。次瀛州，与宋军战，擒其将康昭裔、宋顺，获兵仗、器甲无数。攻下乐寿县。

统和十八年（1000）

春正月，败宋兵于瀛州。还次南京，赏有功将士，罚不用命者。诏诸军各还本道。

统和十九年（1001）

冬十月己亥，南伐。壬寅，次盐沟。甲寅，辽军与宋兵战于遂城，战败。丙寅，次满城，以泥淖班师。

十一月丙子，宋兵出淤口、益津关来侵，侦候谋尘洼、虞人招古击败之。

闰十一月己酉，鼻骨德来贡。己未，减关市税。

西南面招讨司奏讨党项之捷。达卢骨部来贡。西南面招讨司奏讨吐谷浑之捷。

南下侵宋，宋大败辽军于威胜军。十二月庚辰，免南京、平州租税。

统和二十年（1002）

正月，女真国宰相夷底来贡。

夏四月丙寅朔，文班太保达里底败宋兵于梁门。甲戌，南京统军使萧挞凛破宋军于泰州。乙酉，南征将校献俘，赐爵赏有差。戊子，铁骊遣使来贡。

统和二十一年（1003）

夏四月乙丑，女真遣使来贡。戊辰，兀惹、渤海、奥里米、越里笃、越里吉等五部遣使来贡。是月，耶律奴瓜、萧挞凛获宋将王继忠于望都。

五月丁巳，西平王李继迁薨，其子德昭遣使来告。

六月乙酉，阻卜铁剌里率诸部来降。是月，修可敦城。

统和二十二年（1004）

秋七月甲申，遣使封夏国李德昭为西平王。丁亥，兀惹、蒲奴里、剖阿里、越里笃、奥里米等部来贡。

九月己丑，以南伐宋谕高丽。

闰月己未，圣宗、承天太后率军二十万大举南下。丙寅，辽师与宋兵战于唐兴，大破之。丁卯，萧挞凛与宋军战于遂城，败之。

冬十月丙戌，辽军攻瀛州，不克。甲午，下祁州。

十一月癸亥，马军都指挥使耶律课里遇宋兵于洺州，击退之。甲子，东京留守萧排押获宋魏府官吏田逢吉、郭守荣、常显、刘绰等。丁卯，南院大王善补奏宋遣人遗王继忠弓矢，密请求和。

十二月戊子，和议成。宋以太后为叔母，岁输银十万两，绢二十万匹给契丹。

统和二十三年（1005）

二月丙戌，复置榷场于振武军。宋置雄、霸、安肃军榷场，互市贸易。

夏四月丙戌，女真及阿萨兰回鹘各遣使来贡。乙未，铁骊来贡。

五月戊申朔，宋遣使来贺皇太后生辰。自此，双方互派生辰使为常。

统和二十四年（1006）

八月，沙州敦煌王曹寿遣使进大食国马及美玉，以对衣、银器等物赐之。

统和二十五年（1007）

正月，营建中京于七金山土河地。

九月，西北路招讨使萧图玉讨阻卜，破之。

冬十月丙申，驻跸中京。

十二月己酉，振饶州饥民。

统和二十六年（1008）

五月，高丽进文化、武功两殿龙须草席。

十二月，萧图玉驰奏讨甘州回鹘，降其王耶剌里，抚慰而还。

统和二十七年（1009）

秋七月甲寅朔，霖雨，潢、土、斡剌、阴凉四河皆溢，漂没民舍。

十二月，皇太后不豫。戊子，肆赦。辛卯，皇太后崩于行宫。壬辰，遣使报哀于宋、夏、高丽。

统和二十八年（1010）

夏四月甲子，葬太后于乾陵。赐大丞相耶律德昌名曰隆运。庚午，赐宅及陪葬地。

五月乙巳，西北路招讨使萧图玉奏伐甘州回鹘，破肃州，尽俘其民。诏修土隗口故城进行安置。丙午，高丽西京留守康肇弑其主诵，擅立诵从兄询，诏诸道缮甲兵，以备东征。

秋八月戊申，振平州饥民。

十一月乙酉，大军渡鸭绿江，康肇拒战，败之，退保铜州。丙戌，肇复出，右皮室详稳耶律敌鲁擒肇及副将李立，追杀数十里，获所弃粮饷、铠仗。戊子，铜、霍、贵、宁等州皆降。排押至奴古达岭，遇敌兵，战败之。辛卯，王询遣使上表请朝，许之。

统和二十九年（1011）

正月壬辰，诏罢诸军。己亥，次东京。

二月戊午，所俘高丽人分置诸陵庙，余赐内戚、大臣。

三月己卯，大丞相晋国王耶律隆运薨。

开泰元年（1012）

开泰元年春正月癸未，长白山三十部女真酋长来贡，乞授爵秩。

夏四月庚子，高丽遣蔡忠顺来，乞称臣如旧，诏王询亲朝。

八月丙申朔，铁骊那沙等送兀惹百余户至宾州，赐丝绢。是日，那沙乞赐佛像、儒书，诏赐护国仁王佛像一，《易》《诗》《书》《春秋》《礼记》各一部。己未，高丽王询遣田拱之奉表称病不能朝，诏复取六州地。

十二月甲申，诏诸道水灾饥民质男女者，起来年正月，日计佣钱十文，价折佣尽，遣还其家。贵德等七州始征商税。

开泰二年（1013）

六月，遣中丞耶律资忠出使高丽，取六州旧地。

开泰三年（1014）

二月甲子，遣上京副留守耶律资忠复使高丽取六州旧地。

夏四月戊午，诏南京管内毋淹刑狱，以妨农务。癸亥，乌古叛。

是夏，诏国舅详稳萧敌烈、东京留守耶律团石等讨高丽，造浮梁于鸭绿江，在保、宣义、定远等州建城。

九月丁酉，八部敌烈杀其详稳稍瓦，皆叛，诏南府宰相耶律吾剌葛前去招抚之。辛亥，征高丽。

女真国及铁骊各遣使来贡。沙州回鹘曹顺遣使来贡，回赐衣币。

开泰四年（1015）

正月壬寅，东征。东京留守善宁、平章涅里衮奏，已总大军及女真诸部兵分道进讨，遂遣使赍密诏军前。

夏四月甲寅，萧敌烈等伐高丽还。枢密使贯宁奏大破八部迪烈得。丙寅，耶律世良等上破阻卜俘获数。攻高丽之师无功而返。

五月，复攻高丽。

开泰五年（1016）

春正月庚戌，耶律世良、萧屈烈与高丽战于郭州西，破之，斩首数万级，尽获其辎重。乙卯，师次南海军，耶律世良薨于军。

开泰六年（1017）

二月甲戌，以公主赛哥杀无罪婢，驸马萧图玉不能齐家，降公主为县主，削图玉同平章事。丁丑，诏国舅帐详稳萧隗洼率本部兵东征高丽，其国舅司事以都监摄之。

五月，攻高丽败还。

开泰七年（1018）

十月丙辰，诏以东平郡王萧排押为都统，殿前都点检萧虚列为副统，东京留守耶律八哥为都监伐高丽。仍谕高丽守吏，能率众自归者，厚赏；坚壁相拒者，追悔无及。

十二月，萧排押等与高丽战于茶、陀二河，辽军失利，天云、右皮室二军没溺者众，遥辇帐详稳阿果达、客省使酌古、渤海详稳高清明、天云军详稳海里等皆死之。高丽败辽军，并再次请和。

开泰八年（1019）

三月乙亥，东平王萧韩宁、东京留守耶律八哥、国舅平章事萧排押、林牙要只等讨高丽还，因触犯刑律，数其罪而释放。己卯，诏加征高丽有功渤海将校官。

十月，令横帐三房不得与卑小帐族为婚。

开泰九年（1020）

五月，遣使释王询罪，并允高丽称藩纳贡之请。是年，进士及第者四十五人。

十月，遣使赐沙州回鹘敦煌郡王曹顺衣物。沙州回鹘敦煌郡王曹顺遣使来贡。大食国王遣使为其子册割请婚，进象及方物。

太平元年（1021）

三月，大食国王复遣使请婚，封王子班郎君胡思里女可老封公主，嫁之。阻卜扎剌部来贡。党项酋长曷鲁来贡。

十一月，立耶律宗真为皇太子。改元太平。

太平二年（1022）

三月丁丑，宋使薛贻廓来告宋主殂，子祯嗣位。遣都点检耶律僧隐等充宋祭奠使副，林牙萧日新、观察冯延休充宋后吊慰使副。是月，地震，云、应二州屋摧地陷，嵬白山裂数百步，泉涌成流。

十二月辛丑，高丽王询薨，其子钦遣使来报，即命使册钦为高丽国王。

太平三年（1023）

正月，赐越国公主私城名曰懿州，军庆懿。

太平五年（1025）

二月戊午，禁天下服用明金及金线绮；国亲当服者，奏而后用。

太平六年（1026）

二月己酉，引军筑城混同江、疏木河之间。黄龙府请建堡障三、烽台十，诏以农隙筑之。东京留守八哥奏黄翩领兵入女真界徇地，俘获人、马、牛、豕，不可胜计，得降户二百七十，诏奖谕之。

八月，萧惠攻甘州不克，师还。自是阻卜诸部皆叛，辽军与战，皆为所败，监军涅里姑、国舅帐太保曷不吕死之。诏遣惕隐耶律洪古、林牙化哥等将兵讨之。

太平七年（1027）

五月，清暑永安山。西南路招讨司奏阴山中产金银，请置冶，从之。复遣使循辽河源求产金银之矿。

六月，禁诸屯田不得擅贷官粟。癸巳，诏萧惠再讨阻卜。

七月，命便定法令。

太平八年（1028）

春正月庚申，党项侵边，破之。甲子，诏州县长吏劝农。

二月戊子，于拒马河接宋境上设置戍长巡察。

太平九年（1029）

八月己丑，东京舍利军详稳大延琳囚留守、驸马都尉萧孝先及南阳公主，杀户部使韩绍勋、副使王嘉、四捷军都指挥使萧颇得，延琳遂僭位，号其国为兴辽，年为天庆。

冬十月丙戌朔，以南京留守燕王萧孝穆为都统，国舅详稳萧匹敌为副统，奚六部大王萧蒲奴为都监征讨大延琳。

太平十年（1030）

三月甲寅朔，详稳萧匹敌至自辽东，言都统萧孝穆去城四面各五里许，筑城堡以围城。驸马延宁与其妹穴地遁去，唯公主崔八在后，为守障者觉而制止。

八月丙午，东京将领杨详世密送款，夜开南门纳辽军。擒延琳，渤海平。

太平十一年、景福元年（1031）

六月己卯，圣宗崩于行宫，年六十一，在位四十九年。景福元年闰十月壬申，上尊谥曰文武大孝宣皇帝，庙号圣宗。圣宗长子耶律宗真即皇帝位于柩前，是为兴宗。尊母元妃萧氏为皇太后。大赦，改元景福。

十二月癸丑，皇太后听政，帝不亲庶务，群臣表请，不从。同年，以兴平公主下嫁夏国王李德昭子元昊，以元昊为夏国公、驸马都尉。

重熙元年（1032）

春正月，皇太后御正殿，受帝与群臣朝。改元重熙。是春，皇太后诬陷齐天皇后，遣人到上京行弑。

十一月，夏国王李德昭薨，册其子夏国公元昊为夏国王。

重熙二年（1033）

春正月乙酉，夏国遣使来贡。壬辰，女真详稳台押率所部来贡。

重熙三年（1034）

五月，皇太后还政于上，躬守庆陵。兴宗始亲政，以耶律庶徵、刘六符、耶律睦、薄可久充贺宋来岁正旦使副。

重熙四年（1035）

十二月癸丑，诏诸军炮、弩、弓、剑手以时阅习。庚申，宋遣郑戬、柴贻范、杨日华、张士禹来贺永寿节及正旦。

重熙五年（1036）

夏四月庚申，以潞王查葛为南府宰相，崇德宫使耶律马六为惕隐。甲子，幸后弟萧无曲第，曲水泛觞赋诗。丁卯，颁新定条制。

重熙六年（1037）

八月己卯，北枢密院言越棘部民苦其酋帅坤长不法，多流亡；诏罢越棘等五国酋帅，以契丹节度使一员领之。

重熙七年（1038）

元昊称皇帝，国号夏。

夏四月己巳，以兴平公主薨，遣北院承旨耶律庶成持诏问夏国王李元昊，公主生与元昊不睦，没，诘其故。

重熙八年（1039）

正月壬辰朔，宋遣韩琦、王从益来贺。戊戌，振品部。丁巳，禁朔州鬻羊于宋。

夏六月乙丑，诏括户口。

十一月甲午，诏有言北院处事失平，击钟及邀驾告者，悉以奏闻。戊戌，朝皇太后，召僧论佛法。

重熙九年（1040）

十一月，女真国人侵边，发黄龙府铁骊军迎战。

十二月，诏诸犯法者，不得为官吏。诸职官非婚祭，不得沉酗废事。有治民安边之略者，悉具以闻。

重熙十年（1041）

夏四月，诏罢修鸭绿江浮梁及汉兵屯戍之役。又以东京留守萧撒八言，弛东京击鞠之禁。

十二月，闻宋设关河，治壕堑，议谋取宋旧割关南十县地。伐宋，谕诸道。

重熙十一年（1042）

春正月庚戌，遣南院宣徽使萧特末、翰林学士刘六符使宋，取晋阳及瓦桥关以南十县地；且问兴师伐夏及沿边疏浚水泽，增益兵戍之故。

夏四月甲戌朔，颁南征赏罚令。遣使于宋，索瓦桥关南十县地。

九月壬寅，遣北院枢密副使耶律仁先、汉人行宫副部署刘六符使宋约和。

闰月癸未，宋岁增银、绢各十万两、匹。

重熙十二年（1043）

二月壬寅，禁关南汉民用弓矢。甲寅，耶律敌烈等使夏国还，奏元昊罢兵，即遣使报宋。

五月辛卯，斡鲁、蒲卢毛朵部二使来贡失期，宥而遣还。乙未，诏复定礼制。

六月丙午，诏世选宰相、节度使族属及身为节度使之家，许葬用金银器；仍禁杀牲以祭。

十二月，改政事省为中书省。

重熙十三年（1044）

五月，大举攻夏。

秋七月辛酉，香河县民李宜儿起义，被杀。

九月戊辰，亲征夏国。壬申，会大军于九十九泉，以皇太弟重元、北院枢密使韩国王萧惠率先锋兵西征。

冬十月丁酉，李元昊上表谢罪。壬子，军于河曲。元昊服罪，赐酒，许以自新，遣之。班师。

十一月，升云州为西京。

重熙十四年（1045）

四月，高丽遣使来贡。阻卜大王屯秃古斯率诸酋长来朝。

重熙十五年（1046）

三月，高丽遣使来贡。

重熙十六年（1047）

十月，阻卜大王屯秃古来朝，进方物。铁骊仙门来朝，以前此未尝入贡，仍加右监门卫大将军。

十二月辛丑朔，女真遣使来贡。

重熙十七年（1048）

六月庚辰，阻卜献马、驼二万。辛卯，长白山太师柴葛、回跋部太师撒剌都来贡方物。

重熙十八年（1049）

秋七月戊戌，兴宗亲征西夏。

八月辛酉朔，渡河。夏人遁，乃还。

九月丁未，萧惠等为夏人所败。

冬十月，北道行军都统耶律敌鲁古率阻卜诸军至贺兰山，获李元昊妻及其官僚家属，遇夏人三千来战，殪之；乌古敌烈部都详稳萧慈氏奴、南克耶律斡里战死。

重熙十九年（1050）

二月丁亥，夏将洼普、猥货、乙灵纪等来攻金肃城，南面林牙耶律高家奴等破之。洼普被创遁去，杀猥货、乙灵纪。

三月戊戌，殿前都点检萧迭里得与夏战于三角川，败夏兵。

十月壬子，夏国李谅祚遣使上表，乞依旧臣属。

重熙二十年（1051）

二月甲申，遣前北院都监萧友括等使夏国，索党项叛户。

夏五月癸丑，萧友括等出使夏还，李谅祚母上表乞如党项权进马、驼、牛、羊等物。己巳，夏国遣使求唐隆镇及乞罢所建城邑，以诏答之。

九月，诏更定条制。

重熙二十一年（1052）

七月，耶律洪基任天下兵马大元帅。

重熙二十二年（1053）

二月，阿萨兰回鹘为邻国所侵，遣使求援。高丽遣使来贡。

七月，阻卜大王屯秃古斯率诸部长进马、驼。

九月，西夏遣使进降表。

重熙二十三年（1054）

正月，夏国遣使贡方物。

四月，高丽遣使来贡。夏国遣使来贡。吐蕃遣使来贡。

十一月，阻卜酋长来贡。

重熙二十四年、道宗清宁元年（1055）

八月丁亥，兴宗病危，召燕赵国王洪基，谕以治国之要。己丑，帝崩于行宫，年四十。遗诏燕赵国王洪基嗣位。耶律洪基即皇帝位于柩前，为辽道宗。改元清宁，大赦。

十二月，诏设学养士，颁《五经》传疏，置博士、助教各一员。

清宁二年（1056）

三月，御制放鹰赋赐群臣。

闰月己亥，始行东京所铸钱。乙巳，南京狱空，进留守以下官。

清宁三年（1057）

春正月乙未，五国部长来贡方物。道宗以《君臣同志华夷同风》诗进皇太后。

清宁四年（1058）

十二月闰月己巳，赐皇太叔重元金券。

是年，皇子濬生。

清宁六年（1060）

夏五月戊子朔，监修国史耶律白请编次御制诗赋，仍命白为序。

六月戊午朔，以东北路女真详稳高家奴为惕隐。丙寅，中京置国子监，命以时祭先圣先师。

清宁七年（1061）

春三月，以耶律乙辛知北院枢密使事。

夏四月辛未，禁吏民畜海东青鹘。

清宁八年（1062）

五月，吾独婉惕隐屯秃葛等乞岁贡马、驼，许之。

六月，御清凉殿放进士王鼎等九十三人。

清宁九年（1063）

秋七月，皇太叔重元与其子楚国王涅鲁古及陈国王陈六、同知北院枢密使事萧胡睹、统军使萧迭里得等凡四百人，诱胁弩手军犯行宫。南院枢密使许王仁先、知北枢密院事赵王耶律乙辛等率宿卫士卒数千人抵御，重元之子涅鲁古被射死。耶律重元亡入大漠，自杀。

清宁十年（1064）

二月，禁南京民开渠决水种水稻。

秋七月辛巳，禁僧尼私诣行在，妄述祸福取财物。

冬十月戊午，禁民私刊印文字。

十一月，诏求乾文阁所阙经籍，命儒臣校雠。

咸雍元年（1065）

冬十月己亥，皇太后射获虎，大宴群臣，令各赋诗。

咸雍二年（1066）

七月，因岁旱，遣使振山后贫民。是年，御永安殿放进士张臻等一百〇一人。

咸雍三年（1067）

六月戊申，新城县民杨从起义，伪署官吏。

咸雍四年（1068）

正月辛卯，遣使振西京饥民。阿萨兰回鹘遣使来贡。夏国遣使来贡。

七月，南京地震。

咸雍五年（1069）

春正月，阻卜叛，以晋王仁先为西北路招讨使，领禁军讨之。

六月，吐蕃遣使来贡。晋王仁先遣人奏阻卜之捷。

咸雍六年（1070）

五月甲寅，设贤良科，诏应是科者，先以所业十万言进。

六月辛巳，阻卜来朝。是月，御永安殿放进士赵廷睦等一百三十八人。

十二月，加园释、法钧二僧并守司空。

咸雍七年（1071）

十一月戊子，免南京流民租。己丑，振饶州饥民。丙午，高丽遣使来贡。

咸雍八年（1072）

三月，有司奏春、泰、宁江三州三千余人愿为僧尼，受具足戒，许之。

十二月，赐高丽佛经一藏。振易州贫民。

咸雍九年（1073）

秋七月戊申，八石烈敌烈人杀其节度使叛乱。己酉，诏隗乌古部军分道击之。

十二月，高丽、夏国并遣使来贡。

咸雍十年（1074）

六月戊辰，亲出题试进士。壬申，诏臣庶言得失。丙子，御永定殿，策贤良。

十月，诏有司颁行《史记》《汉书》。改明年为大康元年。

大康元年（1075）

六月，诏皇太子总领朝政。

十一月，皇后被诬，赐死；杀伶人赵惟一、高长命，并籍其家属。

大康三年（1077）

二月甲申，诏北院枢密使魏王耶律乙辛同母兄大奴、同母弟阿思世预北、南院枢密之选，其异母诸弟世预夷离堇之选。道宗下诏，告谋逆事者，重加官赏。

六月，北院枢密使耶律乙辛遣人谋杀太子濬。

大康四年（1078）

夏四月辛亥，高丽遣使乞赐鸭绿江以东地，不许。阻卜诸酋长进良马。回鹘遣使来贡。

秋七月，诸路奏饭僧尼三十六万。

大康五年（1079）

三月，宰相仁杰获头鹅，加侍中。以北院枢密使魏王耶律乙辛知南院大王事，加于越。

九月，令诸路勿禁僧徒开坛。

十一月丁丑，召沙门守道开坛于内殿。癸未，免除南京流民差役三年，被火之家免租税一年。

大康六年（1080）

五月，免平州复业民租税一年。

大康七年（1081）

春正月戊申，五国部长来贡。甲寅，女真贡良马。

十二月，武定军节度使耶律仁杰以罪削爵为民。知兴中府事耶律乙辛以罪囚于来州。

大康八年（1082）

春正月丁酉，铁骊、五国诸长各贡方物。

三月，诏行新量制。

七月，南京霖雨，沙河溢。永清、归义、新城、安次、武清、香河六县伤稼。

大康九年（1083）

夏四月，大雪，平地丈余，马死者十六、七。

九月己巳，以高丽王徽子三韩国公勋权知国事。辛未，五国部长来贡。

冬十月壬辰，混同郡王耶律乙辛谋亡入宋，伏诛。十一月，诏僧善知雠校高丽所进佛经，颁行之。

大安元年（1085）

十一月，史臣进太祖以下七帝《实录》。

大安二年（1086）

正月，五国诸部长来贡。召权翰林学士赵孝严、知制诰王师儒等讲《五经》大义。

五月丁巳朔，以牧马蕃息多至百万，赏群牧官，以次晋阶。

大安三年（1087）

正月，出钱粟赈济南京贫民，免除其租赋。发仓粟赈济中京饥民。

二月甲辰，因民多流散，除安泊逃户征偿法，免锦州贫民租一年。

四月，赐中京贫民帛，免诸路贡输之半。诏出户部司粟，赈济诸路流民及义州之饥。

五月，海云寺进济民钱千万。

大安四年（1088）

正月，免上京逋逃及贫户税赋。甲戌，上京、南京饥荒，允许良人自鬻。

二月甲午，赦免春州役徒。

四月，立入粟补官法。免除百姓所借贷的官粟。

大安五年（1089）

三月癸酉，诏析津、大定二府精选举人，诏谕学者，当穷经明道。

十月，以新定法令太繁，复用旧法。

大安六年（1090）

六月甲寅，夏国遣使来谢封册。

大安七年（1091）

九月，回鹘遣使来贡异物，不纳，厚赐遣之。日本国遣郑元、郑心及僧应范等二十八人来贡。

十月，耶律濬之子耶律延禧总北南枢密使事，加尚书令、天下兵马大元帅。

大安八年（1092）

九月，日本国遣使来贡。

十月，阻卜酋长磨古斯杀金吾秃古斯叛乱，遣奚六部秃里耶律郭三发诸蕃部兵讨之。

大安九年（1093）

二月，磨古斯来侵。西北路招讨使耶律阿鲁扫古追磨古斯还，都监萧张九遇敌，与战不利，二室韦、拽剌、北王府、特满群牧、宫分等军多败。

十月，西北路招讨使，耶律挞不也遇害，附近阻卜酋长乌古扎叛去。

十月，阻卜酋辖底侵掠西路群牧。

大安十年（1094）

三月，山北路副部署萧阿鲁带奏达里底之捷。闰四月，赐西北路贫民钱。

乌古扎等来降。达里底、拔思母二部入寇。闰月，达里底、拔思母二部来降。

七月，阻卜来寇倒塌岭，西路群牧及浑河北牧马皆为所掠。东北路统军使耶律石柳以兵追及，尽获所掠。

十二月，西北路统军司奏讨磨古斯之捷。改明年元为寿隆。

寿昌元年（1095）

春正月庚戌，西南面招讨司奏拔思母来侵，萧阿鲁带等击破之。乙卯，振奉圣州贫民。

二月戊辰，赐左、右二皮室贫民钱。

六月，女真国遣使来贡。阻卜酋长秃里底及图木葛来朝贡。

是年，放进士陈衡甫等百三十人。

寿昌二年（1096）

正月，西南面招讨司讨拔思母，破之。

四月，赈西北边军。

七月，阻卜来贡。

寿昌三年（1097）

二月，南京大水，赈济南京。

闰二月，阻卜酋长猛撒葛及粘八葛、秃骨撒、梅里急、忽鲁八等请给复旧地，贡方物。

九月，斡特剌征讨阻卜，攻破。西北路统军司奏梅里急之捷。

寿昌四年（1098）

春正月己巳，迁徙阻卜等贫民于山前。

寿昌五年（1099）

春正月己酉，诏夏国王李乾顺讨伐拔思母等部。

十一月，赈济南、北二纠。

寿昌六年（1100）

二月，出绢帛赐给五院部贫民。

冬十月壬寅，以枢密副使王师儒监修国史。癸卯，五国诸部长来贡。甲寅，因平州饥，免除租赋一年。

寿昌七年、天祚帝乾统元年（1101）

正月，道宗崩于行宫，年七十。遗诏其孙燕国王耶律延禧嗣位。是为天祚皇帝。

二月，改元乾统。大赦。诏为耶律乙辛所诬陷者，复其官爵，籍没者出之，流放者还之。

乾统二年（1102）

初，以女真杨割为生女真部节度使，其俗称为太师。杨割死，传给兄之子乌雅束，束死，其弟阿骨打袭任节度使之职。

夏四月，天祚下诏诛耶律乙辛党，流放其子孙；掘乙辛、得里特之墓，剖棺，戮尸；把其家属分赐给被杀者之家。

五月，阻卜入寇，斡特剌献捷。

十一月，赵钟哥起义失败。

乾统三年（1103）

二月庚午，武清县大水，弛其陂泽之禁。

夏五月戊子，以猎人多亡，严立科禁。

十一月，诏监修国史耶律俨撰写太祖诸帝《实录》。

乾统五年（1105）

正月丁酉，派枢密直学士高端礼等斡旋宋罢伐夏兵。

秋七月，南京蝗。

十一月，禁商贾之家应进士举。

乾统六年（1106）

春正月辛丑，派遣知北院枢密使事萧得里底、知南院枢密使事牛温舒出使宋朝，劝归所侵夏地。

冬十月乙亥，宋与夏通好，派刘正符、曹穆来告。

乾统七年（1107）

东北边将建议朝廷防女真，天祚帝不听。

乾统八年（1108）

夏四月丙申，封高丽王为三韩国公，赠其父为高丽国王。

乾统九年（1109）

三月，夏国以宋不归地，遣使来告。

十二月，高丽遣使来贡。

乾统十年（1110）

十二月，改元。

是年，大饥。

天庆元年（1111）

三月乙亥，五国部长来贡。

天庆二年（1112）

正月，五国部长来贡。

二月，天祚到混同江钩鱼，天祚命诸酋长次第起舞；唯独阿骨打推辞。其弟吴乞买、粘罕、胡舍等尝从猎，能呼鹿，刺虎，搏熊。天祚辄加以官爵。

九月，女真首领完颜阿骨打起兵统一邻族，报于辽朝廷，辽朝廷只当作平常事处之。

天庆三年（1113）

春正月丙寅，赐南京贫民钱。甲戌，禁僧尼破戒。丙子，猎狗牙山，大寒，猎人多死。

三月，阿骨打一日率五百骑突至咸州，吏民大惊。一夕遁去。自是召不复至。

夏闰四月，李弘以宗教聚众起义，被杀。

天庆四年（1114）

七月，阿骨打起兵反辽。女真下宁江州。铁骊、兀惹叛归女真。女真以银术割、移烈、娄室等为帅，集女真诸部兵，擒辽障鹰官。萧挞不也率军与女真军队战于宁江东，辽军败。

十月，辽军屯出河店，与女真两军对垒，女真军潜渡混同江，击败辽军。

天庆五年（1115）

正月，完颜阿骨打称帝。国号大金，建元收国。

二月，饶州渤海古欲等起义，自称大王。

九月，都统斡里朵等与女真军战于白马泺，战败。女真军陷黄龙府。天祚亲征。

十二月，天祚亲战于护步答岗，大败，尽亡其辎重。中京汉民侯en起义。锦州刺史耶律术者叛乱。

天庆六年（1116）

正月，渤海高永昌据东京起义。自称大渤海皇帝。

二月，耶律章奴联合渤海及中京义军，攻陷高州。

四月，辽帝亲征耶律章奴，败之。

五月，女真军攻下沈州。族人痕孛、铎剌、吴十、挞不也、道剌、酬斡、平甲、卢仆古、辟离剌、韩七、吴十、那也温、曷鲁十三人皆归女真国。女真破东京，辽之东京州县为金所占。

七月，春州渤海二千余户起义失败。

天庆七年（1117）

正月，女真军攻春州，东北面诸军不战自溃，女古、皮室四部及渤海人皆降金。

二月，涞水县董庞儿聚众万余起义，西京留守萧乙薛、南京统军都监查剌与战于易水，攻破之。

九月，建怨军八营。屯于蒺藜山。

十二月，金军击败辽怨军八营，乾、显、懿等七州降金。

天庆八年（1118）

正月，金遣使如辽求册封。辽遣耶律奴哥等使金议和。

五月，安生儿等聚众二十万于龙化州起义。

六月，通、祺、双、辽等四州八百余户降金。宁昌军节度使刘宏率懿州民户三千归金。

十二月，山前诸路大饥，乾、显、宜、锦、兴中等路，斗粟直数缣，民削榆皮食之，既而人相食。

天庆九年（1119）

二月，张撒八于鸳鸯泊起义。

五月，阻卜反辽。

九月，复遣使赴金议和。

十月，耶律陈图奴等起义，被杀。

天庆十年（1120）

正月，求兵于高丽。

三月己酉，民有群马者，十取其一，给东路军。金拒绝议和。

五月，完颜阿骨打亲攻上京，克外郛，留守挞不也率众出降。

八月，宋遣使于金，议夹攻辽事。

保大元年（1121）

正月，南京统军耶律余睹降金。金益知辽虚实。

十二月，金人兴兵攻辽，郡县所失过半。

保大二年（1122）

春正月，金克中京，进下泽州。天祚帝出居庸关，至鸳鸯泺。

三月，天祚帝赐晋王死。天祚闻金兵将近，乘轻骑入夹山。李处温与弟处能、外假怨军，内结都统萧干，谋立耶律淳为帝。百官上号天锡皇帝，改元为建福元年。

六月，淳死，众乃议立其妻萧氏为皇太后，主军国事。奉遗命，迎立天祚次子秦王定为帝。太后遂称制，改元德兴。

十二月，金攻下南京。

保大三年（1123）

正月，奚王回离保僭号自立，称天复元年。不久败死。二月，金兵至，德妃逃至天祚，被杀。

四月，金军至居庸关，耶律大石被擒。金师包围青冢。俘获族属并派兵送其东行。辽军与金军战于白水泺，被金军所败。

五月，天祚帝出奔西夏。

五月，军将耶律敌烈等夜劫梁王雅里奔西北部，立为帝，改元神历。

保大四年（1124）

夏五月，金人攻克燕京，驱赶燕京大家族东迁，把燕空城及涿、易、檀、顺、景、蓟州给予宋朝以塞盟。

七月，耶律大石杀乙薛及坡里括，率所部西去。设置北、南面官属，自立为王。建西辽。

八月，天祚帝率诸军出夹山，南下武州，遇金人，辽军溃，直趋山阴。金主阿骨打死。

保大五年（1125）

正月，党项小斛禄派人请天祚帝到党项部。

二月，天祚帝至应州新城，被金帅完颜娄室等人俘获。辽亡。

卷七　主要文献书目

一　古代文献

（元）脱脱等：《辽史》，中华书局 1974 年版。

（元）脱脱等：《金史》，中华书局 1975 年版。

（元）脱脱等：《宋史》，中华书局 1977 年版。

（宋）薛居正：《旧五代史》，中华书局 1976 年版。

（宋）欧阳修：《新五代史》，中华书局 1974 年版。

（宋）叶隆礼撰，贾敬颜、林荣贵点校：《契丹国志》，上海古籍出版社 1985 年版。

（宋）宇文懋昭撰，崔文印校：《大金国志》，中华书局 1986 年版。

（宋）洪皓撰：《松漠纪闻》《辽海丛书》，辽沈书社 1985 年版。

（宋）李焘：《续资治通鉴长编》，中华书局 1995 年版。

（宋）徐梦莘：《三朝北盟会编》，上海古籍出版社 1987 年版。

（宋）李心传：《建炎以来系年要录》，中华书局 1988 年版。

（清）厉鹗：《辽史拾遗》，《丛书集成初编》本，商务印书馆 1936 年版。

（清）杨复吉：《辽史拾遗补》，《丛书集成初编》本，商务印书馆 1936 年版。

（清）徐松辑：《宋会要辑稿》，中华书局影印本 1957 年版。

（金）元好问：《中州集》，上海商务印书馆缩印。

（金）元好问：《续夷坚志》，中华书局 1986 年版。

（金）元好问：《遗山先生文集》，上海商务印书馆缩印。

（金）刘祁：《归潜志》，中华书局 1983 年版。

（元）耶律楚材：《湛然居士文集》，中华书局 1986 年版。

（金）王寂：《鸭江行部志》，《辽海丛书》，辽沈书社 1985 年版。

（金）王寂：《辽东行部志》，《辽海丛书》，辽沈书社 1985 年版。

二 近现代文献

金毓黻：《宋辽金史》，商务印书馆 1946 年版。

罗继祖：《辽史校勘记》，上海人民出版社 1958 年版。

冯家升：《辽史证误三种》，中华书局 1964 年版。

陈垣：《南宋初河北新道教考》，科学出版社 1958 年版。

陈述：《契丹社会经济史稿》，人民出版社 1978 年版。

陈述：《契丹政治史稿》，人民出版社 1986 年版。

杨树藩：《辽金中央政治制度》，商务印书馆 1978 年版。

王明荪：《宋辽金史论文稿》，明文书局 1981 年版。

戴锡章：《西夏纪》，宁夏人民出版社 1988 年版。

杨树森：《辽史简编》，辽宁人民出版社 1984 年版。

陈述主编：《辽金史论集》第一辑，上海古籍出版社 1987 年版。

陈述主编：《辽金史论集》第二辑，书目文献出版社 1987 年版。

陈述主编：《辽金史论集》第三辑，书目文献出版社 1987 年版。

陈述主编：《辽金史论集》第四辑，书目文献出版社 1989 年版。

陈述主编：《辽金史论集》第五辑，文津出版社 1991 年版。

宋德金、景爱、穆连木、史金波编：《辽金西夏史研究》，天津古籍出版社 1993 年版。

刘凤翥、李锡厚、白滨：《二十五史新编：辽史 · 金史 · 西夏史》，上海古籍出版社 1997 年版。

杨若薇：《契丹王朝政治军事制度研究》，中国社会科学出版社 1991 年版。

漆侠、乔幼梅：《辽夏金经济史》，河北大学出版社 1994 年版。

赵永春编注：《奉使辽金行程录》，吉林文史出版社 1995 年版。

项春松：《辽代历史与考古》，内蒙古人民出版社 1996 年版。

张国庆、朴忠国：《辽代契丹习俗史》，辽宁民族出版社 1997 年版。

林荣贵：《辽朝经营与开发北疆》，中国社会科学出版社 1995 年版。

乔幼梅：《宋辽夏金经济史研究》，齐鲁书社 1995 年版。

韩茂莉：《辽金农业地理》，社会科学文献出版社 1999 年版。

吴松弟：《中国移民史·辽宋金元时期》，福建人民出版社 1997 年版。
朱瑞熙、张邦炜、刘复生、蔡崇榜、王曾瑜：《宋辽西夏金社会生活史》，中国社会科学出版社 1998 年版。
田广林、周锦章：《契丹货币经济史》，东方出版社 1999 年版。
于宝林：《契丹古代史论稿》，黄山书社 1998 年版。
刘浦江：《辽金史论》，辽宁大学出版社 1999 年版。
李锡厚：《辽史》，人民出版社 2006 年版。
傅海波、崔瑞德：《剑桥中国辽西夏金元史》，中国社会科学出版社 1998 年版。
宋德金：《辽金论稿》，湖北教育出版社 2005 年版。
宋德金、史金波：《中国风俗通史》，《辽金西夏卷》上海文艺出版社 2001 年版。
李锡厚：《临潢集》，河北大学出版社 2001 年版。
李桂枝：《辽金简史》，福建人民出版社 2001 年版。
武玉环：《辽制研究》，吉林大学出版社 2001 年版。
张国庆：《辽代社会史》，中国社会科学出版社 2006 年版。
张畅耕主编：《辽金史论集》第六辑，社会科学文献出版社 2001 年版。
穆鸿利、黄凤岐主编：《辽金史论集》第七辑（契丹史、女真史国际学术会议专集），中州古籍出版社 1996 年版。
干志耿、王可宾主编：《辽金史论集》第八辑（张博泉先生七十寿辰纪念），吉林文史出版社 1994 年版。
徐振清、贾云江主编：《辽金史论集》第九辑（金史国际学术研讨会专集），中州古籍出版社 1996 年版。
韩世明主编：《辽金史论集》第十辑，中国社会科学出版社 2007 年版。
孙建华主编：《辽金史论集》第十一辑，内蒙古大学出版社 2009 年版。
任仲书主编：《辽金史论集》第十二辑，吉林大学出版社 2012 年版。
刘宁主编：《辽金史论集》第十三辑，中国社会科学出版社 2013 年版。
历史研究编辑部编：《辽金史论文集》，辽宁人民出版社 1985 年版。
中国社会科学院历史研究所宋辽金元史研究室编：《宋辽金史论丛》（第一辑），中华书局 1985 年版。

王德忠：《辽承天太后萧绰传》，吉林人民出版社 2010 年版。

王善军：《世家大族与辽代社会》，人民出版社 2008 年版。

于蔚：《辽代斡鲁朵管理体制研究》，《历史研究》2015 年第 1 期。

武玉环：《辽代斡鲁朵探析》，《历史研究》2000 年第 2 期。

杨军：《辽代斡鲁朵研究》，《学习与探索》2015 年第 5 期。

高井康典行、何天明：《辽代斡鲁朵的存在形态》《蒙古学信息》2001 年第 4 期。

杨若薇：《陈列辽代斡鲁朵所在地探讨——兼谈所谓“横帐”》，《北京大学学报》（哲学社会科学版）1985 年第 5 期。

岛田正郎、何天明：《辽代的部族制度》，《蒙古学信息》2001 年第 1 期。

张国庆：《辽代社会基层聚落组织及其功能考探——辽代乡村社会史研究之一》，《中国史研究》2002 年第 2 期。

韩茂莉：《辽代前中期西拉木伦河流域以及毗邻地区农业人口探论》，《社会科学辑利》2001 年第 6 期。

刘本锋：《辽代农业发展刍议》，《考古》2009 年第 6 期。

张国庆：《辽代牧、农经济区域的分布与变迁》，《民族研究》2004 年第 4 期。

周惠泉：《辽代文学论》，《社会科学战线》2003 年第 2 期。

范寿琨：《辽代儒家思想简论》，《社会科学辑刊》1988 年第 5 期。

何天明：《辽代佛教的勃兴与历史作用》，《阴山学刊》2012 年第 6 期。

张国庆：《辽代佛教“涉政”现象探析——“佛教文化与辽代社会变迁”研究之一》，《社会科学战线》2011 年第 5 期。

向南、杨若薇：《论契丹族的婚姻制度》，《历史研究》1980 年第 5 期。

吴凤霞：《辽代省制体系问题浅析》，《社会科学辑刊》1995 年第 1 期。

三 考古

陈述：《全辽文》，中华书局 1982 年版。

刘凤翥：《最近 20 年来契丹文字研究概况》，《燕京学报》第 11 期，北京大学出版社 2001 年版。

刘凤翥、唐彩兰、青格勒编著：《辽上京地区出土的辽代碑刻汇辑》，社会科学文献出版社 2009 年版。

刘凤翥、清格尔泰、于宝林、陈乃雄、邢复礼：《契丹小字研究》，中国社会科学出版社 1985 年版。

向南：《辽代石刻文编》，河北教育出版社 1995 年版。

向南、张国庆、李宇峰：《辽代石刻文续编》，辽宁人民出版社 2010 年版。

盖之庸：《内蒙古辽代石刻文研究》，内蒙古大学出版社 2007 年版。

阎凤梧主编：《全辽金文》，山西古籍出版社 2002 年版。

王宗昱：《金元全真教石刻新编》，北京大学出版社 2005 年版。

巴林左旗文化馆王晴：《辽上京遗址》，《文物》1979 年第 5 期。

陶宗冶、刘仲羽、赵欣：《河北宣化下八里辽金壁画墓》，《文物》1990 年第 10 期。

王青煜：《辽代服饰》，辽宁画报出版社 2002 年版。

罗春政：《辽代绘画与壁画》，辽宁画报出版社 2002 年版。

内蒙古自治区文化厅、中国历史博物馆编：《契丹王朝——内蒙古辽代文物精华》，中国藏学出版社 2002 年版。

北京市文物局：《北京辽金史迹图志》（上、下），北京燕山出版社 2003 年、2004 年版。

国家图书馆善本金石组编：《辽金元石刻文献全编》（三册），北京图书馆出版社 2003 年版。

北京辽金城垣博物馆编：《北京辽金文物研究》，北京燕山出版社 2005 年版。

乌盟文物工作站、内蒙古文物工作队编：《契丹女尸——豪欠营辽墓清理与研究》，内蒙古人民出版社 1985 年版。

王健群、陈相伟：《库伦辽代壁画墓》，文物出版社 1989 年版。

内蒙古自治区文物考古研究所、哲里木盟博物馆：《辽陈国公主墓》，文物出版社 1998 年版。

河北省文物研究所：《宣化辽墓》（全二册），文物出版社 2001 年版。

王建群、陈相伟：《库伦辽墓发掘报告》，《中国考古集成·东北卷·辽》，北京出版社 1997 年版。

李逸友：《辽代契丹人墓葬制度概说》，《内蒙古东部地区考古学文化研究文集》，海洋出版社 1991 年版。

李建才：《吉黑两省西部地区四座辽金古城考证》，《中国考古集成·东北卷·辽》，北京出版社 1997 年版。

冯永谦：《辽宁地区三十年来辽代考古收获》，《东北考古研究》，中州古籍出版社 1994 年版。

四 国外文献

［日］岛田正郎著：《大契丹国——辽代社会史研究》，何天明译，内蒙古人民出版社 2007 年版。

朝鲜科学院历史研究所：《朝鲜通史》上卷，吉林人民出版社 1959 年版。

［高丽］金富轼：《三国史记》，明石书店 1997 年版。

［高丽］僧一然：《三国轶事》，权锡焕、陈蒲清译，岳麓书社 2009 年版。

［朝］李朝、郑麟趾：《高丽史》，劳动报出版印刷所 1957 年版。

［美］魏特夫、冯家升：《辽代社会史》，费城，1949 年。

后　　记

本书是国家社会科学基金重大委托项目《东北古代方国属国史》之子课题《契丹史》的结项成果。该项目由吉林省社会科学院2010年申请立项，2011年开始分工撰写，至2018年结项出版，前后用了七八年的时间。

按照编写体例，《契丹史》共分为七卷：通史、典志、传记、考异、图表、大事编年、主要文献书目等部分。

中国社会科学出版社的王茵总编助理、责任编辑范晨星为此书的出版付出了大量辛勤的劳动，本人在此表示由衷的敬意。

在本书的写作过程中，得到《东北古代方国属国史》研究丛书主编邴正院长、刘信君副院长及丛书办公室等各位先生的指导，经过丛书各位编撰人员多次讨论、修订大纲，文稿几经删改而最终完成的。

本书外审专家为东北师范大学王德忠教授。对他的认真负责与中肯的评价表示衷心的感谢。

对吉林省社会科学院有关领导与科研处及各位工作人员，为项目的完成给予的各种无私的帮助表示最诚挚的谢意。

作者

2018年6月